Staats- und Verwaltungsrecht
Niedersachsen

Textbuch
Deutsches Recht

Staats- und Verwaltungsrecht Niedersachsen

Stand: 14. Juli 2014

Zusammengestellt und herausgegeben von

Dr. Jörn Ipsen
Professor an der Universität Osnabrück
Präsident des Niedersächsischen Staatsgerichtshofs a.D.

Dr. Jörg-Detlef Kühne
Professor an der Universität Hannover

9., neu bearbeitete Auflage

C.F. Müller

Bibliografische Information der Deutschen Nationalbibliothek
Die Deutsche Nationalbibliothek verzeichnet diese Publikation in der Deutschen Nationalbibliografie; detaillierte bibliografische Daten sind im Internet über http://dnb.d-nb.de abrufbar.

Bei der Herstellung des Werkes haben wir uns zukunftsbewusst für umweltverträgliche und wiederverwertbare Materialien entschieden. Der Inhalt ist auf elementar chlorfreies Papier gedruckt.

ISBN 978-3-8114-9527-2

E-Mail: kundenservice@hjr-verlag.de
Telefon: +49 6221/489-555
Telefax: +49 6221/489-410

© 2014 C.F. Müller, eine Marke der Verlagsgruppe Hüthig Jehle Rehm GmbH
Heidelberg, München, Landsberg, Frechen, Hamburg

www.cfmueller-campus.de
www.cfmueller.de

Dieses Werk, einschließlich aller seiner Teile, ist urheberrechtlich geschützt. Jede Verwertung außerhalb der engen Grenzen des Urheberrechtsgesetzes ist ohne Zustimmung des Verlages unzulässig und strafbar. Dies gilt insbesondere für Vervielfältigungen, Übersetzungen, Mikroverfilmungen und die Einspeicherung und Verarbeitung in elektronischen Systemen.

Satz: Textservice Zink, Schwarzach
Druck: CPI Clausen & Bosse, Leck

Vorwort

Die Textausgabe ist für Studierende an niedersächsischen Hochschulen ebenso bestimmt wie für Praktiker in Landes- und Kommunalverwaltungen und interessierte Bürger. Ihr liegt die Absicht zugrunde, die wichtigsten Landesgesetze in einer handlichen Ausgabe zusammenzufassen. Die Sammlung will zugleich die Bedeutung des Landesrechts unterstreichen, die auch im Zeichen der Europäisierung des Rechts ständig zunimmt.

Osnabrück und Hannover, im Juli 2014 *Jörn Ipsen*
Jörg-Detlef Kühne

Inhaltsverzeichnis

Vorwort

1 Niedersächsische Verfassung (NdsVerf)
20 Gesetz über den Staatsgerichtshof (NStGHG)
35 Niedersächsisches Verwaltungsverfahrensgesetz (NVwVfG)
37 Niedersächsisches Verwaltungsvollstreckungsgesetz (NVwVG) – Auszug
38 Niedersächsisches Ausführungsgesetz zur Verwaltungsgerichtsordnung (Nds. AG VwGO)
50 Niedersächsisches Kommunalverfassungsgesetz (NKomVG)
56 Gesetz zur Reform des niedersächsischen Kommunalverfassungsrechts (NdsKomVerfReformG) – Auszug
60 Niedersächsisches Gesetz über die öffentliche Sicherheit und Ordnung (Nds.SOG)
65 Niedersächsische Bauordnung (NBauO)
70 Niedersächsisches Straßengesetz (NStrG)
75 Niedersächsisches Versammlungsgesetz (NVersG)

Stichwortverzeichnis

In den Anmerkungen sind ferner abgedruckt: §§ 15 f., 19 NVAbstG: bei Art. 50 NdsVerf u. §§ 29-36 BauGB: bei § 63 NBauO

NdsVerf 1

Niedersächsische Verfassung

vom 19. Mai 1993 (GVBl. S. 107),
zuletzt geändert durch Gesetz vom 30. Juni 2011 (GVBl. S. 210)

INHALTSÜBERSICHT*

Präambel

Erster Abschnitt
Grundlagen der Staatsgewalt, Grundrechte und Staatsziele

Art. 1 Staatsgrundsätze, Landessymbole, Hauptstadt
Art. 2 Demokratie, Rechtsstaatlichkeit
Art. 3 Grundrechte
Art. 4 Recht auf Bildung, Schulwesen
Art. 4a Schutz und Erziehung von Kindern und Jugendlichen
Art. 5 Wissenschaft, Hochschulen
Art. 6 Kunst, Kultur und Sport
Art. 6a Arbeit, Wohnen
Art. 6b Tierschutz

Zweiter Abschnitt
Der Landtag

Art. 7 Aufgaben des Landtages
Art. 8 Wahl des Landtages
Art. 9 Wahlperiode
Art. 10 Auflösung des Landtages
Art. 11 Beginn und Ende des Mandats, Wahlprüfung
Art. 12 Rechtsstellung der Mitglieder des Landtages
Art. 13 Bewerbung, Mandatsausübung, Entschädigung
Art. 14 Indemnität
Art. 15 Immunität
Art. 16 Zeugnisverweigerungsrecht
Art. 17 Abgeordnetenanklage
Art. 18 Präsidium
Art. 19 Fraktionen, Opposition
Art. 20 Ausschüsse, Ältestenrat
Art. 21 Geschäftsordnung, Einberufung, Beschlußfassung
Art. 22 Öffentlichkeit

Art. 23 Anwesenheit der Landesregierung
Art. 24 Auskunft, Aktenvorlage und Zugang zu öffentlichen Einrichtungen
Art. 25 Unterrichtungsspflicht der Landesregierung
Art. 26 Behandlung von Eingaben
Art. 27 Untersuchungsausschüsse

Dritter Abschnitt
Die Landesregierung

Art. 28 Aufgabe und Zusammensetzung
Art. 29 Regierungsbildung
Art. 30 Auflösung des Landtages, vereinfachte Regierungsbildung
Art. 31 Bekenntnis und Amtseid
Art. 32 Mißtrauensvotum
Art. 33 Rücktritt
Art. 34 Rechtsstellung der Regierungsmitglieder
Art. 35 Vertretung des Landes, Staatsverträge
Art. 36 Begnadigungsrecht, Amnestie
Art. 37 Richtlinien der Politik, Ressortprinzip, Zuständigkeit der Landesregierung
Art. 38 Verwaltungsorganisation, dienstrechtliche Befugnisse
Art. 39 Sitzungen der Landesregierung
Art. 40 Anklage von Regierungsmitgliedern

Vierter Abschnitt
Die Gesetzgebung

Art. 41 Erfordernis der Gesetzesform
Art. 42 Gesetzgebungsverfahren
Art. 43 Verordnungen
Art. 44 Notverordnungen

---

* Die Inhaltsübersicht ist nicht amtlich.

Art. 45 Ausfertigung, Verkündung, Inkrafttreten
Art. 46 Verfassungsänderungen

Fünfter Abschnitt
Volksinitiative, Volksbegehren und Volksentscheid

Art. 47 Volksinitiative
Art. 48 Volksbegehren
Art. 49 Volksentscheid
Art. 50 Kostenerstattung, Ausführungsgesetz

Sechster Abschnitt
Die Rechtsprechung

Art. 51 Gerichte, Richterinnen und Richter
Art. 52 Richteranklage
Art. 53 Gewährleistung des Rechtsweges
Art. 54 Zuständigkeit des Staatsgerichtshofs
Art. 55 Verfassung und Verfahren des Staatsgerichtshofs

Siebenter Abschnitt
Die Verwaltung

Art. 56 Landesverwaltung
Art. 57 Selbstverwaltung
Art. 58 Finanzwirtschaft der Gemeinden und Landkreise
Art. 59 Gebietsänderung von Gemeinden und Landkreisen
Art. 60 Öffentlicher Dienst
Art. 61 Wählbarkeit von Angehörigen des öffentlichen Dienstes

Art. 62 Landesbeauftragte oder Landesbeauftragter für den Datenschutz

Achter Abschnitt
Das Finanzwesen

Art. 63 Landesvermögen
Art. 64 Finanzplanung
Art. 65 Landeshaushalt
Art. 66 Vorläufige Haushaltsführung
Art. 67 Über- und außerplanmäßige Ausgaben
Art. 68 Haushaltswirksame Gesetze
Art. 69 Rechnungslegung, Entlastung
Art. 70 Landesrechnungshof
Art. 71 Kreditaufnahme, Gewährleistungen

Neunter Abschnitt
Übergangs- und Schlußbestimmungen

Art. 72 Besondere Belange und überkommene Einrichtungen der ehemaligen Länder
Art. 73 Übertragung von Hoheitsrechten
Art. 74 Mehrheiten und Minderheiten der Mitglieder des Landtages
Art. 75 Volksvertretungen anderer Länder
Art. 76 Übergangsvorschrift für die Wahlperioden
Art. 77 Übergangsvorschrift für die Besetzung des Staatsgerichtshofs
Art. 78 Inkrafttreten

Landesverfassung

NdsVerf 1

Präambel

Im Bewußtsein seiner Verantwortung vor Gott und den Menschen hat sich das Volk von Niedersachsen durch seinen Landtag diese Verfassung gegeben.

Erster Abschnitt
Grundlagen der Staatsgewalt, Grundrechte und Staatsziele

Art. 1 Staatsgrundsätze, Landessymbole, Hauptstadt. (1) Das Land Niedersachsen ist hervorgegangen aus den Ländern Hannover, Oldenburg, Braunschweig und Schaumburg-Lippe.

(2) Das Land Niedersachsen ist ein freiheitlicher, republikanischer, demokratischer, sozialer und dem Schutz der natürlichen Lebensgrundlagen verpflichteter Rechtsstaat in der Bundesrepublik Deutschland und Teil der europäischen Völkergemeinschaft.

(3) [1]Niedersachsen führt als Wappen das weiße Roß im roten Felde und in der Flagge die Farben Schwarz-Rot-Gold mit dem Landeswappen. [2]Das Nähere bestimmt ein Gesetz.

(4) Landeshauptstadt ist Hannover.

Art. 2 Demokratie. Rechtsstaatlichkeit. (1) [1]Alle Staatsgewalt geht vom Volke aus. [2]Sie wird vom Volke in Wahlen und Abstimmungen und durch besondere Organe der Gesetzgebung, der vollziehenden Gewalt und der Rechtsprechung ausgeübt.

(2) Die Gesetzgebung ist an die verfassungsmäßige Ordnung in Bund und Land, die vollziehende Gewalt und die Rechtsprechung sind an Gesetz und Recht gebunden.

Art. 3 Grundrechte. (1) Das Volk von Niedersachsen bekennt sich zu den Menschenrechten als Grundlage der staatlichen Gemeinschaft, des Friedens und der Gerechtigkeit.

(2) [1]Die im Grundgesetz für die Bundesrepublik Deutschland festgelegten Grundrechte und staatsbürgerlichen Rechte sind Bestandteil dieser Verfassung. [2]Sie binden Gesetzgebung, vollziehende Gewalt und Rechtsprechung als unmittelbar geltendes Landesrecht. [3]Die Achtung der Grundrechte, insbesondere die Verwirklichung der Gleichberechtigung von Frauen und Männern, ist eine ständige Aufgabe des Landes, der Gemeinden und Landkreise.

Art. 4 Recht auf Bildung, Schulwesen. (1) Jeder Mensch hat das Recht auf Bildung.

(2) [1]Es besteht allgemeine Schulpflicht. [2]Das gesamte Schulwesen steht unter der Aufsicht des Landes.

(3) [1]Das Recht zur Errichtung von Schulen in freier Trägerschaft wird gewährleistet. [2]Sie haben Anspruch auf staatliche Förderung, wenn sie nach Art. 7

Abs. 4 und 5 des Grundgesetzes für die Bundesrepublik Deutschland genehmigt sind und die Voraussetzungen für die Genehmigung auf Dauer erfüllen.

(4) Das Nähere regelt ein Gesetz.

Art. 4a Schutz und Erziehung von Kindern und Jugendlichen. (1) Kinder und Jugendliche haben als eigenständige Personen das Recht auf Achtung ihrer Würde und gewaltfreie Erziehung.

(2) ¹Wer Kinder und Jugendliche erzieht, hat Anspruch auf angemessene staatliche Hilfe und Rücksichtnahme. ²Staat und Gesellschaft tragen für altersgerechte Lebensbedingungen Sorge.

(3) Kinder und Jugendliche sind vor körperlicher und seelischer Vernachlässigung und Misshandlung zu schützen.

Art. 5 Wissenschaft, Hochschulen. (1) Das Land schützt und fördert die Wissenschaft.

(2) Das Land unterhält und fördert Hochschulen und andere wissenschaftliche Einrichtungen.

(3) Die Hochschulen haben das Recht der Selbstverwaltung im Rahmen der Gesetze.

(4) Das Nähere regelt ein Gesetz.

Art. 6 Kunst, Kultur und Sport. Das Land, die Gemeinden und die Landkreise schützen und fördern Kunst, Kultur und Sport.

Art. 6a Arbeit, Wohnen. Das Land wirkt darauf hin, daß jeder Mensch Arbeit finden und dadurch seinen Lebensunterhalt bestreiten kann und daß die Bevölkerung mit angemessenem Wohnraum versorgt ist.

Art. 6b Tierschutz. Tiere werden als Lebewesen geachtet und geschützt.

Zweiter Abschnitt

Der Landtag

Art. 7 Aufgaben des Landtages. ¹Der Landtag ist die gewählte Vertretung des Volkes. ²Seine Aufgaben sind es insbesondere, die gesetzgebende Gewalt auszuüben, über den Landeshaushalt zu beschließen, die Ministerpräsidentin oder den Ministerpräsidenten zu wählen, an der Regierungsbildung mitzuwirken und die vollziehende Gewalt nach Maßgabe dieser Verfassung zu überwachen.

Art. 8 Wahl des Landtages. (1) Die Mitglieder des Landtages werden in allgemeiner, unmittelbarer, freier, gleicher und geheimer Wahl gewählt.

(2) Wahlberechtigt und wählbar sind alle Deutschen, die das 18. Lebensjahr vollendet und im Land Niedersachsen ihren Wohnsitz haben.

Landesverfassung **NdsVerf 1**

(3) Wahlvorschläge, für die weniger als fünf vom Hundert der Stimmen abgegeben werden, erhalten keine Mandate.

(4) Mitglieder des Bundestages, der Bundesregierung, des Europäischen Parlaments sowie der Volksvertretungen und Regierungen anderer Länder dürfen dem Landtag nicht angehören.

(5) [1]Das Nähere bestimmt ein Gesetz. [2]Dieses kann insbesondere die Wahlberechtigung und die Wählbarkeit von einer bestimmten Dauer des Wohnsitzes abhängig machen.

Art. 9 Wahlperiode. (1) [1]Der Landtag wird auf fünf Jahre gewählt. [2]Seine Wahlperiode beginnt mit seinem Zusammentritt und endet mit dem Zusammentritt des nächsten Landtages.

(2) Der nächste Landtag ist frühestens 56, spätestens 59 Monate nach Beginn der Wahlperiode zu wählen, im Fall der Auflösung des Landtages binnen zwei Monaten.

(3) Der Landtag tritt spätestens am 30. Tage nach seiner Wahl zusammen.

Art. 10 Auflösung des Landtages. (1) [1]Der Landtag kann seine Auflösung beschließen. [2]Der Beschluß ist unwiderruflich.

(2) [1]Der Antrag auf Auflösung kann nur von mindestens einem Drittel der Mitglieder des Landtages gestellt werden. [2]Zu dem Beschluß ist die Zustimmung von zwei Dritteln der anwesenden Mitglieder, mindestens jedoch die Zustimmung der Mehrheit der Mitglieder des Landtages erforderlich.

(3) Über den Antrag auf Auflösung kann frühestens am elften und muß spätestens am 30. Tage nach Schluß der Besprechung abgestimmt werden.

Art. 11 Beginn und Ende des Mandats, Wahlprüfung. (1) Die Mitgliedschaft im Landtag beginnt mit der Annahme der Wahl, jedoch nicht vor Beginn der Wahlperiode.

(2) [1]Der Landtag prüft auf Antrag die Gültigkeit der Wahl. [2]Er entscheidet auch, ob ein Mitglied des Landtages sein Mandat verloren hat, wenn der Verlust nicht schon aus einem Richterspruch folgt.

(3) [1]Das Nähere regelt ein Gesetz. [2]Es kann Entscheidungen nach Absatz 2 einem Ausschuß oder der Präsidentin oder dem Präsidenten des Landtages übertragen.

(4) Die Entscheidungen nach den Absätzen 2 und 3 können beim Staatsgerichtshof angefochten werden.

Art. 12 Rechtsstellung der Mitglieder des Landtages. [1]Die Mitglieder des Landtages vertreten das ganze Volk. [2]Sie sind an Aufträge und Weisungen nicht gebunden und nur ihrem Gewissen unterworfen.

Art. 13 Bewerbung, Mandatsausübung, Entschädigung. (1) Wer sich um ein Mandat im Landtag bewirbt, hat Anspruch auf den zur Vorbereitung seiner Wahl erforderlichen Urlaub.

(2) ¹Niemand darf gehindert werden, ein Landtagsmandat zu übernehmen und auszuüben. ²Die Kündigung eines Beschäftigungsverhältnisses aus diesem Grunde ist unzulässig.

(3) ¹Die Mitglieder des Landtages haben Anspruch auf eine angemessene, ihre Unabhängigkeit sichernde Entschädigung. ²Das Nähere bestimmt ein Gesetz.

Art. 14 Indemnität. ¹Ein Mitglied des Landtages darf zu keiner Zeit wegen seiner Abstimmung oder wegen einer Äußerung, die es im Landtag, in einem Ausschuß oder in einer Fraktion getan hat, gerichtlich oder dienstlich verfolgt oder anderweitig außerhalb des Landtages zur Verantwortung gezogen werden. ²Dies gilt nicht für verleumderische Beleidigungen.

Art. 15 Immunität. (1) Wegen einer mit Strafe bedrohten Handlung darf ein Mitglied des Landtages nur mit Genehmigung des Landtages zur Verantwortung gezogen oder verhaftet werden, es sei denn, daß es bei Begehung der Tat, spätestens bis zum Ablauf des folgenden Tages, festgenommen wird.

(2) Die Genehmigung des Landtages ist ferner bei jeder anderen Beschränkung der persönlichen Freiheit eines Mitglieds des Landtages oder zur Einleitung eines Verfahrens gegen ein Mitglied des Landtages gemäß Art. 18 des Grundgesetzes für die Bundesrepublik Deutschland erforderlich.

(3) Jedes Strafverfahren und jedes Verfahren gemäß Art. 18 des Grundgesetzes für die Bundesrepublik Deutschland gegen ein Mitglied des Landtages, jede Haft und jede sonstige Beschränkung seiner persönlichen Freiheit sind auf Verlangen des Landtages auszusetzen.

Art. 16 Zeugnisverweigerungsrecht. (1) Mitglieder des Landtages sind berechtigt, über Personen, die ihnen als Mitgliedern des Landtages oder denen sie in dieser Eigenschaft Tatsachen anvertraut haben, sowie über diese Tatsachen selbst das Zeugnis zu verweigern.

(2) ¹Den Mitgliedern des Landtages stehen Personen gleich, die sie in Ausübung ihres Mandats zur Mitarbeit herangezogen haben. ²Über die Ausübung ihres Zeugnisverweigerungsrechts entscheidet das Mitglied des Landtages, es sei denn, daß seine Entscheidung in absehbarer Zeit nicht herbeigeführt werden kann.

(3) Soweit das Zeugnisverweigerungsrecht reicht, ist eine Beschlagnahme unzulässig.

Art. 17 Abgeordnetenanklage. (1) Der Landtag kann ein Mitglied des Landtages wegen gewinnsüchtigen Mißbrauchs seiner Stellung als Mitglied des Landtages vor dem Staatsgerichtshof anklagen.

(2) ¹Der Antrag auf Erhebung der Anklage muß von mindestens einem Drittel der Mitglieder des Landtages gestellt werden. ²Der Beschluß auf Erhebung der Anklage bedarf der Zustimmung von zwei Dritteln der Mitglieder des Landtages.

(3) Erkennt der Staatsgerichtshof im Sinne der Anklage, so verliert das Mitglied des Landtages sein Mandat.

Landesverfassung

Art. 18 Präsidium. (1) Der Landtag wählt seine Präsidentin oder seinen Präsidenten, deren oder dessen Stellvertreterin oder Stellvertreterinnen oder Stellvertreter und die Schriftführerinnen oder Schriftführer (Präsidium).

(2) ¹Die Präsidentin oder der Präsident übt das Hausrecht und die Ordnungsgewalt in den Räumen des Landtages aus. ²Eine Durchsuchung oder Beschlagnahme in diesen Räumen bedarf ihrer oder seiner Einwilligung.

(3) ¹Die Präsidentin oder der Präsident vertritt das Land in Angelegenheiten des Landtages, leitet dessen Verwaltung und übt die dienstrechtlichen Befugnisse aus. ²Sie oder er ist dabei nur an Gesetz und Recht gebunden. ³Wichtige Personalentscheidungen trifft sie oder er im Benehmen mit dem Präsidium.

(4) ¹Der Landtag kann Mitglieder des Präsidiums auf Antrag der Mehrheit der Mitglieder des Landtages durch Beschluß abberufen. ²Der Beschluß bedarf der Zustimmung von zwei Dritteln der Mitglieder des Landtages.

Art. 19 Fraktionen, Opposition. (1) Mitglieder des Landtages können sich nach Maßgabe der Geschäftsordnung des Landtages zu Fraktionen zusammenschließen.

(2) ¹Die Fraktionen und die Mitglieder des Landtages, die die Landesregierung nicht stützen, haben das Recht auf Chancengleichheit in Parlament und Öffentlichkeit. ²Sie haben Anspruch auf die zur Erfüllung ihrer besonderen Aufgaben erforderliche Ausstattung; das Nähere regelt ein Gesetz.

Art. 20 Ausschüsse, Ältestenrat. (1) Zur Vorbereitung seiner Beschlüsse setzt der Landtag Ausschüsse ein.

(2) ¹In den Ausschüssen müssen die Fraktionen des Landtages ihrer Stärke entsprechend, mindestens jedoch durch ein Mitglied mit beratender Stimme, vertreten sein. ²Fraktionslose Mitglieder des Landtages sind angemessen zu berücksichtigen. ³Jedes Ausschußmitglied kann im Ausschuß Anträge stellen.

(3) ¹Zur Unterstützung der Präsidentin oder des Präsidenten in parlamentarischen Angelegenheiten bildet der Landtag einen Ältestenrat. ²Absatz 2 gilt entsprechend.

Art. 21 Geschäftsordnung, Einberufung, Beschlußfassung. (1) Der Landtag gibt sich eine Geschäftsordnung.

(2) ¹Die Präsidentin oder der Präsident des Landtages beruft den Landtag ein und bestimmt, soweit der Landtag nicht darüber beschlossen hat, den Beginn und die Tagesordnung der Sitzungen. ²Der Landtag ist unverzüglich einzuberufen, wenn ein Viertel seiner Mitglieder oder die Landesregierung es unter Angabe des Beratungsgegenstandes verlangt.

(3) ¹Zu seiner ersten Sitzung wird der Landtag von der Präsidentin oder dem Präsidenten des bisherigen Landtages einberufen. ²Absatz 2 Satz 2 gilt entsprechend.

(4) ¹Der Landtag beschließt mit der Mehrheit der abgegebenen Stimmen, sofern diese Verfassung nichts anderes bestimmt. ²Für Beschlüsse zum Verfahren

des Landtages und für Wahlen kann auch durch die Geschäftsordnung oder durch Gesetz Abweichendes bestimmt werden. ³Die Beschlußfähigkeit wird durch die Geschäftsordnung geregelt.

Art. 22 Öffentlichkeit. (1) ¹Der Landtag verhandelt öffentlich. ²Auf Antrag eines Zehntels seiner Mitglieder oder auf Antrag der Landesregierung kann die Öffentlichkeit mit Zustimmung von zwei Dritteln der anwesenden Mitglieder des Landtages ausgeschlossen werden. ³Über den Antrag wird in nichtöffentlicher Sitzung entschieden.

(2) Wahrheitsgetreue Berichte über die öffentlichen Sitzungen des Landtages und seiner Ausschüsse bleiben von jeder Verantwortlichkeit frei.

Art. 23 Anwesenheit der Landesregierung. (1) Der Landtag und seine Ausschüsse können die Anwesenheit eines jeden Mitglieds der Landesregierung verlangen.

(2) ¹Die Mitglieder der Landesregierung und ihre Beauftragten haben zu den Sitzungen des Landtages und seiner Ausschüsse Zutritt. ²Sie müssen jederzeit gehört werden. ³Sie unterstehen der Ordnungsgewalt der Präsidentin oder des Präsidenten oder der Vorsitzenden oder des Vorsitzenden.

(3) Absatz 2 Satz 1 und 2 gilt nicht für die Sitzungen der Untersuchungsausschüsse, des Wahlprüfungsausschusses und des Ausschusses zur Vorbereitung der Wahl der Mitglieder des Staatsgerichtshofs.

Art. 24 Auskunft, Aktenvorlage und Zugang zu öffentlichen Einrichtungen. (1) Anfragen von Mitgliedern des Landtages hat die Landesregierung im Landtag und in seinen Ausschüssen nach bestem Wissen unverzüglich und vollständig zu beantworten.

(2) ¹Die Landesregierung hat, wenn es mindestens ein Fünftel der Ausschußmitglieder verlangt, zum Gegenstand einer Ausschußsitzung Akten unverzüglich und vollständig vorzulegen und Zugang zu öffentlichen Einrichtungen zu gewähren. ²Für Akten und Einrichtungen, die nicht in der Hand des Landes sind, gilt dies, soweit das Land die Vorlage oder den Zugang verlangen kann.

(3) ¹Die Landesregierung braucht dem Verlangen nicht zu entsprechen, soweit dadurch die Funktionsfähigkeit und Eigenverantwortung der Landesregierung wesentlich beeinträchtigt würden oder zu befürchten ist, daß durch das Bekanntwerden von Tatsachen dem Wohl des Landes oder des Bundes Nachteile zugefügt oder schutzwürdige Interessen Dritter verletzt werden. ²Die Entscheidung ist zu begründen.

(4) Näheres kann ein Gesetz regeln.

Art. 25 Unterrichtungspflicht der Landesregierung. (1) ¹Die Landesregierung ist verpflichtet, den Landtag über die Vorbereitung von Gesetzen sowie über Grundsatzfragen der Landesplanung, der Standortplanung und Durchfüh-

Landesverfassung **NdsVerf 1**

rung von Großvorhaben frühzeitig und vollständig zu unterrichten. [2]Das gleiche gilt, soweit es um Gegenstände von grundsätzlicher Bedeutung geht, für die Vorbereitung von Verordnungen, für die Mitwirkung im Bundesrat sowie für die Zusammenarbeit mit dem Bund, den Ländern, anderen Staaten, der Europäischen Gemeinschaft und deren Organen.

(2) Art. 24 Abs. 3 Satz 1 gilt entsprechend.

(3) Näheres kann ein Gesetz regeln.

Art. 26 Behandlung von Eingaben. Die Behandlung an den Landtag gerichteter Bitten und Beschwerden obliegt dem Landtag, der sich zur Vorbereitung des nach der Geschäftsordnung zuständigen Ausschusses bedient.

Art. 27 Untersuchungsausschüsse. (1) [1]Der Landtag hat das Recht und auf Antrag von mindestens einem Fünftel seiner Mitglieder die Pflicht, Untersuchungsausschüsse einzusetzen, um Sachverhalte im öffentlichen Interesse aufzuklären. [2]Gegen den Willen der Antragstellerinnen oder Antragsteller darf der Untersuchungsauftrag nur ausgedehnt werden, wenn dessen Kern gewahrt bleibt und keine wesentliche Verzögerung zu erwarten ist.

(2) [1]Die Ausschüsse erheben die erforderlichen Beweise. [2]Hält ein Fünftel der Ausschußmitglieder einen bestimmten Beweis für erforderlich, so hat der Ausschuß ihn zu erheben.

(3) [1]Die Beweisaufnahme ist öffentlich. [2]Die Beratungen sind nicht öffentlich. [3]Der Ausschluß der Öffentlichkeit bei der Beweiserhebung und die Herstellung der Öffentlichkeit bei der Beratung bedürfen einer Mehrheit von zwei Dritteln der Ausschußmitglieder. [4]Über den Ausschluß der Öffentlichkeit wird in nichtöffentlicher Sitzung entschieden.

(4) [1]Gerichte und Verwaltungsbehörden haben Rechts- und Amtshilfe zu leisten und ihren Bediensteten die Aussage vor den Ausschüssen zu genehmigen. [2]Dies gilt nicht, soweit Gründe nach Art. 24 Abs. 3 entgegenstehen.

(5) [1]Die Ausschüsse berichten über ihre Untersuchungen. [2]Ausschußmitglieder, die einen Bericht für unzutreffend halten, können ihre Auffassung in einem Zusatz zu dem Bericht darstellen.

(6) [1]Der Landtag kann das Verfahren der Ausschüsse durch Gesetz oder Geschäftsordnung näher regeln. [2]Soweit er nichts anderes bestimmt, sind auf die Erhebungen der Ausschüsse und der von ihnen ersuchten Gerichte und Behörden die Vorschriften über den Strafprozeß sinngemäß anzuwenden. [3]Das Brief-, Post- und Fernmeldegeheimnis bleibt unberührt.

(7) Hält ein Gericht die einem Ausschuß aufgegebene Untersuchung für verfassungswidrig und ist dies für seine Entscheidung erheblich, so hat es das Verfahren auszusetzen und die Entscheidung des Staatsgerichtshofs einzuholen.

(8) [1]Die Berichte der Ausschüsse sind der richterlichen Erörterung entzogen. [2]In der Würdigung und Beurteilung des der Untersuchung zugrundeliegenden Sachverhalts sind die Gerichte frei.

Dritter Abschnitt
Die Landesregierung

Art. 28 Aufgabe und Zusammensetzung. (1) Die Landesregierung übt die vollziehende Gewalt aus.

(2) Die Landesregierung besteht aus der Ministerpräsidentin oder dem Ministerpräsidenten und den Ministerinnen und Ministern.

(3) Mitglieder des Bundestages, des Europäischen Parlaments und der Volksvertretungen anderer Länder dürfen der Landesregierung nicht angehören.

Art. 29 Regierungsbildung. (1) Die Ministerpräsidentin oder der Ministerpräsident wird vom Landtag mit der Mehrheit seiner Mitglieder ohne Aussprache in geheimer Abstimmung gewählt.

(2) Die Ministerpräsidentin oder der Ministerpräsident beruft die übrigen Mitglieder der Landesregierung und bestimmt ein Mitglied, das sie oder ihn vertritt.

(3) Die Landesregierung bedarf zur Amtsübernahme der Bestätigung durch den Landtag.

(4) Die Berufung und Entlassung eines Mitglieds der Landesregierung durch die Ministerpräsidentin oder den Ministerpräsidenten nach der Bestätigung bedarf der Zustimmung des Landtages.

(5) Wird die Bestätigung versagt, so kann das Verfahren nach den Absätzen 1 bis 3 wiederholt werden.

Art. 30 Auflösung des Landtages, vereinfachte Regierungsbildung.
(1) [1]Kommt die Regierungsbildung und -bestätigung auf Grund des Artikels 29 innerhalb von 21 Tagen nach dem Zusammentritt des neugewählten Landtages oder dem Rücktritt einer Landesregierung nicht zustande, so beschließt der Landtag innerhalb von weiteren 14 Tagen über seine Auflösung. [2]Der Beschluß bedarf der Mehrheit der Mitglieder des Landtages.

(2) [1]Wird die Auflösung nicht beschlossen, so findet unverzüglich eine neue Wahl der Ministerpräsidentin oder des Ministerpräsidenten statt. [2]Gewählt ist, wer die meisten Stimmen erhält. [3]Die weitere Regierungsbildung vollzieht sich nach Art. 29 Abs. 2. [4]Art. 29 Abs. 3 findet keine Anwendung.

Art. 31 Bekenntnis und Amtseid. [1]Die Mitglieder der Landesregierung haben sich bei der Amtsübernahme vor dem Landtag zu den Grundsätzen eines freiheitlichen, republikanischen, demokratischen, sozialen und dem Schutz der natürlichen Lebensgrundlagen verpflichteten Rechtsstaates zu bekennen und folgenden Eid zu leisten: [2]„Ich schwöre, daß ich meine Kraft dem Volke und dem Lande widmen, das Grundgesetz für die Bundesrepublik Deutschland und die Niedersächsische Verfassung sowie die Gesetze wahren und verteidigen, meine Pflichten gewissenhaft erfüllen und Gerechtigkeit gegenüber allen Menschen üben werde." [3]Der Eid kann mit der Beteuerung „So wahr mir Gott helfe" oder ohne sie geleistet werden.

Landesverfassung

Art. 32 Mißtrauensvotum. (1) Der Landtag kann der Ministerpäsidentin oder dem Ministerpräsidenten das Vertrauen entziehen.

(2) ¹Der Antrag kann nur von mindestens einem Drittel der Mitglieder des Landtages gestellt werden. ²Über den Antrag darf frühestens 21 Tage nach Schluß der Besprechung abgestimmt werden.

(3) Das Vertrauen kann nur dadurch entzogen werden, daß der Landtag mit der Mehrheit seiner Mitglieder eine Nachfolgerin oder einen Nachfolger wählt.

Art. 33 Rücktritt. (1) Die Mitglieder der Landesregierung können jederzeit zurücktreten.

(2) Die Ministerpräsidentin oder der Ministerpräsident gilt als zurückgetreten, sobald ein neugewählter Landtag zusammentritt oder sobald der Landtag ihr oder ihm das Vertrauen entzieht.

(3) Scheidet die Ministerpräsidentin oder der Ministerpräsident aus oder tritt sie oder er zurück, so gilt die Landesregierung als zurückgetreten.

(4) Die Mitglieder der Landesregierung sind im Falle ihres Rücktritts verpflichtet, die Geschäfte bis zu deren Übernahme durch ihre Nachfolgerinnen oder Nachfolger weiterzuführen.

Art. 34 Rechtsstellung der Regierungsmitglieder. (1) ¹Die Mitglieder der Landesregierung sind keine Beamte. ²Ihre Bezüge regelt ein Gesetz.

(2) ¹Die Mitglieder der Landesregierung dürfen kein anderes besoldetes Amt, kein Gewerbe und keinen Beruf ausüben und weder der Leitung noch dem Aufsichtsrat eines auf Erwerb gerichteten Unternehmens angehören. ²Die Landesregierung kann Ausnahmen zulassen, insbesondere für die Entsendung in Organe von Unternehmen, an denen die öffentliche Hand beteiligt ist. ³Jede Ausnahme ist dem Landtag mitzuteilen.

Art. 35 Vertretung des Landes, Staatsverträge. (1) Die Ministerpräsidentin oder der Ministerpräsident vertritt das Land nach außen.

(2) Verträge des Landes, die sich auf Gegenstände der Gesetzgebung beziehen, bedürfen der Zustimmung des Landtages.

Art. 36 Begnadigungsrecht, Amnestie. (1) ¹Die Ministerpräsidentin oder der Ministerpräsident übt im Einzelfall das Begnadigungsrecht aus. ²Sie oder er kann ihre oder seine Befugnisse auf andere Stellen übertragen.

(2) Allgemeine Straferlasse und die Niederschlagung von Strafsachen bedürfen eines Gesetzes.

Art. 37 Richtlinien der Politik, Ressortprinzip, Zuständigkeit der Landesregierung. (1) ¹Die Ministerpräsidentin oder der Ministerpräsident bestimmt die Richtlinien der Politik und trägt dafür die Verantwortung. ²Innerhalb dieser Richtlinien leitet jedes Mitglied der Landesregierung seinen Geschäftsbereich selbständig und unter eigener Verantwortung.

(2) Die Landesregierung beschließt
1. über alle Angelegenheiten, die der Landesregierung gesetzlich übertragen sind,
2. über die Bestellung der Vertreterinnen oder Vertreter im Bundesrat und deren Stimmabgabe,
3. über die Abgrenzung der Geschäftsbereiche,
4. über Fragen, die mehrere Geschäftsbereiche berühren, wenn die beteiligten Mitglieder der Landesregierung sich nicht verständigen,
5. über Gesetzentwürfe, die sie beim Landtag einbringt,
6. über Verordnungen, soweit gesetzlich nichts anderes bestimmt ist.

Art. 38 Verwaltungsorganisation, dienstrechtliche Befugnisse. (1) Die Landesregierung beschließt über die Organisation der öffentlichen Verwaltung, soweit nicht Gesetze die Organisation regeln.

(2) Die Landesregierung ernennt und entläßt die Berufsrichterinnen, Berufsrichter, Beamtinnen und Beamten.

(3) Die Landesregierung kann diese Befugnisse auf einzelne Mitglieder der Landesregierung oder auf andere Stellen übertragen.

Art. 39 Sitzungen der Landesregierung. (1) [1]In der Landesregierung führt die Ministerpräsidentin oder der Ministerpräsident den Vorsitz und leitet die Geschäfte nach einer von der Landesregierung zu beschließenden Geschäftsordnung. [2]Die Geschäftsordnung ist zu veröffentlichen.

(2) [1]Die Landesregierung faßt ihre Beschlüsse mit Stimmenmehrheit. [2]Kein Mitglied darf sich der Stimme enthalten. [3]Bei Stimmengleichheit entscheidet die Stimme der Ministerpräsidentin oder des Ministerpräsidenten. [4]Die Beschlußfähigkeit der Landesregierung und die Stellvertretung der Ministerinnen oder Minister werden durch die Geschäftsordnung geregelt.

(3) Für die Beratung des Entwurfs des Haushaltsplans sowie für die Beschlußfassung über Ausgaben außerhalb des Haushaltsplans kann die Geschäftsordnung eine von Absatz 2 Satz 1 abweichende Regelung treffen.

Art. 40 Anklage von Regierungsmitgliedern. (1) [1]Der Landtag kann Mitglieder der Landesregierung vor dem Staatsgerichtshof anklagen, daß sie in Ausübung des Amtes vorsätzlich die Verfassung oder ein Gesetz verletzt haben. [2]Art. 17 Abs. 2 gilt entsprechend.

(2) [1]Erkennt der Staatsgerichtshof im Sinne der Anklage, so kann er das Mitglied der Landesregierung des Amtes für verlustig erklären. [2]Die Anklage wird durch den vor oder nach ihrer Erhebung erfolgten Rücktritt des Mitglieds der Landesregierung nicht berührt.

(3) [1]Jedes Mitglied der Landesregierung kann mit Zustimmung der Landesregierung die Entscheidung des Staatsgerichtshofs über einen gegen das Mitglied in der Öffentlichkeit erhobenen Vorwurf nach Absatz 1 Satz 1 beantragen. [2]Für das weitere Verfahren gelten die Vorschriften des Absatzes 2.

Landesverfassung

Vierter Abschnitt
Die Gesetzgebung

Art. 41 Erfordernis der Gesetzesform. Allgemein verbindliche Vorschriften der Staatsgewalt, durch die Rechte oder Pflichten begründet, geändert oder aufgehoben werden, bedürfen der Form des Gesetzes.

Art. 42 Gesetzgebungsverfahren. (1) Die Gesetze werden vom Landtag oder durch Volksentscheid beschlossen.

(2) Vor dem Beschluß des Landtages kann die Landesregierung verlangen, daß die Abstimmung bis zu 30 Tagen ausgesetzt wird.

(3) Gesetzentwürfe werden beim Landtag aus seiner Mitte, von der Landesregierung, durch Volksinitiative oder Volksbegehren eingebracht.

Art. 43 Verordnungen. (1) ¹Gesetze können die Landesregierung, Ministerien und andere Behörden ermächtigen, Vorschriften im Sinne des Artikels 41 als Verordnungen zu erlassen. ²Die Gesetze müssen Inhalt, Zweck und Ausmaß der Ermächtigung bestimmen.

(2) ¹In der Verordnung ist die Rechtsgrundlage anzugeben. ²Die Ermächtigung zum Erlaß einer Verordnung darf nur, wenn das Gesetz dies zuläßt, und nur durch Verordnung weiter übertragen werden.

Art. 44 Notverordnungen. (1) Ist der Landtag durch höhere Gewalt daran gehindert, sich frei zu versammeln, und wird dies durch die Präsidentin oder den Präsidenten des Landtages festgestellt, so kann die Landesregierung zur Aufrechterhaltung der öffentlichen Sicherheit und Ordnung oder zur Beseitigung eines Notstandes Verordnungen mit Gesetzeskraft, die der Verfassung nicht widersprechen, erlassen.

(2) Diese Verordnungen bedürfen der Zustimmung des Ältestenrates des Landtages.

(3) Ist auch der Ältestenrat durch höhere Gewalt gehindert, sich frei zu versammeln, und wird dies durch die Präsidentin oder den Präsidenten des Landtages festgestellt, so bedürfen die Verordnungen der Zustimmung der Präsidentin oder des Präsidenten des Landtages.

(4) ¹Die Verordnungen sind dem Landtag unverzüglich vorzulegen. ²Er kann sie aufheben.

Art. 45 Ausfertigung, Verkündung, Inkrafttreten. (1) ¹Die verfassungsmäßig beschlossenen Gesetze sind unverzüglich von der Präsidentin oder dem Präsidenten des Landtages auszufertigen und von der Ministerpräsidentin oder dem Ministerpräsidenten im Gesetz- und Verordnungsblatt zu verkünden. ²Verordnungen werden von der Stelle, die sie erläßt, ausgefertigt und vorbehaltlich anderweitiger gesetzlicher Regelung im Gesetz- und Verordnungsblatt verkündet.

(2) Verordnungen, die auf Grund des Artikels 44 beschlossen sind, werden von der Präsidentin oder dem Präsidenten des Landtages gemeinsam mit der Ministerpräsidentin oder dem Ministerpräsidenten ausgefertigt und, falls eine Verkündung im Gesetz- und Verordnungsblatt nicht möglich ist, öffentlich bekanntgemacht.

(3) [1]Jedes Gesetz und jede Verordnung soll den Tag des Inkrafttretens bestimmen. [2]Fehlt eine solche Bestimmung, so treten sie mit dem 14. Tage nach Ablauf des Tages in Kraft, an dem das Gesetz- und Verordnungsblatt ausgegeben worden ist.

Art. 46 Verfassungsänderungen. (1) Diese Verfassung kann nur durch ein Gesetz geändert werden, das ihren Wortlaut ausdrücklich ändert oder ergänzt.

(2) Verfassungsänderungen, die den in Art. 1 Abs. 2 und Art. 2 niedergelegten Grundsätzen widersprechen, sind unzulässig.

(3) [1]Ein verfassungsänderndes Gesetz bedarf der Zustimmung von zwei Dritteln der Mitglieder des Landtages. [2]Für Verfassungsänderungen durch Volksentscheid gilt Art. 49 Abs. 2.

Fünfter Abschnitt
Volksinitiative, Volksbegehren und Volksentscheid

Art. 47 Volksinitiative. [1]70 000 Wahlberechtigte können schriftlich verlangen, daß sich der Landtag im Rahmen seiner verfassungsmäßigen Zuständigkeit mit bestimmten Gegenständen der politischen Willensbildung befaßt. [2]Ihre Vertreterinnen oder Vertreter haben das Recht, angehört zu werden.

Art. 48 Volksbegehren. (1) [1]Ein Volksbegehren kann darauf gerichtet werden, ein Gesetz im Rahmen der Gesetzgebungsbefugnis des Landes zu erlassen, zu ändern oder aufzuheben. [2]Dem Volksbegehren muß ein ausgearbeiteter, mit Gründen versehener Gesetzentwurf zugrunde liegen. [3]Gesetze über den Landeshaushalt, über öffentliche Abgaben sowie über Dienst- und Versorgungsbezüge können nicht Gegenstand eines Volksbegehrens sein.

(2) Die Landesregierung entscheidet, ob das Volksbegehren zulässig ist; gegen ihre Entscheidung kann der Staatsgerichtshof angerufen werden.

(3) [1]Das Volksbegehren kommt zustande, wenn es von zehn vom Hundert der Wahlberechtigten unterstützt wird. [2]Die Landesregierung leitet dann den Gesetzentwurf mit ihrer Stellungnahme unverzüglich an den Landtag weiter.

Art. 49 Volksentscheid. (1) [1]Nimmt der Landtag einen Gesetzentwurf, der ihm auf Grund eines Volksbegehrens zugeleitet wird, nicht innerhalb von sechs Monaten im wesentlichen unverändert an, so findet spätestens sechs Monate nach Ablauf der Frist oder nach dem Beschluß des Landtages, den Entwurf nicht als Gesetz anzunehmen, ein Volksentscheid über den Gesetzentwurf statt.

Landesverfassung

²Der Landtag kann dem Volk einen eigenen Gesetzentwurf zum Gegenstand des Volksbegehrens zur Entscheidung mit vorlegen.

(2) ¹Ein Gesetz ist durch Volksentscheid beschlossen, wenn die Mehrheit derjenigen, die ihre Stimme abgegeben haben, jedoch mindestens ein Viertel der Wahlberechtigten, dem Entwurf zugestimmt hat. ²Die Verfassung kann durch Volksentscheid nur geändert werden, wenn mindestens die Hälfte der Wahlberechtigten zustimmt.

Art. 50 Kostenerstattung, Ausführungsgesetz. (1) Ist ein Volksbegehren zustande gekommen, haben die Vertreterinnen und Vertreter des Volksbegehrens Anspruch auf Erstattung der notwendigen Kosten einer angemessenen Information der Öffentlichkeit über die Ziele des Volksbegehrens.

(2) Das Nähere über Volksinitiative, Volksbegehren und Volksentscheid regelt ein Gesetz.*

---

* Vgl. dazu §§ 15 f., 19 NVAbstG:
§ **15 Anzeigeverfahren.** (1) ¹Die Absicht, Unterschriften für ein Volksbegehren zu sammeln, ist schriftlich bei der Landeswahlleiterin oder dem Landeswahlleiter anzuzeigen. ²Die Anzeige muß den Gesetzentwurf und die Begründung enthalten und die Vertreterinnen und Vertreter benennen. ³Die Anzeige muß von allen Vertreterinnen und Vertretern eigenhändig unterschrieben werden.

(2) Die Landeswahlleiterin oder der Landeswahlleiter teilt dem Landtag und der Landesregierung das beabsichtigte Volksbegehren mit.

(3) Die Landeswahlleiterin oder der Landeswahlleiter übermittelt den Vertreterinnen und Vertretern ein Muster, nach dem die Unterschriftenbögen für das Volksbegehren zu gestalten sind.

(4) Das beabsichtigte Volksbegehren ist mit einer kurzgefaßten Wiedergabe seines Inhalts und der Ausgabe der Vertreterinnen und Vertreter im Niedersächsischen Ministerialblatt bekanntzumachen.

§ **16 Eintragung in die Unterschriftenbögen.** (1) ¹Die Personen, die das Volksbegehren unterstützen wollen, sind auf den Unterschriftenbögen mit leserlicher Angabe des Vor- und Familiennamens, des Geburtsdatums und der Hauptwohnung einzutragen und müssen ihre eigenhändige Unterschrift hinzusetzen. ²Dieselbe Person darf nur einmal eingetragen sein.

(2) Werden auf einem Unterschriftenbogen mehrere Personen eingetragen, so müssen sie ihre Hauptwohnung in derselben Gemeinde haben.

(3) Eine Eintragung kann nicht zurückgenommen werden.

§ **19 Entscheidung über die Zulässigkeit des Volksbegehrens.** (1) ¹Sobald den Gemeinden gültige Eintragungen von insgesamt mindestens 25 000 Stimmberechtigten vorliegen, können die Vertreterinnen und Vertreter die Feststellung der Zulässigkeit des Volksbegehrens (Art. 48 Abs. 2 der Niedersächsischen Verfassung) beantragen. ²Wird in Satz 1 genannte Zahl nicht binnen sechs Monaten nach der Bekanntmachung gemäß § 15 Abs. 4 erreicht oder wird innerhalb dieser Frist der Antrag nach Satz 1 nicht gestellt, so ist das Volksbegehren erledigt. ³Wird den Vertreterinnen und Vertretern später als zwei Wochen vor Ablauf der Sechsmonatsfrist bekannt gegeben, dass die in Satz 1 genannte Zahl erreicht worden ist, so kann der Antrag nach Satz 1 auch noch binnen zwei Wochen nach der Bekanntgabe gestellt werden.

Sechster Abschnitt
Die Rechtsprechung

Art. 51 Gerichte, Richterinnen und Richter. (1) Die rechtsprechende Gewalt wird im Namen des Volkes durch die nach den Gesetzen bestellten Gerichte ausgeübt.

(2) Die Gerichte sind mit Berufsrichterinnen oder Berufsrichtern sowie in den durch Gesetz bestimmten Fällen mit ehrenamtlichen Richterinnen oder Richtern besetzt.

(3) Durch Gesetz kann bestimmt werden, daß bei der Anstellung von Berufsrichterinnen und Berufsrichtern ein Richterwahlausschuß mitwirkt.

(4) Die Richterinnen und Richter sind unabhängig und nur dem Gesetz unterworfen.

Art. 52 Richteranklage. (1) [1]Verstößt eine Berufsrichterin oder ein Berufsrichter im Amt oder außerhalb des Amtes gegen die Grundsätze des Grundgesetzes für die Bundesrepublik Deutschland oder dieser Verfassung, so kann das Bundesverfassungsgericht mit Zweidrittelmehrheit auf Antrag des Landtages anordnen, daß die Richterin oder der Richter in ein anderes Amt oder in den Ruhestand zu versetzen ist. [2]Im Falle eines vorsätzlichen Verstoßes kann auf Entlassung erkannt werden. [3]Der Antrag des Landtages kann nur mit der Mehrheit seiner Mitglieder beschlossen werden.

(2) Unter den Voraussetzungen des Absatzes 1 kann das Bundesverfassungsgericht die Bestellung von ehrenamtlichen Richterinnen oder Richtern zurücknehmen.

Art. 53 Gewährleistung des Rechtsweges. Wird eine Person durch die öffentliche Gewalt in ihren Rechten verletzt, so steht ihr der Rechtsweg offen.

Art. 54 Zuständigkeit des Staatsgerichtshofs. Der Staatsgerichtshof entscheidet
1. über die Auslegung dieser Verfassung bei Streitigkeiten über den Umfang der Rechte und Pflichten eines obersten Landesorgans oder anderer Beteiligter, die durch diese Verfassung oder in der Geschäftsordnung des Landtages oder der Landesregierung mit eigenen Rechten ausgestattet sind, auf Antrag des obersten Landesorgans oder anderer Beteiligter;

---

* (2) Der Antrag ist bei der Landeswahlleiterin oder dem Landeswahlleiter einzureichen, die oder der ihn der Landesregierung zur Beschlußfassung zuleitet.

(3) [1]Die Entscheidung der Landesregierung ist vom zuständigen Ministerium den Vertreterinnen und Vertretern zuzustellen. [2]Sie ist zu begründen, wenn die Unzulässigkeit des Volksbegehrens festgestellt wird.

(4) Gegen die Entscheidung der Landesregierung kann der Staatsgerichtshof binnen eines Monats nach Zustellung der Entscheidung angerufen werden.

Landesverfassung

2. bei Streitigkeiten über die Durchführung von Volksinitiativen, Volksbegehren oder Volksentscheiden auf Antrag der Antragstellerinnen und Antragsteller, der Landesregierung oder eines Fünftels der Mitglieder des Landtages;
3. bei Meinungsverschiedenheiten oder Zweifeln über die förmliche oder sachliche Vereinbarkeit von Landesrecht mit dieser Verfassung auf Antrag der Landesregierung oder eines Fünftels der Mitglieder des Landtages;
4. über die Vereinbarkeit eines Landesgesetzes mit dieser Verfassung auf Vorlage eines Gerichts gemäß Art. 100 Abs. 1 des Grundgesetzes für die Bundesrepublik Deutschland;
5. über Verfassungsbeschwerden von Gemeinden und Gemeindeverbänden wegen Verletzung des Rechts auf Selbstverwaltung durch ein Landesgesetz;
6. in den übrigen ihm durch diese Verfassung oder durch Gesetz zugewiesenen Fällen.

Art. 55 Verfassung und Verfahren des Staatsgerichtshofs. (1) Der Staatsgerichtshof besteht aus neun Mitgliedern und neun stellvertretenden Mitgliedern, die jeweils ein Mitglied persönlich vertreten.

(2) [1]Die Mitglieder und stellvertretenden Mitglieder des Staatsgerichtshofs werden vom Landtag ohne Aussprache mit einer Mehrheit von zwei Dritteln der anwesenden Mitglieder des Landtages, mindestens aber mit der Mehrheit seiner Mitglieder, auf sieben Jahre gewählt. [2]Eine Wiederwahl ist nur einmal zulässig.

(3) [1]Die Mitglieder des Staatsgerichtshofs dürfen während ihrer Amtszeit weder dem Landtag noch der Landesregierung oder einem entsprechenden Organ des Bundes oder eines anderen Landes oder der Europäischen Gemeinschaft angehören. [2]Sie dürfen beruflich weder im Dienst des Landes noch einer Körperschaft, Anstalt oder Stiftung des öffentlichen Rechts unter der Aufsicht des Landes stehen. [3]Ausgenommen ist der Dienst als Berufsrichterin oder Berufsrichter und als Hochschullehrerin oder Hochschullehrer.

(4) Ein Gesetz regelt das Nähere über die Verfassung und das Verfahren des Staatsgerichtshofs und bestimmt, in welchen Fällen seine Entscheidungen Gesetzeskraft haben.

(5) Der Staatsgerichtshof hat seinen Sitz in Bückeburg.

Siebenter Abschnitt
Die Verwaltung

Art. 56 Landesverwaltung. (1) Das Land übt seine Verwaltung durch die Landesregierung und die ihr nachgeordneten Behörden aus.

(2) Der allgemeine Aufbau und die räumliche Gliederung der allgemeinen Landesverwaltung bedürfen eines Gesetzes.

1 NdsVerf
Landesverfassung

Art. 57 Selbstverwaltung. (1) Gemeinden und Landkreise und die sonstigen öffentlich-rechtlichen Körperschaften verwalten ihre Angelegenheiten im Rahmen der Gesetze in eigener Verantwortung.

(2) ¹In den Gemeinden und Landkreisen muß das Volk eine Vertretung haben, die aus allgemeinen, unmittelbaren, freien, gleichen und geheimen Wahlen hervorgegangen ist. ²In Gemeinden kann an die Stelle einer gewählten Vertretung die Gemeindeversammlung treten.

(3) Die Gemeinden sind in ihrem Gebiet die ausschließlichen Träger der gesamten öffentlichen Aufgaben, soweit die Gesetze nicht ausdrücklich etwas anderes bestimmen.

(4) ¹Den Gemeinden und Landkreisen und den sonstigen kommunalen Körperschaften können durch Gesetz oder aufgrund eines Gesetzes durch Verordnung Pflichtaufgaben zur Erfüllung in eigener Verantwortung zugewiesen werden und staatliche Aufgaben zur Erfüllung nach Weisung übertragen werden. ²Für die durch Vorschriften nach Satz 1 verursachten erheblichen und notwendigen Kosten ist unverzüglich durch Gesetz der entsprechende finanzielle Ausgleich zu regeln. ³Soweit sich aus einer Änderung der Vorschriften nach Satz 1 erhebliche Erhöhungen der Kosten ergeben, ist der finanzielle Ausgleich entsprechend anzupassen; im Fall einer Verringerung der Kosten kann er angepasst werden. ⁴Der finanzielle Ausgleich für Vorschriften nach Satz 1, die vor dem 1. Januar 2006 erlassen worden sind, richtet sich nach dem bisher geltenden Recht; für den Fall einer Aufgabenverlagerung gilt Satz 3 uneingeschränkt, im Übrigen mit der Maßgabe, dass eine Anpassung im Fall der Verringerung der Kosten nicht erfolgt. ⁵Satz 1 gilt entsprechend, soweit sonstigen öffentlich-rechtlichen Körperschaften Aufgaben zugewiesen oder übertragen werden, wenn unverzüglich Bestimmungen über die Deckung der Kosten getroffen werden.

(5) Das Land stellt durch seine Aufsicht sicher, daß die Gesetze beachtet und die Auftragsangelegenheiten weisungsgemäß erfüllt werden.

(6) Bevor durch Gesetz oder Verordnung allgemeine Fragen geregelt werden, welche die Gemeinden oder die Landkreise unmittelbar berühren, sind die kommunalen Spitzenverbände zu hören.

(7) Wird das Land wegen eines Rechtsverstoßes einer kommunalen Körperschaft in Anspruch genommen, so kann es nach Maßgabe eines Landesgesetzes bei der Kommune Rückgriff nehmen.

Art. 58 Finanzwirtschaft der Gemeinden und Landkreise. Das Land ist verpflichtet, den Gemeinden und Landkreisen die zur Erfüllung ihrer Aufgaben erforderlichen Mittel durch Erschließung eigener Steuerquellen und im Rahmen seiner finanziellen Leistungsfähigkeit durch übergemeindlichen Finanzausgleich zur Verfügung zu stellen.

Art. 59 Gebietsänderung von Gemeinden und Landkreisen. (1) Aus Gründen des Gemeinwohls können Gemeinden und Landkreise aufgelöst, ver-

Landesverfassung

einigt oder neu gebildet und Gebietsteile von Gemeinden oder Landkreisen umgegliedert werden.

(2) [1]Gebietsänderungen bedürfen eines Gesetzes. [2]Gebietsteile können auch durch Vertrag der beteiligten Gemeinden oder Landkreise mit Genehmigung des Landes umgegliedert werden.

(3) Vor der Änderung von Gemeindegebieten ist die Bevölkerung der beteiligten Gemeinden zu hören.

Art. 60 Öffentlicher Dienst. [1]Die Ausübung hoheitsrechtlicher Befugnisse ist als ständige Aufgabe in der Regel Angehörigen des öffentlichen Dienstes zu übertragen, die in einem öffentlich-rechtlichen Dienst- und Treueverhältnis stehen. [2]Sie dienen dem ganzen Volk, nicht einer Partei oder sonstigen Gruppe, und haben ihr Amt und ihre Aufgaben unparteiisch und ohne Rücksicht auf die Person nur nach sachlichen Gesichtspunkten auszuüben.

Art. 61 Wählbarkeit von Angehörigen des öffentlichen Dienstes. Die Wählbarkeit von Angehörigen des öffentlichen Dienstes in Vertretungskörperschaften kann gesetzlich beschränkt werden.

Art. 62 Landesbeauftragte oder Landesbeauftragter für den Datenschutz. (1) [1]Die Landesbeauftragte oder der Landesbeauftragte für den Datenschutz kontrolliert, daß die öffentliche Verwaltung bei dem Umgang mit personenbezogenen Daten Gesetz und Recht einhält. [2]Sie oder er berichtet über ihre oder seine Tätigkeit und deren Ergebnisse dem Landtag.

(2) Der Landtag wählt auf Vorschlag der Landesregierung die Landesbeauftragte oder den Landesbeauftragten für den Datenschutz mit einer Mehrheit von zwei Dritteln der anwesenden Mitglieder des Landtages, mindestens jedoch der Mehrheit seiner Mitglieder.

(3) [1]Die Landesbeauftragte oder der Landesbeauftragte für den Datenschutz ist unabhängig und nur an Gesetz und Recht gebunden. [2]Artikel 38 Abs. 1 und Artikel 56 Abs. 1 finden auf sie oder ihn keine Anwendung.

(4) [1]Das Nähere bestimmt ein Gesetz. [2]Dieses Gesetz kann personalrechtliche Entscheidungen, welche Bedienstete der Landesbeauftragten oder des Landesbeauftragten für den Datenschutz betreffen, von deren oder dessen Mitwirkung abhängig machen. [3]Der Landesbeauftragten oder dem Landesbeauftragten für den Datenschutz kann durch Gesetz die Aufgabe übertragen werden, die Durchführung des Datenschutzes bei der Datenverarbeitung nicht öffentlicher Stellen und öffentlich-rechtlicher Wettbewerbsunternehmen zu kontrollieren.

Achter Abschnitt
Das Finanzwesen

Art. 63 Landesvermögen. (1) [1]Das Landesvermögen ist Eigentum des Volkes. [2]Landesvermögen darf nur mit Zustimmung des Landtages veräußert oder belastet werden. [3]Die Zustimmung kann allgemein oder für den Einzelfall erteilt werden.

(2) Für die Veräußerung und Belastung von Vermögen, das im Eigentum Dritter steht und vom Land verwaltet wird, gilt Absatz 1 entsprechend.

Art. 64 Finanzplanung. [1]Der Haushaltswirtschaft ist eine mehrjährige Finanz- und Investitionsplanung zugrunde zu legen. [2]Das Nähere regelt ein Gesetz.

Art. 65 Landeshaushalt. (1) [1]Für jedes Haushaltsjahr sind alle Einnahmen des Landes nach dem Entstehungsgrund und alle Ausgaben des Landes nach Zwecken getrennt im Haushaltsplan zu veranschlagen. [2]Der Haushaltsplan ist in Einnahme und Ausgabe auszugleichen. [3]Zusätzlich können Verpflichtungsermächtigungen für die Folgejahre ausgewiesen werden.

(2) Die Verwaltung darf nur die im Haushaltsplan veranschlagten Ausgaben leisten und das Land zu Ausgaben in künftigen Haushaltsjahren nur verpflichten, soweit der Haushaltsplan sie dazu ermächtigt.

(3) Bei Landesbetrieben und Sondervermögen des Landes brauchen nur die Zuführungen oder die Ablieferungen im Haushaltsplan veranschlagt zu sein.

(4) Der Haushaltsplan wird im voraus durch Gesetz festgestellt.

(5) [1]In das Haushaltsgesetz dürfen nur Vorschriften aufgenommen werden, die sich auf die Einnahmen und die Ausgaben des Landes und auf den Zeitraum beziehen, für den das Haushaltsgesetz beschlossen wird. [2]Das Haushaltsgesetz kann vorschreiben, daß die Vorschriften erst mit der Verkündung des nächsten Haushaltsgesetzes oder bei Ermächtigung nach Art. 71 zu einem späteren Zeitpunkt außer Kraft treten.

Art. 66 Vorläufige Haushaltsführung. (1) Ist bis zum Schluß eines Haushaltsjahres der Haushaltsplan für das folgende Jahr nicht durch Gesetz festgestellt, so sind bis zur Verkündung des Haushaltsgesetzes die Präsidentin oder der Präsident des Landtages, die Landesregierung, die Präsidentin oder der Präsident des Staatsgerichtshofs, die Präsidentin oder der Präsident des Landesrechnungshofs und die Landesbeauftragte oder der Landesbeauftragte für den Datenschutz ermächtigt, alle Ausgaben zu leisten, die nötig sind,
1. um gesetzlich bestehende Einrichtungen zu erhalten und gesetzlich beschlossene Maßnahmen durchzuführen,
2. um die rechtlich begründeten Verpflichtungen des Landes zu erfüllen,
3. um Bauten, Beschaffungen und sonstige Leistungen fortzusetzen oder Beihilfen für diese Zwecke weiter zu gewähren, sofern durch den Haushaltsplan eines Vorjahres bereits Beträge bewilligt worden sind.

Landesverfassung

(2) Soweit nicht auf besonderem Gesetz beruhende Einnahmen aus Steuern, Abgaben und sonstigen Quellen oder die Betriebsmittelrücklage die Ausgaben unter Absatz 1 decken, darf die Landesregierung die zur Aufrechterhaltung der Wirtschaftsführung erforderlichen Mittel bis zur Höhe eines Viertels der Endsumme des abgelaufenen Haushaltsplans durch Kredit beschaffen.

Art. 67 Über- und außerplanmäßige Ausgaben. (1) [1]Im Falle eines unvorhergesehenen und unabweisbaren Bedarfs sind mit Einwilligung der Finanzministerin oder des Finanzministers über- und außerplanmäßige Ausgaben sowie über- und außerplanmäßige Verpflichtungen zulässig. [2]Dieses gilt nicht, wenn der Landtag noch rechtzeitig durch ein Nachtragshaushaltsgesetz über die Ausgabe entscheiden kann, es sei denn, daß die Ausgabe einen im Haushaltsgesetz festzusetzenden Betrag nicht überschreitet, die Mittel von anderer Seite zweckgebunden zur Verfügung gestellt werden oder eine fällige Rechtsverpflichtung des Landes zu erfüllen ist.

(2) [1]Näheres kann durch Gesetz geregelt werden. [2]Es kann insbesondere bestimmen, daß über- und außerplanmäßige Ausgaben und Verpflichtungen dem Landtag mitzuteilen sind und seiner Genehmigung bedürfen.

Art. 68 Haushaltswirksame Gesetze. (1) Wer einen Gesetzentwurf einbringt, muß die Kosten und Mindereinnahmen darlegen, die für das Land, für die Gemeinden, für die Landkreise und für betroffene andere Träger öffentlicher Verwaltung in absehbarer Zeit zu erwarten sind.

(2) Der Landtag darf Maßnahmen mit Auswirkungen auf einen bereits verabschiedeten Haushaltsplan nur beschließen, wenn gleichzeitig die notwendige Deckung geschaffen wird.

Art. 69 Rechnungslegung, Entlastung. [1]Die Finanzministerin oder der Finanzminister hat dem Landtag über alle Einnahmen, Ausgaben und Verpflichtungen im Laufe des nächsten Haushaltsjahres Rechnung zu legen. [2]Über das Vermögen und die Schulden ist Rechnung zu legen oder ein anderer Nachweis zu führen. [3]Der Landtag beschließt über die Entlastung der Landesregierung.

Art. 70 Landesrechnungshof. (1) [1]Der Landesrechnungshof, dessen Mitglieder richterliche Unabhängigkeit besitzen, prüft die Rechnung sowie die Wirtschaftlichkeit und Ordnungsmäßigkeit der Haushalts- und Wirtschaftsführung. [2]Er berichtet darüber dem Landtag und unterrichtet gleichzeitig die Landesregierung. [3]Das Nähere wird durch Gesetz geregelt. [4]Durch Gesetz können dem Landesrechnungshof weitere Aufgaben zugewiesen werden.

(2) [1]Der Landtag wählt auf Vorschlag der Landesregierung die Präsidentin oder den Präsidenten und die Vizepräsidentin oder den Vizepräsidenten des Landesrechnungshofs mit einer Mehrheit von zwei Dritteln der anwesenden Mitglieder des Landtages, mindestens jedoch der Mehrheit seiner Mitglieder, auf die Dauer von zwölf Jahren. [2]Die Landesregierung ernennt die Präsidentin oder den Präsidenten, die Vizepräsidentin oder den Vizepräsidenten und auf Vorschlag der

Präsidentin oder des Präsidenten mit Zustimmung des Landtages die weiteren Mitglieder des Landesrechnungshofs. ³Das Nähere bestimmt ein Gesetz.

Art. 71 Kreditaufnahme, Gewährleistungen. ¹Die Aufnahme von Krediten sowie die Übernahme von Bürgschaften, Garantien oder sonstigen Gewährleistungen, die zu Ausgaben in künftigen Haushaltsjahren führen können, bedürfen einer der Höhe nach bestimmten oder bestimmbaren Ermächtigung durch Gesetz. ²Kredite dürfen die für eigenfinanzierte Investitionen, Investitionsfördermaßnahmen und zur Umschuldung veranschlagten Ausgaben nicht überschreiten. ³Ausnahmen sind nur zulässig zur Abwehr einer nachhaltigen Störung des gesamtwirtschaftlichen Gleichgewichts oder zur Abwehr einer akuten Bedrohung der natürlichen Lebensgrundlagen.

Neunter Abschnitt
Übergangs- und Schlußbestimmungen

Art. 72 Besondere Belange und überkommene Einrichtungen der ehemaligen Länder. (1) Die kulturellen und historischen Belange der ehemaligen Länder Hannover, Oldenburg, Braunschweig und Schaumburg-Lippe sind durch Gesetzgebung und Verwaltung zu wahren und zu fördern.

(2) Die überkommenen heimatgebundenen Einrichtungen dieser Länder sind weiterhin dem heimatlichen Interesse dienstbar zu machen und zu erhalten, soweit ihre Änderung oder Aufhebung nicht in Verfolg organisatorischer Maßnahmen, die sich auf das gesamte Land Niedersachsen erstrecken, notwendig wird.

Art. 73 Übertragung von Hoheitsrechten. Für das in Art. 1 Abs. 2 des Staatsvertrages zwischen der Freien und Hansestadt Hamburg und dem Land Niedersachsen vom 26. Mai/4. Juni 1961 (Nieders. GVBl. 1962 S. 151) bezeichnete Gebiet können öffentlich-rechtliche Befugnisse des Landes auf die Freie und Hansestadt Hamburg übertragen werden.

Art. 74 Mehrheiten und Minderheiten der Mitglieder des Landtages. Mehrheiten oder Minderheiten der „Mitglieder des Landtages" im Sinne dieser Verfassung werden nach der gesetzlichen Mitgliederzahl berechnet.

Art. 75 Volksvertretungen anderer Länder. Art. 22 Abs. 2 und die Art. 14, 15 und 16 gelten entsprechend für Volksvertretungen anderer Länder der Bundesrepublik Deutschland.

Art. 76 Übergangsvorschrift für die Wahlperioden. (1) ¹Die Zwölfte Wahlperiode des Landtages endet mit dem 20. Juni 1994. ²Art. 6 Abs. 1 Satz 3 der Vorläufigen Niedersächsischen Verfassung gilt bis zum Ende der Zwölften Wahlperiode fort. ³Der Ausschuß nach Art. 12 der Vorläufigen Niedersächsi-

Landesverfassung

schen Verfassung bleibt bis zum Zusammentritt des Landtages der Dreizehnten Wahlperiode bestehen. [4]Art. 18 der Vorläufigen Niedersächsischen Verfassung gilt weiterhin für diesen Ausschuß.

(2) [1]Die Dreizehnte Wahlperiode beginnt mit dem Ende der Zwölften Wahlperiode. [2]Für die Wahl und den Zusammentritt des Landtages der Dreizehnten Wahlperiode gelten noch Art. 4 Abs. 2 Satz 2 und Art. 6 Abs. 2 und 3 der Vorläufigen Niedersächsischen Verfassung. [3]Der Landtag der Dreizehnten Wahlperiode wird auf vier Jahre gewählt. [4]Der Landtag der Vierzehnten Wahlperiode ist frühestens 44, spätestens 47 Monate nach Beginn der Dreizehnten Wahlperiode zu wählen; im übrigen ist Art. 9 Abs. 2 dieser Verfassung anzuwenden.

Art. 77 Übergangsvorschrift für die Besetzung des Staatsgerichtshofs.
Die Mitglieder des Staatsgerichtshofs und deren Stellvertreterinnen oder Stellvertreter bleiben nach Inkrafttreten dieser Verfassung in der Zeit, für die sie gewählt worden sind, in ihrem Amt.

Art. 78 Inkrafttreten. (1) Diese Verfassung tritt am 1. Juni 1993 in Kraft.

(2) Gleichzeitig tritt die Vorläufige Niedersächsische Verfassung vom 13. April 1951 (Nieders. GVBl. Sb. I S. 5), zuletzt geändert durch Art. 1 des Gesetzes vom 27. November 1991 (Nieders. GVBl. S. 301), außer Kraft.

NStGHG 20
Gesetz über den Staatsgerichtshof (NStGHG) [Niedersächsisches Staatsgerichtshofsgesetz]*

vom 1. Juli 1996 (GVBl. S. 342),
zuletzt geändert durch Gesetz vom 10. November 2011 (GVBl. S. 414)

INHALTSÜBERSICHT

ERSTER TEIL
Verfassung, Zuständigkeit des Staatsgerichtshofs

- § 1 Stellung, Zusammensetzung
- § 2 Wählbarkeit
- § 3 Wahl
- § 4 Ernennung, Amtseid
- § 5 Rechtsstellung der Mitglieder
- § 6 Entlassung
- § 7 Stellvertretende Mitglieder
- § 8 Zuständigkeit
- § 9 Vorsitz, Beschlußfähigkeit, Beratung, Abstimmung
- § 10 Vertretung, dienstrechtliche Befugnisse
- § 11 Geschäftsstelle

ZWEITER TEIL
Allgemeine Verfahrensvorschriften

- § 12 Anwendung von Vorschriften des Bundesverfassungsgerichtsgesetzes und der Verwaltungsgerichtsordnung
- § 13 Ablehnung wegen Besorgnis der Befangenheit
- § 14 Recht der Akteneinsicht
- § 15 Äußerungsberechtigte
- § 16 Mündliche Verhandlung, Urteil, Beschluß
- § 17 Rechts- und Amtshilfe
- § 18 Zeuginnen und Zeugen, Sachverständige
- § 19 Verbindlichkeit der Entscheidung
- § 20 Einstweilige Anordnungen
- § 21 Kosten und Auslagen

DRITTER TEIL
Besondere Verfahrensvorschriften

Erster Abschnitt
Verfahren in den Fällen des § 8 Nr. 1 (Wahlprüfungs- oder Feststellungsverfahren)

- § 22 Beschwerdeverfahren

Zweiter Abschnitt
Verfahren in den Fällen des § 8 Nrn. 2 und 3 (Anklage gegen ein Mitglied des Landtages oder der Landesregierung)

- § 23 Anklage
- § 24 Durchführung des Verfahrens, Rücknahme der Anklage
- § 25 Entscheidung

Dritter Abschnitt
Verfahren in den Fällen des § 8 Nr. 4 (Antrag eines Mitglieds der Landesregierung)

- § 26 Antragsschrift, Verfahren

Vierter Abschnitt
Verfahren in den Fällen des § 8 Nr. 5 (Prüfung des Untersuchungsauftrages)

- § 27 Vorlage
- § 28 Äußerungsberechtigte
- § 29 Entscheidung

Fünfter Abschnitt
Verfahren in den Fällen des § 8 Nr. 6 (Organstreitigkeiten)

- § 30 Verfahren

---

* *Der eckig eingeklammerte Überschriftsteil und die Inhaltsübersicht sind nicht amtlich.*

Sechster Abschnitt
Verfahren in den Fällen des § 8 Nr. 7 (Streitigkeiten bei der Durchführung von Volksinitiativen, Volksbegehren oder Volksentscheiden)
§ 31 Antragsbefugnis, Fristen
§ 32 Äußerungs- und Beitrittsberechtigte

Siebenter Abschnitt
Verfahren in den Fällen des § 8 Nr. 8 (abstrakte Normenkontrolle)
§ 33 Antrag
§ 34 Entscheidung

Achter Abschnitt
Verfahren in den Fällen des § 8 Nr. 9 (konkrete Normenkontrolle)
§ 35 Vorlage, Verfahren, Entscheidung

Neunter Abschnitt
Verfahren in den Fällen des § 8 Nr. 10 (kommunale Verfassungsbeschwerde)
§ 36 Antrag, Verfahren, Entscheidung

VIERTER TEIL
Schlußvorschriften
§ 37 Änderung von Gesetzen
§ 38 *(aufgehoben)*
§ 39 Inkrafttreten, Außerkrafttreten

ERSTER TEIL
Verfassung, Zuständigkeit des Staatsgerichtshofs

§ 1 Stellung, Zusammensetzung. (1) Der Staatsgerichtshof ist ein den übrigen Verfassungsorganen gegenüber selbständiges und unabhängiges Gericht.

(2) [1]Der Staatsgerichtshof besteht aus der Präsidentin oder dem Präsidenten, der Vizepräsidentin oder dem Vizepräsidenten und sieben weiteren Mitgliedern sowie neun stellvertretenden Mitgliedern. [2]Mindestens sechs Mitglieder müssen die Befähigung zum Richteramt nach dem Deutschen Richtergesetz besitzen, drei von ihnen sollen Berufsrichterinnen oder Berufsrichter sein. [3]Frauen und Männer sollen jeweils mindestens drei der Mitglieder stellen.

(3) Der Staatsgerichtshof gibt sich eine Geschäftsordnung.

§ 2 Wählbarkeit. [1]Die Mitglieder des Staatsgerichtshofs müssen das 35. Lebensjahr vollendet haben, zum Landtag wählbar sein und auf Grund ihrer Erfahrung im öffentlichen Leben für das Richteramt besonders geeignet sein. [2]Sie müssen sich schriftlich bereit erklärt haben, Mitglied des Staatsgerichtshofs zu werden.

§ 3 Wahl. (1) [1]Die Mitglieder werden auf Vorschlag eines besonderen Ausschusses des Landtages vom Landtag in geheimer Wahl gewählt. [2]Der Landtag wählt aus der Reihe der Mitglieder, die die Befähigung zum Richteramt nach dem Deutschen Richtergesetz besitzen, die Präsidentin oder den Präsidenten und die Vizepräsidentin oder den Vizepräsidenten.

(2) Die Wahlen finden innerhalb von drei Monaten vor Ablauf der Amtsperiode des jeweiligen Mitglieds oder, wenn der Landtag in dieser Zeit aufgelöst ist oder aufgelöst wird, innerhalb eines Monats nach dem ersten Zusammentritt des Landtages statt.

Staatsgerichtshofsgesetz **NStGHG 20**

(3) Scheidet ein Mitglied vorzeitig aus, so wird innerhalb von drei Monaten nach seinem Ausscheiden oder, wenn der Landtag innerhalb dieser Zeit aufgelöst ist oder aufgelöst wird, innerhalb eines Monats nach dem ersten Zusammentritt des Landtages, eine Nachfolgerin oder ein Nachfolger gewählt.

§ 4 Ernennung, Amtseid. (1) Die Mitglieder werden von der Landesregierung ernannt und entlassen.

(2) [1]Die Mitglieder leisten vor dem Landtag folgenden Eid: [2]„Ich schwöre, das Richteramt getreu dem Grundgesetz der Bundesrepublik Deutschland, getreu der Verfassung des Landes Niedersachsen und getreu dem Gesetz auszuüben, nach bestem Wissen und Gewissen ohne Ansehen der Person zu urteilen und nur der Wahrheit und Gerechtigkeit zu dienen." [3]Der Eid kann mit der Beteuerung „So wahr mir Gott helfe" oder ohne sie geleistet werden.

§ 5 Rechtsstellung der Mitglieder. (1) [1]Das Richteramt am Staatsgerichtshof ist ein Ehrenamt. [2]Die Vorschriften des Deutschen Richtergesetzes und des Niedersächsischen Richtergesetzes gelten entsprechend, soweit nicht in diesem Gesetz etwas anderes bestimmt ist.

(2) Das Richteramt als Mitglied des Staatsgerichtshofs geht jeder anderen beruflichen Tätigkeit vor.

(3) Die Mitglieder erhalten eine Aufwandsentschädigung nach Maßgabe des Landeshaushalts sowie Reisekostenvergütung nach den für Ministerinnen und Minister geltenden Bestimmungen.

(4) [1]Gegen ein Mitglied des Staatsgerichtshofs kann als Disziplinarmaßnahme nur die Entfernung aus dem Richteramt ausgesprochen werden. [2]Zuständige Disziplinarbehörde ist die Landesregierung. [3]Die gerichtlichen Entscheidungen über die Entfernung aus dem Richteramt und die vorläufige Dienstenthebung trifft der Staatsgerichtshof durch Beschluss mit der Mehrheit von zwei Dritteln der Mitglieder des Staatsgerichtshofs; dabei wirkt anstelle des betroffenen Mitglieds das stellvertretende Mitglied mit. [4]Die Entscheidung ist unanfechtbar.

§ 6 Entlassung. (1) Ein Mitglied ist zu entlassen
1. auf seinen Antrag,
2. auf Verlangen des Staatsgerichtshofs.

(2) Der Staatsgerichtshof hat die Entlassung eines Mitglieds zu verlangen, wenn
1. ein Wählbarkeitshindernis eintritt oder nachträglich bekannt wird,
2. dauernde Dienstunfähigkeit eingetreten ist,
3. eine rechtskräftige Verurteilung zu einer Freiheitsstrafe erfolgt ist,
4. eine grobe Pflichtverletzung vorliegt, die ein Verbleiben im Amt ausschließt.

(3) [1]Der Staatsgerichtshof entscheidet durch Beschluß, der der Mehrheit von zwei Dritteln der Mitglieder bedarf. [2]An der Entscheidung wirkt an Stelle des

betroffenen Mitglieds das stellvertretende Mitglied mit. [3]Der Zweite Teil dieses Gesetzes sowie die §§ 53 und 55 Abs. 1, 2 und 4 bis 6 des Bundesverfassungsgerichtsgesetzes (BVerfGG), in der Fassung vom 11. August 1993 (BGBl. I S. 1473), zuletzt geändert durch Artikel 11 des Gesetzes vom 22. Dezember 2010 (BGBl. I S. 2248) gelten entsprechend.

§ 7 Stellvertretende Mitglieder. [1]Die Regelungen für Mitglieder gelten auch für stellvertretende Mitglieder. [2]Die Amtszeit der stellvertretenden Mitglieder wird durch das Ausscheiden der Mitglieder, die sie persönlich vertreten, nicht berührt. [3]Die Amtszeit als stellvertretendes Mitglied wird auf die höchstzulässige Amtszeit eines Mitglieds nicht angerechnet. [4]Ein stellvertretendes Mitglied wird tätig, solange das Mitglied, das es vertritt, verhindert ist oder nach dessen Ausscheiden eine Nachfolgerin oder ein Nachfolger noch nicht ernannt worden ist.

§ 8 Zuständigkeit. Der Staatsgerichtshof entscheidet
1. über die Anfechtung von Entscheidungen des Landtages, die die Gültigkeit einer Wahl oder den Verlust des Mandats eines Mitglieds des Landtages (Artikel 11 Abs. 4 der Niedersächsischen Verfassung) oder den Erwerb der Mitgliedschaft im Landtag betreffen,
2. über die Anklage des Landtages gegen ein Mitglied des Landtages (Artikel 17 der Niedersächsischen Verfassung),
3. über die Anklage des Landtages gegen ein Mitglied der Landesregierung (Artikel 40 Abs. 1 und 2 der Niedersächsischen Verfassung),
4. über den Antrag eines Mitglieds der Landesregierung nach Artikel 40 Abs. 3 der Niedersächsischen Verfassung,
5. über den Antrag eines Gerichts nach Artikel 27 Abs. 7 der Niedersächsischen Verfassung,
6. über die Auslegung der Verfassung bei Streitigkeiten über den Umfang der Rechte und Pflichten eines obersten Landesorgans oder anderer Beteiligter, die durch die Verfassung oder in der Geschäftsordnung des Landtages oder der Landesregierung mit eigenen Rechten ausgestattet sind (Artikel 54 Nr. 1 der Niedersächsischen Verfassung),
7. bei Streitigkeiten über die Durchführung von Volksinitiativen, Volksbegehren oder Volksentscheiden (Artikel 54 Nr. 2 der Niedersächsischen Verfassung),
8. bei Meinungsverschiedenheiten oder Zweifeln über die förmliche oder sachliche Vereinbarkeit von Landesrecht mit der Verfassung (Artikel 54 Nr. 3 der Niedersächsischen Verfassung),
9. über die Vereinbarkeit eines Landesgesetzes mit der Verfassung, auf Vorlage eines Gerichts gemäß Artikel 100 Abs. 1 des Grundgesetzes für die Bundesrepublik Deutschland (Artikel 54 Nr. 4 der Niedersächsischen Verfassung),
10. über Verfassungsbeschwerden von Gemeinden und Gemeindeverbänden wegen Verletzung des Rechts auf Selbstverwaltung durch ein Landesgesetz (Artikel 54 Nr. 5 der Niedersächsischen Verfassung).

Staatsgerichtshofsgesetz **NStGHG 20**

§ 9 Vorsitz, Beschlußfähigkeit, Beratung, Abstimmung. (1) ¹Den Vorsitz im Staatsgerichtshof führt die Präsidentin oder der Präsident, im Falle der Verhinderung die Vizepräsidentin oder der Vizepräsident. ²Sind beide verhindert, so übernimmt den Vorsitz das lebensälteste anwesende Mitglied, das die Befähigung zum Richteramt nach dem Deutschen Richtergesetz besitzt. ³Ist ein in Satz 1 genanntes Amt nicht besetzt, so steht dies der Verhinderung gleich.

(2) Der Staatsgerichtshof ist beschlußfähig, wenn mindestens sieben Mitglieder anwesend sind, soweit nicht dieses Gesetz etwas anderes bestimmt.

(3) § 15 Abs. 3 BVerfGG gilt entsprechend.

(4) ¹Der Staatsgerichtshof entscheidet mit der Mehrheit der Stimmen, soweit nicht dieses Gesetz etwas anderes bestimmt. ²Bei Stimmengleichheit kann ein Verstoß gegen die Verfassung nicht festgestellt werden; ein sonstiger Antrag ist abgelehnt.

§ 10 Vertretung, dienstrechtliche Befugnisse. Die Präsidentin oder der Präsident vertritt das Land in Angelegenheiten des Staatsgerichtshofs, leitet die Verwaltung und übt die dienstrechtlichen Befugnisse auch insoweit aus, als sie sonst der obersten Dienstbehörde oder der Landesregierung obliegen.

§ 11 Geschäftsstelle. ¹Die Aufgaben der Geschäftsstelle werden von der Geschäftsstelle des Landgerichts Bückeburg wahrgenommen. ²Die berufsrichterlichen Mitglieder können sich im übrigen der Geschäftseinrichtungen der Gerichte bedienen, an denen sie im Hauptamt ihr Richteramt wahrnehmen.

ZWEITER TEIL
Allgemeine Verfahrensvorschriften

§ 12 Anwendung von Vorschriften des Bundesverfassungsgerichtsgesetzes und der Verwaltungsgerichtsordnung. (1) Auf das Verfahren vor dem Staatsgerichtshof sind die §§ 17, 17a, 18, 19 Abs. 2 und 3, die §§ 21 bis 24, 25 Abs. 1, 3 und 4, § 25a Satz 1, die §§ 26, 27a, 28 Abs. 2, die §§ 29, 30, 31 Abs. 1, § 32 Abs. 1 bis 6 sowie die §§ 33 und 35 BVerfGG entsprechend anzuwenden.

(2) Für Zustellungen gelten die Vorschriften der Verwaltungsgerichtsordnung (VwGO) entsprechend.

§ 13 Ablehnung wegen Besorgnis der Befangenheit. ¹§ 19 Abs. 1 BVerfGG gilt entsprechend mit der Maßgabe, daß bei der Entscheidung über die Ablehnung eine Vertretung nicht stattfindet. ²Eine Vertretung findet statt, wenn alle Mitglieder oder die zur Beschlußfähigkeit nach § 9 Abs. 2 erforderliche Anzahl der Mitglieder wegen Besorgnis der Befangenheit abgelehnt werden. ³An der Entscheidung in der Sache wirkt an Stelle des abgelehnten Mitglieds das stellvertretende Mitglied mit.

§ 14 Recht der Akteneinsicht. (1) Die Beteiligten haben das Recht der Akteneinsicht.

(2) ¹Über die Akteneinsicht entscheidet die Vorsitzende oder der Vorsitzende. ²Gegen die Entscheidung kann der Staatsgerichtshof angerufen werden. ³Er entscheidet durch Beschluß.

§ 15 Äußerungsberechtigte. Der Staatsgerichtshof gibt dem Landtag und der Landesregierung Gelegenheit zur Äußerung binnen einer von ihm zu bestimmenden angemessenen Frist.

§ 16 Mündliche Verhandlung, Urteil, Beschluß. Die Entscheidung auf Grund mündlicher Verhandlung ergeht als Urteil, die Entscheidung ohne mündliche Verhandlung ergeht als Beschluß, soweit dieses Gesetz nicht etwas anderes bestimmt.

§ 17 Rechts- und Amtshilfe. ¹Gerichte und Behörden haben dem Staatsgerichtshof Rechts- und Amtshilfe zu leisten. ²§ 99 Abs. 1 und 2 Sätze 1 und 2 VwGO gilt entsprechend.

§ 18 Zeuginnen und Zeugen, Sachverständige. Für die Vernehmung von Zeuginnen und Zeugen sowie Sachverständigen gelten in den Verfahren nach § 8 Nrn. 2 und 3 die Vorschriften der Strafprozeßordnung, in den übrigen Fällen die Vorschriften der Zivilprozeßordnung entsprechend.

§ 19 Verbindlichkeit der Entscheidung. ¹Die Entscheidungen des Staatsgerichtshofs haben in den Fällen des § 8 Nrn. 8 bis 10 Gesetzeskraft. ²Die Entscheidungsformel ist im Niedersächsischen Gesetz- und Verordnungsblatt zu veröffentlichen.

§ 20 Einstweilige Anordnungen. ¹§ 32 Abs. 7 BVerfGG gilt entsprechend mit der Maßgabe, daß der Staatsgerichtshof die einstweilige Anordnung bei besonderer Dringlichkeit erlassen kann, wenn mindestens drei Mitglieder, die die Befähigung zum Richteramt nach dem Deutschen Richtergesetz besitzen, anwesend sind und der Beschluß einstimmig gefaßt wird. ²Sie tritt nach einem Monat außer Kraft. ³Wird sie durch den Staatsgerichtshof bestätigt, so tritt sie sechs Monate nach ihrem Erlaß außer Kraft.

§ 21 Kosten und Auslagen. (1) Das Verfahren vor dem Staatsgerichtshof ist kostenfrei.

(2) ¹Erweist sich die Anklage in den Verfahren nach § 8 Nrn. 2 und 3 als unbegründet, so sind der Betroffenen oder dem Betroffenen die notwendigen Auslagen einschließlich der Kosten der Verteidigung zu ersetzen. ²Im übrigen werden Auslagen nicht erstattet.

Staatsgerichtshofsgesetz **NStGHG 20**

DRITTER TEIL
Besondere Verfahrensvorschriften

Erster Abschnitt
Verfahren in den Fällen des § 8 Nr. 1
(Wahlprüfungs- oder Feststellungsverfahren)

§ 22 Beschwerdeverfahren. (1) Gegen die Entscheidung des Landtages im Wahlprüfungs- oder Feststellungsverfahren nach dem Wahlprüfungsgesetz ist binnen eines Monats seit der Zustellung des Beschlusses die Beschwerde beim Staatsgerichtshof zulässig.

(2) Die Beschwerde kann erheben, wer Einspruch nach § 2 des Wahlprüfungsgesetzes eingelegt oder einen Antrag nach § 18 des Wahlprüfungsgesetzes gestellt hat und mit dem Einspruch oder dem Antrag abgewiesen worden ist, sowie ein Mitglied des Landtages, dessen Mitgliedschaft bestritten ist.

(3) § 48 Abs. 3 BVerfGG gilt entsprechend.

Zweiter Abschnitt
Verfahren in den Fällen des § 8 Nrn. 2 und 3
(Anklage gegen ein Mitglied des Landtages
oder der Landesregierung)

§ 23 Anklage. (1) Die Anklage des Landtages nach Artikel 17 Abs. 1 und Artikel 40 Abs. 1 der Niedersächsischen Verfassung gegen ein Mitglied des Landtages oder der Landesregierung wird durch Einreichung einer Anklageschrift beim Staatsgerichtshof erhoben.

(2) [1]Die Präsidentin oder der Präsident des Landtages fertigt auf Grund des Landtagsbeschlusses binnen eines Monats die Anklageschrift und übersendet sie dem Staatsgerichtshof. [2]§ 49 Abs. 3 BVerfGG gilt entsprechend.

(3) Die Anklage kann nur binnen sechs Monaten, nachdem der Antrag auf Anklageerhebung im Landtag gestellt worden ist, erhoben werden.

(4) Die Anklage wird von einer Beauftragten oder einem Beauftragten des Landtages vor dem Staatsgerichtshof vertreten.

§ 24 Durchführung des Verfahrens, Rücknahme der Anklage. (1) Die Einleitung und Durchführung des Verfahrens werden
1. durch die Auflösung des Landtages oder den Ablauf der Wahlperiode,
2. bei der Anklage gegen ein Mitglied des Landtages durch die Ungültigkeit seiner Wahl oder durch den Verlust der Mitgliedschaft im Landtag,
3. bei der Anklage gegen ein Mitglied der Landesregierung durch sein Ausscheiden aus der Landesregierung
nicht berührt.

(2) § 55 BVerfGG gilt entsprechend.

(3) ¹Der Landtag kann die Anklage bis zur Verkündung des Urteils auf Grund eines Beschlusses, der der Zustimmung von zwei Dritteln der Mitglieder des Landtages bedarf, zurücknehmen. ²Die Präsidentin oder der Präsident des Landtages übersendet dazu dem Staatsgerichtshof eine Ausfertigung des Beschlusses.

(4) ¹Der Staatsgerichtshof teilt der Betroffenen oder dem Betroffenen den Eingang des Rücknahmebeschlusses mit. ²Widerspricht sie oder er innerhalb eines Monats nach Erhalt dieser Mitteilung schriftlich gegenüber dem Staatsgerichtshof, so ist die Zurücknahme der Anklage unwirksam.

§ 25 Entscheidung. (1) In einem Urteil gegen ein Mitglied des Landtages stellt der Staatsgerichtshof fest, ob es seine Stellung als Mitglied des Landtages gewinnsüchtig mißbraucht hat.

(2) ¹In einem Urteil gegen ein Mitglied der Landesregierung stellt der Staatsgerichtshof fest, ob es in Ausübung des Amtes vorsätzlich die Verfassung oder ein Gesetz verletzt hat. ²Erklärt der Staatsgerichtshof ein Mitglied der Landesregierung seines Amtes für verlustig, so tritt der Amtsverlust mit der Verkündung des Urteils ein.

Dritter Abschnitt

Verfahren in den Fällen des § 8 Nr. 4
(Antrag eines Mitglieds der Landesregierung)

§ 26 Antragsschrift, Verfahren. (1) ¹Der Antrag wird von dem Mitglied der Landesregierung durch Einreichung einer Antragsschrift beim Staatsgerichtshof gestellt, der eine Ausfertigung des Zustimmungsbeschlusses der Landesregierung beizufügen ist. ²Die Antragsschrift muß die Handlung oder Unterlassung, die dem Mitglied der Landesregierung in der Öffentlichkeit vorgeworfen worden ist, sowie die Rechtsvorschrift, die in Ausübung des Amtes vorsätzlich verletzt worden sein soll, bezeichnen. ³Der Antrag kann bis zur Verkündung des Urteils zurückgenommen werden.

(2) Im übrigen finden § 24 Abs. 1 und 2 sowie § 25 Abs. 2 entsprechende Anwendung.

Vierter Abschnitt

Verfahren in den Fällen des § 8 Nr. 5
(Prüfung des Untersuchungsauftrages)

§ 27 Vorlage. ¹In dem Verfahren nach Artikel 27 Abs. 7 der Niedersächsischen Verfassung hat das vorlegende Gericht die Vorlage zu begründen und dabei anzugeben, inwiefern seine Entscheidung von der Verfassungsmäßigkeit

Staatsgerichtshofsgesetz **NStGHG 20**

des Untersuchungsauftrages abhängig ist und mit welcher Vorschrift der Verfassung dieser unvereinbar sein soll. ²Die Akten sind beizufügen.

§ 28 Äußerungsberechtigte. Unbeschadet des § 15 gibt der Staatsgerichtshof auch den Beteiligten des Verfahrens vor dem Gericht, das das Verfahren ausgesetzt hat, sowie den Mitgliedern des Landtages, auf deren Antrag der Untersuchungsausschuß eingesetzt worden ist, Gelegenheit zur Äußerung und lädt sie zur mündlichen Verhandlung.

§ 29 Entscheidung. Der Staatsgerichtshof entscheidet, ob der einem Ausschuß aufgegebene Untersuchungsauftrag mit der Verfassung vereinbar ist.

Fünfter Abschnitt
Verfahren in den Fällen des § 8 Nr. 6 (Organstreitigkeiten)

§ 30 Verfahren. In dem Verfahren nach Artikel 54 Nr. 1 der Niedersächsischen Verfassung gelten § 64 Abs. 1 bis 3 und die §§ 65, 66 und 67 BVerfGG entsprechend.

Sechster Abschnitt
Verfahren in den Fällen des § 8 Nr. 7 (Streitigkeiten bei der Durchführung von Volksinitiativen, Volksbegehren oder Volksentscheiden)

§ 31 Antragsbefugnis, Fristen. (1) In dem Verfahren nach Artikel 54 Nr. 2 der Niedersächsischen Verfassung sind antragsbefugt:
1. die Antragstellerinnen und Antragsteller, die sich durch ihre nach Maßgabe des Niedersächsischen Volksabstimmungsgesetzes zu benennenden Vertreterinnen und Vertreter vertreten lassen müssen,
2. die Landesregierung,
3. ein Fünftel der Mitglieder des Landtages.

(2) ¹Der Antrag auf Entscheidung des Staatsgerichtshofs ist binnen eines Monats nach der Bekanntgabe der Entscheidung oder nach der Kenntnis von der Unterlassung des Verfassungsorgans beim Staatsgerichtshof zulässig. ²Der Antrag gegen ein durch Volksentscheid zustande gekommenes Gesetz ist binnen eines Monats nach der Verkündung des Gesetzes im Niedersächsischen Gesetz- und Verordnungsblatt beim Staatsgerichtshof zu erheben. ³Er ist unbeschadet der Rüge der Nichtigkeit der Rechtsvorschrift (§ 8 Nr. 8) und der Vorlage eines Gerichts (§ 8 Nr. 9) zulässig.

§ 32 Äußerungs- und Beitrittsberechtigte. [1]Unbeschadet des § 15 gibt der Staatsgerichtshof auch den Antragstellerinnen und Antragstellern, die sich durch ihre nach Maßgabe des Niedersächsischen Volksabstimmungsgesetzes zu benennenden Vertreterinnen und Vertreter vertreten lassen müssen, Gelegenheit zur Äußerung und lädt sie zur mündlichen Verhandlung. [2]Landtag und Landesregierung können in jeder Lage des Verfahrens beitreten.

Siebenter Abschnitt
Verfahren in den Fällen des § 8 Nr. 8
(abstrakte Normenkontrolle)

§ 33 Antrag. In dem Verfahren nach Artikel 54 Nr. 3 der Niedersächsischen Verfassung ist das Landesrecht zu bezeichnen, über dessen förmliche oder sachliche Vereinbarkeit mit der Verfassung es Meinungsverschiedenheiten oder Zweifel gibt.

§ 34 Entscheidung. (1) [1]Kommt der Staatsgerichtshof zu der Überzeugung, daß das Landesrecht mit der Verfassung unvereinbar ist, so stellt er in seiner Entscheidung die Nichtigkeit der betreffenden Vorschrift fest. [2]Sind weitere Vorschriften des gleichen Gesetzes aus denselben Gründen mit der Verfassung unvereinbar, so kann sie der Staatsgerichtshof gleichfalls für nichtig erklären.

(2) [1]Gegen ein rechtskräftiges Strafurteil, das auf einer mit der Verfassung für unvereinbar oder nach Absatz 1 für nichtig erklärten Norm oder auf der Auslegung einer Norm beruht, die vom Staatsgerichtshof für unvereinbar mit der Verfassung erklärt worden ist, ist die Wiederaufnahme des Verfahrens nach den Vorschriften der Strafprozeßordnung zulässig. [2]Im übrigen bleiben, vorbehaltlich einer besonderen Rechtsvorschrift, die nicht mehr anfechtbaren Entscheidungen, die auf einer gemäß Absatz 1 für nichtig erklärten Norm beruhen, unberührt. [3]Die Vollstreckung aus einer solchen Entscheidung ist unzulässig. [4]Soweit die Zwangsvollstreckung nach den Vorschriften der Zivilprozeßordnung durchzuführen ist, gilt § 767 der Zivilprozeßordnung entsprechend. [5]Ansprüche aus ungerechtfertigter Bereicherung sind ausgeschlossen.

Achter Abschnitt
Verfahren in den Fällen des § 8 Nr. 9
(konkrete Normenkontrolle)

§ 35 Vorlage, Verfahren, Entscheidung. (1) [1]In dem Verfahren nach Artikel 54 Nr. 4 der Niedersächsischen Verfassung über die Vereinbarkeit eines Landesgesetzes mit der Verfassung hat das vorlegende Gericht die Vorlage zu begründen und dabei anzugeben, inwiefern seine Entscheidung von der Gültig-

Staatsgerichtshofsgesetz **NStGHG 20**

keit der Rechtsvorschrift abhängig ist und mit welcher Vorschrift der Verfassung sie unvereinbar sein soll. ²Die Akten sind beizufügen.

(2) Unbeschadet des § 15 gibt der Staatsgerichtshof auch den Beteiligten des Verfahrens vor dem Gericht, das das Verfahren ausgesetzt hat, Gelegenheit zur Äußerung und lädt sie zur mündlichen Verhandlung.

(3) Der Landtag und die Landesregierung können in jeder Lage des Verfahrens beitreten.

(4) § 34 gilt entsprechend.

Neunter Abschnitt
Verfahren in den Fällen des § 8 Nr. 10 (kommunale Verfassungsbeschwerde)

§ 36 Antrag, Verfahren, Entscheidung. (1) ¹In dem Verfahren nach Artikel 54 Nr. 5 der Niedersächsischen Verfassung können Gemeinden und Gemeindeverbände die Verfassungsbeschwerde mit der Behauptung erheben, daß ein Landesgesetz ihr Recht auf kommunale Selbstverwaltung verletzt. ²Die Beteiligten können sich durch ihre Bediensteten vertreten lassen, soweit diese die Befähigung zum Richteramt nach dem Deutschen Richtergesetz besitzen.

(2) Die Verfassungsbeschwerde ist nur innerhalb von zwei Jahren seit dem Inkrafttreten des Gesetzes zulässig.

(3) In Verfahren auf Grund einer Verfassungsbeschwerde gegen Änderungen des Gebietes von Gemeinden oder Gemeindeverbänden gibt der Staatsgerichtshof unbeschadet des § 15 auch denjenigen Gemeinden oder Gemeindeverbänden Gelegenheit zur Äußerung, deren Gebietsstand durch die Entscheidung über die Verfassungsbeschwerde berührt werden kann, und lädt sie zur mündlichen Verhandlung.

(4) Im übrigen gelten die §§ 34 und 35 Abs. 3 entsprechend.

VIERTER TEIL
Schlußvorschriften

§ 37 Änderung von Gesetzen. (1) Die §§ 14 und 15 Abs. 3 des Wahlprüfungsgesetzes vom 6. März 1955 (Nds. GVBl. Sb. I S. 39), geändert durch Artikel I des Gesetzes vom 12. Juni 1981 [Nds. GVBl. S. 125), werden gestrichen.

(2) § 1 des Niedersächsischen Richtergesetzes vom 14. Dezember 1962 (Nds. GVBl. S. 265), zuletzt geändert durch Artikel II des Gesetzes vom 20. November 1995 (Nds. GVBl. S. 427), wird wie folgt geändert:
1. In Absatz 1 wird die Absatznummer „(1)" gestrichen.
2. Absatz 2 wird gestrichen.

20 NStGHG Staatsgerichtshofsgesetz

(3) Die Niedersächsische Landeshaushaltsordnung in der Fassung vom 20. Juni 1990 (Nds. GVBl. S. 213) wird wie folgt geändert:
1. In § 28 Abs. 2 werden nach dem Wort „Landtages" die Worte „, des Präsidenten des Staatsgerichtshofs" eingefügt.
2. In § 29 Abs. 2 Satz 2 werden nach dem Wort „Präsidenten" die Worte „des Staatsgerichtshofs oder des Präsidenten" eingefügt.

§ 38 *(aufgehoben)*

§ 39 Inkrafttreten, Außerkrafttreten.
(1) Dieses Gesetz tritt am Tage nach seiner Verkündung in Kraft.

(2) Gleichzeitig tritt das Gesetz über den Staatsgerichtshof vom 31. März 1955 (Nds. GVBl. Sb. I S. 17), zuletzt geändert durch Artikel II des Gesetzes vom 12. Juni 1981 (Nds. GVBl. S. 125), außer Kraft.

Nvwvfg 35
Niedersächsisches Verwaltungsverfahrensgesetz (NVwVfG)

vom 3. Dezember 1976 (GVBl. S. 311),
zuletzt geändert durch Gesetz vom 24. September 2009 (GVBl. S. 361)

INHALTSÜBERSICHT*

§ 1 Anwendungsbereich
§ 2 Ausnahmen vom Anwendungsbereich
§ 3 Beglaubigung von Dokumenten
§ 4 Vollstreckung
§ 5 Rechtswirkungen der Planfeststellung
§ 6 Zusammentreffen mehrerer Vorhaben
§ 7 Anhörungsverfahren; Planfeststellungsbeschluß
§ 8 Inkrafttreten

§ 1 [Anwendungsbereich]. (1) Für die öffentlich-rechtliche Verwaltungstätigkeit der Behörden des Landes, der Gemeinden, der Landkreise und der sonstigen der Aufsicht des Landes unterstehenden Körperschaften, Anstalten und Stiftungen des öffentlichen Rechts gelten die Vorschriften des Verwaltungsverfahrensgesetzes, mit Ausnahme der §§ 1, 2, 61 Abs. 2, §§ 78, 94 und §§ 100 bis 101 sowie die Vorschriften dieses Gesetzes.

(2) Das Verwaltungsverfahrensgesetz und dieses Gesetz finden nur Anwendung, soweit nicht Rechtsvorschriften des Landes inhaltsgleiche oder entgegenstehende Bestimmungen enthalten.

(3) Das jeweilige Fachministerium wird ermächtigt, für seinen Geschäftsbereich durch Verordnung
1. festzulegen, dass in bestimmten Verfahren über einzelne Gegenstände Versicherungen an Eides statt nach § 27 des Verwaltungsverfahrensgesetzes abgenommen werden können, und
2. die für die Abnahme der Versicherung zuständigen Behörden zu bestimmen.

(4) Behörde im Sinne dieses Gesetzes ist jede Stelle, die Aufgaben der öffentlichen Verwaltung wahrnimmt.

§ 2 [Ausnahmen vom Anwendungsbereich]. (1) Dieses Gesetz gilt nicht für die Tätigkeit der Kirchen, der Religionsgesellschaften und Weltanschauungsgemeinschaften sowie ihrer Verbände und Einrichtungen.

(2) Dieses Gesetz gilt ferner nicht für
1. Verwaltungsverfahren, soweit in ihnen Rechtsvorschriften der Abgabenordnung anzuwenden sind,

---
* Die Inhaltsübersicht und die Paragraphenüberschriften sind nicht amtlich.

2. die Strafverfolgung, die Verfolgung und Ahndung von Ordnungswidrigkeiten, die Rechtshilfe für das Ausland in Straf- und Zivilsachen und, unbeschadet des § 80 Abs. 4 des Verwaltungsverfahrensgesetzes, für Maßnahmen des Richterdienstrechts,
3. Verfahren nach dem Sozialgesetzbuch,
4. das Recht des Lastenausgleichs,
5. das Recht der Wiedergutmachung.

(3) Für die Tätigkeit
1. der Gerichtsverwaltungen und der Behörden der Justizverwaltung einschließlich der ihrer Aufsicht unterliegenden Körperschaften des öffentlichen Rechts gilt dieses Gesetz nur, soweit die Tätigkeit der Nachprüfung im Verfahren vor den Gerichten der Verwaltungsgerichtsbarkeit unterliegt;
2. der Behörden bei Leistungs-, Eignungs- und ähnlichen Prüfungen von Personen gelten nur die §§ 3a bis 13, 20 bis 27, 29 bis 38, 40 bis 52, 79, 80 und 96 des Verwaltungsverfahrensgesetzes;
3. der Schulen bei der Anwendung des Niedersächsischen Schulgesetzes und der auf diesem Gesetz beruhenden Rechtsvorschriften gelten nur die §§ 3a bis 13, 21 bis 27, 29 bis 38, 40 bis 52, 79, 80 und 96 des Verwaltungsverfahrensgesetzes;
4. der Hochschulen, der Stiftungen, die Träger einer Hochschule sind, und des zuständigen Ministeriums bei der Besetzung von Stellen für wissenschaftliches und künstlerisches Personal an Hochschulen einschließlich Berufungsverfahren bezieht sich das Akteneinsichtsrecht (§ 29 des Verwaltungsverfahrensgesetzes) nicht auf die Gutachten von Professorinnen und Professoren und anderen Sachverständigen, die über die fachliche Eignung der von der Hochschule vorgeschlagenen oder eingestellten Bewerberinnen und Bewerber abgegeben werden, und nicht auf Akteile, in denen der Inhalt solcher Gutachten ganz oder teilweise wiedergegeben wird.

§ 3 [Beglaubigung von Dokumenten]. Zur Beglaubigung von Dokumenten nach § 33 Abs. 1 Satz 2 und Abs. 4 des Verwaltungsverfahrensgesetzes sowie von Unterschriften und Handzeichen nach § 34 Abs. 1 Satz 1 und Abs. 4 des Verwaltungsverfahrensgesetzes sind befugt
1. die Gemeinden und Samtgemeinden,
2. die Landkreise sowie
3. jede Behörde im Rahmen ihrer sachlichen Zuständigkeit.

§ 4 [Vollstreckung]. [1]Öffentlich-rechtliche Verträge im Sinne des § 61 Abs. 1 Satz 1 des Verwaltungsverfahrensgesetzes werden nach dem Niedersächsischen Verwaltungsvollstreckungsgesetz vollstreckt. [2]Will eine natürliche oder juristische Person des Privatrechts oder eine nichtrechtsfähige Vereinigung die Vollstreckung wegen einer Geldforderung betreiben, so ist § 170 Abs. 1 bis 3 der Verwaltungsgerichtsordnung entsprechend anzuwenden. [3]Richtet sich die Vollstreckung wegen der Erzwingung einer Handlung, Dul-

Verwaltungsverfahrensgesetz NVwVfG 35

dung oder Unterlassung gegen eine Behörde, so ist § 172 der Verwaltungsgerichtsordnung entsprechend anzuwenden.

§ 5 [Rechtswirkungen der Planfeststellung]. Für Planfeststellungen, die auf Grund landesrechtlicher Vorschriften durchgeführt werden, gelten die Rechtswirkungen des § 75 Abs. 1 Satz 1 des Verwaltungsverfahrensgesetzes auch gegenüber nach Bundesrecht notwendigen Entscheidungen.

§ 6 [Zusammentreffen mehrerer Vorhaben]. (1) Treffen mehrere selbständige Vorhaben, für deren Durchführung Planfeststellungsverfahren vorgeschrieben sind, derart zusammen, daß für diese Vorhaben oder für Teile von ihnen nur eine einheitliche Entscheidung möglich ist, so findet für diese Vorhaben oder für deren Teile nur ein Planfeststellungsverfahren statt.

(2) [1]Zuständigkeiten und Verfahren richten sich nach den Rechtsvorschriften über das Planfeststellungsverfahren, das für diejenige Anlage vorgeschrieben ist, die einen größeren Kreis öffentlich-rechtlicher Beziehungen berührt. [2]Bestehen Zweifel, welche Rechtsvorschrift anzuwenden ist, so entscheiden, falls nach den in Betracht kommenden Rechtsvorschriften mehrere Behörden in den Geschäftsbereichen mehrerer oberster Landesbehörden zuständig sind, die obersten Landesbehörden gemeinsam, sonst entscheidet die gemeinsame Aufsichtsbehörde.

§ 7 [Anhörungsverfahren; Planfeststellungsbeschluß]. Aufgaben, die den Gemeinden nach § 1 Abs. 1 dieses Gesetzes in Verbindung mit den §§ 73 und 74 des Verwaltungsverfahrensgesetzes obliegen, werden von den Samtgemeinden wahrgenommen.

§ 8 [Inkrafttreten]. Dieses Gesetz tritt am 1. Januar 1977 in Kraft.

Nvwvg 37
Niedersächsisches Verwaltungsvollstreckungsgesetz (NVwVG)

in der Fassung der Neubekanntmachung vom 4. Juli 2011 (Nds. GVBl. S. 238), zuletzt geändert durch Gesetz vom 13. April 2011 (Nds. GVBl. S. 104)

INHALTSÜBERSICHT

§ 1 Geltungsbereich

ERSTER TEIL
Vollstreckung wegen Geldforderungen

Erster Abschnitt
Allgemeine Vorschriften
- § 2 Vollstreckungsurkunden, Vollstreckungsschuldnerin, Vollstreckungsschuldner
- § 3 Voraussetzungen der Vollstreckung
- § 4 Mahnung
- § 5 Vertretung des Vollstreckungsgläubigers
- § 6 Vollstreckungsbehörden
- § 7 Vollstreckungshilfe
- § 8 Vollstreckungsbeamtinnen und Vollstreckungsbeamte
- § 9 Durchsuchen von Wohnungen und sonstigem Besitztum
- § 10 Anwendung unmittelbaren Zwangs
- § 11 Hinzuziehung von Zeuginnen und Zeugen
- § 12 Vollstreckung zur Nachtzeit sowie an Sonn- und Feiertagen

§§ 13-26 *(nicht abgedruckt)*

Zweiter Abschnitt
Vollstreckung in das bewegliche Vermögen
§§ 27-57 *(nicht abgedruckt)*

Dritter Abschnitt
Vollstreckung in das unbewegliche Vermögen
§§ 58-59 *(nicht abgedruckt)*

Vierter Abschnitt
Ergänzende Vorschriften
§§ 60-69 *(nicht abgedruckt)*

ZWEITER TEIL
Erzwingung von Handlungen, Duldungen und Unterlassungen
- § 70 Anwendung des Niedersächsischen Gesetzes über die öffentliche Sicherheit und Ordnung
- § 71 Besondere Vorschriften für die Herausgabe von Sachen
- § 72 Öffentlich-rechtliche Verträge
- § 73 Kosten
- § 74 Kirchliche Satzungen und Verwaltungsakte

DRITTER TEIL
Schlussvorschriften
- § 75 Einschränkung von Grundrechten
- §§ 76-79 *(nicht abgedruckt)*
- § 80 Übergangsvorschriften

§ 1 Geltungsbereich. (1) Dieses Gesetz regelt die Vollstreckung von Ansprüchen des Landes, einer Gemeinde, eines Landkreises oder einer sonstigen der Aufsicht des Landes unterstehenden Körperschaft, Anstalt oder Stiftung des öffentlichen Rechts aus
1. Vollstreckungsurkunden (§ 2 Abs. 1 bis 4) über Geldforderungen,
2. Verwaltungsakten und öffentlich-rechtlichen Verträgen, soweit sich daraus Verpflichtungen zur Vornahme einer Handlung, zur Duldung oder zur Unterlassung ergeben (§§ 70 bis 72).

(2) Die Vorschriften dieses Gesetzes über die Vollstreckung wegen Geldforderungen gelten auch,
1. soweit die Länder in Bundesgesetzen ermächtigt sind zu bestimmen, dass für die Vollstreckung wegen Geldforderungen die landesrechtlichen Vorschriften anzuwenden sind,
2. wenn ein Gericht eine Vollstreckungsbehörde zur Ausführung einer Vollstreckung wegen einer Geldforderung in Anspruch nimmt und die Vollstreckung nach landesrechtlichen Vorschriften durchzuführen ist.

ERSTER TEIL
Vollstreckung wegen Geldforderungen

Erster Abschnitt
Allgemeine Vorschriften

§ 2 Vollstreckungsurkunden, Vollstreckungsschuldnerin, Vollstreckungsschuldner. (1) [1]Ein Verwaltungsakt, der zu einer Geldleistung verpflichtet (Leistungsbescheid), wird nach den Vorschriften dieses Teils vollstreckt. [2]Dasselbe gilt für einen Bescheid, der zur Duldung der Vollstreckung wegen einer Geldforderung verpflichtet.

(2) Die Vorschriften dieses Teils gelten auch für die Vollstreckung von Geldforderungen, welche sich aus den folgenden Vollstreckungsurkunden ergeben:
1. Erklärung einer Person, die aufgrund einer Rechtsvorschrift eine von ihr zu erbringende Geldleistung selbst zu berechnen hat,
2. Beitragsnachweis einer Arbeitgeberin oder eines Arbeitgebers nach § 28 f Abs. 3 des Vierten Buchs des Sozialgesetzbuchs,
3. öffentlich-rechtlicher Vertrag, soweit sich darin die Schuldnerin oder der Schuldner der sofortigen Vollstreckung wegen einer Geldleistung unterworfen hat,
4. Zahlungsaufforderung wegen einer privatrechtlichen Geldforderung, wenn durch Verordnung nach Absatz 3 zugelassen ist, dass solche Geldforderungen im Verwaltungszwangsverfahren vollstreckt werden dürfen,
5. andere Urkunden, deren Vollstreckung im Verwaltungszwangsverfahren durch Rechtsvorschrift des Landes besonders zugelassen ist.

(3) [1]Die Landesregierung wird ermächtigt, durch Verordnung zu bestimmen, welche privatrechtlichen Geldforderungen der in § 1 Abs. 1 genannten Stellen im Verwaltungszwangsverfahren vollstreckt werden können. [2]Die Geldforderungen müssen dadurch entstanden sein, dass Dritte
1. öffentliche Einrichtungen in Anspruch genommen haben,
2. aus öffentlichem Vermögen Nutzungen gezogen oder Früchte erworben haben oder

Verwaltungsvollstreckungsgesetz **NVwVG 37**

3. öffentliche Mittel für öffentliche geförderte, insbesondere soziale Zwecke in Anspruch genommen haben.

³Die Sätze 1 und 2 gelten nicht für Forderungen öffentlich-rechtlicher Versicherungsunternehmen, die am Wettbewerb teilnehmen, und für öffentlich-rechtliche Bank- und Kreditinstitute einschließlich der Sparkassen.

(4) ¹Vollstreckungsurkunde in den Fällen des § 1 Abs. 2 Nr. 1 ist, wenn das Bundesrecht keine andere Bestimmung trifft, ein Leistungsbescheid. ²Vollstreckungsurkunde in den Fällen des § 1 Abs. 2 Nr. 2 ist die gerichtliche Entscheidung.

(5) Vollstreckungsschuldnerin oder Vollstreckungsschuldner ist
1. bei einem Leistungsbescheid jede Person, gegen die der Leistungsbescheid gerichtet ist,
2. bei anderen Vollstreckungsurkunden jede darin genannte zahlungspflichtige Person,
3. bei einem Bescheid nach Absatz 1 Satz 2 jede Person, die zur Duldung der Vollstreckung verpflichtet ist.

§ 3 Voraussetzungen der Vollstreckung. (1) Die Vollstreckung darf erst beginnen, wenn
1. gegen den Leistungsbescheid oder gegen die andere Vollstreckungsurkunde kein Rechtsbehelf mit aufschiebender Wirkung eingelegt werden kann,
2. die Geldforderung fällig ist,
3. der Vollstreckungsschuldnerin oder dem Vollstreckungsschuldner die Vollstreckung durch eine Mahnung angedroht worden ist, es sei denn, dass diese nach § 4 nicht erforderlich ist, und
4. die in der Mahnung bestimmte Zahlungsfrist oder in den Fällen des § 4 Abs. 3 und 4 Nr. 1 drei Tage, gerechnet vom Zeitpunkt der Fälligkeit, verstrichen sind.

(2) Nebenforderungen wie Säumniszuschläge, Zinsen und Kosten können mit der Hauptforderung vollstreckt werden, wenn die Vollstreckung wegen der Hauptforderung eingeleitet und im Leistungsbescheid oder in der anderen Vollstreckungsurkunde auf diese Nebenforderungen dem Grunde nach hingewiesen worden ist.

§ 4 Mahnung. (1) ¹Die Vollstreckungsschuldnerin oder der Vollstreckungsschuldner ist unter Einräumung einer Zahlungsfrist von mindestens einer Woche zu mahnen. ²Die Mahnung muss die Vollstreckungsbehörde bezeichnen.

(2) Die Mahnung ist erst nach Ablauf einer Woche seit der Fälligkeit der Geldforderung zulässig.

(3) Einer Mahnung bedarf es nicht, wenn
1. die Vollstreckungsschuldnerin oder der Vollstreckungsschuldner spätestens eine Woche vor Eintritt der Fälligkeit an die Zahlung erinnert wurde; die Erinnerung kann auch durch öffentliche Bekanntmachung allgemein erfolgen,

2. Tatsachen die Annahme rechtfertigen, dass
    a) der Erfolg der Vollstreckung durch die Mahnung gefährdet würde oder
    b) die Mahnung infolge eines in der Person der Vollstreckungsschuldnerin oder des Vollstreckungsschuldners liegenden Grundes dieser oder diesem nicht zur Kenntnis kommen wird,
oder
3. in den Fällen des § 1 Abs. 2 eine Erinnerung oder Mahnung nach bundesrechtlichen Vorschriften erfolgt ist und die danach bestimmte Frist abgelaufen ist.

(4) Ohne Mahnung können vollstreckt werden
1. Zwangsgelder und Kosten einer Ersatzvornahme,
2. Nebenleistungen wie Säumniszuschläge, Zinsen und Kosten, wenn die Vollstreckung wegen der Hauptleistung eingeleitet worden ist.

§ 5 Vertretung des Vollstreckungsgläubigers. [1]Der Vollstreckungsgläubiger wird durch die Behörde vertreten, die den Leistungsbescheid erlassen hat oder die in der anderen Vollstreckungsurkunde genannt ist. [2]In den Fällen des § 2 Abs. 2 Nr. 1, 2 oder 5 vertritt diejenige Behörde den Vollstreckungsgläubiger, der gegenüber die Erklärung in der Vollstreckungsurkunde abzugeben war.

§ 6 Vollstreckungsbehörden. (1) Zur Vollstreckung sind die Gemeinden, mit Ausnahme der Mitgliedsgemeinden von Samtgemeinden, die Samtgemeinden, die Landkreise und die Oberfinanzdirektion Niedersachsen befugt.

(2) Die Landesregierung wird ermächtigt, durch Verordnung weitere Landesbehörden und juristische Personen des öffentlichen Rechts, die der Aufsicht des Landes unterliegen, zu Vollstreckungsbehörden zu bestimmen, wenn sie für die Durchführung von Vollstreckungen geeignet erscheinen.

(3) Die Oberfinanzdirektion Niedersachsen und die durch Verordnung nach Absatz 2 bestimmten Landesbehörden sind im gesamten Landesgebiet zur Vollstreckung befugt.

§ 7 Vollstreckungshilfe. (1) [1]Die Vollstreckungsbehörden leisten Behörden, die nicht selbst Vollstreckungsbehörde sind, Vollstreckungshilfe. [2]Die Vorschriften über Vollstreckungshilfe gelten entsprechend, wenn die Vollstreckungsbehörde aufgrund einer Rechtsvorschrift für den Vollstreckungsgläubiger tätig wird. [3]§ 5 Abs. 3 Nr. 1, Abs. 4 und 5 sowie die §§ 6 und 7 des Verwaltungsverfahrensgesetzes (VwVfG) gelten entsprechend. [4]Die ersuchende Behörde hat der Vollstreckungsbehörde zu bescheinigen, dass der Leistungsbescheid oder die sonstige Vollstreckungsurkunde vollstreckbar ist.

(2) Die Verpflichtung zur Amtshilfe zwischen Vollstreckungsbehörden bleibt unberührt.

(3) Die Vollstreckungshilfe ist für juristische Personen des öffentlichen Rechts, die der Aufsicht des Landes unterstehen, eine Aufgabe des eigenen Wirkungskreises.

Verwaltungsvollstreckungsgesetz **NVwVG 37**

(4) Für die Vollstreckung der Bescheide über rückständige Rundfunkgebühren sind die Gemeinden zuständig.

§ 8 Vollstreckungsbeamtinnen und Vollstreckungsbeamte. (1) Die der Vollstreckungsbeamtin oder dem Vollstreckungsbeamten zugewiesenen Vollstreckungshandlungen führt die Vollstreckungsbehörde durch besonders bestellte Bedienstete aus.

(2) Die Vollstreckungsbeamtin oder der Vollstreckungsbeamte muss bei der Ausübung ihrer oder seiner Tätigkeit einen Dienstausweis mit sich führen und ihn auf Verlangen vorzeigen.

(3) Der Vollstreckungsschuldnerin oder dem Vollstreckungsschuldner und Dritten gegenüber wird die Vollstreckungsbeamtin oder der Vollstreckungsbeamte durch schriftlichen Auftrag der Vollstreckungsbehörde zur Vollstreckung ermächtigt; der Auftrag ist vorzuzeigen.

(4) Die Vollstreckungsbeamtin oder der Vollstreckungsbeamte gilt als bevollmächtigt, Zahlungen oder sonstige Leistungen für den Vollstreckungsgläubiger in Empfang zu nehmen.

(5) [1]Die Oberfinanzdirektion Niedersachsen kann Vollstreckungshandlungen, die der Vollstreckungsbeamtin oder dem Vollstreckungsbeamten zugewiesen sind, auch durch Gerichtsvollzieherinnen oder Gerichtsvollzieher ausführen, soweit eigene Vollstreckungsbeamtinnen und Vollstreckungsbeamte nicht zur Verfügung stehen. [2]Die Landesregierung wird ermächtigt, durch Verordnung zu bestimmen, dass die Befugnis nach Satz 1 auch anderen in der Verordnung nach § 6 Abs. 2 bestimmten Vollstreckungsbehörden zusteht. [3]Die Gerichtsvollzieherin oder der Gerichtsvollzieher führt die Vollstreckungshandlungen nach den Vorschriften über die Zwangsvollstreckung in bürgerlichen Rechtsstreitigkeiten und den hierzu geltenden Kostenvorschriften durch; an die Stelle der vollstreckbaren Ausfertigung des Schuldtitels tritt der schriftliche Auftrag der Vollstreckungsbehörde. [4]Der Vollstreckungsauftrag wird der Vollstreckungsschuldnerin oder dem Vollstreckungsschuldner nicht zugestellt und nicht ausgehändigt. [5]Er ist der Vollstreckungsschuldnerin oder dem Vollstreckungsschuldner durch die Gerichtsvollzieherin oder den Gerichtsvollzieher vorzuzeigen.

(6) Wird der Auftrag nach Absatz 3 oder 5 mithilfe automatischer Einrichtungen erstellt, so genügt es, wenn er ein eingedrucktes Dienstsiegel und die Namensangabe der ausstellenden Person enthält.

§ 9 Durchsuchen von Wohnungen und sonstigem Besitztum. (1) Soweit der Zweck der Vollstreckung es erfordert, darf die Vollstreckungsbeamtin oder der Vollstreckungsbeamte die Wohnung und das sonstige Besitztum der Vollstreckungsschuldnerin oder des Vollstreckungsschuldners durchsuchen sowie verschlossene Türen und Behältnisse öffnen oder öffnen lassen.

(2) [1]Die Wohnung darf ohne Einwilligung der Vollstreckungsschuldnerin oder des Vollstreckungsschuldners nur aufgrund einer Anordnung der Richterin

oder des Richters bei dem Amtsgericht durchsucht werden, in dessen Bezirk die Durchsuchung erfolgen soll. [2]Dies gilt nicht bei Gefahr im Verzuge. [3]Die Anordnung nach Satz 1 ist bei der Vollstreckung vorzuzeigen.

(3) [1]Wenn die Vollstreckungsschuldnerin oder der Vollstreckungsschuldner in die Durchsuchung eingewilligt hat oder eine Durchsuchungsanordnung vorliegt oder entbehrlich ist, haben Personen, die Mitgewahrsam an der Wohnung der Vollstreckungsschuldnerin oder des Vollstreckungsschuldners haben, die Durchsuchung zu dulden. [2]Unbillige Härten gegenüber diesen Personen sind zu vermeiden.

(4) [1]Soweit der Zweck der Vollstreckung es erfordert, haben im Beisein der Vollstreckungsbeamtin oder des Vollstreckungsbeamten auch hinzugezogene Zeuginnen und Zeugen, Verwaltungsvollzugsbeamtinnen und Verwaltungsvollzugsbeamte (§ 50 des Niedersächsischen Gesetzes über die öffentliche Sicherheit und Ordnung – Nds. SOG –), Polizeibeamtinnen und Polizeibeamte sowie Personen, die sich durch einen schriftlichen Auftrag der Vollstreckungsbehörde ausweisen können, das Zutrittsrecht nach Absatz 1. [2]§ 8 Abs. 6 gilt entsprechend.

§ 10 Anwendung unmittelbaren Zwangs. (1) [1]Soweit der Zweck der Vollstreckung es erfordert, kann die Vollstreckungsbeamtin oder der Vollstreckungsbeamte unmittelbaren Zwang anwenden und hierzu die Polizei um Unterstützung ersuchen. [2]Die §§ 69 und 71 bis 75 Nds. SOG gelten entsprechend mit der Maßgabe, dass nicht durch Waffen und Sprengmittel auf Personen eingewirkt werden darf.

(2) Hat die Vollstreckungsbehörde Verwaltungsvollzugsbeamtinnen oder Verwaltungsvollzugsbeamte (§ 50 Nds. SOG) bestellt, so sind diese berechtigt, die Vollstreckungsbeamtin oder den Vollstreckungsbeamten im Rahmen ihrer Befugnisse zu unterstützen.

§ 11 Hinzuziehung von Zeuginnen und Zeugen. Wir der Vollstreckung Widerstand entgegengesetzt oder ist bei einer Vollstreckungshandlung in der Wohnung der Vollstreckungsschuldnerin oder des Vollstreckungsschuldners weder die Vollstreckungsschuldnerin oder der Vollstreckungsschuldner noch eine zu ihrer oder seiner Familie gehörige oder in der Wohnung beschäftigte erwachsene Person anwesend, so hat die Vollstreckungsbeamtin oder der Vollstreckungsbeamte mindestens eine erwachsene Zeugin oder einen erwachsenen Zeugen hinzuzuziehen.

§ 12 Vollstreckung zur Nachtzeit sowie an Sonn- und Feiertagen. [1]Zwischen 21 und 6 Uhr (Nachtzeit) sowie an Sonn- und Feiertagen darf eine Vollstreckungshandlung nicht vorgenommen werden, wenn dies für die Vollstreckungsschuldnerin oder den Vollstreckungsschuldner oder die Personen, die Mitgewahrsam haben, eine unbillige Härte darstellt oder der zu erwartende Erfolg in einem Missverhältnis zu dem Eingriff steht. [2]In Wohnungen darf eine

Verwaltungsvollstreckungsgesetz **NVwVG 37**

Vollstreckungshandlung zur Nachtzeit sowie an Sonn- und Feiertagen nur mit besonderer richterlicher Anordnung vorgenommen werden. [3]Die Anordnung ist vorzuzeigen.

§§ 13-26 *(nicht abgedruckt)*

Zweiter Abschnitt
Vollstreckung in das bewegliche Vermögen

§§ 27-57 *(nicht abgedruckt)*

Dritter Abschnitt
Vollstreckung in das unbewegliche Vermögen

§§ 58-59 *(nicht abgedruckt)*

Vierter Abschnitt
Ergänzende Vorschriften

§§ 60-69 *(nicht abgedruckt)*

ZWEITER TEIL
Erzwingung von Handlungen, Duldungen und Unterlassungen

§ 70 Anwendung des Niedersächsischen Gesetzes über die öffentliche Sicherheit und Ordnung. (1) Verwaltungsakte, die auf die Herausgabe einer Sache oder auf eine sonstige Handlung oder eine Duldung oder Unterlassung gerichtet sind und die nicht unter § 2 Abs. 1 fallen, werden, auch wenn sie nicht der Gefahrenabwehr dienen, nach dem Sechsten Teil des Niedersächsischen Gesetzes über die öffentliche Sicherheit und Ordnung durchgesetzt.

(2) Für die Durchsetzung eines Verwaltungsaktes ist die Verwaltungsbehörde zuständig, die für seinen Erlaß zuständig ist.

(3) Hat die Verwaltungsbehörde Verwaltungsvollzugsbeamtinnen oder Verwaltungsvollzugsbeamte (§ 50 des Niedersächsischen Gesetzes über die öffentliche Sicherheit und Ordnung) bestellt, so sind diese im Rahmen ihrer Befug-

nisse auch zur Durchsetzung von Verwaltungsakten berechtigt, die nicht der Gefahrenabwehr dienen.

§ 71 Besondere Vorschriften für die Herausgabe von Sachen. (1) ¹Wird die Herausgabe oder Räumung eines Grundstücks, eines Raumes oder eines Schiffes durchgesetzt, so sind bewegliche Sachen, die nicht Gegenstand der Vollstreckung sind, der betroffenen Person, wenn diese nicht anwesend ist, ihrer Vertreterin oder ihrem Vertreter oder einer zu der Familie der betroffenen Person gehörigen oder in deren Wohnung beschäftigten erwachsenen Person zu übergeben. ²Andernfalls sind die Sachen zu verwahren. ³Die betroffene Person ist aufzufordern, die Sachen binnen einer bestimmten Frist abzuholen. ⁴Kommt sie der Aufforderung nicht nach, so kann die Verwaltungsbehörde die Sachen nach den Vorschriften dieses Gesetzes über die Verwertung gepfändeter Sachen verkaufen und den Erlös verwahren.

(2) ¹Soll die Herausgabe einer beweglichen Sache durchgesetzt werden und wird die Sache bei der betroffenen Person nicht vorgefunden, so hat sie auf Antrag der Verwaltungsbehörde gegenüber der Gerichtsvollzieherin oder dem Gerichtsvollzieher zu Protokoll an Eides Statt zu versichern, dass sie die Sache nicht besitze und auch nicht wisse, wo sich die Sache befinde. ²Das Gericht kann beschließen, dass die eidesstattliche Versicherung in einer von Satz 1 abweichenden, der Sachlage entsprechenden Fassung abgegeben werden darf. ³Dem Antrag der Verwaltungsbehörde ist eine beglaubigte Abschrift des Verwaltungsakts beizufügen. ⁴Für das Verfahren gelten die §§ 899, 900 Abs. 1, 4 und 5 und die §§ 901, 902, 904 bis 910 und 913 der Zivilprozessordnung entsprechend.

§ 72 Öffentlich-rechtliche Verträge. Die §§ 70 und 71 gelten entsprechend für öffentlich-rechtliche Verträge, in denen die Schuldnerin oder der Schuldner sich zu einer Handlung, Duldung oder Unterlassung verpflichtet und der sofortigen Vollstreckung unterworfen hat.

§ 73 Kosten. (1) Für ihre Amtshandlungen zur Durchsetzung von Handlungen, Duldungen oder Unterlassungen, die nicht unter § 2 Abs. 1 bis 4 fallen, erheben die in § 1 genannten Behörden Kosten (Gebühren und Auslagen).

(2) ¹Die Kosten schuldet die Person, gegen die sich die Amtshandlung richtet. ²Richtet sich die Amtshandlung gegen mehrere Personen, so haften diese als Gesamtschuldner.

(3) ¹§ 67 Abs. 3 und § 67b gelten entsprechend. ²Die §§ 3, 4, 7 bis 9 und 11 bis 13 NVwKostG gelten entsprechend.

§ 74 Kirchliche Satzungen und Verwaltungsakte. In kirchenrechtlichen Vorschriften kann für den Fall, dass kirchliche Satzungen oder kirchliche Verwaltungsakte Gebote oder Verbote enthalten, vorgesehen werden, dass kirchliche Stellen die Vorschriften des Sechsten Teils des Niedersächsischen Gesetzes über die öffentliche Sicherheit und Ordnung anwenden.

DRITTER TEIL
Schlussvorschriften

§ 75 Einschränkung von Grundrechten. Durch dieses Gesetz werden die Grundrechte der körperlichen Unversehrtheit, der Freiheit der Person (Artikel 2 Abs. 2 des Grundgesetzes) und der Unverletzlichkeit der Wohnung (Artikel 13 des Grundgesetzes) eingeschränkt.

§§ 76-79 *(nicht abgedruckt)*

§ 80 Übergangsvorschriften. (1) Vollstreckungsverfahren, die am 31. Mai 2011 eingeleitet waren, werden nach den bis dahin geltenden Vorschriften abgewickelt.

(2) Bis zum Inkrafttreten der Verordnung nach § 34 Abs. 2, längstens bis zum 31. Mai 2012, kann die Versteigerung im Internet gemäß § 42 als besondere Verwertung angeordnet werden.

# Nds. AG VwGO 38

Niedersächsisches Ausführungsgesetz zur Verwaltungsgerichtsordnung (Nds. AG VwGO)

in der Fassung vom 1. Juli 1993 (GVBl. S. 176),
zuletzt geändert durch Gesetz vom 25. November 2009 (GVBl. S. 437)

INHALTSÜBERSICHT*

§ 1	Aufbau der allgemeinen Verwaltungsgerichtsbarkeit	§ 5	Verwaltungsgerichtliche Vertrauensleute
§ 2	Verwaltungsgerichtsbezirke	§ 6	Oberverwaltungsgerichtliche Vertrauensleute
§ 3	Dienstaufsicht	§ 7	Erweiterte Normenkontrolle
§ 4	Oberverwaltungsgerichtliche Entscheidungen	§ 8	Erweiterte Beteiligtenfähigkeit
		§ 8a	Ausnahmen vom Vorverfahren
§ 4a	Regierungseinfluß auf Wahl der ehrenamtlichen Richter	§ 8b	Nachfolgebehörde im Vorverfahren
		§ 9	Inkrafttreten

§ 1 [Aufbau der allgemeinen Verwaltungsgerichtsbarkeit]. (1) [1]Oberstes Landesgericht der allgemeinen Verwaltungsgerichtsbarkeit ist das „Niedersächsische Oberverwaltungsgericht". [2]Es hat seinen Sitz in Lüneburg.

(2) [1]Verwaltungsgerichte bestehen in
1. Braunschweig,
2. Göttingen,
3. Hannover,
4. Lüneburg,
5. Oldenburg (Oldenburg),
6. Osnabrück,
7. Stade.

[2]Die Verwaltungsgerichte führen den Namen der Gemeinde, in der sie ihren Sitz haben; ändert sich der Name der Gemeinde, so ändert sich auch der Name des Verwaltungsgerichts.

§ 2 [Verwaltungsgerichtsbezirke]. (1) Der Bezirk des Niedersächsischen Oberverwaltungsgerichts umfaßt das Land Niedersachsen.

(2) Gerichtsbezirke der Verwaltungsgerichte sind:
1. die Gebiete der Landkreise Gifhorn, Goslar, Helmstedt, Peine und Wolfenbüttel sowie der kreisfreien Städte Braunschweig, Salzgitter und Wolfsburg für das Verwaltungsgericht Braunschweig,

---

* Die Inhaltsübersicht und die Paragraphenüberschriften sind nicht amtlich.

38 Nds. AG VwGO

2. die Gebiete der Landkreise Göttingen, Northeim und Osterode am Harz für das Verwaltungsgericht Göttingen,
3. die Gebiete der Landkreise Diepholz, Hameln-Pyrmont, Hildesheim, Holzminden, Nienburg (Weser) und Schaumburg sowie der Region Hannover für das Verwaltungsgericht Hannover,
4. die Gebiete der Landkreise Celle, Harburg, Lüchow-Dannenberg, Lüneburg, Soltau-Fallingbostel und Uelzen für das Verwaltungsgericht Lüneburg,
5. die Gebiete der Landkreise Ammerland, Aurich, Cloppenburg, Friesland, Leer, Oldenburg, Vechta, Wesermarsch und Wittmund sowie der kreisfreien Städte Delmenhorst, Emden, Oldenburg (Oldenburg) und Wilhelmshaven sowie das gemeinde- und kreisfreie Gebiet der Küstengewässer einschließlich des Dollarts, des Jadebusens und der Bundeswasserstraßen Ems und Weser sowie der davon eingeschlossenen oder daran angrenzenden gemeinde- und kreisfreien Gebiete, im Osten und Nordosten begrenzt durch die Landesgrenze mit der Freien und Hansestadt Bremen – Stadt Bremerhaven –, der seewärtigen Grenze des Landkreises Cuxhaven und der westlichen Landesgrenze mit der Freien und Hansestadt Hamburg – Exklave Neuwerk/Scharhörn –, für das Verwaltungsgericht Oldenburg,
6. die Gebiete der Landkreise Emsland, Grafschaft Bentheim und Osnabrück sowie der kreisfreien Stadt Osnabrück für das Verwaltungsgericht Osnabrück,
7. die Gebiete der Landkreise Cuxhaven, Osterholz, Rotenburg (Wümme), Stade und Verden sowie das gemeinde- und kreisfreie Gebiet der Küstengewässer einschließlich der Bundeswasserstraße Elbe und der davon eingeschlossenen oder daran angrenzenden gemeinde- und kreisfreien Gebiete, im Westen begrenzt durch die östliche Landesgrenze mit der Freien und Hansestadt Hamburg – Exklave Neuwerk/Scharhörn –, für das Verwaltungsgericht Stade.

§ 3 [Dienstaufsicht]. Die oberste Dienstaufsicht über die Gerichte der Verwaltungsgerichtsbarkeit führt das Justizministerium.

§ 4 [Oberverwaltungsgerichtliche Entscheidungen]. (1) Die Senate des Oberverwaltungsgerichts entscheiden in der Besetzung von drei Richterinnen oder Richtern und zwei ehrenamtlichen Richterinnen oder Richtern.

(2) ¹Bei Beschlüssen außerhalb der mündlichen Verhandlung und bei Gerichtsbescheiden wirken die ehrenamtlichen Richterinnen und Richter nicht mit. ²Dies gilt nicht für Beschlüsse, durch die in Verfahren nach § 47 der Verwaltungsgerichtsordnung in der Hauptsache entschieden wird.

§ 4a [Regierungseinfluss auf Wahl der ehrenamtlichen Richter]. (1) Das Ministerium für Inneres und Sport bestimmt den Verwaltungsbeamten, der nach § 26 Abs. 2 Satz 1 der Verwaltungsgerichtsordnung beim Verwaltungsgericht dem Ausschuss zur Wahl der ehrenamtlichen Richter angehört.

Ausführungsgesetz VwGO **Nds. AG VwGO 38**

(2) Das Justizministerium bestimmt den Verwaltungsbeamten, der nach § 26 Abs. 2 Satz 1 in Verbindung mit § 34 der Verwaltungsgerichtsordnung beim Oberverwaltungsgericht dem Ausschuss zur Wahl der ehrenamtlichen Richter angehört.

§ 5 [Verwaltungsgerichtliche Vertrauensleute]. (1) ¹Die Vertrauensleute und die stellvertretenden Vertrauensleute für den bei jedem Verwaltungsgericht zu bestellenden Ausschuß werden durch eine Versammlung von Wahlbevollmächtigten gewählt. ²Die Vertretungskörperschaften der Landkreise und kreisfreien Städte der Verwaltungsgerichtsbezirke wählen je ein Mitglied und ein stellvertretendes Mitglied der Versammlung der Wahlbevollmächtigten. ³Die Zuständigkeit der Vertretungskörperschaften der großen selbständigen Städte, der selbständigen Gemeinden, der Stadt Göttingen und der Landeshauptstadt Hannover wird ausgeschlossen.

(2) ¹Die Versammlung der Wahlbevollmächtigten wählt aus ihrer Mitte eine Vorsitzende oder einen Vorsitzenden und deren oder dessen Vertreterin oder Vertreter. ²Die oder der Vorsitzende beruft die Versammlung ein. ³Zu ihrer ersten Sitzung wird die Versammlung von demjenigen Mitglied der Versammlung einberufen, das die Gebietskörperschaft vertritt, in der das Verwaltungsgericht seinen Sitz hat.

(3) ¹Die Versammlung ist beschlußfähig, wenn mehr als die Hälfte ihrer Mitglieder anwesend ist. ²Gewählt ist, wer die meisten Stimmen auf sich vereinigt. ³Bei Stimmengleichheit entscheidet das Los.

(4) ¹Die Vertrauensleute und die stellvertretenden Vertrauensleute werden auf die Dauer von vier Jahren gewählt. ²Eine Ersatzwahl gilt nur für den Rest der Wahlperiode der bereits gewählten Vertrauensleute.

§ 6 [Oberverwaltungsgerichtliche Vertrauensleute]. ¹Für den bei dem Oberverwaltungsgericht zu bestellenden Ausschuß wählt der Landtag oder ein durch ihn bestimmter Landtagsausschuß die Vertrauensleute und die stellvertretenden Vertrauensleute. ²§ 5 Abs. 4 gilt entsprechend.

§ 7 [Erweiterte Normenkontrolle]. Das Oberverwaltungsgericht entscheidet nach Maßgabe des § 47 der Verwaltungsgerichtsordnung auf Antrag über die Gültigkeit einer landesrechtlichen Verordnung oder einer anderen im Range unter dem Landesgesetz stehenden Rechtsvorschrift.

§ 8 [Erweiterte Beteiligtenfähigkeit]. (1) Fähig, am Verfahren beteiligt zu sein, sind auch <u>Landes</u>behörden.

(2) Hat eine Landesbehörde den angefochtenen Verwaltungsakt erlassen oder den beantragten Verwaltungsakt unterlassen, so ist die Klage gegen sie zu richten.

§ 8a [Ausnahmen vom Vorverfahren]. (1) Vor Erhebung der Anfechtungsklage bedarf es abweichend von § 68 Abs. 1 Satz 1 der Verwaltungsgerichtsordnung <u>keiner Nachprüfung in einem Vorverfahren.</u>

38 Nds. AG VwGO

Ausführungsgesetz VwGO

(2) Für die Verpflichtungsklage gilt Absatz 1 entsprechend.

(3) [1]Die Absätze 1 und 2 gelten nicht für Verwaltungsakte,
1. denen eine Bewertung einer Leistung im Rahmen einer berufsbezogenen Prüfung zugrunde liegt,
2. die von Schulen erlassen werden,
3. die nach den Vorschriften
    a) des Baugesetzbuchs und der Niedersächsischen Bauordnung,
    b) des Bundes-Immissionsschutzgesetzes,
    c) des Kreislaufwirtschafts- und Abfallgesetzes, der Rechtsvorschriften der Europäischen Gemeinschaft zum Abfallrecht, des Abfallverbringungsgesetzes und des Niedersächsischen Abfallgesetzes,
    d) des Bundes-Bodenschutzgesetzes und des Niedersächsischen Bodenschutzgesetzes,
    e) der den Naturschutz und die Landschaftspflege betreffenden Rechtsvorschriften der Europäischen Gemeinschaft und des Bundes sowie des Landes Niedersachsen,
    f) des Wasserhaushaltsgesetzes und des Niedersächsischen Wassergesetzes
    g) des Chemikaliengesetzes und des Sprengstoffgesetzes,
    h) des Geräte- und Produktsicherheitsgesetzes,
    i) des Unterhaltsvorschussgesetzes,
    j) nach dem Niedersächsischen Umweltinformationsgesetz,
    k) der Strahlenschutzverordnung und der Röntgenverordnung und
    l) des Rundfunkgebührenstaatsvertrages sowie

der auf diesen Rechtsvorschriften beruhenden Verordnungen und Satzungen erlassen werden. [2]In den Fällen des Satzes 1 Nr. 1 bedarf es der Nachprüfung in einem Vorverfahren auch dann, wenn eine oberste Landesbehörde den Verwaltungsakt erlassen oder den Antrag auf Vornahme des Verwaltungsakts abgelehnt hat. [3]Satz 1 gilt auch für Verwaltungshandlungen, die sich rechtlich unmittelbar auf die genannten Verwaltungsakte beziehen, insbesondere Zusicherungen, Nebenbestimmungen, Vollstreckungs- und Kostenentscheidungen, Aufhebungen sowie Entscheidungen über das Wiederaufgreifen des Verfahrens.

(4) [1]Die Absätze 1 und 2 gelten abweichend von Absatz 3 auch, soweit die Verwaltungsakte nach Absatz 3 Satz 1 Nrn. 2 und 3 Buchst. a bis k Abgabenangelegenheiten betreffen.

§ 8b [Nachfolgebehörde im Vorverfahren]. [1]Wird eine Behörde aufgelöst, die einen Verwaltungsakt erlassen oder einen beantragten Verwaltungsakt unterlassen hat, so finden ab dem Zeitpunkt der Auflösung die Vorschriften dieses Gesetzes und des 8. Abschnitts der Verwaltungsgerichtsordnung mit der Maßgabe Anwendung, dass an die Stelle der aufgelösten Behörde die Behörde tritt, auf die die Zuständigkeit zum Erlass des Verwaltungsaktes übergegangen ist (Nachfolgebehörde). [2]Ist Nachfolgebehörde eine oberste Landesbehörde, so bedarf es der Nachprüfung in einem Vorverfahren.

Ausführungsgesetz VwGO **Nds. AG VwGO 38**

§ 9 [Inkrafttreten]. Dieses Gesetz tritt am 1. April 1960 in Kraft*; gleichzeitig treten außer Kraft:
1. die Artikel VII bis IX der Verordnung Nr. 141 über die Gerichtsbarkeit in Verwaltungssachen in der brit. Zone vom 1. April 1948 [Verordnungsbl. f. d. Brit. Zone S. 111);
2. das Gesetz über die Errichtung eines Oberverwaltungsgerichts für das Land Niedersachsen, die Mitwirkung ehrenamtlicher Mitglieder bei der Rechtsprechung des Oberverwaltungsgerichts und über die Wahl von Vertrauensleuten vom 28. März 1949 (Nieders. GVBl. Sb. I S. 448);
3. das Dritte Gesetz zur Verlängerung der Geltungsdauer des Gesetzes über Beschränkung der Berufung und der Beschwerde in Verwaltungsstreitsachen vom 12. Juni 1959 (Nieders. GVBl. S. 81);
4. die Verordnung über Verwaltungsgerichte im Lande Niedersachsen vom 31. März 1949 (Nieders. GVBl. Sb. I S. 448).

---

* Diese Vorschrift betrifft das Inkrafttreten des Gesetzes in der ursprünglichen Fassung vom 12. April 1960 (Nieders. GVBl. S. 21). Der Zeitpunkt des Inkrafttretens der späteren Änderungen ergibt sich aus den in der Bekanntmachung vom 22. Mai 1981 (Nieders. GVBl. S. 117) sowie den in der vorangestellten Bekanntmachung näher bezeichneten Gesetzen.

NKomVG 50
Niedersächsisches Kommunalverfassungsgesetz (NKomVG)

vom 17. Dezember 2010 (Nds. GVBl. S. 576),
zuletzt geändert durch Gesetz vom 16. Dezember 2013 (Nds. GVBl. S. 307)

INHALTSÜBERSICHT

ERSTER TEIL
Grundlagen der Kommunalverfassung §§ 1 bis 18

ZWEITER TEIL
Benennung, Sitz, Hoheitszeichen §§ 19 bis 22

DRITTER TEIL
Gebiete §§ 23 bis 27

VIERTER TEIL
Einwohnerinnen und Einwohner, Bürgerinnen und Bürger §§ 28 bis 44

FÜNFTER TEIL
Innere Kommunalverfassung §§ 45 bis 96

Erster Abschnitt: Vertretung §§ 45 bis 70

Zweiter Abschnitt: Ausschüsse der Vertretung §§ 71 bis 73

Dritter Abschnitt: Hauptausschuss §§ 74 bis 79

Vierter Abschnitt: Hauptverwaltungsbeamtin oder Hauptverwaltungsbeamter §§ 80 bis 89

Fünfter Abschnitt: Ortschaften, Stadtbezirke §§ 90 bis 96

SECHSTER TEIL
Samtgemeinden §§ 97 bis 106

Erster Abschnitt: Bildung und Aufgaben der Samtgemeinden §§ 97 bis 102

Zweiter Abschnitt: Mitgliedsgemeinden von Samtgemeinden §§ 103 bis 106

SIEBENTER TEIL
Beschäftigte §§ 107 bis 109

ACHTER TEIL
Kommunalwirtschaft §§ 110 bis 158

Erster Abschnitt: Haushaltswirtschaft §§ 110 bis 129

Zweiter Abschnitt: Sondervermögen und Treuhandvermögen §§ 130 bis 135

Dritter Abschnitt: Unternehmen und Einrichtungen §§ 136 bis 152

Vierter Abschnitt: Prüfungswesen §§ 153 bis 158

50 NKomVG — Kommunalverfassungsgesetz

NEUNTER TEIL	
Besondere Aufgaben- und Kostenregelungen	§§ 159 bis 169
Erster Abschnitt: Region Hannover, Landeshauptstadt Hannover und übrige regionsangehörige Gemeinden	§§ 159 bis 167
Zweiter Abschnitt: Landkreis Göttingen und Stadt Göttingen	§§ 168 bis 169

ZEHNTER TEIL	
Aufsicht	§§ 170 bis 176

ELFTER TEIL	
Übergangs- und Schlussvorschriften	§§ 177 bis 180

ERSTER TEIL
Grundlagen der Kommunalverfassung

§ 1 Selbstverwaltung. (1) Die Gemeinden, die Samtgemeinden, die Landkreise und die Region Hannover (<u>Kommunen</u>) verwalten ihre Angelegenheiten im Rahmen der Gesetze in eigener Verantwortung mit dem Ziel, das Wohl ihrer Einwohnerinnen und Einwohner zu fördern.

(2) In die Rechte der Kommunen darf nur durch Rechtsvorschrift eingegriffen werden.

§ 2 Gemeinden, Samtgemeinden. (1) Die Gemeinden sind die Grundlage des demokratischen Staates.

(2) Die Gemeinden sind Gebietskörperschaften und im Sinne des Artikels 57 Abs. 3 der Niedersächsischen Verfassung in ihrem Gebiet die ausschließlichen Träger der gesamten öffentlichen Aufgaben, soweit Rechtsvorschriften nicht ausdrücklich etwas anderes bestimmen.

(3) Die Samtgemeinden sind Gemeindeverbände.

§ 3 Landkreise, Region Hannover. (1) Die Landkreise und die Region Hannover sind Gemeindeverbände und Gebietskörperschaften.

(2) [1]Die Landkreise und die Region Hannover sind, soweit in Rechtsvorschriften nichts anderes bestimmt ist, in ihrem Gebiet die Träger der öffentlichen Aufgaben, die von überörtlicher Bedeutung sind oder deren zweckmäßige Erfüllung die Verwaltungs- oder Finanzkraft der ihnen angehörenden Gemeinden und Samtgemeinden übersteigt. [2]Sie unterstützen die ihnen angehörenden Gemeinden und Samtgemeinden bei der Erfüllung ihrer Aufgaben und sorgen für einen angemessenen Ausgleich der Gemeindelasten.

(3) Die für Landkreise geltenden Regelungen anderer Rechtsvorschriften sind auf die Region Hannover entsprechend anzuwenden, soweit nichts anderes bestimmt ist.

Kommunalverfassungsgesetz **NKomVG 50**

§ 4 Aufgabenerfüllung der Kommunen. [1]Die Kommunen erfüllen ihre Aufgaben im eigenen oder im übertragenen Wirkungskreis. [2]Sie stellen in den Grenzen ihrer Leistungsfähigkeit die für ihre Einwohnerinnen und Einwohner erforderlichen sozialen, kulturellen, sportlichen und wirtschaftlichen öffentlichen Einrichtungen bereit.

§ 5 Eigener Wirkungskreis. (1) Zum eigenen Wirkungskreis der Kommunen gehören

170 JS.2

1. bei den Gemeinden alle Angelegenheiten der örtlichen Gemeinschaft,
2. bei den Samtgemeinden die Aufgaben, die sie nach § 98 Abs. 1 Sätze 1 und 2 für ihre Mitgliedsgemeinden erfüllen,
3. bei den Landkreisen und der Region Hannover die von ihnen freiwillig übernommenen Aufgaben und
4. bei allen Kommunen die Aufgaben, die ihnen aufgrund von Artikel 57 Abs. 4 der Niedersächsischen Verfassung durch Rechtsvorschrift als Pflichtaufgaben zur Erfüllung in eigener Verantwortung zugewiesen sind.

(2) Im eigenen Wirkungskreis sind die Kommunen nur an die Rechtsvorschriften gebunden.

(3) [1]Die Landkreise können von kreisangehörigen Gemeinden und Samtgemeinden freiwillig übernommene Aufgaben und Einrichtungen mit deren Zustimmung übernehmen. [2]In den Fällen des § 98 Abs. 1 Satz 2 ist auch die Zustimmung der Mitgliedsgemeinden erforderlich. [3]Ohne Zustimmung der beteiligten Gemeinden und Samtgemeinden können diese Aufgaben und Einrichtungen von Landkreisen übernommen werden, wenn dies notwendig ist, um einem Bedürfnis der Einwohnerinnen und Einwohner des Landkreises in einer dem öffentlichen Wohl entsprechenden Weise zu genügen. [4]Die Übernahmebedingungen werden von den Beteiligten vereinbart. [5]Kommt eine Vereinbarung nicht zustande, so werden die Übernahmebedingungen von der Kommunalaufsichtsbehörde festgesetzt.

(4) [1]Aufgaben, die die Landkreise wahrnehmen, sollen den kreisangehörigen Gemeinden und Samtgemeinden auf deren Antrag überlassen werden, wenn diese die Aufgaben in einer dem öffentlichen Wohl entsprechenden Weise erfüllen können und wenn hierdurch die zweckmäßige Erfüllung der Aufgaben des Landkreises im Übrigen nicht gefährdet wird. [2]Absatz 3 Sätze 4 und 5 gilt entsprechend.

§ 6 Übertragener Wirkungskreis. (1) [1]Zum übertragenen Wirkungskreis der Kommunen gehören die staatlichen Aufgaben, die ihnen aufgrund von 57 IV NdsVerf Artikel 57 Abs. 4 der Niedersächsischen Verfassung durch Rechtsvorschrift übertragen sind. [2]Die Landkreise und die Region Hannover nehmen die Aufgaben der unteren Verwaltungsbehörden wahr, soweit durch Rechtsvorschrift nichts anderes bestimmt ist.

(2) [1]Die Kommunen erfüllen die Aufgaben des übertragenen Wirkungskreises nach Weisung der Fachaufsichtsbehörden. [2]Ihnen fließen die mit diesen Aufgaben verbundenen Erträge zu.

(3) ¹Die Kommunen sind zur Geheimhaltung derjenigen Angelegenheiten verpflichtet, deren Geheimhaltung allgemein vorgeschrieben oder im Einzelfall von der dazu befugten staatlichen Behörde angeordnet ist. ²Verwaltungsvorschriften, die dazu dienen, die Geheimhaltung sicherzustellen, gelten auch für die Kommunen, soweit nichts anderes bestimmt ist.

(4) Hat eine Kommune bei der Erfüllung von Aufgaben des übertragenen Wirkungskreises eine Maßnahme aufgrund einer Weisung der Fachaufsichtsbehörde getroffen und wird die Maßnahme aus rechtlichen oder tatsächlichen Gründen aufgehoben, so erstattet das Land der Kommune alle notwendigen Kosten, die ihr durch die Ausführung der Weisung entstanden sind.

§ 7 Organe der Kommunen. (1) Organe der Kommunen sind die Vertretung, der Hauptausschuss und die Hauptverwaltungsbeamtin oder der Hauptverwaltungsbeamte.

(2) Die Organe tragen folgende Bezeichnungen:
1. in Gemeinden: Rat, Verwaltungsausschuss und Bürgermeisterin oder Bürgermeister,
2. in großen selbständigen und in kreisfreien Städten: Rat, Verwaltungsausschuss und Oberbürgermeisterin oder Oberbürgermeister,
3. in Samtgemeinden: Samtgemeinderat, Samtgemeindeausschuss und Samtgemeindebürgermeisterin oder Samtgemeindebürgermeister,
4. in Landkreisen: Kreistag, Kreisausschuss und Landrätin oder Landrat sowie
5. in der Region Hannover: Regionsversammlung, Regionsausschuss und Regionspräsidentin oder Regionspräsident.

§ 8 Gleichstellungsbeauftragte. (1) ¹Kommunen, die nicht Mitgliedsgemeinden von Samtgemeinden sind, haben eine Gleichstellungsbeauftragte zu bestellen. ²Die Gleichstellungsbeauftragten der kreisfreien Städte, der Landeshauptstadt Hannover, der Stadt Göttingen, der großen selbständigen Städte, der Landkreise und der Region Hannover sind hauptberuflich zu beschäftigen.

(2) ¹Die Vertretung entscheidet über die Berufung und Abberufung der hauptberuflich beschäftigten Gleichstellungsbeauftragten. ²Betreffen die in § 107 Abs. 4 Satz 1 Halbsatz 1 und Satz 2 Halbsatz 1 genannten Beschlüsse Beschäftigte, die das Amt der Gleichstellungsbeauftragten hauptberuflich innehaben oder hierfür vorgesehen sind, so ist ausschließlich die Vertretung zuständig. ³Der Hauptausschuss kann eine ständige Stellvertreterin der hauptberuflich beschäftigten Gleichstellungsbeauftragten bestellen. ⁴Die Gleichstellungsbeauftragte soll vor der Bestellung gehört werden. ⁵Ist eine ständige Stellvertreterin nicht bestellt, so soll der Hauptausschuss eine andere Beschäftigte mit der Wahrnehmung der Geschäfte beauftragen, wenn die Gleichstellungsbeauftragte voraussichtlich länger als sechs Wochen an der Ausübung ihres Amtes gehindert ist; die Amtszeit der vorübergehenden Stellvertreterin endet zu dem Zeitpunkt, an dem die Gleichstellungsbeauftragte ihre Tätigkeit wieder aufnimmt.

(3) In Samtgemeinden und in Gemeinden, in denen die Gleichstellungsbeauftragte nicht hauptberuflich tätig ist, regelt die Vertretung durch Satzung die

Berufung und Abberufung der Gleichstellungsbeauftragten sowie deren Stellvertretung; die Regelungen sollen dem Absatz 2 entsprechen.

§ 9 Verwirklichung der Gleichberechtigung. (1) ¹Die Absätze 2 bis 6 gelten für hauptberuflich beschäftigte Gleichstellungsbeauftragte. ²Ist die Gleichstellungsbeauftragte nicht hauptberuflich tätig, so regelt die Vertretung die Aufgaben, Befugnisse und Beteiligungsrechte der Gleichstellungsbeauftragten durch Satzung. ³Die Regelungen sollen den Absätzen 2 bis 6 entsprechen.

(2) ¹Die Gleichstellungsbeauftragte soll dazu beitragen, die Gleichberechtigung von Frauen und Männern zu verwirklichen. ²Sie wirkt nach Maßgabe der Absätze 4 und 5 an allen Vorhaben, Entscheidungen, Programmen und Maßnahmen mit, die Auswirkungen auf die Gleichberechtigung der Geschlechter und die Anerkennung der gleichwertigen Stellung von Frauen und Männern in der Gesellschaft haben. ³Die Gleichstellungsbeauftragte kann zur Verwirklichung der in Satz 1 genannten Zielsetzung, insbesondere zur Verbesserung der Vereinbarkeit von Familie und Beruf, Vorhaben und Maßnahmen anregen, die Folgendes betreffen:
1. die Arbeitsbedingungen in der Verwaltung,
2. personelle, wirtschaftliche und soziale Angelegenheiten des öffentlichen Dienstes der Kommune oder
3. bei Gemeinden und Samtgemeinden Angelegenheiten der örtlichen Gemeinschaft, bei Landkreisen und der Region Hannover Angelegenheiten im gesetzlichen Aufgabenbereich.

⁴Die Vertretung kann der Gleichstellungsbeauftragten weitere Aufgaben zur Förderung der Gleichberechtigung von Frauen und Männern übertragen. ⁵Die Gleichstellungsbeauftragte kann der Vertretung hierfür Vorschläge unterbreiten.

(3) ¹Die Gleichstellungsbeauftragte ist unmittelbar der Hauptverwaltungsbeamtin oder dem Hauptverwaltungsbeamten unterstellt. ²Bei der rechtmäßigen Erfüllung ihrer Aufgaben ist sie nicht weisungsgebunden.

(4) ¹Die Gleichstellungsbeauftragte kann an allen Sitzungen der Vertretung, des Hauptausschusses, der Ausschüsse der Vertretung, der Ausschüsse nach § 73, der Stadtbezirksräte und der Ortsräte teilnehmen. ²Sie ist auf ihr Verlangen zum Gegenstand der Verhandlung zu hören. ³Die Gleichstellungsbeauftragte kann verlangen, dass ein bestimmter Beratungsgegenstand auf die Tagesordnung der Sitzung der Vertretung, des Hauptausschusses, eines Ausschusses der Vertretung, des Stadtbezirksrates oder des Ortsrates gesetzt wird. ⁴Widerspricht sie in Angelegenheiten, die ihren Aufgabenbereich berühren, einem Beschlussvorschlag des Hauptausschusses, so hat die Hauptverwaltungsbeamtin oder der Hauptverwaltungsbeamte die Vertretung zu Beginn der Beratung auf den Widerspruch und seine wesentlichen Gründe hinzuweisen. ⁵Satz 4 ist auf Beschlussvorschläge, die an den Hauptausschuss, den Jugendhilfeausschuss, die Stadtbezirksräte und die Ortsräte gerichtet sind, entsprechend anzuwenden. ⁶Die Gleichstellungsbeauftragte ist auf Verlangen der Vertretung verpflichtet,

Auskunft über ihre Tätigkeit zu geben; dies gilt nicht für Angelegenheiten, die der Geheimhaltung nach § 6 Abs. 3 Satz 1 unterliegen.

(5) ¹Die Hauptverwaltungsbeamtin oder der Hauptverwaltungsbeamte hat die Gleichstellungsbeauftragte in allen Angelegenheiten, die den Aufgabenbereich der Gleichstellungsbeauftragten berühren, rechtzeitig zu beteiligen und ihr die erforderlichen Auskünfte zu erteilen. ²Dies gilt insbesondere in Personalangelegenheiten. ³Die Gleichstellungsbeauftragte ist in dem für die sachgerechte Wahrnehmung ihrer Aufgaben erforderlichen Umfang berechtigt, die Akten der Kommunalverwaltung einzusehen. ⁴Personalakten darf sie nur mit Zustimmung der betroffenen Beschäftigten einsehen.

(6) Die Gleichstellungsbeauftragte kann die Öffentlichkeit über Angelegenheiten ihres Aufgabenbereichs informieren.

(7) ¹Die Hauptverwaltungsbeamtin oder der Hauptverwaltungsbeamte berichtet der Vertretung gemeinsam mit der Gleichstellungsbeauftragten über die Maßnahmen, die die Kommune zur Umsetzung des Verfassungsauftrags aus Artikel 3 Abs. 2 der Niedersächsischen Verfassung, die Gleichberechtigung von Frauen und Männern zu verwirklichen, durchgeführt hat, und über deren Auswirkungen. ²Der Bericht ist der Vertretung jeweils nach drei Jahren, beginnend mit dem Jahr 2004, zur Beratung vorzulegen.

§ 10 Satzungen. (1) Die Kommunen können ihre eigenen Angelegenheiten durch Satzung regeln.

(2) ¹Ist eine Satzung unter Verletzung von Verfahrens- oder Formvorschriften, die in diesem Gesetz enthalten oder aufgrund dieses Gesetzes erlassen worden sind, zustande gekommen, so ist diese Verletzung unbeachtlich, wenn sie nicht schriftlich innerhalb eines Jahres seit Verkündung der Satzung gegenüber der Kommune geltend gemacht worden ist. ²Dabei sind die verletzte Vorschrift und die Tatsache, die den Mangel ergibt, zu bezeichnen. ³Satz 1 gilt nicht, wenn die Vorschriften über die Genehmigung oder die Verkündung der Satzung verletzt worden sind.

(3) Satzungen treten, wenn kein anderer Zeitpunkt bestimmt ist, am 14. Tag nach Ablauf des Tages in Kraft, an dem sie verkündet werden.

(4) Jede Person hat das Recht, Satzungen einschließlich aller Anlagen und Pläne innerhalb der öffentlichen Sprechzeiten der Verwaltung einzusehen und sich gegen Erstattung der dadurch entstehenden Kosten Kopien geben zu lassen.

(5) ¹Ordnungswidrig handelt, wer vorsätzlich oder fahrlässig einem Gebot oder Verbot einer Satzung zuwiderhandelt, soweit die Satzung für einen bestimmten Tatbestand auf diese Bußgeldvorschrift verweist. ²Die Ordnungswidrigkeit kann mit einer Geldbuße bis zu 5000 Euro geahndet werden. ³Verwaltungsbehörde im Sinne des § 36 Abs. 1 Nr. 1 des Gesetzes über Ordnungswidrigkeiten (OWiG) ist die Kommune.

(6) Die Absätze 2 bis 4 gelten entsprechend für Verordnungen der Kommune und für die Erteilung von Genehmigungen für den Flächennutzungsplan.

Kommunalverfassungsgesetz **NKomVG 50**

§ 11 Verkündung von Rechtsvorschriften. (1) [1]Satzungen sind von der Hauptverwaltungsbeamtin oder dem Hauptverwaltungsbeamten zu unterzeichnen. [2]Die Verkündung erfolgt nach Maßgabe näherer Bestimmung durch die Hauptsatzung in einem von der Kommune herausgegebenen amtlichen Verkündungsblatt, in einer oder mehreren örtlichen Tageszeitungen oder im Internet, soweit durch Rechtsvorschrift nichts anderes bestimmt ist. [3]Verkündungen einer kreisangehörigen Gemeinde oder einer Samtgemeinde können auch in dem amtlichen Verkündungsblatt erfolgen, das der Landkreis, dem die Gemeinde oder die Samtgemeinde angehört, herausgibt.

(2) [1]Das amtliche Verkündungsblatt muss in ausreichender Auflage erscheinen. [2]Es muss die Bezeichnung „Amtsblatt für …" mit dem Namen der Kommune führen, die es herausgibt; dies gilt für ein gemeinsames Amtsblatt entsprechend. [3]In seinem Kopf sind Ort, Datum, Jahrgang und Nummer der jeweiligen Ausgabe anzugeben. [4]Das amtliche Verkündungsblatt darf neben Rechtsvorschriften auch andere amtliche Bekanntmachungen enthalten. [5]Außerdem können Rechtsvorschriften und andere amtliche Bekanntmachungen von anderen Körperschaften des öffentlichen Rechts sowie von Anstalten und Stiftungen des öffentlichen Rechts aufgenommen werden. [6]Andere Veröffentlichungen dürfen nur aufgenommen werden, wenn es sich um kurze Mitteilungen und nicht um Werbung zu Zwecken des Wettbewerbs im geschäftlichen Verkehr handelt.

(3) [1]Die Verkündung im Internet erfolgt durch Bereitstellung der Satzung auf einer Internetseite der Kommune unter Angabe des Bereitstellungstages. [2]Die Kommune hat in einer örtlichen Tageszeitung auf die Internetadresse, unter der die Bereitstellung erfolgt ist, nachrichtlich hinzuweisen. [3]Die örtliche Tageszeitung, in der Hinweise nach Satz 2 erscheinen, und die Internetadresse sind in der Hauptsatzung zu bestimmen. [4]Satzungen, die nach Satz 1 verkündet werden, sind dauerhaft im Internet bereitzustellen und in der verkündeten Fassung durch technische und organisatorische Maßnahmen zu sichern. [5]Die Bereitstellung im Internet darf nur auf einer ausschließlich in Verantwortung der Kommune betriebenen Internetseite erfolgen; sie darf sich jedoch zur Einrichtung und Pflege dieser Internetseite eines Dritten bedienen.

(4) [1]Sind Pläne, Karten oder Zeichnungen Bestandteile von Satzungen, so kann die Verkündung dieser Teile dadurch ersetzt werden, dass sie bei der Kommune während der Dienststunden öffentlich ausgelegt werden und in der Verkündung des textlichen Teils der Satzungen auf die Dauer und den Ort der Auslegung hingewiesen wird (Ersatzverkündung). [2]Die Ersatzverkündung ist nur zulässig, wenn der Inhalt der Pläne, Karten oder Zeichnungen im textlichen Teil der Satzungen in groben Zügen beschrieben wird. [3]In einer Anordnung sind Ort und Dauer der Auslegung genau festzulegen.

(5) [1]Satzungen sind verkündet
1. im amtlichen Verkündungsblatt mit dessen Ausgabe,
2. in der örtlichen Tageszeitung mit deren Ausgabe, bei mehreren örtlichen Tageszeitungen mit der Ausgabe der zuletzt ausgegebenen Tageszeitung, oder
3. im Internet mit ihrer Bereitstellung nach Absatz 3 Satz 1.

50 NKomVG — Kommunalverfassungsgesetz

²Im Fall der Ersatzverkündung ist die Satzung jedoch nicht vor Ablauf des ersten Tages der Auslegung verkündet.

(6) ¹Die Absätze 1 bis 5 gelten entsprechend für Verordnungen und öffentliche Bekanntmachungen der Kommunen nach diesem Gesetz sowie für die Erteilung von Genehmigungen für den Flächennutzungsplan. ²Reicht der räumliche Geltungsbereich der Verordnung einer Kommune über ihr Gebiet hinaus, so hat die Kommune die Verordnung auch in dem anderen Gebiet zu verkünden und sich dabei nach den Vorschriften der Hauptsatzung der Kommune zu richten, die dort sonst für die Verordnung zuständig wäre.

§ 12 Hauptsatzung. (1) ¹Jede Kommune muss eine Hauptsatzung erlassen. ²In ihr ist zu regeln, was durch Rechtsvorschrift der Hauptsatzung vorbehalten ist. ³Andere für die Verfassung der Kommune wesentliche Fragen können in der Hauptsatzung geregelt werden.

(2) Für Beschlüsse über die Hauptsatzung ist die Mehrheit der Mitglieder der Vertretung (§ 45 Abs. 2) erforderlich.

§ 13 Anschlusszwang, Benutzungszwang. ¹Die Kommunen können im eigenen Wirkungskreis durch Satzung
1. für die Grundstücke ihres Gebiets den Anschluss
   a) an die öffentliche Wasserversorgung, die Abwasserbeseitigung, die Abfallentsorgung, die Straßenreinigung und die Fernwärmeversorgung,
   b) von Heizungsanlagen an bestimmte Energieversorgungsanlagen und
   c) an ähnliche dem öffentlichen Wohl dienende Einrichtungen
   anordnen (Anschlusszwang) sowie
2. die Benutzung
   a) der in Nummer 1 genannten Einrichtungen,
   b) der öffentlichen Begräbnisplätze und Bestattungseinrichtungen sowie
   c) der öffentlichen Schlachthöfe
   vorschreiben (Benutzungszwang),

wenn sie ein dringendes öffentliches Bedürfnis dafür feststellen. ²Die Satzung kann Ausnahmen vom Anschluss- oder Benutzungszwang zulassen und den Zwang auf bestimmte Gebietsteile der Kommune und auf bestimmte Gruppen von Personen oder Grundstücken beschränken.

§ 14 Gemeindearten. (1) ¹Die Gemeinden, die nicht die Rechtsstellung einer kreisfreien Stadt haben (kreisangehörige Gemeinden), und die Samtgemeinden gehören einem Landkreis an. ²Auf Mitgliedsgemeinden von Samtgemeinden sind die für Gemeinden geltenden Vorschriften dieses Gesetzes anzuwenden, soweit nicht ausdrücklich etwas anderes bestimmt ist oder die Vorschriften des Sechsten Teils Zweiter Abschnitt Abweichendes regeln.

(2) ¹Die Gemeinden im Gebiet der Region Hannover gehören der Region Hannover an (regionsangehörige Gemeinden). ²Auf die regionsangehörigen Gemeinden sind die für kreisangehörige Gemeinden geltenden Vorschriften anzuwenden, soweit durch Rechtsvorschrift nichts anderes bestimmt ist.

Kommunalverfassungsgesetz **NKomVG 50**

(3) ¹Gemeinden und Samtgemeinden mit mehr als 30 000 Einwohnerinnen und Einwohnern haben die Rechtsstellung einer selbständigen Gemeinde. ²Gemeinden und Samtgemeinden mit mehr als 20 000 Einwohnerinnen und Einwohnern können auf Antrag durch Beschluss der Landesregierung zu selbständigen Gemeinden erklärt werden, wenn ihre Verwaltungskraft dies rechtfertigt und die zweckmäßige Erfüllung der Aufgaben des Landkreises oder der Region Hannover im Übrigen nicht gefährdet wird. ³Die selbständigen Gemeinden werden von dem für Inneres zuständigen Ministerium im Niedersächsischen Ministerialblatt bekannt gemacht. ⁴Dabei ist anzugeben, wann die Aufgaben auf die selbständigen Gemeinden übergehen.

(4) ¹Die Rechtsstellung einer selbständigen Gemeinde ändert sich nicht, wenn die Einwohnerzahl auf weniger als 30 001 sinkt. ²Die Landesregierung kann die Rechtsstellung einer selbständigen Gemeinde entziehen, wenn die Einwohnerzahl einer selbständigen Gemeinde auf weniger als 20 001 sinkt. ³Der Entzug dieser Rechtsstellung und der Zeitpunkt, zu dem er wirksam wird, sind von dem für Inneres zuständigen Ministerium im Niedersächsischen Ministerialblatt bekannt zu machen.

(5) Große selbständige Städte sind die Städte Celle, Cuxhaven, Goslar, Hameln, Hildesheim und Lingen (Ems) sowie die Hansestadt Lüneburg.

(6) Kreisfreie Städte sind die Städte Braunschweig, Delmenhorst, Emden, Oldenburg (Oldenburg), Osnabrück, Salzgitter, Wilhelmshaven und Wolfsburg.

§ 15 Landeshauptstadt Hannover. (1) Die Landeshauptstadt Hannover ist regionsangehörige Gemeinde; § 14 Abs. 2 Satz 2 findet keine Anwendung.

(2) ¹Die Landeshauptstadt Hannover hat die Rechtsstellung einer kreisfreien Stadt nach Maßgabe dieses Gesetzes. ²Auf sie finden die für kreisfreie Städte geltenden Vorschriften Anwendung, soweit durch Rechtsvorschrift nichts anderes bestimmt ist.

(3) Auf die Landeshauptstadt Hannover sind die kommunalwahlrechtlichen Vorschriften anzuwenden, die für die anderen regionsangehörigen Gemeinden gelten.

§ 16 Stadt Göttingen. (1) Die Stadt Göttingen gehört dem Landkreis Göttingen an.

(2) Die für kreisfreie Städte geltenden Vorschriften sind auf die Stadt Göttingen anzuwenden, soweit durch Rechtsvorschrift nichts anderes bestimmt ist.

§ 17 Aufgaben der selbständigen Gemeinden und der großen selbständigen Städte. ¹Die selbständigen Gemeinden und die großen selbständigen Städte erfüllen in ihrem Gebiet neben ihren Aufgaben als kreisangehörige Gemeinden alle Aufgaben des übertragenen Wirkungskreises der Landkreise, soweit Rechtsvorschriften dies nicht ausdrücklich ausschließen. ²Die Landesregierung kann durch Verordnung Aufgaben bestimmen, die abweichend von Satz 1 durch die Landkreise wahrgenommen werden. ³Voraussetzung dafür ist, dass die Erfüllung der Aufgaben für die selbständigen Gemeinden oder

50 NKomVG — Kommunalverfassungsgesetz

die großen selbständigen Städte einen unverhältnismäßigen Verwaltungsaufwand mit sich bringen würde oder aus anderen Gründen unzweckmäßig erscheint.

§ 18 Aufgaben der kreisfreien Städte. Die kreisfreien Städte erfüllen neben ihren Aufgaben als Gemeinden in ihrem Gebiet alle Aufgaben der Landkreise.

ZWEITER TEIL
Benennung, Sitz, Hoheitszeichen

§ 19 Name. (1) [1]Jede Kommune führt ihren bisherigen Namen. [2]Auf Antrag einer Gemeinde oder eines Landkreises kann das für Inneres zuständige Ministerium den Namen der Gemeinde oder des Landkreises ändern. [3]Samtgemeinden können ihren Namen durch Änderung der Hauptsatzung (§ 99 Abs. 3) ändern.

(2) Ist der Name einer Gemeinde, einer Samtgemeinde oder eines Landkreises durch Gesetz festgelegt worden, so kann er erst nach Ablauf von zehn Jahren nach Inkrafttreten des Gesetzes geändert werden.

(3) Über die Benennung von Gemeindeteilen entscheidet die Gemeinde.

(4) [1]Ist eine Gemeinde oder ein Teil einer Gemeinde als Heilbad, Nordseeheilbad, Nordseebad, Kneipp-Heilbad oder Kneipp-Kurort staatlich anerkannt, so entscheidet die Gemeinde, ob das Wort „Bad" Bestandteil ihres Namens oder des Namens des Gemeindeteils wird. [2]Wird die staatliche Anerkennung aufgehoben, so entfällt der Namensbestandteil „Bad" nach Ablauf von fünf Jahren, es sei denn, die staatliche Anerkennung war mindestens zwanzig Jahre wirksam.

§ 20 Bezeichnungen. (1) [1]Die Bezeichnung Stadt führen die Gemeinden, denen diese Bezeichnung nach bisherigem Recht zusteht. [2]Auf Antrag kann das für Inneres zuständige Ministerium die Bezeichnung Stadt solchen Gemeinden verleihen, die nach Einwohnerzahl, Siedlungsform und Wirtschaftsverhältnissen städtisches Gepräge tragen.

(2) [1]Die Gemeinden können auch historische Bezeichnungen weiterhin führen. [2]Auf Antrag einer Gemeinde oder Samtgemeinde kann das für Inneres zuständige Ministerium Bezeichnungen verleihen oder ändern.

§ 21 Sitz einer Kreisverwaltung. Für die Änderung des Sitzes einer Kreisverwaltung ist die Genehmigung der Landesregierung erforderlich.

§ 22 Wappen, Flaggen, Dienstsiegel. (1) [1]Die Kommunen führen ihre bisherigen Wappen und Flaggen. [2]Sie sind berechtigt, diese zu ändern oder neue anzunehmen.

(2) [1]Die Kommunen führen Dienstsiegel. [2]Haben sie ein Wappen, so ist es Bestandteil des Dienstsiegels.

Kommunalverfassungsgesetz **NKomVG 50**

DRITTER TEIL
Gebiete

§ 23 Gebietsbestand. (1) ¹Das Gebiet der Gemeinde bilden die Grundstücke, die nach geltendem Recht zu ihr gehören. ²Das Gebiet des Landkreises besteht aus den Gebieten der kreisangehörigen Gemeinden und den zum Landkreis gehörenden gemeindefreien Gebieten. ³Das Gebiet der Region Hannover besteht aus den Gebieten der regionsangehörigen Gemeinden. ⁴Über Grenzstreitigkeiten entscheidet die Kommunalaufsichtsbehörde.

(2) Das Gebiet der Gemeinde soll so bemessen sein, dass die örtliche Verbundenheit der Einwohnerinnen und Einwohner gewahrt und die Leistungsfähigkeit der Gemeinde zur Erfüllung ihrer Aufgaben gesichert ist.

(3) Das Gebiet des Landkreises soll so bemessen sein, dass die Verbundenheit der Einwohnerinnen und Einwohner und die Verbundenheit des Landkreises mit den kreisangehörigen Gemeinden gewahrt und die Leistungsfähigkeit des Landkreises zur Erfüllung seiner Aufgaben gesichert ist.

(4) ¹Jedes Grundstück soll zu einer Gemeinde gehören. ²Aus Gründen des öffentlichen Wohls können Grundstücke außerhalb einer Gemeinde verbleiben oder ausgegliedert werden. ³Das für Inneres zuständige Ministerium regelt durch Verordnung die Verwaltung der gemeindefreien Gebiete. ⁴Es stellt hierbei sicher, dass deren Einwohnerinnen und Einwohner entweder unmittelbar oder durch eine gewählte Vertretung an der Verwaltung teilnehmen. ⁵Die Vorschriften dieses Gesetzes für kreisangehörige Gemeinden gelten für gemeindefreie Gebiete entsprechend.

§ 24 Gebietsänderungen. (1) Aus Gründen des öffentlichen Wohls können Gemeinden oder Landkreise aufgelöst, vereinigt oder neu gebildet und Gebietsteile von Gemeinden oder von Landkreisen umgegliedert werden (Gebietsänderungen).

(2) Werden Gemeindegrenzen geändert, die zugleich Grenzen der Landkreise oder der Region Hannover sind, so bewirkt die Änderung der Gemeindegrenzen auch die Änderung der Grenzen der Landkreise oder der Region Hannover.

(3) Die Absätze 1 und 2 gelten für gemeindefreie Gebiete entsprechend.

§ 25 Verfahren bei Gebietsänderungen. (1) ¹Für Gebietsänderungen ist ein Gesetz erforderlich. ²Gebietsteile von Gemeinden oder von Landkreisen können auch durch Vertrag der beteiligten Kommunen umgegliedert werden; der Vertrag bedarf der Genehmigung der Kommunalaufsichtsbehörde.

(2) ¹Absatz 1 Satz 2 gilt für die vollständige oder teilweise Eingliederung gemeindefreier Gebiete in eine Gemeinde entsprechend. ²Besteht in einem bewohnten gemeindefreien Gebiet eine gewählte Vertretung der Einwohnerinnen und Einwohner, so ist die Zustimmung der Vertretung erforderlich.

50 NKomVG

(3) ¹Verträge zur Änderung von Gemeindegrenzen, die eine Änderung der Grenzen der Landkreise herbeiführen, bedürfen der Zustimmung der beteiligten Landkreise. ²Satz 1 gilt für Verträge, die zu einer Änderung der Grenzen der Region Hannover führen, entsprechend.

(4) ¹Vor jeder Gebietsänderung von Gemeinden oder gemeindefreien Gebieten durch Vereinbarung oder Gesetz sind deren Einwohnerinnen und Einwohner anzuhören. ²Vor einer Gebietsänderung durch Gesetz sind auch die beteiligten Kommunen anzuhören.

(5) ¹Die Kommunen haben ihre Absicht, über die Änderung ihres Gebiets zu verhandeln, der Kommunalaufsichtsbehörde rechtzeitig anzuzeigen. ²Die Kommunalaufsichtsbehörde kann jederzeit die Leitung der Verhandlungen übernehmen.

§ 26 Vereinbarungen und Bestimmungen zur Gebietsänderung. (1) ¹Die Kommunen können durch Gebietsänderungsvertrag Vereinbarungen treffen, insbesondere über die vermögensrechtliche Auseinandersetzung, die Rechtsnachfolge, das neue Orts- oder Kreisrecht und Änderungen in der Verwaltung, soweit nicht eine Regelung durch Gesetz erfolgt. ²Gemeinden können durch Gebietsänderungsvertrag auch Vereinbarungen über die Einrichtung von Ortschaften treffen und bestimmen, dass der Rat einer aufzulösenden Gemeinde für den Rest der Wahlperiode als Ortsrat fortbesteht. ³Findet eine Neuwahl statt, so sollen die Kommunen ferner vereinbaren, wer bis dahin die Befugnisse der Organe wahrnimmt. ⁴Der Gebietsänderungsvertrag ist der Kommunalaufsichtsbehörde anzuzeigen; § 25 Abs. 1 Satz 2 bleibt unberührt.

(2) Kommt ein Gebietsänderungsvertrag nicht zustande oder sind weitere Angelegenheiten zu regeln, so trifft die Kommunalaufsichtsbehörde die erforderlichen Bestimmungen.

(3) Der Gebietsänderungsvertrag und die Bestimmungen der Kommunalaufsichtsbehörde sind ortsüblich bekannt zu machen; enthält der Gebietsänderungsvertrag Vereinbarungen über das neue Orts- oder Kreisrecht, so ist der Vertrag nach den für dieses Recht geltenden Vorschriften bekannt zu machen.

§ 27 Rechtswirkungen der Gebietsänderung. (1) ¹Die Gebietsänderung, der Gebietsänderungsvertrag und die Bestimmungen der Kommunalaufsichtsbehörde begründen Rechte und Pflichten der Beteiligten. ²Sie bewirken den Übergang, die Beschränkung oder die Aufhebung von dinglichen Rechten. ³Die Kommunalaufsichtsbehörde ersucht die zuständigen Behörden, das Grundbuch, das Wasserbuch und andere öffentliche Bücher zu berichtigen.

(2) Für Rechts- und Verwaltungshandlungen, die aus Anlass der Gebietsänderung erforderlich werden, insbesondere Berichtigungen, Eintragungen und Löschungen in öffentlichen Büchern sowie Amtshandlungen der Vermessungs- und Katasterverwaltung, sind Kosten weder zu erheben noch zu erstatten.

Kommunalverfassungsgesetz **NKomVG 50**

(3) ¹Soweit der Wohnsitz oder Aufenthalt Voraussetzung für Rechte und Pflichten ist, gilt der Wohnsitz oder Aufenthalt in der früheren Kommune vor der Gebietsänderung als Wohnsitz oder Aufenthalt in der neuen Kommune. ²Das Gleiche gilt für gemeindefreie Gebiete.

VIERTER TEIL
Einwohnerinnen und Einwohner, Bürgerinnen und Bürger

§ 28 Begriffsbestimmungen. (1) ¹Einwohnerin oder Einwohner einer Kommune ist, wer in dieser Kommune den Wohnsitz oder ständigen Aufenthalt hat. ²Der Wohnsitz im Sinne dieses Gesetzes ist der Ort der Wohnung im Sinne des Melderechts. ³Hat eine Person im Bundesgebiet mehrere Wohnungen, so ist ihr Wohnsitz der Ort der Hauptwohnung. ⁴Weist sie jedoch nach, dass sich der Mittelpunkt ihrer Lebensbeziehungen am Ort der Nebenwohnung befindet, so ist dieser ihr Wohnsitz. ⁵Hat eine Person keine Wohnung, so gilt der Ort des gewöhnlichen Aufenthalts als Wohnsitz.

(2) Bürgerinnen und Bürger einer Kommune sind die Einwohnerinnen und Einwohner, die zur Wahl der Vertretung dieser Kommune berechtigt sind.

§ 29 Ehrenbürgerrecht. (1) Eine Gemeinde kann Personen, die sich um sie besonders verdient gemacht haben, das Ehrenbürgerrecht verleihen.

(2) Die Gemeinde kann das Ehrenbürgerrecht wegen unwürdigen Verhaltens wieder entziehen.

§ 30 Benutzung öffentlicher Einrichtungen. (1) Die Einwohnerinnen und Einwohner sind im Rahmen der bestehenden Vorschriften berechtigt, die öffentlichen Einrichtungen der Kommune zu benutzen, und verpflichtet, die Gemeindelasten zu tragen. *13 70 GewO*

(2) ¹Grundbesitzende und Gewerbetreibende, die ihren Wohnsitz nicht in der Kommune haben, sind in gleicher Weise berechtigt, die öffentlichen Einrichtungen zu benutzen, die in der Kommune für Grundbesitzende und Gewerbetreibende bestehen. ²Sie sind verpflichtet, für ihren Grundbesitz oder Gewerbebetrieb im Gebiet der Kommune die Kosten für die Einrichtungen mitzutragen, soweit Rechtsvorschriften dies bestimmen.

(3) Die Absätze 1 und 2 gelten entsprechend für juristische Personen und Personenvereinigungen.

§ 31 Einwohnerantrag. (1) ¹Einwohnerinnen und Einwohner, die mindestens 14 Jahre alt sind und seit mindestens drei Monaten den Wohnsitz in der Kommune haben, können beantragen, dass die Vertretung bestimmte Angelegenheiten berät (Einwohnerantrag). ²Einwohneranträge dürfen nur Angelegenheiten des eigenen Wirkungskreises der Kommune zum Gegenstand haben, für die die Vertretung nach § 58 Abs. 1 oder 2 zuständig ist oder für die sie sich die

Beschlussfassung nach § 58 Abs. 3 Sätze 1 und 2 vorbehalten kann. ³Einwohneranträge, die Angelegenheiten betreffen, zu denen bereits in den letzten zwölf Monaten ein zulässiger Einwohnerantrag gestellt worden ist, sind unzulässig.

(2) ¹Der Einwohnerantrag muss in schriftlicher Form eingereicht werden; die elektronische Form ist unzulässig. ²Er muss ein bestimmtes Begehren mit Begründung enthalten. ³Im Antrag sind bis zu drei Personen zu benennen, die berechtigt sind, die antragstellenden Personen zu vertreten. ⁴Der Einwohnerantrag soll einen Vorschlag enthalten, wie Kosten oder Einnahmeausfälle zu decken sind, die mit der Erfüllung des Begehrens entstehen würden. ⁵Für den Einwohnerantrag ist je nach Einwohnerzahl folgende Anzahl an Unterschriften erforderlich:

1. in Gemeinden und Samtgemeinden
   a) mit bis zu 10 000 Einwohnerinnen und Einwohnern die Unterschriften von mindestens 5 Prozent der Einwohnerinnen und Einwohner, ausreichend sind jedoch 400 Unterschriften,
   b) mit mehr als 10 000 bis 50 000 Einwohnerinnen und Einwohnern die Unterschriften von mindestens 4 Prozent der Einwohnerinnen und Einwohner, ausreichend sind jedoch 1 500 Unterschriften,
   c) mit mehr als 50 000 bis 100 000 Einwohnerinnen und Einwohnern die Unterschriften von mindestens 3 Prozent der Einwohnerinnen und Einwohner, ausreichend sind jedoch 2 500 Unterschriften,
   d) mit mehr als 100 000 Einwohnerinnen und Einwohnern die Unterschriften von mindestens 2,5 Prozent der Einwohnerinnen und Einwohner, ausreichend sind jedoch 8000 Unterschriften,
2. in Landkreisen
   a) mit bis zu 100 000 Einwohnerinnen und Einwohnern die Unterschriften von mindestens 3 Prozent der Einwohnerinnen und Einwohner, ausreichend sind jedoch 2 500 Unterschriften,
   b) mit mehr als 100 000 Einwohnerinnen und Einwohnern die Unterschriften von mindestens 2,5 Prozent der Einwohnerinnen und Einwohner, ausreichend sind jedoch 8000 Unterschriften,
3. in der Region Hannover die Unterschriften von mindestens 8000 Einwohnerinnen und Einwohnern.

(3) ¹Jede Unterschriftenliste muss den vollen Wortlaut des Einwohnerantrags enthalten. ²Ungültig sind Eintragungen, die
1. die Person nach Name, Anschrift und Geburtsdatum nicht zweifelsfrei erkennen lassen,
2. von Personen stammen, die nicht gemäß Absatz 1 Satz 1 antragsberechtigt oder gemäß § 48 Abs. 2 vom Wahlrecht ausgeschlossen sind.

(4) ¹Die Voraussetzungen der Absätze 1 bis 3 müssen bei Eingang des Einwohnerantrags erfüllt sein. ²§ 48 Abs. 1 Satz 2 und § 177 Abs. 2 und 3 gelten entsprechend.

Kommunalverfassungsgesetz **NKomVG 50**

(5) ¹Über die Zulässigkeit des Einwohnerantrags entscheidet der Hauptausschuss. ²Ist der Einwohnerantrag zulässig, so hat die Vertretung innerhalb von sechs Monaten nach Eingang des Antrags über diesen zu beraten; § 71 Abs. 1, § 76 Abs. 1 und § 85 Abs. 1 Nr. 1 bleiben unberührt. ³Die Vertretung soll die im Antrag benannten Vertreterinnen und Vertreter der antragstellenden Personen anhören. ⁴Das Ergebnis der Beratung sowie eine Entscheidung, die den Antrag für unzulässig erklärt, sind ortsüblich bekannt zu machen.

(6) ¹Wer einen Einwohnerantrag unterschreibt, hat den Anspruch, dass über diesen Antrag beraten wird, es sei denn, dass die Eintragung nach Absatz 3 ungültig ist. ²Der Anspruch verjährt sechs Monate nach Eingang des Antrags. ³Wird der Antrag für unzulässig erklärt, so verjährt der Anspruch drei Monate nach der Bekanntmachung dieser Entscheidung.

§ 32 Bürgerbegehren. (1) Mit einem Bürgerbegehren kann beantragt werden, dass Bürgerinnen und Bürger über eine Angelegenheit ihrer Kommune entscheiden.

(2) ¹Gegenstand eines Bürgerbegehrens können nur Angelegenheiten des eigenen Wirkungskreises der Kommune sein, für die die Vertretung nach § 58 Abs. 1 oder 2 zuständig ist oder für die sie sich die Beschlussfassung nach § 58 Abs. 3 Sätze 1 und 2 vorbehalten kann und zu denen nicht innerhalb der letzten zwei Jahre ein Bürgerentscheid durchgeführt worden ist. ²Unzulässig ist ein Bürgerbegehren über

1. die innere Organisation der Kommunalverwaltung,
2. die Rechtsverhältnisse der Mitglieder der Vertretung, des Hauptausschusses, der Stadtbezirksräte, der Ortsräte und der Ausschüsse sowie der Beschäftigten der Kommune,
3. die Haushaltssatzung, einschließlich der Haushalts- und Wirtschaftspläne der Eigenbetriebe, sowie über die kommunalen Abgaben und die privatrechtlichen Entgelte,
4. den Jahresabschluss der Kommune und die Jahresabschlüsse der Eigenbetriebe,
5. Angelegenheiten, die im Rahmen eines Planfeststellungsverfahrens, eines förmlichen Verwaltungsverfahrens mit Öffentlichkeitsbeteiligung oder eines abfallrechtlichen, immissionsschutzrechtlichen, wasserrechtlichen oder vergleichbaren Zulassungsverfahrens zu entscheiden sind,
6. die Aufstellung, Änderung, Ergänzung und Aufhebung von Bauleitplänen und sonstigen Satzungen nach dem Baugesetzbuch (BauGB),
7. Entscheidungen über Rechtsbehelfe und Rechtsstreitigkeiten sowie
8. Angelegenheiten, die ein gesetzwidriges Ziel verfolgen oder sittenwidrig sind.

(3) ¹Das Bürgerbegehren muss die begehrte Sachentscheidung genau bezeichnen und so formuliert sein, dass für das Begehren mit Ja und gegen das Begehren mit Nein abgestimmt werden kann. ²Das Bürgerbegehren muss eine Begründung sowie einen nach den gesetzlichen Bestimmungen durchführbaren

50 NKomVG

Vorschlag enthalten, wie Kosten oder Einnahmeausfälle der Kommune zu decken sind, die mit der Ausführung der Sachentscheidung entstehen würden. ³Im Bürgerbegehren sind bis zu drei Personen zu benennen, die berechtigt sind, die antragstellenden Personen zu vertreten. ⁴Das Bürgerbegehren ist der Kommune in schriftlicher Form anzuzeigen. ⁵Wenn in der Anzeige beantragt wird, zu entscheiden, ob die Voraussetzungen nach den Sätzen 1 bis 3 und Absatz 2 vorliegen, hat der Hauptausschuss diese Entscheidung unverzüglich zu treffen.

(4) ¹Das Bürgerbegehren muss von mindestens 10 Prozent, in der Region Hannover von mindestens 48 000 der nach § 48 in der Kommune wahlberechtigten Einwohnerinnen und Einwohner unterzeichnet sein; dabei ist die bei der letzten Kommunalwahl festgestellte Zahl der Wahlberechtigten maßgeblich. ²§ 31 Abs. 3 gilt entsprechend.

(5) ¹Das Bürgerbegehren ist mit den zu seiner Unterstützung erforderlichen Unterschriften innerhalb von sechs Monaten bei der Kommune in schriftlicher Form einzureichen. ²Die Frist beginnt mit dem Eingang der Anzeige bei der Kommune. ³Die elektronische Form ist unzulässig. ⁴Wurde eine Entscheidung nach Absatz 3 Satz 5 beantragt, so beginnt die Frist mit der Bekanntgabe der Entscheidung, dass die Voraussetzungen der Absätze 2 und 3 Sätze 1 bis 3 vorliegen. ⁵Richtet sich das Bürgerbegehren gegen einen bekannt gemachten Beschluss der Vertretung, so beträgt die Frist drei Monate nach dem Tag der Bekanntmachung.

(6) ¹Das Bürgerbegehren hindert die Kommune nicht daran, über die im Bürgerbegehren bezeichnete Angelegenheit selbst zu entscheiden. ²Die Kommune kann getroffene Entscheidungen vollziehen, die das Bürgerbegehren betreffen.

(7) ¹Der Hauptausschuss entscheidet unverzüglich über die Zulässigkeit des Bürgerbegehrens. ²Liegt bereits eine Entscheidung nach Absatz 3 Satz 5 vor, so entscheidet er lediglich darüber, ob die Voraussetzungen der Absätze 4 und 5 vorliegen. ³Ist das Bürgerbegehren zulässig, so ist innerhalb von drei Monaten ein Bürgerentscheid herbeizuführen. ⁴Die Vertretung kann den Bürgerentscheid abwenden, indem sie zuvor vollständig oder im Wesentlichen im Sinne des Bürgerbegehrens entscheidet.

§ 33 Bürgerentscheid. (1) ¹Der Bürgerentscheid findet an einem Sonntag in der Zeit von 8.00 Uhr bis 18.00 Uhr statt. ²Ein Bürgerentscheid darf nicht an dem Tag stattfinden, an dem Abgeordnete der Vertretung oder die Hauptverwaltungsbeamtin oder der Hauptverwaltungsbeamte gewählt werden.

(2) ¹Die Abstimmungsberechtigten sind rechtzeitig vor dem Bürgerentscheid schriftlich zu benachrichtigen. ²Die Abstimmung in Briefform ist zu ermöglichen. ³Die Abstimmung soll in den Räumen stattfinden, die bei der letzten Kommunalwahl als Wahlräume bestimmt worden sind.

(3) ¹Bei dem Bürgerentscheid darf nur mit Ja oder Nein abgestimmt werden. ²Die Abstimmenden geben ihre Entscheidung durch ein Kreuz oder in sonstiger Weise zweifelsfrei auf dem Stimmzettel zu erkennen. ³Der Bürgerentscheid ist verbindlich, wenn die Mehrheit der gültigen Stimmen auf Ja lautet und diese

Kommunalverfassungsgesetz **NKomVG 50**

Mehrheit mindestens 25 Prozent der nach § 48 Wahlberechtigten beträgt; § 32 Abs. 4 Satz 1 Halbsatz 2 gilt entsprechend. [4]Bei Stimmengleichheit ist das Bürgerbegehren abgelehnt.

(4) [1]Ein verbindlicher Bürgerentscheid steht einem Beschluss der Vertretung gleich. [2]Vor Ablauf von zwei Jahren kann der Bürgerentscheid nur auf Veranlassung der Vertretung durch einen neuen Bürgerentscheid abgeändert oder aufgehoben werden.

§ 34 Anregungen, Beschwerden. [1]Jede Person hat das Recht, sich einzeln oder in Gemeinschaft mit anderen schriftlich mit Anregungen und Beschwerden in Angelegenheiten der Kommune an die Vertretung zu wenden. [2]Die Zuständigkeiten des Hauptausschusses, der Ausschüsse der Vertretung, Stadtbezirksräte und Ortsräte und der Hauptverwaltungsbeamtin oder des Hauptverwaltungsbeamten werden hierdurch nicht berührt. [3]Die Vertretung kann dem Hauptausschuss die Prüfung von Anregungen und die Erledigung von Beschwerden übertragen. [4]Die Antragstellerin oder der Antragsteller ist darüber zu informieren, wie die Anregung oder die Beschwerde behandelt wurde. [5]Einzelheiten regelt die Hauptsatzung.

§ 35 Bürgerbefragung. [1]Die Vertretung kann in Angelegenheiten der Kommune eine Befragung der Bürgerinnen und Bürger beschließen. [2]Satz 1 gilt nicht in Angelegenheiten einzelner Mitglieder der Vertretung, des Hauptausschusses, der Stadtbezirksräte, der Ortsräte und der Ausschüsse sowie der Beschäftigten der Kommune. [3]Einzelheiten sind durch Satzung zu regeln.

§ 36 Beteiligung von Kindern und Jugendlichen. [1]Gemeinden und Samtgemeinden sollen Kinder und Jugendliche bei Planungen und Vorhaben, die deren Interessen berühren, in angemessener Weise beteiligen. [2]Hierzu sollen die Gemeinden und Samtgemeinden über die in diesem Gesetz vorgesehene Beteiligung der Einwohnerinnen und Einwohner hinaus geeignete Verfahren entwickeln und durchführen.

§ 37 Hilfe bei Verwaltungsangelegenheiten. (1) Die Gemeinden sind ihren Einwohnerinnen und Einwohnern in den Grenzen ihrer Verwaltungskraft dabei behilflich, Verwaltungsverfahren einzuleiten, auch wenn sie für deren Durchführung nicht zuständig sind.

(2) Die Gemeinden haben Vordrucke für Anträge, Anzeigen und Meldungen bereitzuhalten, die ihnen von anderen Behörden überlassen werden.

(3) [1]Die Gemeinden haben Anträge, die beim Landkreis, der Region Hannover oder bei einer Landesbehörde einzureichen sind, entgegenzunehmen und unverzüglich an die zuständige Behörde weiterzuleiten. [2]Die bei der Gemeinde eingereichten Anträge gelten als bei der zuständigen Behörde gestellt, soweit Bundesrecht dem nicht entgegensteht. [3]Rechtsbehelfe sind keine Anträge im Sinne dieses Gesetzes.

50 NKomVG

§ 38 Ehrenamtliche Tätigkeit. (1) Ehrenamtliche Tätigkeit ist eine wesentliche Grundlage der kommunalen Selbstverwaltung.

(2) ¹Die Bürgerinnen und Bürger sind verpflichtet, Ehrenämter und sonstige ehrenamtliche Tätigkeiten für die Kommune zu übernehmen und auszuüben. ²Das Ehrenamt der Ortsvorsteherin oder des Ortsvorstehers und der Gleichstellungsbeauftragten kann von der Kommune nur mit Einverständnis der jeweiligen Person übertragen werden. ³Anderen Personen als Bürgerinnen und Bürgern kann die Kommune Ehrenämter und sonstige ehrenamtliche Tätigkeiten ebenfalls nur mit deren Einverständnis übertragen.

(3) Die Kommune kann die Übertragung einer ehrenamtlichen Tätigkeit jederzeit aufheben; eine Übertragung auf Zeit kann ohne Zustimmung des ehrenamtlich Tätigen nur aufgehoben werden, wenn ein wichtiger Grund vorliegt.

§ 39 Verhinderung. (1) ¹Die Übernahme einer ehrenamtlichen Tätigkeit kann abgelehnt und die Aufhebung der Übertragung verlangt werden, wenn der Bürgerin oder dem Bürger die Tätigkeit wegen des Alters, des Gesundheitszustandes, der Berufs- oder Familienverhältnisse oder wegen eines sonstigen persönlichen Umstandes nicht zugemutet werden kann.

(2) ¹Wer ohne einen Grund nach Absatz 1 die Übernahme einer ehrenamtlichen Tätigkeit ablehnt oder ihre Ausübung verweigert, handelt ordnungswidrig. ²Die Ordnungswidrigkeit kann mit einer Geldbuße geahndet werden. ³Zuständige Behörde nach § 36 Abs. 1 Nr. 1 OWiG ist die Kommune. ⁴Der Hauptausschuss, bei Abgeordneten die Vertretung, entscheidet, ob eine Ordnungswidrigkeit verfolgt und geahndet wird. ⁵Im Übrigen trifft die Hauptverwaltungsbeamtin oder der Hauptverwaltungsbeamte die erforderlichen Maßnahmen.

§ 40 Amtsverschwiegenheit. (1) ¹Ehrenamtlich Tätige haben über Angelegenheiten, deren Geheimhaltung durch Gesetz oder dienstliche Anordnung vorgeschrieben oder der Natur der Sache nach erforderlich ist, Verschwiegenheit zu wahren; dies gilt auch nach Beendigung ihrer Tätigkeit. ²Von dieser Verpflichtung werden ehrenamtlich Tätige auch nicht durch persönliche Bindungen befreit. ³Sie dürfen die Kenntnis von Angelegenheiten, über die sie verschwiegen zu sein haben, nicht unbefugt verwerten. ⁴Sie dürfen ohne Genehmigung über solche Angelegenheiten weder vor Gericht noch außergerichtlich aussagen oder Erklärungen abgeben. ⁵Die Genehmigung wird für ihre Mitglieder von der Vertretung erteilt. ⁶Bei den übrigen ehrenamtlich Tätigen erteilt der Hauptausschuss die Genehmigung; er kann diese Zuständigkeit auf die Hauptverwaltungsbeamtin oder den Hauptverwaltungsbeamten übertragen.

(2) Wer die Pflichten nach Absatz 1 vorsätzlich oder grob fahrlässig verletzt, handelt ordnungswidrig, wenn die Tat nicht nach § 203 Abs. 2 oder nach § 353b des Strafgesetzbuchs (StGB) bestraft werden kann; § 39 Abs. 2 Sätze 2 bis 4 gilt entsprechend.

Kommunalverfassungsgesetz **NKomVG 50**

§ 41 Mitwirkungsverbot. (1) ¹Ehrenamtlich Tätige dürfen in Angelegenheiten der Kommunen nicht beratend oder entscheidend mitwirken, wenn die Entscheidung einen unmittelbaren Vorteil oder Nachteil für folgende Personen bringen kann: *[Randnotiz: §4 III]*
1. sie selbst,
2. ihre Ehegattin, ihren Ehegatten, ihre Lebenspartnerin oder ihren Lebenspartner im Sinne des Lebenspartnerschaftsgesetzes,
3. ihre Verwandten bis zum dritten oder ihre Verschwägerten bis zum zweiten Grad während des Bestehens der Ehe oder der Lebenspartnerschaft im Sinne des Lebenspartnerschaftsgesetzes oder
4. eine von ihnen kraft Gesetzes oder Vollmacht vertretene Person.

²Als unmittelbar gilt nur derjenige Vorteil oder Nachteil, der sich aus der Entscheidung selbst ergibt, ohne dass, abgesehen von der Ausführung von Beschlüssen nach § 85 Abs. 1 Nr. 2, weitere Ereignisse eintreten oder Maßnahmen getroffen werden müssen. ³Satz 1 gilt nicht, wenn die ehrenamtlich Tätigen an der Entscheidung der Angelegenheit lediglich als Angehörige einer Berufs- oder Bevölkerungsgruppe beteiligt sind, deren gemeinsame Interessen durch die Angelegenheit berührt werden.

(2) Das Verbot des Absatzes 1 Sätze 1 und 2 gilt auch für ehrenamtlich Tätige, die gegen Entgelt bei einer natürlichen oder juristischen Person des öffentlichen oder privaten Rechts oder einer Vereinigung beschäftigt sind, wenn die Entscheidung diesen Dritten einen unmittelbaren Vorteil oder Nachteil bringen kann.

(3) Das Verbot des Absatzes 1 Sätze 1 und 2 gilt nicht für *[Randnotiz: Abs IV]*
1. die Beratung und Entscheidung über Rechtsnormen,
2. Beschlüsse, welche die Besetzung unbesoldeter Stellen oder die Abberufung aus ihnen betreffen,
3. Wahlen,
4. ehrenamtlich Tätige, die dem Vertretungsorgan einer juristischen Person als Vertreterin oder Vertreter der Kommune angehören.

(4) ¹Wer annehmen muss, nach den Vorschriften der Absätze 1 und 2 an der Beratung und Entscheidung gehindert zu sein, hat dies vorher mitzuteilen. ²Ob ein Mitwirkungsverbot besteht, entscheidet die Stelle, in der oder für welche die ehrenamtliche Tätigkeit ausgeübt wird. ³Wird über eine Rechtsnorm beraten oder entschieden (Absatz 3 Nr. 1), so hat die ehrenamtlich tätige Person vorher mitzuteilen, wenn sie oder eine der in Absatz 1 Satz 1 oder Absatz 2 genannten Personen ein besonderes persönliches oder wirtschaftliches Interesse am Erlass oder Nichterlass der Rechtsnorm hat.

(5) ¹Wer nach den Vorschriften der Absätze 1 und 2 gehindert ist, an der Beratung und Entscheidung einer Angelegenheit mitzuwirken, hat den Beratungsraum zu verlassen. ²Bei einer öffentlichen Sitzung ist diese Person berechtigt, sich in dem für Zuhörerinnen und Zuhörer bestimmten Teil des Beratungsraumes aufzuhalten.

(6) ¹Ein Beschluss, der unter Verletzung der Vorschriften der Absätze 1 und 2 gefasst worden ist, ist unwirksam, wenn die Mitwirkung für das Ab-

stimmungsergebnis entscheidend war. ²§ 10 Abs. 2 Satz 1 gilt jedoch entsprechend. ³Wenn eine öffentliche Bekanntmachung des Beschlusses nicht erforderlich ist, beginnt die Frist nach § 10 Abs. 2 Satz 1 mit dem Tag der Beschlussfassung.

§ 42 Vertretungsverbot. (1) ¹Ehrenbeamtinnen und Ehrenbeamte dürfen Dritte nicht vertreten, wenn diese ihre Ansprüche und Interessen gegenüber der Kommune geltend machen; hiervon ausgenommen sind Fälle der gesetzlichen Vertretung. ²Für andere ehrenamtlich Tätige gilt das Vertretungsverbot des Satzes 1, wenn die Vertretung im Rahmen ihrer Berufsausübung erfolgen und mit den Aufgaben ihrer ehrenamtlichen Tätigkeit im Zusammenhang stehen würde.

(2) Feststellungen über das Vorliegen der Voraussetzungen des Absatzes 1 trifft die Vertretung.

§ 43 Pflichtenbelehrung. ¹Ehrenamtlich Tätige sind durch die Hauptverwaltungsbeamtin oder den Hauptverwaltungsbeamten vor Aufnahme ihrer Tätigkeit auf ihre Pflichten nach den §§ 40 bis 42 hinzuweisen. ²Der Hinweis ist aktenkundig zu machen.

§ 44 Entschädigung. (1) ¹Wer ehrenamtlich tätig ist, hat Anspruch auf Ersatz seiner Auslagen, einschließlich der Aufwendungen für eine Kinderbetreuung, und seines nachgewiesenen Verdienstausfalls. ²Bei Personen, die keinen Anspruch auf Verdienstausfall geltend machen können, kann die Entschädigung auch einen angemessenen Pauschalstundensatz als Ausgleich von besonderen Nachteilen im Bereich der Haushaltsführung oder im sonstigen beruflichen Bereich beinhalten, die durch die ehrenamtliche Tätigkeit entstehen. ³Einzelheiten sind durch Satzung zu regeln. ⁴In der Satzung sind die Ansprüche auf Höchstbeträge zu begrenzen.

(2) ¹Ehrenamtlich Tätigen können angemessene Aufwandsentschädigungen nach Maßgabe einer Satzung gewährt werden. ²Wird eine Aufwandsentschädigung gewährt, so besteht daneben kein Anspruch auf Ersatz der Auslagen, des Verdienstausfalls und des Pauschalstundensatzes; in der Satzung können für Fälle außergewöhnlicher Belastungen und für bestimmte Tätigkeiten, deren Ausmaß nicht voraussehbar ist, Ausnahmen zugelassen werden.

(3) Die Ansprüche nach dieser Vorschrift sind nicht übertragbar.

FÜNFTER TEIL
Innere Kommunalverfassung

Erster Abschnitt
Vertretung

§ 45 Rechtsstellung und Zusammensetzung. (1) ¹Die Vertretung ist das Hauptorgan der Kommune. ²Mitglieder der Vertretung sind die in diese gewählten Abgeordneten sowie kraft Amtes die Hauptverwaltungsbeamtin oder der Hauptverwaltungsbeamte. ³Die Abgeordneten tragen in den Gemeinden und Samtgemeinden die Bezeichnung Ratsfrau oder Ratsherr, in den Landkreisen die Bezeichnung Kreistagsabgeordnete oder Kreistagsabgeordneter und in der Region Hannover die Bezeichnung Regionsabgeordnete oder Regionsabgeordneter.

(2) Schreibt dieses Gesetz für Wahlen, Abstimmungen oder Anträge eine bestimmte Mehrheit oder Minderheit vor, so ist die durch Gesetz oder durch Satzung geregelte Zahl der Mitglieder zugrunde zu legen, soweit in Rechtsvorschriften nichts anderes bestimmt ist.

§ 46 Zahl der Abgeordneten. (1) ¹Die Zahl der Ratsfrauen oder Ratsherren beträgt in Gemeinden und Samtgemeinden

mit bis zu		500 Einwohnerinnen und Einwohnern	6,
mit	501 bis	1 000 Einwohnerinnen und Einwohnern	8,
mit	1 001 bis	2 000 Einwohnerinnen und Einwohnern	10,
mit	2 001 bis	3 000 Einwohnerinnen und Einwohnern	12,
mit	3 001 bis	5 000 Einwohnerinnen und Einwohnern	14,
mit	5 001 bis	6 000 Einwohnerinnen und Einwohnern	16,
mit	6 001 bis	7 000 Einwohnerinnen und Einwohnern	18,
mit	7 001 bis	8 000 Einwohnerinnen und Einwohnern	20,
mit	8 001 bis	9 000 Einwohnerinnen und Einwohnern	22,
mit	9 001 bis	10 000 Einwohnerinnen und Einwohnern	24,
mit	10 001 bis	11 000 Einwohnerinnen und Einwohnern	26,
mit	11 001 bis	12 000 Einwohnerinnen und Einwohnern	28,
mit	12 001 bis	15 000 Einwohnerinnen und Einwohnern	30,
mit	15 001 bis	20 000 Einwohnerinnen und Einwohnern	32,
mit	20 001 bis	25 000 Einwohnerinnen und Einwohnern	34,
mit	25 001 bis	30 000 Einwohnerinnen und Einwohnern	36,
mit	30 001 bis	40 000 Einwohnerinnen und Einwohnern	38,
mit	40 001 bis	50 000 Einwohnerinnen und Einwohnern	40,
mit	50 001 bis	75 000 Einwohnerinnen und Einwohnern	42,
mit	75 001 bis	100 000 Einwohnerinnen und Einwohnern	44,
mit	100 001 bis	125 000 Einwohnerinnen und Einwohnern	46,
mit	125 001 bis	150 000 Einwohnerinnen und Einwohnern	48,
mit	150 001 bis	175 000 Einwohnerinnen und Einwohnern	50,

50 NKomVG

Kommunalverfassungsgesetz

mit	175 001 bis 200 000 Einwohnerinnen und Einwohnern	52,
mit	200 001 bis 250 000 Einwohnerinnen und Einwohnern	54,
mit	250 001 bis 300 000 Einwohnerinnen und Einwohnern	56,
mit	300 001 bis 350 000 Einwohnerinnen und Einwohnern	58,
mit	350 001 bis 400 000 Einwohnerinnen und Einwohnern	60,
mit	400 001 bis 500 000 Einwohnerinnen und Einwohnern	62,
mit	500 001 bis 600 000 Einwohnerinnen und Einwohnern	64,
mit mehr als	600 000 Einwohnerinnen und Einwohnern	66.

[2]In Mitgliedsgemeinden von Samtgemeinden erhöht sich diese Zahl jeweils um eins.

(2) Die Zahl der Kreistagsabgeordneten beträgt in Landkreisen

mit bis zu	100 000 Einwohnerinnen und Einwohnern	42,
mit	100 001 bis 125 000 Einwohnerinnen und Einwohnern	46,
mit	125 001 bis 150 000 Einwohnerinnen und Einwohnern	50,
mit	150 001 bis 175 000 Einwohnerinnen und Einwohnern	54,
mit	175 001 bis 200 000 Einwohnerinnen und Einwohnern	58,
mit	200 001 bis 250 000 Einwohnerinnen und Einwohnern	62,
mit	250 001 bis 300 000 Einwohnerinnen und Einwohnern	64,
mit	300 001 bis 350 000 Einwohnerinnen und Einwohnern	66,
mit	350 001 bis 400 000 Einwohnerinnen und Einwohnern	68,
mit mehr als	400 000 Einwohnerinnen und Einwohnern	70.

(3) Die Zahl der Regionsabgeordneten beträgt 84.

(4) [1]In Gemeinden und Samtgemeinden mit mehr als 8000 Einwohnerinnen und Einwohnern sowie in Landkreisen und der Region Hannover kann die Zahl der für die nächste allgemeine Wahlperiode zu wählenden Abgeordneten um 2, 4 oder 6 verringert werden. [2]Die Entscheidung ist bis spätestens 18 Monate vor dem Ende der laufenden Wahlperiode durch Satzung zu treffen. [3]Die Zahl von 20 Abgeordneten darf nicht unterschritten werden.

(5) [1]Werden Gemeinden oder Landkreise vereinigt oder neu gebildet oder Samtgemeinden neu gebildet, zusammengeschlossen oder umgebildet, so kann die Zahl der zu wählenden Abgeordneten bis zum Ende der nächsten allgemeinen Wahlperiode um 2, 4 oder 6 erhöht werden. [2]Die Erhöhung ist bei Vereinigung oder Neubildung von Gemeinden oder Landkreisen durch übereinstimmende Satzungen der beteiligten Gemeinden oder Landkreise zu regeln; bei Neubildung, Zusammenschluss oder Umbildung von Samtgemeinden gelten § 100 Abs. 1 Satz 5, § 101 Abs. 1 Satz 3 und § 102 Abs. 1 Halbsatz 2. [3]Die Satzungen müssen vor der Verkündung des Gesetzes, das die Vereinigung oder Neubildung regelt, verkündet worden sein.

(6) Beschlüsse nach Absatz 4 oder 5 bedürfen der Mehrheit der Mitglieder der Vertretung.

§ 47 Wahl und Wahlperiode der Abgeordneten. (1) [1]Die Abgeordneten werden von den Bürgerinnen und Bürgern in allgemeiner, unmittelbarer, freier,

Kommunalverfassungsgesetz **NKomVG 50**

gleicher und geheimer Wahl gewählt. ²Einzelheiten werden, soweit dieses Gesetz hierüber keine Vorschriften enthält, durch das Niedersächsische Kommunalwahlgesetz geregelt.

(2) ¹Die allgemeine Wahlperiode der Abgeordneten beträgt fünf Jahre. ²Die nächste Wahlperiode beginnt am 1. November 2011.

§ 48 Recht zur Wahl der Mitglieder der Vertretung. (1) ¹Zur Wahl der Abgeordneten und der Hauptverwaltungsbeamtin oder des Hauptverwaltungsbeamten sind Personen berechtigt, die Deutsche im Sinne des Artikels 116 Abs. 1 des Grundgesetzes für die Bundesrepublik Deutschland sind oder die Staatsangehörigkeit eines anderen Mitgliedstaates der Europäischen Union besitzen und am Wahltag
1. mindestens 16 Jahre alt sind und
2. seit mindestens drei Monaten in der Kommune den Wohnsitz haben.

²Bei der Berechnung der Dreimonatsfrist nach Satz 1 Nr. 2 ist der Tag der Wohnsitz- oder Aufenthaltsnahme in die Frist einzubeziehen.

(2) Vom Wahlrecht ausgeschlossen sind Personen,
1. für die nicht nur durch einstweilige Anordnung eine Betreuerin oder ein Betreuer zur Besorgung
    a) aller ihrer Angelegenheiten oder
    b) aller ihrer Angelegenheiten mit Ausnahme der in § 1896 Abs. 4 und § 1905 des Bürgerlichen Gesetzbuchs (BGB) bezeichneten Angelegenheiten
    bestellt ist,
2. die durch Entscheidung eines Gerichts nach deutschem Recht kein Wahlrecht besitzen oder
3. die sich aufgrund einer Anordnung nach § 63 in Verbindung mit § 20 StGB in einem psychiatrischen Krankenhaus befinden.

§ 49 Wählbarkeit. (1) ¹Zur Abgeordneten oder zum Abgeordneten sind Personen wählbar, die am Wahltag
1. mindestens 18 Jahre alt sind,
2. seit mindestens sechs Monaten im Gebiet der Kommune ihren Wohnsitz haben und
3. Deutsche im Sinne des Artikels 116 Abs. 1 des Grundgesetzes für die Bundesrepublik Deutschland oder Staatsangehörige eines anderen Mitgliedstaates der Europäischen Union sind.

²§ 28 Abs. 1 Sätze 2 bis 5 und § 48 Abs. 1 Satz 2 gelten entsprechend.

(2) Nicht wählbar sind Personen, die
1. nach § 48 Abs. 2 vom Wahlrecht ausgeschlossen sind,
2. durch Entscheidung eines Gerichts nach deutschem Recht nicht wählbar sind oder kein öffentliches Amt innehaben dürfen,
3. als Staatsangehörige eines anderen Mitgliedstaates der Europäischen Union nach dem Recht dieses Staates infolge einer zivilrechtlichen Einzelfallentscheidung oder einer strafrechtlichen Entscheidung nicht wählbar sind.

50 NKomVG

Kommunalverfassungsgesetz

§ 50 Unvereinbarkeit. (1) ¹Abgeordnete einer Kommune dürfen nicht sein
1. Beamtinnen und Beamte mit Dienstbezügen im Dienst dieser Kommune,
2. im Rat der Mitgliedsgemeinde einer Samtgemeinde: Beamtinnen und Beamte mit Dienstbezügen im Dienst der Samtgemeinde,
3. im Rat oder Samtgemeinderat: die Landrätin oder der Landrat des Landkreises, dem die Gemeinde oder Samtgemeinde angehört, und deren oder dessen Stellvertreterinnen oder Stellvertreter nach § 81 Abs. 3 Sätze 1 und 3,
4. im Rat einer regionsangehörigen Gemeinde: die Regionspräsidentin oder der Regionspräsident und deren oder dessen Stellvertreterinnen oder Stellvertreter nach § 81 Abs. 3 Sätze 1 und 3,
5. im Samtgemeinderat: Beamtinnen und Beamte mit Dienstbezügen im Dienst einer Mitgliedsgemeinde dieser Samtgemeinde,
6. im Kreistag oder in der Regionsversammlung: die hauptamtliche Bürgermeisterin oder der hauptamtliche Bürgermeister einer dem Landkreis oder der Region Hannover angehörenden Gemeinde oder Samtgemeinde und deren oder dessen Stellvertreterinnen oder Stellvertreter nach § 81 Abs. 3 Sätze 1 und 3,
7. Beschäftigte, die unmittelbar Aufgaben der Kommunalaufsicht oder Fachaufsicht über diese Kommune wahrnehmen und hierbei befugt sind, Entscheidungen zu treffen, und
8. Beschäftigte im Dienst einer Einrichtung, eines Unternehmens, einer kommunalen Anstalt, einer gemeinsamen kommunalen Anstalt oder einer anderen juristischen Person oder sonstigen Organisation des öffentlichen oder privaten Rechts, die einer Gesellschafterversammlung, einem Aufsichtsrat, einem Verwaltungsrat oder einem vergleichbaren Organ unmittelbar verantwortlich sind, wenn die Kommune in der jeweiligen Organisation über die Mehrheit der Anteile oder Stimmrechte verfügt.

²Satz 1 Nr. 8 gilt entsprechend für die Vertreterinnen und Vertreter der dort bezeichneten Beschäftigten, denen die Vertretung nicht nur für den Verhinderungsfall übertragen wurde.

(2) Absatz 1 Satz 1 Nrn. 1, 2 und 5 ist auf hauptberufliche Arbeitnehmerinnen und Arbeitnehmer, die nicht überwiegend körperliche Arbeit verrichten, entsprechend anzuwenden.

(3) ¹Wird eine Person gewählt, die nicht Abgeordnete sein darf, so kann sie die Wahl nur annehmen, wenn sie der Wahlleitung nachweist, dass sie die zur Beendigung des Beamten- oder Arbeitnehmerverhältnisses erforderliche Erklärung abgegeben hat. ²Weist sie dies vor Ablauf der Frist zur Annahme der Wahl nach dem Niedersächsischen Kommunalwahlgesetz nicht nach, so gilt die Wahl als abgelehnt. ³Die Beendigung des Beamten- oder Arbeitnehmerverhältnisses ist der Hauptverwaltungsbeamtin oder dem Hauptverwaltungsbeamten spätestens vier Monate nach Annahme der Wahl nachzuweisen. ⁴Die Sätze 1 bis 3 gelten entsprechend bei einem Nachrücken als Ersatzperson. ⁵Stellt die Wahlleitung nachträglich fest, dass eine Person die Wahl angenommen hat, obwohl sie nach den Absätzen 1 und 2 nicht Ab-

Kommunalverfassungsgesetz **NKomVG 50**

geordnete sein darf, so scheidet sie einen Monat, nachdem ihr die Feststellung zugestellt worden ist, aus der Vertretung aus. [6]Die Wahlleitung stellt den Verlust des Sitzes fest. [7]Satz 5 gilt nicht, wenn die Person innerhalb der Monatsfrist nachweist, dass sie das Dienst- oder Arbeitsverhältnis beendet hat.

§ 51 Sitzerwerb. [1]Die Abgeordneten erwerben ihren Sitz in der Vertretung mit der Annahme der Wahl, frühestens jedoch mit dem Beginn der Wahlperiode. [2]Bei einer nicht im gesamten Wahlgebiet durchgeführten Nachwahl oder bei einer Wiederholungswahl sowie beim Nachrücken als Ersatzperson beginnt die Mitgliedschaft frühestens mit der Feststellung nach § 52 Abs. 2.

§ 52 Sitzverlust. (1) [1]Die Abgeordneten verlieren ihren Sitz in der Vertretung durch
1. schriftliche Verzichtserklärung gegenüber der Hauptverwaltungsbeamtin oder dem Hauptverwaltungsbeamten,
2. Verlust der Wählbarkeit oder durch nachträgliche Feststellung ihres Fehlens zur Zeit der Wahl,
3. Feststellung der Verfassungswidrigkeit einer Partei nach Maßgabe des Absatzes 3,
4. Berichtigung des Wahlergebnisses oder durch seine Neufeststellung aufgrund einer Nachwahl oder Wiederholungswahl nach Maßgabe des Niedersächsischen Kommunalwahlgesetzes,
5. eine Entscheidung im Wahlprüfungsverfahren, nach der die Wahl der Vertretung oder die Wahl der oder des Abgeordneten ungültig ist,
6. Wegfall der Gründe für das Nachrücken als Ersatzperson,
7. Ablauf der Frist gemäß § 50 Abs. 3 Satz 3 oder 5, wenn der nach diesen Vorschriften erforderliche Nachweis nicht geführt wird oder
8. Verwendung im Beamten- oder Arbeitnehmerverhältnis nach Annahme der Wahl, wenn die Mitgliedschaft in der Vertretung nach § 50 mit dem Amt oder Aufgabenkreis der Person unvereinbar ist und nicht innerhalb von vier Monaten nachgewiesen wird, dass das Dienst- oder Arbeitnehmerverhältnis beendet ist.

[2]Die Verzichtserklärung nach Satz 1 Nr. 1 darf nicht in elektronischer Form abgegeben und nicht widerrufen werden.

(2) Die Vertretung stellt zu Beginn der nächsten Sitzung fest, ob eine der Voraussetzungen nach Absatz 1 Satz 1 Nrn. 1 bis 4 und 6 bis 8 vorliegt; der oder dem Betroffenen ist Gelegenheit zur Stellungnahme zu geben.

(3) [1]Wird eine Partei oder die Teilorganisation einer Partei durch das Bundesverfassungsgericht gemäß Artikel 21 Abs. 2 des Grundgesetzes für die Bundesrepublik Deutschland für verfassungswidrig erklärt, so verlieren diejenigen Abgeordneten ihren Sitz, die aufgrund eines Wahlvorschlags dieser Partei oder Teilorganisation gewählt worden sind. [2]Dies gilt auch für diejenigen Abgeordneten, die dieser Partei oder Teilorganisation zum Zeitpunkt der Verkündung der Entscheidung angehört haben.

50 NKomVG

Kommunalverfassungsgesetz

§ 53 Ruhen der Mitgliedschaft in der Vertretung. [1]Wird gegen Abgeordnete der Vertretung wegen eines Verbrechens die öffentliche Klage erhoben, so ruht ihre Mitgliedschaft in der Vertretung bis zur rechtskräftigen Entscheidung. [2]Die oder der Abgeordnete der Vertretung ist verpflichtet, der Hauptverwaltungsbeamtin oder dem Hauptverwaltungsbeamten unverzüglich mitzuteilen, dass Klage erhoben wurde.

§ 54 Rechtsstellung der Mitglieder der Vertretung. (1) [1]Die Mitglieder der Vertretung üben ihre Tätigkeit im Rahmen der Gesetze nach ihrer freien, nur durch Rücksicht auf das öffentliche Wohl geleiteten Überzeugung aus. [2]Sie sind nicht an Verpflichtungen gebunden, durch die die Freiheit ihrer Entschließung als Mitglieder der Vertretung beschränkt wird.

(2) [1]Niemand darf gehindert werden, das Amt eines Mitglieds der Vertretung zu übernehmen und auszuüben. [2]Es ist unzulässig, Abgeordnete wegen ihrer Mitgliedschaft aus einem Dienst- oder Arbeitsverhältnis zu entlassen oder ihnen zu kündigen. [3]Den Abgeordneten ist die für ihre Tätigkeit notwendige freie Zeit zu gewähren. [4]Ihnen ist darüber hinaus in jeder Wahlperiode bis zu fünf Arbeitstage Urlaub zu gewähren, damit sie an Fortbildungsveranstaltungen teilnehmen können, die im Zusammenhang mit dem Amt der oder des Abgeordneten stehen. [5]Für die Zeit dieses Urlaubs haben die Abgeordneten gegen die Kommune Anspruch auf Ersatz des nachgewiesenen Verdienstausfalls bis zu einem durch Satzung festzulegenden Höchstbetrag. [6]Sind die Abgeordneten einer Gemeinde zugleich auch Abgeordnete einer Samtgemeinde, eines Landkreises oder der Region Hannover, so entsteht der Anspruch auf Urlaub nach Satz 4 in jeder Wahlperiode nur einmal.

(3) Die Vorschriften der §§ 40, 41, 42 Abs. 1 Satz 2 und Abs. 2 sowie des § 43 sind auf die Abgeordneten anzuwenden.

(4) Verletzen Abgeordnete vorsätzlich oder grob fahrlässig ihre Pflichten, verstoßen sie insbesondere gegen die ihnen in den §§ 40 bis 42 auferlegten Verpflichtungen, so haben sie der Kommune den daraus entstehenden Schaden zu ersetzen.

§ 55 Entschädigung der Abgeordneten. (1) [1]Die Abgeordneten haben Anspruch auf Zahlung einer Entschädigung nach Maßgabe des § 44 Abs. 1 und 3. [2]Selbständig Tätigen kann der Nachweis des Verdienstausfalls erleichtert werden. [3]Die Entschädigung kann nach Maßgabe einer Satzung ganz oder teilweise pauschal gewährt und dabei ganz oder teilweise als Sitzungsgeld gezahlt sowie für besondere Funktionen erhöht werden; sie muss angemessen sein.

(2) [1]Das für Inneres zuständige Ministerium beruft jeweils vor dem Ende einer allgemeinen Wahlperiode sachverständige Personen in eine Kommission, die bis zum Beginn der neuen Wahlperiode Empfehlungen zur Ausgestaltung und Höhe der Entschädigung nach Absatz 1 gibt. [2]Die Empfehlungen sind von dem für Inneres zuständigen Ministerium zu veröffentlichen. [3]Die Mitglieder der Kommission haben Anspruch auf Ersatz ihrer Auslagen und des Verdienst-

Kommunalverfassungsgesetz **NKomVG 50**

ausfalls nach Maßgabe der Abschnitte 2 und 5 des Justizvergütungs- und -entschädigungsgesetzes.

§ 56 Antragsrecht, Auskunftsrecht. ¹Jedes Mitglied der Vertretung hat das Recht, in der Vertretung und in den Ausschüssen, denen es angehört, Anträge zu stellen; die Unterstützung durch andere Mitglieder der Vertretung ist dazu nicht erforderlich. ²Zur eigenen Unterrichtung kann jede oder jeder Abgeordnete von der Hauptverwaltungsbeamtin oder dem Hauptverwaltungsbeamten Auskünfte in allen Angelegenheiten der Kommune verlangen; dies gilt nicht für Angelegenheiten, die der Geheimhaltung unterliegen (§ 6 Abs. 3 Satz 1).

§ 57 Fraktionen und Gruppen. (1) Zwei oder mehr Abgeordnete können sich zu einer Fraktion oder Gruppe zusammenschließen.

(2) ¹Fraktionen und Gruppen wirken bei der Willensbildung und Entscheidungsfindung in der Vertretung, im Hauptausschuss und in den Ausschüssen mit. ²Ihre innere Ordnung muss demokratischen und rechtsstaatlichen Grundsätzen entsprechen.

(3) ¹Die Kommune kann den Fraktionen und Gruppen Zuwendungen zu den Sach- und Personalkosten für die Geschäftsführung gewähren; zu diesen Kosten zählen auch die Aufwendungen der Fraktionen oder Gruppen aus einer öffentlichen Darstellung ihrer Auffassungen in den Angelegenheiten der Kommune. ²Die Verwendung der Zuwendungen ist in einfacher Form nachzuweisen.

(4) Soweit personenbezogene Daten an die Abgeordneten oder an Mitglieder eines Stadtbezirksrates oder Ortsrates übermittelt werden dürfen, ist es zulässig, diese Daten auch an von der Hauptverwaltungsbeamtin oder dem Hauptverwaltungsbeamten zur Verschwiegenheit verpflichtete Mitarbeiterinnen und Mitarbeiter der Fraktionen und Gruppen zu übermitteln.

(5) Einzelheiten über die Bildung der Fraktionen und Gruppen sowie über deren Rechte und Pflichten regelt die Geschäftsordnung.

§ 58 Zuständigkeit der Vertretung. (1) Die Vertretung beschließt ausschließlich über
1. die grundlegenden Ziele der Entwicklung der Kommune,
2. Richtlinien, nach denen die Verwaltung geführt werden soll,
3. den Namen, eine Bezeichnung, das Wappen, die Flagge und das Dienstsiegel der Kommune,
4. Gebietsänderungen und den Abschluss von Gebietsänderungsverträgen,
5. Satzungen und Verordnungen,
6. die Verleihung und Entziehung von Ehrenbezeichnungen,
7. die Erhebung öffentlicher Abgaben (Gebühren, Beiträge und Steuern) und Umlagen,
8. die Festlegung allgemeiner privatrechtlicher Entgelte, es sei denn, dass deren jährliches Aufkommen einen in der Hauptsatzung festgesetzten Betrag voraussichtlich nicht übersteigt,

50 NKomVG — Kommunalverfassungsgesetz

9. die Haushaltssatzung, das Haushaltssicherungskonzept, über- und außerplanmäßige Aufwendungen, Auszahlungen und Verpflichtungen nach Maßgabe der §§ 117 und 119 sowie über das Investitionsprogramm,
10. den Jahresabschluss, den konsolidierten Gesamtabschluss, die Zuführung zu Überschussrücklagen (§ 123 Abs. 1 Satz 1) und die Entlastung der Hauptverwaltungsbeamtin oder des Hauptverwaltungsbeamten,
11. die Errichtung, Gründung, Übernahme, wesentliche Erweiterung, teilweise oder vollständige Veräußerung, Aufhebung oder Auflösung von Unternehmen, von kommunalen Anstalten und von Einrichtungen im Rahmen des Wirtschaftsrechts, insbesondere von Eigenbetrieben, von Gesellschaften und von anderen Vereinigungen in einer Rechtsform des privaten Rechts, sowie über die Wirtschaftsführung von Einrichtungen als Eigenbetriebe oder als selbständige Einrichtungen im Sinne von § 139,
12. die Beteiligung an Gesellschaften und anderen Vereinigungen in einer Rechtsform des privaten Rechts sowie die Änderung der Beteiligungsverhältnisse,
13. die Verpachtung von Unternehmen und Einrichtungen der Kommune oder solchen, an denen die Kommune beteiligt ist, die Übertragung der Betriebsführung dieser Unternehmen und Einrichtungen auf Dritte sowie den Abschluss von sonstigen Rechtsgeschäften im Sinne von § 148,
14. die Verfügung über Vermögen der Kommune, insbesondere Schenkungen und Darlehen, die Veräußerung oder Belastung von Grundstücken und die Veräußerung von Anteilen an einem Unternehmen mit eigener Rechtspersönlichkeit, ausgenommen Rechtsgeschäfte, deren Vermögenswert eine von der Hauptsatzung bestimmte Höhe nicht übersteigt,
15. Richtlinien für die Aufnahme von Krediten (§ 120 Abs. 1 Satz 2),
16. die Übernahme von Bürgschaften, den Abschluss von Gewährverträgen, die Bestellung von Sicherheiten für Dritte sowie diejenigen Rechtsgeschäfte, die den vorgenannten Verpflichtungen oder der Aufnahme von Krediten wirtschaftlich gleichstehen, es sei denn, dass das Rechtsgeschäft einen in der Hauptsatzung bestimmten Betrag nicht übersteigt, oder zu den Rechtsgeschäften der laufenden Verwaltung gehört,
17. die Mitgliedschaft in kommunalen Zusammenschlüssen, die Änderung der Beteiligungsverhältnisse an gemeinsamen kommunalen Anstalten und den Abschluss von Zweckvereinbarungen, wenn die Zweckvereinbarungen Aufgabenübertragungen zum Inhalt haben,
18. die Errichtung, Zusammenlegung und Aufhebung von Stiftungen, die Änderung des Stiftungszwecks sowie die Verwendung des Stiftungsvermögens, es sei denn, dass das von der Entscheidung betroffene Stiftungsvermögen einen in der Hauptsatzung bestimmten Betrag nicht übersteigt,
19. die Übernahme neuer Aufgaben, für die keine gesetzliche Verpflichtung besteht, und
20. Verträge der Kommune mit Mitgliedern der Vertretung, sonstigen Mitgliedern von Ausschüssen, von Stadtbezirksräten und von Ortsräten oder mit der Hauptverwaltungsbeamtin oder dem Hauptverwaltungsbeamten, es sei

Kommunalverfassungsgesetz **NKomVG 50**

denn, dass es sich um Verträge aufgrund einer förmlichen Ausschreibung oder um Geschäfte der laufenden Verwaltung, deren Vermögenswert einen in der Hauptsatzung bestimmten Betrag nicht übersteigt, handelt.

(2) [1]Der Rat ist über Absatz 1 hinaus ausschließlich zuständig für
1. die Benennung von Gemeindeteilen, Straßen und Plätzen, es sei denn, dass die Straßen und Plätze ausschließlich in einer Ortschaft, für die ein Ortsrat gewählt wurde, oder in einem Stadtbezirk gelegen sind,
2. die abschließende Entscheidung über die Aufstellung, Änderung, Ergänzung und Aufhebung von Bauleitplänen,
3. die Verleihung und Entziehung des Ehrenbürgerrechts und
4. die Umwandlung von Gemeindegliedervermögen in freies Gemeindevermögen sowie die Veränderung der Nutzungsrechte an Gemeindegliedervermögen.

[2]In Samtgemeinden ist für die Aufstellung, Änderung, Ergänzung und Aufhebung von Flächennutzungsplänen der Samtgemeinderat zuständig.

(3) [1]Die Vertretung beschließt über Angelegenheiten, für die der Hauptausschuss, ein Ausschuss nach § 76 Abs. 3, der Betriebsausschuss oder nach § 85 Abs. 1 Nr. 7 die Hauptverwaltungsbeamtin oder der Hauptverwaltungsbeamte zuständig ist, wenn sie sich im Einzelfall die Beschlussfassung vorbehalten hat. [2]In der Hauptsatzung kann sich die Vertretung die Beschlussfassung auch für bestimmte Gruppen solcher Angelegenheiten vorbehalten. [3]Die Vertretung kann über die in Satz 1 genannten Angelegenheiten ferner dann beschließen, wenn sie ihr vom Hauptausschuss oder einem Ausschuss nach § 76 Abs. 3 zur Beschlussfassung vorgelegt werden.

(4) [1]Die Vertretung überwacht die Durchführung ihrer Beschlüsse sowie den sonstigen Ablauf der Verwaltungsangelegenheiten. [2]Sie kann zu diesem Zweck vom Hauptausschuss und von der Hauptverwaltungsbeamtin oder dem Hauptverwaltungsbeamten die erforderlichen Auskünfte verlangen. [3]Wenn ein Viertel der Mitglieder der Vertretung oder eine Fraktion oder Gruppe dies verlangt, ist einzelnen Abgeordneten Einsicht in die Akten zu gewähren. [4]Diese Rechte gelten nicht für Angelegenheiten, die der Geheimhaltung unterliegen (§ 6 Abs. 3 Satz 1).

(5) Die Vertretung kann Befugnisse, die ihr nach Absatz 4 zustehen, auf den Hauptausschuss übertragen.

§ 59 Einberufung der Vertretung. (1) [1]Die Hauptverwaltungsbeamtin oder der Hauptverwaltungsbeamte lädt die Abgeordneten unter Mitteilung der Tagesordnung schriftlich oder durch ein elektronisches Dokument. [2]Einzelheiten regelt die Geschäftsordnung.

(2) [1]Die erste Sitzung findet innerhalb eines Monats nach Beginn der Wahlperiode statt; zu ihr kann bereits vor Beginn der Wahlperiode geladen werden. [2]Die Ladungsfrist für die erste Sitzung beträgt eine Woche. [3]Danach wird die Vertretung einberufen, sooft es die Geschäftslage erfordert. [3]Die Hauptverwal-

50 NKomVG

tungsbeamtin oder der Hauptverwaltungsbeamte hat die Vertretung unverzüglich einzuberufen, wenn
1. ein Drittel der Mitglieder der Vertretung oder der Hauptausschuss dies unter Angabe des Beratungsgegenstands verlangt oder
2. die letzte Sitzung der Vertretung länger als drei Monate zurückliegt und eine Abgeordnete oder ein Abgeordneter die Einberufung unter Angabe des Beratungsgegenstands verlangt.

(3) [1]Die Hauptverwaltungsbeamtin oder der Hauptverwaltungsbeamte stellt die Tagesordnung im Benehmen mit der oder dem Vorsitzenden der Vertretung auf; die oder der Vorsitzende kann verlangen, dass die Tagesordnung um einen Beratungsgegenstand ergänzt wird. [2]Die Tagesordnung für die erste Sitzung in der Wahlperiode stellt die Hauptverwaltungsbeamtin oder der Hauptverwaltungsbeamte allein auf. [3]Die oder der Vorsitzende vertritt die Hauptverwaltungsbeamtin oder den Hauptverwaltungsbeamten bei der Einberufung der Vertretung einschließlich der Aufstellung der Tagesordnung. [4]Stellt die oder der Vorsitzende die Tagesordnung auf, so ist das Benehmen mit der allgemeinen Stellvertreterin oder dem allgemeinen Stellvertreter der Hauptverwaltungsbeamtin oder des Hauptverwaltungsbeamten herzustellen; diese oder dieser kann verlangen, dass ein bestimmter Beratungsgegenstand auf die Tagesordnung gesetzt wird. [5]In dringenden Fällen kann die Tagesordnung zu Sitzungsbeginn durch Beschluss erweitert werden; dafür ist eine Zweidrittelmehrheit der Mitglieder der Vertretung erforderlich.

(4) [1]Wird die Vertretung nach dem Beginn der neuen Wahlperiode zu ihrer ersten Sitzung einberufen, so wird die Hauptverwaltungsbeamtin oder der Hauptverwaltungsbeamte bei dieser Einberufung einschließlich der Aufstellung der Tagesordnung durch die bisherige Vorsitzende oder den bisherigen Vorsitzenden der Vertretung vertreten. [2]Absatz 3 Satz 4 ist entsprechend anzuwenden.

(5) Zeit, Ort und Tagesordnung der Sitzungen der Vertretung sind ortsüblich bekannt zu machen, es sei denn, dass die Vertretung zu einer nicht öffentlichen Sitzung einberufen wird.

§ 60 Verpflichtung der Abgeordneten. [1]Zu Beginn der ersten Sitzung nach der Wahl werden die Abgeordneten von der Hauptverwaltungsbeamtin oder dem Hauptverwaltungsbeamten förmlich verpflichtet, ihre Aufgaben nach bestem Wissen und Gewissen unparteiisch wahrzunehmen und die Gesetze zu beachten. [2]Ist keine Hauptverwaltungsbeamtin und kein Hauptverwaltungsbeamter im Amt, so wird die Verpflichtung von der oder dem ältesten anwesenden und hierzu bereiten Abgeordneten vorgenommen.

§ 61 Wahl der oder des Vorsitzenden. (1) [1]Nach der Verpflichtung der Abgeordneten wählt die Vertretung in ihrer ersten Sitzung aus der Mitte der Abgeordneten ihre Vorsitzende oder ihren Vorsitzenden für die Dauer der Wahlperiode. [2]Die Wahl wird von dem ältesten anwesenden und hierzu bereiten Mitglied

Kommunalverfassungsgesetz **NKomVG 50**

geleitet; dieses zieht in den Fällen des § 67 Satz 6 auch das Los. ³Die Vertretung beschließt ferner über die Stellvertretung der oder des Vorsitzenden.

(2) Die oder der Vorsitzende kann durch Beschluss der Mehrheit der Mitglieder der Vertretung abberufen werden.

§ 62 Einwohnerfragestunde, Anhörung. (1) Die Vertretung kann bei öffentlichen Sitzungen Einwohnerinnen und Einwohnern ermöglichen, Fragen zu Beratungsgegenständen und anderen Angelegenheiten der Kommune zu stellen.

(2) Die Vertretung kann beschließen, anwesende Sachverständige und anwesende Einwohnerinnen und Einwohner einschließlich der nach § 41 von der Mitwirkung ausgeschlossenen Personen zum Gegenstand der Beratung zu hören.

(3) Einzelheiten regelt die Geschäftsordnung.

§ 63 Ordnung in den Sitzungen. (1) Die oder der Vorsitzende leitet die Verhandlungen, eröffnet und schließt die Sitzungen, sorgt für die Aufrechterhaltung der Ordnung und übt das Hausrecht aus.

(2) ¹Die oder der Vorsitzende kann ein Mitglied der Vertretung bei ungebührlichem oder wiederholt ordnungswidrigem Verhalten von der Sitzung ausschließen. ²Auf Antrag des ausgeschlossenen Mitglieds stellt die Vertretung in ihrer nächsten Sitzung fest, ob der Ausschluss berechtigt war.

(3) ¹Die Vertretung kann ein Mitglied, das sich schuldhaft grob ungebührlich verhält oder schuldhaft wiederholt gegen Anordnungen verstößt, die zur Aufrechterhaltung der Ordnung erlassen wurden, mit der Mehrheit ihrer Mitglieder von der Mitarbeit in der Vertretung und ihren Ausschüssen ausschließen. ²Der Ausschluss kann nur auf bestimmte Zeit, höchstens jedoch für sechs Monate, erfolgen.

§ 64 Öffentlichkeit der Sitzungen. ¹Die Sitzungen der Vertretung sind öffentlich, soweit nicht das öffentliche Wohl oder berechtigte Interessen Einzelner den Ausschluss der Öffentlichkeit erfordern. ²Über einen Antrag auf Ausschluss der Öffentlichkeit wird in nicht öffentlicher Sitzung beraten und entschieden; wenn keine Beratung erforderlich ist, kann in öffentlicher Sitzung entschieden werden.

§ 65 Beschlussfähigkeit. (1) ¹Die Vertretung ist beschlussfähig, wenn nach ordnungsgemäßer Einberufung die Mehrheit ihrer Mitglieder anwesend ist oder wenn alle Mitglieder anwesend sind und keines eine Verletzung der Vorschriften über die Einberufung der Vertretung rügt. ²Die oder der Vorsitzende stellt zu Beginn der Sitzung fest, ob die Vertretung beschlussfähig ist. ³Die Vertretung gilt, auch wenn sich die Zahl der anwesenden Mitglieder der Vertretung im Laufe der Sitzung verringert, so lange als beschlussfähig, wie die Beschlussfähigkeit nicht angezweifelt wird.

(2) Ist eine Angelegenheit wegen Beschlussunfähigkeit der Vertretung zurückgestellt worden und wird die Vertretung zur Verhandlung über den gleichen

50 NKomVG

Gegenstand zum zweiten Mal einberufen, so ist sie dann ohne Rücksicht auf die Zahl der anwesenden Mitglieder beschlussfähig, wenn darauf in der Ladung zur zweiten Sitzung ausdrücklich hingewiesen worden ist.

(3) Besteht bei mehr als der Hälfte der Mitglieder der Vertretung ein gesetzlicher Grund, der ihre Mitwirkung ausschließt, so ist die Vertretung ohne Rücksicht auf die Zahl der anwesenden Mitglieder beschlussfähig; ihre Beschlüsse bedürfen in diesem Fall der Genehmigung der Kommunalaufsichtsbehörde.

§ 66 Abstimmung. (1) [1]Beschlüsse werden mit der Mehrheit der auf Ja oder Nein lautenden Stimmen gefasst, soweit durch Gesetz oder in Angelegenheiten des Verfahrens durch die Geschäftsordnung nichts anderes bestimmt ist. [2]Bei Stimmengleichheit ist ein Antrag abgelehnt.

(2) Es wird offen abgestimmt, soweit in der Geschäftsordnung nichts anderes geregelt ist.

§ 67 Wahlen. [1]Gewählt wird schriftlich; steht nur eine Person zur Wahl, wird durch Zuruf oder Handzeichen gewählt, wenn dem niemand widerspricht. [2]Auf Verlangen eines Mitglieds der Vertretung ist geheim zu wählen. [3]Gewählt ist die Person, für die die Mehrheit der Mitglieder der Vertretung gestimmt hat. [4]Wird dieses Ergebnis im ersten Wahlgang nicht erreicht, so findet ein zweiter Wahlgang statt. [5]Im zweiten Wahlgang ist die Person gewählt, die die meisten Stimmen erhalten hat. [6]Ergibt sich im zweiten Wahlgang Stimmengleichheit, so entscheidet das Los. [7]Das Los zieht die oder der Vorsitzende der Vertretung.

§ 68 Protokoll. [1]Über den wesentlichen Inhalt der Verhandlungen der Vertretung ist ein Protokoll zu fertigen. [2]Abstimmungs- und Wahlergebnisse sind festzuhalten. [3]Jedes Mitglied der Vertretung kann verlangen, dass aus dem Protokoll hervorgeht, wie es abgestimmt hat; dies gilt nicht für geheime Abstimmungen. [4]Einzelheiten regelt die Geschäftsordnung.

§ 69 Geschäftsordnung. [1]Die Vertretung gibt sich eine Geschäftsordnung. [2]Diese soll insbesondere Bestimmungen über die Aufrechterhaltung der Ordnung, die Ladung und das Abstimmungsverfahren enthalten.

§ 70 Auflösung der Vertretung. (1) [1]Ist mehr als die Hälfte der Sitze unbesetzt, so ist die Vertretung aufgelöst. [2]Die Kommunalaufsichtsbehörde stellt die Auflösung fest.

(2) Die Landesregierung kann die Vertretung auflösen, wenn diese dauernd beschlussunfähig ist, obwohl mehr als die Hälfte der Sitze besetzt ist, oder wenn eine ordnungsgemäße Erledigung der Aufgaben der Kommune auf andere Weise nicht gesichert werden kann.

(3) [1]Wird die Hauptverwaltungsbeamtin oder der Hauptverwaltungsbeamte bei einem von der Vertretung nach § 82 eingeleiteten Abwahlverfahren von den Bürgerinnen und Bürgern nicht abgewählt, so kann sich die Vertretung selbst

Kommunalverfassungsgesetz **NKomVG 50**

auflösen. ²Für den Beschluss ist eine Mehrheit von drei Vierteln der Mitglieder der Vertretung erforderlich.

(4) ¹Die Wahlperiode der neu gewählten Abgeordneten beginnt mit dem Tag der Neuwahl und endet mit dem Ablauf der allgemeinen Wahlperiode (§ 47). ²Findet die Neuwahl innerhalb von zwei Jahren vor dem Ablauf der allgemeinen Wahlperiode statt, so endet die Wahlperiode mit dem Ablauf der nächsten allgemeinen Wahlperiode.

Zweiter Abschnitt
Ausschüsse der Vertretung

§ 71 Ausschüsse der Vertretung. (1) Die Vertretung kann aus der Mitte der Abgeordneten beratende Ausschüsse bilden.

(2) ¹Die Vertretung legt die Zahl der Sitze in den Ausschüssen fest. ²Die Sitze eines jeden Ausschusses werden entsprechend dem Verhältnis der Mitgliederzahl der einzelnen Fraktionen oder Gruppen zur Mitgliederzahl aller Fraktionen und Gruppen verteilt. ³Dabei erhält jede Fraktion oder Gruppe zunächst so viele Sitze, wie sich für sie ganze Zahlen ergeben. ⁴Sind danach noch Sitze zu vergeben, so sind sie in der Reihenfolge der höchsten Zahlenbruchteile, die sich bei der Berechnung nach Satz 2 ergeben, auf die Fraktionen und Gruppen zu verteilen. ⁵Bei gleichen Zahlenbruchteilen entscheidet das Los. ⁶Das Los zieht die oder der Vorsitzende der Vertretung. ⁷Die Fraktionen und Gruppen benennen die Mitglieder der Ausschüsse.

(3) ¹Gehören einer Fraktion oder Gruppe mehr als die Hälfte der Abgeordneten an, so stehen ihr mehr als die Hälfte der im Ausschuss insgesamt zu vergebenden Sitze zu. ²Ist dies nach Absatz 2 Sätze 2 bis 6 nicht gewährleistet, so sind die nach Zahlenbruchteilen zu vergebenden Sitze abweichend von Absatz 2 Sätze 4 bis 6 zu verteilen. ³In diesem Fall wird zunächst der in Satz 1 genannten Fraktion oder Gruppe ein weiterer Sitz zugeteilt; für die danach noch zu vergebenden Sitze ist Absatz 2 Sätze 4 bis 6 anzuwenden.

(4) ¹Fraktionen und Gruppen, auf die bei der Sitzverteilung nach den Absätzen 2 und 3 in einem Ausschuss kein Sitz entfallen ist, sind berechtigt, in den Ausschuss ein zusätzliches Mitglied mit beratender Stimme zu entsenden. ²Dies gilt nicht, wenn ein Mitglied dieser Fraktion oder Gruppe bereits stimmberechtigtes Mitglied des Ausschusses ist. ³Abgeordnete, die keiner Fraktion oder Gruppe angehören, können verlangen, in einem Ausschuss ihrer Wahl beratendes Mitglied zu werden, wenn sie nicht bereits stimmberechtigtes Mitglied eines Ausschusses sind.

(5) Die Vertretung stellt die sich nach den Absätzen 2, 3 und 4 ergebende Sitzverteilung und die Ausschussbesetzung durch Beschluss fest.

(6) Hat die Vertretung in anderen Fällen mehrere unbesoldete Stellen gleicher Art zu besetzen oder ihre Besetzung vorzuschlagen, so sind Absätze 2, 3 und 5 entsprechend anzuwenden.

[89]

50 NKomVG

(7) ¹Die Vertretung kann beschließen, dass neben Abgeordneten andere Personen, zum Beispiel Mitglieder von kommunalen Beiräten, jedoch nicht Beschäftigte der Kommune, Mitglieder der Ausschüsse nach Absatz 1 werden; die Absätze 2, 3, 5 und 10 sind entsprechend anzuwenden. ²Mindestens zwei Drittel der Ausschussmitglieder sollen Abgeordnete sein. ³Ausschussmitglieder, die nicht der Vertretung angehören, haben kein Stimmrecht. ⁴Im Übrigen sind auf sie die §§ 54 und 55 anzuwenden; eine Entschädigung kann jedoch, soweit sie pauschal gewährt wird, nur als Sitzungsgeld gezahlt werden.

(8) ¹Die Ausschussvorsitze werden den Fraktionen und Gruppen in der Reihenfolge der Höchstzahlen zugeteilt, die sich durch Teilung der Mitgliederzahlen der Fraktionen und Gruppen durch 1, 2, 3 usw. ergeben. ²Bei gleichen Höchstzahlen entscheidet das Los. ³Das Los zieht die oder der Vorsitzende der Vertretung. ⁴Die Fraktionen und Gruppen benennen die Ausschüsse, deren Vorsitz sie beanspruchen, in der Reihenfolge der Höchstzahlen und bestimmen die Vorsitzenden aus der Mitte der Abgeordneten, die den Ausschüssen angehören.

(9) ¹Ausschüsse können von der Vertretung jederzeit aufgelöst und neu gebildet werden. ²Ein Ausschuss muss neu besetzt werden, wenn seine Zusammensetzung nicht mehr dem Verhältnis der Stärke der Fraktionen und Gruppen der Vertretung entspricht und ein Antrag auf Neubesetzung gestellt wird. ³Fraktionen und Gruppen können von ihnen benannte Ausschussmitglieder
1. aus einem Ausschuss abberufen und durch andere Ausschussmitglieder ersetzen oder
2. durch andere Ausschussmitglieder ersetzen, wenn die Mitgliedschaft des Ausschussmitglieds in der Vertretung endet oder wenn es auf die Mitgliedschaft im Ausschuss verzichtet;

Absatz 5 gilt entsprechend. ⁴Die Sätze 2 und 3 gelten für die Besetzung der in Absatz 6 genannten Stellen entsprechend.

(10) Die Vertretung kann einstimmig ein von den Regelungen der Absätze 2, 3, 4, 6 und 8 abweichendes Verfahren beschließen.

§ 72 Verfahren in den Ausschüssen. (1) Die Geschäftsordnung bestimmt, ob Sitzungen der Ausschüsse öffentlich oder nicht öffentlich sind; sind sie öffentlich, so gelten die §§ 62 und 64 entsprechend.

(2) ¹Die Abgeordneten sind berechtigt, bei allen Sitzungen der Ausschüsse der Vertretung zuzuhören. ²Wird in einer Ausschusssitzung ein Antrag beraten, den eine Abgeordnete oder ein Abgeordneter gestellt hat, die oder der dem Ausschuss nicht angehört, so kann sie oder er sich an der Beratung beteiligen. ³Die oder der Ausschussvorsitzende kann einer oder einem nicht zum Ausschuss gehörenden Abgeordneten das Wort erteilen.

(3) ¹Die Ausschüsse werden von der Hauptverwaltungsbeamtin oder dem Hauptverwaltungsbeamten im Einvernehmen mit der oder dem Ausschussvorsitzenden einberufen. ²Der Ausschuss ist einzuberufen, wenn es die Geschäfts-

Kommunalverfassungsgesetz **NKomVG 50**

lage erfordert oder ein Drittel der Ausschussmitglieder unter Angabe des Beratungsgegenstands die Einberufung verlangt. ³Die Hauptverwaltungsbeamtin oder der Hauptverwaltungsbeamte stellt im Benehmen mit der oder dem Ausschussvorsitzenden die Tagesordnung auf. ⁴Das sonstige Verfahren der Ausschüsse kann in der Geschäftsordnung geregelt werden. ⁵Im Übrigen gelten die Vorschriften für die Vertretung entsprechend.

§ 73 Ausschüsse nach besonderen Rechtsvorschriften. ¹Die §§ 71 und 72 sind auf Ausschüsse der Kommune anzuwenden, die auf besonderen Rechtsvorschriften beruhen, soweit diese die Zusammensetzung, die Bildung, die Auflösung, den Vorsitz oder das Verfahren nicht regeln. ²Die nicht der Vertretung angehörenden Mitglieder solcher Ausschüsse haben Stimmrecht, soweit sich aus den besonderen Rechtsvorschriften nichts anderes ergibt.

Dritter Abschnitt
Hauptausschuss

§ 74 Mitglieder des Hauptausschusses. (1) ¹Der Hauptausschuss setzt sich zusammen aus
1. der Hauptverwaltungsbeamtin oder dem Hauptverwaltungsbeamten,
2. Abgeordneten mit Stimmrecht (Beigeordnete) und
3. Abgeordneten mit beratender Stimme (§ 71 Abs. 4 Satz 1).

²Die Hauptsatzung kann bestimmen, dass andere Beamtinnen und Beamte auf Zeit dem Hauptausschuss mit beratender Stimme angehören. ³Den Vorsitz führt die Hauptverwaltungsbeamtin oder der Hauptverwaltungsbeamte.

(2) ¹Die Zahl der Beigeordneten beträgt in Gemeinden und Samtgemeinden, deren Vertretung nicht mehr als

	12 Abgeordnete hat,	2,
	14 bis 24 Abgeordnete hat,	4,
	26 bis 36 Abgeordnete hat,	6,
	38 bis 44 Abgeordnete hat,	8,
mehr als	44 Abgeordnete hat,	10.

²In Gemeinden und Samtgemeinden, deren Vertretung 16 bis 44 Abgeordnete hat, kann der Rat für die Dauer der Wahlperiode beschließen, dass sich die Zahl der Beigeordneten um zwei erhöht. ³In Mitgliedsgemeinden von Samtgemeinden bleibt die Erhöhung nach § 46 Abs. 1 Satz 2 bei der Anwendung der Sätze 1 und 2 unberücksichtigt.

(3) ¹Die Zahl der Beigeordneten beträgt in den Landkreisen und in der Region Hannover sechs. ²Die Vertretung kann vor der Besetzung des Hauptausschusses für die Dauer der Wahlperiode beschließen, dass dem Hauptausschuss weitere zwei oder vier Beigeordnete angehören.

50 NKomVG

§ 75 Besetzung des Hauptausschusses. (1) [1]In der ersten Sitzung der Vertretung werden
1. die Beigeordneten gemäß § 71 Abs. 2 Sätze 2 bis 7 und Abs. 3 sowie
2. die in § 74 Abs. 1 Nr. 3 genannten Mitglieder des Hauptausschusses gemäß § 71 Abs. 4 Sätze 1 und 2

bestimmt; § 71 Abs. 5 und 10 ist anzuwenden. [2]In Mitgliedsgemeinden von Samtgemeinden ist bei der Verteilung der Sitze der Beigeordneten auf die Fraktionen und Gruppen die Bürgermeisterin oder der Bürgermeister auf die Sitze derjenigen Fraktion oder Gruppe anzurechnen, die sie oder ihn vorgeschlagen hat. [3]Für die Mitglieder des Hauptausschusses nach Satz 1 und für die Bürgermeisterin oder den Bürgermeister in Mitgliedsgemeinden von Samtgemeinden ist jeweils eine Stellvertreterin oder ein Stellvertreter zu bestimmen. [4]Stellvertreterinnen und Stellvertreter, die von derselben Fraktion oder Gruppe benannt worden sind, vertreten sich untereinander. [5]Ist eine Fraktion oder Gruppe nur durch ein Mitglied im Hauptausschuss vertreten, so kann sie eine zweite Stellvertreterin oder einen zweiten Stellvertreter bestimmen. [6]§ 56 Satz 1 und für die Bürgermeisterin oder den Bürgermeister in Mitgliedsgemeinden von Samtgemeinden und § 71 Abs. 9 Sätze 2 und 3 gelten entsprechend.

(2) [1]Nach dem Ende der Wahlperiode führt der Hauptausschuss seine Tätigkeit in der bisherigen Besetzung bis zur ersten Sitzung des neu besetzten Hauptausschusses fort. [2]Das Gleiche gilt bei Auflösung der Vertretung.

§ 76 Zuständigkeit des Hauptausschusses. (1) [1]Der Hauptausschuss bereitet die Beschlüsse der Vertretung vor. [2]Eine vorherige Beratung der betreffenden Angelegenheiten in der Vertretung wird dadurch nicht ausgeschlossen.

(2) [1]Der Hauptausschuss beschließt über diejenigen Angelegenheiten, über die nicht die Vertretung, der Stadtbezirksrat, der Ortsrat oder der Betriebsausschuss zu beschließen hat und für die nicht nach § 85 die Hauptverwaltungsbeamtin oder der Hauptverwaltungsbeamte zuständig ist. [2]Er beschließt zudem über Angelegenheiten nach § 85 Abs. 1 Satz 1 Nr. 7, wenn er sich im Einzelfall die Beschlussfassung vorbehalten hat. [3]Er kann auch über die in Satz 2 genannten Angelegenheiten beschließen, wenn sie ihm von der Hauptverwaltungsbeamtin oder dem Hauptverwaltungsbeamten zur Beschlussfassung vorgelegt werden. [4]Er kann ferner über Angelegenheiten beschließen, für die der Betriebsausschuss zuständig ist, wenn sie ihm von diesem zur Beschlussfassung vorgelegt werden.

(3) [1]Die Vertretung kann die Zuständigkeit nach Absatz 2 Satz 1 für bestimmte Gruppen von Angelegenheiten durch Hauptsatzung auf einen Ausschuss nach § 71 übertragen. [2]In den Fällen des Satzes 1 gelten Absatz 6 sowie § 85 Abs. 1 Satz 1 Nrn. 1 und 2 und Satz 2 für die Behandlung der übertragenen Gruppen von Angelegenheiten und § 75 Abs. 1 Sätze 3 bis 5 für die gesamte Ausschusstätigkeit entsprechend. [3]Die Satzungsregelung ist bis zum Ende der Wahlperiode zu befristen; sie kann geändert oder aufgehoben werden.

Kommunalverfassungsgesetz **NKomVG 50**

(4) [1]Der Hauptausschuss entscheidet über Widersprüche in Angelegenheiten des eigenen Wirkungskreises. [2]Dies gilt nicht, wenn die Vertretung in dieser Angelegenheit entschieden hat; in diesem Fall bleibt sie zuständig. [3]Die Sätze 1 und 2 sind nicht anzuwenden, soweit gesetzlich etwas anderes bestimmt ist.

(5) [1]Der Hauptausschuss kann seine Zuständigkeit in Einzelfällen oder für bestimmte Gruppen von Angelegenheiten auf die Hauptverwaltungsbeamtin oder den Hauptverwaltungsbeamten übertragen. [2]Die Übertragung einer Zuständigkeit nach Satz 1 wird unwirksam, soweit eine Übertragung nach Absatz 3 Satz 1 erfolgt.

(6) Der Hauptausschuss wirkt darauf hin, dass die Tätigkeit der von der Vertretung gebildeten Ausschüsse aufeinander abgestimmt wird.

§ 77 Sonstige Rechte des Hauptausschusses. [1]Unabhängig von der in den §§ 58, 76 und 85 geregelten Zuständigkeitsverteilung kann der Hauptausschuss zu allen Verwaltungsangelegenheiten Stellung nehmen und von der Hauptverwaltungsbeamtin oder dem Hauptverwaltungsbeamten Auskünfte in allen Verwaltungsangelegenheiten der Kommune verlangen. [2]Dies gilt nicht für Angelegenheiten, die der Geheimhaltung unterliegen (§ 6 Abs. 3 Satz 1).

§ 78 Sitzungen des Hauptausschusses. (1) [1]Der Hauptausschuss ist von der Hauptverwaltungsbeamtin oder dem Hauptverwaltungsbeamten nach Bedarf einzuberufen. [2]Sie oder er hat ihn einzuberufen, wenn ein Drittel der Beigeordneten dies unter Angabe des Beratungsgegenstands verlangt.

(2) [1]Die Sitzungen des Hauptausschusses sind nicht öffentlich. [2]Alle Abgeordneten sind berechtigt, an den Sitzungen des Hauptausschusses als Zuhörerinnen oder Zuhörer teilzunehmen. [3]Für diese gilt § 41 entsprechend.

(3) Beschlüsse können im Umlaufverfahren gefasst werden, wenn kein Mitglied des Hauptausschusses widerspricht.

(4) [1]Im Übrigen gelten die Regelungen für das Verfahren der Vertretung sinngemäß auch für das Verfahren des Hauptausschusses. [2]Soweit das Verfahren der Vertretung in der von ihr erlassenen Geschäftsordnung geregelt ist, kann diese für das Verfahren des Hauptausschusses abweichende Regelungen treffen.

§ 79 Einspruchsrecht. [1]Hält der Hauptausschuss das Wohl der Kommune durch einen Beschluss der Vertretung, eines Stadtbezirksrates oder eines Ortsrates für gefährdet, so kann er gegen den Beschluss innerhalb einer Woche Einspruch einlegen. [2]In diesem Fall ist der Beschluss zunächst nicht auszuführen. [3]Über die Angelegenheit ist erneut in einer Sitzung der Vertretung, des Stadtbezirksrates oder des Ortsrates zu beschließen, die frühestens drei Tage nach der ersten stattfinden darf.

50 NKomVG — Kommunalverfassungsgesetz

Vierter Abschnitt
Hauptverwaltungsbeamtin oder Hauptverwaltungsbeamter

§ 80 Wahl, Amtszeit. (1) [1]Die Hauptverwaltungsbeamtin oder der Hauptverwaltungsbeamte wird von den Bürgerinnen und Bürgern nach den Vorschriften des Niedersächsischen Kommunalwahlgesetzes (NKWG) über die Direktwahl gewählt. [2]Die Wahl findet an dem Tag statt, den die Landesregierung nach § 6 NKWG für die Wahlen der Abgeordneten und die Direktwahlen bestimmt hat (allgemeiner Kommunalwahltag), soweit in den folgenden Absätzen oder im Niedersächsischen Kommunalwahlgesetz nichts anderes bestimmt ist.

(2) [1]Wird die Hauptverwaltungsbeamtin oder der Hauptverwaltungsbeamte nach § 83 Satz 3 in den Ruhestand versetzt, so ist die Nachfolgerin oder der Nachfolger innerhalb von sechs Monaten vor dem Beginn des Ruhestandes der Amtsinhaberin oder des Amtsinhabers zu wählen. [2]Scheidet die Hauptverwaltungsbeamtin oder der Hauptverwaltungsbeamte aus einem anderen Grund vorzeitig aus dem Amt aus, so wird die Nachfolgerin oder der Nachfolger innerhalb von sechs Monaten nach dem Ausscheiden gewählt. [3]Die Wahl kann bis zu drei Monate später stattfinden als in den Sätzen 1 und 2 vorgeschrieben, wenn nur dadurch die gemeinsame Durchführung mit einer anderen Wahl ermöglicht wird. [4]Fällt die Zustellung der Verfügung über die Versetzung in den Ruhestand (§ 83) oder das Ausscheiden im Sinne des Satzes 2 in das letzte Jahr der allgemeinen Wahlperiode der Abgeordneten, so wird die Nachfolgerin oder der Nachfolger am allgemeinen Kommunalwahltag gewählt.

(3) [1]Die Hauptverwaltungsbeamtin oder der Hauptverwaltungsbeamte wird gewählt
1. für die Dauer der allgemeinen Wahlperiode der Abgeordneten, wenn sie oder er
   a) am allgemeinen Kommunalwahltag oder
   b) statt am allgemeinen Kommunalwahltag vor Beginn der allgemeinen Wahlperiode in einer Stichwahl nach § 45 g Abs. 2 Satz 3 NKWG oder in einer Nachwahl nach § 41 NKWG in Verbindung mit § 45 a NKWG gewählt wird,
2. für die Restdauer der laufenden allgemeinen Wahlperiode der Abgeordneten, wenn sie oder er statt am allgemeinen Kommunalwahltag nach Beginn der laufenden allgemeinen Wahlperiode in
   a) einer Stichwahl nach § 45 g Abs. 2 Satz 3 NKWG,
   b) einer Nachwahl nach § 41 NKWG in Verbindung mit § 45 a NKWG,
   c) einer neuen Direktwahl nach § 45 n Abs. 1 NKWG,
   d) einer Wiederholungswahl nach § 45 m NKWG oder
   e) einer Wiederholungswahl nach § 42 Abs. 3 Satz 1 NKWG in Verbindung mit § 45 a NKWG
   gewählt wird,
3. für die Restdauer der laufenden und die Dauer der folgenden allgemeinen Wahlperiode der Abgeordneten in den übrigen Fällen.

Kommunalverfassungsgesetz **NKomVG 50**

²In Fällen des Satzes 1 Nr. 2 Buchst. a bis d verlängert sich die Amtszeit der Amtsinhaberin oder des Amtsinhabers bis zur Begründung des Beamtenverhältnisses der Nachfolgerin oder des Nachfolgers. ³Gleiches gilt in den Fällen des Satzes 1 Nr. 1 Buchst. b, wenn das Beamtenverhältnis erst nach Beginn der allgemeinen Wahlperiode begründet wird.

(4) ¹Hat die Vertretung beschlossen, Verhandlungen aufzunehmen über
1. den Zusammenschluss mit einer anderen Kommune,
2. die Neubildung einer Samtgemeinde oder
3. die Auflösung einer Samtgemeinde,
4. die Umbildung einer Samtgemeinde oder
5. die Neubildung einer Gemeinde aus den Mitgliedsgemeinden einer Samtgemeinde,

so kann sie auch beschließen, auf eine erforderliche Wahl der Hauptverwaltungsbeamtin oder des Hauptverwaltungsbeamten für einen festzulegenden Zeitraum von längstens zwei Jahren nach dem Ablauf der Amtszeit oder dem Ausscheiden aus dem Amt vorläufig zu verzichten. ²Der Beschluss über den vorläufigen Verzicht ist mindestens fünf Monate vor Ablauf der Amtszeit oder in den Fällen des Absatzes 2 Satz 1 vor Beginn des Ruhestandes der Amtsinhaberin oder des Amtsinhabers und in den Fällen des Absatzes 2 Satz 2 innerhalb eines Monats nach dem vorzeitigen Ausscheiden aus dem Amt zu fassen. ³Auf Antrag der Kommune kann der gemäß Satz 1 festgelegte Zeitraum durch die oberste Kommunalaufsichtsbehörde einmalig um bis zu zwölf Monate verlängert werden, wenn die nach Satz 1 geplante Körperschaftsumbildung innerhalb des Verlängerungszeitraums voraussichtlich abgeschlossen sein wird. ⁴Absatz 2 Sätze 2 und 3 gilt entsprechend, wenn einer der Beschlüsse nach Satz 1 oder die Entscheidung nach Satz 3 aufgehoben wird oder die für den vorläufigen Wahlverzicht festgelegte Zeitdauer abgelaufen ist. ⁵Beschließt die Vertretung, vorläufig auf eine Wahl zu verzichten, so kann sie zugleich mit Zustimmung der Amtsinhaberin oder des Amtsinhabers eine Verlängerung der Amtszeit beschließen. ⁶Diese endet, wenn das Amt infolge der Körperschaftsumbildung wegfällt oder eine Nachfolgerin oder ein Nachfolger das Amt antritt.

(5) Gewählt werden kann, wer
1. am Wahltag mindestens 23 Jahre, aber noch nicht 67 Jahre alt ist,
2. nach § 49 Abs. 1 Satz 1 Nr. 3 wählbar und nicht nach § 49 Abs. 2 von der Wählbarkeit ausgeschlossen ist und
3. die Gewähr dafür bietet, jederzeit für die freiheitlich demokratische Grundordnung im Sinne des Grundgesetzes für die Bundesrepublik Deutschland einzutreten.

(6) ¹Die Hauptverwaltungsbeamtin oder der Hauptverwaltungsbeamte ist hauptamtlich tätig. ²Sie oder er ist Beamtin oder Beamter auf Zeit. ³Das Beamtenverhältnis wird mit dem Tag der Annahme der Wahl begründet, jedoch frühestens
1. mit dem Beginn der Wahlperiode der Abgeordneten, wenn die Hauptverwaltungsbeamtin oder der Hauptverwaltungsbeamte am allgemeinen Kommunalwahltag gewählt worden ist,

50 NKomVG

2. mit dem Zeitpunkt des Wirksamwerdens der Körperschaftsumbildung, wenn die Hauptverwaltungsbeamtin oder der Hauptverwaltungsbeamte im Zusammenhang mit einer in Absatz 4 Satz 1 genannten Körperschaftsumbildung gewählt worden ist,
3. mit dem Beginn des Ruhestandes der bisherigen Amtsinhaberin oder des bisherigen Amtsinhabers nach § 83 Satz 6.

[4]Ist die Wahl unwirksam, so wird kein Beamtenverhältnis begründet; § 11 Abs. 3 und 4 des Niedersächsischen Beamtengesetzes (NBG) gilt entsprechend. [5]Die Hauptverwaltungsbeamtin oder der Hauptverwaltungsbeamte ist nicht verpflichtet, sich einer Wiederwahl zu stellen.

(7) [1]Läuft die Amtszeit einer Hauptverwaltungsbeamtin oder eines Hauptverwaltungsbeamten vor dem 31. Oktober 2014 ab, so finden für die Wahl, die Amtszeit und die Vereidigung der Nachfolgerin oder des Nachfolgers die bis zum 31. Dezember 2013 geltenden Vorschriften Anwendung. [2]Satz 1 ist entsprechend anzuwenden, wenn eine Hauptverwaltungsbeamtin oder ein Hauptverwaltungsbeamter vor dem 1. Oktober 2013 vorzeitig aus dem Amt ausgeschieden ist oder die Verfügung über die Versetzung in den Ruhestand (§ 83) vor dem 1. Oktober 2013 zugestellt worden ist.

(8) [1]Läuft die acht Jahre dauernde Amtszeit einer Hauptverwaltungsbeamtin oder eines Hauptverwaltungsbeamten nach dem 30. Oktober 2014 ab, so findet innerhalb von sechs Monaten vor dem Ablauf der Amtszeit die Wahl der Nachfolgerin oder des Nachfolgers statt. [2]Die Wahl kann bis zu drei Monate später oder bis zu drei Monate früher stattfinden als in Satz 1 vorgeschrieben, wenn nur dadurch die gemeinsame Durchführung mit einer anderen Wahl ermöglicht wird. [3]Das Beamtenverhältnis der Nachfolgerin oder des Nachfolgers wird mit dem Tag der Annahme der Wahl begründet, jedoch frühestens mit Ablauf des Tages, an dem die Amtszeit der Amtsinhaberin oder des Amtsinhabers endet. [4]Findet nach Satz 2 eine Wahl später als in Satz 1 vorgeschrieben statt oder handelt es sich um eine in Absatz 3 Satz 1 Nr. 2 Buchst. a bis d genannte Wahl, so verlängert sich die Amtszeit der Amtsinhaberin oder des Amtsinhabers bis zur Begründung des Beamtenverhältnisses der Nachfolgerin oder des Nachfolgers.

(9) [1]Läuft die Amtszeit einer Hauptverwaltungsbeamtin oder eines Hauptverwaltungsbeamten nach dem 31. Oktober 2016 ab, so kann sie oder er am 31. Oktober 2016 durch schriftliche Erklärung vorzeitig aus dem Amt ausscheiden. [2]Die Erklärung muss der Kommunalaufsichtsbehörde vor dem 1. April 2016 zugehen; sie kann vor Ablauf von zwei Wochen nach Zugang zurückgenommen werden. [3]Die Wahl der Nachfolgerin oder des Nachfolgers ist am allgemeinen Kommunalwahltag durchzuführen.

(10) [1]Läuft die Amtszeit einer Hauptverwaltungsbeamtin oder eines Hauptverwaltungsbeamten nach dem 31. Oktober 2021 ab, so kann sie oder er am 31. Oktober 2021 durch schriftliche Erklärung vorzeitig aus dem Amt ausscheiden. [2]Die Erklärung muss der Kommunalaufsichtsbehörde vor dem 1. April 2021 zugehen; sie kann vor Ablauf von zwei Wochen nach Zugang zurückgenom-

Kommunalverfassungsgesetz

men werden. ³Die Wahl der Nachfolgerin oder des Nachfolgers ist am allgemeinen Kommunalwahltag durchzuführen.

§ 81 Vereidigung, Stellvertretung. (1) ¹Die Vereidigung der Hauptverwaltungsbeamtin oder des Hauptverwaltungsbeamten findet in der ersten Sitzung der Vertretung nach dem Beginn der Wahlperiode der Abgeordneten statt. ²Sie wird von der oder dem ältesten anwesenden und hierzu bereiten Abgeordneten durchgeführt. ³Ist das Beamtenverhältnis der Hauptverwaltungsbeamtin oder des Hauptverwaltungsbeamten zu einem Zeitpunkt nach der ersten Sitzung der Vertretung begründet worden, so erfolgt die Vereidigung in der nächsten darauf folgenden Sitzung der Vertretung durch eine ehrenamtliche Stellvertreterin oder einen ehrenamtlichen Stellvertreter der Hauptverwaltungsbeamtin oder des Hauptverwaltungsbeamten.

(2) ¹Die Vertretung wählt in ihrer ersten Sitzung aus den Beigeordneten bis zu drei ehrenamtliche Stellvertreterinnen oder Stellvertreter der Hauptverwaltungsbeamtin oder des Hauptverwaltungsbeamten, die sie oder ihn vertreten bei der repräsentativen Vertretung der Kommune, bei der Einberufung des Hauptausschusses einschließlich der Aufstellung der Tagesordnung, der Leitung der Sitzungen des Hauptausschusses und der Verpflichtung der Abgeordneten sowie ihrer Pflichtenbelehrung. ²Soll es unter den Stellvertreterinnen und Stellvertretern eine Reihenfolge geben, so wird diese von der Vertretung bestimmt. ³Die Stellvertreterinnen und Stellvertreter führen folgende Bezeichnungen:
1. in Gemeinden: stellvertretende Bürgermeisterin oder stellvertretender Bürgermeister,
2. in kreisfreien und in großen selbständigen Städten: Bürgermeisterin oder Bürgermeister,
3. in Samtgemeinden: stellvertretende Samtgemeindebürgermeisterin oder stellvertretender Samtgemeindebürgermeister,
4. in Landkreisen: stellvertretende Landrätin oder stellvertretender Landrat,
5. in der Region Hannover: stellvertretende Regionspräsidentin oder stellvertretender Regionspräsident.

⁴Die Vertretung kann die Stellvertreterinnen oder Stellvertreter abberufen. ⁵Für den Beschluss ist die Mehrheit der Mitglieder der Vertretung erforderlich.

(3) ¹Für die in Absatz 2 Satz 1 und in § 59 Abs. 3 nicht genannten Fälle der Stellvertretung hat die Hauptverwaltungsbeamtin oder der Hauptverwaltungsbeamte eine allgemeine Stellvertreterin oder einen allgemeinen Stellvertreter. ²Soweit nicht einer Beamtin oder einem Beamten auf Zeit das Amt der allgemeinen Stellvertreterin oder des allgemeinen Stellvertreters der Hauptverwaltungsbeamtin oder des Hauptverwaltungsbeamten übertragen ist, beauftragt die Vertretung auf Vorschlag der Hauptverwaltungsbeamtin oder des Hauptverwaltungsbeamten eine andere Person, die bei der Kommune beschäftigt ist, mit der allgemeinen Stellvertretung. ³In der Hauptsatzung kann die Stellvertretung für bestimmte Aufgabengebiete gesondert geregelt werden.

§ 82 Abwahl. (1) Die Hauptverwaltungsbeamtin oder der Hauptverwaltungsbeamte kann nach den Vorschriften des Niedersächsischen Kommunalwahlgesetzes von den am Tag der Abwahl nach § 48 Wahlberechtigten vor Ablauf der Amtszeit abgewählt werden.

(2) [1]Zur Einleitung des Abwahlverfahrens ist ein Antrag von mindestens drei Vierteln der Mitglieder der Vertretung erforderlich. [2]Über ihn wird in einer besonderen Sitzung der Vertretung, die frühestens zwei Wochen nach Eingang des Antrags stattfindet, namentlich abgestimmt. [3]Eine Aussprache findet nicht statt. [4]Für den Beschluss über den Antrag auf Einleitung des Abwahlverfahrens ist erneut eine Mehrheit von drei Vierteln der Mitglieder der Vertretung erforderlich.

(3) [1]Die Hauptverwaltungsbeamtin oder der Hauptverwaltungsbeamte gilt als abgewählt, falls sie oder er innerhalb einer Woche nach dem Beschluss der Vertretung, das Abwahlverfahren einzuleiten, auf die Durchführung des Abwahlverfahrens verzichtet. [2]Der Verzicht ist schriftlich gegenüber der oder dem Vorsitzenden der Vertretung zu erklären.

(4) Die Hauptverwaltungsbeamtin oder der Hauptverwaltungsbeamte scheidet mit Ablauf des Tages aus dem Amt aus, an dem nach einer Abwahl gemäß Absatz 1 der Wahlausschuss die Abwahl nach den Vorschriften des Niedersächsischen Kommunalwahlgesetzes feststellt oder an dem eine Verzichtserklärung nach Absatz 3 der oder dem Vorsitzenden der Vertretung zugeht.

§ 83 Ruhestand auf Antrag. [1]Für Hauptverwaltungsbeamtinnen und Hauptverwaltungsbeamte gilt keine Altersgrenze. [2]§ 37 NBG ist nicht anzuwenden. [3]Die Hauptverwaltungsbeamtin oder der Hauptverwaltungsbeamte kann ohne Nachweis der Dienstunfähigkeit auf Antrag in den Ruhestand versetzt werden, wenn sie oder er zum Zeitpunkt des Beginns des Ruhestandes
1. mindestens 65 Jahre alt ist und
2. das Amt der Hauptverwaltungsbeamtin oder des Hauptverwaltungsbeamten in der laufenden Amtszeit seit mindestens fünf Jahren innehat.

[4]Der Antrag ist bei der Kommunalaufsichtsbehörde zu stellen. [5]Über den Antrag darf erst zwei Wochen nach Zugang entschieden werden; die Verfügung ist der Hauptverwaltungsbeamtin oder dem Hauptverwaltungsbeamten zuzustellen und kann nicht zurückgenommen werden. [6]Der Ruhestand beginnt mit dem Ende des sechsten Monats, der auf den Monat folgt, in dem der Hauptverwaltungsbeamtin oder dem Hauptverwaltungsbeamten die Verfügung über die Versetzung in den Ruhestand zugestellt worden ist.

§ 84 Ruhestand auf Antrag aus besonderen Gründen. [1]Die Hauptverwaltungsbeamtin oder der Hauptverwaltungsbeamte kann die Versetzung in den Ruhestand mit der Begründung beantragen, dass ihr oder ihm das für die weitere Amtsführung erforderliche Vertrauen nicht mehr entgegengebracht wird. [2]Der Antrag ist schriftlich bei der oder dem Vorsitzenden der Vertretung zu stellen und bedarf der Zustimmung von drei Vierteln der Mitglieder der Vertretung. [3]Auf den Beschluss der Vertretung findet § 82 Abs. 2 Sätze 2 und 3 entspre-

Kommunalverfassungsgesetz **NKomVG 50**

chende Anwendung. ⁴Der Antrag kann nur bis zur Beschlussfassung der Vertretung schriftlich zurückgenommen werden. ⁵Hat die Vertretung dem Antrag zugestimmt und sind die Voraussetzungen für die Gewährung eines Ruhegehalts erfüllt, so versetzt die Kommunalaufsichtsbehörde die Hauptverwaltungsbeamtin oder den Hauptverwaltungsbeamten durch schriftliche Verfügung in den Ruhestand. ⁶Der Ruhestand beginnt mit Ablauf des Tages, an dem der Hauptverwaltungsbeamtin oder dem Hauptverwaltungsbeamten die Verfügung zugestellt worden ist.

§ 85 Zuständigkeit. (1) ¹Die Hauptverwaltungsbeamtin oder der Hauptverwaltungsbeamte
1. bereitet die Beschlüsse des Hauptausschusses vor,
2. führt die Beschlüsse der Vertretung und des Hauptausschusses aus und erfüllt die Aufgaben, die ihr oder ihm vom Hauptausschuss übertragen worden sind,
3. entscheidet über Maßnahmen auf dem Gebiet der Verteidigung einschließlich des Schutzes der Zivilbevölkerung und über Maßnahmen zur Erfüllung von sonstigen Aufgaben, die das Land im Auftrag des Bundes ausführt oder zu deren Ausführung die Bundesregierung Einzelweisungen erteilen kann,
4. entscheidet über gewerberechtliche und immissionsschutzrechtliche Genehmigungen und sonstige Maßnahmen,
5. erfüllt die Aufgaben, die der Geheimhaltung unterliegen (§ 6 Abs. 3 Satz 1),
6. führt Weisungen der Kommunal- und der Fachaufsichtsbehörden aus, soweit dabei kein Ermessensspielraum gegeben ist, und
7. führt die nicht unter die Nummern 1 bis 6 fallenden Geschäfte der laufenden Verwaltung.

²Sie oder er soll im Rahmen der Vorbereitung der Beschlüsse des Hauptausschusses die Ausschüsse der Vertretung beteiligen. ³Die Bürgermeisterin oder der Bürgermeister und die Oberbürgermeisterin oder der Oberbürgermeister bereiten darüber hinaus die Beschlüsse der Stadtbezirksräte und der Ortsräte vor und führen sie aus.

(2) ¹Die Landrätin oder der Landrat und die Regionspräsidentin oder der Regionspräsident erfüllen die Aufgaben der Kommune als Kommunal- und Fachaufsichtsbehörde. ²Sie benötigen die Zustimmung des Hauptausschusses bei Entscheidungen über
1. die erforderlichen Bestimmungen, wenn ein Vertrag über eine Gebietsänderung oder eine Vereinbarung anlässlich des Zusammenschlusses oder der Neu- oder Umbildung von Samtgemeinden nicht zustande kommt oder weitere Gegenstände zu regeln sind (§ 26 Abs. 2, § 100 Abs. 1 Satz 8, § 101 Abs. 4 Satz 1 Halbsatz 2 und § 102 Abs. 3 Satz 2),
2. die Genehmigung, den Bestand des Stiftungsvermögens anzugreifen oder es anderweitig zu verwenden (§ 135 Abs. 2), und
3. kommunalaufsichtliche Genehmigungen, die versagt werden sollen.

³Stimmt der Hauptausschuss nicht zu, so entscheidet die Kommunalaufsichtsbehörde.

50 NKomVG

(3) ¹Die Hauptverwaltungsbeamtin oder der Hauptverwaltungsbeamte leitet und beaufsichtigt die Verwaltung; sie oder er regelt die Geschäftsverteilung im Rahmen der Richtlinien der Vertretung. ²Sie oder er ist Dienststellenleiterin oder Dienststellenleiter im Sinne der Geheimhaltungsvorschriften und wird im Sinne dieser Vorschriften durch die Kommunalaufsichtsbehörde ermächtigt.

(4) Die Hauptverwaltungsbeamtin oder der Hauptverwaltungsbeamte hat die Vertretung, den Hauptausschuss, einen Ausschuss nach § 76 Abs. 3, soweit dessen Entscheidungszuständigkeit betroffen ist, und, soweit es sich um Angelegenheiten eines Stadtbezirks oder einer Ortschaft handelt, den Stadtbezirksrat oder den Ortsrat über wichtige Angelegenheiten zu unterrichten; insbesondere unterrichtet sie oder er die Vertretung zeitnah über wichtige Beschlüsse des Hauptausschusses.

(5) ¹In Gemeinden oder Samtgemeinden informiert die Hauptverwaltungsbeamtin oder der Hauptverwaltungsbeamte die Einwohnerinnen und Einwohner in geeigneter Weise über wichtige Angelegenheiten der Gemeinde oder Samtgemeinde. ²Bei wichtigen Planungen und Vorhaben der Gemeinde oder Samtgemeinde soll sie oder er die Einwohnerinnen und Einwohner rechtzeitig und umfassend über die Grundlagen, Ziele, Zwecke und Auswirkungen informieren. ³Die Information ist so vorzunehmen, dass Gelegenheit zur Äußerung und zur Erörterung besteht. ⁴Zu diesem Zweck soll die Hauptverwaltungsbeamtin oder der Hauptverwaltungsbeamte Einwohnerversammlungen für die Gemeinde oder Samtgemeinde oder für Teile von diesen durchführen. ⁵Einzelheiten regelt die Hauptsatzung; Vorschriften über eine förmliche Beteiligung oder Anhörung bleiben davon unberührt. ⁶Ein Verstoß gegen die Informationspflicht berührt die Rechtmäßigkeit der Entscheidung nicht.

(6) ¹In Landkreisen und in der Region Hannover informiert die Hauptverwaltungsbeamtin oder der Hauptverwaltungsbeamte die Öffentlichkeit in geeigneter Weise über wichtige Angelegenheiten des Landkreises oder der Region Hannover. ²Sie oder er hat auch der Landesregierung über Vorgänge zu berichten, die für diese von Bedeutung sind; zu diesem Zweck kann sie oder sich in geeigneter Weise bei den staatlichen Behörden der unteren Verwaltungsstufe, deren Geschäftsbereich sich auf den Landkreis oder die Region Hannover erstreckt, informieren. ³Satz 2 ist auf kreisfreie Städte entsprechend anzuwenden.

(7) Über wichtige Angelegenheiten, die der Geheimhaltung unterliegen (§ 6 Abs. 3 Satz 1), sind nur die Stellvertreterinnen und Stellvertreter nach § 81 Abs. 2 zu unterrichten.

§ 86 Repräsentative Vertretung, Rechts- und Verwaltungsgeschäfte.

(1) ¹Die repräsentative Vertretung der Kommune obliegt der Hauptverwaltungsbeamtin oder dem Hauptverwaltungsbeamten, bei ihrer oder seiner Abwesenheit den ehrenamtlichen Stellvertreterinnen oder Stellvertretern (§ 81 Abs. 2). ²Sie oder er vertritt die Kommune nach außen in allen Rechts- und Verwaltungsgeschäften sowie in gerichtlichen Verfahren. ³Die Vertretung der

Kommunalverfassungsgesetz **NKomVG 50**

Kommune in Organen und sonstigen Gremien von juristischen Personen und Personenvereinigungen gilt nicht als Vertretung der Kommune im Sinne des Satzes 2.

(2) Soweit Erklärungen, durch die die Kommune verpflichtet werden soll, nicht gerichtlich oder notariell beurkundet werden, sind sie nur dann rechtsverbindlich, wenn sie von der Hauptverwaltungsbeamtin oder dem Hauptverwaltungsbeamten handschriftlich unterzeichnet wurden oder von ihr oder ihm in elektronischer Form mit der dauerhaft überprüfbaren qualifizierten elektronischen Signatur versehen sind.

(3) [1]Wird für ein Geschäft oder eine bestimmte Art von Geschäften eine Bevollmächtigte oder ein Bevollmächtigter bestellt, so gelten für die Bevollmächtigung die Vorschriften für Verpflichtungserklärungen entsprechend. [2]Soweit die im Rahmen dieser Vollmachten abgegebenen Erklärungen nicht gerichtlich oder notariell zu beurkunden sind, müssen sie die Schriftform aufweisen oder in elektronischer Form mit einer dauerhaft überprüfbaren qualifizierten elektronischen Signatur versehen sein.

(4) Die Absätze 2 und 3 gelten nicht für Geschäfte der laufenden Verwaltung.

(5) Ist nach Beginn der neuen Wahlperiode der Vertretung das Amt der Hauptverwaltungsbeamtin oder des Hauptverwaltungsbeamten nicht besetzt oder ist sie oder er daran gehindert, das Amt auszuüben, so obliegt die repräsentative Vertretung der Kommune vor der ersten Sitzung der Vertretung der oder dem ältesten der bisherigen Stellvertreterinnen oder Stellvertreter nach § 81 Abs. 2 Satz 1.

§ 87 Teilnahme an Sitzungen. (1) [1]Die Hauptverwaltungsbeamtin oder der Hauptverwaltungsbeamte und die anderen Beamtinnen und Beamten auf Zeit sind verpflichtet, der Vertretung auf Verlangen in der Sitzung Auskunft zu erteilen, soweit es sich nicht um Angelegenheiten handelt, die der Geheimhaltung unterliegen (§ 6 Abs. 3 Satz 1). [2]Sie sind auf ihr Verlangen zum Gegenstand der Verhandlung zu hören. [3]Die Sätze 1 und 2 gelten auch für Sitzungen des Hauptausschusses. [4]Bei Verhinderung der Hauptverwaltungsbeamtin oder des Hauptverwaltungsbeamten tritt an ihre oder seine Stelle die allgemeine Stellvertreterin oder der allgemeine Stellvertreter, auch wenn sie oder er nicht Beamtin oder Beamter auf Zeit ist.

(2) [1]Die Hauptverwaltungsbeamtin oder der Hauptverwaltungsbeamte nimmt an den Sitzungen der Ausschüsse der Vertretung, der Stadtbezirksräte und der Ortsräte teil; im Übrigen gilt Absatz 1 entsprechend. [2]Sie oder er kann sich durch Beschäftigte der Kommune vertreten lassen, die sie oder er dafür bestimmt. [3]Sie oder er hat persönlich teilzunehmen, wenn ein Drittel der Mitglieder eines Ausschusses, eines Stadtbezirksrates oder eines Ortsrates dies verlangt. [4]Unter den gleichen Voraussetzungen sind die anderen Beamtinnen und Beamten auf Zeit zur Teilnahme verpflichtet.

(3) Ist die Samtgemeindebürgermeisterin oder der Samtgemeindebürgermeister zugleich Gemeindedirektorin oder Gemeindedirektor, so kann ihre oder

50 NKomVG

seine Teilnahme an Sitzungen der Ratsausschüsse von Mitgliedsgemeinden der Samtgemeinde nicht verlangt werden.

(4) Für die Teilnahme von Beschäftigten der Kommune an Sitzungen der Vertretung, des Hauptausschusses, der Ausschüsse der Vertretung, der Stadtbezirksräte und der Ortsräte gilt § 41 entsprechend.

§ 88 Einspruch. (1) [1]Hält die Hauptverwaltungsbeamtin oder der Hauptverwaltungsbeamte einen Beschluss der Vertretung im eigenen Wirkungskreis oder einen Bürgerentscheid für rechtswidrig, so hat sie oder er der Kommunalaufsichtsbehörde unverzüglich über den Sachverhalt zu berichten und die Vertretung davon zu unterrichten. [2]Gegen einen Beschluss der Vertretung kann sie oder er stattdessen Einspruch einzulegen. [3]In diesem Fall hat die Vertretung über die Angelegenheit in einer Sitzung, die frühestens drei Tage nach der ersten Beschlussfassung stattfinden darf, nochmals zu beschließen. [4]Hält die Hauptverwaltungsbeamtin oder der Hauptverwaltungsbeamte auch den neuen Beschluss für rechtswidrig, so hat sie oder er der Kommunalaufsichtsbehörde unverzüglich über den Sachverhalt zu berichten und die jeweiligen Standpunkte darzulegen. [5]Wird berichtet oder ist Einspruch eingelegt, so ist der Beschluss oder der Bürgerentscheid zunächst nicht auszuführen. [6]Die Kommunalaufsichtsbehörde entscheidet unverzüglich, ob der Beschluss oder der Bürgerentscheid zu beanstanden ist.

(2) [1]Absatz 1 gilt entsprechend für Beschlüsse des Hauptausschusses, eines Stadtbezirksrates und eines Ortsrates. [2]Die Vertretung ist bei ihrer nächsten Sitzung zu unterrichten.

(3) Für Beschlüsse im übertragenen Wirkungskreis gelten die Absätze 1 und 2 entsprechend mit der Maßgabe, dass anstelle der Kommunalaufsichtsbehörde der Fachaufsichtsbehörde zu berichten ist und diese entscheidet, ob eine Weisung erteilt wird.

(4) [1]Hält die Hauptverwaltungsbeamtin oder der Hauptverwaltungsbeamte das Wohl der Kommune durch einen Beschluss eines Ausschusses nach § 76 Abs. 3 für gefährdet, so kann sie oder er innerhalb einer Woche Einspruch einlegen. [2]In diesem Fall ist der Beschluss zunächst nicht auszuführen. [3]Über die Angelegenheit entscheidet der Hauptausschuss. [4]Die Vertretung ist in ihrer nächsten Sitzung zu unterrichten.

§ 89 Eilentscheidungen. [1]In dringenden Fällen, in denen die vorherige Entscheidung der Vertretung nicht eingeholt werden kann, entscheidet der Hauptausschuss. [2]Kann in Fällen des Satzes 1 oder in anderen Fällen die vorherige Entscheidung des Hauptausschusses nicht eingeholt werden und droht der Eintritt erheblicher Nachteile oder Gefahren, so trifft die Hauptverwaltungsbeamtin oder der Hauptverwaltungsbeamte im Einvernehmen mit einer Stellvertreterin oder einem Stellvertreter nach § 81 Abs. 2 die notwendigen Maßnahmen. [3]Sie oder er hat die Vertretung und den Hauptausschuss unverzüglich zu unterrichten. [4]Eine Anhörung nach § 94 Abs. 1 Sätze 1 und 2 sowie § 96 Abs. 1 Satz 5 kann vor Eilentscheidungen unterbleiben.

Kommunalverfassungsgesetz **NKomVG 50**

Fünfter Abschnitt
Ortschaften, Stadtbezirke

§ 90 Bildung, Änderung und Aufhebung von Ortschaften und Stadtbezirken. (1) [1]Gebietsteile einer Gemeinde, deren Einwohnerinnen und Einwohner eine engere Gemeinschaft bilden, können durch die Hauptsatzung zu Ortschaften bestimmt werden. [2]Die Hauptsatzung legt zugleich fest, ob Ortsräte gewählt oder Ortsvorsteherinnen oder Ortsvorsteher bestellt werden. [3]Satz 1 gilt nicht für Mitgliedsgemeinden von Samtgemeinden.

(2) [1]In kreisfreien Städten oder Städten mit mehr als 100 000 Einwohnerinnen und Einwohnern können durch die Hauptsatzung für das gesamte Stadtgebiet Stadtbezirke eingerichtet werden. [2]Die Hauptsatzung legt zugleich die Zahl der Stadtbezirke und ihre Grenzen fest. [3]Für jeden Stadtbezirk ist ein Stadtbezirksrat zu wählen.

(3) Sind Ortschaften aufgrund eines Gebietsänderungsvertrags oder aufgrund von Bestimmungen der Kommunalaufsichtsbehörde aus Anlass einer Gebietsänderung eingerichtet worden, so kann der Rat die entsprechenden Vorschriften der Hauptsatzung nur mit einer Mehrheit von zwei Dritteln seiner Mitglieder ändern oder aufheben.

(4) Die Aufhebung von Ortschaften oder Stadtbezirken oder die Änderung ihrer Grenzen ist nur zum Ende der Wahlperiode der Abgeordneten zulässig.

§ 91 Ortsrat, Stadtbezirksrat. (1) [1]Die Mitgliederzahl des Ortsrates wird durch die Hauptsatzung bestimmt; es sind jedoch mindestens fünf Ortsratsmitglieder zu wählen. [2]Der Stadtbezirksrat hat halb so viele Mitglieder, wie eine Gemeinde mit der Einwohnerzahl des Stadtbezirkes Ratsfrauen oder Ratsherren hätte; ergibt sich dabei eine gerade Zahl von Mitgliedern des Stadtbezirksrates, so erhöht sich deren Zahl um eins.

(2) [1]Die Mitglieder des Ortsrates oder des Stadtbezirksrates werden von den Wahlberechtigten der Ortschaft oder des Stadtbezirkes zugleich mit den Ratsfrauen und Ratsherren der Gemeinde nach den Vorschriften dieses Gesetzes und des Niedersächsischen Kommunalwahlgesetzes gewählt; dabei entsprechen

1. der Ortsrat oder der Stadtbezirksrat der Vertretung im Sinne des Niedersächsischen Kommunalwahlgesetzes,
2. die Mitglieder des Ortsrates oder des Stadtbezirksrates den Ratsfrauen und Ratsherren sowie den Abgeordneten im Sinne des Niedersächsischen Kommunalwahlgesetzes und
3. die Ortschaft oder der Stadtbezirk dem Wahlgebiet im Sinne des Niedersächsischen Kommunalwahlgesetzes.

[2]Die Wahlorgane für die Wahl der Ratsfrauen und Ratsherren der Gemeinde sind auch für die Wahl des Ortsrates oder des Stadtbezirksrates zuständig.

(3) Die Hauptsatzung kann bestimmen, dass Ratsmitglieder, die in der Ortschaft oder dem Stadtbezirk wohnen oder in deren Wahlbereich die Ortschaft

50 NKomVG

oder der Stadtbezirk ganz oder teilweise liegt, dem Ortsrat oder dem Stadtbezirksrat mit beratender Stimme angehören.

(4) [1]Für die Mitglieder des Ortsrates oder des Stadtbezirksrates gelten die Vorschriften über Abgeordnete entsprechend. [2]§ 55 gilt mit der Maßgabe entsprechend, dass Mitgliedern nach Absatz 3 eine Entschädigung nur als Sitzungsgeld gezahlt werden kann; die Hauptverwaltungsbeamtin oder der Hauptverwaltungsbeamte hat keinen Anspruch auf eine Entschädigung, wenn sie oder er nach Absatz 3 dem Ortsrat oder Stadtbezirksrat angehört. [3]§ 57 Abs. 1 gilt mit der Maßgabe entsprechend, dass sich mindestens zwei stimmberechtigte Mitglieder zu einer Fraktion oder Gruppe zusammenschließen können.

(5) [1]Für das Verfahren des Ortsrates oder des Stadtbezirksrates gelten die Vorschriften für den Rat entsprechend; der Stadtbezirksrat oder der Ortsrat kann in Anwendung des § 62 in Angelegenheiten, die die Ortschaft oder den Stadtbezirk betreffen, Einwohnerfragestunden und Anhörungen durchführen. [2]Einzelheiten des Verfahrens und die Zusammenarbeit des Ortsrates oder des Stadtbezirksrates mit dem Rat, dem Verwaltungsausschuss und den Ausschüssen des Rates regelt der Rat in der Geschäftsordnung. [3]Der Ortsrat oder Stadtbezirksrat darf keine Ausschüsse bilden.

(6) [1]Nach dem Ende der Wahlperiode führt der Ortsrat oder Stadtbezirksrat seine Tätigkeit bis zur ersten Sitzung des neu gebildeten Ortsrates oder Stadtbezirksrates fort. [2]Das Gleiche gilt bei Auflösung des Ortsrates oder Stadtbezirksrates.

(7) [1]Die Auflösung des Rates hat die Auflösung des Ortsrates oder Stadtbezirksrates zur Folge. [2]Das Gleiche gilt, wenn die Wahl des Rates für ungültig erklärt wird oder ein Fall des § 42 Abs. 3 Satz 2 des Niedersächsischen Kommunalwahlgesetzes vorliegt.

§ 92 Ortsbürgermeisterin oder Ortsbürgermeister, Bezirksbürgermeisterin oder Bezirksbürgermeister. (1) [1]Der Ortsrat oder der Stadtbezirksrat wählt in seiner ersten Sitzung unter Leitung des ältesten anwesenden und hierzu bereiten Mitglieds aus seiner Mitte für die Dauer der Wahlperiode die Vorsitzende oder den Vorsitzenden und deren oder dessen Stellvertretung. [2]Die oder der Vorsitzende führt in Ortsräten die Bezeichnung Ortsbürgermeisterin oder Ortsbürgermeister und in Stadtbezirksräten die Bezeichnung Bezirksbürgermeisterin oder Bezirksbürgermeister.

(2) [1]Die oder der Vorsitzende beruft den Stadtbezirksrat oder den Ortsrat ein; er ist unverzüglich einzuberufen, wenn die Hauptverwaltungsbeamtin oder der Hauptverwaltungsbeamte dies unter Angabe des Beratungsgestandes verlangt. [2]Die Hauptverwaltungsbeamtin oder der Hauptverwaltungsbeamte kann verlangen, dass ein bestimmter Beratungsgegenstand auf die Tagesordnung gesetzt wird.

(3) [1]Die oder der Vorsitzende kann abberufen werden, wenn der Ortsrat oder der Stadtbezirksrat dies mit einer Mehrheit von zwei Dritteln seiner Mitglieder beschließt. [2]Nach dem Ende der Wahlperiode führt die oder der Vorsitzende

Kommunalverfassungsgesetz **NKomVG 50**

ihre oder seine Tätigkeit bis zur Neuwahl einer oder eines Vorsitzenden fort. ³Das Gleiche gilt bei Auflösung des Ortsrates oder des Stadtbezirksrates.

§ 93 Zuständigkeiten des Ortsrates oder des Stadtbezirksrates. (1) ¹Der Ortsrat oder der Stadtbezirksrat vertritt die Interessen der Ortschaft oder des Stadtteils und fördert deren oder dessen positive Entwicklung innerhalb der Gemeinde. ²Soweit der Rat nach § 58 Abs. 1 und 2 nicht ausschließlich zuständig ist und soweit es sich nicht um Aufgaben handelt, die nach § 85 Abs. 1 Nrn. 3 bis 6 der Hauptverwaltungsbeamtin oder dem Hauptverwaltungsbeamten obliegen, entscheidet der Ortsrat oder der Stadtbezirksrat unter Beachtung der Belange der gesamten Gemeinde in folgenden Angelegenheiten:
1. Unterhaltung, Ausstattung und Benutzung der im Stadtbezirk oder in der Ortschaft gelegenen öffentlichen Einrichtungen, wie Schulen, Büchereien, Kindergärten, Jugendbegegnungsstätten, Sportanlagen, Altenheime, Dorfgemeinschaftshäuser, Friedhöfe und ähnliche soziale und kulturelle Einrichtungen, deren Bedeutung über den Stadtbezirk oder die Ortschaft nicht hinausgeht,
2. Festlegung der Reihenfolge von Arbeiten zum Um- und Ausbau sowie zur Unterhaltung und Instandsetzung von Straßen, Wegen und Plätzen, deren Bedeutung über die Ortschaft oder über den Stadtbezirk nicht hinausgeht, einschließlich der Straßenbeleuchtung,
3. Benennung und Umbenennung von Straßen, Wegen und Plätzen, die ausschließlich in der Ortschaft oder dem Stadtbezirk gelegen sind,
4. Märkte, deren Bedeutung nicht wesentlich über die Ortschaft oder den Stadtbezirk hinausgeht,
5. Pflege des Ortsbildes sowie Unterhaltung und Ausgestaltung der Park- und Grünanlagen, deren Bedeutung nicht wesentlich über die Ortschaft oder über den Stadtbezirk hinausgeht,
6. Förderung von Vereinen, Verbänden und sonstigen Vereinigungen in der Ortschaft oder im Stadtbezirk,
7. Einrichtung eines Schiedsamts mit der Ortschaft oder dem Stadtbezirk als Amtsbezirk und Wahl der Schiedsperson für dieses Amt, wenn die Ortschaft oder der Stadtbezirk mindestens 2000 Einwohnerinnen und Einwohner hat,
8. Förderung und Durchführung von Veranstaltungen der Heimatpflege und des Brauchtums in der Ortschaft oder im Stadtbezirk,
9. Pflege vorhandener Paten- und Partnerschaften,
10. Pflege der Kunst in der Ortschaft oder im Stadtbezirk,
11. Repräsentation der Ortschaft oder des Stadtbezirks und
12. Information und Dokumentation in Angelegenheiten der Ortschaft oder des Stadtbezirkes.

³Durch die Hauptsatzung können dem Ortsrat oder dem Stadtbezirksrat weitere Angelegenheiten des eigenen Wirkungskreises zur Entscheidung übertragen werden. ⁴§ 85 Abs. 1 Satz 1 Nr. 7 gilt entsprechend mit der Maßgabe, dass auf die Bedeutung des Geschäfts für die Ortschaft oder den Stadtbezirk abzustellen ist.

(2) ¹Dem Ortsrat oder dem Stadtbezirksrat sind die Haushaltsmittel zur Verfügung zu stellen, die für die Erledigung seiner Aufgaben erforderlich sind. ²Das Recht des Rates, die Haushaltssatzung zu erlassen, wird dadurch nicht berührt. ³Die Ortsräte oder die Stadtbezirksräte sind jedoch bei den Beratungen der Haushaltssatzung rechtzeitig anzuhören. ⁴In der Hauptsatzung kann bestimmt werden, dass den Ortsräten oder Stadtbezirksräten die Haushaltsmittel auf Antrag als Budget zuzuweisen sind.

(3) ¹Der Ortsrat oder der Stadtbezirksrat kann in Angelegenheiten, deren Bedeutung über die Ortschaft oder den Stadtbezirk nicht hinausgeht, eine Befragung der Bürgerinnen und Bürger in der Ortschaft oder in dem Stadtbezirk beschließen. ²§ 35 Satz 2 gilt entsprechend.

§ 94 Mitwirkungsrechte des Ortsrates oder des Stadtbezirksrates.

(1) ¹Der Ortsrat oder der Stadtbezirksrat ist zu allen wichtigen Fragen des eigenen und des übertragenen Wirkungskreises, die die Ortschaft oder den Stadtbezirk in besonderer Weise berühren, rechtzeitig anzuhören. ²Das Anhörungsrecht besteht vor der Beschlussfassung des Rates oder des Verwaltungsausschusses insbesondere in folgenden Angelegenheiten:
1. Planung und Durchführung von Investitionsvorhaben in der Ortschaft oder im Stadtbezirk,
2. Aufstellung, Änderung, Ergänzung und Aufhebung des Flächennutzungsplans sowie von Satzungen nach dem Baugesetzbuch, soweit sie sich auf die Ortschaft oder den Stadtbezirk erstrecken,
3. Errichtung, Übernahme, wesentliche Änderungen und Schließung von öffentlichen Einrichtungen in der Ortschaft oder im Stadtbezirk,
4. Um- und Ausbau sowie Benennung und Umbenennung von Straßen, Wegen und Plätzen in der Ortschaft oder im Stadtbezirk, soweit keine Entscheidungszuständigkeit nach § 93 Abs. 1 Satz 1 Nr. 2 oder 3 besteht,
5. Veräußerung, Vermietung und Verpachtung von Grundvermögen der Gemeinde, soweit es in der Ortschaft oder im Stadtbezirk liegt,
6. Änderung der Grenzen der Ortschaft oder des Stadtbezirks,
7. Aufstellung der Vorschlagsliste für Schöffinnen und Schöffen sowie
8. Wahl der Schiedsperson des Schiedsamts, zu dessen Amtsbezirk die Ortschaft oder der Stadtbezirk gehört, wenn nicht ein Schiedsamt nach § 93 Abs. 1 Satz 2 Nr. 7 eingerichtet wird.

³Auf Verlangen des Ortsrates oder des Stadtbezirksrates hat die Hauptverwaltungsbeamtin oder der Hauptverwaltungsbeamte für die Ortschaft oder den Stadtbezirk eine Einwohnerversammlung durchzuführen.

(2) ¹In der Bauleitplanung ist der Ortsrat oder der Stadtbezirksrat spätestens anzuhören, nachdem das Verfahren zur Beteiligung der Behörden und Stellen, die Träger öffentlicher Belange sind (§ 4 BauGB), abgeschlossen worden ist. ²Der Rat kann allgemein oder im Einzelfall bestimmen, dass bei der Aufstellung, Änderung, Ergänzung und Aufhebung von Bebauungsplänen mit räumlich auf die Ortschaft oder den Stadtbezirk begrenzter Bedeutung dem Ortsrat oder Stadtbezirksrat die Entscheidung über die Art und Weise der Beteiligung

Kommunalverfassungsgesetz **NKomVG 50**

der Bürgerinnen und Bürger an der Bauleitplanung (§ 3 BauGB) und den Verzicht darauf übertragen wird.

(3) [1]Der Ortsrat oder der Stadtbezirksrat kann in allen Angelegenheiten, die die Ortschaft oder den Stadtbezirk betreffen, Vorschläge unterbreiten, Anregungen geben und Bedenken äußern. [2]Über die Vorschläge muss das zuständige Gemeindeorgan innerhalb von vier Monaten entscheiden. [3]Bei der Beratung der Angelegenheit im Rat, im Verwaltungsausschuss oder in einem Ratsausschuss haben die Ortsbürgermeisterin oder der Ortsbürgermeister, die Bezirksbürgermeisterin oder der Bezirksbürgermeister oder deren oder dessen Stellvertreterin oder deren oder dessen Stellvertreter das Recht, angehört zu werden; dasselbe gilt für die Beratung von Stellungnahmen, die der Ortsrat oder der Stadtbezirksrat bei einer Anhörung nach den Absätzen 1 und 2 abgegeben hat.

§ 95 Sondervorschriften für Ortschaften. (1) Umfang und Inhalt der Entscheidungs- und Anhörungsrechte des Ortsrates können in der Hauptsatzung abweichend geregelt werden, soweit dies aufgrund der besonderen örtlichen Gegebenheiten erforderlich ist; für diesen Beschluss ist eine Mehrheit von zwei Dritteln der Ratsmitglieder erforderlich.

(2) [1]Die Ortsbürgermeisterin oder der Ortsbürgermeister erfüllt Hilfsfunktionen für die Gemeindeverwaltung; sie oder er ist in das Ehrenbeamtenverhältnis zu berufen. [2]Einzelheiten regelt die Hauptsatzung. [3]Die Ortsbürgermeisterin oder der Ortsbürgermeister kann es ablehnen, Hilfsfunktionen zu übernehmen.

(3) Die Ortsbürgermeisterin oder der Ortsbürgermeister muss in der Ortschaft wohnen.

§ 96 Ortsvorsteherin oder Ortsvorsteher. (1) [1]Der Rat bestimmt die Ortsvorsteherin oder den Ortsvorsteher für die Dauer der Wahlperiode aufgrund des Vorschlags der Fraktion, deren Mitglieder der Partei oder Wählergruppe angehören, die in der Ortschaft bei der Wahl der Ratsfrauen und Ratsherren die meisten Stimmen erhalten hat. [2]Für Ortschaften mit bis zu 150 Einwohnerinnen und Einwohnern kann in der Hauptsatzung ein von Satz 1 abweichendes Verfahren geregelt werden. [3]§ 95 Abs. 2 Satz 1 Halbsatz 2 und Abs. 3 gilt entsprechend. [4]Die Ortsvorsteherin oder der Ortsvorsteher hat die Belange der Ortschaft gegenüber den Organen der Gemeinde zur Geltung zu bringen und im Interesse einer bürgernahen Verwaltung Hilfsfunktionen für die Gemeindeverwaltung zu erfüllen. [5]Sie oder er kann in allen Angelegenheiten, die die Ortschaft betreffen, Vorschläge unterbreiten und von dem Hauptverwaltungsbeamtin oder dem Hauptverwaltungsbeamten Auskünfte verlangen. [6]Für das Anhörungsrecht der Ortsvorsteherin oder des Ortsvorstehers gilt § 94 Abs. 1 Sätze 1 und 2 sowie Abs. 3 Satz 3 entsprechend. [7]Einzelheiten regelt die Hauptsatzung.

(2) Nach dem Ende der Wahlperiode führt die Ortsvorsteherin oder der Ortsvorsteher ihre oder seine Tätigkeit bis zur Neubestellung einer Ortsvorsteherin oder eines Ortsvorstehers fort.

(3) [1]Das Ehrenbeamtenverhältnis der Ortsvorsteherin oder des Ortsvorstehers endet vor dem Ende der Wahlperiode, sobald sie oder er den Wohnsitz in

50 NKomVG

der Ortschaft aufgibt. ²Die Ortsvorsteherin oder der Ortsvorsteher kann durch Beschluss des Rates mit einer Mehrheit von zwei Dritteln seiner Mitglieder abberufen werden.

SECHSTER TEIL
Samtgemeinden

Erster Abschnitt
Bildung und Aufgaben von Samtgemeinden

§ 97 Grundsatz. ¹Gemeinden eines Landkreises, die mindestens 400 Einwohnerinnen und Einwohner haben, können zur Stärkung der Verwaltungskraft Samtgemeinden bilden. ²Eine Samtgemeinde soll mindestens 7000 Einwohnerinnen und Einwohner haben.

§ 98 Aufgaben. (1) ¹Die Samtgemeinden erfüllen die folgenden Aufgaben des eigenen Wirkungskreises ihrer Mitgliedsgemeinden:
1. die Aufstellung der Flächennutzungspläne,
2. die Trägerschaft der allgemeinbildenden öffentlichen Schulen nach Maßgabe des Niedersächsischen Schulgesetzes, die Erwachsenenbildung und die Einrichtung und Unterhaltung der Büchereien, die mehreren Mitgliedsgemeinden dienen,
3. die Errichtung und Unterhaltung der Sportstätten, die mehreren Mitgliedsgemeinden dienen, und der Gesundheitseinrichtungen sowie die Altenbetreuung,
4. die Aufgaben nach dem Niedersächsischen Brandschutzgesetz,
5. den Bau und die Unterhaltung der Gemeindeverbindungsstraßen,
6. die in § 13 für die Anordnung eines Anschluss- oder Benutzungszwangs genannten Aufgaben,
7. die Hilfe bei Verwaltungsangelegenheiten (§ 37) und
8. die Aufgaben nach dem Niedersächsischen Gesetz über gemeindliche Schiedsämter.

²Die Samtgemeinden erfüllen ferner die Aufgaben des eigenen Wirkungskreises, die ihnen von allen Mitgliedsgemeinden oder mit ihrem Einvernehmen von einzelnen Mitgliedsgemeinden übertragen werden. ³Die Übertragung einer Aufgabe nach den Sätzen 1 und 2 schließt die Befugnis der Samtgemeinde ein, Satzungen und Verordnungen zu erlassen, die erforderlich sind, um diese Aufgabe zu erfüllen. ⁴Die finanziellen Folgen einer Aufgabenübertragung von nur einzelnen Mitgliedsgemeinden sind durch Vereinbarungen zu regeln. ⁵Die Samtgemeinden können anstelle von Mitgliedsgemeinden im Einvernehmen mit dem örtlichen Träger der Jugendhilfe Aufgaben der öffentlichen Jugendhilfe wahrnehmen.

Kommunalverfassungsgesetz **NKomVG 50**

(2) [1]Die Samtgemeinden erfüllen die Aufgaben des übertragenen Wirkungskreises der Mitgliedsgemeinden. [2]Sie erfüllen auch diejenigen Aufgaben des übertragenen Wirkungskreises, die Gemeinden obliegen, deren Einwohnerzahl derjenigen der Samtgemeinde entspricht. [3]Rechtsvorschriften, nach denen Aufgaben unter bestimmten Voraussetzungen auf Gemeinden übertragen werden können, gelten für Samtgemeinden entsprechend.

(3) Rechtsvorschriften, die die gemeinsame Erfüllung von Aufgaben ausschließen oder dafür eine besondere Rechtsform vorschreiben, bleiben unberührt.

(4) Die Samtgemeinden unterstützen die Mitgliedsgemeinden bei der Erfüllung von deren Aufgaben; in Angelegenheiten von grundsätzlicher oder besonderer wirtschaftlicher Bedeutung bedienen sich die Mitgliedsgemeinden der fachlichen Beratung durch die Samtgemeinde.

(5) [1]Die Samtgemeinden führen die Kassengeschäfte der Mitgliedsgemeinden und veranlagen und erheben für diese die Gemeindeabgaben und die privatrechtlichen Entgelte. [2]Richten sie ein Rechnungsprüfungsamt ein, so tritt dieses für die Mitgliedsgemeinden an die Stelle des Rechnungsprüfungsamts des Landkreises (§ 153 Abs. 3).

(6) [1]Die Mitgliedsgemeinden legen ihre Haushaltssatzungen der Kommunalaufsichtsbehörde über die Samtgemeinde vor. [2]Die Samtgemeinde leitet die Haushaltssatzung innerhalb von zwei Wochen weiter.

(7) [1]Vereinbarungen zwischen den Mitgliedsgemeinden einer Samtgemeinde und der Samtgemeinde über eine gemeinsame Bewirtschaftung ihrer Liquiditätskredite (§ 122) und über die gegenseitige Verrechnung von Liquiditätskreditzinsen erfordern die Schriftform. [2]Für die Geldanlage (§ 124 Abs. 2 Satz 2) gilt Satz 1 entsprechend.

§ 99 Hauptsatzung. (1) Die Hauptsatzung einer Samtgemeinde muss auch Folgendes bestimmen:
1. die Mitgliedsgemeinden,
2. den Namen der Samtgemeinde und den Sitz ihrer Verwaltung und
3. die Aufgaben, die der Samtgemeinde nach § 98 Abs. 1 Satz 2 von den Mitgliedsgemeinden übertragen worden sind.

(2) Die Hauptsatzung kann bestimmen, dass für die Aufnahme und das Ausscheiden von Mitgliedsgemeinden die Zustimmung einer Mehrheit der Mitgliedsgemeinden erforderlich ist.

(3) Änderungen der Hauptsatzung werden vom Samtgemeinderat mit der Mehrheit seiner Mitglieder beschlossen.

§ 100 Neubildung einer Samtgemeinde. (1) [1]Zur Bildung einer neuen Samtgemeinde vereinbaren die künftigen Mitgliedsgemeinden die Hauptsatzung der Samtgemeinde. [2]Gründe des öffentlichen Wohls dürfen dem nicht entgegenstehen. [3]Die Samtgemeinde kann nur

50 NKomVG Kommunalverfassungsgesetz

1. mindestens zehn Monate vor dem Beginn oder
2. zum Beginn

der nachfolgenden allgemeinen Wahlperiode gebildet werden. [4]Der Zeitpunkt ist in der Hauptsatzung zu bestimmen. [5]Eine Erhöhung der Mitgliederzahl im Samtgemeinderat (§ 46 Abs. 5) ist in der Hauptsatzung zu regeln. [6]Für Ratsbeschlüsse der künftigen Mitgliedsgemeinden über die Vereinbarung der Hauptsatzung ist jeweils die Mehrheit der Mitglieder des Rates erforderlich. [7]Die künftigen Mitgliedsgemeinden können Vereinbarungen insbesondere über die vermögensrechtliche Auseinandersetzung, die Rechtsnachfolge, das neue Ortsrecht und die Verwaltung treffen. [8]Kommen Vereinbarungen nach Satz 7 nicht zustande oder sind weitere Angelegenheiten zu regeln, so trifft die Kommunalaufsichtsbehörde die erforderlichen Bestimmungen.

(2) [1]Die Hauptsatzung und die Bestimmungen nach Absatz 1 Sätze 7 und 8 werden von der Kommunalaufsichtsbehörde nach § 11 verkündet. [2]In den Fällen des Absatzes 1 Satz 3 Nr. 2 soll die Hauptsatzung mindestens zehn Monate vor dem Beginn der nachfolgenden allgemeinen Wahlperiode verkündet werden.

(3) Wird in den Fällen des Absatzes 1 Satz 3 Nr. 1 die Hauptsatzung erst verkündet, nachdem der in ihr bestimmte Zeitpunkt für die Bildung der Samtgemeinde überschritten ist, so ist die Samtgemeinde am ersten Tag des Monats gebildet, der auf die Verkündung folgt.

(4) Für die Neubildung einer Samtgemeinde und für die Bestimmungen nach Absatz 1 Sätze 7 und 8 gilt § 27 entsprechend.

(5) Das Beamtenverhältnis der Samtgemeindebürgermeisterin oder des Samtgemeindebürgermeisters wird nicht vor dem Zeitpunkt begründet, an dem die neue Samtgemeinde gebildet ist.

(6) [1]Neu gebildete Samtgemeinden übernehmen ihre Aufgaben, sobald die Stelle der Samtgemeindebürgermeisterin oder des Samtgemeindebürgermeisters besetzt ist, spätestens jedoch am ersten Tag des sechsten Monats, nachdem die Hauptsatzung in Kraft getreten ist. [2]Der Zeitpunkt, an dem die Aufgaben übernommen werden, ist öffentlich bekannt zu machen.

§ 101 Zusammenschließen von Samtgemeinden. (1) [1]Das für Inneres zuständige Ministerium kann durch Verordnung Samtgemeinden eines Landkreises zu einer neuen Samtgemeinde zusammenschließen, wenn diese Samtgemeinden die Hauptsatzung der neuen Samtgemeinde vereinbart haben und die Mitgliedsgemeinden der Vereinbarung der Hauptsatzung der neuen Samtgemeinde zugestimmt haben. [2]Gründe des öffentlichen Wohls dürfen dem nicht entgegenstehen. [3]§ 100 Abs. 1 Satz 5 gilt entsprechend. [4]Vor dem Zusammenschließen sind die Mitgliedsgemeinden sowie ihre Einwohnerinnen und Einwohner anzuhören. [5]Die Beschlüsse über die Vereinbarung der Hauptsatzung erfordern die Mehrheit von zwei Dritteln der Mitglieder des Samtgemeinderates. [6]Die Zustimmung der Mitgliedsgemeinden nach Satz 1 ist gegenüber der Samtgemeinde vor Ablauf von sechs Monaten nach Abschluss der Vereinbarung zu erklären; § 100 Abs. 1 Satz 6 gilt entsprechend.

Kommunalverfassungsgesetz **NKomVG 50**

(2) [1]Samtgemeinden können abweichend von Absatz 1 Satz 1 ohne die Zustimmung einzelner Mitgliedsgemeinden zusammengeschlossen werden, wenn bei einer der Samtgemeinden eine besonders schwierige Haushaltslage vorliegt und Gründe des öffentlichen Wohls den Zusammenschluss rechtfertigen. [2]Für die Verordnung ist in diesem Fall die Zustimmung des Landtags erforderlich. [3]Aufgaben, die eine einzelne Mitgliedsgemeinde nach § 98 Abs. 1 Satz 2 übertragen hatte, gehen auf die neue Samtgemeinde nur dann über, wenn die Mitgliedsgemeinde dem nicht widerspricht.

(3) [1]Die neue Samtgemeinde kann nur
1. mindestens zehn Monate vor dem Beginn oder
2. zum Beginn

der nachfolgenden allgemeinen Wahlperiode gebildet werden. [2]Der Zeitpunkt ist in der Verordnung zu bestimmen.

(4) [1]Die beteiligten Samt- und Mitgliedsgemeinden können Vereinbarungen insbesondere über die vermögensrechtliche Auseinandersetzung, die Rechtsnachfolge, das neue Ortsrecht und die Verwaltung treffen; § 100 Abs. 1 Satz 8 und § 27 gelten entsprechend. [2]Die bisherigen Samtgemeinden sind mit der Bildung der neuen Samtgemeinde aufgelöst. [3]Die neue Samtgemeinde ist Rechtsnachfolgerin der bisherigen Samtgemeinden, soweit nicht nach Satz 1 etwas anderes bestimmt ist.

(5) [1]Die Hauptsatzung der neuen Samtgemeinde und die Bestimmungen nach Absatz 4 Satz 1 sind von der Kommunalaufsichtsbehörde nach § 11 zu verkünden. [2]In den Fällen des Absatzes 3 Satz 1 Nr. 2 soll die Verordnung mindestens zehn Monate vor dem Beginn der nachfolgenden allgemeinen Wahlperiode verkündet werden. [3]§ 100 Abs. 5 gilt entsprechend.

§ 102 Umbildung einer Samtgemeinde. (1) Eine Änderung der Hauptsatzung, durch die eine Gemeinde aus der Samtgemeinde ausscheidet oder in die Samtgemeinde aufgenommen wird (Umbildung einer Samtgemeinde), ist nur zulässig, wenn die Gemeinde einverstanden ist und Gründe des öffentlichen Wohls dem nicht entgegenstehen; § 100 Abs. 1 Sätze 3 bis 6 gilt entsprechend.

(2) Wird eine Mitgliedsgemeinde in eine Gemeinde, die der Samtgemeinde nicht angehört, eingegliedert oder mit ihr zusammengeschlossen, so scheidet sie aus der Samtgemeinde aus.

(3) [1]Die Samtgemeinde und die aufzunehmende oder die ausscheidende Gemeinde haben durch eine Vereinbarung die Rechtsfolgen zu regeln, die sich aus der Umbildung ergeben. [2]§ 100 Abs. 1 Satz 8, Abs. 2 und § 27 gelten entsprechend.

50 NKomVG

Zweiter Abschnitt
Mitgliedsgemeinden von Samtgemeinden

§ 103 Rat. ¹In Mitgliedsgemeinden von Samtgemeinden beruft die bisherige Bürgermeisterin oder der bisherige Bürgermeister die erste Ratssitzung ein und verpflichtet die Ratsmitglieder. ²Diese Sitzung leitet das älteste anwesende und hierzu bereite Ratsmitglied, bis die Bürgermeisterin oder der Bürgermeister gewählt ist.

§ 104 Verwaltungsausschuss. ¹In seiner ersten Sitzung kann der Rat vor der Wahl der Bürgermeisterin oder des Bürgermeisters mit einer Mehrheit von zwei Dritteln der Ratsmitglieder beschließen, dass für die Dauer der Wahlperiode kein Verwaltungsausschuss gebildet wird. ²In diesem Fall gehen die Zuständigkeiten des Verwaltungsausschusses auf den Rat über; die Zuständigkeit für die Vorbereitung der Beschlüsse des Rates geht auf die Bürgermeisterin oder den Bürgermeister über. ³Wird ein Verwaltungsausschuss gebildet, so entscheidet der Rat vor der Wahl der Bürgermeisterin oder des Bürgermeisters, ob die Zahl der Beigeordneten erhöht werden soll (§ 74 Abs. 2 Satz 2).

§ 105 Bürgermeisterin oder Bürgermeister. (1) ¹In seiner ersten Sitzung wählt der Rat aus seiner Mitte für die Dauer der Wahlperiode die Bürgermeisterin oder den Bürgermeister. ²Vorschlagsberechtigt für die Wahl ist nur eine Fraktion oder Gruppe, auf die mindestens ein Sitz im Verwaltungsausschuss entfällt. ³Satz 2 gilt nicht, wenn der Rat beschlossen hat, dass kein Verwaltungsausschuss gebildet wird (§ 104 Satz 1).

(2) ¹Die Bürgermeisterin oder der Bürgermeister ist ehrenamtlich tätig und mit Annahme der Wahl in das Ehrenbeamtenverhältnis berufen. ²Sie oder er führt den Vorsitz im Rat. ³Sie oder er führt nach dem Ende der Wahlperiode die Tätigkeit bis zur Neuwahl einer Bürgermeisterin oder eines Bürgermeisters fort.

(3) ¹Die Bürgermeisterin oder der Bürgermeister kann vom Rat mit einer Mehrheit von zwei Dritteln seiner Mitglieder abberufen werden. ²Der Beschluss kann nur gefasst werden, wenn ein Antrag auf Abberufung auf der Tagesordnung gestanden hat, die den Ratsmitgliedern bei der Einberufung des Rates mitgeteilt worden ist. ³Der Rat wird in diesem Fall von der Stellvertreterin oder dem Stellvertreter der Bürgermeisterin oder des Bürgermeisters einberufen.

(4) ¹Die Stellvertreterinnen und Stellvertreter nach § 81 Abs. 2 werden in Fällen des § 104 Satz 1 aus der Mitte des Rates gewählt. ²Sie vertreten die Bürgermeisterin oder den Bürgermeister außer in den Fällen des § 81 Abs. 2 auch beim Vorsitz im Rat.

(5) Auf Vorschlag der Bürgermeisterin oder des Bürgermeisters beauftragt der Rat mit der allgemeinen Stellvertretung
1. eine Beschäftigte oder einen Beschäftigten der Gemeinde,
2. eine Ratsfrau oder einen Ratsherrn, wenn sie oder er dem zustimmt, oder
3. eine Beschäftigte oder einen Beschäftigten der Samtgemeinde.

Kommunalverfassungsgesetz **NKomVG 50**

§ 106 Amt der Gemeindedirektorin oder des Gemeindedirektors. (1) ¹Der Rat kann in der ersten Sitzung für die Dauer der Wahlperiode, bei einem Wechsel im Amt der Bürgermeisterin oder des Bürgermeisters sowie auf Antrag der Bürgermeisterin oder des Bürgermeisters für die Dauer der restlichen Wahlperiode beschließen, dass die Bürgermeisterin oder der Bürgermeister nur folgende Aufgaben hat:
1. die repräsentative Vertretung der Gemeinde,
2. den Vorsitz im Rat und im Verwaltungsausschuss,
3. die Einberufung des Rates und des Verwaltungsausschusses einschließlich der Aufstellung der Tagesordnung im Benehmen mit der Gemeindedirektorin oder dem Gemeindedirektor und
4. die Verpflichtung der Ratsfrauen und Ratsherren sowie die Belehrung über ihre Pflichten.

²In diesem Fall bestimmt der Rat zugleich, dass die übrigen Aufgaben
1. einem anderen Ratsmitglied,
2. der Samtgemeindebürgermeisterin oder dem Samtgemeindebürgermeister,
3. der allgemeinen Stellvertreterin oder dem allgemeinen Stellvertreter der Samtgemeindebürgermeisterin oder des Samtgemeindebürgermeisters oder
4. einem anderen Mitglied des Leitungspersonals der Samtgemeinde

übertragen werden. ³Die Übertragung bedarf in den Fällen des Satzes 2 Nrn. 1, 2 und 4 der Zustimmung der betroffenen Person. ⁴Die mit den übrigen Aufgaben betraute Person ist in das Ehrenbeamtenverhältnis zu berufen und führt die Bezeichnung Gemeindedirektorin oder Gemeindedirektor, in Städten Stadtdirektorin oder Stadtdirektor. ⁵Die für sie auszustellenden Urkunden werden von der Bürgermeisterin oder dem Bürgermeister und einem weiteren Ratsmitglied unterzeichnet. ⁶Mit der Aushändigung der Urkunde endet das Ehrenbeamtenverhältnis der Bürgermeisterin oder des Bürgermeisters nach § 105 Abs. 2 Satz 1. ⁷Der Rat beschließt, wer die Gemeindedirektorin oder den Gemeindedirektor vertritt. ⁸Die Gemeindedirektorin oder der Gemeindedirektor gehört dem Verwaltungsausschuss mit beratender Stimme an.

(2) ¹Die Gemeindedirektorin oder der Gemeindedirektor kann verlangen, dass ein bestimmter Beratungsgegenstand auf die Tagesordnung des Rates, eines seiner Ausschüsse oder des Verwaltungsausschusses gesetzt wird. ²Sie oder er nimmt an den Sitzungen teil; im Übrigen gilt § 87 entsprechend.

(3) ¹Verpflichtende Erklärungen kann die Gemeindedirektorin oder der Gemeindedirektor nur gemeinsam mit der Bürgermeisterin oder dem Bürgermeister abgeben; § 86 Abs. 2 bis 4 gilt entsprechend. ²Urkunden für die Beamtinnen und Beamten werden auch von der Bürgermeisterin oder dem Bürgermeister unterzeichnet. ³Eilentscheidungen sind im Einvernehmen mit der Bürgermeisterin oder dem Bürgermeister zu treffen.

SIEBENTER TEIL
Beschäftigte

§ 107 Rechtsverhältnisse der Beschäftigten. (1) ¹Die Kommunen beschäftigen zur Erfüllung ihrer Aufgaben fachlich geeignete Beamtinnen, Beamte, Arbeitnehmerinnen und Arbeitnehmer (Beschäftigte). ²Dem Leitungspersonal muss in kreisfreien und großen selbständigen Städten, in Landkreisen und in der Region Hannover eine Beamtin oder ein Beamter mit der Befähigung zum Richteramt angehören. ³In den übrigen Kommunen, die nicht Mitgliedsgemeinden von Samtgemeinden sind, muss dem Leitungspersonal eine Beamtin oder ein Beamter mit der Befähigung für die Laufbahn der Laufbahngruppe 2 der Fachrichtung Allgemeine Dienste angehören, die oder der mit dem Erwerb der Befähigung zugrunde liegenden Qualifikation vertiefte Kenntnisse des allgemeinen und besonderen Verwaltungsrechts erworben hat.

(2) ¹Soweit die Eingruppierung und Vergütung von Arbeitnehmerinnen und Arbeitnehmer nicht durch besondere bundes- oder landesgesetzliche Vorschrift oder durch Tarifvertrag geregelt ist, muss sie derjenigen vergleichbarer Arbeitnehmerinnen und Arbeitnehmer des Landes entsprechen; die oberste Kommunalaufsichtsbehörde kann Ausnahmen zulassen. ²Zur Vergütung im Sinne des Satzes 1 gehören auch außer- und übertarifliche sonstige Geldzuwendungen (Geld- und geldwerte Leistungen), die die Arbeitnehmerinnen und Arbeitnehmer unmittelbar oder mittelbar von ihrem Arbeitgeber erhalten, auch wenn sie über Einrichtungen geleistet werden, zu denen die Arbeitnehmerinnen und Arbeitnehmer einen eigenen Beitrag leisten.

(3) ¹Die Kommunen stellen einen Stellenplan auf. ²Darin sind die vorhandenen Stellen nach Art und Wertigkeit gegliedert auszuweisen. ³Der Stellenplan ist einzuhalten; Abweichungen sind nur zulässig, soweit sie aufgrund gesetzlicher oder tarifrechtlicher Vorschriften zwingend erforderlich sind.

(4) ¹Die Vertretung beschließt im Einvernehmen mit der Hauptverwaltungsbeamtin oder dem Hauptverwaltungsbeamten über die Ernennung, Versetzung zu einem anderen Dienstherrn, Versetzung in den Ruhestand und Entlassung der Beamtinnen und Beamten; die Vertretung kann diese Befugnisse für bestimmte Gruppen von Beamtinnen und Beamten dem Hauptausschuss oder der Hauptverwaltungsbeamtin oder dem Hauptverwaltungsbeamten übertragen. ²Der Hauptausschuss beschließt im Einvernehmen mit der Hauptverwaltungsbeamtin oder dem Hauptverwaltungsbeamten über die Einstellung, Eingruppierung und Entlassung von Arbeitnehmerinnen und Arbeitnehmern; er kann diese Befugnisse allgemein oder für bestimmte Gruppen von Arbeitnehmerinnen oder Arbeitnehmern der Hauptverwaltungsbeamtin oder dem Hauptverwaltungsbeamten übertragen.

(5) ¹Oberste Dienstbehörde, höhere Dienstvorgesetzte und Dienstvorgesetzte der Hauptverwaltungsbeamtin oder des Hauptverwaltungsbeamten ist die Vertretung. ²Entscheidungen, die mit der Versetzung in den Ruhestand, der Entlassung oder der Festsetzung von Versorgungsbezügen oder Altersgeld zusam-

menhängen, trifft die Kommunalaufsichtsbehörde. ³Für die übrigen Beamtinnen und Beamten der Kommune ist oberste Dienstbehörde die Vertretung; höherer Dienstvorgesetzter ist der Hauptausschuss und Dienstvorgesetzte oder Dienstvorgesetzter die Hauptverwaltungsbeamtin oder der Hauptverwaltungsbeamte.

(6) ¹In den Fällen, in denen beamtenrechtliche Vorschriften die oberste Dienstbehörde ermächtigen, die ihr obliegenden Aufgaben auf andere Behörden zu übertragen, ist die oder der höhere Dienstvorgesetzte zuständig; diese oder dieser kann einzelne Befugnisse auf die Dienstvorgesetzte oder den Dienstvorgesetzten übertragen. ²Die Vertretung kann die Gewährung von Beihilfen nach § 80 NBG und abweichend von Satz 1 die Befugnisse zur Festsetzung von Versorgungsbezügen und Altersgeld auf eine der Aufsicht des Landes unterstehende juristische Person des öffentlichen Rechts als eigene Aufgabe übertragen. ³Mit der Übertragung der Befugnisse zur Festsetzung von Versorgungsbezügen und Altersgeld nach Satz 2 gehen auch die entsprechenden Befugnisse der Kommunalaufsichtsbehörde nach Absatz 5 Satz 2 über. ⁴Hat die Vertretung vor dem 1. Januar 2013 die versorgungsrechtlichen Befugnisse nach Satz 2 übertragen, so gilt diese Übertratung auch für die Befugnisse zur Festsetzung von Altersgeld. ⁵Die Vertretung kann eine der Aufsicht des Landes unterstehende juristische Person des öffentlichen Rechts mit der Wahrnehmung einzelner weiterer Aufgaben der Personalverwaltung beauftragen.

§ 108 Beamtinnen und Beamte auf Zeit. (1) ¹In Gemeinden und Samtgemeinden mit mehr als 20 000 Einwohnerinnen und Einwohnern sowie in Landkreisen und in der Region Hannover können außer der Hauptverwaltungsbeamtin oder dem Hauptverwaltungsbeamten auch andere leitende Beamtinnen und Beamte nach Maßgabe der Hauptsatzung in das Beamtenverhältnis auf Zeit berufen werden. ²Diese Beamtinnen und Beamten auf Zeit führen folgende Bezeichnungen:
1. in Gemeinden: Erste Gemeinderätin oder Erster Gemeinderat, wenn ihnen das Amt der allgemeinen Stellvertreterin oder des allgemeinen Stellvertreters übertragen ist, im Übrigen Gemeinderätin oder Gemeinderat,
2. in Städten: Erste Stadträtin oder Erster Stadtrat, wenn ihnen das Amt der allgemeinen Stellvertreterin oder des allgemeinen Stellvertreters übertragen ist, im Übrigen Stadträtin oder Stadtrat,
3. in Samtgemeinden: Erste Samtgemeinderätin oder Erster Samtgemeinderat, wenn ihnen das Amt der allgemeinen Stellvertreterin oder des allgemeinen Stellvertreters übertragen ist, im Übrigen Samtgemeinderätin oder Samtgemeinderat,
4. in Landkreisen: Erste Kreisrätin oder Erster Kreisrat, wenn ihnen das Amt der allgemeinen Stellvertreterin oder des allgemeinen Stellvertreters übertragen ist, im Übrigen Kreisrätin oder Kreisrat, und
5. in der Region Hannover: Erste Regionsrätin oder Erster Regionsrat, wenn ihnen das Amt der allgemeinen Stellvertreterin oder des allgemeinen Stellvertreters übertragen ist, im Übrigen Regionsrätin oder Regionsrat.

50 NKomVG Kommunalverfassungsgesetz

³In Verbindung mit den Bezeichnungen Gemeinderätin, Gemeinderat, Stadträtin, Stadtrat, Samtgemeinderätin, Samtgemeinderat, Kreisrätin, Kreisrat, Regionsrätin oder Regionsrat ist ein Zusatz zulässig, der das Fachgebiet kennzeichnet; die für das Finanzwesen zuständige Beamtin auf Zeit oder der für das Finanzwesen zuständige Beamte auf Zeit kann folgende Bezeichnungen erhalten:
1. in Gemeinden: Gemeindekämmerin oder Gemeindekämmerer,
2. in Städten: Stadtkämmerin oder Stadtkämmerer und
3. in Samtgemeinden: Samtgemeindekämmerin oder Samtgemeindekämmerer.

(2) ¹In Gemeinden und Samtgemeinden mit mehr als 10 000 Einwohnerinnen und Einwohnern kann die allgemeine Stellvertreterin oder der allgemeine Stellvertreter nach Maßgabe der Hauptsatzung in das Beamtenverhältnis auf Zeit berufen werden. ²Auch wenn die Einwohnerzahl unter 10 000 gefallen ist, kann die bisherige Stelleninhaberin oder der bisherige Stelleninhaber für eine weitere Amtszeit wiedergewählt werden. ³Absatz 1 Satz 2 gilt entsprechend.

§ 109 Wahl und Abwahl der Beamtinnen und Beamten auf Zeit.

(1) ¹Beamtinnen und Beamte auf Zeit nach § 108 werden auf Vorschlag der Hauptverwaltungsbeamtin oder des Hauptverwaltungsbeamten von der Vertretung für eine Amtszeit von acht Jahren gewählt; § 67 Sätze 4 bis 7 findet keine Anwendung. ²Die Wahl darf nicht früher als ein Jahr vor Ablauf der Amtszeit der Stelleninhaberin oder des Stelleninhabers stattfinden. ³Die Stelle ist öffentlich auszuschreiben; die Vertretung kann jedoch im Einvernehmen mit der Hauptverwaltungsbeamtin oder dem Hauptverwaltungsbeamten beschließen, von der Ausschreibung abzusehen, wenn sie beabsichtigt,
1. die bisherige Stelleninhaberin oder den bisherigen Stelleninhaber erneut zu wählen oder
2. eine bestimmte Bewerberin oder einen bestimmten Bewerber zu wählen, und nicht erwartet, dass sich im Ausschreibungsverfahren eine andere Person bewerben würde, die wegen ihrer Eignung, Befähigung und Sachkunde vorzuziehen wäre.

⁴Für Beschlüsse nach Satz 3 Nr. 2 ist eine Mehrheit von drei Vierteln der Mitglieder der Vertretung erforderlich. ⁵Schlägt die Hauptverwaltungsbeamtin oder der Hauptverwaltungsbeamte bis zum Ablauf von drei Monaten
1. nach dem Ende der Amtszeit der bisherigen Stelleninhaberin oder des bisherigen Stelleninhabers keine Bewerberin oder keinen Bewerber vor oder
2. nach einer Ablehnung einer vorgeschlagenen Bewerberin oder eines vorgeschlagenen Bewerbers keine andere Bewerberin oder keinen anderen Bewerber vor

oder kommt es über die Frage einer Ausschreibung nach Satz 3 Nr. 1 zu keinem Einvernehmen, so entscheidet die Vertretung mit einer Mehrheit von drei Vierteln ihrer Abgeordneten allein.

(2) ¹Die Beamtinnen und Beamten nach § 108 sind hauptamtlich tätig; sie sind in das Beamtenverhältnis auf Zeit zu berufen. ²Sie müssen die für ihr Amt

Kommunalverfassungsgesetz **NKomVG 50**

erforderliche Eignung, Befähigung und Sachkunde besitzen. ³Sie sind nur verpflichtet, nach den Vorschriften des Beamtenrechts das Amt für eine weitere Amtszeit zu übernehmen, wenn sie spätestens sechs Monate vor Ablauf der vorangehenden Amtszeit wiedergewählt werden und bei Ablauf der Amtszeit noch nicht 60 Jahre alt sind.

(3) ¹Eine Beamtin oder ein Beamter auf Zeit kann vor Ablauf der Amtszeit aus dem Amt abberufen werden. ²Dazu ist ein Beschluss der Vertretung mit einer Mehrheit von drei Vierteln seiner Mitglieder erforderlich. ³§ 82 Abs. 2 gilt entsprechend. ⁴Die Beamtin oder der Beamte scheidet mit Ablauf des Tages, an dem die Abberufung beschlossen wird, aus dem Amt aus.

ACHTER TEIL
Kommunalwirtschaft

Erster Abschnitt
Haushaltswirtschaft

§ 110 Allgemeine Haushaltsgrundsätze, Haushaltsausgleich. (1) Die Kommunen haben ihre Haushaltswirtschaft so zu planen und zu führen, dass die stetige Erfüllung ihrer Aufgaben gesichert ist.

(2) Die Haushaltswirtschaft ist sparsam und wirtschaftlich zu führen.

(3) Die Haushaltswirtschaft ist nach Maßgabe dieses Gesetzes und aufgrund dieses Gesetzes erlassener Rechtsvorschriften nach den Grundsätzen ordnungsmäßiger Buchführung im Rechnungsstil der doppelten Buchführung zu führen.

(4) ¹Der Haushalt soll in jedem Haushaltsjahr in Planung und Rechnung ausgeglichen sein. ²Er ist ausgeglichen, wenn der Gesamtbetrag der ordentlichen Erträge dem Gesamtbetrag der ordentlichen Aufwendungen und der Gesamtbetrag der außerordentlichen Erträge dem Gesamtbetrag der außerordentlichen Aufwendungen entspricht. ³Daneben sind die Liquidität der Kommune sowie die Finanzierung ihrer Investitionen und Investitionsförderungsmaßnahmen sicherzustellen.

(5) ¹Die Verpflichtung nach Absatz 4 Sätze 1 und 2 gilt als erfüllt, wenn
1. ein voraussichtlicher Fehlbetrag in der Ergebnisrechnung mit entsprechenden Überschussrücklagen (§ 123 Abs. 1 Satz 1) verrechnet werden kann oder
2. nach der mittelfristigen Ergebnis- und Finanzplanung die vorgetragenen Fehlbeträge spätestens im zweiten dem Haushaltsjahr folgenden Jahr ausgeglichen werden können.

²Eine Verrechnung von Fehlbeträgen des ordentlichen und außerordentlichen Ergebnisses mit der um Rücklagen, Sonderposten und Ergebnisvorträge bereinigten Nettoposition nach Absatz 7 Satz 1 (Basisreinvermögen) ist unzulässig.

50 NKomVG — Kommunalverfassungsgesetz

³Soweit ein unentgeltlicher Vermögensübergang zwischen Kommunen, dem Land oder dem Bund gesetzlich oder durch Vertrag bestimmt ist, ist der Nettovermögensabgang gegen das Basisreinvermögen zu verrechnen. ⁴Abweichend von Satz 2 können Fehlbeträge mit dem Basisreinvermögen bis zur Höhe von Überschüssen, die in Vorjahren nach Absatz 7 Satz 3 in Basisreinvermögen umgewandelt wurden, verrechnet werden, wenn ein Abbau der Fehlbeträge trotz Ausschöpfung aller Ertrags- und Sparmöglichkeiten nicht auf andere Weise möglich ist.

(6) ¹Kann der Haushaltsausgleich nicht erreicht werden, so ist ein Haushaltssicherungskonzept aufzustellen. ²Darin ist festzulegen, innerhalb welchen Zeitraums der Haushaltsausgleich erreicht, wie der ausgewiesene Fehlbetrag abgebaut und wie das Entstehen eines neuen Fehlbetrages in künftigen Jahren vermieden werden soll. ³Das Haushaltssicherungskonzept ist spätestens mit der Haushaltssatzung zu beschließen und der Kommunalaufsichtsbehörde mit der Haushaltssatzung vorzulegen. ⁴Ist nach Satz 1 ein Haushaltssicherungskonzept aufzustellen und war dies bereits für das Vorjahr der Fall, so ist über den Erfolg der Haushaltssicherungsmaßnahmen ein Haushaltssicherungsbericht beizufügen. ⁵Auf Anforderung der Kommunalaufsichtsbehörde hat die für die Rechnungsprüfung zuständige Stelle zu dem Haushaltssicherungsbericht Stellung zu nehmen.

(7) ¹Die Überschussrücklagen sind Teil des die Schulden und Rückstellungen übersteigenden Vermögens (Nettoposition). ²Ihnen werden die Jahresüberschüsse durch Beschluss über den Jahresabschluss zugeführt. ³Überschussrücklagen dürfen in Basisreinvermögen umgewandelt werden, wenn keine Fehlbeträge aus Vorjahren abzudecken sind, der Haushalt ausgeglichen ist und nach der geltenden mittelfristigen Ergebnis- und Finanzplanung keine Fehlbeträge zu erwarten sind.

(8) ¹Die Kommune darf sich über den Wert ihres Vermögens hinaus nicht verschulden. ²Ist in der Planung oder der Rechnung erkennbar, dass die Schulden das Vermögen übersteigen, so ist die Kommunalaufsichtsbehörde unverzüglich hierüber zu unterrichten.

§ 111 Grundsätze der Finanzmittelbeschaffung. (1) Die Gemeinden erheben Abgaben nach den gesetzlichen Vorschriften.

(2) Die Landkreise erheben Abgaben und Umlagen nach den gesetzlichen Vorschriften.

(3) ¹Die Samtgemeinden erheben Gebühren und Beiträge nach den für Gemeinden geltenden Vorschriften sowie von den Mitgliedsgemeinden eine Umlage (Samtgemeindeumlage) unter entsprechender Anwendung der Vorschriften über die Kreisumlage. ²Die Hauptsatzung kann bestimmen, dass die Samtgemeindeumlage je zur Hälfte nach der Einwohnerzahl der Mitgliedsgemeinden und nach den Bemessungsgrundlagen der Kreisumlage festgesetzt wird.

(4) Die Region Hannover erhebt Abgaben und eine Umlage unter entsprechender Anwendung der für Landkreise geltenden Vorschriften, soweit nichts anderes bestimmt ist.

Kommunalverfassungsgesetz **NKomVG 50**

(5) ¹Die Gemeinden haben die zur Erfüllung ihrer Aufgaben erforderlichen Finanzmittel,
1. soweit vertretbar und geboten, aus speziellen Entgelten für die von ihnen erbrachten Leistungen,
2. im Übrigen aus Steuern

zu beschaffen, soweit die sonstigen Finanzmittel nicht ausreichen. ²Satz 1 gilt für Samtgemeinden, Landkreise und die Region Hannover entsprechend mit der Maßgabe, dass in Nummer 2 anstelle der Steuern die Umlagen treten. ³Eine Rechtspflicht zur Erhebung von Straßenausbaubeiträgen und Beiträgen für öffentliche Spielplätze besteht nicht.

(6) Die Kommunen dürfen Kredite nur dann aufnehmen, wenn eine andere Finanzierung nicht möglich ist oder wirtschaftlich unzweckmäßig wäre.

(7) ¹Die Kommunen dürfen zur Erfüllung ihrer Aufgaben Spenden, Schenkungen und ähnliche Zuwendungen einwerben und annehmen oder an Dritte vermitteln, die sich an der Erfüllung von Aufgaben beteiligen. ²Für die Einwerbung und die Entgegennahme des Angebots einer Zuwendung ist die Hauptverwaltungsbeamtin oder der Hauptverwaltungsbeamte zuständig. ³Über die Annahme oder Vermittlung entscheidet die Vertretung. ⁴Die Kommunen erstellen jährlich einen Bericht, in dem die Zuwendungsgeber, die Zuwendungen und die Zuwendungszwecke anzugeben sind, und übersenden ihn der Kommunalaufsichtsbehörde. ⁵Das für Inneres zuständige Ministerium wird ermächtigt, durch Verordnung Wertgrenzen für Zuwendungen zu bestimmen und das Verfahren für Zuwendungen unterhalb der Wertgrenzen abweichend von den Sätzen 2 bis 4 zu regeln.

§ 112 Haushaltssatzung. (1) Die Kommunen haben für jedes Haushaltsjahr eine Haushaltssatzung zu erlassen.

(2) ¹Die Haushaltssatzung enthält die Festsetzung
1. des Haushaltsplans
   a) im Ergebnishaushalt unter Angabe des Gesamtbetrages der ordentlichen Erträge und Aufwendungen sowie der außerordentlichen Erträge und Aufwendungen,
   b) im Finanzhaushalt unter Angabe des Gesamtbetrages der Einzahlungen und der Auszahlungen aus laufender Verwaltungstätigkeit, der Einzahlungen und der Auszahlungen für Investitionstätigkeit sowie der Einzahlungen und der Auszahlungen aus der Finanzierungstätigkeit,
   c) unter Angabe des Gesamtbetrages der vorgesehenen Kreditaufnahmen für Investitionen und Investitionsförderungsmaßnahmen (Kreditermächtigung) sowie
   d) unter Angabe des Gesamtbetrages der Ermächtigungen zum Eingehen von Verpflichtungen, die künftige Haushaltsjahre mit Auszahlungen für Investitionen und Investitionsförderungsmaßnahmen belasten (Verpflichtungsermächtigungen),
2. des Höchstbetrages der Liquiditätskredite,

50 NKomVG Kommunalverfassungsgesetz

3. bei Gemeinden der Hebesätze der Grund- und Gewerbesteuer, wenn diese nicht in einer gesonderten Satzung bestimmt sind, und
4. bei Samtgemeinden, Landkreisen und der Region Hannover weitere Vorschriften, wenn dies gesetzlich vorgeschrieben ist.

²Sie kann weitere Vorschriften enthalten, wenn sich diese auf die Erträge, Aufwendungen, Einzahlungen und Auszahlungen sowie den Stellenplan für das Haushaltsjahr beziehen.

(3) ¹Die Haushaltssatzung wird am Tag nach dem Ende der öffentlichen Auslegung des Haushaltsplans nach § 114 Abs. 2 Satz 3, frühestens mit Beginn des Haushaltsjahres wirksam; sie gilt für das Haushaltsjahr. ²Sie kann Festsetzungen für zwei Haushaltsjahre, nach Jahren getrennt, enthalten.

(4) Haushaltsjahr ist das Kalenderjahr, soweit nicht für einzelne Bereiche durch Gesetz oder Verordnung etwas anderes bestimmt ist.

§ 113 Haushaltsplan. (1) ¹Der Haushaltsplan enthält alle im Haushaltsjahr für die Erfüllung der Aufgaben der Kommune voraussichtlich
1. anfallenden Erträge und eingehenden Einzahlungen,
2. entstehenden Aufwendungen und zu leistenden Auszahlungen und
3. notwendigen Verpflichtungsermächtigungen.

²Die Vorschriften des Zweiten Abschnitts bleiben unberührt.

(2) ¹Der Haushaltsplan ist in einen Ergebnishaushalt und einen Finanzhaushalt zu gliedern. ²Der Stellenplan für die Beschäftigten ist Teil des Haushaltsplans.

(3) ¹Der Haushaltsplan ist Grundlage für die Haushaltswirtschaft der Kommunen. ²Er ist nach Maßgabe dieses Gesetzes und der aufgrund dieses Gesetzes erlassenen Vorschriften für die Haushaltsführung verbindlich. ³Ansprüche und Verbindlichkeiten Dritter werden durch ihn weder begründet noch aufgehoben.

§ 114 Erlass der Haushaltssatzung. (1) ¹Die von der Vertretung beschlossene Haushaltssatzung ist mit ihren Anlagen der Kommunalaufsichtsbehörde vorzulegen. ²Die Vorlage soll spätestens einen Monat vor Beginn des Haushaltsjahres erfolgen.

(2) ¹Enthält die Haushaltssatzung genehmigungsbedürftige Teile, so darf sie erst nach Erteilung der Genehmigung verkündet werden. ²Haushaltssatzungen ohne genehmigungsbedürftige Teile dürfen frühestens einen Monat nach Vorlage an die Kommunalaufsichtsbehörde verkündet werden. ³Im Anschluss an die Verkündung der Haushaltssatzung ist der Haushaltsplan mit seinen Anlagen an sieben Tagen öffentlich auszulegen; in der Verkündung ist auf die Auslegung hinzuweisen.

§ 115 Nachtragshaushaltssatzung. (1) ¹Die Haushaltssatzung kann nur durch Nachtragshaushaltssatzung geändert werden, die spätestens bis zum Ablauf des Haushaltsjahres zu beschließen ist. ²Für die Nachtragshaushaltssatzung gelten die Vorschriften für die Haushaltssatzung entsprechend.

Kommunalverfassungsgesetz **NKomVG 50**

(2) Die Kommunen haben unverzüglich eine Nachtragshaushaltssatzung zu erlassen, wenn
1. sich zeigt, dass trotz Ausnutzung jeder Sparmöglichkeit ein erheblicher Fehlbetrag entstehen wird und der Haushaltsausgleich nur durch eine Änderung der Haushaltssatzung erreicht werden kann, oder
2. bisher nicht veranschlagte oder zusätzliche Aufwendungen oder Auszahlungen bei einzelnen Haushaltspositionen in einem im Verhältnis zu den Gesamtaufwendungen oder Gesamtauszahlungen erheblichen Umfang entstehen oder geleistet werden müssen.

(3) Absatz 2 Nr. 2 ist nicht anzuwenden auf
1. die Umschuldung von Krediten,
2. höhere Personalaufwendungen und Personalauszahlungen, die aufgrund gesetzlicher oder tarifrechtlicher Vorschriften zwingend erforderlich sind, und
3. Aufwendungen und Auszahlungen für Instandsetzungen und Ersatzbeschaffungen, die zeitlich und sachlich unabweisbar sind.

§ 116 Vorläufige Haushaltsführung. (1) ¹Ist die Haushaltssatzung bei Beginn des Haushaltsjahres noch nicht wirksam (§ 112 Abs. 3 Satz 1), so dürfen die Gemeinden
1. Aufwendungen entstehen lassen und Auszahlungen leisten, zu denen sie rechtlich verpflichtet sind oder die für die Weiterführung notwendiger Aufgaben unaufschiebbar sind, und in diesem Rahmen insbesondere Investitionen und Investitionsförderungsmaßnahmen fortsetzen, für die im Haushaltsplan eines Vorjahres Beträge vorgesehen waren,
2. Grund- und Gewerbesteuer nach den in der Haushaltssatzung des Vorjahres festgesetzten Hebesätzen erheben und
3. Kredite umschulden.
²Satz 1 Nrn. 1 und 3 gilt für Samtgemeinden, Landkreise und die Region Hannover entsprechend.

(2) ¹Reichen die Finanzierungsmittel für die Fortsetzung der Bauten, der Beschaffungen und der sonstigen Leistungen des Finanzhaushalts nach Absatz 1 Satz 1 Nr. 1 nicht aus, so dürfen die Kommunen mit Genehmigung der Kommunalaufsichtsbehörde Kredite für Investitionen und Investitionsförderungsmaßnahmen bis zur Höhe eines Viertels des Gesamtbetrags der in der Haushaltssatzung des Vorjahres vorgesehenen Kreditermächtigung aufnehmen.
²§ 120 Abs. 2 Sätze 2 und 3 gilt entsprechend.

(3) Während der vorläufigen Haushaltsführung gilt der Stellenplan des Vorjahres weiter.

§ 117 Über- und außerplanmäßige Aufwendungen und Auszahlungen.
(1) ¹Über- und außerplanmäßige Aufwendungen und Auszahlungen sind nur zulässig, wenn sie zeitlich und sachlich unabweisbar sind; ihre Deckung muss gewährleistet sein. ²In Fällen von unerheblicher Bedeutung entscheidet die Hauptverwaltungsbeamtin oder der Hauptverwaltungsbeamte; die Vertretung

und der Hauptausschuss sind spätestens mit der Vorlage des Jahresabschlusses zu unterrichten.

(2) ¹Für Investitionen und Investitionsförderungsmaßnahmen, die im folgenden Haushaltsjahr fortgesetzt werden, sind überplanmäßige Auszahlungen auch dann zulässig, wenn ihre Deckung erst im folgenden Haushaltsjahr gewährleistet ist. ²Absatz 1 Satz 2 gilt entsprechend.

(3) Die Absätze 1 und 2 sind entsprechend auf Maßnahmen anzuwenden, durch die später im Laufe des Haushaltsjahres über- oder außerplanmäßige Aufwendungen und Auszahlungen entstehen können.

(4) § 115 Abs. 2 bleibt unberührt.

(5) ¹Nicht im Haushaltsplan veranschlagte Abschreibungen oder die veranschlagten Abschreibungen überschreitende Abschreibungen werden von der Hauptverwaltungsbeamtin oder dem Hauptverwaltungsbeamten ermittelt und in die Erstellung des Jahresabschlusses einbezogen. ²Absatz 1 ist hierbei nicht anzuwenden.

§ 118 Mittelfristige Ergebnis- und Finanzplanung. (1) ¹Die Kommunen haben ihrer Haushaltswirtschaft eine mittelfristige Ergebnis- und Finanzplanung für fünf Jahre zugrunde zu legen. ²Das erste Planungsjahr ist dabei das Haushaltsjahr, das demjenigen Haushaltsjahr vorangeht, für das die Haushaltssatzung gelten soll.

(2) In der mittelfristigen Ergebnis- und Finanzplanung sind Umfang und Zusammensetzung der voraussichtlichen Aufwendungen und Auszahlungen und ihre Deckungsmöglichkeiten darzustellen.

(3) Als Grundlage für die mittelfristige Ergebnis- und Finanzplanung ist ein Investitionsprogramm aufzustellen, in das die geplanten Auszahlungen für Investitionen und Investitionsförderungsmaßnahmen aufgenommen werden.

(4) Die mittelfristige Ergebnis- und Finanzplanung und das Investitionsprogramm sind jährlich der Entwicklung anzupassen und fortzuführen.

(5) Die mittelfristige Ergebnis- und Finanzplanung ist der Vertretung mit dem Entwurf der Haushaltssatzung vorzulegen.

§ 119 Verpflichtungsermächtigungen. (1) Verpflichtungen zur Leistung von Auszahlungen für Investitionen und für Investitionsförderungsmaßnahmen in künftigen Jahren dürfen unbeschadet des Absatzes 5 nur eingegangen werden, wenn der Haushaltsplan hierzu ermächtigt.

(2) Verpflichtungsermächtigungen dürfen in der Regel zulasten der dem Haushaltsjahr folgenden drei Jahre veranschlagt werden, in Ausnahmefällen bis zum Abschluss einer Maßnahme; sie sind nur zulässig, wenn die Finanzierung der aus ihrer Inanspruchnahme entstehenden Auszahlungen in den künftigen Haushalten gesichert erscheint.

(3) Verpflichtungsermächtigungen gelten bis zum Ende des Haushaltsjahres und darüber hinaus bis zum Wirksamwerden der Haushaltssatzung für das nächste Haushaltsjahr (§ 112 Abs. 3 Satz 1).

Kommunalverfassungsgesetz **NKomVG 50**

(4) Der Gesamtbetrag der Verpflichtungsermächtigungen bedarf im Rahmen der Haushaltssatzung der Genehmigung der Kommunalaufsichtsbehörde, soweit in den Jahren, zu deren Lasten sie veranschlagt werden, insgesamt Kreditaufnahmen vorgesehen sind.

(5) [1]Verpflichtungen im Sinne des Absatzes 1 dürfen über- und außerplanmäßig eingegangen werden, wenn sie unabweisbar sind und der in der Haushaltssatzung festgesetzte Gesamtbetrag der Verpflichtungsermächtigungen nicht überschritten wird. [2]§ 117 Abs. 1 Satz 2 gilt entsprechend.

§ 120 Kredite. (1) [1]Kredite dürfen unter der Voraussetzung des § 111 Abs. 6 nur für Investitionen, Investitionsförderungsmaßnahmen und zur Umschuldung aufgenommen werden; sie sind als Einzahlungen im Finanzhaushalt zu veranschlagen. [2]Die Kommune hat Richtlinien für die Aufnahme von Krediten aufzustellen.

(2) [1]Der Gesamtbetrag der im Finanzhaushalt vorgesehenen Kreditaufnahmen für Investitionen und Investitionsförderungsmaßnahmen bedarf im Rahmen der Haushaltssatzung der Genehmigung der Kommunalaufsichtsbehörde (Gesamtgenehmigung). [2]Die Genehmigung soll nach den Grundsätzen einer geordneten Haushaltswirtschaft erteilt oder versagt werden; sie kann unter Bedingungen und Auflagen erteilt werden. [3]Sie ist in der Regel zu versagen, wenn die Kreditverpflichtungen nicht mit der dauernden Leistungsfähigkeit der Kommune im Einklang stehen.

(3) Die Kreditermächtigung gilt bis zum Ende des auf das Haushaltsjahr folgenden Jahres und darüber hinaus bis zum Wirksamwerden der Haushaltssatzung für das übernächste Haushaltsjahr (§ 112 Abs. 3 Satz 1).

(4) [1]Die Aufnahme der einzelnen Kredite, deren Gesamtbetrag nach Absatz 2 genehmigt worden ist, bedarf der Genehmigung der Kommunalaufsichtsbehörde (Einzelgenehmigung), sobald die Kreditaufnahmen nach § 19 des Gesetzes zur Förderung der Stabilität und des Wachstums der Wirtschaft beschränkt worden sind. [2]Die Einzelgenehmigung kann nach Maßgabe der Kreditbeschränkungen versagt werden.

(5) Durch Verordnung der Landesregierung kann die Aufnahme von Krediten von der Genehmigung der Kommunalaufsichtsbehörde abhängig gemacht werden mit der Maßgabe, dass die Genehmigung versagt werden kann, wenn die ausgehandelten Kreditbedingungen
1. die Entwicklung am Kreditmarkt ungünstig beeinflussen könnten oder
2. die Versorgung der Kommunen mit wirtschaftlich vertretbaren Krediten stören könnten.

(6) [1]Die Begründung einer Zahlungsverpflichtung, die wirtschaftlich einer Kreditverpflichtung gleichkommt, bedarf der Genehmigung der Kommunalaufsichtsbehörde. [2]Absatz 2 Sätze 2 und 3 gilt entsprechend. [3]Eine Genehmigung für die Begründung von Zahlungsverpflichtungen im Rahmen der laufenden Verwaltung ist nicht erforderlich.

50 NKomVG

(7) ¹Die Kommunen dürfen zur Sicherung des Kredits keine Sicherheiten bestellen. ²Die Kommunalaufsichtsbehörde kann Ausnahmen zulassen, wenn die Bestellung von Sicherheiten der Verkehrsübung entspricht.

§ 121 Sicherheiten und Gewährleistung für Dritte. (1) ¹Die Kommunen dürfen keine Sicherheiten zugunsten Dritter bestellen. ²Die Kommunalaufsichtsbehörde kann Ausnahmen zulassen.

(2) ¹Die Kommunen dürfen Bürgschaften und Verpflichtungen aus Gewährverträgen nur im Rahmen der Erfüllung ihrer Aufgaben übernehmen. ²Die Rechtsgeschäfte bedürfen der Genehmigung der Kommunalaufsichtsbehörde.

(3) Absatz 2 gilt entsprechend für Rechtsgeschäfte, die den darin genannten wirtschaftlich gleichkommen, insbesondere für die Zustimmung zu Rechtsgeschäften Dritter, aus denen den Kommunen in künftigen Haushaltsjahren Aufwendungen entstehen oder Verpflichtungen zur Leistung von Auszahlungen erwachsen können.

(4) ¹Keiner Genehmigung bedürfen Rechtsgeschäfte nach den Absätzen 2 und 3, die
1. die Kommune zur Förderung des Städte- und Wohnungsbaus eingeht oder
2. für den Haushalt der Kommune keine besondere Belastung bedeuten.

²Diese Rechtsgeschäfte sind im Anhang zum Jahresabschluss darzustellen. ³Rechtsgeschäfte nach Satz 1 Nr. 1 mit erheblichen Auswirkungen auf die Finanzwirtschaft sind in einem Vorbericht des Haushaltsplans zu erläutern; erhebliche Besonderheiten aus ihrer Abwicklung und Rechtsgeschäfte, die im Vorbericht noch nicht erläutert worden sind, sind im Anhang zum Jahresabschluss zu erläutern.

(5) ¹Bei Rechtsgeschäften nach den Absätzen 2 und 3 haben die Kommunen sich das Recht vorzubehalten, dass sie oder ihre Beauftragten jederzeit prüfen können, ob
1. die Voraussetzungen für die Kreditzusage oder ihre Erfüllung vorliegen oder vorgelegen haben, oder
2. im Fall der Übernahme einer Gewährleistung eine Inanspruchnahme der Kommune in Betracht kommen kann oder die Voraussetzungen für eine solche vorliegen oder vorgelegen haben.

²Die Kommunen können mit Genehmigung der Kommunalaufsichtsbehörde davon absehen, sich das Prüfungsrecht vorzubehalten.

§ 122 Liquiditätskredite. (1) ¹Zur rechtzeitigen Leistung ihrer Auszahlungen können die Kommunen Liquiditätskredite bis zu dem in der Haushaltssatzung festgesetzten Höchstbetrag aufnehmen, soweit der Kasse keine anderen Mittel zur Verfügung stehen. ²Diese Ermächtigung gilt über das Haushaltsjahr hinaus bis zum Wirksamwerden der neuen Haushaltssatzung (§ 112 Abs. 3 Satz 1). ³Satz 2 gilt auch für einen in der neuen, noch nicht wirksamen Haushaltssatzung höher festgesetzten Höchstbetrag, soweit er den Betrag nach Absatz 2 nicht übersteigt.

Kommunalverfassungsgesetz **NKomVG 50**

(2) Der in der Haushaltssatzung festgesetzte Höchstbetrag bedarf der Genehmigung der Kommunalaufsichtsbehörde, wenn er ein Sechstel der im Finanzhaushalt veranschlagten Einzahlungen aus laufender Verwaltungstätigkeit übersteigt.

§ 123 Rücklagen, Rückstellungen. (1) ¹Die Kommune bildet
1. eine Rücklage aus Überschüssen des ordentlichen Ergebnisses und
2. eine Rücklage aus Überschüssen des außerordentlichen Ergebnisses.
²Weitere Rücklagen sind zulässig.

(2) Die Kommune bildet Rückstellungen für Verpflichtungen, die dem Grunde nach zu erwarten sind, deren Höhe oder Fälligkeit aber noch ungewiss ist.

§ 124 Erwerb, Verwaltung und Nachweis des Vermögens; Wertansätze.
(1) Die Kommunen sollen Vermögensgegenstände nur erwerben, soweit dies zur Erfüllung ihrer Aufgaben in absehbarer Zeit erforderlich ist.

(2) ¹Die Vermögensgegenstände sind pfleglich und wirtschaftlich zu verwalten und ordnungsgemäß nachzuweisen. ²Bei Geldanlagen ist auf eine ausreichende Sicherheit zu achten; sie sollen einen angemessenen Ertrag bringen.

(3) Für die Verwaltung und Bewirtschaftung von Kommunalwald gelten die Vorschriften dieses Gesetzes und die hierfür geltenden besonderen Rechtsvorschriften.

(4) ¹Das Vermögen ist in der Bilanz getrennt nach dem immateriellen Vermögen, dem Sachvermögen, dem Finanzvermögen und den liquiden Mitteln auszuweisen. ²Die Vermögensgegenstände sind mit dem Anschaffungs- oder Herstellungswert anzusetzen, vermindert um die darauf basierenden Abschreibungen; die kommunalabgabenrechtlichen Vorschriften bleiben unberührt. ³Kann der Anschaffungs- oder Herstellungswert eines Vermögensgegenstands bei der Aufstellung der ersten Eröffnungsbilanz nicht mit vertretbarem Aufwand ermittelt werden, so gilt der auf den Anschaffungs- oder Herstellungszeitpunkt rückindizierte Zeitwert am Stichtag der ersten Eröffnungsbilanz als Anschaffungs- oder Herstellungswert. ⁴Bei der Ausweisung von Vermögen, das nach den Regeln über die Bewertung von Vermögen in der Bilanz ausnahmsweise mit dem Zeitwert als Anschaffungs- oder Herstellungswert ausgewiesen wird, werden in Höhe der Differenz zwischen dem Zeitwert und dem fortgeführten tatsächlichen Anschaffungs- oder Herstellungswert, wenn dieser nicht verfügbar ist, zu dem rückindizierten Anschaffungs- oder Herstellungswert (Satz 3) Sonderposten für den Bewertungsausgleich gebildet. ⁵Abschreibungen für Vermögen, das nach Satz 4 mit dem Zeitwert als dem Anschaffungs- oder Herstellungswert nachgewiesen wird, sind auf der Basis des Zeitwerts vorzunehmen; gleichzeitig werden die nach Satz 4 passivierten Sonderposten ergebniswirksam aufgelöst und mit der Abschreibung verrechnet. ⁶Schulden sind zu ihrem Rückzahlungsbetrag anzusetzen, Rückstellungen hingegen nur in Höhe des Betrags, der nach sachgerechter Beurteilung notwendig ist.

50 NKomVG

§ 125 Veräußerung von Vermögen, Zwangsvollstreckung. (1) ¹Die Kommunen dürfen Vermögensgegenstände, die sie zur Erfüllung ihrer Aufgaben in absehbarer Zeit nicht benötigen, veräußern. ²Vermögensgegenstände dürfen in der Regel nur zu ihrem vollen Wert veräußert werden.

(2) Für die Überlassung der Nutzung eines Vermögensgegenstandes gilt Absatz 1 entsprechend.

(3) ¹Wenn die Kommunen
1. Vermögensgegenstände unentgeltlich veräußern wollen oder
2. Sachen, die einen besonderen wissenschaftlichen, geschichtlichen oder künstlerischen Wert haben, veräußern wollen,

haben sie dies zu begründen und die Begründung zu dokumentieren. ²Erhebliche Auswirkungen dieser Veräußerungen auf die Finanzwirtschaft sind in einem Vorbericht zum Haushaltsplan und, falls es sich um abgewickelte und noch nicht erläuterte Vorgänge handelt, im Anhang zum Jahresabschluss zu erläutern.

(4) ¹Die Einleitung der Zwangsvollstreckung nach den Vorschriften der Zivilprozessordnung gegen eine Kommune wegen einer Geldforderung muss die Gläubigerin oder der Gläubiger der Kommunalaufsichtsbehörde anzeigen, es sei denn, dass es sich um die Verfolgung dinglicher Rechte handelt. ²Die Zwangsvollstreckung darf erst vier Wochen nach dem Zeitpunkt der Anzeige beginnen. ³Die Zwangsvollstreckung ist unzulässig in Vermögensgegenstände, die für die Erfüllung öffentlicher Aufgaben unentbehrlich sind oder deren Veräußerung ein öffentliches Interesse entgegensteht, sowie in Vermögensgegenstände, die im Sinne des § 135 Abs. 2 zweckgebunden sind.

§ 126 Kommunalkasse. (1) ¹Die Kommune richtet eine Kommunalkasse ein. ²Der Kommunalkasse obliegt die Abwicklung der Zahlungen der Kommune (Kassengeschäfte).

(2) Die Kommune hat eine für die Erledigung der Kassengeschäfte verantwortliche Person und eine Person für deren Stellvertretung zu bestellen (Kassenleitung).

(3) Der Kassenleitung darf nicht angehören, wer
1. befugt ist, Kassenanordnungen zu erteilen,
2. mit der Rechnungsprüfung beauftragt ist oder
3. mit der Hauptverwaltungsbeamtin oder dem Hauptverwaltungsbeamten, der oder dem für das Finanzwesen zuständigen Beschäftigten oder mit einer zur Rechnungsprüfung beauftragten Person in einer der folgenden Beziehungen steht:
    a) Verwandtschaft bis zum dritten Grad,
    b) Schwägerschaft bis zum zweiten Grad,
    c) Ehe oder Lebenspartnerschaft im Sinne des Lebenspartnerschaftsgesetzes.

(4) Die in der Kommunalkasse Beschäftigten dürfen keine Kassenanordnungen erteilen.

Kommunalverfassungsgesetz **NKomVG 50**

(5) ¹Die Hauptverwaltungsbeamtin oder der Hauptverwaltungsbeamte überwacht die Kommunalkasse (Kassenaufsicht). ²Sie oder er kann die Kassenaufsicht einer oder einem Beschäftigten der Kommune übertragen, jedoch nicht Beschäftigten, die in der Kommunalkasse beschäftigt sind.

§ 127 Übertragung von haushaltswirtschaftlichen Befugnissen. (1) ¹Die Kommunen können Zahlungsanweisungs- und Bewirtschaftungsbefugnisse über bestimmte Haushaltspositionen und die Kassengeschäfte ganz oder zum Teil Dritten mit deren Einverständnis übertragen, wenn die ordnungsgemäße Erledigung und die Prüfung nach den für die Kommunen geltenden Vorschriften gewährleistet sind. ²Die in Satz 1 genannten Befugnisse und Geschäfte für die in der Trägerschaft der Kommune stehenden Schulen können in der Regel nur der Schulleiterin oder dem Schulleiter übertragen werden, ohne dass deren oder dessen Einverständnis erforderlich ist; zu einer Übertragung auf andere Personen ist die Zustimmung der Schulleiterin oder des Schulleiters erforderlich. ³Sollen Kassengeschäfte übertragen werden, so ist die Kassenaufsicht ausdrücklich zu regeln und die Übertragung der Kommunalaufsichtsbehörde spätestens sechs Wochen vor Vollzug anzuzeigen.

(2) Die Hauptverwaltungsbeamtin oder der Hauptverwaltungsbeamte kann die ihr oder ihm durch dieses Gesetz oder aufgrund dieses Gesetzes übertragenen Zuständigkeiten zur Einwerbung, Entgegennahme von Angeboten, Annahme und Vermittlung von Spenden, Schenkungen und ähnlichen Zuwendungen, die für Zwecke der in der Trägerschaft der Kommune stehenden Schulen bestimmt sind, auf Schulleiterinnen und Schulleiter übertragen.

§ 128 Jahresabschluss, konsolidierter Gesamtabschluss. (1) ¹Die Kommune hat für jedes Haushaltsjahr einen Jahresabschluss nach den Grundsätzen ordnungsmäßiger Buchführung klar und übersichtlich aufzustellen. ²Im Jahresabschluss sind sämtliche Vermögensgegenstände, Schulden, Rechnungsabgrenzungsposten, Erträge, Aufwendungen, Einzahlungen und Auszahlungen sowie die tatsächliche Vermögens-, Ertrags- und Finanzlage der Kommune darzustellen.

(2) Der Jahresabschluss besteht aus:
1. einer Ergebnisrechnung,
2. einer Finanzrechnung,
3. einer Bilanz und
4. einem Anhang.

(3) Dem Anhang sind beizufügen:
1. ein Rechenschaftsbericht,
2. eine Anlagenübersicht,
3. eine Schuldenübersicht,
4. eine Forderungsübersicht und
5. eine Übersicht über die in das folgende Jahr zu übertragenden Haushaltsermächtigungen.

50 NKomVG
Kommunalverfassungsgesetz

(4) ¹Mit dem Jahresabschluss der Kommune sind folgende Jahresabschlüsse zusammenzufassen (Konsolidierung):
1. der Einrichtungen, deren Wirtschaftsführung nach § 139 selbständig erfolgt,
2. der Eigenbetriebe,
3. der Eigengesellschaften,
4. der Einrichtungen und Unternehmen in privater Rechtsform, an denen die Kommune beteiligt ist,
5. der kommunalen Anstalten,
6. der gemeinsamen kommunalen Anstalten, an denen die Kommune beteiligt ist,
7. der rechtsfähigen kommunalen Stiftungen,
8. der Zweckverbände, an denen die Kommune beteiligt ist,
9. der Wasser- und Bodenverbände, bei denen die Kommune Mitglied ist, soweit sie kommunale Aufgaben wahrnehmen, und
10. der rechtlich unselbständigen Versorgungs- und Versicherungseinrichtungen.

²Für das öffentliche Sparkassenwesen bleibt es bei den besonderen Vorschriften. ³Die Aufgabenträger nach Satz 1 brauchen nicht in den konsolidierten Gesamtabschluss einbezogen zu werden, wenn ihre Abschlüsse für ein den tatsächlichen Verhältnissen entsprechendes Bild der Vermögens-, Finanz- und Ertragslage der Kommune nur von untergeordneter Bedeutung sind.

(5) ¹Die Konsolidierung soll grundsätzlich mit dem Anteil der Kommune erfolgen. ²Als Anteil an einem Zweckverband gilt das Verhältnis an der zu zahlenden Verbandsumlage; ist eine solche nicht zu zahlen, so gilt das Verhältnis an der Vermögensaufteilung im Fall einer Auflösung des Zweckverbandes. ³Satz 2 gilt entsprechend für Anteile an Aufgabenträgern nach Absatz 4 Satz 1 Nrn. 1 bis 7 und 9, wenn die Anteile der Kommune sich nicht auf andere Weise feststellen lassen. ⁴Aufgabenträger nach Absatz 4 Satz 1 unter beherrschendem Einfluss der Kommune sind entsprechend den §§ 300 bis 309 des Handelsgesetzbuchs (HGB) zu konsolidieren (Vollkonsolidierung), solche unter maßgeblichem Einfluss der Kommune werden entsprechend den §§ 311 und 312 HGB konsolidiert (Eigenkapitalmethode). ⁵Bei der Kapitalkonsolidierung entsprechend § 301 Abs. 1 HGB kann einheitlich für alle Aufgabenträger auf eine Bewertung des Eigenkapitals nach dem in § 301 Abs. 1 Satz 2 HGB maßgeblichen Zeitpunkt verzichtet werden. ⁶Bei den assoziierten Aufgabenträgern kann bei der Anwendung der Eigenkapitalmethode auf eine Ermittlung der Wertansätze entsprechend § 312 Abs. 2 Satz 1 HGB verzichtet werden.

(6) ¹Der konsolidierte Gesamtabschluss wird nach den Regeln des Absatzes 1 aufgestellt und besteht aus einer konsolidierten Ergebnisrechnung, einer Gesamtbilanz und den konsolidierten Anlagen nach Absatz 3 Nrn. 2 bis 4. ²Er ist durch einen Konsolidierungsbericht zu erläutern. ³Dem Konsolidierungsbericht sind eine Kapitalflussrechnung sowie Angaben zu den nicht konsolidierten Beteiligungen beizufügen. ⁴Der konsolidierte Gesamtabschluss er-

Kommunalverfassungsgesetz **NKomVG 50**

setzt den Beteiligungsbericht nach § 151, wenn er die dortigen Anforderungen erfüllt.

§ 129 Beschlussverfahren zu den Abschlüssen, Bekanntmachung.
(1) [1]Der Jahresabschluss ist innerhalb von drei Monaten nach Ende des Haushaltsjahres aufzustellen; der konsolidierte Gesamtabschluss soll innerhalb von sechs Monaten nach Ende des Haushaltsjahres aufgestellt werden. [2]Die Hauptverwaltungsbeamtin oder der Hauptverwaltungsbeamte stellt jeweils die Vollständigkeit und Richtigkeit der Abschlüsse fest und legt sie der Vertretung unverzüglich mit dem jeweiligen Schlussbericht der Rechnungsprüfung und mit einer eigenen Stellungnahme zu diesem Bericht vor. [3]Die Vertretung beschließt über die Abschlüsse und die Entlastung der Hauptverwaltungsbeamtin oder des Hauptverwaltungsbeamten bis spätestens zum 31. Dezember des Jahres, das auf das Haushaltsjahr folgt. [4]Wird die Entlastung verweigert oder wird sie mit Einschränkungen ausgesprochen, so sind dafür Gründe anzugeben.

(2) [1]Die Beschlüsse nach Absatz 1 Satz 3 sind der Kommunalaufsichtsbehörde unverzüglich mitzuteilen und öffentlich bekannt zu machen. [2]Im Anschluss an die Bekanntmachung sind der Jahresabschluss ohne die Forderungsübersicht und der konsolidierte Gesamtabschluss mit dem Konsolidierungsbericht an sieben Tagen öffentlich auszulegen; in der Bekanntmachung ist auf die Auslegung hinzuweisen.

Zweiter Abschnitt
Sondervermögen und Treuhandvermögen

§ 130 Sondervermögen. (1) Sondervermögen der Kommunen sind
1. Gemeindegliedervermögen (§ 134 Abs. 1),
2. das Vermögen der nicht rechtsfähigen kommunalen Stiftungen (§ 135 Abs. 2),
3. Eigenbetriebe,
4. Einrichtungen, deren Wirtschaftsführung nach § 139 selbständig erfolgt und für die aufgrund gesetzlicher Vorschriften Sonderrechnungen geführt werden, und
5. rechtlich unselbständige Versorgungs- und Versicherungseinrichtungen.

(2) [1]Für Sondervermögen nach Absatz 1 Nrn. 1 und 2 gelten die Vorschriften über die Haushaltswirtschaft. [2]Diese Sondervermögen sind im Haushalt der Kommunen gesondert nachzuweisen.

(3) Auf Sondervermögen nach Absatz 1 Nrn. 3 und 4 sind die §§ 110, 111, 116 und 118 bis 122, § 124 Abs. 1 bis 3, § 125 sowie § 155 Abs. 1 Nr. 5 entsprechend anzuwenden, soweit nicht durch Verordnung nach § 178 Abs. 1 Nr. 12 etwas anderes bestimmt ist.

(4) [1]Für Sondervermögen nach Absatz 1 Nr. 5 können besondere Haushaltspläne aufgestellt und Sonderrechnungen geführt werden. [2]In diesem Fall sind

50 NKomVG

die Vorschriften des Ersten Abschnitts mit der Maßgabe anzuwenden, dass an die Stelle der Haushaltssatzung der Beschluss über den Haushaltsplan tritt; von der öffentlichen Bekanntmachung und der Auslegung nach § 114 Abs. 2 kann abgesehen werden. [3]Anstelle eines Haushaltsplans können ein Wirtschaftsplan aufgestellt und die für die Wirtschaftsführung und das Rechnungswesen der Eigenbetriebe geltenden Vorschriften entsprechend angewendet werden.

§ 131 Treuhandvermögen. (1) [1]Für rechtsfähige kommunale Stiftungen (§ 135 Abs. 1) und sonstige Vermögen, die die Kommunen nach besonderem Recht treuhänderisch zu verwalten haben (Treuhandvermögen), sind besondere Haushaltspläne aufzustellen und Sonderrechnungen zu führen. [2]§ 130 Abs. 4 Satz 2 gilt entsprechend.

(2) Unbedeutendes Treuhandvermögen kann im Haushalt der Kommunen gesondert nachgewiesen werden.

(3) Mündelvermögen sind abweichend von den Absätzen 1 und 2 nur im Jahresabschluss gesondert nachzuweisen.

(4) Besondere gesetzliche Vorschriften oder Bestimmungen der Stifterin oder des Stifters bleiben unberührt.

§ 132 Sonderkassen. [1]Für Sondervermögen und Treuhandvermögen, für die Sonderrechnungen geführt werden, sind Sonderkassen einzurichten. [2]Sie sollen mit der Kommunalkasse verbunden werden. [3]§ 126 Abs. 5 und § 127 gelten entsprechend.

§ 133 Freistellung von der mittelfristigen Ergebnis- und Finanzplanung. Die Kommunalaufsichtsbehörde kann die Kommune in Bezug auf Sondervermögen und Treuhandvermögen von den Verpflichtungen des § 118 freistellen, soweit die mittelfristige Ergebnis- und Finanzplanung weder für die Haushalts- oder Wirtschaftsführung noch für die Finanzstatistik benötigt wird.

§ 134 Gemeindegliedervermögen. (1) Für die Nutzung des Gemeindevermögens, dessen Ertrag nach bisherigem Recht nicht den Gemeinden, sondern anderen Berechtigten zusteht (Gemeindegliedervermögen), bleiben die bisherigen Vorschriften und Gewohnheiten in Kraft.

(2) [1]Gemeindegliedervermögen darf nicht in Privatvermögen der Nutzungsberechtigten umgewandelt werden. [2]Es kann in freies Gemeindevermögen umgewandelt werden, wenn die Umwandlung aus Gründen des Gemeinwohls geboten erscheint. [3]Den Betroffenen ist eine angemessene Entschädigung in Geld oder in Grundbesitz oder mit ihrem Einverständnis in anderer Weise zu gewähren.

(3) Gemeindevermögen darf nicht in Gemeindegliedervermögen umgewandelt werden.

§ 135 Kommunale Stiftungen. (1) [1]Liegt der Zweck einer rechtsfähigen Stiftung im Aufgabenbereich einer Kommune, so hat die Kommune sie zu ver-

Kommunalverfassungsgesetz **NKomVG 50**

walten, wenn dies in der Stiftungssatzung bestimmt ist. ²Verwaltet die Kommune eine Stiftung des öffentlichen Rechts, so sind die §§ 6 bis 8 und 19 Abs. 2 des Niedersächsischen Stiftungsgesetzes entsprechend anzuwenden.

(2) ¹Ist einer Kommune Vermögen zur dauernden Verwendung für einen bestimmten Zweck zugewendet worden, so ist das Vermögen in seinem Bestand zu erhalten und so zu verwalten, dass es für den Verwendungszweck möglichst hohen Nutzen bringt. ²Dies gilt nicht, wenn etwas anderes bei der Zuwendung bestimmt worden ist oder aus der Art der Zuwendung hervorgeht. ³Die Kommune kann mit Genehmigung der Kommunalaufsichtsbehörde den Bestand des Vermögens angreifen, wenn der Zweck anders nicht zu verwirklichen ist. ⁴Ist die Verwirklichung des Zwecks unmöglich geworden oder gefährdet sie das Gemeinwohl, so kann die Kommune mit Genehmigung der Kommunalaufsichtsbehörde das Vermögen anderweitig verwenden. ⁵§ 87 Abs. 2 Satz 1 BGB gilt entsprechend.

Dritter Abschnitt
Unternehmen und Einrichtungen

§ 136 Wirtschaftliche Betätigung. (1) ¹Die Kommunen dürfen sich zur Erledigung ihrer Angelegenheiten wirtschaftlich betätigen. ²Sie dürfen Unternehmen nur errichten, übernehmen oder wesentlich erweitern, wenn und soweit
1. der öffentliche Zweck das Unternehmen rechtfertigt,
2. die Unternehmen nach Art und Umfang in einem angemessenen Verhältnis zu der Leistungsfähigkeit der Kommunen und zum voraussichtlichen Bedarf stehen und
3. bei einem Tätigwerden außerhalb der Energieversorgung, der Wasserversorgung, des öffentlichen Personennahverkehrs sowie des Betriebes von Telekommunikationsleitungsnetzen einschließlich der Telefondienstleistungen der öffentliche Zweck nicht ebenso gut und wirtschaftlich durch einen privaten Dritten erfüllt wird oder erfüllt werden kann.

³Die Beschränkung nach Satz 2 Nr. 3 dient auch dem Schutz privater Dritter, die sich entsprechend wirtschaftlich betätigen oder betätigen wollen.

(2) Unternehmen der Kommunen können geführt werden
1. als Unternehmen ohne eigene Rechtspersönlichkeit (Eigenbetriebe),
2. als Unternehmen mit eigener Rechtspersönlichkeit, deren sämtliche Anteile den Kommunen gehören (Eigengesellschaften) oder
3. als kommunale Anstalten des öffentlichen Rechts.

(3) Unternehmen im Sinne dieses Abschnitts sind insbesondere nicht
1. Einrichtungen, zu denen die Kommunen gesetzlich verpflichtet sind,
2. Einrichtungen des Unterrichts-, Erziehungs- und Bildungswesens, des Sports und der Erholung, des Gesundheits- und Sozialwesens, des Umweltschutzes sowie solche ähnlicher Art und

50 NKomVG Kommunalverfassungsgesetz

3. Einrichtungen, die als Hilfsbetriebe ausschließlich der Deckung des Eigenbedarfs der Kommune dienen.

(4) ¹Abweichend von Absatz 3 können Einrichtungen der Abwasserbeseitigung und der Straßenreinigung sowie Einrichtungen, die aufgrund gesetzlich vorgesehenen Anschluss- und Benutzungszwangs, gesetzlicher Überlassungspflichten oder gesetzlicher Andienungsrechte Abfälle entsorgen, als Eigenbetriebe oder kommunale Anstalten des öffentlichen Rechts geführt werden. ²Diese Einrichtungen können in einer Rechtsform des privaten Rechts geführt werden, wenn die Kommune allein oder zusammen mit anderen Kommunen oder Zweckverbänden über die Mehrheit der Anteile verfügt. ³Andere Einrichtungen nach Absatz 3 können als Eigenbetriebe oder kommunale Anstalten des öffentlichen Rechts geführt werden, wenn ein wichtiges Interesse daran besteht. ⁴Diese Einrichtungen dürfen in einer Rechtsform des privaten Rechts geführt werden, wenn ein wichtiges Interesse der Kommune daran besteht und wenn in einem Bericht zur Vorbereitung des Beschlusses der Vertretung (§ 58 Abs. 1 Nr. 11) unter umfassender Abwägung der Vor- und Nachteile dargelegt wird, dass die Aufgabe im Vergleich zu den zulässigen Organisationsformen des öffentlichen Rechts wirtschaftlicher durchgeführt werden kann. ⁵In den Fällen der Sätze 2 und 4 ist § 137 mit Ausnahme des Absatzes 1 Nr. 1 entsprechend anzuwenden.

(5) ¹Bankunternehmen dürfen die Kommunen nicht errichten. ²Für das öffentliche Sparkassenwesen bleibt es bei den besonderen Vorschriften.

§ 137 Unternehmen in einer Rechtsform des privaten Rechts. (1) Die Kommunen dürfen Unternehmen im Sinne von § 136 in einer Rechtsform des privaten Rechts nur führen oder sich daran beteiligen, wenn
1. die Voraussetzungen des § 136 Abs. 1 erfüllt sind,
2. eine Rechtsform gewählt wird, die die Haftung der Kommune auf einen bestimmten Betrag begrenzt,
3. die Einzahlungsverpflichtungen (Gründungskapital, laufende Nachschusspflicht) der Kommune in einem angemessenen Verhältnis zu ihrer Leistungsfähigkeit stehen,
4. die Kommune sich nicht zur Übernahme von Verlusten in unbestimmter oder unangemessener Höhe verpflichtet,
5. durch Ausgestaltung des Gesellschaftsvertrags oder der Satzung sichergestellt ist, dass der öffentliche Zweck des Unternehmens erfüllt wird,
6. die Kommune einen angemessenen Einfluss, insbesondere im Aufsichtsrat oder in einem entsprechenden Überwachungsorgan, erhält und dieser durch Gesellschaftsvertrag, durch Satzung oder in anderer Weise gesichert wird,
7. die Kommune sich bei Einrichtungen nach § 136 Abs. 3, wenn sie über die Mehrheit der Anteile verfügt, ein Letztentscheidungsrecht in allen wichtigen Angelegenheiten dieser Einrichtungen sichert und
8. im Gesellschaftsvertrag oder der Satzung sichergestellt ist, dass der Kommune zur Konsolidierung des Jahresabschlusses des Unternehmens mit dem Jahresabschluss der Kommune zu einem konsolidierten Gesamtab-

Kommunalverfassungsgesetz

schluss nach § 128 Abs. 4 bis 6 und § 129 alle für den konsolidierten Gesamtabschluss erforderlichen Unterlagen und Belege des Unternehmens so rechtzeitig vorgelegt werden, dass der konsolidierte Gesamtabschluss innerhalb von sechs Monaten nach Ende des Haushaltsjahres aufgestellt werden kann.

(2) Absatz 1 gilt entsprechend, wenn ein Unternehmen in einer Rechtsform des privaten Rechts, bei dem die Kommune allein oder zusammen mit anderen Kommunen oder Zweckverbänden über die Mehrheit der Anteile verfügt, sich an einer Gesellschaft oder einer anderen Vereinigung in einer Rechtsform des privaten Rechts beteiligen oder eine solche gründen will.

§ 138 Vertretung der Kommune in Unternehmen und Einrichtungen.
(1) [1]Die Vertreterinnen und Vertreter der Kommune in der Gesellschafterversammlung oder einem der Gesellschafterversammlung entsprechenden Organ von Eigengesellschaften oder von Unternehmen oder Einrichtungen, an denen die Kommune beteiligt ist, werden von der Vertretung gewählt. [2]Sie haben die Interessen der Kommune zu verfolgen und sind an die Beschlüsse der Vertretung und des Hauptausschusses gebunden. [3]Der Auftrag an sie kann jederzeit widerrufen werden.

(2) [1]Sind mehrere Vertreterinnen und Vertreter der Kommune zu benennen, so ist die Hauptverwaltungsbeamtin oder der Hauptverwaltungsbeamte zu berücksichtigen, es sei denn, dass sie oder er darauf verzichtet oder zur Geschäftsführerin oder zum Geschäftsführer der Gesellschaft bestellt ist. [2]Auf Vorschlag der Hauptverwaltungsbeamtin oder des Hauptverwaltungsbeamten kann an ihrer oder seiner Stelle eine andere Beschäftigte oder ein anderer Beschäftigter der Kommune benannt werden. [3]Nach Maßgabe des Gesellschaftsrechts kann sich die Hauptverwaltungsbeamtin oder der Hauptverwaltungsbeamte oder eine nach Satz 2 zur Vertretung der Kommune berechtigte Person durch andere Beschäftigte der Kommune vertreten lassen. [4]Ist die Hauptverwaltungsbeamtin oder der Hauptverwaltungsbeamte weder Vertreterin oder Vertreter der Kommune noch zur Geschäftsführerin oder zum Geschäftsführer der Gesellschaft bestellt und liegt auch kein Fall des Satzes 2 vor, so ist sie oder er, im Verhinderungsfall ihre oder seine Vertretung im Amt, nach Maßgabe des Gesellschaftsrechts berechtigt, beratend an den Sitzungen des Organs teilzunehmen. [5]Die Sätze 1 bis 4 gelten für die Gemeindedirektorin oder den Gemeindedirektor nach § 106 entsprechend.

(3) [1]Die Kommune ist verpflichtet, bei der Ausgestaltung des Gesellschaftsvertrags einer Kapitalgesellschaft darauf hinzuwirken, dass ihr das Recht eingeräumt wird, Mitglieder in einen Aufsichtsrat zu entsenden. [2]Über die Entsendung entscheidet die Vertretung. [3]Absatz 2 gilt entsprechend.

(4) [1]Die Vertreterinnen und Vertreter der Kommune haben die Vertretung über alle Angelegenheiten von besonderer Bedeutung frühzeitig zu unterrichten. [2]Satz 1 gilt entsprechend für die auf Veranlassung der Kommune in einen Aufsichtsrat oder in andere Organe der Unternehmen und Einrichtungen ent-

sandten oder sonst bestellten Mitglieder. ³Die Unterrichtungspflicht besteht nur, soweit durch Gesetz nichts anderes bestimmt ist.

(5) Die Vertreterinnen und Vertreter der Kommune in der Gesellschafterversammlung oder einem der Gesellschafterversammlung entsprechenden Organ einer Gesellschaft, bei der die Kommune allein oder zusammen mit anderen Kommunen oder Zweckverbänden über die Mehrheit der Anteile verfügt, dürfen der Aufnahme von Krediten und Liquiditätskrediten nur mit Genehmigung der Vertretung zustimmen.

(6) ¹Werden Vertreterinnen und Vertreter der Kommune aus ihrer Tätigkeit haftbar gemacht, so hat die Kommune sie von der Schadenersatzverpflichtung freizustellen, es sei denn, dass sie den Schaden vorsätzlich oder grob fahrlässig herbeigeführt haben. ²Auch in diesem Fall ist die Kommune regresspflichtig, wenn sie nach Weisung gehandelt haben.

(7) ¹Vergütungen aus einer Tätigkeit als Vertreterin oder Vertreter der Kommune in Unternehmen und Einrichtungen in einer Rechtsform des privaten Rechts sind an die Kommune abzuführen, soweit sie über das Maß einer angemessenen Entschädigung hinausgehen. ²Die Vertretung setzt für jede Vertretungstätigkeit die Höhe der angemessenen Entschädigung fest. ³Der Beschluss ist öffentlich bekannt zu machen.

(8) Die Absätze 6 und 7 gelten entsprechend für die Tätigkeit als Mitglied in einem Aufsichtsrat und in anderen Organen der Unternehmen und Einrichtungen, wenn das Mitglied von der Kommune mit Rücksicht auf seine Zugehörigkeit zur Vertretung entweder entsandt oder sonst auf ihre Veranlassung bestellt worden ist.

§ 139 Selbständige Wirtschaftsführung von Einrichtungen. (1) Einrichtungen nach § 136 Abs. 3 können abweichend von § 113 Abs. 1 Satz 1 wirtschaftlich selbständig geführt werden, wenn dies wegen der Art und des Umfangs der Einrichtung erforderlich ist.

(2) Das für Inneres zuständige Ministerium hat durch Verordnung die selbständige Wirtschaftsführung zu regeln.

§ 140 Eigenbetriebe. (1) Die Kommune hat für ihre Eigenbetriebe Betriebssatzungen zu erlassen.

(2) Für die Eigenbetriebe sind Betriebsausschüsse zu bilden.

(3) ¹Die Vertretung kann den Betriebsausschüssen durch die Betriebssatzung bestimmte Angelegenheiten zur eigenen Entscheidung übertragen. ²Ist die Hauptverwaltungsbeamtin oder der Hauptverwaltungsbeamte der Auffassung, dass ein Beschluss des Betriebsausschusses das Gesetz verletzt, die Befugnisse des Ausschusses überschreitet oder das Wohl der Kommune gefährdet, so hat sie oder er eine Entscheidung des Hauptausschusses herbeizuführen.

(4) Die laufenden Geschäfte des Eigenbetriebs führt die Betriebsleitung.

Kommunalverfassungsgesetz **NKomVG 50**

(5) Die Wirtschaftsführung und das Rechnungswesen der Eigenbetriebe richten sich im Übrigen nach den erlassenen Verordnungsregelungen für Eigenbetriebe nach § 178 Abs. 1 Nr. 12.

§ 141 Errichtung von kommunalen Anstalten des öffentlichen Rechts.
(1) [1]Die Kommune kann Unternehmen und Einrichtungen in der Rechtsform einer rechtsfähigen Anstalt des öffentlichen Rechts (kommunale Anstalt) nach Maßgabe des § 136 errichten oder bestehende Eigenbetriebe im Wege der Gesamtrechtsnachfolge in kommunale Anstalten umwandeln. [2]Zulässig ist eine solche Umwandlung auch
1. von Unternehmen und Einrichtungen, die nach § 136 Abs. 1 und 2 oder nach § 136 Abs. 4 als Eigenbetrieb geführt werden können, und
2. von Einrichtungen, die nach § 139 wirtschaftlich selbständig geführt werden oder geführt werden können.

[3]Die Umwandlung nach Satz 2 muss auf der Grundlage einer Eröffnungsbilanz erfolgen. [4]Unternehmen und Einrichtungen in privater Rechtsform, an denen die Kommune über die Anteile verfügt, können in kommunale Anstalten umgewandelt werden. [5]Unternehmen und Einrichtungen nach den Sätzen 1 und 2 können in eine Umwandlung nach Satz 4 einbezogen werden. [6]Für die Umwandlungen nach den Sätzen 4 und 5 gelten die Vorschriften des Umwandlungsgesetzes über Formwechsel entsprechend.

(2) Auf kommunale Anstalten ist, soweit sich aus dieser Vorschrift oder den §§ 142 bis 147 nichts anderes ergibt, § 137 entsprechend anzuwenden.

(3) [1]Die kommunale Anstalt kann sich nach Maßgabe ihrer Satzung an anderen Unternehmen beteiligen, wenn der öffentliche Zweck der kommunalen Anstalt dies rechtfertigt. [2]Auf eine Beteiligung nach Satz 1 sind die §§ 137 und 138 entsprechend anwendbar, § 138 mit der Maßgabe, dass an die Stelle der Kommune die kommunale Anstalt, an die Stelle der Vertretung der Verwaltungsrat sowie an die Stelle des Hauptausschusses und der Hauptverwaltungsbeamtin oder des Hauptverwaltungsbeamten der Vorstand tritt.

§ 142 Satzung der kommunalen Anstalt. [1]Die Kommune regelt die Rechtsverhältnisse der kommunalen Anstalt durch Satzung. [2]Diese Satzung muss Bestimmungen über den Namen und den Zweck der kommunalen Anstalt, die Anzahl der Mitglieder des Verwaltungsrates und die Höhe des Stammkapitals enthalten.

§ 143 Aufgabenübergang auf die kommunale Anstalt. (1) [1]Die Kommune kann der kommunalen Anstalt einzelne oder alle mit dem in der Satzung bestimmten Zweck zusammenhängende Aufgaben ganz oder teilweise übertragen. [2]Sie kann zugunsten der kommunalen Anstalt nach Maßgabe des § 13 durch Satzung einen Anschluss- und Benutzungszwang vorschreiben. [3]Sie kann der kommunalen Anstalt auch das Recht einräumen, an ihrer Stelle nach Maßgabe der §§ 10, 11 und 13 Satzungen, einschließlich der Satzung über den Anschluss- und Benutzungszwang, für das übertragene Aufgabengebiet zu erlassen.

[135]

79

50 NKomVG

(2) Die Kommune kann der kommunalen Anstalt zur Finanzierung der von ihr wahrzunehmenden Aufgaben durch die Satzung der kommunalen Anstalt das Recht übertragen, gegenüber den Nutzern und den Leistungsnehmern der kommunalen Anstalt Gebühren, Beiträge und Kostenerstattungen nach den kommunalabgabenrechtlichen Vorschriften zu erheben, festzusetzen und zu vollstrecken.

§ 144 Unterstützung der kommunalen Anstalt durch die Kommune.

(1) Bei der Erfüllung ihrer Aufgaben wird die kommunale Anstalt von der Kommune mit der Maßgabe unterstützt, dass ein Anspruch der kommunalen Anstalt gegen die Kommune oder eine sonstige Verpflichtung der Kommune, der kommunalen Anstalt Mittel zur Verfügung zu stellen, nicht besteht.

(2) [1]Die kommunale Anstalt haftet für ihre Verbindlichkeiten mit ihrem gesamten Vermögen. [2]Die Kommune haftet nicht für die Verbindlichkeiten der kommunalen Anstalt. [3]Im Fall der Zahlungsunfähigkeit oder der Überschuldung der kommunalen Anstalt haftet die Kommune gegenüber dem Land für Leistungen, die das Land gemäß § 12 Abs. 2 der Insolvenzordnung aus diesem Anlass erbringt.

§ 145 Organe der kommunalen Anstalt.
(1) Organe der kommunalen Anstalt sind der Vorstand und der Verwaltungsrat.

(2) [1]Der Vorstand leitet die kommunale Anstalt in eigener Verantwortung, soweit nicht durch die Satzung der kommunalen Anstalt etwas anderes bestimmt ist. [2]Der Vorstand vertritt die kommunale Anstalt gerichtlich und außergerichtlich. [3]Die Bezüge im Sinne des § 285 Nr. 9 Buchst. a HGB, die den einzelnen Vorstandsmitgliedern im abgelaufenen Geschäftsjahr gewährt worden sind, sind im Jahresabschluss der kommunalen Anstalt darzustellen.

(3) [1]Der Verwaltungsrat überwacht die Geschäftsführung des Vorstands. [2]Der Verwaltungsrat bestellt die Vorstandsmitglieder auf höchstens fünf Jahre; eine erneute Bestellung ist zulässig. [3]Der Verwaltungsrat entscheidet außerdem über

1. den Erlass von Satzungen gemäß § 143 Abs. 1 Satz 3,
2. die Festlegung von Gebühren, Beiträgen, Kostenerstattungen sowie allgemein geltender Tarife und Entgelte für die Nutzer und die Leistungsnehmer der kommunalen Anstalt,
3. die Beteiligung der Anstalt an anderen Unternehmen und
4. die Feststellung des Jahresabschlusses und die Ergebnisverwendung.

[4]Entscheidungen nach Satz 3 Nrn. 1 und 3 bedürfen der Zustimmung der Vertretung. [5]Die Satzung der kommunalen Anstalt kann vorsehen, dass die Vertretung den Mitgliedern des Verwaltungsrates in bestimmten anderen Fällen Weisungen erteilen kann. [6]Entscheidungen des Verwaltungsrates werden in ihrer Wirksamkeit nicht dadurch berührt, dass seine Mitglieder Weisungen nicht beachtet haben.

(4) [1]Der Verwaltungsrat besteht aus dem vorsitzenden Mitglied, den übrigen Mitgliedern sowie mindestens einer bei der kommunalen Anstalt beschäftigten

Kommunalverfassungsgesetz **NKomVG 50**

Person. ²Beschäftigte der Kommunalaufsichtsbehörde, die unmittelbar mit Aufgaben der Aufsicht über die kommunale Anstalt befasst sind, können nicht Mitglieder des Verwaltungsrates sein.

(5) ¹Die Zahl der Vertreterinnen und Vertreter der Beschäftigten darf ein Drittel aller Mitglieder des Verwaltungsrates nicht übersteigen. ²Die Satzung der kommunalen Anstalt trifft Bestimmungen über die Wahl und das Stimmrecht der Vertreterinnen und Vertreter der Beschäftigten nach Maßgabe des Niedersächsischen Personalvertretungsgesetzes und der aufgrund dieses Gesetzes erlassenen Vorschriften über die Vertretung der Beschäftigten bei Einrichtungen der öffentlichen Hand mit wirtschaftlicher Zweckbestimmung.

(6) ¹Den Vorsitz im Verwaltungsrat führt die Hauptverwaltungsbeamtin oder der Hauptverwaltungsbeamte. ²Mit ihrer oder seiner Zustimmung kann die Vertretung eine andere Person zum vorsitzenden Mitglied bestellen.

(7) ¹Das vorsitzende Mitglied nach Absatz 6 Satz 2 und die übrigen Mitglieder des Verwaltungsrates werden von der Vertretung auf fünf Jahre bestellt. ²Die Amtszeit von Mitgliedern des Verwaltungsrates, die der Vertretung angehören, endet mit dem Ablauf der Wahlzeit oder dem vorzeitigen Ausscheiden aus der Vertretung. ³Die Satzung der kommunalen Anstalt trifft Bestimmungen über die Abberufung von Mitgliedern des Verwaltungsrates und über die Amtsausübung bis zum Amtsantritt der neuen Mitglieder.

(8) Für Mitglieder des Verwaltungsrates gilt § 138 Abs. 6 und 7 entsprechend.

§ 146 Dienstherrnfähigkeit der kommunalen Anstalt. ¹Die kommunale Anstalt hat das Recht, Dienstherr von Beamtinnen und Beamten zu sein, wenn ihr nach § 143 hoheitliche Aufgaben übertragen sind. ²Wird sie aufgelöst, so hat die Kommune die Beamtinnen und Beamten, die Versorgungsempfängerinnen und Versorgungsempfänger, die Altersgeldberechtigten sowie die Empfängerinnen und Empfänger von Hinterbliebenenaltersgeld zu übernehmen. ³Wird das Vermögen der kommunalen Anstalt ganz oder teilweise auf andere juristische Personen des öffentlichen Rechts mit Dienstherrnfähigkeit übertragen, so gilt für die Übernahme und die Rechtsstellung der Beamtinnen und Beamten, der Versorgungsempfängerinnen und Versorgungsempfänger, der Altersgeldberechtigten sowie der Empfängerinnen und Empfänger von Hinterbliebenengeld der kommunalen Anstalt § 29 NBG.

§ 147 Sonstige Vorschriften für die kommunale Anstalt. (1) ¹Auf kommunale Anstalten sind § 22 Abs. 1, die §§ 41 und 107 Abs. 1 Satz 1 und Abs. 2 bis 6, § 110 Abs. 1 und 2, § 111 Abs. 1 und 5 bis 7, die §§ 116, 118 und 157 sowie die Vorschriften des Zehnten Teils entsprechend anzuwenden. ²Dabei tritt an die Stelle der Vertretung der Verwaltungsrat sowie an die Stelle des Hauptausschusses und der Hauptverwaltungsbeamtin oder des Hauptverwaltungsbeamten der Vorstand.

(2) Das für Inneres zuständige Ministerium erlässt im Einvernehmen mit dem für Finanzen zuständigen Ministerium durch Verordnung allgemeine Vor-

schriften über Aufbau, Verwaltung, Wirtschaftsführung, Rechnungswesen und die Prüfung kommunaler Anstalten.

§ 148 Umwandlung und Veräußerung von Unternehmen und Einrichtungen. (1) ¹Folgende Maßnahmen sind nur zulässig, wenn sie im wichtigen Interesse der Kommune liegen:
1. die Umwandlung eines Eigenbetriebs in eine Eigengesellschaft,
2. die Veräußerung eines Eigenbetriebs, einer Eigengesellschaft oder eines Teils der in Besitz der Kommune befindlichen Anteile an einem Unternehmen oder einer Einrichtung mit eigener Rechtspersönlichkeit,
3. die Beteiligung von Privatpersonen oder Privatgesellschaften an Eigengesellschaften,
4. der Zusammenschluss von kommunalen Unternehmen und Einrichtungen mit privaten Unternehmen,
5. der Abschluss eines Verpachtungs-, Betriebsführungs- oder Anlagenüberlassungsvertrags über
   a) einen Eigenbetrieb oder eine Eigengesellschaft oder
   b) ein Unternehmen oder eine Einrichtung, wenn die Kommune über die Mehrheit der Anteile verfügt,
sowie
6. andere Rechtsgeschäfte, durch die die Kommune ihren Einfluss auf das Unternehmen, die Einrichtung oder die Gesellschaft verliert oder mindert.

²§ 137 Abs. 1 Nrn. 2 bis 8 gilt entsprechend.

(2) ¹Die Kommune darf Verträge über die Lieferung von Energie in das Kommunalgebiet sowie Konzessionsverträge, durch die sie einem Energieversorgungsunternehmen die Benutzung von Kommunaleigentum einschließlich der öffentlichen Straßen, Wege und Plätze für Leitungen zur Versorgung der Einwohnerinnen und Einwohner überlässt, nur abschließen, wenn die Erfüllung der kommunalen Aufgaben nicht gefährdet wird und die berechtigten wirtschaftlichen Interessen der Kommune und ihrer Einwohnerinnen und Einwohner gewahrt sind. ²Dasselbe gilt für die Verlängerung oder die Ablehnung der Verlängerung sowie für wichtige Änderungen derartiger Verträge. ³Die Kommunalaufsichtsbehörde kann mit Zustimmung der Kommune auf deren Kosten ein Sachverständigengutachten einholen, wenn nur dies noch zur Ausräumung erheblicher Bedenken im Rahmen des Anzeigeverfahrens nach § 152 Abs. 1 Satz 1 Nr. 11 führen kann.

§ 149 Wirtschaftsgrundsätze. (1) Unternehmen sollen einen Ertrag für den Haushalt der Kommunen erwirtschaften, soweit dies mit ihrer Aufgabe der Erfüllung des öffentlichen Zwecks in Einklang zu bringen ist.

(2) ¹Die Erträge jedes Unternehmens sollen mindestens alle Aufwendungen einschließlich der marktüblichen Verzinsung des Eigenkapitals decken und Zuführungen zum Eigenkapital (Rücklagen) ermöglichen, die zur Erhaltung des Vermögens des Unternehmens sowie zu seiner technischen und wirtschaftlichen Fortentwicklung notwendig sind. ²Zu den Aufwendungen gehören auch

Kommunalverfassungsgesetz **NKomVG 50**

1. angemessene Abschreibungen,
2. die Steuern,
3. die Konzessionsabgabe,
4. die Zinsen für die zu Zwecken des Unternehmens aufgenommenen Schulden,
5. die marktübliche Verzinsung der von der Kommune zur Verfügung gestellten Betriebsmittel sowie
6. die angemessene Vergütung der Leistungen und Lieferungen von Unternehmen und Verwaltungszweigen der Kommune für das Unternehmen.

§ 150 Beteiligungsmanagement. [1]Die Kommune überwacht und koordiniert ihre Unternehmen und ihre nach § 136 Abs. 4 und § 139 geführten Einrichtungen sowie Beteiligungen an ihnen im Sinne der von ihr zu erfüllenden öffentlichen Zwecke. [2]Die Kommune ist berechtigt, sich jederzeit bei den jeweiligen Unternehmen, Gesellschaften und Einrichtungen zu unterrichten. [3]Die Sätze 1 und 2 gelten auch für mittelbare Beteiligungen im Sinne des § 137 Abs. 2. [4]Die Sätze 2 und 3 gelten nicht, soweit ihnen zwingende Vorschriften des Gesellschaftsrechts entgegenstehen.

§ 151 Beteiligungsbericht. [1]Die Kommune hat einen Bericht über ihre Unternehmen und Einrichtungen in der Rechtsform des privaten Rechts und über ihre Beteiligungen daran sowie über ihre kommunalen Anstalten (Beteiligungsbericht) zu erstellen und jährlich fortzuschreiben. [2]Der Beteiligungsbericht enthält insbesondere Angaben über
1. den Gegenstand des Unternehmens oder der Einrichtung, die Beteiligungsverhältnisse, die Besetzung der Organe und die von dem Unternehmen oder der Einrichtung gehaltenen Beteiligungen,
2. den Stand der Erfüllung des öffentlichen Zwecks durch das Unternehmen oder die Einrichtung,
3. die Grundzüge des Geschäftsverlaufs, die Lage des Unternehmens oder der Einrichtung, die Kapitalzuführungen und -entnahmen durch die Kommune und die Auswirkungen auf die Haushalts- und Finanzwirtschaft sowie
4. das Vorliegen der Voraussetzungen des § 136 Abs. 1 für das Unternehmen.

[3]Die Einsicht in den Beteiligungsbericht ist jedermann gestattet. [4]Wird der Beteiligungsbericht durch den konsolidierten Gesamtabschluss nach § 128 Abs. 6 Satz 4 ersetzt, so ist die Einsichtnahme nach Satz 3 auch hierfür sicherzustellen. [5]Auf die Möglichkeit zur Einsichtnahme ist in geeigneter Weise öffentlich hinzuweisen.

§ 152 Anzeige und Genehmigung. (1) [1]Folgende Entscheidungen der Kommune sind der Kommunalaufsichtsbehörde unverzüglich schriftlich anzuzeigen:
1. Entscheidungen über die Errichtung, Übernahme oder wesentliche Erweiterung von Unternehmen und Einrichtungen in der Rechtsform des Eigenbetriebs oder einer Eigengesellschaft (§§ 136, 137 Abs. 1),

50 NKomVG Kommunalverfassungsgesetz

2. Entscheidungen über die Beteiligung an Unternehmen und Einrichtungen in der Rechtsform des privaten Rechts (§ 136 Abs. 4, § 137 Abs. 1),
3. Entscheidungen über die Beteiligung eines Unternehmens oder einer Einrichtung in einer Rechtsform des privaten Rechts, bei dem oder bei der die Kommune allein oder zusammen mit anderen Kommunen oder Zweckverbänden über die Mehrheit der Anteile verfügt, an einer Gesellschaft oder an einer anderen Vereinigung in einer Rechtsform des privaten Rechts oder deren Gründung,
4. Entscheidungen über die selbständige Wirtschaftsführung von Einrichtungen (§ 139),
5. Entscheidungen über die Umwandlung eines Eigenbetriebs in eine Eigengesellschaft,
6. Entscheidungen über die Errichtung oder Auflösung kommunaler Anstalten sowie die Umwandlung der in § 141 Abs. 1 genannten Eigenbetriebe, Eigengesellschaften und Einrichtungen in kommunale Anstalten,
7. Entscheidungen über die Beteiligung von Privatpersonen oder Privatgesellschaften an Eigengesellschaften bei einer kommunalen Mehrheitsbeteiligung,
8. Entscheidungen über die Veräußerung von Anteilen an Unternehmen und Einrichtungen mit eigener Rechtspersönlichkeit, sofern eine kommunale Mehrheitsbeteiligung nicht aufgegeben wird,
9. Entscheidungen über den Zusammenschluss von kommunalen Unternehmen und Einrichtungen mit einem privaten Unternehmen bei einer kommunalen Mehrheitsbeteiligung,
10. Entscheidungen über den Abschluss eines Verpachtungs-, Betriebsführungs- oder Anlagenüberlassungsvertrags über
    a) einen Eigenbetrieb oder eine Eigengesellschaft oder
    b) ein Unternehmen oder eine Einrichtung, wenn die Kommune über die Mehrheit der Anteile verfügt,

und

11. Entscheidungen über den Abschluss, die Verlängerung oder die Änderung von Verträgen über die Lieferung von Energie oder von Konzessionsverträgen (§ 148 Abs. 2).

[2]Aus der Anzeige muss zu ersehen sein, ob die gesetzlichen Voraussetzungen erfüllt sind. [3]Die Entscheidung darf erst sechs Wochen nach der Anzeige vollzogen werden. [4]Die Kommunalaufsichtsbehörde kann im Einzelfall aus besonderem Grund die Frist verkürzen oder verlängern.

(2) Eine Genehmigung der Kommunalaufsichtsbehörde ist erforderlich für Entscheidungen der Kommune über
1. die Veräußerung eines Eigenbetriebs, einer Eigengesellschaft oder einer Mehrheitsbeteiligung an einem Unternehmen oder an einer Einrichtung mit eigener Rechtspersönlichkeit,
2. die Umwandlung einer Eigengesellschaft in eine Gesellschaft, an der Personen des Privatrechts eine Mehrheitsbeteiligung eingeräumt wird, und

Kommunalverfassungsgesetz **NKomVG 50**

3. den Zusammenschluss eines kommunalen Unternehmens oder einer Einrichtung mit einem privaten Unternehmen ohne Einräumung eines beherrschenden kommunalen Einflusses.

(3) Für kommunale Anstalten gelten Absatz 1 Satz 1 Nrn. 1 bis 3, 8, 10 und 11 sowie Absatz 2 entsprechend.

Vierter Abschnitt
Prüfungswesen

§ 153 Rechnungsprüfungsamt. (1) Zur Durchführung der Rechnungsprüfung richten die Landkreise, die Region Hannover, die kreisfreien Städte, die großen selbständigen Städte und die selbständigen Gemeinden ein Rechnungsprüfungsamt ein; andere Gemeinden und Samtgemeinden können ein Rechnungsprüfungsamt einrichten, wenn ein Bedürfnis hierfür besteht und die Kosten in angemessenem Verhältnis zum Umfang der Verwaltung stehen.

(2) [1]Die Rechnungsprüfung kann ganz oder teilweise in den Formen kommunaler Zusammenarbeit nach dem Niedersächsischen Gesetz über die kommunale Zusammenarbeit erfolgen, wenn die ordnungsgemäße Erledigung der Rechnungsprüfung gesichert ist. [2]Hat eine Kommune die Aufgabe der Rechnungsprüfung vollständig übertragen, so braucht sie kein eigenes Rechnungsprüfungsamt einzurichten.

(3) Haben Gemeinden oder Samtgemeinden kein Rechnungsprüfungsamt und haben sie die Rechnungsprüfung nicht vollständig nach dem Niedersächsischen Gesetz über die kommunale Zusammenarbeit übertragen, so wird die Rechnungsprüfung vom Rechnungsprüfungsamt des Landkreises oder der Region Hannover auf Kosten der Gemeinde oder der Samtgemeinde durchgeführt.

§ 154 Unabhängigkeit des Rechnungsprüfungsamts. (1) [1]Das Rechnungsprüfungsamt der Kommune ist der Vertretung unmittelbar unterstellt und nur dieser verantwortlich. [2]Der Hauptausschuss hat das Recht, dem Rechnungsprüfungsamt Aufträge zur Prüfung der Verwaltung zu erteilen. [3]Das Rechnungsprüfungsamt ist bei der sachlichen Beurteilung der Prüfungsvorgänge unabhängig und insoweit an Weisungen nicht gebunden.

(2) [1]Die Vertretung beruft die Leiterin oder den Leiter und erforderlichenfalls die Prüferinnen und Prüfer des Rechnungsprüfungsamts und beruft sie ab. [2]Für die Berufung und Abberufung der Leiterin oder des Leiters des Rechnungsprüfungsamts ist die Mehrheit der Mitglieder der Vertretung erforderlich. [3]Die Abberufung bedarf der Zustimmung der Kommunalaufsichtsbehörde.

(3) Die Leiterin oder der Leiter des Rechnungsprüfungsamts darf nicht mit der Hauptverwaltungsbeamtin oder dem Hauptverwaltungsbeamten, der oder dem für das Finanzwesen zuständigen Beschäftigten und der Kassenleitung in einer der folgenden Beziehungen stehen:

50 NKomVG — Kommunalverfassungsgesetz

1. Verwandtschaft bis zum dritten Grad,
2. Schwägerschaft bis zum zweiten Grad,
3. Ehe oder Lebenspartnerschaft im Sinne des Lebenspartnerschaftsgesetzes.

(4) Die Leiterin oder der Leiter und die Prüferinnen und Prüfer des Rechnungsprüfungsamts dürfen eine andere Stellung in der Kommune nur innehaben, wenn dies mit den Aufgaben des Rechnungsprüfungsamts vereinbar ist und die Unabhängigkeit des Rechnungsprüfungsamts nicht beeinträchtigt wird.

(5) Die Leiterin oder der Leiter und die Prüferinnen und Prüfer des Rechnungsprüfungsamts dürfen Zahlungen durch die Kommune weder anordnen noch ausführen.

§ 155 Rechnungsprüfung. (1) Die Rechnungsprüfung umfasst
1. die Prüfung des Jahresabschlusses,
2. die Prüfung des konsolidierten Gesamtabschlusses,
3. die laufende Prüfung der Kassenvorgänge und der Belege zur Vorbereitung des Jahresabschlusses,
4. die dauernde Überwachung der Kassen der Kommune und ihrer Eigenbetriebe sowie die Vornahme der regelmäßigen und unvermuteten Kassenprüfungen, unbeschadet der Vorschriften über die Kassenaufsicht, und
5. die Prüfung von Vergaben vor Auftragserteilung.

(2) Die Vertretung kann dem Rechnungsprüfungsamt weitere Aufgaben übertragen, insbesondere
1. die Prüfung der Vorräte und Vermögensbestände,
2. die Prüfung der Verwaltung auf Ordnungsmäßigkeit, Zweckmäßigkeit und Wirtschaftlichkeit,
3. die Prüfung der Wirtschaftsführung der Eigenbetriebe und der kommunalen Stiftungen,
4. die Prüfung der Betätigung der Kommune als Gesellschafterin oder Aktionärin in Unternehmen und Einrichtungen mit eigener Rechtspersönlichkeit und
5. die Kassen-, Buch- und Betriebsprüfung, soweit sich die Kommune eine solche Prüfung bei einer Beteiligung, bei der Gewährung eines Kredits oder sonst vorbehalten hat.

(3) Das Rechnungsprüfungsamt kann die Prüfung nach pflichtgemäßem Ermessen beschränken und auf die Vorlage einzelner Prüfungsunterlagen verzichten.

(4) Andere gesetzliche Bestimmungen über die Prüfungspflicht der Wirtschaftsbetriebe der öffentlichen Hand werden hierdurch nicht berührt.

§ 156 Jahresabschlussprüfung und Prüfung des konsolidierten Gesamtabschlusses. (1) Der Jahresabschluss ist dahingehend zu prüfen, ob
1. der Haushaltsplan eingehalten worden ist,
2. die Grundsätze ordnungsmäßiger Buchführung eingehalten worden sind,

Kommunalverfassungsgesetz **NKomVG 50**

3. bei den Erträgen und Aufwendungen sowie bei den Einzahlungen und Auszahlungen des kommunalen Geld- und Vermögensverkehrs nach den bestehenden Gesetzen und Vorschriften unter Beachtung der maßgebenden Verwaltungsgrundsätze und der gebotenen Wirtschaftlichkeit verfahren worden ist und
4. sämtliche Vermögensgegenstände, Schulden, Rechnungsabgrenzungsposten, Erträge, Aufwendungen, Einzahlungen und Auszahlungen enthalten sind und der Jahresabschluss die tatsächliche Vermögens-, Ertrags- und Finanzlage darstellt.

(2) [1]Der konsolidierte Gesamtabschluss ist dahin zu prüfen, ob er nach den Grundsätzen ordnungsmäßiger Buchführung aufgestellt ist. [2]Bei der Prüfung des konsolidierten Gesamtabschlusses sind die Ergebnisse einer Prüfung nach den §§ 157 und 158 und vorhandene Jahresabschlussprüfungen zu berücksichtigen. [3]Das Rechnungsprüfungsamt kann mit der Durchführung der Prüfung des konsolidierten Gesamtabschlusses eine Wirtschaftsprüferin, einen Wirtschaftsprüfer, eine Wirtschaftsprüfungsgesellschaft oder andere Dritte beauftragen oder zulassen, dass die Beauftragung im Einvernehmen mit dem Rechnungsprüfungsamt unmittelbar durch die Kommune erfolgt.

(3) Das Rechnungsprüfungsamt hat seine Bemerkungen jeweils in einem Schlussbericht zusammenzufassen.

(4) [1]Der um die Stellungnahme der Hauptverwaltungsbeamtin oder des Hauptverwaltungsbeamten ergänzte Schlussbericht des Rechnungsprüfungsamts ist frühestens nach seiner Vorlage in der Vertretung (§ 129 Abs. 1 Satz 2) an sieben Tagen öffentlich auszulegen; die Auslegung ist öffentlich bekannt zu machen. [2]Dabei sind die Belange des Datenschutzes zu beachten. [3]Bekanntmachung und Auslegung können mit dem Verfahren nach § 129 Abs. 2 verbunden werden. [4]Die Kommune gibt Ausfertigungen des öffentlich ausgelegten und um die Stellungnahme der Hauptverwaltungsbeamtin oder des Hauptverwaltungsbeamten ergänzten Schlussberichts gegen Kostenerstattung ab.

§ 157 Jahresabschlussprüfung bei Eigenbetrieben. [1]Die Jahresabschlussprüfung eines Eigenbetriebs erfolgt durch das für die Kommune zuständige Rechnungsprüfungsamt. [2]Es kann mit der Durchführung der Jahresabschlussprüfung eine Wirtschaftsprüferin, einen Wirtschaftsprüfer, eine Wirtschaftsprüfungsgesellschaft oder andere Dritte beauftragen oder zulassen, dass die Beauftragung im Einvernehmen mit dem Rechnungsprüfungsamt unmittelbar durch den Eigenbetrieb erfolgt. [3]Die Kosten der Jahresabschlussprüfung trägt der Eigenbetrieb.

§ 158 Jahresabschlussprüfung bei privatrechtlichen Unternehmen.
(1) [1]Ist eine Kommune allein oder zusammen mit anderen Kommunen, einem Land oder dem Bund an einem rechtlich selbständigen, privatrechtlichen Unternehmen in dem in § 53 des Haushaltsgrundsätzegesetzes (HGrG) bezeichneten Umfang beteiligt, so hat sie dafür zu sorgen, dass in der Satzung

50 NKomVG

oder im Gesellschaftsvertrag die Durchführung einer Jahresabschlussprüfung nach den Vorschriften über die Jahresabschlussprüfung bei Eigenbetrieben vorgeschrieben und ein zuständiges Rechnungsprüfungsamt bestimmt wird. ²Dies gilt nicht, wenn der Jahresabschluss aufgrund anderer Rechtsvorschriften zu prüfen ist. ³In diesen Fällen hat die Kommune eine Abschlussprüferin oder einen Abschlussprüfer nach § 319 Abs. 1 Satz 1 HGB zu wählen und die Rechte nach § 53 HGrG auszuüben. ⁴Der Kommunalaufsichtsbehörde ist eine Ausfertigung des Prüfungsberichts zu übersenden.

(2) Bei einer Beteiligung nach Absatz 1 Satz 1 hat die Kommune darauf hinzuwirken, dass den für sie zuständigen Prüfungseinrichtungen die in § 54 HGrG vorgesehenen Befugnisse eingeräumt werden.

(3) ¹Ist eine Kommune allein oder zusammen mit anderen Kommunen, einem Land oder dem Bund an einem rechtlich selbständigen, privatrechtlichen Unternehmen nicht in dem in § 53 HGrG bezeichneten Umfang beteiligt, so soll die Kommune, soweit ihr Interesse dies erfordert, darauf hinwirken, dass ihr in der Satzung oder im Gesellschaftsvertrag die Rechte nach § 53 Abs. 1 HGrG sowie ihr und den für sie zuständigen Prüfungseinrichtungen die Befugnisse nach § 54 HGrG eingeräumt werden. ²Bei mittelbaren Beteiligungen gilt das nur, wenn die Kommune allein oder zusammen mit anderen Kommunen, einem Land oder dem Bund in dem in § 53 HGrG bezeichneten Umfang an einem Unternehmen beteiligt ist, dessen Anteil an einem anderen Unternehmen wiederum 25 Prozent aller Anteile übersteigt.

NEUNTER TEIL
Besondere Aufgaben- und Kostenregelungen

Erster Abschnitt
Region Hannover, Landeshauptstadt Hannover und übrige regionsangehörige Gemeinden

§ 159 Grundsätze der Aufgabenverteilung. (1) Die Region Hannover erfüllt
1. in ihrem gesamten Gebiet neben den Aufgaben nach § 5 Abs. 1 Nr. 3 die Aufgaben der Landkreise im eigenen Wirkungskreis nach § 5 Abs. 1 Nr. 4, soweit diese Aufgaben nicht
   a) der Landeshauptstadt Hannover durch Rechtsvorschriften ausdrücklich zugewiesen werden oder nach §§ 162 und 163 zugewiesen sind oder
   b) den übrigen regionsangehörigen Gemeinden nach § 163 für ihr Gebiet zugewiesen sind,
2. in ihrem Gebiet mit Ausnahme des Gebiets der Landeshauptstadt Hannover die Aufgaben der Landkreise im übertragenen Wirkungskreis, soweit sich nicht aus Absatz 3 Nr. 3 oder den §§ 161 und 164 etwas anderes ergibt,

Kommunalverfassungsgesetz **NKomVG 50**

3. die ihr nach den §§ 160 und 161 besonders zugewiesenen Aufgaben und
4. weitere ihr durch Rechtsvorschrift zugewiesene Aufgaben.

(2) Die Landeshauptstadt Hannover erfüllt neben ihren Aufgaben als Gemeinde in ihrem Gebiet
1. die Aufgaben des eigenen Wirkungskreises, die den Landkreisen obliegen, soweit sie der Landeshauptstadt Hannover durch § 162 zugewiesen werden,
2. die besonderen Aufgaben des eigenen Wirkungskreises nach § 163,
3. die Aufgaben des übertragenen Wirkungskreises, die den Landkreisen obliegen, soweit sich aus § 161 nichts anderes ergibt oder eine andere Rechtsvorschrift dies nicht ausdrücklich ausschließt, und
4. die ihr nach § 164 zugewiesenen Aufgaben des übertragenen Wirkungskreises.

(3) Die übrigen regionsangehörigen Gemeinden erfüllen neben ihren Aufgaben als Gemeinde in ihrem Gebiet
1. die besonderen Aufgaben des eigenen Wirkungskreises nach § 163,
2. die besonderen Aufgaben des übertragenen Wirkungskreises nach § 164 Abs. 1 und nach § 164 Abs. 2 bis 4, soweit die dort genannten Voraussetzungen vorliegen, und
3. die Aufgaben nach § 17, soweit es sich um selbständige Gemeinden nach § 14 Abs. 3 handelt.

§ 160 Aufgaben der Region Hannover in ihrem gesamten Gebiet im eigenen Wirkungskreis. (1) Die Region Hannover ist Träger der Regionalplanung im Sinne des Niedersächsischen Raumordnungsgesetzes.

(2) [1]Die Region Hannover ist zuständig für die regionale Wirtschafts- und Beschäftigungsförderung, soweit sie keine staatliche Aufgabe ist. [2]Sie ist ferner zuständig für die kommunale Förderung der regional bedeutsamen Naherholung und kann auf Antrag der Gemeinden die Trägerschaft von Anlagen und Einrichtungen übernehmen, die diesem Zweck dienen. [3]Die Zuständigkeit nach den Sätzen 1 und 2 schließt eine Förderung durch die Standortgemeinde nicht aus.

(3) Die Region Hannover nimmt die Aufgaben nach § 1 des Niedersächsischen Gesetzes zum Bundesgesetz zur wirtschaftlichen Sicherung der Krankenhäuser und zur Regelung der Krankenhauspflegesätze (Nds. KHG) wahr.

(4) [1]Die Region Hannover ist der örtliche Träger der öffentlichen Jugendhilfe, soweit dazu nicht regionsangehörige Gemeinden bestimmt worden sind. [2]Sie ist Träger zentraler Einrichtungen und Leistungsangebote auch für das Gebiet anderer örtlicher Träger der Jugendhilfe, soweit diese eine solche Aufgabenübernahme mit ihr vereinbart haben. [3]Sie ist ferner dafür zuständig, die Jugendhilfeplanung innerhalb der Region Hannover durch eine Rahmenplanung aufeinander abzustimmen, auch mit anerkannten Trägern der freien Jugendhilfe und mit der überörtlichen Planung. [4]Die Region Hannover ist auch zuständig für die Förderung der auf ihrer Ebene bestehenden Jugendverbände und ihrer Zusammenschlüsse. [5]Anderen örtlichen Trägern der öffentlichen Jugendhilfe

50 NKomVG — Kommunalverfassungsgesetz

gewährt sie auf Antrag einen angemessenen pauschalierten Kostenausgleich bis zu 80 Prozent der Personal- und Sachkosten für Leistungen nach den §§ 19, 21, 29 bis 35a, 41 bis 43, 52, 55, 56, 59 und 90 Abs. 3 des Achten Buchs des Sozialgesetzbuchs (SGB VIII). [6]Voraussetzung dafür ist, dass diese Träger ihre Jugendhilfeplanung mit der Region Hannover abstimmen und ihr den Abschluss von Vereinbarungen nach § 78b SGB VIII übertragen. [7]Die Region Hannover kann die Sätze 5 und 6 auf weitere Aufgaben und Leistungen nach dem Achten Buch des Sozialgesetzbuchs anwenden.

(5) [1]Die Region Hannover ist Träger der berufsbildenden Schulen, der Förderschulen mit Ausnahme der Förderschulen für Lernhilfe, der Abendgymnasien, der Kollegs und der kommunalen Schullandheime. [2]Der Kreiselternrat (§ 97 des Niedersächsischen Schulgesetzes – NSchG) wird unter der Bezeichnung Regionselternrat für das gesamte Gebiet der Region Hannover eingerichtet, der Kreisschülerrat (§ 82 NSchG) in gleicher Weise unter der Bezeichnung Regionsschülerrat. [3]§ 102 Abs. 3 bis 5 und die §§ 117 und 118 NSchG sind im gesamten Gebiet der Region Hannover nicht anzuwenden. [4]§ 103 NSchG ist mit der Maßgabe anzuwenden, dass die Region Hannover nach Ermessen entscheidet, ob sie die laufende Verwaltung einzelner ihrer Schulen überträgt.

(6) [1]Die Region Hannover ist öffentlich-rechtlicher Entsorgungsträger im Sinne des Kreislaufwirtschafts- und Abfallgesetzes, des Batteriegesetzes und des Elektro- und Elektronikgerätegesetzes. [2]Sie übernimmt von dem Landkreis Hannover und der Landeshauptstadt Hannover die diesem Zweck dienenden Einrichtungen und Anlagen, soweit sie nicht zugleich anderen Zwecken dienen und dafür weiterhin benötigt werden.

(7) Die Region Hannover ist neben ihren Aufgaben nach dem Zweiten Abschnitt des Niedersächsischen Pflegegesetzes zuständig für den Abschluss von Vergütungsvereinbarungen über die ambulante und die stationäre Pflege sowie die Kurzzeit- und die Tagespflege nach dem Elften Buch des Sozialgesetzbuchs.

(8) Die Region Hannover ist für die Planung und Finanzierung der kommunalen Förderung des sozialen Wohnungsbaus zuständig.

§ 161 Besondere Aufgaben der Region Hannover im übertragenen Wirkungskreis. Die Region Hannover ist in ihrem gesamten Gebiet zuständig für
1. die Aufgaben der unteren Landesplanungsbehörde nach dem Niedersächsischen Raumordnungsgesetz,
2. die Aufgaben der höheren Verwaltungsbehörde nach dem Baugesetzbuch, ausgenommen
   a) Entscheidungen nach § 6 Abs. 1 und § 10 Abs. 2 BauGB für Bauleitpläne, die die Region Hannover selbst erarbeitet hat,
   b) Entscheidungen nach § 37 Abs. 1 und 2 BauGB,
   c) die der Enteignungsbehörde (§ 104 BauGB) obliegenden Aufgaben,

Kommunalverfassungsgesetz **NKomVG 50**

3. die Aufgaben der unteren Naturschutzbehörde nach § 32 Abs. 1 Satz 1 des Niedersächsischen Ausführungsgesetzes zum Bundesnaturschutzgesetz (NAGBNatSchG), soweit nicht nach § 164 Abs. 4 dieses Gesetzes einzelne Aufgaben regionsangehörigen Gemeinden übertragen worden sind,
4. die Aufgaben, die durch Bundes- und Landesrecht den Gesundheitsämtern, den unteren Gesundheitsbehörden und den Amtsärztinnen und Amtsärzten zugewiesen sind, sowie für die Aufgaben der Landkreise
   a) in Bezug auf das Infektionsschutzgesetz (IfSG) und darauf gestützte Verordnungen, ausgenommen die Überwachung, ob die Nachweispflichten nach § 43 Abs. 5 Satz 2 IfSG eingehalten worden sind, und die Zulassung von Abweichungen für Lebensmittelbetriebe nach § 10 Abs. 1 der Trinkwasserverordnung,
   b) nach dem Niedersächsischen Gesetz über Hilfen und Schutzmaßnahmen für psychisch Kranke,
   c) nach dem Niedersächsischen Ausführungsgesetz zum Betreuungsgesetz,
5. die Aufgaben der Landkreise nach dem Dritten Abschnitt des Niedersächsischen Pflegegesetzes,
6. die Aufgaben der Ämter für Ausbildungsförderung
   a) nach § 41 des Bundesausbildungsförderungsgesetzes (BAföG), soweit nicht ein nach § 3 Abs. 8 Satz 1 des Niedersächsischen Hochschulgesetzes eingerichtetes Amt für Ausbildungsförderung zuständig ist,
   b) nach § 45 Abs. 4 Satz 1 BAföG in Bezug auf eine Ausbildung in den Staaten, für die durch Rechtsverordnung nach § 45 Abs. 4 Satz 2 BAföG das Land Niedersachsen zuständig ist; abweichend davon ist bis zum 31. Dezember 2011 für Förderungsanträge für Ausbildungen an in Asien gelegenen Ausbildungsstätten für Bewilligungszeiträume, die ab dem 1. März 2010 beginnen, das Studentenwerk Oldenburg als Amt für Ausbildungsförderung zuständig.
7. die Aufgaben des Versicherungsamts nach dem Vierten Buch des Sozialgesetzbuchs,
8. die Aufgaben des Ausgleichsamts nach dem Lastenausgleichsgesetz und nach darauf verweisenden Gesetzen,
9. die Aufgaben der unteren Deichbehörden nach dem Niedersächsischen Deichgesetz und die Aufgaben der Aufsichtsbehörden nach dem Wasserverbandsgesetz,
10. die Aufgaben der unteren Wasserbehörde, ausgenommen die Zuständigkeiten
    a) nach § 164 Abs. 3, soweit sie regionsangehörigen Gemeinden übertragen worden sind,
    b) für die Genehmigung von Einleitungen in öffentliche Abwasseranlagen im Bereich der selbständigen Gemeinden und der Landeshauptstadt Hannover nach § 58 des Wasserhaushaltsgesetzes (WHG),
11. die Aufgaben auf dem Gebiet des Schornsteinfegerrechts, die den Landkreisen sowie den kreisfreien Städten und großen selbständigen Städten zugewiesen sind,

50 NKomVG

12. die Aufgaben der unteren Bodenschutzbehörden nach § 10 des Niedersächsischen Bodenschutzgesetzes,
13. die Aufgaben der Waldbehörden, mit Ausnahme der Aufgaben nach § 31 Abs. 3 und 4 und § 35 Abs. 4 des Niedersächsischen Gesetzes über den Wald und die Landschaftsordnung in der Landeshauptstadt Hannover, sowie die Aufgaben der Landkreise nach dem Forstschäden-Ausgleichsgesetz und der Verordnung zur Durchführung des Bundeswaldgesetzes,
14. die Aufgaben nach dem Bundes-Immissionsschutzgesetz und den darauf gestützten Verordnungen, die nur den Landkreisen und den kreisfreien und großen selbständigen Städten zugewiesen sind,
15. die den Landkreisen und kreisfreien Städten zugewiesenen Aufgaben nach dem Chemikaliengesetz und den darauf gestützten Verordnungen und
16. die Festsetzung nach § 4 Abs. 2 Satz 2 des Niedersächsischen Straßengesetzes (NStrG), die Festlegung der seitlichen Begrenzung der Ortsdurchfahrten nach § 43 Abs. 6 NStrG, soweit Landesstraßen betroffen sind, sowie die Aufgabe der Anhörungs- und Planfeststellungsbehörde nach § 38 Abs. 5 NStrG für Bundes- und Landesstraßen.

§ 162 Besondere Aufgaben der Landeshauptstadt Hannover im eigenen Wirkungskreis. (1) Die Landeshauptstadt Hannover ist in ihrem Gebiet zuständig für die den Landkreisen zugewiesenen Aufgaben
1. nach dem Niedersächsischen Brandschutzgesetz,
2. nach dem Niedersächsischen Rettungsdienstgesetz,
3. der kommunalen Förderung der Träger der Jugendarbeit nach dem Jugendförderungsgesetz,
4. des Straßenbaulastträgers für Kreisstraßen nach dem Niedersächsischen Straßengesetz und der Anhörungs- und Planfeststellungsbehörde nach § 38 Abs. 5 NStrG für diese Straßen und
5. der Festsetzung der Grenzen der Ortsdurchfahrten nach § 4 Abs. 2 Satz 1 NStrG sowie die Festlegung der seitlichen Begrenzung der Ortsdurchfahrten nach § 43 Abs. 6 NStrG, soweit Kreisstraßen betroffen sind.

(2) Die Erfüllung der Aufgaben nach Absatz 1 durch die Landeshauptstadt Hannover ist bei der Regionsumlage zu berücksichtigen.

(3) Die Landeshauptstadt Hannover bleibt in dem Umfang für die Unterhaltung der Gewässer zweiter Ordnung zuständig, wie sie dies bis zum 31. Oktober 2001 war.

§ 163 Besondere Aufgaben der Landeshauptstadt Hannover und der übrigen regionsangehörigen Gemeinden im eigenen Wirkungskreis. (1) [1]Die Landeshauptstadt Hannover und die übrigen regionsangehörigen Gemeinden sind Träger der öffentlichen Schulen, soweit nicht nach § 160 Abs. 5 die Region Hannover zuständig ist. [2]Schulträger, die Schülerinnen und Schüler aus anderen regionsangehörigen Gemeinden (Herkunftsgemeinde) aufnehmen, erhalten von dem für die Herkunftsgemeinde zuständigen Schulträger einen Schulbei-

Kommunalverfassungsgesetz **NKomVG 50**

trag. ³Grundlage für diesen Beitrag ist ein Pro-Kopf-Betrag, den die Region Hannover pauschal nach Schulformen durch Satzung festlegt. ⁴Der Anspruch auf Zahlung des Schulbeitrags besteht nur, wenn
1. der für die Herkunftsgemeinde zuständige Schulträger die gewählte Schulform oder den gewählten Bildungsgang nicht anbietet,
2. der Schulbesuch den schulrechtlichen Vorschriften entspricht und
3. zwischen den beteiligten Schulträgern nichts anderes vereinbart ist.

⁵Die Sätze 2 bis 4 gelten entsprechend für Schulträger, die Träger einer Schule für Lernhilfe sind.

(2) Die Landeshauptstadt Hannover und die übrigen regionsangehörigen Gemeinden sind zuständig für die kommunalen Aufgaben der Erwachsenenbildung; das Recht der kommunalen Zusammenarbeit bleibt unberührt.

(3) Die Landeshauptstadt Hannover und die übrigen regionsangehörigen Gemeinden sind für die kommunale Förderung des sozialen Wohnungsbaus und neben der Region Hannover auch für die Finanzierung dieser Förderung zuständig.

(4) ¹Neben den in § 1 Abs. 2 Satz 1 des Gesetzes zur Ausführung des Kinder- und Jugendhilfegesetzes (AG KJHG) bestimmten örtlichen Trägern der öffentlichen Jugendhilfe können auch auf Antrag auch die übrigen regionsangehörigen Gemeinden mit mehr als 30 000 Einwohnerinnen und Einwohnern sowie die Stadt Springe durch das zuständige Ministerium hierzu bestimmt werden. ²Die Bestimmung nach Satz 1 ist aufzuheben, wenn die Gemeinde dies beantragt.

§ 164 Besondere Aufgaben der Landeshauptstadt Hannover und der übrigen regionsangehörigen Gemeinden im übertragenen Wirkungskreis.

(1) Abweichend von § 159 Abs. 1 Nr. 2 nehmen neben der Landeshauptstadt Hannover auch alle übrigen regionsangehörigen Gemeinden folgende Aufgaben der Landkreise im übertragenen Wirkungskreises wahr:
1. die Überwachung des fließenden und des ruhenden Verkehrs nach der Straßenverkehrsordnung (StVO), wobei sie insoweit Straßenverkehrsbehörde im Sinne des § 44 Abs. 1 Satz 1 StVO sind,
2. die Aufgaben nach dem Wohnungsbindungsgesetz,
3. die Aufgaben der zuständigen Stelle nach dem Niedersächsischen Wohnraumfördergesetz,
4. die Aufgaben der Wohngeldbehörde nach dem Wohngeldgesetz und
5. die Durchführung der Vorschriften des Ersten Abschnitts des Bundeserziehungsgeldgesetzes und die Aufgaben der Erziehungsgeldstelle nach dem Zweiten Abschnitt jenes Gesetzes.

(2) ¹Abweichend von § 57 Abs. 1 Satz 1 der Niedersächsischen Bauordnung (NBauO) nehmen neben der Landeshauptstadt Hannover auch die übrigen regionsangehörigen Gemeinden mit mehr als 30 000 Einwohnerinnen und Einwohnern die Aufgaben der unteren Bauaufsichtsbehörden wahr. ²Entsprechendes gilt für regionsangehörige Gemeinden, die diese Aufgaben am 31. Oktober 2001 wahrgenommen haben. ³Die oberste Bauaufsichtsbehörde kann anderen

50 NKomVG Kommunalverfassungsgesetz

regionsangehörigen Gemeinden mit mehr als 20 000 Einwohnerinnen und Einwohnern die Aufgaben der unteren Bauaufsichtsbehörden übertragen; hierfür gilt § 57 Abs. 2 NBauO entsprechend.

(3) ¹Die Region Hannover kann der Landeshauptstadt Hannover oder einer der übrigen regionsangehörigen Gemeinden für deren Gebiet Aufgaben nach dem Niedersächsischen Wassergesetz und dem Wasserhaushaltsgesetz übertragen, wenn die Gemeinde dies beantragt und eine ordnungsgemäße Erledigung zu erwarten ist. ²Dies betrifft folgende Aufgaben:
1. die Erteilung der Erlaubnis, Abwasser aus Kleinkläranlagen einzuleiten (§ 10 WHG),
2. die Erteilung der Genehmigung nach § 57 NWG für Gewässer dritter Ordnung und
3. die Erteilung der Genehmigung von Abwasserbehandlungsanlagen (§ 60 Abs. 3 WHG), deren Abwässer in eine öffentliche Abwasseranlage eingeleitet werden sollen, wenn die Gemeinde für die Genehmigung dieser Einleitungen nach § 98 Abs. 1 Satz 1 NWG für zuständig erklärt worden ist.

³Die Gemeinde hat im Umfang der Übertragung die Aufgaben und Befugnisse der Wasserbehörde; sie ist insoweit für die behördliche Überwachung zuständig.

(4) ¹Die Region Hannover kann der Landeshauptstadt Hannover oder einer der übrigen regionsangehörigen Gemeinden für deren Gebiet die Aufgaben der Naturschutzbehörde nach den §§ 28 und 30 des Bundesnaturschutzgesetzes sowie den §§ 21 und 24 NAGBNatSchG übertragen, wenn die Gemeinde dies beantragt und eine ordnungsgemäße Erledigung zu erwarten ist. ²Soweit die Aufgaben übertragen wurden, hat die Gemeinde die Stellung einer unteren Naturschutzbehörde und kann entsprechend § 34 NAGBNatSchG ehrenamtlich tätige Beauftragte für Naturschutz bestellen.

(5) ¹Wurde eine Aufgabe nach den Absätzen 2 bis 4 auf Antrag übertragen oder ist die Aufgabenübertragung beendet worden, ist dies durch diejenige Behörde öffentlich bekannt zu machen, die über die Aufgabenübertragung entscheidet oder entschieden hat. ²Die Aufgabenübertragung kann aufgehoben werden, wenn die regionsangehörige Gemeinde dies beantragt oder wenn die Voraussetzungen der Aufgabenübertragung nicht mehr erfüllt sind. ³Satz 2 gilt entsprechend, wenn im Fall des Absatzes 2 Satz 1 die Einwohnerzahl auf weniger als 30 001 sinkt und im Fall des Absatzes 2 Satz 2.

(6) In den Fällen der Absätze 2 bis 4 und § 63a Abs. 1 NBauO in der Fassung vom 10. Februar 2003 (Nds. GVBl. S. 89), zuletzt geändert durch § 13 des Gesetzes vom 10. November 2011 (Nds. GVBl. S. 415), übt die Region Hannover die Fachaufsicht über die regionsangehörigen Gemeinden aus; davon ausgenommen ist die Landeshauptstadt Hannover.

(7) ¹Die Region Hannover hat den betroffenen regionsangehörigen Gemeinden 90 Prozent der notwendigen, pauschaliert zu berechnenden Verwaltungskosten für die Aufgaben zu erstatten, die die Gemeinden nach den Absätzen 3 und 4 übernommen haben. ²Die Region Hannover erstattet den Gemeinden jedoch höchstens einen Betrag in Höhe der bei ihr durch diese Aufgabenüber-

Kommunalverfassungsgesetz **NKomVG 50**

tragung ersparten Verwaltungskosten, soweit diese nicht zuvor durch Erträge gedeckt waren. ³Soweit in den Gemeinden die Kosten durch andere Einnahmen gedeckt sind oder gedeckt werden können, sind sie nicht zu erstatten. ⁴Die Gemeinden können mit der Region Hannover den Kostenausgleich auch abweichend vereinbaren oder ganz auf ihn verzichten.

§ 165 Wahrnehmung von Aufgaben aufgrund einer Vereinbarung.
(1) ¹Die Region Hannover kann alle oder einzelne regionsangehörige Gemeinden durch Vereinbarung beauftragen, bestimmte Aufgaben im Namen der Region Hannover durchzuführen, soweit es sich um Geschäfte der laufenden Verwaltung handelt. ²Sie bleibt für die ordnungsgemäße Durchführung der Aufgaben verantwortlich.

(2) ¹Eine regionsangehörige Gemeinde kann die Region Hannover durch Vereinbarung beauftragen, bestimmte Aufgaben, für die die Gemeinde zuständig ist, im Namen der Gemeinde durchzuführen, soweit es sich um Geschäfte der laufenden Verwaltung handelt. ²Sie bleibt für die ordnungsgemäße Durchführung der Aufgaben verantwortlich.

(3) Die Beauftragung mit der Durchführung von Aufgaben nach Absatz 1 oder 2 und ihre Rücknahme sind durch die beauftragende Körperschaft öffentlich bekannt zu machen.

(4) ¹Soweit von den Möglichkeiten der Absätze 1 und 2 Gebrauch gemacht wird, ist in einer Vereinbarung der Beteiligten die Erstattung der notwendigen Verwaltungskosten durch die beauftragende Körperschaft zu regeln. ²Dies gilt nicht für Aufgaben der Landkreise oder der Gemeinden im eigenen Wirkungskreis, wenn der Auftrag einheitlich für das gesamte Gebiet der Region Hannover erfolgt.

(5) ¹Aufgabenübertragungen nach dem Recht der kommunalen Zusammenarbeit und Maßnahmen der Verwaltungshilfe bleiben von den Absätzen 1 und 2 unberührt. ²Hängt nach Bestimmungen dieses Teils des Gesetzes die Übertragung einer Aufgabe davon ab, ob eine regionsangehörige Gemeinde eine bestimmte Einwohnerzahl hat, so gilt diese Voraussetzung für alle Beteiligten als erfüllt, wenn die nach dem Recht der kommunalen Zusammenarbeit vereinbarte gemeinsame Erfüllung dieser Aufgabe ein Gebiet betrifft, dessen Einwohnerzahl die Mindestgrenze erreicht.

(6) ¹Einrichtungen, die dazu dienen, sowohl Aufgaben der Landeshauptstadt Hannover als auch gesetzliche Aufgaben der Region Hannover zu erfüllen, können gemeinsam betrieben werden; die Vorschriften des Rechts der kommunalen Zusammenarbeit sind entsprechend anzuwenden. ²Andere Möglichkeiten der Zusammenarbeit bleiben unberührt.

§ 166 Finanzielle Zuweisungen für Aufgaben, Umlagen.* (1) Die Region Hannover erhält vom Land für die Erfüllung von Aufgaben, für die sie über die

---

* § 166 Abs. 3 Sätze 4 und 5 tritt am 1. Januar 2012 in Kraft.

50 NKomVG

Aufgaben des übertragenen Wirkungskreises der Landkreise hinaus seit dem 1. Januar 2005 erstmals anstelle einer staatlichen Behörde zuständig ist, einen Ausgleich ihrer nicht durch Erträge gedeckten notwendigen Kosten. ²Das Land kann die Kosten nach Pauschalsätzen berechnen; sie setzen sich zusammen aus Verwaltungskosten und Zweckkosten.

(2) ¹Die regionsangehörigen Gemeinden erhalten von der Region Hannover finanzielle Zuweisungen für Aufgaben des übertragenen Wirkungskreises der Landkreise, die sie nach § 164 Abs. 1 oder 2 wahrnehmen. ²Die Höhe dieser Zuweisungen bemisst sich anteilig nach dem Verhältnis der Einwohnerzahlen an den Zuweisungen, die die Region Hannover für diese Aufgaben nach § 12 NFAG oder § 4 des Niedersächsischen Finanzverteilungsgesetzes erhält. ³Die Gemeinden erhalten die Zuweisungen nur soweit, wie die Kosten für diese Aufgaben nicht bereits in den ihnen unmittelbar zustehenden Zuweisungen dieser Art berücksichtigt sind. ⁴Die regionsangehörigen Gemeinden haben der Region Hannover für Aufgaben des übertragenen Wirkungskreises, die die Region Hannover nach diesem Gesetz oder aufgrund dieses Gesetzes an ihrer Stelle wahrnimmt und für die sie solche Zuweisungen erhalten, die Anteile zur Verfügung zu stellen, die auf diese Aufgaben entfallen. ⁵Die Beteiligten können von den Sätzen 1 bis 4 abweichende Vereinbarungen treffen.

(3) ¹Abweichend von § 15 Abs. 2 Satz 2 gilt die Landeshauptstadt Hannover bei der Anwendung der Vorschriften des Niedersächsischen Gesetzes über den Finanzausgleich über die Schlüsselzuweisungen und die Kreisumlage sowie bei der Erhebung der Umlage nach § 2 Abs. 3 Nds. KHG als kreisangehörige Gemeinde. ²Abweichend von den Vorschriften des Niedersächsischen Gesetzes über den Finanzausgleich ist die Regionsumlage so zu berechnen, dass ein Betrag in Höhe von 75 Prozent der Zinszahlungen für die Schulden des Landkreises Hannover zum Zeitpunkt seiner Auflösung ausschließlich von dessen Gemeinden getragen wird. ³Bei der Verteilung dieses besonderen Umlageanteils sind allein die Steuerkraftzahlen nach § 11 Abs. 1 NFAG zu berücksichtigen. ⁴Ebenfalls abweichend von den Vorschriften des Niedersächsischen Gesetzes über den Finanzausgleich ist die Regionsumlage des Weiteren so zu berechnen, dass ein nach Maßgabe des Satzes 5 zu bestimmender Betrag allein von den regionsangehörigen Gemeinden, die nicht örtliche Träger der Jugendhilfe sind, getragen wird. ⁵Zur Bestimmung des Betrages nach Satz 4 wird von einem Betrag in Höhe der nicht durch Erträge gedeckten Aufwendungen der Region für die Erbringung der von § 160 Abs. 4 Sätze 5 bis 7 erfassten Leistungen aus dem zur betreffenden Regionsumlage vorvergangenen Jahr ein Betrag in Höhe des Prozentsatzes abgezogen, der den regionsangehörigen Gemeinden, die Träger der öffentlichen Jugendhilfe sind, nach § 160 Abs. 4 Sätze 5 bis 7 als Kostenausgleich erstattet worden ist.

§ 167 Verordnungsermächtigungen. (1) ¹Die Landesregierung wird ermächtigt, durch Verordnung
1. der Region Hannover weitere Aufgaben zu übertragen, die im übrigen Landesgebiet staatliche Behörden wahrnehmen,

Kommunalverfassungsgesetz **NKomVG 50**

2. der Region Hannover Aufgaben des übertragenen Wirkungskreises vorzubehalten gegenüber
   a) der Landeshauptstadt Hannover oder
   b) den ihr angehörigen selbständigen Gemeinden, auch abweichend von im übrigen Landesgebiet geltenden Bestimmungen,
3. der Landeshauptstadt Hannover und den übrigen regionsangehörigen Gemeinden weitere Aufgaben des übertragenen Wirkungskreises der Landkreise zu übertragen.

[2]Ein Fachministerium kann von der Verordnungsermächtigung nach Satz 1 anstelle der Landesregierung Gebrauch machen, soweit es die Zuständigkeiten für Aufgaben außerhalb der Region Hannover bestimmen kann und es diese Zuständigkeiten landesweit regelt. [3]Für die finanziellen Folgen der Aufgabenübertragungen und -vorbehalte nach Satz 1 gilt § 166 entsprechend.

(2) Führen nicht schon die allgemeinen Kostenregelungen zu einem Ausgleich der Kosten bei der die Aufgabe wahrnehmenden Stelle, gilt bei antragsabhängigen Zuständigkeiten regionsangehöriger Gemeinden § 164 Abs. 7, im Übrigen § 166 Abs. 2 entsprechend.

Zweiter Abschnitt
Landkreis Göttingen und Stadt Göttingen

§ 168 Abweichende Bestimmungen, Aufgabenübertragungen. (1) Abweichend von § 16 Abs. 2 gilt die Stadt Göttingen bei der Anwendung der Vorschriften des Niedersächsischen Schulgesetzes als kreisangehörige Gemeinde.

(2) Der Landkreis Göttingen nimmt die Aufgaben nach § 1 Nds. KHG auch für die Stadt Göttingen wahr.

(3) [1]Die Landesregierung kann durch Verordnung Aufgaben des übertragenen Wirkungskreises, die die Stadt Göttingen nach § 18 in Verbindung mit § 16 Abs. 2 erfüllt, auf den Landkreis Göttingen übertragen, wenn dies zweckmäßig erscheint. [2]Der Landkreis Göttingen und die Stadt Göttingen sind vor dem Erlass einer Verordnung nach Satz 1 anzuhören.

§ 169 Finanzielle Zuweisungen für Aufgaben, Umlagen. (1) Abweichend von § 16 Abs. 2 gilt die Stadt Göttingen bei der Anwendung der Vorschriften des Niedersächsischen Gesetzes über den Finanzausgleich über die Schlüsselzuweisungen und die Kreisumlage sowie bei der Erhebung der Umlage nach § 2 Abs. 3 Nds. KHG als kreisangehörige Gemeinde.

(2) [1]Die Stadt Göttingen erhält einen Anteil von den Schlüsselzuweisungen für Kreisaufgaben des Landkreises Göttingen. [2]Zur Berechnung des Anteils wird von diesen Schlüsselzuweisungen zunächst derjenige Betrag abgezogen, mit dem die in § 7 Abs. 1 Satz 1 NFAG genannte finanzielle Belastung berücksichtigt wird. [3]Aus den so verbleibenden Schlüsselzuweisungen wird ein Anteil

50 NKomVG

von 41,6 Prozent gebildet und von diesem anteiligen Betrag derjenige Betrag abgezogen, der rechnerisch für die Stadt Göttingen auf die Entschuldungsumlage nach § 14c Abs. 3 NFAG entfällt.

ZEHNTER TEIL
Aufsicht

§ 170 Ausübung der Aufsicht. (1) ¹Die Aufsichtsbehörden schützen die Kommunen in ihren Rechten und sichern die Erfüllung ihrer Pflichten. ²Sie stellen sicher, dass die Kommunen die geltenden Gesetze beachten (Kommunalaufsicht) und die Aufgaben des übertragenen Wirkungskreises rechtmäßig und zweckmäßig ausführen (Fachaufsicht). ³Die Aufsicht soll so gehandhabt werden, dass die Entschlusskraft und die Verantwortungsfreude nicht beeinträchtigt werden.

(2) Soweit die Kommunen bei der Erfüllung ihrer Aufgaben an Weisungen gebunden sind, richtet sich die Aufsicht nach den hierfür geltenden Gesetzen.

§ 171 Kommunalaufsichtsbehörden, Fachaufsichtsbehörden. (1) Die Kommunalaufsicht über die Landkreise, die Region Hannover, die kreisfreien Städte, die großen selbständigen Städte, die Landeshauptstadt Hannover und die Stadt Göttingen führt das für Inneres zuständige Ministerium als Kommunalaufsichtsbehörde.

(2) Die Kommunalaufsicht über die übrigen kreisangehörigen Gemeinden sowie über die Samtgemeinden führen der Landkreis als Kommunalaufsichtsbehörde und das für Inneres zuständige Ministerium als oberste Kommunalaufsichtsbehörde.

(3) Die Kommunalaufsicht über die übrigen regionsangehörigen Gemeinden führt die Region Hannover als Kommunalaufsichtsbehörde und das für Inneres zuständige Ministerium als oberste Kommunalaufsichtsbehörde.

(4) ¹Ist ein Landkreis in einer von ihm als Kommunalaufsichtsbehörde zu entscheidenden Angelegenheit auch noch in anderer Weise beteiligt, tritt an seine Stelle die oberste Kommunalaufsichtsbehörde; diese entscheidet auch darüber, ob die Voraussetzung für ihre Zuständigkeit gegeben ist. ²Satz 1 gilt für die Region Hannover entsprechend.

(5) ¹Soweit durch Rechtsvorschrift nichts anderes bestimmt ist, wird die Fachaufsicht wahrgenommen von
1. der jeweils fachlich zuständigen obersten Landesbehörde gegenüber den Landkreisen, der Region Hannover, den kreisfreien und großen selbständigen Städten, der Landeshauptstadt Hannover und der Stadt Göttingen,
2. der Region Hannover und der jeweils zuständigen obersten Landesbehörde als oberster Fachaufsichtsbehörde gegenüber den übrigen regionsangehörigen Gemeinden sowie

Kommunalverfassungsgesetz **NKomVG 50**

3. den Landkreisen und der jeweils fachlich zuständigen obersten Landesbehörde als oberster Fachaufsichtsbehörde gegenüber den übrigen kreisangehörigen Gemeinden.

²Soweit die Landkreise und die Region Hannover die Fachaufsicht gegenüber den selbständigen Gemeinden wahrnehmen, erstreckt sich diese auch auf die Erfüllung der nach § 17 Satz 1 übertragenen Aufgaben. ³Die Kommunalaufsichtsbehörden unterstützen die Fachaufsichtsbehörden.

§ 172 Unterrichtung. (1) ¹Die Kommunalaufsichtsbehörde kann sich jederzeit über die Angelegenheiten der Kommunen unterrichten. ²Sie kann Personen mit Prüfungen und Besichtigungen vor Ort beauftragen sowie mündliche und schriftliche Berichte, Protokolle der Vertretung, des Hauptausschusses, der Stadtbezirksräte, der Ortsräte und der Ausschüsse der Vertretung sowie Akten und sonstige Unterlagen anfordern oder einsehen.

(2) Die Fachaufsichtsbehörde kann Auskünfte, Berichte, die Vorlage von Akten und sonstigen Unterlagen fordern und Geschäftsprüfungen durchführen.

§ 173 Beanstandung. (1) ¹Die Kommunalaufsichtsbehörde kann Beschlüsse und andere Maßnahmen einer Kommune sowie Bürgerentscheide beanstanden, wenn sie das Gesetz verletzen. ²Beanstandete Maßnahmen dürfen nicht vollzogen werden. ³Die Kommunalaufsichtsbehörde kann verlangen, dass bereits getroffene Maßnahmen rückgängig gemacht werden.

(2) Enthalten Haushaltssatzungen Rechtsverletzungen in nicht genehmigungsbedürftigen Teilen, so kann die Kommunalaufsichtsbehörde die Wirkung der Beanstandung auf diese Teile beschränken.

§ 174 Anordnung und Ersatzvornahme. (1) Erfüllt eine Kommune die ihr gesetzlich obliegenden Pflichten und Aufgaben nicht, so kann die Kommunalaufsichtsbehörde anordnen, dass die Kommune innerhalb einer bestimmten Frist das Erforderliche veranlasst.

(2) Kommt eine Kommune einer Anordnung der Kommunalaufsichtsbehörde nicht innerhalb der Frist nach, kann die Kommunalaufsichtsbehörde die Anordnung anstelle und auf Kosten der Kommune selbst durchführen oder durch einen anderen durchführen lassen (Ersatzvornahme).

§ 175 Bestellung von Beauftragten. ¹Wenn und solange nicht gewährleistet ist, dass eine Kommune ordnungsgemäß verwaltet wird und die Befugnisse der Kommunalaufsichtsbehörde nach den §§ 172 bis 174 nicht ausreichen, kann die Kommunalaufsichtsbehörde eine Beauftragte oder einen Beauftragten bestellen, die oder der alle oder einzelne Aufgaben der Kommune oder eines Kommunalorgans auf Kosten der Kommune wahrnimmt. ²Beauftragte haben im Rahmen ihres Auftrags die Stellung eines Organs der Kommune.

§ 176 Genehmigungen. (1) ¹Satzungen, Beschlüsse und andere Maßnahmen der Kommune, für die eine Genehmigung der Aufsichtsbehörde erforderlich

50 NKomVG

ist, werden erst mit der Genehmigung wirksam. ²Die Genehmigung gilt als erteilt, wenn über einen Genehmigungsantrag von der zuständigen Aufsichtsbehörde nicht innerhalb eines Monats nach seinem Eingang entschieden worden ist. ³Dies gilt nicht, wenn die Kommune einer Fristverlängerung zugestimmt hat. ⁴Der Kommune ist auf Antrag zu bescheinigen, dass die Genehmigung als erteilt gilt. ⁵Satz 2 gilt nicht für die Zulassung von Ausnahmen. ⁶Für Genehmigungen nach § 119 Abs. 4, § 120 Abs. 2 und 6, § 121 Abs. 2 und 3, § 122 Abs. 2 sowie § 152 Abs. 2 gilt Satz 2 mit der Maßgabe, dass an die Stelle der Frist von einem Monat eine Frist von drei Monaten tritt, in den Fällen des § 119 Abs. 4 und des § 120 Abs. 2 jedoch nur, wenn für die Genehmigung eine besondere Prüfung erforderlich ist. ⁷Ein besonderer Prüfungsbedarf liegt vor, wenn
1. in der letzten bestandskräftigen Entscheidung nach § 120 Abs. 2 festgestellt worden ist, dass die Kreditverpflichtungen mit der dauernden Leistungsfähigkeit der Kommune nicht in Einklang stehen,
2. der Gesamtbetrag der Kreditaufnahmen für Investitionen und Investitionsförderungsmaßnahmen höher als die zu leistende ordentliche Tilgung ist oder
3. zugleich ein Genehmigungserfordernis nach § 122 Abs. 2 besteht.

⁸Die Sätze 6 und 7 gelten für Genehmigungen, die nach § 130 Abs. 3 für die Haushalts- oder Wirtschaftspläne der Eigenbetriebe der Kommune erteilt werden, mit der Maßgabe entsprechend, dass sich der besondere Prüfungsbedarf nach Satz 7 Nrn. 1 bis 3 auch auf die Haushalts- oder Wirtschaftspläne der Eigenbetriebe beziehen kann.

(2) Absatz 1 gilt entsprechend für Geschäfte des bürgerlichen Rechtsverkehrs, für die eine Genehmigung der Aufsichtsbehörde erforderlich ist.

(3) Das für Inneres zuständige Ministerium kann durch Verordnung Beschlüsse, Rechtsgeschäfte und andere Maßnahmen der Kommune, für die eine Genehmigung der Kommunalaufsichtsbehörde erforderlich ist, von dem Genehmigungserfordernis allgemein oder unter bestimmten Voraussetzungen freistellen und stattdessen vorschreiben, dass diese Maßnahmen vorher der Kommunalaufsichtsbehörde anzuzeigen sind.

ELFTER TEIL
Übergangs- und Schlussvorschriften

§ 177 Maßgebende Einwohnerzahl. (1) ¹Als Einwohnerzahl der Kommune gilt die Zahl, die die Landesstatistikbehörde aufgrund einer allgemeinen Zählung der Bevölkerung (Volkszählung) und deren Fortschreibung für den Stichtag des Vorjahres ermittelt hat. ²Stichtag ist der 30. Juni; in Jahren, in denen eine Volkszählung stattgefunden hat, ist es der Tag der Volkszählung.

(2) ¹Die Zahl der Abgeordneten der Vertretung nach § 46 ist nach der Einwohnerzahl zu bestimmen, die die Landesstatistikbehörde aufgrund einer

Kommunalverfassungsgesetz **NKomVG 50**

Volkszählung oder deren Fortschreibung für einen Stichtag ermittelt hat, der mindestens 12 Monate und höchstens 18 Monate vor dem Wahltag liegt. ²Hat nach dem Stichtag eine Gebietsänderung stattgefunden, so gilt das Gebiet der Kommune am Wahltag als Gebiet der Kommune am Stichtag.

(3) ¹Für jede Wohnung, die am 30. Juni des vergangenen Jahres von nicht kaserniertem Personal der Stationierungsstreitkräfte und den Angehörigen dieses Personals belegt war und die der Landesstatistikbehörde gemeldet wurde, wird
1. bei der Bestimmung der Zahl der Abgeordneten der Vertretung nach § 46 die nach den Absätzen 1 und 2 maßgebende Einwohnerzahl sowie
2. bei der Bestimmung der Bedarfsansätze und der Aufteilung der Zuweisungen für Aufgaben des übertragenen Wirkungskreises die nach den Bestimmungen des Niedersächsischen Gesetzes über den Finanzausgleich maßgebende Einwohnerzahl

um drei Personen erhöht. ²Satz 1 gilt nur, soweit das Personal von Mitgliedstaaten der Europäischen Union gestellt wird.

§ 178 Ausführung des Gesetzes. (1) Das für Inneres zuständige Ministerium erlässt im Einvernehmen mit dem für Finanzen zuständigen Ministerium durch Verordnung allgemeine Vorschriften über
1. den Inhalt
    a) des Haushaltsplans,
    b) der mittelfristigen Ergebnis- und Finanzplanung und
    c) des Investitionsprogramms,
2. die Haushaltsführung und die Haushaltsüberwachung,
3. die Veranschlagungen für einen vom Haushaltsjahr abweichenden Wirtschaftszeitraum,
4. die Bildung, vorübergehende Inanspruchnahme, Verwendung und Auflösung von Rücklagen, Sonderposten und Rückstellungen,
5. die Erfassung, den Nachweis, die Bewertung und die Abschreibung der Vermögensgegenstände,
6. die Erfassung, die Bewertung und den Nachweis der Schulden,
7. die Geldanlagen und ihre Sicherung,
8. den getrennten Ausweis des Verwaltungsvermögens und des realisierbaren Vermögens in der Vermögensrechnung und der Bilanz sowie die Bewertung der Gegenstände des realisierbaren Vermögens mit dem Veräußerungswert in den Fällen, in denen die Kommune bis zum 31. Dezember 2005 in ihrer Haushaltsführung einen getrennten Nachweis von Verwaltungsvermögen und realisierbarem Vermögen beschlossen hat,
9. die Stundung, die Niederschlagung und den Erlass von Forderungen sowie Vorschriften darüber, wie mit Kleinbeträgen umzugehen ist,
10. den Inhalt und die Gestaltung des Jahresabschlusses und des konsolidierten Gesamtabschlusses sowie die Abdeckung von Fehlbeträgen,
11. die Aufgaben und die Organisation der Kommunalkasse und der Sonderkassen, deren Beaufsichtigung und Prüfung sowie die Abwicklung des

50 NKomVG

Zahlungsverkehrs und die Buchführung, wobei bestimmt werden kann, dass im Rahmen von vorgegebenen Kassensicherheitsstandards Dienstanweisungen zu erlassen sind,

12. die Wirtschaftsführung und das Rechnungswesen, wobei jeweils abweichend von § 130 Abs. 3 Regelungen getroffen werden können, sowie den Aufbau, die Verwaltung und die Prüfung der Eigenbetriebe, wobei für Eigenbetriebe eine Freistellung von diesen Vorschriften vorgesehen werden kann, wenn die Eigenbetriebe unterhalb einer Geringfügigkeitsgrenze des Versorgungs- oder Einzugsbereichs liegen oder sonst von geringfügiger wirtschaftlicher Bedeutung für die Kommune sind,
13. die Anwendung der Vorschriften zur Durchführung des Kommunalwirtschaftsrechts auf das Sondervermögen und das Treuhandvermögen,
14. die Prüfung von Unternehmen, und zwar über
    a) die Zuständigkeiten für die Prüfung nach § 158 Abs. 1 Satz 1, wenn mehrere Kommunen Gesellschafter sind,
    b) die Befreiung von der Prüfungspflicht nach den §§ 157 und 158 Abs. 1, wenn der geringe Umfang des Unternehmens oder des Versorgungsgebiets dies rechtfertigt,
    c) die Grundsätze des Prüfungsverfahrens und
    d) die Bestätigung des Prüfungsergebnisses,
15. die Anwendung von Vorschriften zur doppelten Buchführung im Haushalts- und Rechnungswesen, und zwar auch in Bezug auf die Aufstellung der Eröffnungsbilanz sowie auf die Bilanz und deren Fortführung, und
16. das Verfahren bei der Vergabe öffentlicher Aufträge.

(2) Das für Inneres zuständige Ministerium kann im Einvernehmen mit dem für Finanzen zuständigen Ministerium durch Verordnung

1. regeln, dass Erträge und Aufwendungen sowie Einzahlungen und Auszahlungen, für die ein Dritter Kostenträger ist oder die von einer zentralen Stelle angenommen oder ausgezahlt werden, nicht im Haushalt der Kommune abgewickelt werden und dass für Sanierungs-, Entwicklungs- und Umlegungsmaßnahmen Sonderrechnungen zu führen sind,
2. die Einrichtung von Zahlstellen und Geldannahmestellen bei einzelnen Dienststellen der Kommune sowie die Gewährung von Handvorschüssen regeln und
3. die Anforderungen an das Haushaltssicherungskonzept und den Haushaltssicherungsbericht regeln.

(3) Die Kommunen sind verpflichtet, Muster zu verwenden, die das für Inneres zuständige Ministerium aus Gründen der Vergleichbarkeit der Haushalte für verbindlich erklärt hat, insbesondere für die Haushaltssatzung und die Nachtragshaushaltssatzung.

(4) [1]Die Landesstatistikbehörde stellt einen Kontenrahmen und einen Produktrahmen auf und benennt die dazu erforderlichen Zuordnungskriterien. [2]Die Kommunen sind zur Verwendung der Buchführungshilfen nach Satz 1 verpflichtet.

Kommunalverfassungsgesetz **NKomVG 50**

§ 179 Haushaltswirtschaftliche Übergangsregelungen. (1) Artikel 6 Abs. 2 bis 13 des Gesetzes zur Neuordnung des Gemeindehaushaltsrechts und zur Änderung gemeindewirtschaftsrechtlicher Vorschriften vom 15. November 2005 (Nds. GVBl. S. 342), geändert durch Artikel 6 des Gesetzes vom 18. Mai 2006 (Nds. GVBl. S. 203), ist unter Zugrundelegung der Vorschriften dieses Gesetzes anzuwenden.

(2) Solange der Rechnungsstil der doppelten Buchführung nicht aufgrund des Artikels 6 Abs. 2 Satz 1 des Gesetzes zur Neuordnung des Gemeindehaushaltsrechts und zur Änderung gemeindewirtschaftsrechtlicher Vorschriften vorgeschrieben ist, bestimmen die Samtgemeinden den Zeitpunkt, zu dem der Rechnungsstil der Haushaltswirtschaft ihrer Mitgliedsgemeinden auf die doppelte Buchführung umzustellen ist.

(3) Die Pflicht, nach § 128 Abs. 6 Satz 3 dem Konsolidierungsbericht eine Kapitalflussrechnung beizufügen, ist erstmals für das Haushaltsjahr 2013 zu erfüllen.

§ 180 Sonstige Übergangsregelungen. (1) Ein Bürgerbegehren nach § 22b Abs. 11 der Niedersächsischen Gemeindeordnung, § 17b Abs. 11 der Niedersächsischen Landkreisordnung oder § 24 Abs. 11 des Gesetzes über die Region Hannover, das die Missbilligung einer Maßnahme der Kommune zum Gegenstand hat und vor dem 1. November 2011 angezeigt worden ist, wird durch die Aufhebung der genannten Vorschriften nicht unzulässig; die §§ 32 und 33 sind entsprechend anzuwenden.

(2) Bei Inkrafttreten dieses Gesetzes nicht durch Hauptsatzung eingerichtete Stadtbezirke gelten als durch Hauptsatzung eingerichtet; die Hauptsatzung ist vor Ablauf des 31. Oktober 2012 dem § 90 Abs. 2 anzupassen.

(3) Hat der Rat vor dem 1. November 2011 beschlossen, einen Bauleitplan aufzustellen, so ist § 94 Abs. 2 für das Verfahren zur Aufstellung dieses Bauleitplans auf Ortsräte nicht anzuwenden.

(4) Wird die Region Hannover als Gewährträger für Verbindlichkeiten der Sparkasse Hannover nach § 32 Abs. 1 des Niedersächsischen Sparkassengesetzes in Anspruch genommen, so ist bei der Festsetzung der Regionsumlage sicherzustellen, dass die Belastungen von der Landeshauptstadt Hannover und den anderen regionsangehörigen Gemeinden je zur Hälfte getragen werden.

§ 181 Experimentierklausel. (1) Im Interesse der Erhaltung oder Verbesserung der Leistungsfähigkeit einer Kommune kann das für Inneres zuständige Ministerium für die Erprobung neuer Möglichkeiten der Aufnahme und Bewirtschaftung von Krediten im Einzelfall auf Antrag Ausnahmen von den §§ 120 und 122 zulassen.

(2) In dem Antrag hat die Kommune darzulegen, zu welchem Zweck die Erprobung im Einzelnen dienen soll, von welchen Vorschriften Ausnahmen beantragt werden und welche Wirkungen erwartet werden.

50 NKomVG

(3) ¹Ausnahmen nach Absatz 1 können nur für dauernd leistungsfähige oder für Kommunen zugelassen werden, deren Leistungsfähigkeit sich durch die Ausnahme voraussichtlich dauernd verbessert. ²Die Ausnahme wird für längstens fünf Jahre zugelassen. ³Sie kann jederzeit widerrufen werden. ⁴Die Kommune hat das Vorhaben unter Beachtung der Bestimmungen in der Ausnahme durchzuführen, zu dokumentieren und auszuwerten.

(4) ¹Die Kommune hat dem für Inneres zuständigen Ministerium zu einem in der Ausnahme festzulegenden Zeitpunkt über deren Auswirkungen zu berichten. ²Im Jahr 2019 legt die Landesregierung dem Landtag einen Erfahrungsbericht vor.

NdsKomVerfReformG 56
Gesetz zur Reform
des niedersächsischen Kommunalverfassungsrechts
(NdsKomVerfReformG)

vom 1. April 1996 (GVBl. S. 82),
zuletzt geändert durch Gesetz vom 13. Mai 2009 (GVBl. S. 191)
— Auszug —

INHALTSÜBERSICHT

Art. 1-10 *(nicht abgedruckt)*   Art. 13 *(nicht abgedruckt)*
Art. 11 Übergangsregelungen   Art. 14 Inkrafttreten
Art. 12 *(aufgehoben)*

Art. 1-10 *(nicht abgedruckt)*

Art. 11 Übergangsregelungen.
1. § 61 Abs. 2 der Niedersächsischen Gemeindeordnung gilt entsprechend, wenn die Amtszeit der hauptamtlichen Gemeindedirektorin oder des hauptamtlichen Gemeindedirektors endet.
2. Erklärt sich die Gemeindedirektorin oder der Gemeindedirektor im Einvernehmen mit dem Rat gegenüber der Ratsvorsitzenden oder dem Ratsvorsitzenden schriftlich unwiderruflich mit dem sofortigen Amtsantritt einer Bürgermeisterin oder eines Bürgermeisters einverstanden, so findet die Wahl innerhalb von sechs Monaten nach Abgabe der Erklärung statt.
3. § 61 Abs. 4 Satz 3 der Niedersächsischen Gemeindeordnung gilt für den Beginn der Amtszeit der Bürgermeisterin oder des Bürgermeisters entsprechend, wenn die Amtszeit der Gemeindedirektorin oder des Gemeindedirektors endet.
4. *(gestrichen)*
5. Hat eine Gemeindedirektorin oder ein Gemeindedirektor eine Einverständniserklärung nach Nummer 2 abgegeben, so gilt sie oder er mit dem Amtsantritt der Bürgermeisterin oder des Bürgermeisters als abberufen.
6. *(gestrichen)*
7. ¹Die Wahl einer Gemeindedirektorin oder eines Gemeindedirektors für eine Amtszeit längstens bis zum 31. Oktober 2001 ist zulässig, wenn es der Rat mit einer Mehrheit von zwei Dritteln seiner Mitglieder beschließt. ²Im übrigen ist die Wahl einer Gemeindedirektorin oder eines Gemeindedirektors unwirksam, die darauf beruhende Ernennung nichtig. ³Ein Beschluß nach Satz 1 kann vom Rat nur mit der in Satz 1 bezeichneten Mehrheit aufgehoben werden.
8. Endet die Amtszeit der Gemeindedirektorin oder des Gemeindedirektors nach Inkrafttreten dieses Gesetzes und ist die Wahl einer neuen Gemeindedirektorin oder eines neuen Gemeindedirektors noch nicht erfolgt, so kann die

56 NdsKomVerfReformG Kommunalverfassungsreformgesetz

Amtszeit mit Zustimmung der Amtsinhaberin oder des Amtsinhabers durch Beschluß des Rates längstens bis zum 31. Oktober 1996 verlängert werden.

9. [1]Abweichend von § 194 Abs. 2 Satz 1 des Niedersächsischen Beamtengesetzes sind Beamtinnen und Beamte auf Zeit, mit Ausnahme von Gemeindedirektorinnen und Gemeindedirektoren, auch dann verpflichtet, das Amt weiterzuführen, wenn sie nicht für die gleiche Zeit wieder in dasselbe Amt berufen werden sollen. [2]Läuft die Amtszeit vor dem 1. Juni 1997 ab, so tritt in § 81 Abs. 3 Satz 8 der Niedersächsischen Gemeindeordnung an die Stelle der Frist von sechs Monaten die Frist von vier Monaten.

10. [1]Mit dem Amtsantritt unmittelbar gewählter Bürgermeisterinnen und Bürgermeister scheiden die bisherigen Bürgermeisterinnen und Bürgermeister und die sie vertretenden Personen aus ihrer Tätigkeit aus. [2]In Mitgliedsgemeinden von Samtgemeinden kann der Rat beschließen, das Ehrenbeamtenverhältnis der nebenamtlichen Gemeindedirektorin oder des nebenamtlichen Gemeindedirektors aufzuheben, wenn die Bürgermeisterin oder der Bürgermeister die Aufgaben erfüllen soll. [3]Das Ehrenbeamtenverhältnis endet mit dem Amtsantritt einer Samtgemeindebürgermeisterin oder eines Samtgemeindebürgermeisters.

11. Soweit außerhalb der Vorschriften der Niedersächsischen Gemeindeordnung in anderen als den in den Artikeln 3 bis 9 geänderten Rechtsvorschriften Aufgaben dem Gemeindedirektor zugewiesen sind, tritt mit dem Amtsantritt der Bürgermeisterin oder des Bürgermeisters diese oder dieser an die Stelle des Gemeindedirektors.

12. [1]In Gemeinden mit hauptamtlicher Gemeindedirektorin oder hauptamtlichem Gemeindedirektor bleiben bis zum Amtsantritt einer Bürgermeisterin oder eines Bürgermeisters die Vorschriften der Niedersächsischen Gemeindeordnung in der Fassung vom 22. Juni 1982 (Nds. GVBl. S. 229), zuletzt geändert durch Artikel I des Gesetzes vom 20. November 1995 (Nds. GVBl. S. 432), über die Rechtsstellung, die Wahl, die Abwahl, die Befähigung, die Vertretung sowie die Rechte und Pflichten der Gemeindedirektorin oder des Gemeindedirektors und der Ratsvorsitzenden oder des Ratsvorsitzenden in Kraft. [2]Abweichend von Satz 1 gelten für die hauptamtliche Gemeindedirektorin oder den hauptamtlichen Gemeindedirektor § 40 Abs. 3 Satz 3, § 55g Abs. 3 Satz 3, § 61 Abs. 8, § 62 Abs. 1 Nr. 3 und Abs. 3, § 65 Abs. 1, § 80 Abs. 4 Sätze 4 und 5, § 81 Abs. 2 und 3 Satz 1, § 111 Abs. 2 sowie § 120 Abs. 4 Sätze 1 und 4 in der Fassung des Artikels 1 dieses Gesetzes entsprechend. Hat eine Samtgemeinde eine Samtgemeindedirektorin oder einen Samtgemeindedirektor, so gilt § 70 Abs. 1 Satz 2 in der Fassung des Artikels 1 dieses Gesetzes mit der Maßgabe, daß an die Stelle der Samtgemeindebürgermeisterin oder des Samtgemeindebürgermeisters die Samtgemeindedirektorin oder der Samtgemeindedirektor tritt.

13. Hat nach Beginn der Wahlperiode, für die erstmals eine Bürgermeisterin oder ein Bürgermeister gewählt worden ist, diese oder dieser das Amt noch nicht angetreten, so obliegt die repräsentative Vertretung der Gemeinde der Vorsitzenden oder dem Vorsitzenden des Verwaltungsausschusses.

Kommunalverfassungsreformgesetz **NdsKomVerfReformG 56**

14. Die Nummern 1 bis 13 gelten für die Landkreise entsprechend.
15. Bis zum Amtsantritt der hauptamtlichen Landrätin oder des hauptamtlichen Landrats bleibt die Oberkreisdirektorin oder der Oberkreisdirektor Einleitungsbehörde im Sinne des § 127 Abs. 1 Nr. 1 der Niedersächsischen Disziplinarordnung.
16. Liegen die gesetzlichen Voraussetzungen für den Amtsantritt einer Bürgermeisterin oder eines Bürgermeisters zu Beginn der Wahlperiode der Ratsfrauen und Ratsherren nicht vor, so gelten für diese Wahlperiode § 32 Abs. 1 und § 56 Abs. 2 der Niedersächsischen Gemeindeordnung in der Fassung vom 22. Juni 1982 (Nds. GVBl. S. 229), zuletzt geändert durch Artikel I des Gesetzes vom 20. November 1995 (Nds. GVBl. S. 432), und § 7 des Niedersächsischen Kommunalwahlgesetzes in der Fassung vom 18. Januar 1996 (Nds. GVBl. S. 5) mit der Maßgabe fort, daß in § 56 Abs. 2 Satz 2 die Worte „weniger als 45" durch die Worte „bis zu 45" ersetzt werden.
17. Liegen die gesetzlichen Voraussetzungen für den Amtsantritt einer Landrätin oder eines Landrats zu Beginn der Wahlperiode der Kreistagsabgeordneten nicht vor, so gelten für diese Wahlperiode § 27 Abs. 1 der Niedersächsischen Landkreisordnung in der Fassung vom 22. Juni 1982 (Nds. GVBl. S. 256), zuletzt geändert durch Artikel II des Gesetzes vom 20. November 1995 (Nds. GVBl. S. 432), und § 7 des Niedersächsischen Kommunalwahlgesetzes in der Fassung vom 18. Januar 1996 (Nds. GVBl. S. 5) fort.

Art. 12 *(aufgehoben)*

Art. 13 *(nicht abgedruckt)*

Art. 14 Inkrafttreten. (1)* Dieses Gesetz tritt am 1. November 1996 in Kraft. Abweichend von Satz 1 treten Artikel 1 Nrn. 32 und 69, Artikel 2 Nrn. 24 und 54 sowie die Artikel 5 und 11 am Tage nach der Verkündung** dieses Gesetzes in Kraft.

(2) Es treten außer Kraft:
1. das Gesetz zur Vorbereitung eines Gesetzes zur Fortentwicklung des niedersächsischen Kommunalverfassungsrechts vom 16. Juni 1995 (Nds. GVBl. S. 171) am Tage nach der Verkündung dieses Gesetzes,
2. das Gesetz über die Verkündung, den Zeitpunkt des Inkrafttretens und die Aufhebung von Verordnungen vom 23. April 1955 (Nds. GVBl. Sb. I S. 80), geändert durch Artikel 2 des Gesetzes vom 30. Juli 1985 (Nds. GVBl. S. 246), am 1. November 1996.

---

* Vgl. Art. 4 des Gesetzes zur Verbesserung der kommunalen Handlungsfähigkeit vom 28. Mai 1996 (GVBl. S. 242, verkündet am 31.Mai 1996): „Abweichend von Artikel 14 Abs. 1 des Gesetzes zur Reform des niedersächsischen Kommunalverfassungsrechts vom 1. April 1996 (Nds. GVBl. S. 82, 227) treten dessen Artikel 1 Nrn. 36 und 60, Artikel 2 Nr. 28 und Artikel 13 am Tage nach der Verkündung dieses Gesetzes in Kraft."
** *Verkündet am 4. April 1996.*

Nds. SOG 60

Niedersächsisches Gesetz über die öffentliche Sicherheit und Ordnung (Nds. SOG)

in der Fassung der Bekanntmachung vom 19. Januar 2005 (GVBl. S. 9),
zuletzt geändert durch Gesetz vom 19. Juni 2013 (GVBl. S. 158)

INHALTSÜBERSICHT

ERSTER TEIL
Aufgaben, Begriffsbestimmungen und Geltungsbereich

§ 1 Aufgaben der Verwaltungsbehörden und der Polizei
§ 2 Begriffsbestimmungen
§ 3 Geltungsbereich

ZWEITER TEIL
Allgemeine Vorschriften

§ 4 Grundsatz der Verhältnismäßigkeit
§ 5 Ermessen; Wahl der Mittel
§ 6 Verantwortlichkeit für das Verhalten von Personen
§ 7 Verantwortlichkeit für Gefahren, die von Tieren ausgehen, oder für den Zustand von Sachen
§ 8 Inanspruchnahme nichtverantwortlicher Personen
§ 9 Verantwortlichkeit nach anderen Vorschriften
§ 10 Einschränkung von Grundrechten

DRITTER TEIL
Befugnisse der Verwaltungsbehörden und der Polizei

1. Abschnitt
Allgemeine und besondere Befugnisse

§ 11 Allgemeine Befugnisse
§ 12 Befragung und Auskunftspflicht
§ 13 Identitätsfeststellung, Prüfung von Berechtigungsscheinen
§ 14 Kontrollstellen
§ 15 Erkennungsdienstliche Maßnahmen
§ 15a Molekulargenetische Untersuchungen zur Identitätsfeststellung
§ 16 Vorladung
§ 17 Platzverweisung, Aufenthaltsverbot
§ 18 Gewahrsam
§ 19 Richterliche Entscheidung
§ 20 Behandlung fest gehaltener Personen
§ 21 Dauer der Freiheitsbeschränkung oder Freiheitsentziehung
§ 22 Durchsuchung und Untersuchung von Personen
§ 23 Durchsuchung von Sachen
§ 24 Betreten und Durchsuchung von Wohnungen
§ 25 Verfahren bei der Durchsuchung von Wohnungen
§ 26 Sicherstellung
§ 27 Verwahrung
§ 28 Verwertung, Vernichtung
§ 29 Herausgabe sichergestellter Sachen oder des Erlöses; Kosten

2. Abschnitt
Befugnisse zur Datenverarbeitung

§ 30 Grundsätze der Datenerhebung
§ 31 Datenerhebung
§ 32 Datenerhebung durch den Einsatz technischer Mittel bei öffentlichen Veranstaltungen und im öffentlichen Raum
§ 33 Aufzeichnung von Verkehrsdaten mit Einwilligung der Anschlussinhaberin oder des Anschlussinhabers
§ 33a Datenerhebung durch Überwachung der Telekommunikation
§ 33b Geräte- und Standortermittlung, Unterbrechung der Telekommunikation
§ 33c Auskunftsverlangen
§ 34 Datenerhebung durch längerfristige Observation
§ 35 Datenerhebung durch den verdeckten Einsatz technischer Mittel außerhalb von Wohnungen

60 Nds. SOG — Gesetz über die öffentliche Sicherheit und Ordnung

§ 35a Datenerhebung durch den verdeckten Einsatz technischer Mittel in Wohnungen
§ 36 Datenerhebung durch die Verwendung von Vertrauenspersonen
§ 36a Datenerhebung durch den Einsatz Verdeckter Ermittlerinnen oder Verdeckter Ermittler
§ 37 Kontrollmeldung
§ 37a Parlamentarische Kontrolle
§ 38 Speicherung, Veränderung und Nutzung personenbezogener Daten, Zweckbindung
§ 39 Speicherung, Veränderung und Nutzung personenbezogener Daten zu anderen Zwecken
§ 39a Löschung
§ 40 Allgemeine Regeln der Datenübermittlung
§ 41 Datenübermittlung zwischen Verwaltungs- und Polizeibehörden
§ 42 Automatisiertes Abrufverfahren und regelmäßige Datenübermittlung
§ 43 Datenübermittlung an andere öffentliche Stellen, an ausländische öffentliche Stellen sowie an über- und zwischenstaatliche Stellen
§ 44 Datenübermittlung an Personen oder Stellen außerhalb des öffentlichen Bereichs, Bekanntgabe an die Öffentlichkeit
§ 45 Datenabgleich
§ 45a Datenabgleich mit anderen Dateien
§ 46 Dateibeschreibung
§ 47 Prüffristen
§ 48 Anwendung des Niedersächsischen Datenschutzgesetzes
§ 49 *(aufgehoben)*

VIERTER TEIL
Vollzug

§ 50 Verwaltungsvollzugsbeamtinnen, Verwaltungsvollzugsbeamte
§ 51 Vollzugshilfe
§ 52 Verfahren bei Vollzugshilfeersuchen
§ 53 Vollzugshilfe bei Freiheitsentziehung

FÜNFTER TEIL
Verordnungen

§ 54 Anwendung
§ 55 Verordnungsermächtigung

§ 56 *(weggefallen)*
§ 57 Inhalt
§ 58 Formvorschriften
§ 59 Zuwiderhandlungen
§ 60 Verkündung und In-Kraft-Treten
§ 61 Geltungsdauer
§ 62 Änderung und Aufhebung von Verordnungen durch die Fachaufsicht
§ 63 Gebietsänderungen; Neubildung von Behörden

SECHSTER TEIL
Zwang

1. Abschnitt
Erzwingung von Handlungen, Duldungen und Unterlassungen

§ 64 Zulässigkeit, Zuständigkeit, Wirkung von Rechtsbehelfen
§ 65 Zwangsmittel
§ 66 Ersatzvornahme
§ 67 Zwangsgeld
§ 68 Ersatzzwangshaft
§ 69 Unmittelbarer Zwang
§ 70 Androhung der Zwangsmittel

2. Abschnitt
Ausübung unmittelbaren Zwangs

§ 71 Rechtliche Grundlagen
§ 72 Handeln auf Anordnung
§ 73 Hilfeleistung für Verletzte
§ 74 Androhung unmittelbaren Zwangs
§ 75 Fesselung von Personen
§ 76 Allgemeine Vorschriften für den Schusswaffengebrauch
§ 77 Schusswaffengebrauch gegen Personen
§ 78 Schusswaffengebrauch gegen Personen in einer Menschenmenge
§ 79 Besondere Waffen, Sprengmittel

SIEBENTER TEIL
Schadensausgleich, Erstattungs- und Ersatzansprüche

§ 80 Zum Schadensausgleich verpflichtende Tatbestände
§ 81 Inhalt, Art und Umfang des Schadensausgleichs
§ 82 Ansprüche mittelbar Geschädigter
§ 83 Verjährung des Ausgleichsanspruchs

Gesetz über die öffentliche Sicherheit und Ordnung **Nds. SOG 60**

- § 84 Ausgleichspflichtige; Erstattungsansprüche
- § 85 Rückgriff gegen Verantwortliche
- § 86 Rechtsweg

ACHTER TEIL
Organisation der Polizei und der Verwaltungsbehörden

1. Abschnitt
Polizei

- § 87 Polizeibehörden
- § 88 *(aufgehoben)*
- § 89 *(aufgehoben)*
- § 90 Polizeidirektionen
- § 91 *(aufgehoben)*
- § 92 *(aufgehoben)*
- § 93 *(aufgehoben)*
- § 94 Aufsicht über die Polizeibehörden
- § 95 Hilfspolizeibeamtinnen, Hilfspolizeibeamte

2. Abschnitt
Verwaltungsbehörden

- § 96 *(aufgehoben)*
- § 97 Sachliche Zuständigkeit der Verwaltungsbehörden
- § 98 Aufsicht über die Verwaltungsbehörden
- § 99 Gefahrenabwehr außerhalb der Dienstzeit

NEUNTER TEIL
Zuständigkeiten

- § 100 Örtliche Zuständigkeit, außerordentliche örtliche Zuständigkeit
- § 101 *(aufgehoben)*
- § 102 Außerordentliche sachliche Zuständigkeit
- § 103 Amtshandlungen von Polizeivollzugsbeamtinnen und Polizeivollzugsbeamten anderer Länder und des Bundes sowie von Bediensteten ausländischer Staaten
- § 104 Amtshandlungen von niedersächsischen Polizeibeamtinnen und Polizeibeamten außerhalb des Zuständigkeitsbereichs des Landes Niedersachsen

ZEHNTER TEIL
Kosten; Sachleistungen

- § 105 Kosten
- § 106 Sachleistungen
- § 107 Entschädigung für Sachleistungen
- § 108 Verletzung der Leistungspflicht

ELFTER TEIL
Übergangs- und Schlussvorschriften

- § 109 Zuständigkeiten, Verwaltungsakte und Verordnungen nach bisherigem Recht
- § 110 Zuständigkeit in Altversorgungsfällen
- § 111 Erkennungsdienstliche Maßnahmen gegen Beschuldigte
- § 112 *(aufgehoben)*
- § 113 *(aufgehoben)*

ERSTER TEIL
Aufgaben, Begriffsbestimmungen und Geltungsbereich

§ 1 Aufgaben der Verwaltungsbehörden und der Polizei. (1) [1]Die Verwaltungsbehörden und die Polizei haben gemeinsam die Aufgabe der Gefahrenabwehr. [2]Sie treffen hierbei auch Vorbereitungen, um künftige Gefahren abwehren zu können. [3]Die Polizei hat im Rahmen ihrer Aufgabe nach Satz 1 insbesondere auch Straftaten zu verhüten.

(2) [1]Die Polizei wird in den Fällen des Absatzes 1 Satz 1 tätig, soweit die Gefahrenabwehr durch die Verwaltungsbehörden nicht oder nicht rechtzeitig mög-

60 Nds. SOG Gesetz über die öffentliche Sicherheit und Ordnung

lich erscheint. ²Verwaltungsbehörden und Polizei unterrichten sich gegenseitig, soweit dies zur Gefahrenabwehr erforderlich ist.

(3) Der Schutz privater Rechte obliegt den Verwaltungsbehörden und der Polizei nach diesem Gesetz nur dann, wenn gerichtlicher Schutz nicht rechtzeitig zu erlangen ist und wenn ohne verwaltungsbehördliche oder polizeiliche Hilfe die Verwirklichung des Rechts vereitelt oder wesentlich erschwert werden würde.

(4) Die Polizei leistet anderen Behörden Vollzugshilfe (§§ 51 bis 53).

(5) Die Polizei hat ferner die Aufgaben zu erfüllen, die ihr durch andere Rechtsvorschriften übertragen sind.

§ 2 Begriffsbestimmungen. Im Sinne dieses Gesetzes ist

1. a) Gefahr:
eine konkrete Gefahr, das heißt eine Sachlage, bei der im einzelnen Fall die hinreichende Wahrscheinlichkeit besteht, dass in absehbarer Zeit ein Schaden für die öffentliche Sicherheit oder Ordnung eintreten wird;
b) gegenwärtige Gefahr:
eine Gefahr, bei der die Einwirkung des schädigenden Ereignisses bereits begonnen hat oder bei der diese Einwirkung unmittelbar oder in allernächster Zeit mit einer an Sicherheit grenzenden Wahrscheinlichkeit bevorsteht;
c) erhebliche Gefahr:
eine Gefahr für ein bedeutsames Rechtsgut wie Bestand des Staates, Leben, Gesundheit, Freiheit, nicht unwesentliche Vermögenswerte sowie andere strafrechtlich geschützte Güter;
d) Gefahr für Leib oder Leben:
eine Gefahr, bei der eine nicht nur leichte Körperverletzung oder der Tod einzutreten droht;
2. abstrakte Gefahr:
eine nach allgemeiner Lebenserfahrung oder den Erkenntnissen fachkundiger Stellen mögliche Sachlage, die im Fall ihres Eintritts eine Gefahr (Nummer 1) darstellt;
3. Maßnahme:
Verordnungen, Verwaltungsakte und andere Eingriffe;
4. Gefahr im Verzuge:
eine Sachlage, bei der ein Schaden eintreten würde, wenn nicht an Stelle der zuständigen Behörde oder Person eine andere Behörde oder Person tätig wird;
5. Polizei:
die Polizeibehörden (§ 87 Abs. 1) sowie für sie die Polizeibeamtinnen und Polizeibeamten (Nummer 6) und die Hilfspolizeibeamtinnen und Hilfspolizeibeamten (§ 95);

Gesetz über die öffentliche Sicherheit und Ordnung **Nds. SOG 60**

6. Polizeibeamtin oder Polizeibeamter:
eine Beamtin oder ein Beamter im Polizeivollzugsdienst, die oder der allgemein oder im Einzelfall zur Wahrnehmung polizeilicher Aufgaben ermächtigt ist;
7. Verwaltungsbehörde:
die nach § 97 zuständigen Verwaltungsbehörden sowie für sie die Verwaltungsvollzugsbeamtinnen oder Verwaltungsvollzugsbeamten;
8. Verwaltungsvollzugsbeamtinnen oder Verwaltungsvollzugsbeamte:
im Dienst einer Verwaltungsbehörde stehende oder sonst von ihr weisungsabhängige Personen, die allgemein oder im Einzelfall zum Vollzug von Aufgaben der Gefahrenabwehr durch Bestellung ermächtigt sind;
9. Straftat:
eine den Tatbestand eines Strafgesetzes verwirklichende rechtswidrige Tat;
10. besonders schwerwiegende Straftat:
    a) die Bildung einer kriminellen Vereinigung in den Fällen des § 129 Abs. 4 des Strafgesetzbuchs (StGB) und die Bildung oder Unterstützung einer terroristischen Vereinigung nach § 129a StGB, ausgenommen die Fälle des § 129a Abs. 3 StGB, jeweils auch in Verbindung mit § 129b Abs. 1 StGB,
    b) eine Straftat gegen die sexuelle Selbstbestimmung nach § 176 Abs. 1 und 2, § 176a Abs. 3, § 177 Abs. 2 bis 4, § 179 Abs. 5 und 7 und § 184b Abs. 3 StGB,
    c) Mord nach § 211, Totschlag nach § 212 StGB und schwere Körperverletzung nach § 226 Abs. 2 StGB,
    d) eine Straftat gegen die persönliche Freiheit nach den §§ 232, 233, 233a Abs. 2, §§ 234, 234a, 239a und 239b StGB,
    e) eine gemeingefährliche Straftat nach § 306 Abs. 1, § 306a Abs. 1 und 2, § 307 Abs. 1 bis 3, § 308 Abs. 1 und 4, § 309 Abs. 1, § 310 Abs. 1, § 313 Abs. 1, § 314 Abs. 1, § 315 Abs. 3, §§ 316a, 316b Abs. 3 und § 316c StGB,
    f) schwere Gefährdung durch Freisetzung von Giften nach § 330a Abs. 1 und 3 StGB,
    g) Völkermord nach § 6 des Völkerstrafgesetzbuchs (VStGB), ein Verbrechen gegen die Menschlichkeit nach § 7 VStGB oder ein Kriegsverbrechen nach den §§ 8 bis 12 VStGB,
    h) eine Straftat nach § 19 Abs. 1 und 2, § 20 Abs. 1, § 20a Abs. 1 und 2, jeweils auch in Verbindung mit § 21, und nach § 22a Abs. 1 und 2 des Gesetzes über die Kontrolle von Kriegswaffen,
    i) eine Straftat nach § 51 Abs. 2 und § 52 Abs. 5 des Waffengesetzes,
    j) eine Straftat nach § 30a Abs. 1 und 2 des Betäubungsmittelgesetzes (BtMG), auch in Verbindung mit § 30b BtMG und mit § 129 Abs. 4 StGB, und
    k) gewerbs- und bandenmäßige Verleitung zur missbräuchlichen Asylantragstellung nach § 84a Abs. 1 des Asylverfahrensgesetzes und gewerbs- und bandenmäßiges Einschleusen von Ausländern nach § 97 Abs. 2 des Aufenthaltsgesetzes;

11. Straftat von erheblicher Bedeutung:
    a) eine Straftat nach Nummer 10,
    b) ein Verbrechen, mit Ausnahme einer Straftat nach den §§ 154 und 155 StGB,
    c) ein Vergehen nach den §§ 85, 87 bis 89, 98, 99, 129, 129a Abs. 3, §§ 130, 174 bis 176, 179, 180 Abs. 2 und 3, §§ 180a, 181a Abs. 1, § 182 Abs. 1, § 184b Abs. 1 und 2, §§ 303b, 305, 305a, 315 Abs. 1, 4 und 5, §§ 316b und 317 Abs. 1 StGB und ein in § 138 Abs. 1 StGB genanntes Vergehen,
    d) ein banden- oder gewerbsmäßig begangenes Vergehen sowie
    e) die Teilnahme an einer Straftat nach den Buchstaben a bis d;
12. Kontakt- oder Begleitperson: eine Person, die mit einer anderen Person, von der Tatsachen die Annahme rechtfertigen, dass diese eine Straftat begehen wird, in einer Weise in Verbindung steht, die erwarten lässt, dass durch sie Hinweise über die angenommene Straftat gewonnen werden können, weil Tatsachen die Annahme rechtfertigen, dass die Person insbesondere von der Planung oder der Vorbereitung der Straftat oder der Verwertung der Tatvorteile oder von einer einzelnen Vorbereitungshandlung Kenntnis hat oder daran wissentlich oder unwissentlich mitwirkt.

§ 3 Geltungsbereich. (1) ¹Die Vorschriften dieses Gesetzes finden Anwendung bei
1. der Erfüllung von Aufgaben der Gefahrenabwehr (§ 1 Abs. 1 bis 4),
2. der Erfüllung anderer der Polizei übertragenen Aufgaben (§ 1 Abs. 5).

²Vorschriften des Bundes- oder Landesrechts, in denen die Gefahrenabwehr oder die anderen Aufgaben besonders geregelt werden, gehen diesem Gesetz vor. ³Soweit die besonderen Vorschriften keine abschließenden Regelungen enthalten, ist dieses Gesetz ergänzend anzuwenden.

(2) Bei der Erforschung und Verfolgung von Straftaten und Ordnungswidrigkeiten finden die Vorschriften in § 16 Abs. 4 über die Entschädigung von Personen und in den §§ 72 bis 79 über die Art und Weise der Anwendung unmittelbaren Zwangs Anwendung, soweit die Strafprozessordnung keine abschließenden Regelungen enthält.

ZWEITER TEIL
Allgemeine Vorschriften

§ 4 Grundsatz der Verhältnismäßigkeit. (1) Von mehreren möglichen und geeigneten Maßnahmen hat die Verwaltungsbehörde oder die Polizei diejenige zu treffen, die den Einzelnen und die Allgemeinheit voraussichtlich am wenigsten beeinträchtigt.

(2) Eine Maßnahme darf nicht zu einem Nachteil führen, der zu dem erstrebten Erfolg erkennbar außer Verhältnis steht.

Gesetz über die öffentliche Sicherheit und Ordnung **Nds. SOG 60**

(3) Eine Maßnahme ist nur so lange zulässig, bis ihr Zweck erreicht ist oder es sich zeigt, dass er nicht erreicht werden kann.

§ 5 Ermessen; Wahl der Mittel. (1) Die Verwaltungsbehörden und die Polizei treffen ihre Maßnahmen nach pflichtgemäßem Ermessen.

(2) ¹Kommen zur Gefahrenabwehr mehrere Mittel in Betracht, so genügt es, wenn eines davon bestimmt wird. ²Den Betroffenen ist auf Antrag zu gestatten, ein anderes ebenso wirksames Mittel anzuwenden, sofern die Allgemeinheit dadurch nicht stärker beeinträchtigt wird.

§ 6 Verantwortlichkeit für das Verhalten von Personen. (1) Verursacht eine Person eine Gefahr, so sind die Maßnahmen gegen sie zu richten.

(2) ¹Ist die Person noch nicht 14 Jahre alt, so können die Maßnahmen auch gegen die Person gerichtet werden, die zur Aufsicht über sie verpflichtet ist. ²Ist für die Person eine Betreuerin oder ein Betreuer bestellt, so können die Maßnahmen im Rahmen ihres oder seines Aufgabenkreises auch gegen die Betreuerin oder den Betreuer gerichtet werden.

(3) Verursacht eine Person, die zu einer Verrichtung bestellt ist, die Gefahr in Ausführung der Verrichtung, so können Maßnahmen auch gegen denjenigen gerichtet werden, der die andere Person zu der Verrichtung bestellt hat.

§ 7 Verantwortlichkeit für Gefahren, die von Tieren ausgehen, oder für den Zustand von Sachen. (1) ¹Geht von einem Tier oder einer Sache eine Gefahr aus, so sind die Maßnahmen gegen diejenige Person zu richten, die die tatsächliche Gewalt innehat. ²Die für Sachen geltenden Vorschriften dieses Gesetzes sind auf Tiere entsprechend anzuwenden.

(2) ¹Maßnahmen können auch gegen eine Person gerichtet werden, die Eigentümerin oder Eigentümer oder sonst an der Sache berechtigt ist. ²Dies gilt nicht, wenn die tatsächliche Gewalt ohne den Willen der in Satz 1 genannten Person ausgeübt wird.

(3) Geht die Gefahr von einer herrenlosen Sache aus, so können die Maßnahmen gegen diejenige Person gerichtet werden, die das Eigentum an der Sache aufgegeben hat.

§ 8 Inanspruchnahme nichtverantwortlicher Personen. (1) Die Verwaltungsbehörden und die Polizei können Maßnahmen gegen andere Personen als die nach § 6 oder 7 Verantwortlichen richten, wenn
1. eine gegenwärtige erhebliche Gefahr abzuwehren ist,
2. Maßnahmen gegen die nach § 6 oder 7 Verantwortlichen nicht oder nicht rechtzeitig möglich sind oder keinen Erfolg versprechen,
3. die Verwaltungsbehörde oder die Polizei die Gefahr nicht oder nicht rechtzeitig selbst oder durch Beauftragte abwehren kann und
4. die Personen ohne erhebliche eigene Gefährdung und ohne Verletzung höherwertiger Pflichten in Anspruch genommen werden können.

[171]

60 Nds. SOG — Gesetz über die öffentliche Sicherheit und Ordnung

(2) Die Maßnahmen nach Absatz 1 dürfen nur aufrechterhalten werden, solange die Abwehr der Gefahr nicht auf andere Weise möglich ist.

§ 9 Verantwortlichkeit nach anderen Vorschriften. Soweit die Vorschriften des Dritten Teils Maßnahmen auch gegen andere Personen zulassen, finden die §§ 6 bis 8 keine Anwendung.

§ 10 Einschränkung von Grundrechten. Aufgrund dieses Gesetzes können die Grundrechte auf
Leben und körperliche Unversehrtheit (Artikel 2 Abs. 2 Satz 1 des Grundgesetzes),
Freiheit der Person (Artikel 2 Abs. 2 Satz 2 des Grundgesetzes),
Versammlungsfreiheit (Artikel 8 Abs. 1 Satz 2 des Grundgesetzes),
Wahrung des Fernmeldegeheimnisses (Artikel 10 Abs. 1 des Grundgesetzes),
Freizügigkeit (Artikel 11 Abs. 1 des Grundgesetzes) und Unverletzlichkeit der Wohnung (Artikel 13 des Grundgesetzes)
eingeschränkt werden.

DRITTER TEIL
Befugnisse der Verwaltungsbehörden und der Polizei

1. Abschnitt
Allgemeine und besondere Befugnisse

§ 11 Allgemeine Befugnisse. Die Verwaltungsbehörden und die Polizei können die notwendigen Maßnahmen treffen, um eine Gefahr abzuwehren, soweit nicht die Vorschriften des Dritten Teils die Befugnisse der Verwaltungsbehörden und der Polizei besonders regeln.

§ 12 Befragung und Auskunftspflicht. (1) Die Verwaltungsbehörden und die Polizei dürfen jede Person befragen, von der Angaben erwartet werden können, die für die Erfüllung einer bestimmten Aufgabe nach § 1 erforderlich sind.

(2) Die befragte Person ist zur Auskunft über Familienname, Vorname, Tag und Ort der Geburt, Anschrift der Hauptwohnung und Staatsangehörigkeit verpflichtet, wenn dies für die Erfüllung der Aufgabe erforderlich ist.

(3) Kommt die befragte Person aufgrund der §§ 6 bis 8 für eine gegen sie zu richtende Maßnahme in Betracht, so ist sie zur Auskunft in der Sache verpflichtet, wenn die Angaben zur Abwehr der Gefahr oder für die weitere Aufklärung des Sachverhalts erforderlich sind.

(4) [1]Eine zur Auskunft verpflichtete Person darf zum Zweck der Befragung kurzzeitig angehalten werden. [2]Die Vorschriften der Strafprozessordnung über verbotene Vernehmungsmethoden (§ 136a) gelten entsprechend.

Gesetz über die öffentliche Sicherheit und Ordnung **Nds. SOG 60**

(5) ¹Die zu befragende Person ist auf ihr Verlangen auf die Rechtsgrundlage ihrer Auskunftspflicht oder die Freiwilligkeit ihrer Auskunft hinzuweisen und über ihr Auskunftsrecht nach § 16 des Niedersächsischen Datenschutzgesetzes zu unterrichten. ²In den Fällen der §§ 52 bis 55 der Strafprozessordnung darf die Auskunft zur Sache verweigert werden, es sei denn, sie ist für die Abwehr einer Gefahr für Leib, Leben oder ähnlich schutzwürdige Belange erforderlich. ³Werden im Fall des Satzes 2 Auskünfte erteilt, so dürfen diese nur für Zwecke der Gefahrenabwehr verwendet werden.

(6) Die Polizei kann auf der Grundlage polizeilicher Lageerkenntnisse zur Verhütung von Straftaten von erheblicher Bedeutung mit internationalem Bezug jede im öffentlichen Verkehrsraum angetroffene Person kurzzeitig anhalten, befragen und verlangen, dass mitgeführte Ausweispapiere zur Prüfung ausgehändigt werden, sowie mitgeführte Sachen in Augenschein nehmen.

§ 13 Identitätsfeststellung, Prüfung von Berechtigungsscheinen. (1) Die Verwaltungsbehörden und die Polizei können die Identität einer Person feststellen,
1. wenn dies zur Abwehr einer Gefahr erforderlich ist,
2. wenn sie an einem Ort angetroffen wird, von dem Tatsachen die Annahme rechtfertigen, dass dort
   a) Personen Straftaten von erheblicher Bedeutung oder die in den §§ 232 und 233 StGB genannten Straftaten verabreden, vorbereiten oder verüben,
   b) sich Personen aufhalten, die gegen aufenthaltsrechtliche Strafvorschriften verstoßen, oder
   c) sich Personen verbergen, die wegen Straftaten gesucht werden,
3. wenn sie in einer Verkehrs- oder Versorgungsanlage oder -einrichtung, einem öffentlichen Verkehrsmittel, Amtsgebäude oder einem anderen besonders gefährdeten Objekt oder in unmittelbarer Nähe hiervon angetroffen wird und Tatsachen die Annahme rechtfertigen, dass in oder an Objekten dieser Art Straftaten begangen werden sollen, durch die in oder an diesen Objekten befindliche Personen oder diese Objekte selbst unmittelbar gefährdet sind, und dies aufgrund der Gefährdungslage oder aufgrund von auf die Person bezogenen Anhaltspunkten erforderlich ist, oder
4. die an einer Kontrollstelle (§ 14) angetroffen wird.

(2) ¹Die Verwaltungsbehörden und die Polizei können zur Feststellung der Identität die erforderlichen Maßnahmen treffen, insbesondere die betroffene Person anhalten, sie nach ihren Personalien befragen und verlangen, dass sie mitgeführte Ausweispapiere zur Prüfung aushändigt. ²Die Person kann festgehalten werden, wenn die Identität auf andere Weise nicht oder nur unter erheblichen Schwierigkeiten festgestellt werden kann.

(3) Wer verpflichtet ist, einen Berechtigungsschein mit sich zu führen, hat diesen auf Verlangen den Verwaltungsbehörden und der Polizei zur Prüfung auszuhändigen.

60 Nds. SOG Gesetz über die öffentliche Sicherheit und Ordnung

§ 14 Kontrollstellen. (1) Kontrollstellen dürfen von der Polizei auf öffentlichen Straßen oder Plätzen oder an anderen öffentlich zugänglichen Orten nur eingerichtet werden, wenn Tatsachen die Annahme rechtfertigen, dass
1. eine Straftat von erheblicher Bedeutung,
2. eine Straftat nach den §§ 125, 125a oder 305a des Strafgesetzbuchs,
3. eine Straftat nach § 20 des Vereinsgesetzes oder
4. eine Straftat nach § 20 Abs. 1 Nr. 1 oder Abs. 2 Satz 1 Nrn. 4 bis 6 des Niedersächsischen Versammlungsgesetzes

begangen werden soll und die Kontrollstellen zur Verhütung einer der vorgenannten Straftaten erforderlich sind.

(2) [1]Die Einrichtung einer Kontrollstelle bedarf der Anordnung durch die Dienststellenleitung oder Bedienstete des höheren Dienstes. [2]Die Anordnung ist schriftlich zu begründen.

(3) [1]Die an einer Kontrollstelle erhobenen personenbezogenen Daten sind, wenn sie zur Verhütung einer der vorgenannten Straftaten nicht erforderlich sind, unverzüglich, spätestens aber nach drei Monaten zu löschen. [2]Dies gilt nicht, soweit die Daten zur Verfolgung einer Straftat benötigt werden oder Tatsachen die Annahme rechtfertigen, dass die Person künftig eine der vorgenannten Straftaten oder eine Straftat von erheblicher Bedeutung begehen wird.

§ 15 Erkennungsdienstliche Maßnahmen. (1) [1]Die Verwaltungsbehörden und die Polizei können erkennungsdienstliche Maßnahmen anordnen, wenn
1. eine nach § 13 zulässige Identitätsfeststellung auf andere Weise nicht oder nur unter erheblichen Schwierigkeiten möglich ist oder
2. dies zur Verhütung von Straftaten erforderlich ist, weil die betroffene Person verdächtig ist, eine Tat begangen zu haben, die mit Strafe bedroht ist oder wegen einer Straftat verurteilt worden ist und wegen der Art und Ausführung der Tat die Gefahr der Wiederholung besteht.

[2]Erkennungsdienstliche Maßnahmen werden von der Polizei durchgeführt. [3]Gegen eine Person, die nicht nach § 6 oder 7 verantwortlich ist, dürfen erkennungsdienstliche Maßnahmen nach Satz 1 Nr. 1 nicht durchgeführt werden, es sei denn, dass die Person Angaben über die Identität verweigert oder Tatsachen den Verdacht einer Täuschung über die Identität begründen.

(2) [1]Ist die Identität nach Absatz 1 Satz 1 Nr. 1 festgestellt und die weitere Aufbewahrung der im Zusammenhang mit der Feststellung angefallenen erkennungsdienstlichen Unterlagen auch nach Absatz 1 Satz 1 Nr. 2 nicht erforderlich oder sind die Voraussetzungen nach Absatz 1 Satz 1 Nr. 2 entfallen, so sind die erkennungsdienstlichen Unterlagen zu vernichten und die personenbezogenen Daten zu löschen, es sei denn, dass eine Rechtsvorschrift die weitere Aufbewahrung oder Speicherung zulässt. [2]Sind die personenbezogenen Daten oder Unterlagen an andere Stellen übermittelt worden, so sind diese über die Löschung oder Vernichtung zu unterrichten.

(3) Erkennungsdienstliche Maßnahmen sind
1. die Abnahme von Finger- und Handflächenabdrücken,

Gesetz über die öffentliche Sicherheit und Ordnung   **Nds. SOG 60**

2. die Aufnahme von Lichtbildern,
3. die Feststellung äußerer körperlicher Merkmale,
4. Messungen

und andere vergleichbare Maßnahmen.

§ 15a Molekulargenetische Untersuchungen zur Identitätsfeststellung.
(1) ¹Zur Feststellung der Identität einer hilflosen Person oder einer Leiche können deren DNA-Identifizierungsmuster mit denjenigen einer vermissten Person abgeglichen werden, wenn die Feststellung der Identität auf andere Weise nicht oder nur unter erheblichen Schwierigkeiten möglich ist. ²Zu diesem Zweck dürfen
1. der hilflosen Person oder der Leiche Körperzellen entnommen,
2. Proben von Gegenständen mit Spurenmaterial der vermissten Person genommen und
3. die Proben nach den Nummern 1 und 2 molekular-genetisch untersucht werden. ³Die Untersuchungen nach Satz 2 Nr. 3 sind auf die Feststellung des DNA-Identifizierungsmusters und des Geschlechts zu beschränken. ⁴Entnommene Körperzellen sind unverzüglich zu vernichten, wenn sie für die Untersuchung nach Satz 2 nicht mehr benötigt werden. ⁵Die DNA-Identifizierungsmuster können zum Zweck des Abgleichs in einer Datei gespeichert werden. ⁶Sie sind unverzüglich zu löschen, wenn sie zur Identitätsfeststellung nach Satz 1 nicht mehr benötigt werden.

(2) ¹Molekulargenetische Untersuchungen werden auf Antrag der Polizei durch das Amtsgericht angeordnet, in dessen Bezirk die Polizeidienststelle ihren Sitz hat. ²Für das gerichtliche Verfahren gilt § 19 Abs. 4 entsprechend. ³Für die Durchführung der Untersuchungen gilt § 81f Abs. 2 der Strafprozessordnung entsprechend.

§ 16 Vorladung. (1) Die Verwaltungsbehörden und die Polizei können eine Person schriftlich oder mündlich vorladen, um sie nach § 12 zu befragen oder wenn dies zur Durchführung erkennungsdienstlicher Maßnahmen erforderlich ist.

(2) ¹Bei der Vorladung soll deren Grund angegeben werden. ²Bei der Festsetzung des Zeitpunkts soll auf den Beruf und die sonstigen Lebensverhältnisse der betroffenen Person Rücksicht genommen werden.

(3) Leistet eine Person der Vorladung ohne hinreichenden Grund keine Folge, so kann sie mit Zwangsmitteln durchgesetzt werden,
1. wenn ihre Angaben zur Abwehr einer Gefahr für Leib, Leben oder Freiheit erforderlich sind oder
2. wenn erkennungsdienstliche Maßnahmen durchgeführt werden sollen.

(4) Das Gesetz über die Entschädigung von Zeugen und Sachverständigen ist auf die darin genannten Personen entsprechend anzuwenden, wenn diese nach Absatz 1 vorgeladen oder herangezogen werden.

§ 17 Platzverweisung, Aufenthaltsverbot. (1) ¹Die Verwaltungsbehörden und die Polizei können zur Abwehr einer Gefahr jede Person vorüberge-

[175]

60 Nds. SOG Gesetz über die öffentliche Sicherheit und Ordnung

hend von einem Ort verweisen oder ihr vorübergehend das Betreten eines Ortes verbieten. ²Die Platzverweisung kann gegen eine Person angeordnet werden, die den Einsatz der Feuerwehr oder von Hilfs- und Rettungsdiensten behindert.

(2) ¹Betrifft eine Maßnahme nach Absatz 1 eine Wohnung, so ist sie gegen den erkennbaren oder mutmaßlichen Willen der berechtigten Person nur zur Abwehr einer gegenwärtigen erheblichen Gefahr zulässig. ²Die Polizei kann eine Person aus ihrer Wohnung verweisen und ihr das Betreten der Wohnung und deren unmittelbarer Umgebung für die Dauer von höchstens 14 Tagen verbieten, wenn dies erforderlich ist, um eine von dieser Person ausgehende gegenwärtige Gefahr für Leib, Leben, Freiheit oder die sexuelle Selbstbestimmung von in derselben Wohnung wohnenden Personen abzuwehren. ³Der von einer Maßnahme nach Satz 2 betroffenen Person ist Gelegenheit zu geben, dringend benötigte Gegenstände des persönlichen Bedarfs mitzunehmen. ⁴Die Polizei unterrichtet die gefährdete Person unverzüglich über die Dauer der Maßnahme nach Satz 2.

(3) ¹Stellt die gefährdete Person einen Antrag auf Erlass einer einstweiligen Anordnung von Schutzmaßnahmen nach dem Gewaltschutzgesetz, so wird eine Anordnung nach Absatz 2 Satz 2 mit dem Zeitpunkt der gerichtlichen Entscheidung unwirksam. ²Das Gericht hat die Polizei über die in Verfahren nach dem Gewaltschutzgesetz ergangenen Entscheidungen unverzüglich in Kenntnis zu setzen.

(4) ¹Rechtfertigen Tatsachen die Annahme, dass eine Person in einem bestimmten örtlichen Bereich eine Straftat begehen wird, so kann ihr für eine bestimmte Zeit verboten werden, diesen Bereich zu betreten oder sich dort aufzuhalten, es sei denn, sie hat dort ihre Wohnung. ²Örtlicher Bereich im Sinne des Satzes 1 ist ein Ort oder ein Gebiet innerhalb einer Gemeinde oder auch ein gesamtes Gemeindegebiet. ³Die Platzverweisung nach Satz 1 ist zeitlich und örtlich auf den zur Verhütung der Straftat erforderlichen Umfang zu beschränken. ⁴Die Vorschriften des Versammlungsrechts bleiben unberührt.

§ 18 Gewahrsam. (1) Die Verwaltungsbehörden und die Polizei können eine Person in Gewahrsam nehmen, wenn dies
1. zum Schutz der Person gegen eine Gefahr für Leib oder Leben erforderlich ist, insbesondere weil die Person sich erkennbar in einem die freie Willensbestimmung ausschließenden Zustand oder sonst in hilfloser Lage befindet,
2. unerlässlich ist, um die unmittelbar bevorstehende Begehung oder Fortsetzung
   a) einer Straftat oder
   b) einer Ordnungswidrigkeit von erheblicher Gefahr für die Allgemeinheit
   zu verhindern, oder
3. unerlässlich ist, um eine Platzverweisung nach § 17 durchzusetzen.

(2) Die Verwaltungsbehörden und die Polizei können eine Person, die aus dem Vollzug einer richterlich angeordneten Freiheitsentziehung entwichen ist

Gesetz über die öffentliche Sicherheit und Ordnung **Nds. SOG 60**

oder sich sonst ohne Erlaubnis außerhalb der Vollzugsanstalt aufhält, in Gewahrsam nehmen und in die Anstalt zurückbringen.

(3) Die Polizei kann eine minderjährige Person, die sich der Sorge der erziehungsberechtigten Personen entzogen hat, in Obhut nehmen, um sie einer erziehungsberechtigten Person oder dem Jugendamt zuzuführen.

§ 19 Richterliche Entscheidung. (1) ¹Kommt es aufgrund einer Maßnahme nach § 13 Abs. 2 Satz 2, § 16 Abs. 3 oder § 18 zu einer Freiheitsentziehung, so haben die Verwaltungsbehörden oder die Polizei unverzüglich eine richterliche Entscheidung über die Zulässigkeit und Fortdauer der Freiheitsentziehung zu beantragen. ²Der Herbeiführung der richterlichen Entscheidung bedarf es nicht, wenn anzunehmen ist, dass die Entscheidung erst nach Wegfall des Grundes der Maßnahme ergehen wird.

Art. 104 II GG

(2) ¹Die festgehaltene Person, bei deren Minderjährigkeit auch ihre gesetzliche Vertreterin oder ihr gesetzlicher Vertreter, kann auch nach Beendigung der Freiheitsentziehung innerhalb eines Monats die Prüfung der Rechtmäßigkeit der Freiheitsentziehung beantragen. ²Der Antrag kann bei dem nach Absatz 3 Satz 2 zuständigen Amtsgericht schriftlich oder durch Erklärung zu Protokoll der Geschäftsstelle dieses Gerichts gestellt werden. ³Die Entscheidung des Amtsgerichts ist mit sofortiger Beschwerde anfechtbar. ⁴Gegen die Entscheidung des Landgerichts ist die weitere sofortige Beschwerde nur statthaft, wenn das Landgericht sie wegen der grundsätzlichen Bedeutung der zur Entscheidung stehenden Frage zulässt.

(3) ¹Für die Entscheidung nach Absatz 1 ist das Amtsgericht zuständig, in dessen Bezirk die Person festgehalten wird. ²Für die Entscheidung nach Absatz 2 ist das Amtsgericht zuständig, in dessen Bezirk die Person in Gewahrsam genommen wurde. ³Das Justizministerium wird ermächtigt, durch Verordnung die Zuständigkeit einem Amtsgericht für die Bezirke mehrerer Amtsgerichte zu übertragen, sofern dies für eine sachdienliche Förderung oder schnellere Erledigung der Verfahren zweckmäßig ist.

(4) ¹Das Verfahren richtet sich nach den Vorschriften des Niedersächsischen Gesetzes über die freiwillige Gerichtsbarkeit. ²Gegen eine Entscheidung, durch welche der Antrag der Verwaltungsbehörde oder der Polizei abgelehnt wird, steht dieser die Beschwerde zu.

§ 20 Behandlung festgehaltener Personen. (1) ¹Wird eine Person aufgrund des § 13 Abs. 2 Satz 2, des § 16 Abs. 3 oder des § 18 festgehalten, so ist ihr unverzüglich der Grund bekannt zu geben. ²Sie ist über die ihr zustehenden Rechtsbehelfe zu belehren.

(2) ¹Der festgehaltenen Person ist unverzüglich Gelegenheit zu geben, eine Person ihrer Wahl zu benachrichtigen und zu ihrer Beratung hinzuzuziehen, soweit dadurch der Zweck oder die Durchführung der Maßnahme nicht gefährdet wird. ²Die Verwaltungsbehörde oder die Polizei soll die Benachrichtigung übernehmen, wenn die festgehaltene Person dazu nicht in der Lage ist und die

60 Nds. SOG Gesetz über die öffentliche Sicherheit und Ordnung

Benachrichtigung ihrem mutmaßlichen Willen nicht widerspricht. [3]Ist die festgehaltene Person minderjährig oder ist für sie eine Betreuerin oder ein Betreuer bestellt, so ist unverzüglich diejenige Person zu benachrichtigen, der die Sorge für die Person oder die Betreuung in persönlichen Angelegenheiten obliegt.

(3) Unberührt bleibt die Benachrichtigungspflicht bei einer richterlichen Freiheitsentziehung.

(4) [1]Die festgehaltene Person soll gesondert, insbesondere ohne ihre Einwilligung nicht in demselben Raum mit Straf- oder Untersuchungsgefangenen untergebracht werden. [2]Männer und Frauen sollen getrennt untergebracht werden. [3]Der festgehaltenen Person dürfen nur solche Beschränkungen auferlegt werden, die der Zweck der Freiheitsentziehung oder die Ordnung im Gewahrsam erfordert.

(5) Wird der Gewahrsam nach § 18 Abs. 1 im Wege der Amtshilfe in einer Justizvollzugsanstalt vollzogen, so gelten die §§ 171, 173 bis 175 und 178 Abs. 3 Satz 1 des Strafvollzugsgesetzes entsprechend.

§ 21 Dauer der Freiheitsbeschränkung oder Freiheitsentziehung. [1]Die festgehaltene Person ist zu entlassen,
1. sobald der Grund für die Maßnahme der Verwaltungsbehörde oder der Polizei weggefallen ist,
2. wenn die Fortdauer der Freiheitsentziehung durch richterliche Entscheidung nach § 19 für unzulässig erklärt wird,
3. in jedem Falle spätestens bis zum Ende des Tages nach dem Ergreifen, wenn nicht vorher die Fortdauer der Freiheitsentziehung durch richterliche Entscheidung angeordnet ist. [2]In der richterlichen Entscheidung ist die höchstzulässige Dauer der Freiheitsentziehung zu bestimmen; sie darf im Fall des § 18 Abs. 1 Nr. 2 nicht mehr als zehn Tage, in den übrigen Fällen nicht mehr als vier Tage betragen. [3]Eine Freiheitsentziehung zum Zweck der Feststellung der Identität soll nicht länger als sechs Stunden dauern.

§ 22 Durchsuchung und Untersuchung von Personen. (1) Die Verwaltungsbehörden und die Polizei können eine Person durchsuchen, wenn
1. sie nach diesem Gesetz oder anderen Rechtsvorschriften festgehalten werden kann,
2. Tatsachen die Annahme rechtfertigen, dass sie Sachen mit sich führt, die sichergestellt werden dürfen,
3. sie sich erkennbar in einem die freie Willensbestimmung ausschließenden Zustand oder sonst in hilfloser Lage befindet,
4. an einem in § 13 Abs. 1 Nr. 2 genannten Ort angetroffen wird oder
5. sie in einem Objekt im Sinne des § 13 Abs. 1 Nr. 3 oder in dessen unmittelbarer Nähe angetroffen wird und die weiteren Voraussetzungen dieser Vorschrift erfüllt sind.

(2) Die Verwaltungsbehörden und die Polizei können eine Person, deren Identität nach diesem Gesetz oder anderen Rechtsvorschriften festgestellt wer-

Gesetz über die öffentliche Sicherheit und Ordnung **Nds. SOG 60**

den soll oder die an einer Kontrollstelle (§ 14) angetroffen wird, nach Waffen, anderen gefährlichen Werkzeugen und Explosivmitteln durchsuchen, wenn dies nach den Umständen zum Schutz gegen eine Gefahr für Leib oder Leben erforderlich ist.

(3) Personen dürfen nur von Personen gleichen Geschlechts, Ärztinnen oder Ärzten durchsucht werden; dies gilt nicht, wenn die sofortige Durchsuchung zum Schutz gegen eine Gefahr für Leib oder Leben erforderlich ist.

(4) [1]Eine Person darf durch einen Arzt oder eine Ärztin <u>körperlich untersucht</u> werden, wenn Tatsachen die Annahme rechtfertigen, dass von ihr eine Gefahr für Leib oder Leben einer anderen Person ausgegangen ist, weil es zu einer Übertragung besonders gefährlicher Krankheitserreger (insbesondere Hepatitis-B-Virus, Hepatitis-C-Virus oder Humanes Immundefizienzvirus – HIV) gekommen sein kann, und die Kenntnis des Untersuchungsergebnisses zur Abwehr der Gefahr erforderlich ist. [2]Zu diesem Zweck sind Entnahmen von Blutproben und andere körperliche Eingriffe zulässig, wenn sie von einem Arzt oder einer Ärztin nach den Regeln der ärztlichen Kunst vorgenommen werden, wenn kein Nachteil für die Gesundheit der oder des Betroffenen zu befürchten ist. [3]Maßnahmen nach den Sätzen 1 und 2 werden auf Antrag der Polizei durch das Amtsgericht angeordnet, in dessen Bezirk die Polizeidienststelle ihren Sitz hat. [4]Für das gerichtliche Verfahren gilt § 19 Abs. 4 entsprechend. [5]Bei Gefahr im Verzuge kann die Polizei die Anordnung treffen; in diesem Fall ist die richterliche Bestätigung der Anordnung unverzüglich zu beantragen. [6]Die bei der Blutentnahme oder anderen Eingriffen entnommenen Proben sind nach der Durchführung der Untersuchungen unverzüglich zu vernichten. [7]Untersuchungsdaten aus Maßnahmen nach den Sätzen 1 und 2 sind unverzüglich zu löschen, wenn sie zu dem in Satz 1 genannten Zweck nicht mehr benötigt werden.

§ 23 Durchsuchung von Sachen. (1) Die Verwaltungsbehörden und die Polizei können eine Sache durchsuchen, wenn
1. sie von einer Person mitgeführt wird, die nach § 22 durchsucht werden darf,
2. Tatsachen die Annahme rechtfertigen, dass sich in ihr eine Person befindet, die
   a) in Gewahrsam genommen werden darf,
   b) widerrechtlich festgehalten wird oder
   c) hilflos ist,
3. Tatsachen die Annahme rechtfertigen, dass sich in ihr eine andere Sache befindet, die sichergestellt werden darf,
4. sie sich an einem in § 13 Abs. 1 Nr. 2 genannten Ort befindet,
5. sie sich in einem Objekt im Sinne des § 13 Abs. 1 Nr. 3 oder in dessen unmittelbarer Nähe befindet und die weiteren Voraussetzungen dieser Vorschrift erfüllt sind oder
6. es sich um ein Land-, Wasser- oder Luftfahrzeug handelt, in dem sich eine Person befindet, deren Identität nach § 13 Abs. 1 Nr. 4 festgestellt werden darf; die Durchsuchung kann sich auch auf die in dem Fahrzeug enthaltenen Sachen erstrecken.

60 Nds. SOG   Gesetz über die öffentliche Sicherheit und Ordnung

(2) ¹Bei der Durchsuchung von Sachen hat die Person, die die tatsächliche Gewalt innehat, das Recht, anwesend zu sein. ²Ist sie abwesend, so ist, wenn möglich, ihre Vertretung oder eine andere Person hinzuzuziehen. ³Der Person, die die tatsächliche Gewalt innehat, ist auf Verlangen eine Bescheinigung über die Durchsuchung und ihren Grund zu erteilen.

§ 24 Betreten und Durchsuchung von Wohnungen. (1) Wohnungen im Sinne dieser Vorschrift sind Wohn- und Nebenräume, Arbeits-, Betriebs- und Geschäftsräume sowie anderes befriedetes Besitztum, das mit diesen Räumen im Zusammenhang steht.

(2) Die Verwaltungsbehörden und die Polizei können eine Wohnung ohne Einwilligung der Inhaberin oder des Inhabers betreten und durchsuchen, wenn
1. Tatsachen die Annahme rechtfertigen, dass sich in ihr eine Person befindet, die nach § 16 Abs. 3 vorgeführt oder nach § 18 in Gewahrsam genommen werden darf,
2. Tatsachen die Annahme rechtfertigen, dass sich in ihr eine Sache befindet, die nach § 26 Nr. 1 sichergestellt werden darf,
3. dies zur Abwehr einer gegenwärtigen Gefahr für Leib, Leben oder Freiheit einer Person oder für Sachen von bedeutendem Wert erforderlich ist oder
4. von der Wohnung Emissionen ausgehen, die nach Art, Ausmaß oder Dauer geeignet sind, die Gesundheit in der Nachbarschaft wohnender Personen zu beschädigen.

(3) Rechtfertigen Tatsachen die Annahme, dass sich in einem Gebäude eine Person befindet, die widerrechtlich festgehalten wird oder hilflos ist und für die dadurch Gefahr für Leib oder Leben besteht, so kann die Verwaltungsbehörde oder die Polizei die in diesem Gebäude befindlichen Wohnungen ohne Einwilligung der Inhaberin oder des Inhabers betreten und durchsuchen, wenn die Gefahr auf andere Weise nicht beseitigt werden kann.

(4) Während der Nachtzeit (§ 104 Abs. 3 der Strafprozessordnung) ist das Betreten und Durchsuchen einer Wohnung nur in den Fällen des Absatzes 2 Nrn. 3 und 4 und in den Fällen des Absatzes 3 zulässig.

(5) Wohnungen dürfen jedoch zur Verhütung des Eintritts erheblicher Gefahren jederzeit betreten werden, wenn Tatsachen die Annahme rechtfertigen, dass dort
1. Personen Straftaten von erheblicher Bedeutung oder die in den §§ 232 und 233 StGB genannten Straftaten verabreden, vorbereiten oder verüben,
2. sich Personen aufhalten, die gegen aufenthaltsrechtliche Strafvorschriften verstoßen, oder
3. sich Personen verbergen, die wegen Straftaten gesucht werden.

(6) Zum Zweck der Gefahrenabwehr dürfen Arbeits-, Betriebs- und Geschäftsräume, andere der Öffentlichkeit zugängliche Räume sowie befriedetes Besitztum, das mit den genannten Räumen im Zusammenhang steht, während der Arbeits-, Betriebs-, Geschäfts- oder Öffnungszeit sowie in der Zeit, in der sich Beschäftigte oder Publikum dort aufhalten, betreten werden.

Gesetz über die öffentliche Sicherheit und Ordnung **Nds. SOG 60**

§ 25 Verfahren bei der Durchsuchung von Wohnungen. (1) [1]Wohnungen dürfen, außer bei Gefahr im Verzuge, nur aufgrund richterlicher Anordnung durchsucht werden. [2]Zuständig ist das Amtsgericht, in dessen Bezirk die Wohnung liegt. [3]§ 19 Abs. 4 gilt entsprechend.

(2) [1]Bei der Durchsuchung einer Wohnung hat die Person, die die Wohnung innehat, das Recht, anwesend zu sein. [2]Ist sie abwesend, so ist, wenn möglich, eine ihr nahe stehende oder bekannte Person hinzuzuziehen.

(3) Der Grund der Durchsuchung ist der Person, die die Wohnung innehat, oder ihrer Vertretung unverzüglich bekannt zu geben, soweit dadurch der Zweck der Maßnahmen nicht gefährdet wird.

(4) [1]Über die Durchsuchung ist eine Niederschrift zu fertigen. [2]Sie muss die verantwortliche Behörde sowie den Grund, die Zeit, den Ort und das Ergebnis der Durchsuchung enthalten. [3]Die Niederschrift ist auch von der Person, die die Wohnung innehat, oder von ihrer Vertretung zu unterzeichnen. [4]Wird die Unterschrift verweigert, so ist hierüber ein Vermerk aufzunehmen. [5]Auf Verlangen ist eine Durchschrift der Niederschrift auszuhändigen.

(5) Ist die Anfertigung der Niederschrift oder die Aushändigung einer Durchschrift nach den besonderen Umständen des Falles nicht möglich oder würde sie den Zweck der Durchsuchung gefährden, so ist der Betroffenen oder dem Betroffenen lediglich die Durchsuchung unter Angabe der verantwortlichen Behörde sowie der Zeit und des Ortes der Durchsuchung schriftlich zu bestätigen.

§ 26 Sicherstellung. Die Verwaltungsbehörden und die Polizei können eine Sache sicherstellen,
1. um eine gegenwärtige Gefahr abzuwehren,
2. um die Eigentümerin oder den Eigentümer oder die Person, die rechtmäßig die tatsächliche Gewalt innehat, vor Verlust oder Beschädigung einer Sache zu schützen oder
3. wenn sie von einer Person mitgeführt wird, die nach diesem Gesetz oder anderen Rechtsvorschriften festgehalten wird, und sie oder ein anderer die Sache verwenden kann, um
   a) sich zu töten oder zu verletzen,
   b) Leben oder Gesundheit anderer zu schädigen,
   c) fremde Sachen zu beschädigen oder
   d) die Flucht zu ermöglichen oder zu erleichtern.

§ 27 Verwahrung. (1) [1]Sichergestellte Sachen sind in Verwahrung zu nehmen. [2]Lässt die Beschaffenheit der Sachen das nicht zu oder erscheint die Verwahrung bei der Verwaltungsbehörde oder der Polizei unzweckmäßig, so sind die Sachen auf andere geeignete Weise aufzubewahren oder zu sichern.

(2) [1]Der Person, bei der eine Sache sichergestellt wird, ist eine Bescheinigung auszustellen, die den Grund der Sicherstellung erkennen lässt und die sichergestellten Sachen bezeichnet. [2]Kann nach den Umständen des Falles eine

Bescheinigung nicht ausgestellt werden, so ist über die Sicherstellung eine Niederschrift aufzunehmen, die auch erkennen lässt, warum eine Bescheinigung nicht ausgestellt worden ist. [3]Die Eigentümerin oder der Eigentümer oder die Person, die rechtmäßig die tatsächliche Gewalt innehat, ist unverzüglich über die Sicherstellung zu unterrichten.

§ 28 Verwertung, Vernichtung. (1) Die Verwertung einer sichergestellten Sache ist zulässig, wenn
1. ihr Verderb oder eine wesentliche Wertminderung droht,
2. ihre Verwahrung, Pflege oder Erhaltung mit unverhältnismäßig hohen Kosten oder Schwierigkeiten verbunden ist,
3. sie infolge ihrer Beschaffenheit nicht so verwahrt werden kann, dass weitere Gefahren für die öffentliche Sicherheit ausgeschlossen sind,
4. sie nach einer Frist von einem Jahr nicht an eine berechtigte Person herausgegeben werden kann, ohne dass die Voraussetzungen der Sicherstellung erneut eintreten würden, oder
5. die berechtigte Person sie nicht innerhalb einer ihr gesetzten angemessenen Frist abholt; die Fristsetzung ist zuzustellen und muss den Hinweis enthalten, dass die Sache nach fruchtlosem Ablauf der Frist verwertet werde.

(2) [1]Personen, denen ein Recht an der Sache zusteht, sollen vor der Verwertung gehört werden. [2]Die Anordnung sowie die Zeit und der Ort der Verwertung sind ihnen mitzuteilen, soweit die Umstände und der Zweck der Maßnahmen es erlauben.

(3) [1]Die Sache wird durch öffentliche Versteigerung verwertet. [2]§ 979 des Bürgerlichen Gesetzbuchs gilt entsprechend. [3]Bleibt die Versteigerung erfolglos, erscheint sie von vornherein aussichtslos oder würden die Kosten der Versteigerung voraussichtlich den zu erwartenden Erlös übersteigen, so kann die Sache freihändig verkauft werden. [4]Kann die Sache innerhalb angemessener Frist nicht verwertet werden, so darf sie einem gemeinnützigen Zweck zugeführt werden.

(4) [1]Sichergestellte Sachen können unbrauchbar gemacht oder vernichtet werden, wenn
1. im Fall einer Verwertung die Gründe, die zu ihrer Sicherstellung berechtigen, fortbestehen oder Sicherstellungsgründe erneut entstehen würden oder
2. die Verwertung aus anderen Gründen nicht möglich ist.
[2]Absatz 2 gilt sinngemäß.

§ 29 Herausgabe sichergestellter Sachen oder des Erlöses; Kosten.
(1) [1]Sobald die Voraussetzungen für die Sicherstellung weggefallen sind, sind die Sachen an diejenige Person herauszugeben, bei der sie sichergestellt worden sind. [2]Ist die Herausgabe an sie nicht möglich, so können die Sachen an eine andere Person herausgegeben werden, die ihre Berechtigung glaubhaft macht. [3]Die Herausgabe ist ausgeschlossen, wenn dadurch erneut die Voraussetzungen für eine Sicherstellung eintreten würden.

Gesetz über die öffentliche Sicherheit und Ordnung **Nds. SOG 60**

(2) ¹Sind die Sachen verwertet worden, so ist der Erlös herauszugeben. ²Ist eine berechtigte Person nicht vorhanden oder nicht zu ermitteln, so ist der Erlös nach den Vorschriften des Bürgerlichen Gesetzbuchs zu hinterlegen. ³Der Anspruch auf Herausgabe des Erlöses erlischt drei Jahre nach Ablauf des Jahres, in dem die Sache verwertet worden ist.

(3) ¹Die Kosten der Sicherstellung fallen den nach § 6 oder 7 Verantwortlichen zur Last. ²Mehrere Verantwortliche haften gesamtschuldnerisch. ³Die Herausgabe der Sache kann von der Zahlung der Kosten abhängig gemacht werden. ⁴Ist eine Sache verwertet worden, so können die Kosten aus dem Erlös gedeckt werden. ⁵Die Kosten können im Verwaltungszwangsverfahren beigetrieben werden.

(4) § 983 des Bürgerlichen Gesetzbuchs bleibt unberührt.

2. Abschnitt
Befugnisse zur Datenverarbeitung

§ 30 Grundsätze der Datenerhebung. (1) ¹Personenbezogene Daten sind bei der betroffenen Person mit ihrer Kenntnis zu erheben. ²Bei einer Dritten oder einem Dritten dürfen personenbezogene Daten nur erhoben werden, wenn
1. eine Rechtsvorschrift dies zulässt,
2. Angaben der betroffenen Person überprüft werden müssen,
3. offensichtlich ist, dass die Erhebung im Interesse der betroffenen Person liegt und sie einwilligen würde,
4. die Daten aus allgemein zugänglichen Quellen entnommen werden können,
5. die Erhebung bei der betroffenen Person einen unverhältnismäßigen Aufwand erfordern würde und keine Anhaltspunkte dafür bestehen, dass überwiegende schutzwürdige Interessen der betroffenen Person beeinträchtigt werden,
6. die Erhebung bei der betroffenen Person die Erfüllung der Aufgaben gefährden oder wesentlich erschweren würde oder
7. es zur Abwehr einer schwerwiegenden Beeinträchtigung der Rechte einer anderen Person erforderlich ist.

³Betroffene oder Dritte sind auf Verlangen auf die Rechtsgrundlage der Datenerhebung hinzuweisen.

(2) ¹Personenbezogene Daten sind offen zu erheben. ²Eine Datenerhebung, die nicht als Maßnahme der Gefahrenabwehr erkennbar sein soll (verdeckte Datenerhebung), ist nur zulässig
1. in den Fällen des § 32 Abs. 2 und 5,
2. in den Fällen der §§ 33a bis 37 (besondere Mittel oder Methoden),
3. in den Fällen des § 45a,
4. wenn andernfalls die Aufgabenerfüllung erheblich gefährdet würde oder
5. wenn dies im Interesse der betroffenen Person entspricht.

³Daten dürfen nur durch die Polizei verdeckt erhoben werden. ⁴Sie darf keine Mittel einsetzen oder Methoden anwenden, die nach Art oder Schwere des Eingriffs den besonderen Mitteln oder Methoden vergleichbar sind.

(3) Zur Durchführung verdeckter Datenerhebungen oder zur Abwehr von Gefahren für Leib, Leben oder Freiheit einer Zeugin oder eines Zeugen oder einer Angehörigen oder eines Angehörigen der Zeugin oder des Zeugen können geeignete Urkunden hergestellt, beschafft und verwendet sowie erforderliche Eintragungen in Register, Bücher oder Dateien vorgenommen werden.

(4) ¹Über die Erhebung personenbezogener Daten mit besonderen Mitteln oder Methoden ist die betroffene Person zu unterrichten. ²Die betroffene Person ist mit der Unterrichtung auf die Rechtsgrundlage der Datenverarbeitung und das Auskunftsrecht nach § 16 des Niedersächsischen Datenschutzgesetzes sowie auf das Recht der sofortigen Beschwerde gegen eine richterliche Anordnung einschließlich der hierfür geltenden Frist hinzuweisen. ³Die Unterrichtung erfolgt, sobald dies möglich ist, ohne den Zweck der Maßnahme zu gefährden.

(5) ¹Die Unterrichtung nach Absatz 4 wird zurückgestellt,
1. solange Zwecke der Verfolgung einer Straftat entgegenstehen,
2. solange durch das Bekanntwerden der Datenerhebung Leib, Leben, Freiheit oder ähnlich schutzwürdige Belange einer Person gefährdet werden oder
3. solange ihr überwiegende schutzwürdige Belange einer anderen betroffenen Person entgegenstehen.

²Die Unterrichtung über eine Maßnahme nach § 36 oder § 36a wird außer in den Fällen des Satzes 1 auch zurückgestellt, solange durch das Bekanntwerden der Datenerhebung die weitere Verwendung der Vertrauensperson oder der weitere Einsatz der Verdeckten Ermittlerin oder des Verdeckten Ermittlers gefährdet wird. ³Soll die Unterrichtung über eine Maßnahme, die richterlich anzuordnen war, nach Ablauf von sechs Monaten weiter zurückgestellt werden, so entscheidet das Amtsgericht, das die Maßnahme angeordnet oder bestätigt hat; in den Fällen des § 35a Abs. 4 Satz 6 entscheidet das Landgericht. ⁴Die Zurückstellung der Unterrichtung durch das Gericht ist auf höchstens ein Jahr zu befristen und kann um jeweils höchstens ein weiteres Jahr verlängert werden. ⁵In den Fällen des Satzes 1 Nr. 2 oder 3 kann das Gericht eine längere Frist bestimmen, wenn davon auszugehen ist, dass die Voraussetzungen für die Zurückstellung während der längeren Frist nicht entfallen werden. ⁶Für das gerichtliche Verfahren gilt § 19 Abs. 4 entsprechend.

(6) ¹Die Zurückstellung der Unterrichtung über eine Maßnahme, die nicht richterlich anzuordnen war, ist nach Ablauf von zwei Jahren unter Angabe des Grundes und der voraussichtlichen Dauer der oder dem Landesbeauftragten für den Datenschutz mitzuteilen. ²Eine Mitteilung ist erneut erforderlich, wenn die angegebene Dauer der Zurückstellung überschritten wird.

(7) ¹Die Datenerhebung nach den §§ 34 bis 36a darf sich nicht gegen Personen richten, die in Strafverfahren aus beruflichen Gründen zur Verweigerung des Zeugnisses berechtigt sind (§§ 53 und 53a der Strafprozessordnung, § 12

Gesetz über die öffentliche Sicherheit und Ordnung **Nds. SOG 60**

Abs. 3 und § 23 Abs. 4 des Bundesdatenschutzgesetzes), soweit Sachverhalte betroffen sind, auf die sich ihr Zeugnisverweigerungsrecht bezieht, es sei denn, die Datenerhebung ist zur Abwehr einer gegenwärtigen Gefahr für Leib, Leben oder Freiheit einer Person erforderlich. ²Die Polizei darf solche Personen nicht von sich aus als Vertrauenspersonen (§ 36 Abs. 1 Satz 1) in Anspruch nehmen.

§ 31 Datenerhebung. (1) ¹Die Polizei kann über jede Person Daten erheben, soweit dies zur Abwehr einer Gefahr oder zur Wahrnehmung einer Aufgabe nach § 1 Abs. 4 oder 5 erforderlich ist. ²Satz 1 gilt entsprechend, wenn Verwaltungsbehörden zur Abwehr einer Gefahr tätig werden.

(2) Die Polizei darf, wenn dies zur Verhütung von Straftaten erforderlich ist, über Absatz 1 hinaus Daten erheben über
1. Personen, bei denen Tatsachen die Annahme rechtfertigen, dass sie künftig Straftaten begehen werden,
2. Kontakt- oder Begleitpersonen,
3. Personen, bei denen Tatsachen die Annahme rechtfertigen, dass sie Opfer von Straftaten werden,
4. Personen, die sich im engen räumlichen Umfeld einer Person aufhalten, die aufgrund ihrer beruflichen Tätigkeit oder ihrer Stellung in der Öffentlichkeit besonders gefährdet erscheint, soweit dies zum Schutz von Leib, Leben oder Freiheit der gefährdeten Person erforderlich ist, und
5. Zeuginnen oder Zeugen, Hinweisgeberinnen oder Hinweisgeber oder sonstige Auskunftspersonen, die dazu beitragen können, den Sachverhalt aufzuklären.

(3) ¹Die Verwaltungsbehörden und die Polizei können über
1. Personen, deren Kenntnisse oder Fähigkeiten zur Gefahrenabwehr benötigt werden,
2. Verantwortliche für Anlagen oder Einrichtungen, von denen eine erhebliche Gefahr ausgehen kann,
3. Verantwortliche für gefährdete Anlagen oder Einrichtungen,
4. Verantwortliche für Veranstaltungen in der Öffentlichkeit, die nicht dem Niedersächsischen Versammlungsgesetz unterliegen,
die für die Erreichbarkeit der vorgenannten Personen und deren Zuordnung zu den in den Nummern 1 bis 4 genannten Personengruppen erforderlichen Daten aus allgemein zugänglichen Quellen, bei öffentlichen Stellen oder aufgrund freiwilliger Angaben der betroffenen Person erheben, soweit dies zur Vorbereitung auf die Abwehr künftiger Gefahren erforderlich ist. ²Eine verdeckte Datenerhebung ist nicht zulässig.

§ 32 Datenerhebung durch den Einsatz technischer Mittel bei öffentlichen Veranstaltungen und im öffentlichen Raum. (1) ¹Die Polizei kann bei oder im Zusammenhang mit öffentlichen Veranstaltungen oder Ansammlungen, die nicht dem Niedersächsischen Versammlungsgesetz unterliegen, Bildaufnahmen sowie Bild- und Tonaufzeichnungen (Aufzeichnungen) über solche Personen anfertigen, bei denen Tatsachen die Annahme rechtfertigen, dass sie Straftaten oder nicht geringfügige Ordnungswidrigkeiten begehen werden. ²Die Maßnahme darf auch durchgeführt werden, wenn Dritte unvermeidbar betroffen werden.

(2) Eine verdeckte Anfertigung von Aufzeichnungen ist nur zulässig, wenn die offene Anfertigung dazu führen kann, dass die Straftaten oder Ordnungswidrigkeiten an anderer Stelle, zu anderer Zeit oder in anderer Weise begangen werden.

(3) ¹Die Verwaltungsbehörden und die Polizei dürfen öffentlich zugängliche Orte mittels Bildübertragung offen beobachten, wenn dies zur Erfüllung von Aufgaben nach § 1 Abs. 1 erforderlich ist. ²Die Polizei kann die nach Satz 1 übertragenen Bilder aufzeichnen,
1. wenn Tatsachen die Annahme rechtfertigen, dass an den beobachteten Orten oder in deren unmittelbarer Umgebung künftig Straftaten von erheblicher Bedeutung oder Straftaten nach § 224 StGB begangen werden, oder
2. soweit die Bilder an oder in einer Verkehrs- oder Versorgungsanlage, einer Verkehrs- oder Versorgungseinrichtung, einem öffentlichen Verkehrsmittel, Amtsgebäude oder einem anderen besonders gefährdeten Objekt aufgenommen werden und tatsächliche Anhaltspunkte die Annahme rechtfertigen, dass an oder in Objekten dieser Art terroristische Straftaten begangen werden sollen.

³Die §§ 12 und 17 des Niedersächsischen Versammlungsgesetzes bleiben unberührt.

(4) ¹Die Polizei kann zur Eigensicherung bei Anhalte- und Kontrollsituationen im öffentlichen Verkehrsraum nach diesem Gesetz oder anderen Rechtsvorschriften Bildaufzeichnungen offen anfertigen. ²Die Maßnahme darf auch durchgeführt werden, wenn Dritte unvermeidbar betroffen werden.

(5) ¹Die Polizei kann im öffentlichen Verkehrsraum technische Mittel zur Erfassung von Kraftfahrzeugkennzeichen einsetzen
1. zur Abwehr einer Gefahr für die öffentliche Sicherheit,
2. auf der Grundlage polizeilicher Lageerkenntnisse zur Verhütung von Straftaten von erheblicher Bedeutung mit internationalem Bezug,
3. an einem in § 13 Abs. 1 Nr. 2 Buchst. a genannten Ort zur Verhütung der dort genannten Straftaten,
4. in unmittelbarer Nähe der in § 13 Abs. 1 Nr. 3 genannten gefährdeten Objekte zu deren Schutz oder zum Schutz der sich dort befindenden Personen, wenn Tatsachen die Annahme rechtfertigen, dass in oder an Objekten dieser Art Straftaten begangen werden sollen, und der Einsatz aufgrund der Gefährdungslage erforderlich ist oder
5. zur Verhütung der in § 14 Abs. 1 Satz 1 genannten Straftaten, wenn Tatsachen die Annahme rechtfertigen, dass solche Straftaten begangen werden sollen.

²Dabei dürfen auch Zeit und Ort der Aufnahme erfasst und eine Bildaufnahme des Fahrzeuges angefertigt werden, wenn technisch ausgeschlossen ist, dass Insassen zu sehen sind oder sichtbar gemacht werden können. ³Das Kennzeichen ist sofort automatisiert mit vorhandenen Dateien abzugleichen, die der Suche nach Personen oder Sachen dienen oder in denen Kennzeichen nach § 37 oder

Gesetz über die öffentliche Sicherheit und Ordnung **Nds. SOG 60**

nach anderen Rechtsvorschriften zur Kontrollmeldung ausgeschrieben sind. [4]Ist das Kennzeichen nicht in diesen Dateien enthalten, so sind die nach den Sätzen 1 und 2 erhobenen Daten sofort automatisiert zu löschen. [5]Gespeicherte Daten dürfen außer im Fall einer Ausschreibung zur Kontrollmeldung nicht zu einem Bewegungsbild verbunden werden. [6]Eine verdeckte Datenerhebung ist nur zulässig, wenn durch eine offene Datenerhebung der Zweck der Maßnahme gefährdet würde.

§ 33 Aufzeichnung von Verkehrsdaten mit Einwilligung der Anschlussinhaberin oder des Anschlussinhabers. (1) [1]Die Polizei kann in den Fällen des § 34 Abs. 1 Satz 1 Nrn. 2 und 3 oder wenn dies erforderlich ist, um eine erhebliche Gefahr abzuwehren, mit Einwilligung der Anschlussinhaberin oder des Anschlussinhabers Verkehrsdaten (§ 96 des Telekommunikationsgesetzes) aufzeichnen. [2]Die Maßnahme darf auch durchgeführt werden, wenn Dritte unvermeidbar betroffen werden. [3]Die Aufzeichnung bedarf der Anordnung durch die Behördenleitung. [4]Diese kann ihre Anordnungsbefugnis auf Dienststellenleiterinnen oder Dienststellenleiter sowie Bedienstete des höheren Dienstes übertragen. [5]Die Anordnung ist schriftlich zu begründen.

(2) Aufgrund der Anordnung hat jeder, der geschäftsmäßig Telekommunikationsdienste erbringt oder daran mitwirkt, der Polizei die Aufzeichnung der Verkehrsdaten zu ermöglichen.

§ 33a Datenerhebung durch Überwachung der Telekommunikation.
(1) Die Polizei kann zur Abwehr einer gegenwärtigen Gefahr für Leib, Leben oder Freiheit einer Person personenbezogene Daten durch Überwachung und Aufzeichnung der Telekommunikation erheben
1. über die in den §§ 6 und 7 genannten Personen, wenn die Aufklärung des Sachverhalts auf andere Weise nicht möglich erscheint, und
2. unter den Voraussetzungen des § 8 über die dort genannten Personen, wenn dies für die Aufklärung des Sachverhalts unerlässlich ist.

(2) [1]Eine Datenerhebung nach Absatz 1 kann sich auf
1. die Inhalte der Telekommunikation einschließlich der innerhalb des Telekommunikationsnetzes in Datenspeichern abgelegten Inhalte,
2. die Verkehrsdaten (§ 96 des Telekommunikationsgesetzs) oder
3. die Standortkennung einer aktiv geschalteten Mobilfunkendeinrichtung
beziehen. [2]Die Datenerhebung darf nur an Telekommunikationsanschlüssen der in Absatz 1 genannten Personen erfolgen. [3]Die Maßnahme darf auch durchgeführt werden, wenn Dritte unvermeidbar betroffen werden.

(3) [1]Eine Maßnahme nach Absatz 2 Satz 1 Nr. 1 ist nicht zulässig, soweit im Einzelfall aufgrund tatsächlicher Anhaltspunkte davon auszugehen ist, dass sie ausschließlich eine Kommunikation erfasst, die als höchstpersönlich dem Kernbereich privater Lebensgestaltung zuzurechnen ist. [2]Ergeben sich solche Anhaltspunkte später, so ist die Maßnahme zu unterbrechen. [3]§ 35a Abs. 3 Sätze 2 und 3 gilt entsprechend.

[187]

60 Nds. SOG   Gesetz über die öffentliche Sicherheit und Ordnung

(4) ¹Die Datenerhebung nach Absatz 1 bedarf der Anordnung durch das Amtsgericht, in dessen Bezirk die Polizeidienststelle ihren Sitz hat. ²Die Anordnung bedarf der Schriftform; sie ist auf höchstens drei Monate zu befristen. ³Eine Verlängerung um jeweils nicht mehr als drei Monate ist zulässig, soweit die in Absatz 1 bezeichneten Voraussetzungen vorliegen. ⁴Die Anordnung muss die Person, gegen die sich die Datenerhebung richtet, Art und Umfang der zu erhebenden Daten sowie die betroffenen Telekommunikationsanschlüsse bezeichnen; sie ist zu begründen. ⁵Für das gerichtliche Verfahren gelten § 19 Abs. 4 und § 34 Abs. 3 Sätze 5 bis 7 entsprechend.

(5) ¹Bei Gefahr im Verzuge kann die Polizei die Anordnung treffen. ²Absatz 4 Satz 4 gilt entsprechend; die schriftliche Begründung hat sich auch auf die Zulässigkeit der polizeilichen Anordnung zu beziehen. ³Die Entscheidung trifft die Behördenleitung. ⁴Diese kann ihre Anordnungsbefugnis auf Dienststellenleiterinnen und Dienststellenleiter sowie Bedienstete des höheren Dienstes übertragen. ⁵Die richterliche Bestätigung der Anordnung ist unverzüglich zu beantragen. ⁶Die Anordnung der Polizei tritt außer Kraft, wenn die richterliche Bestätigung nicht innerhalb von drei Tagen erfolgt. ⁷Bereits erhobene Daten dürfen nicht verwendet werden und sind unverzüglich zu löschen.

(6) ¹Dient eine Maßnahme nach Absatz 1 in Verbindung mit Absatz 2 Nr. 3 ausschließlich der Ermittlung des Aufenthaltsorts der gefährdeten Person, so trifft die Polizei die Anordnung. ²Absatz 5 Sätze 2 bis 4 gilt entsprechend.

(7) ¹Aufgrund der Anordnung hat jeder, der geschäftsmäßig Telekommunikationsleistungen erbringt oder daran mitwirkt, der Polizei die Überwachung und Aufzeichnung der Telekommunikation zu ermöglichen und die Überwachungsmaßnahmen nach den Vorschriften des Telekommunikationsgesetzes und der darauf beruhenden Rechtsverordnungen technisch und organisatorisch durchzuführen. ²Die Polizei hat den Diensteanbietern eine Entschädigung entsprechend § 23 des Justizvergütungs- und -entschädigungsgesetzes zu gewähren.

(8) ¹Die Polizei kann unter den Voraussetzungen des Absatzes 1 über die dort genannten Personen Auskunft von den Diensteanbietern über Daten nach Absatz 2 Satz 1 Nr. 2 oder 3 verlangen; die Absätze 4 und 5 gelten entsprechend. ²Die Diensteanbieter haben die nach Satz 1 angeforderten Daten unverzüglich und vollständig zu übermitteln. ³Die Polizei hat den Diensteanbietern eine Entschädigung entsprechend § 23 des Justizvergütungs- und -entschädigungsgesetzes zu gewähren.

§ 33b Geräte- und Standortermittlung, Unterbrechung der Telekommunikation. (1) ¹Technische Mittel, mit denen aktiv geschaltete Mobilfunkeinrichtungen zur Datenabsendung an eine Stelle außerhalb des Telekommunikationsnetzes veranlasst werden, dürfen zur Ermittlung der Geräte- und Kartennummer oder zur Ermittlung des Standorts einer Endeinrichtung eingesetzt werden, wenn die Abwehr einer gegenwärtigen Gefahr für Leib und Leben sonst nicht möglich erscheint oder wesentlich erschwert wäre. ²Die

Gesetz über die öffentliche Sicherheit und Ordnung **Nds. SOG 60**

Datenerhebung ist auch zulässig, wenn Dritte unvermeidbar betroffen werden. ³Die Daten Dritter dürfen abweichend von § 39 Abs. 1 nur für den Datenabgleich zur Ermittlung der gesuchten Geräte- und Kartennummer verwendet werden.

(2) Durch den Einsatz technischer Mittel können unter den Voraussetzungen des Absatzes 1 Telekommunikationsverbindungen unterbrochen oder verhindert werden.

(3) Für die Maßnahmen nach den Absätzen 1 und 2 gilt § 33a Abs. 4 und 5 entsprechend.

§ 33c Auskunftsverlangen. (1) ¹Die Polizei kann zur Abwehr einer Gefahr für die öffentliche Sicherheit Auskunft über die nach den §§ 95 und 111 des Telekommunikationsgesetzes erhobenen Daten
1. zu den in den §§ 6 und 7 genannten Personen und
2. unter den Voraussetzungen des § 8 zu den dort genannten Personen
verlangen. ²Die Datenerhebung darf auch durchgeführt werden, wenn Dritte unvermeidbar betroffen werden. ³Auf das Auskunftsverlangen nach Satz 1 findet § 30 Abs. 4 keine Anwendung.

(2) ¹Die Polizei darf Auskunft über Daten verlangen, mittels derer der Zugriff auf Endgeräte oder auf Speichereinrichtungen, die in diesen Endgeräten oder hiervon räumlich getrennt eingesetzt werden, geschützt wird, wenn die Voraussetzungen des § 33 a Abs. 1 vorliegen. ²Die Datenerhebung darf auch durchgeführt werden, wenn Dritte unvermeidbar betroffen werden. ³§ 33a Abs. 4 und 5 gilt entsprechend.

(3) ¹Anhand einer zu einem bestimmten Zeitpunkt zugewiesenen Internetprotokoll-Adresse dürfen die in eine Auskunft nach Absatz 1 aufzunehmenden Daten nur unter den Voraussetzungen des § 33 a Abs. 1 bestimmt werden. ²§ 33a Abs. 4 und 5 gilt entsprechend.

(4) ¹Die Diensteanbieter haben der Polizei die nach den Absätzen 1 bis 3 verlangten Daten unverzüglich und vollständig zu übermitteln. ²Die Polizei hat für die Erteilung von Auskünften nach den Absätzen 1 bis 3 eine Entschädigung entsprechend § 23 des Justizvergütungs- und -entschädigungsgesetzes zu gewähren.

§ 34 Datenerhebung durch längerfristige Observation. (1) ¹Eine planmäßig angelegte verdeckte Personenbeobachtung, die innerhalb einer Woche insgesamt länger als 24 Stunden oder über den Zeitraum von einer Woche hinaus durchgeführt werden soll oder die über diese Zeiträume hinaus tatsächlich weitergeführt wird (längerfristige Observation), ist nur zulässig
1. a) bezüglich der in den §§ 6 und 7 genannten Personen zum Zwecke der Abwehr einer gegenwärtigen Gefahr für Leib, Leben oder Freiheit einer Person, wenn die Aufklärung des Sachverhalts auf andere Weise nicht möglich erscheint, und
   b) unter den weiteren Voraussetzungen des § 8 bezüglich der dort genannten Personen, wenn dies für die Aufklärung des Sachverhalts unerlässlich ist,

2. zur Beobachtung von Personen, bei denen Tatsachen die Annahme rechtfertigen, dass sie Straftaten von erheblicher Bedeutung begehen werden, und wenn die Verhütung dieser Straftaten auf andere Weise nicht möglich erscheint sowie
3. zur Beobachtung von Kontakt- oder Begleitpersonen der in Nummer 2 genannten Personen, wenn dies zur Verhütung einer Straftat nach Nummer 2 unerlässlich ist.

²Die Maßnahme darf auch durchgeführt werden, wenn Dritte unvermeidbar betroffen werden.

(2) ¹Die längerfristige Observation bedarf der Anordnung durch die Behördenleitung. ²Diese kann ihre Anordnungsbefugnis auf Dienststellenleiterinnen oder Dienststellenleiter sowie Bedienstete des höheren Dienstes übertragen. ³Die Anordnung ist auf höchstens einen Monat zu befristen und schriftlich zu begründen.

(3) ¹Soll die Maßnahme über einen Monat hinausgehen oder soll eine zunächst auf höchstens einen Monat befristete Maßnahme verlängert werden, so bedarf es der Anordnung durch das Amtsgericht, in dessen Bezirk die Polizeidienststelle ihren Sitz hat. ²Die Anordnung ist zu befristen; sie kann verlängert werden. ³Die Anordnung bedarf der Schriftform; sie ist zu begründen. ⁴Für das gerichtliche Verfahren gilt § 19 Abs. 4 entsprechend. ⁵Nach Beendigung der Maßnahme steht der betroffenen Person nur die sofortige Beschwerde zu. ⁶Die Frist beginnt mit Zugang der Benachrichtigung nach § 30 Abs. 4. ⁷Die weitere sofortige Beschwerde ist nur statthaft, wenn das Landgericht sie wegen der grundsätzlichen Bedeutung der zur Entscheidung stehenden Frage zulässt.

§ 35 Datenerhebung durch den verdeckten Einsatz technischer Mittel außerhalb von Wohnungen. (1) ¹Die Polizei kann unter den in § 34 Abs. 1 Satz 1 Nrn. 1 bis 3 genannten Voraussetzungen durch den verdeckten Einsatz technischer Mittel Bildaufnahmen und -aufzeichnungen anfertigen, das nicht öffentlich gesprochene Wort abhören oder aufzeichnen sowie den jeweiligen Aufenthaltsort einer Person bestimmen. ²Die Maßnahme darf auch durchgeführt werden, wenn Dritte unvermeidbar betroffen werden. ³Das Brief-, Post- und Fernmeldegeheimnis bleibt unberührt. ⁴Das für Inneres zuständige Ministerium bestimmt die Art der zulässigen technischen Mittel durch Verwaltungsvorschrift; diese ist zu veröffentlichen.

(2) ¹Werden durch das Abhören und das Aufzeichnen des nicht öffentlich gesprochenen Wortes Daten aus dem Kernbereich privater Lebensgestaltung erfasst, so dürfen diese nicht gespeichert, verändert oder genutzt werden. ²Entsprechende Aufzeichnungen sind unverzüglich zu löschen; die Löschung der Daten ist zu dokumentieren.

(3) ¹Das Abhören und das Aufzeichnen des nicht öffentlich gesprochenen Wortes nach Absatz 1 bedürfen der Anordnung durch das Amtsgericht, in dessen Bezirk die Polizeidienststelle ihren Sitz hat. ²Die Anordnung ist auf

Gesetz über die öffentliche Sicherheit und Ordnung **Nds. SOG 60**

höchstens einen Monat zu befristen; eine Verlängerung um jeweils höchstens einen weiteren Monat ist zulässig. ³§ 34 Abs. 3 Sätze 3 bis 7 gilt entsprechend.

(4) ¹Bei Gefahr im Verzuge kann die Polizei die Maßnahme anordnen. ²Die Anordnung ist schriftlich zu begründen; die Begründung muss sich auch auf die Zulässigkeit der polizeilichen Anordnung beziehen. ³Die Entscheidung trifft die Behördenleitung. ⁴Diese kann ihre Anordnungsbefugnis auf Dienststellenleiterinnen und Dienststellenleiter sowie Bedienstete des höheren Dienstes übertragen. ⁵Die richterliche Bestätigung der Anordnung ist unverzüglich zu beantragen. ⁶Die Anordnung nach Satz 1 tritt spätestens mit Ablauf des dritten Tages nach ihrem Erlass außer Kraft, wenn sie bis dahin nicht richterlich bestätigt wird. ⁷Erfolgt bis dahin keine richterliche Bestätigung, so dürfen bereits erhobene Daten nicht verwendet werden; diese Daten sind unverzüglich zu löschen.

(5) ¹Abweichend von den Absätzen 3 und 4 genügt es, den Einsatz technischer Mittel nach Absatz 1 Satz 1 schriftlich anzuordnen und zu begründen, wenn
1. damit nicht das nicht öffentlich gesprochene Wort abgehört oder aufgezeichnet werden soll oder
2. die Maßnahme ausschließlich dem Schutz von Leib, Leben oder Freiheit einer bei einem polizeilichen Einsatz tätigen Person dient.

²Absatz 4 Sätze 3 und 4 gilt entsprechend.

§ 35a Datenerhebung durch den verdeckten Einsatz technischer Mittel in Wohnungen. (1) ¹Technische Mittel im Sinne des § 35 Abs. 1 Satz 1 dürfen zur Aufklärung von Vorgängen in einer Wohnung nur eingesetzt werden
1. zur Abwehr einer gegenwärtigen Gefahr für Leib, Leben oder Freiheit einer Person, wenn Tatsachen die Annahme rechtfertigen, dass sich diese Person oder die Person, von der die Gefahr ausgeht, in der Wohnung aufhält, oder
2. zur Abwehr der Gefahr, dass eine Person eine besonders schwerwiegende Straftat begehen wird,

wenn die Gefahr auf andere Weise nicht abgewendet werden kann. ²Zum Zweck nach Satz 1 Nr. 2 darf die Maßnahme nur durchgeführt werden
1. in der Wohnung der dort genannten Person oder
2. in der Wohnung einer anderen Person, wenn Tatsachen die Annahme rechtfertigen, dass die in Satz 1 Nr. 2 genannte Person sich dort aufhält und der verdeckte Einsatz technischer Mittel in einer Wohnung dieser Person nicht möglich oder allein zur Abwehr der Gefahr nicht ausreichend ist.

³Eine nach Satz 2 Nr. 2 zulässige Maßnahme darf in einer Wohnung, die von einer nach § 53 oder 53a der Strafprozessordnung zur Verweigerung des Zeugnisses berechtigten Personen zur Ausübung ihres Berufs genutzt wird, nicht durchgeführt werden.

(2) ¹Die Maßnahme darf nur angeordnet werden, soweit aufgrund tatsächlicher Anhaltspunkte, insbesondere zu der Art der zu überwachenden Räumlich-

60 Nds. SOG Gesetz über die öffentliche Sicherheit und Ordnung

keiten und zum Verhältnis der zu überwachenden Personen zueinander, anzunehmen ist, dass durch die Überwachung Vorgänge, die dem Kernbereich privater Lebensgestaltung zuzurechnen sind, nicht erfasst werden. [2]Gespräche in Betriebs- oder Geschäftsräumen sind in der Regel nicht dem Kernbereich privater Lebensgestaltung zuzurechnen.

(3) [1]Die Maßnahme ist zu unterbrechen, wenn sich Anhaltspunkte dafür ergeben, dass der Kernbereich privater Lebensgestaltung von der Datenerhebung erfasst wird. [2]Werden durch die Maßnahme Daten des Kernbereichs privater Lebensgestaltung erfasst, so dürfen diese nicht gespeichert, verändert oder genutzt werden; entsprechende Aufzeichnungen sind unverzüglich zu löschen. [3]Die Tatsache, dass Daten des Kernbereichs privater Lebensgestaltung erhoben wurden, und die Löschung der Daten sind zu dokumentieren.

(4) [1]Die Maßnahme bedarf der Anordnung durch das Amtsgericht, in dessen Bezirk die Polizeidienststelle ihren Sitz hat. [2]Die Anordnung bedarf der Schriftform; sie ist auf höchstens einen Monat zu befristen. [3]Sie muss die Person, gegen die sich die Datenerhebung richtet, Art und Umfang der zu erhebenden Daten sowie die betroffenen Wohnungen bezeichnen und ist zu begründen. [4]Für das gerichtliche Verfahren gelten § 19 Abs. 4 und § 34 Abs. 3 Sätze 5 bis 7 entsprechend. [5]Die Anordnung kann jeweils um höchstens einen Monat verlängert werden. [6]Ist die Dauer der Anordnung einer Maßnahme nach Absatz 2 auf insgesamt sechs Monate verlängert worden, so entscheidet über weitere Verlängerungen eine Zivilkammer des Landgerichts; über eine Beschwerde entscheidet das Oberlandesgericht.

(5) [1]Bei Gefahr im Verzuge kann die Polizei die Maßnahme anordnen; Absatz 4 Satz 3 gilt entsprechend. [2]Die Anordnung ist schriftlich zu begründen; die Begründung muss sich auch auf die Zulässigkeit der polizeilichen Anordnung beziehen. [3]Die Entscheidung trifft die Behördenleitung. [4]Diese kann ihre Anordnungsbefugnis auf Dienststellenleiterinnen und Dienststellenleiter sowie Bedienstete des höheren Dienstes übertragen. [5]Die richterliche Bestätigung der Anordnung ist unverzüglich zu beantragen. [6]Die Anordnung nach Satz 1 tritt spätestens mit Ablauf des dritten Tages nach ihrem Erlass außer Kraft, wenn sie bis dahin nicht richterlich bestätigt wird. [7]Erfolgt bis dahin keine richterliche Bestätigung, so dürfen bereits erhobene Daten nicht verwendet werden; diese Daten sind unverzüglich zu löschen.

(6) [1]Erfolgt die Maßnahme ausschließlich zum Schutz von Leib, Leben oder Freiheit einer bei einem polizeilichen Einsatz tätigen Person, so genügt abweichend von Absatz 4 die Anordnung der Behördenleitung. [2]Absatz 5 Sätze 2 und 4 gilt entsprechend.

§ 36 Datenerhebung durch die Verwendung von Vertrauenspersonen.
(1) [1]Die Polizei kann unter den in § 34 Abs. 1 Satz 1 Nrn. 1 bis 3 genannten Voraussetzungen personenbezogene Daten erheben durch die Verwendung von Personen, deren Zusammenarbeit mit der Polizei Dritten nicht bekannt ist (Ver-

Gesetz über die öffentliche Sicherheit und Ordnung **Nds. SOG 60**

trauenspersonen). ²Die Maßnahme darf auch durchgeführt werden, wenn Dritte unvermeidbar betroffen werden.

(2) ¹Die Verwendung einer Vertrauensperson bedarf der Anordnung durch die Behördenleitung. ²Diese kann ihre Anordnungsbefugnis auf Dienststellenleiterinnen oder Dienststellenleiter sowie Bedienstete des höheren Dienstes übertragen. ³Die Anordnung ist schriftlich zu begründen.

(3) Vertrauenspersonen dürfen nicht verwendet werden um
1. in einer Person, die nicht zur Begehung von Straftaten bereit ist, den Entschluss zu wecken, Straftaten zu begehen, oder
2. eine zur Begehung von Straftaten bereite Person zur Begehung einer Straftat zu bestimmen, die mit einem erheblich höheren Strafmaß bedroht ist, als ihre Bereitschaft erkennen lässt, oder
3. Daten mit Mitteln oder Methoden zu erheben, die die Polizei nicht einsetzen dürfte.

(4) ¹Werden der Vertrauensperson Daten aus dem Kernbereich privater Lebensgestaltung bekannt, so dürfen diese nicht gespeichert, verändert oder genutzt werden. ²Entsprechende Aufzeichnungen sind unverzüglich zu löschen; die Löschung der Daten ist zu dokumentieren.

§ 36a Datenerhebung durch den Einsatz Verdeckter Ermittlerinnen oder Verdeckter Ermittler. (1) ¹Die Polizei kann unter den in § 34 Abs. 1 Satz 1 Nrn. 1 bis 3 genannten Voraussetzungen personenbezogene Daten erheben durch eine Polizeivollzugsbeamtin oder einen Polizeivollzugsbeamten, die oder der unter einer ihr oder ihm verliehenen, auf Dauer angelegten veränderten Identität (Legende) eingesetzt wird (Verdeckte Ermittlerin oder Verdeckter Ermittler). ²Die Maßnahme darf auch durchgeführt werden, wenn Dritte unvermeidbar betroffen werden.

(2) ¹Eine Verdeckte Ermittlerin oder ein Verdeckter Ermittler darf zur Erfüllung ihres oder seines Auftrages unter der Legende am Rechtsverkehr teilnehmen. ²Sie oder er darf unter der Legende mit Einverständnis der Berechtigten oder des Berechtigten deren oder dessen Wohnung betreten. ³Das Einverständnis darf nicht durch das Vortäuschen eines Zutrittsrechts herbeigeführt werden.

(3) ¹Über die Zulässigkeit des Einsatzes einer Verdeckten Ermittlerin oder eines Verdeckten Ermittlers entscheidet das Amtsgericht Hannover auf Antrag des Landeskriminalamtes. ²Nach Ablauf von jeweils sechs Monaten hat das Landeskriminalamt die erneute Entscheidung des Amtsgerichts Hannover herbeizuführen. ³Die Entscheidungen bedürfen der Schriftform; sie sind zu begründen. ⁴Für das gerichtliche Verfahren gelten § 19 Abs. 4 und § 34 Abs. 3 Sätze 5 bis 7 entsprechend.

(4) Absatz 3 findet keine Anwendung auf die Einsätze von Verdeckten Ermittlerinnen oder Verdeckten Ermittlern im Land Niedersachsen durch ein anderes Land.

(5) ¹Werden dem Verdeckten Ermittler Daten aus dem Kernbereich privater Lebensgestaltung bekannt, so dürfen diese nicht gespeichert, verändert oder ge-

60 Nds. SOG Gesetz über die öffentliche Sicherheit und Ordnung

nutzt werden. ²Entsprechende Aufzeichnungen sind unverzüglich zu löschen; die Löschung der Daten ist zu dokumentieren.

§ 37 Kontrollmeldung. (1) Die Polizei kann die Personalien einer Person sowie das amtliche Kennzeichen des von ihr benutzten oder eingesetzten Kraftfahrzeuges zum Zweck der Ausschreibung in einer Datei speichern, wenn Tatsachen die Annahme rechtfertigen, dass die Person eine Straftat von erheblicher Bedeutung begehen wird und dies zur Verhütung dieser Straftat erforderlich ist.

(2) Im Fall eines Antreffens der Person oder des Kraftfahrzeuges darf die Polizei für die Ausschreibung bedeutsame Umstände des Antreffens an die ausschreibende und die sachbearbeitende Dienststelle übermitteln (Kontrollmeldung).

(3) ¹Die Ausschreibung bedarf der Anordnung durch die Behördenleitung. ²Diese kann ihre Anordnungsbefugnis auf Dienststellenleiterinnen oder Dienststellenleiter sowie Bedienstete des höheren Dienstes übertragen. ³Die Anordnung ist schriftlich zu begründen und auf höchstens ein Jahr zu befristen. ⁴Sie kann wiederholt werden.

§ 37a Parlamentarische Kontrolle. (1) ¹Der Landtag bildet zur Kontrolle der nach den §§ 33a bis 35a, 36a und 37 durchgeführten besonderen polizeilichen Datenerhebungen einen Ausschuss. ²Der Ausschuss hat mindestens drei Mitglieder. ³Jede Fraktion benennt mindestens ein Mitglied.

(2) Das Ministerium für Inneres und Sport unterrichtet den Ausschuss in Abständen von höchstens sechs Monaten über Anlass und Dauer der Datenerhebung nach Absatz 1.

(3) ¹Das für Inneres zuständige Ministerium hat dem Ausschuss Auskünfte über die Datenerhebungen nach Absatz 1 zu erteilen, wenn es mindestens eines seiner Mitglieder verlangt. ²Das für Inneres zuständige Ministerium kann unter Darlegung der Gründe eine Auskunft ablehnen, wenn Gründe nach Artikel 24 Abs. 3 der Niedersächsischen Verfassung vorliegen, insbesondere wenn eine Auskunft Leib oder Leben oder die weitere Verwendbarkeit der eingesetzten Beamtinnen oder Beamten gefährdet.

(4) Die Verhandlungen des Ausschusses sind vertraulich.

§ 38 Speicherung, Veränderung und Nutzung personenbezogener Daten, Zweckbindung. (1) ¹Die Verwaltungsbehörden und die Polizei können die von ihnen im Rahmen der Aufgabenerfüllung nach diesem Gesetz rechtmäßig erhobenen personenbezogenen Daten speichern, verändern und nutzen, wenn dies zu dem Zweck erforderlich ist, zu dem sie erhoben worden sind. ²Erlangen die in Satz 1 genannten Stellen rechtmäßig Kenntnis von personenbezogenen Daten, ohne sie erhoben zu haben, so dürfen sie die Daten zu einem der Gefahrenabwehr dienenden Zweck speichern, verändern oder nutzen. ³Die Zweckbestimmung ist bei der Speicherung festzulegen. ⁴Können die zur Zweckerreichung nicht erforderlichen Daten nicht oder nur mit unverhältnismäßigem

Gesetz über die öffentliche Sicherheit und Ordnung **Nds. SOG 60**

Aufwand gelöscht werden, so dürfen diese Daten gemeinsam mit den Daten nach den Sätzen 1 und 2 gespeichert, aber nur nach Maßgabe des § 39 Abs. 5 verändert und genutzt werden.

(2) Die mit besonderen Mitteln oder Methoden erhobenen personenbezogenen Daten sind zu kennzeichnen.

(3) [1]Die Polizei sowie Verwaltungsbehörden, soweit diese Aufgaben der Hilfs- und Rettungsdienste wahrnehmen, können fernmündlich an sie gerichtete Hilfeersuchen und Mitteilungen auf einen Tonträger aufnehmen. [2]Die Aufzeichnungen sind spätestens nach einem Monat zu löschen. [3]Dies gilt nicht, wenn die Daten zur Verfolgung einer Straftat oder einer nicht nur geringfügigen Ordnungswidrigkeit oder zur Verhütung einer Straftat von erheblicher Bedeutung erforderlich sind.

(4) [1]Die Polizei darf gespeicherte personenbezogene Daten zu statistischen Zwecken verarbeiten. [2]Die Daten sind zum frühestmöglichen Zeitpunkt zu anonymisieren.

§ 39 Speicherung, Veränderung und Nutzung personenbezogener Daten zu anderen Zwecken. (1) [1]Die Speicherung, Veränderung oder Nutzung von personenbezogenen Daten zu anderen als den in § 38 Abs. 1 genannten Zwecken ist nur zulässig, wenn
1. die Daten zur Erfüllung eines anderen Zwecks der Gefahrenabwehr erforderlich sind und sie auch zu diesem Zweck mit dem Mittel oder der Methode hätten erhoben werden dürfen, mit denen sie erhoben worden sind,
2. die Daten zur Behebung einer Beweisnot unerlässlich sind oder
3. die betroffene Person eingewilligt hat.

[2]In den Fällen des Satzes 1 Nr. 2 sind die Daten für eine sonstige Verwendung zu sperren. [3]Personenbezogene Daten, die einem Berufsgeheimnis unterliegen und nach § 30 Abs. 6 Satz 1 erhoben worden sind, dürfen zu anderen als den in § 38 Abs. 1 genannten Zwecken nur gespeichert, geändert oder genutzt werden, wenn dies zur Abwehr einer gegenwärtigen Gefahr für Leib, Leben oder Freiheit einer Person erforderlich ist oder wenn die betroffene Person eingewilligt hat. [4]In den in § 10 Abs. 3 Satz 1 des Niedersächsischen Datenschutzgesetzes genannten Fällen liegt ein Speichern, Verändern oder Nutzen zu anderen Zwecken nicht vor.

(2) [1]Daten, die
1. ausschließlich zur zeitlich befristeten Dokumentation oder zur Vorgangsverwaltung gespeichert,
2. zu Zwecken der Datenschutzkontrolle, der Datensicherung oder zur Sicherstellung des ordnungsgemäßen Betriebes einer Datenverarbeitungsanlage gespeichert oder
3. auf Grund einer auf einen bestimmten Zweck beschränkten Einwilligung der betroffenen Person erhoben

worden sind, dürfen zu einem anderen als dem Zweck, zu dem sie erhoben oder gespeichert worden sind, nur gespeichert, verändert oder genutzt werden, wenn

[195]

dies zur Abwehr einer gegenwärtigen Gefahr für Leib, Leben oder Freiheit einer Person oder zur Aufklärung einer Straftat von erheblicher Bedeutung erforderlich ist. [2]Soweit die in Satz 1 genannten Daten auf einer Datenerhebung nach den §§ 33a bis 33c oder 35a beruhen, dürfen sie zu einem anderen Zweck als dem, zu dem sie erhoben oder gespeichert worden sind, nur gespeichert, verändert oder genutzt werden, um eine in Satz 1 genannte Gefahr abzuwehren oder eine besonders schwerwiegende Straftat aufzuklären. [3]Die Entscheidung trifft die Behördenleitung. [4]Diese kann ihre Entscheidungsbefugnis auf Dienststellenleiterinnen oder Dienststellenleiter sowie Bedienstete des höheren Dienstes übertragen. [5]Die Entscheidung ist schriftlich zu begründen.

(3) [1]Die Polizei kann personenbezogene Daten, die sie im Rahmen der Verfolgung von Straftaten über eine tatverdächtige Person und in Zusammenhang damit über Dritte rechtmäßig erhoben oder rechtmäßig erlangt hat, zu Zwecken der Gefahrenabwehr speichern, verändern oder nutzen, sofern nicht besondere Vorschriften der Strafprozessordnung entgegenstehen. [2]Zur Verhütung von Straftaten darf sie diese Daten nur speichern, verändern oder nutzen, wenn dies wegen der Art, Ausführung oder Schwere der Tat sowie der Persönlichkeit der tatverdächtigen Person zur Verhütung von vergleichbaren künftigen Straftaten dieser Person erforderlich ist. [3]Die Verarbeitung von Daten nach den Sätzen 1 oder 2 setzt voraus, dass sie zu dem geänderten Zweck auch nach diesem Gesetz mit dem Mittel oder der Methode hätten erhoben werden dürfen, mit denen sie nach der Strafprozessordnung erhoben worden sind. [4]Die Speicherung der nach Satz 1 über Dritte erhobenen Daten in Dateien ist nur zulässig über die in § 31 Abs. 2 Nrn. 2, 3 und 5 genannten Personen. [5]Der Ausgang eines strafprozessrechtlichen Verfahrens ist zusammen mit den Daten nach Satz 1 zu speichern.

(4) [1]Sind personenbezogene Daten mit technischen Mitteln ausschließlich zum Schutz der bei einem Einsatz in Wohnungen tätigen Personen erhoben worden, so dürfen sie nur zu einem in § 35a Abs. 1 genannten Zweck der Gefahrenabwehr oder nach Maßgabe der Strafprozessordnung zur Strafverfolgung gespeichert, verändert und genutzt werden. [2]Die Maßnahme nach Satz 1 bedarf der Anordnung durch das Amtsgericht, in dessen Bezirk die Polizeidienststelle ihren Sitz hat; § 19 Abs. 4 gilt entsprechend. [3]Bei Gefahr im Verzuge gilt § 35a Abs. 5 entsprechend.

(5) [1]Die Speicherung, Veränderung oder Nutzung personenbezogener Daten über unvermeidbar betroffene Dritte und über Personen, die mit einer ausgeschriebenen Person angetroffen worden sind (§ 37 Abs. 2), ist nur zulässig, wenn dies zur Abwehr einer gegenwärtigen Gefahr für Leib, Leben oder Freiheit einer Person oder zur Verhütung von Straftaten von erheblicher Bedeutung erforderlich ist. [2]Die Verarbeitung von Daten nach Satz 1 setzt voraus, dass sie zu dem geänderten Zweck mit dem Mittel oder der Methode hätten erhoben werden dürfen, mit denen sie erhoben worden sind. [3]Die Sätze 1 und 2 sind ist auch auf die Veränderung und Nutzung von Daten anzuwenden, die nach § 38 Abs. 1 Satz 4 gespeichert worden sind.

Gesetz über die öffentliche Sicherheit und Ordnung **Nds. SOG 60**

(6) Daten, die zum Zweck der Gefahrenabwehr erhoben oder sonst verarbeitet worden sind, dürfen nach Maßgabe der Vorschriften der Strafprozessordnung zum Zweck der Verfolgung von Straftaten gespeichert, verändert und genutzt werden.

(7) ¹Die Verwaltungsbehörden und die Polizei dürfen personenbezogene Daten ohne Einwilligung der betroffenen Person zu wissenschaftlichen Zwecken und zu Zwecken der Ausbildung und Prüflung speichern, verändern oder nutzen. ²Die Daten sind zu anonymisieren und für eine sonstige Verwendung zu sperren. ³Eine Anonymisierung ist nicht erforderlich, wenn wissenschaftliche Zwecke oder Zwecke der Ausbildung entgegenstehen und die Interessen der betroffenen Person nicht offensichtlich überwiegen. ⁴Die Interessen der betroffenen Person stehen in der Regel einer von Satz 2 abweichenden Verarbeitung entgegen, wenn Daten mit besonderen Mitteln oder Methoden erhoben wurden.

§ 39a Löschung. ¹Ist eine Speicherung, Veränderung oder Nutzung personenbezogener Daten zu einem der in den §§ 38 und 39 genannten Zwecke nicht mehr erforderlich, so sind sie zu löschen. ²Die Löschung unterbleibt, wenn
1. Grund zu der Annahme besteht, dass schutzwürdige Belange der betroffenen Person beeinträchtigt würden, insbesondere, weil sie noch nicht nach § 30 Abs. 4 Satz 1 über die Datenerhebung unterrichtet wurde und die Daten für die Erfolgsaussichten eines Rechtsbehelfs gegen die Maßnahmen von Bedeutung sein können oder
2. diese mit einem unverhältnismäßigen Aufwand verbunden ist.

³In diesen Fällen sind die Daten zu sperren und mit einem Sperrvermerk zu versehen.

§ 40 Allgemeine Regeln der Datenübermittlung. (1) ¹Personenbezogene Daten dürfen zu einem anderen Zweck als dem, zu dem sie erlangt oder gespeichert worden sind, nur unter den Voraussetzungen des § 39 Abs. 1, 2 und 6 übermittelt werden. ²Die Übermittlung zu einem anderen Zweck ist aktenkundig zu machen. ³Dies gilt nicht für mündliche Auskünfte, wenn zur betroffenen Person keine Unterlagen geführt werden, und nicht für das automatisierte Abrufverfahren.

(2) Wertende Angaben über eine Person, Daten über die in § 31 Abs. 2 Satz 1 Nrn. 2 bis 5 genannten Personen sowie nach § 37 Abs. 2 übermittelte Daten über eine Person, die mit einer ausgeschriebenen Person angetroffen worden ist, dürfen nur Polizei- und Strafverfolgungsbehörden übermittelt werden.

(3) Die Datenübermittlung zwischen Polizei und Verfassungsschutz erfolgt nach dem Niedersächsischen Verfassungsschutzgesetz.

(4) § 11 Abs. 2 und 3 des Niedersächsischen Datenschutzgesetzes findet Anwendung.

(5) Die Absätze 1 bis 4 sowie § 41 gelten entsprechend, wenn Daten innerhalb der Verwaltungs- oder Polizeibehörden weitergegeben werden.

60 Nds. SOG Gesetz über die öffentliche Sicherheit und Ordnung

§ 41 Datenübermittlung zwischen Verwaltungs- und Polizeibehörden. ¹Die Verwaltungs- und Polizeibehörden können untereinander personenbezogene Daten übermitteln, wenn die Übermittlung zur Erfüllung der Aufgabe der Gefahrenabwehr erforderlich ist. ²Dies gilt auch für Datenübermittlungen an die Polizei und sonstige Behörden der Gefahrenabwehr anderer Länder und des Bundes.

§ 42 Automatisiertes Abrufverfahren und regelmäßige Datenübermittlung. (1) ¹Ein automatisiertes Verfahren, das die Übermittlung personenbezogener Daten zwischen den Behörden der Polizei durch Abruf aus einer Datei ermöglicht, darf mit Zustimmung des für Inneres zuständigen Ministeriums eingerichtet werden. ²§ 12 Abs. 2 Sätze 3 bis 5 des Niedersächsischen Datenschutzgesetzes ist entsprechend anzuwenden.

(2) ¹Die Abrufe im Rahmen eines automatisierten Verfahrens sind für Zwecke der Datenschutzkontrolle zu protokollieren und stichprobenartig in überprüfbarer Form aufzuzeichnen. ³Die Aufzeichnungen sind jeweils am Ende des Kalenderjahres, das dem Jahr ihrer Erstellung folgt, zu vernichten.

(3) Die Absätze 1 und 2 sind auf regelmäßige Datenübermittlungen entsprechend anzuwenden.

(4) Für die Einrichtung automatisierter Abrufverfahren und die regelmäßige Datenübermittlung unter Beteiligung von öffentlichen Stellen, die nicht Polizeibehörden sind, gilt § 12 des Niedersächsischen Datenschutzgesetzes.

(5) Die Polizei kann zur Erfüllung von Aufgaben der Gefahrenabwehr, die nicht nur örtliche Bedeutung haben, an einem Datenverbund der Polizei mit anderen Ländern und dem Bund teilnehmen, der auch eine automatisierte Datenübermittlung ermöglicht, wenn in der hierüber getroffenen Vereinbarung festgelegt ist, welcher Behörde die nach diesem Gesetz oder nach anderen Rechtsvorschriften bestehenden Pflichten einer speichernden Stelle obliegen.

§ 43 Datenübermittlung an andere öffentliche Stellen, an ausländische öffentliche Stellen sowie an über- und zwischenstaatliche Stellen. (1) Die Verwaltungs- und Polizeibehörden können personenbezogene Daten an andere öffentliche Stellen übermitteln, soweit dies
1. zur Erfüllung der Aufgaben der übermittelnden Stelle,
2. zur Abwehr einer Gefahr durch den Empfänger oder
3. zur Abwehr erheblicher Nachteile für das Gemeinwohl oder zur Abwehr einer schwerwiegenden Beeinträchtigung der Rechte einer Person
erforderlich ist.

(2) Personenbezogene Daten können an ausländische öffentliche Stellen sowie an über- und zwischenstaatliche Stellen übermittelt werden, soweit dies
1. in einem Gesetz, einem Rechtsakt der Europäischen Gemeinschaften oder einem internationalen Vertrag geregelt ist oder
2. zur Abwehr einer Gefahr durch die übermittelnde Stelle oder zur Abwehr einer erheblichen Gefahr durch den Empfänger erforderlich ist.

Gesetz über die öffentliche Sicherheit und Ordnung **Nds. SOG 60**

(3) Für die Übermittlung von personenbezogenen Daten, die mit besonderen Mitteln oder Methoden erhoben worden sind, gilt in den Fällen der Absätze 1 und 2 Nr. 2 § 39 Abs. 1 Satz 1 entsprechend.

(4) [1]In den Fällen des Absatzes 2 Nr. 2 darf die Übermittlung an eine ausländische öffentliche Stelle oder an eine über- und zwischenstaatliche Stelle nur erfolgen, wenn für diese Stelle den Vorschriften dieses Gesetzes vergleichbare Datenschutzregelungen gelten. [2]Satz 1 gilt nicht, soweit unter Berücksichtigung der schutzwürdigen Belange der betroffenen Person und der Bedeutung, die der Erfüllung der Aufgabe der Gefahrenabwehr zukommt, Belange der internationalen polizeilichen Zusammenarbeit überwiegen.

(5) Eine Übermittlung nach Absatz 2 darf nicht erfolgen, soweit Grund zu der Annahme besteht, dass die Übermittlung einen Verstoß gegen wesentliche Grundsätze des deutschen Rechts, insbesondere gegen Grundrechte, zur Folge haben würde.

§ 44 Datenübermittlung an Personen oder Stellen außerhalb des öffentlichen Bereichs, Bekanntgabe an die Öffentlichkeit. (1) [1]Die Verwaltungsbehörden und die Polizei können personenbezogene Daten an Personen oder Stellen außerhalb des öffentlichen Bereichs übermitteln, soweit dies
1. zur Abwehr einer Gefahr erforderlich ist oder
2. nach § 13 Abs. 1 Satz 1 Nrn. 2 und 3 und Satz 2 des Niedersächsischen Datenschutzgesetzes zulässig ist.
[2]§ 13 Abs. 2 des Niedersächsischen Datenschutzgesetzes findet Anwendung. [3]Für die Übermittlung von personenbezogenen Daten, die mit besonderen Mitteln oder Methoden erhoben worden sind, gilt § 39 Abs. 1 Satz 1 entsprechend.

(2) [1]Die Verwaltungsbehörden und die Polizei können Daten und Abbildungen einer Person zum Zweck der Ermittlung der Identität oder des Aufenthaltsortes oder zur Warnung öffentlich bekannt geben, wenn
1. die Abwehr einer Gefahr für Leib oder Leben auf andere Weise nicht möglich erscheint oder
2. Tatsachen die Annahme rechtfertigen, dass diese Person eine Straftat von erheblicher Bedeutung begehen wird, und die Verhütung dieser Straftat auf andere Weise nicht möglich erscheint.
[2]§ 40 Abs. 2 ist nicht anzuwenden, wenn die Warnung mit einer wertenden Angabe über die Person verbunden ist.

§ 45 Datenabgleich. (1) [1]Die Polizei kann von ihr rechtmäßig erlangte personenbezogene Daten mit Dateien abgleichen, die der Suche nach Personen oder Sachen dienen. [2]Die Polizei kann darüber hinaus jedes amtliche Kennzeichen von Kraftfahrzeugen mit den in Satz 1 genannten Dateien abgleichen, wenn dies zur Gefahrenabwehr erforderlich ist. [3]Ein Abgleich der nach § 31 Abs. 3 erhobenen Daten ist nur mit Zustimmung der betroffenen Person zulässig. [4]Die Polizei kann personenbezogene Daten mit dem Inhalt anderer von ihr geführter Dateien im Rahmen der Zweckbestimmung dieser Dateien abgleichen, wenn Tatsachen die Annahme rechtfertigen, dass dies zur Erfüllung einer

60 Nds. SOG   Gesetz über die öffentliche Sicherheit und Ordnung

bestimmten Aufgabe der Gefahrenabwehr erforderlich ist. [5]Satz 4 gilt für Verwaltungsbehörden entsprechend.

(2) Wird eine Person zur Durchführung einer Maßnahme angehalten und kann der Datenabgleich nach Absatz 1 Satz 1 nicht bis zum Abschluss dieser Maßnahme vorgenommen werden, so darf sie weiterhin für den Zeitraum festgehalten werden, der regelmäßig für die Durchführung eines Datenabgleichs notwendig ist.

§ 45a Datenabgleich mit anderen Dateien. (1) [1]Die Polizei kann von öffentlichen und nicht öffentlichen Stellen die Übermittlung von personenbezogenen Daten bestimmter Personengruppen aus Dateien (Namen, Anschriften, Tag und Ort der Geburt sowie andere im Einzelfall erforderliche Merkmale) zum Zweck des Abgleichs mit anderen Datenbeständen verlangen, wenn die Gefahr auf andere Weise nicht abgewehrt werden kann, dass durch eine Straftat die Sicherheit oder der Bestand des Bundes oder eines Landes oder Leib, Leben oder Freiheit einer Person geschädigt werden oder dass schwere Schäden für die Umwelt oder für Sachen entstehen, deren Erhalt im öffentlichen Interesse geboten ist. [2]Ist ein Aussondern der zu übermittelnden Daten nur mit unverhältnismäßigem Aufwand möglich, so dürfen die nach Satz 1 Verpflichteten die weiteren Daten ebenfalls übermitteln. [3]Die Übermittlung von personenbezogenen Daten, die einem Amts- oder Berufsgeheimnis unterliegen, darf nicht verlangt werden.

(2) [1]Die Maßnahme nach Absatz 1 bedarf der schriftlich begründeten Anordnung durch die Behördenleitung und der Zustimmung des für Inneres zuständigen Ministeriums. [2]Von der Maßnahme ist die Landesbeauftragte oder der Landesbeauftragte für den Datenschutz unverzüglich zu unterrichten.

§ 46 Dateibeschreibung. (1) [1]Die Dateibeschreibung für die in einer polizeilichen Datei zu speichernden Daten erlässt die Behördenleitung. [2]Abweichend von § 8 Abs. 1 Satz 1 des Niedersächsischen Datenschutzgesetzes ist auch für die in einer nicht automatisierten polizeilichen Datei zu speichernden Daten eine Dateibeschreibung zu erstellen.

(2) Die Notwendigkeit der Weiterführung oder Änderung von Dateien ist spätestens nach Ablauf von vier Jahren seit ihrer Errichtung zu prüfen.

§ 47 Prüffristen. (1) [1]Für jede Person, über die personenbezogene Daten in einer Datei gespeichert sind, ist nach Ablauf bestimmter Fristen zu prüfen, ob personenbezogene Daten zu berichtigen, zu löschen oder zu sperren sind. [2]Die Fristen dürfen
1. bei Erwachsenen zehn Jahre,
2. bei Minderjährigen fünf Jahre und
3. bei Minderjährigen, die das 14. Lebensjahr nicht vollendet haben, zwei Jahre

nicht überschreiten. [3]Die Frist beginnt mit der ersten Speicherung eines personenbezogenen Datums. [4]Verbüßt die Person eine Freiheitsstrafe oder ist gegen

Gesetz über die öffentliche Sicherheit und Ordnung **Nds. SOG 60**

sie eine mit Freiheitsentzug verbundene Maßregel der Besserung und Sicherung angeordnet, so beginnt die Frist mit der Entlassung.

(2) Absatz 1 findet keine Anwendung auf personenbezogene Daten Dritter in Kriminalakten und auf personenbezogene Daten in Sachakten.

(3) [1]Die Pflicht, einzelne Daten unabhängig von einer nach Absatz 1 bestimmten Frist zu berichtigen, zu löschen oder zu sperren, bleibt unberührt. [2]§ 17 Abs. 3 Satz 1 Nr. 1 des Niedersächsischen Datenschutzgesetzes ist nicht anzuwenden.

§ 48 Anwendung des Niedersächsischen Datenschutzgesetzes. Bei der Erfüllung von Aufgaben nach § 1 Abs. 1, 4 und 5 dieses Gesetzes durch die Verwaltungsbehörden und die Polizei finden die Vorschriften des Zweiten Abschnitts (§§ 9 bis 15 des Niedersächsischen Datenschutzgesetzes) nur Anwendung, soweit in diesem Gesetz ausdrücklich auf diese Vorschriften verwiesen wird.

§ 49 *(aufgehoben)*

VIERTER TEIL
Vollzug

§ 50 Verwaltungsvollzugsbeamtinnen, Verwaltungsvollzugsbeamte.
(1) [1]Die Verwaltungsbehörden vollziehen ihre Aufgaben grundsätzlich selbst. [2]Hierzu haben sie nach Maßgabe der in Absatz 2 genannten Verordnung Verwaltungsvollzugsbeamtinnen oder Verwaltungsvollzugsbeamte zu bestellen.

(2) Das für Inneres zuständige Ministerium wird ermächtigt, im Einvernehmen mit dem Fachministerium durch Verordnung zu regeln
1. die Aufgaben, für die die Verwaltungsbehörden Verwaltungsvollzugsbeamtinnen oder Verwaltungsvollzugsbeamte zu bestellen haben,
2. die Aufgaben, für die die Verwaltungsbehörden über ihre Verpflichtung nach Nummer 1 hinaus berechtigt sind, Verwaltungsvollzugsbeamtinnen oder Verwaltungsvollzugsbeamte zu bestellen,
3. die allgemeinen Voraussetzungen und das Verfahren für die Bestellung von Verwaltungsvollzugsbeamtinnen oder Verwaltungsvollzugsbeamten sowie die Notwendigkeit der Bestätigung durch die Fachaufsichtsbehörde in bestimmten Fällen,
4. die Befugnisse (§§ 11 bis 48) und die Zwangsbefugnisse (§§ 64 bis 79), die die Verwaltungsvollzugsbeamtinnen oder Verwaltungsvollzugsbeamten besitzen.

§ 51 Vollzugshilfe. (1) Die Polizei leistet anderen Behörden auf Ersuchen Vollzugshilfe, wenn unmittelbarer Zwang anzuwenden ist und die anderen Behörden nicht über die hierzu erforderlichen Dienstkräfte verfügen.

(2) ¹Die Polizei ist nur für die Art und Weise der Durchführung verantwortlich. ²Im Übrigen gelten die Grundsätze der Amtshilfe entsprechend.

(3) Die Verpflichtung zur Amtshilfe bleibt unberührt.

§ 52 Verfahren bei Vollzugshilfeersuchen. (1) Vollzugshilfeersuchen sind schriftlich zu stellen; sie haben den Grund und die Rechtsgrundlage der Maßnahme anzugeben.

(2) ¹In Eilfällen kann das Ersuchen formlos gestellt werden. ²Es ist jedoch auf Verlangen unverzüglich schriftlich zu bestätigen.

(3) Die ersuchende Behörde ist von der Ausführung des Ersuchens zu verständigen.

§ 53 Vollzugshilfe bei Freiheitsentziehung. (1) Hat das Vollzugshilfeersuchen eine Freiheitsentziehung zum Inhalt, so ist auch die richterliche Entscheidung über die Zulässigkeit der Freiheitsentziehung vorzulegen oder in dem Ersuchen zu bezeichnen.

(2) Ist eine vorherige richterliche Entscheidung nicht ergangen, so hat die Polizei die festgehaltene Person zu entlassen, wenn die ersuchende Behörde diese nicht übernimmt oder die richterliche Entscheidung nicht unverzüglich nachträglich beantragt.

(3) Die §§ 20 und 21 gelten entsprechend.

FÜNFTER TEIL
Verordnungen

§ 54 Anwendung. ¹Die Vorschriften des Fünften Teils finden Anwendung auf Verordnungen nach § 55. ²Werden Verordnungen aufgrund des § 55 und zugleich aufgrund anderer Rechtsgrundlagen erlassen, so gilt Satz 1 nur für die auf § 55 gestützten Vorschriften dieser Verordnungen.

§ 55 Verordnungsermächtigung. (1) Zur Abwehr abstrakter Gefahren werden zum Erlass von Verordnungen ermächtigt:
1. die Gemeinden für ihren Bezirk oder für Teile ihres Bezirks,
2. die Landkreise für ihren Bezirk oder für Teile des Bezirks, an denen mehr als eine Gemeinde beteiligt ist,
3. die Polizeidirektionen für ihren Bezirk oder für Teile des Bezirks, an denen mehr als ein Landkreis oder eine kreisfreie Stadt beteiligt ist,
4. das für Inneres zuständige Ministerium und im Einvernehmen mit ihm die Fachministerien für das Land oder für Teile des Landes, an denen mehr als ein Bezirk einer Polizeidirektion beteiligt ist.

(2) ¹Die Gemeinden und Landkreise erlassen die Verordnungen nach den für Satzungen geltenden Vorschriften. ²Bei Gefahr im Verzuge erlassen die Haupt-

Gesetz über die öffentliche Sicherheit und Ordnung **Nds. SOG 60**

verwaltungsbeamtinnen oder die Hauptverwaltungsbeamten die Verordnungen (Eilverordnungen); sie haben die Vertretungskörperschaften unverzüglich hiervon zu unterrichten.

§ 56 *(aufgehoben)*

§ 57 Inhalt. (1) Der Inhalt der Verordnungen muss bestimmt sein.

(2) Auf Regelungen außerhalb der Verordnung darf nur verwiesen werden, wenn sie in anderen Verordnungen derselben Behörde, in Verordnungen übergeordneter Behörden oder in Gesetzen enthalten sind.

§ 58 Formvorschriften. Eine Verordnung muss
1. eine ihren Inhalt kennzeichnende Überschrift tragen,
2. in der Überschrift als Verordnung bezeichnet sein,
3. die Behörde bezeichnen, die sie erlassen hat,
4. die Rechtsgrundlage angeben,
5. den räumlichen Geltungsbereich angeben,
6. unterzeichnet sein und das Datum der Ausfertigung enthalten.

§ 59 Zuwiderhandlungen. (1) Ordnungswidrig handelt, wer vorsätzlich oder fahrlässig den Geboten oder Verboten einer Verordnung zuwiderhandelt, soweit die Verordnung für einen bestimmten Tatbestand auf diese Bußgeldvorschrift verweist.

(2) Die Ordnungswidrigkeit kann mit einer Geldbuße bis zu 5000 Euro geahndet werden.

§ 60 Verkündung und In-Kraft-Treten. [1]Die Verordnungen können als Tag des In-Kraft-Tretens frühestens den Tag nach ihrer Verkündung angeben. [2]Bei gegenwärtiger erheblicher Gefahr kann eine Verordnung mit ihrer Verkündung in Kraft treten.

§ 61 Geltungsdauer. [1]Die Verordnungen sollen eine Beschränkung ihrer Geltungsdauer enthalten. [2]Sie treten spätestens 20 Jahre nach ihrem In-Kraft-Treten außer Kraft.

§ 62 Änderung und Aufhebung von Verordnungen durch die Fachaufsicht. (1) [1]Die Fachaufsichtsbehörden können verlangen, dass Verordnungen geändert oder aufgehoben werden. [2]Sie können Verordnungen auch ganz oder teilweise aufheben. [3]Die Aufhebung ist wie die aufgehobene Verordnung zu veröffentlichen.

(2) [1]Verordnungen nachgeordneter Behörden können in Verordnungen übergeordneter Behörden, die denselben Gegenstand regeln, geändert oder aufgehoben werden. [2]Das gilt auch im Verhältnis der Landkreise zu den großen selbständigen Städten.

§ 63 Gebietsänderungen; Neubildung von Behörden. (1) [1]Werden die Bezirke von Verwaltungsbehörden durch Eingliederung von Gebietsteilen erwei-

60 Nds. SOG Gesetz über die öffentliche Sicherheit und Ordnung

tert, so treten von diesem Zeitpunkt an in den eingegliederten Gebietsteilen die Verordnungen in Kraft, die in dem Bezirk der aufnehmenden Verwaltungsbehörde gelten; die in den eingegliederten Gebietsteilen bisher geltenden Verordnungen treten außer Kraft. ²Eine abweichende Regelung kann durch eine mit der Eingliederung in Kraft tretende Verordnung der gemeinsamen Fachaufsichtsbehörde getroffen werden.

(2) ¹Wird aus Gemeinden, Landkreisen oder Polizeidirektionen oder Teilen von ihnen eine neue Verwaltungsbehörde gebildet, so treten in diesem Bezirk die Verordnungen der betroffenen Behörden spätestens ein Jahr nach der Neubildung außer Kraft. ²Dies gilt nicht für Verordnungen von Gemeinden und Landkreisen, deren Bezirk durch die Zusammenlegung nicht verändert wird.

(3) Die Erweiterung des Geltungsbereichs und das Außer-Kraft-Treten von Verordnungen sind wie Verordnungen bekannt zu machen.

SECHSTER TEIL
Zwang

1. Abschnitt
Erzwingung von Handlungen, Duldungen und Unterlassungen

§ 64 Zulässigkeit, Zuständigkeit, Wirkung von Rechtsbehelfen. (1) Der Verwaltungsakt, der auf die Vornahme einer Handlung oder auf Duldung oder Unterlassung gerichtet ist, kann mit Zwangsmitteln durchgesetzt werden, wenn er unanfechtbar ist oder wenn ein Rechtsbehelf keine aufschiebende Wirkung hat.

(2) ¹Zwangsmittel können ohne vorausgehenden Verwaltungsakt angewendet werden, wenn dies

1. zur Abwehr einer gegenwärtigen Gefahr, insbesondere weil Maßnahmen gegen Personen nach den §§ 6 bis 8 nicht oder nicht rechtzeitig möglich sind oder keinen Erfolg versprechen, oder
2. zur Durchsetzung gerichtlich angeordneter Maßnahmen, die der Verwaltungsbehörde oder der Polizei obliegen,

erforderlich ist und die Verwaltungsbehörde oder die Polizei hierbei innerhalb ihrer Befugnisse handelt. ²Die betroffene Person ist zu benachrichtigen. ³In den Fällen des Satzes 1 Nr. 1 kann das Zwangsmittel der Ersatzvornahme auch gegen eine nach § 7 verantwortliche juristische Person des öffentlichen Rechts angewendet werden, sofern diese dadurch nicht an der Erfüllung ihrer öffentlichen Aufgaben gehindert wird.

(3) ¹Für die Anwendung von Zwangsmitteln ist die Verwaltungs- oder die Polizeibehörde zuständig, die für den Erlass des Verwaltungsaktes zuständig

Gesetz über die öffentliche Sicherheit und Ordnung **Nds. SOG 60**

ist. ²Soweit Verwaltungsakte von obersten Landesbehörden oder von besonderen Verwaltungsbehörden erlassen werden, wird das für Inneres zuständige Ministerium ermächtigt, im Einvernehmen mit dem Fachministerium durch Verordnung die Zuständigkeit abweichend zu regeln.

(4) ¹Rechtsbehelfe gegen die Androhung oder Festsetzung von Zwangsmitteln haben keine aufschiebende Wirkung. ²§ 80 Abs. 4 bis 8 der Verwaltungsgerichtsordnung ist entsprechend anzuwenden.

§ 65 Zwangsmittel. (1) Zwangsmittel sind:
1. Ersatzvornahme (§ 66),
2. Zwangsgeld (§ 67),
3. unmittelbarer Zwang (§ 69).

(2) Sie sind nach Maßgabe der §§ 70 und 74 anzudrohen.

(3) Die Zwangsmittel können auch neben einer Strafe oder Geldbuße angewendet und so lange wiederholt und gewechselt werden, bis der Verwaltungsakt befolgt worden ist oder sich auf andere Weise erledigt hat.

§ 66 Ersatzvornahme. (1) ¹Wird die Verpflichtung, eine Handlung vorzunehmen, deren Vornahme durch eine andere Person möglich ist (vertretbare Handlung), nicht erfüllt, so kann die Verwaltungsbehörde oder die Polizei auf Kosten der betroffenen Person die Handlung selbst ausführen oder eine andere Person mit der Ausführung beauftragen. ²Für die zusätzlich zur Ausführung der Handlung erforderlichen Amtshandlungen werden Gebühren und Auslagen nach den Vorschriften des Niedersächsischen Verwaltungskostengesetzes erhoben.

(2) ¹Es kann bestimmt werden, dass die betroffene Person die voraussichtlichen Kosten der Ersatzvornahme im Voraus zu zahlen hat. ²Werden die Kosten der Ersatzvornahme nicht fristgerecht gezahlt, so können sie im Verwaltungszwangsverfahren beigetrieben werden. ³Die Beitreibung der voraussichtlichen Kosten unterbleibt, wenn die gebotene Handlung ausgeführt wird.

§ 67 Zwangsgeld. (1) ¹Das Zwangsgeld wird auf mindestens 5 und auf höchstens 50 000 Euro schriftlich festgesetzt. ²Bei seiner Bemessung ist auch das wirtschaftliche Interesse der betroffenen Person an der Nichtbefolgung des Verwaltungsaktes zu berücksichtigen.

(2) ¹Mit der Festsetzung des Zwangsgeldes ist der betroffenen Person eine angemessene Frist zur Zahlung einzuräumen. ²Eine Beitreibung unterbleibt, wenn die gebotene Handlung ausgeführt oder die zu duldende Maßnahme gestattet wird.

§ 68 Ersatzzwangshaft. (1) ¹Ist das Zwangsgeld uneinbringlich, so kann das Amtsgericht auf Antrag der Verwaltungsbehörde oder der Polizei die Ersatzzwangshaft anordnen, wenn bei Androhung des Zwangsgeldes darauf hingewiesen worden ist. ²Die Ersatzzwangshaft beträgt mindestens einen Tag, höchstens zwei Wochen.

(2) ¹Örtlich zuständig ist das Amtsgericht, in dessen Bezirk die betroffene Person ihren gewöhnlichen Aufenthalt hat. ²Hat die Person in Niedersachsen keinen gewöhnlichen Aufenthalt oder lässt sich der gewöhnliche Aufenthalt nicht feststellen, so ist das Amtsgericht örtlich zuständig, in dessen Bezirk die Verwaltungsbehörde oder die Polizeibehörde, die den Antrag stellt, ihren Sitz hat. ³Im Übrigen gelten für das Verfahren die Vorschriften des Niedersächsischen Gesetzes über die freiwillige Gerichtsbarkeit. ⁴Gegen die Entscheidung des Amtsgerichts ist die sofortige Beschwerde zulässig. ⁵Gerichtliche Entscheidungen, die die Zwangshaft anordnen, werden mit der Rechtskraft wirksam.

(3) ¹Die für die Vollstreckung erforderlichen Entscheidungen trifft das Amtsgericht auf Antrag der Verwaltungsbehörde oder der Polizeibehörde. ²Die §§ 904 bis 910 der Zivilprozessordnung gelten entsprechend; im Übrigen ist Absatz 2 anzuwenden.

§ 69 Unmittelbarer Zwang. (1) Unmittelbarer Zwang ist die Einwirkung auf Personen oder Sachen durch körperliche Gewalt, durch ihre Hilfsmittel und durch Waffen.

(2) Körperliche Gewalt ist jede unmittelbare körperliche Einwirkung auf Personen oder Sachen.

(3) Hilfsmittel der körperlichen Gewalt sind insbesondere Fesseln, Wasserwerfer, technische Sperren, Diensthunde, Dienstpferde, Dienstfahrzeuge, Reiz- und Betäubungsstoffe sowie zum Sprengen bestimmte explosionsfähige Stoffe (Sprengmittel).

(4) Als Waffen sind Schlagstock, Pistole, Revolver, Gewehr und Maschinenpistole zugelassen.

(5) Wird die Bundespolizei zur Unterstützung der niedersächsischen Polizei im Gebiet des Landes Niedersachsen nach § 103 Abs. 3 in Verbindung mit § 103 Abs. 1 Satz 1 Nr. 2 in den Fällen des Artikels 35 Abs. 2 Satz 1 oder des Artikels 91 Abs. 1 des Grundgesetzes eingesetzt, so sind für die Bundespolizei auch die in Absatz 4 nicht genannten Waffen, die er aufgrund Bundesrechts am 1. Juli 1982 führen darf, zugelassen (besondere Waffen).

(6) Die Verwaltungsbehörden oder die Polizei können unmittelbaren Zwang anwenden, wenn andere Zwangsmittel nicht in Betracht kommen oder keinen Erfolg versprechen.

(7) Unmittelbarer Zwang zur Abgabe einer Erklärung ist ausgeschlossen.

(8) ¹Unmittelbaren Zwang dürfen die mit polizeilichen Befugnissen betrauten Personen anwenden, wenn sie hierzu ermächtigt sind. ²Die Ermächtigung zum Gebrauch von Maschinenpistolen darf nur Polizeibeamtinnen und Polizeibeamten, die Ermächtigung zum Gebrauch anderer Waffen im Sinne von Absatz 4 nur Polizeibeamtinnen und Polizeibeamten, Hilfspolizeibeamtinnen und Hilfspolizeibeamten, Forstbeamtinnen und Forstbeamten oder bestätigten Jagdaufseherinnen und bestätigten Jagdaufsehern erteilt werden. ³Zuständig für die Erteilung der Ermächtigung sind das für Inneres zuständige Ministeri-

Gesetz über die öffentliche Sicherheit und Ordnung **Nds. SOG 60**

um im Einvernehmen mit dem Fachministerium oder die von ihnen bestimmten Stellen.

(9) Sprengmittel dürfen nur durch hierfür besonders ermächtigte Personen gebraucht und nur gegen Sachen angewendet werden.

§ 70 Androhung der Zwangsmittel. (1) ¹Zwangsmittel sind, möglichst schriftlich, anzudrohen. ²Der betroffenen Person ist in der Androhung zur Erfüllung der Verpflichtung eine angemessene Frist zu setzen; eine Frist braucht nicht bestimmt zu werden, wenn eine Duldung oder Unterlassung erzwungen werden soll. ³Von der Androhung kann abgesehen werden, wenn die Umstände sie nicht zulassen, insbesondere wenn die sofortige Anwendung des Zwangsmittels zur Abwehr einer gegenwärtigen Gefahr notwendig ist.

(2) ¹Die Androhung kann mit dem Verwaltungsakt verbunden werden, durch den die Handlung, Duldung oder Unterlassung aufgegeben wird. ²Sie soll mit ihm verbunden werden, wenn ein Rechtsbehelf keine aufschiebende Wirkung hat.

(3) ¹Die Androhung muss sich auf bestimmte Zwangsmittel beziehen. ²Werden mehrere Zwangsmittel angedroht, so ist anzugeben, in welcher Reihenfolge sie angewendet werden sollen.

(4) Wird Ersatzvornahme angedroht, so sollen in der Androhung die voraussichtlichen Kosten angegeben werden.

(5) Das Zwangsgeld ist in bestimmter Höhe anzudrohen.

(6) Für die Androhung unmittelbaren Zwangs gilt § 74 ergänzend.

2. Abschnitt
Ausübung unmittelbaren Zwangs

§ 71 Rechtliche Grundlagen. (1) Für die Art und Weise der Anwendung unmittelbaren Zwangs gelten die §§ 72 bis 79 und, soweit sich aus diesen nichts Abweichendes ergibt, die übrigen Vorschriften dieses Gesetzes.

(2) Die zivil- und strafrechtlichen Wirkungen nach den Vorschriften über Notwehr und Notstand bleiben unberührt.

§ 72 Handeln auf Anordnung. (1) ¹Die zur Anwendung unmittelbaren Zwangs befugten Personen sind verpflichtet, unmittelbaren Zwang anzuwenden, der von Weisungsberechtigten angeordnet wird. ²Dies gilt nicht, wenn die Anordnung die Menschenwürde verletzt oder nicht zu dienstlichen Zwecken erteilt worden ist.

(2) ¹Eine Anordnung darf nicht befolgt werden, wenn dadurch eine Straftat begangen würde. ²Befolgt die zur Anwendung unmittelbaren Zwangs befugte Person die Anordnung trotzdem, so trifft sie eine Schuld nur, wenn sie erkennt

60 Nds. SOG Gesetz über die öffentliche Sicherheit und Ordnung

oder wenn es nach den ihr bekannten Umständen offensichtlich ist, dass dadurch eine Straftat begangen wird.

(3) Bedenken gegen die Rechtmäßigkeit der Anordnung sind der Anordnenden oder dem Anordnenden gegenüber vorzubringen, soweit dies nach den Umständen möglich ist.

(4) § 36 Abs. 2 und 3 des Beamtenstatusgesetzes ist nicht anzuwenden.

§ 73 Hilfeleistung für Verletzte. Wird unmittelbarer Zwang angewandt, so ist Verletzten, soweit es nötig ist und die Lage es zulässt, Beistand zu leisten und ärztliche Hilfe zu verschaffen.

§ 74 Androhung unmittelbaren Zwangs. (1) [1]Unmittelbarer Zwang ist vor seiner Anwendung anzudrohen. [2]Von der Androhung kann abgesehen werden, wenn die Umstände sie nicht zulassen, insbesondere wenn die sofortige Anwendung des Zwangsmittels zur Abwehr einer gegenwärtigen Gefahr notwendig ist. [3]Als Androhung des Schusswaffengebrauchs gilt auch die Abgabe eines Warnschusses.

(2) Schusswaffen und besondere Waffen dürfen nur dann ohne Androhung gebraucht werden, wenn dies zur Abwehr einer gegenwärtigen Gefahr für Leib oder Leben erforderlich ist.

(3) [1]Gegenüber einer Menschenmenge ist die Anwendung unmittelbaren Zwangs möglichst so rechtzeitig anzudrohen, dass sich Unbeteiligte noch entfernen können. [2]Der Gebrauch von Schusswaffen gegen Personen in einer Menschenmenge ist stets anzudrohen; die Androhung ist vor dem Gebrauch von Schusswaffen zu wiederholen.

(4) Die Anwendung von technischen Sperren und der Einsatz von Dienstpferden brauchen nicht angedroht zu werden.

§ 75 Fesselung von Personen. Eine Person, die nach diesem Gesetz oder anderen Rechtsvorschriften festgehalten wird, darf gefesselt werden, wenn Tatsachen die Annahme rechtfertigen, dass sie
1. Personen angreifen, Widerstand leisten oder Sachen beschädigen wird,
2. fliehen wird oder befreit werden soll oder
3. sich töten oder verletzen wird.

§ 76 Allgemeine Vorschriften für den Schusswaffengebrauch. (1) [1]Schusswaffen dürfen nur gebraucht werden, wenn andere Maßnahmen des unmittelbaren Zwangs erfolglos angewandt sind oder offensichtlich keinen Erfolg versprechen. [2]Gegen Personen ist ihr Gebrauch nur zulässig, wenn der Zweck nicht durch Schusswaffengebrauch gegen Sachen erreicht werden kann.

(2) [1]Schusswaffen dürfen gegen Personen nur gebraucht werden, um angriffs- oder fluchtunfähig zu machen. [2]Ein Schuss, der mit an Sicherheit grenzender Wahrscheinlichkeit tödlich wirken wird, ist nur zulässig, wenn er das einzige Mittel zur Abwehr einer gegenwärtigen Lebensgefahr oder der gegen-

Gesetz über die öffentliche Sicherheit und Ordnung **Nds. SOG 60**

wärtigen Gefahr einer schwerwiegenden Verletzung der körperlichen Unversehrtheit ist.

(3) ¹Gegen Personen, die dem äußeren Eindruck nach noch nicht 14 Jahre alt sind, dürfen Schusswaffen nicht gebraucht werden. ²Dies gilt nicht, wenn der Schusswaffengebrauch das einzige Mittel zur Abwehr einer gegenwärtigen Gefahr für Leib oder Leben ist.

(4) ¹Der Schusswaffengebrauch ist unzulässig, wenn für die Beamtin oder den Beamten erkennbar Unbeteiligte mit hoher Wahrscheinlichkeit gefährdet werden. ²Dies gilt nicht, wenn der Schusswaffengebrauch das einzige Mittel zur Abwehr einer gegenwärtigen Lebensgefahr ist.

§ 77 Schusswaffengebrauch gegen Personen. (1) Schusswaffen dürfen gegen Personen nur gebraucht werden,
1. um eine gegenwärtige Gefahr für Leib oder Leben abzuwehren,
2. um die unmittelbar bevorstehende Begehung oder Fortsetzung eines Verbrechens oder eines Vergehens unter Anwendung oder Mitführung von Schusswaffen oder Explosivmitteln zu verhindern,
3. um eine Person anzuhalten, die sich der Festnahme oder Identitätsfeststellung durch Flucht zu entziehen versucht, wenn sie
   a) eines Verbrechens dringend verdächtig ist oder
   b) eines Vergehens dringend verdächtig ist und Tatsachen die Annahme rechtfertigen, dass sie Schusswaffen oder Explosivmittel mit sich führt,
4. zur Vereitelung der Flucht oder zur Ergreifung einer Person, die in amtlichem Gewahrsam zu halten oder ihm zuzuführen ist
   a) aufgrund richterlicher Entscheidung wegen eines Verbrechens oder aufgrund des dringenden Verdachts eines Verbrechens oder
   b) aufgrund richterlicher Entscheidung wegen eines Vergehens oder aufgrund des dringenden Verdachts eines Vergehens, sofern Tatsachen die Annahme rechtfertigen, dass sie Schusswaffen oder Explosivmittel mit sich führt,
5. um die gewaltsame Befreiung einer Person aus amtlichem Gewahrsam zu verhindern oder in den Fällen des § 100 Abs. 1 Satz 1 Nrn. 1 und 2 und Abs. 2 des Strafvollzugsgesetzes, des § 92 Abs. 1 Satz 1 Nrn. 1 und 2 und Abs. 2 des Niedersächsischen Justizvollzugsgesetzes und des § 96 Abs. 1 Satz 1 Nrn. 1 und 2 und Abs. 2 des Niedersächsischen Sicherungsverwahrungsvollzugsgesetzes, auch soweit für den Vollzug anderer freiheitsentziehender Maßnahmen auf diese Vorschriften verwiesen wird.

(2) Schusswaffen dürfen nach Absatz 1 Nr. 4 nicht gebraucht werden, wenn es sich um den Vollzug eines Jugendarrestes oder eines Strafarrestes handelt oder wenn die Flucht aus einer offenen Anstalt verhindert werden soll.

§ 78 Schusswaffengebrauch gegen Personen in einer Menschenmenge.
(1) Schusswaffen dürfen gegen Personen in einer Menschenmenge nur gebraucht werden, wenn von ihr oder aus ihr heraus schwerwiegende Gewalttaten

begangen werden oder unmittelbar bevorstehen und andere Maßnahmen keinen Erfolg versprechen.

(2) Wer sich aus einer solchen Menschenmenge nach wiederholter Androhung des Schusswaffengebrauchs nicht entfernt, obwohl ihm dies möglich ist, ist nicht als Unbeteiligter (§ 76 Abs. 4) anzusehen.

§ 79 Besondere Waffen, Sprengmittel. (1) Besondere Waffen dürfen gegen Personen nur in den Fällen des § 77 Abs. 1 Nrn. 1, 2 und 5 und nur dann eingesetzt werden, wenn
1. diese Personen von Schusswaffen oder Explosivmitteln Gebrauch gemacht haben,
2. der vorherige Gebrauch anderer Schusswaffen erfolglos geblieben ist

und das für Inneres zuständige Ministerium oder eine von diesem im Einzelfall beauftragte Person zugestimmt hat.

(2) [1]Besondere Waffen dürfen nicht gebraucht werden, um fluchtunfähig zu machen. [2]Explosivmittel dürfen gegen Personen in einer Menschenmenge nicht gebraucht werden.

(3) Im Übrigen bleiben die Vorschriften über den Schusswaffengebrauch unberührt.

(4) Sprengmittel dürfen gegen Personen nicht angewandt werden.

SIEBENTER TEIL
Schadensausgleich, Erstattungs- und Ersatzansprüche

§ 80 Zum Schadensausgleich verpflichtende Tatbestände. (1) [1]Erleidet eine Person infolge einer rechtmäßigen Inanspruchnahme nach § 8 einen Schaden, so ist ihr ein angemessener Ausgleich zu gewähren. [2]Das Gleiche gilt, wenn eine Person durch eine rechtswidrige Maßnahme der Verwaltungsbehörde oder der Polizei einen Schaden erleidet.

(2) Der Ausgleich ist auch Personen zu gewähren, die mit Zustimmung der Verwaltungsbehörde oder der Polizei bei der Erfüllung von Aufgaben der Verwaltungsbehörde oder der Polizei freiwillig mitgewirkt oder Sachen zur Verfügung gestellt haben und dadurch einen Schaden erlitten haben.

(3) Weitergehende Ersatzansprüche, insbesondere aus Amtspflichtverletzung, bleiben unberührt.

§ 81 Inhalt, Art und Umfang des Schadensausgleichs. (1) [1]Der Ausgleich nach § 80 wird grundsätzlich nur für Vermögensschaden gewährt. [2]Für entgangenen Gewinn, der über den Ausfall des gewöhnlichen Verdienstes oder Nutzungsentgelts hinausgeht, und für Nachteile, die nicht in unmittelbarem Zusammenhang mit der Maßnahme der Verwaltungsbehörde oder der Polizei stehen,

Gesetz über die öffentliche Sicherheit und Ordnung **Nds. SOG 60**

ist ein Ausgleich nur zu gewähren, wenn und soweit dies zur Abwendung unbilliger Härten geboten erscheint.

(2) Bei einer Verletzung des Körpers oder der Gesundheit oder bei einer Freiheitsentziehung ist auch der Schaden, der nicht Vermögensschaden ist, angemessen auszugleichen.

(3) [1]Der Ausgleich wird in Geld gewährt. [2]Hat die zum Ausgleich verpflichtende Maßnahme die Aufhebung oder Minderung der Erwerbsfähigkeit oder eine Vermehrung der Bedürfnisse oder den Verlust oder die Beeinträchtigung eines Rechts auf Unterhalt zur Folge, so ist der Ausgleich durch Entrichtung einer Rente zu gewähren. [3]§ 760 des Bürgerlichen Gesetzbuchs ist anzuwenden. [4]Statt der Rente kann eine Abfindung in Kapital verlangt werden, wenn ein wichtiger Grund vorliegt. [5]Der Anspruch wird nicht dadurch ausgeschlossen, dass eine andere Person der geschädigten Person Unterhalt zu gewähren hat.

(4) Stehen der geschädigten Person Ansprüche gegen Dritte zu, so ist, soweit diese Ansprüche nach Inhalt und Umfang dem Ausgleichsanspruch entsprechen, der Ausgleich nur gegen Abtretung dieser Ansprüche zu gewähren,

(5) [1]Bei der Bemessung des Ausgleichs sind alle Umstände zu berücksichtigen, insbesondere Art und Vorhersehbarkeit des Schadens. [2]Ein Ausgleichsanspruch besteht nicht, wenn die Maßnahme der Verwaltungsbehörde oder der Polizei auch unmittelbar dem Schutz der geschädigten Person oder deren Vermögen gedient hat. [3]§ 254 des Bürgerlichen Gesetzbuchs gilt entsprechend.

§ 82 Ansprüche mittelbar Geschädigter. Im Falle der Tötung ist § 844 des Bürgerlichen Gesetzbuchs im Rahmen des § 81 Abs. 5 entsprechend anzuwenden.

§ 83 Verjährung des Ausgleichsanspruchs. Der Anspruch auf den Ausgleich verjährt in drei Jahren von dem Zeitpunkt an, in welchem die Geschädigte oder der Geschädigte, im Fall des § 82 die oder der Anspruchsberechtigte, von dem Schaden und der zum Ausgleich verpflichteten Person Kenntnis erlangt, ohne Rücksicht auf diese Kenntnis in 30 Jahren von dem Eintritt des schädigenden Ereignisses an.

§ 84 Ausgleichspflichtige; Erstattungsansprüche. (1) Ausgleichspflichtig ist die Körperschaft, in deren Dienst diejenige Person steht, die die Maßnahme getroffen hat (Anstellungskörperschaft).

(2) Hat die Person für die Behörde einer anderen Körperschaft gehandelt, so ist diese Körperschaft ausgleichspflichtig.

(3) Ist in den Fällen des Absatzes 2 ein Ausgleich nur wegen der Art und Weise der Durchführung der Maßnahme zu gewähren, so kann die ausgleichspflichtige Körperschaft von der Anstellungskörperschaft Erstattung ihrer Aufwendungen verlangen, es sei denn, dass sie selbst die Verantwortung für die Art und Weise der Durchführung trägt.

60 Nds. SOG Gesetz über die öffentliche Sicherheit und Ordnung

§ 85 Rückgriff gegen Verantwortliche. (1) ¹Die nach § 84 ausgleichspflichtige Körperschaft kann von den nach § 6 oder 7 Verantwortlichen Ersatz ihrer Aufwendungen verlangen, wenn sie aufgrund des § 80 Abs. 1 Satz 1 oder Abs. 2 einen Ausgleich gewährt hat. ²Die zu erstattende Leistung ist durch Leistungsbescheid festzusetzen.

(2) Sind mehrere Personen nebeneinander verantwortlich, so haften sie gesamtschuldnerisch.

§ 86 Rechtsweg. Für Ansprüche auf Schadensausgleich ist der ordentliche Rechtsweg, für die Ansprüche auf Erstattung und Ersatz von Aufwendungen nach § 84 Abs. 3 oder § 85 der Verwaltungsrechtsweg gegeben.

ACHTER TEIL
Organisation der Polizei und der Verwaltungsbehörden

1. Abschnitt
Polizei

§ 87 Polizeibehörden. (1) Polizeibehörden sind:
1. das Landeskriminalamt,
2. die Polizeibehörde für zentrale Aufgaben (Zentrale Polizeidirektion),
3. die Polizeidirektionen.

(2) Der Bezirk des Landeskriminalamtes und der Bezirk der Polizeibehörde für zentrale Aufgaben erstrecken sich auf das Gebiet des Landes.

§ 88 *(aufgehoben)*

§ 89 *(aufgehoben)*

§ 90 Polizeidirektionen. (1) Es werden die Polizeidirektionen Braunschweig, Göttingen, Hannover, Lüneburg, Oldenburg und Osnabrück eingerichtet.

(2) Die Bezirke werden wie folgt abgegrenzt*:
1. Die Polizeidirektion Braunschweig umfasst das Gebiet der Landkreise Gifhorn, Goslar, Helmstedt, Peine, Wolfenbüttel, der kreisfreien Städte Braunschweig, Salzgitter und Wolfsburg.
2. Die Polizeidirektion Göttingen umfasst das Gebiet der Landkreise Göttingen, Hameln-Pyrmont, Hildesheim, Holzminden, Nienburg (Weser), Northeim, Osterode am Harz, Schaumburg.

---

* Die räumliche Abgrenzung ergibt sich aus der Karte, die dem Gesetz zur Änderung des Niedersächsischen Gesetzes über die öffentliche Sicherheit und Ordnung vom 25.11.2007 (GVBl. S. 654) als Anlage (S. 665-668) beigefügt ist. Von einem Abdruck der Karte wurde abgesehen.

Gesetz über die öffentliche Sicherheit und Ordnung **Nds. SOG 60**

3. Die Polizeidirektion Hannover umfasst das Gebiet der Region Hannover.
4. Die Polizeidirektion Lüneburg umfasst das Gebiet der Landkreise Celle, Harburg, Lüchow-Dannenberg, Lüneburg, Rotenburg (Wümme), Soltau-Fallingbostel, Stade, Uelzen sowie das Gebiet östlich der Linie, die in der als Anlage zu diesem Gesetz beigefügten Karte im Küstengewässer eingezeichnet ist und die Bezirke der Polizeidirektion Oldenburg und der Polizeidirektion Lüneburg trennt. Die Karte ist insoweit verbindlich.
5. Die Polizeidirektion Oldenburg umfasst das Gebiet der Landkreise Ammerland, Cloppenburg, Cuxhaven, Diepholz, Friesland, Oldenburg, Osterholz, Vechta, Verden, Wesermarsch, sowie der kreisfreien Städte Delmenhorst, Oldenburg (Oldenburg), Wilhelmshaven sowie das Gebiet zwischen den beiden Linien, die in der als Anlage zu diesem Gesetz beigefügten Karte im Küstengewässer eingezeichnet sind und die Bezirke der Polizeidirektionen Lüneburg, Oldenburg und Osnabrück begrenzen. Die Karte ist insoweit verbindlich.
6. Die Polizeidirektion Osnabrück umfasst das Gebiet der Landkreise Aurich, Grafschaft Bentheim, Emsland, Leer, Osnabrück, Wittmund sowie der kreisfreien Städte Emden, Osnabrück sowie das Gebiet westlich der Linie, die in der als Anlage zu diesem Gesetz beigefügten Karte im Küstengewässer eingezeichnet ist und insoweit die Bezirke der Polizeidirektion Oldenburg und der Polizeidirektion Osnabrück trennt. Die Karte ist insoweit verbindlich.

§ 91–93 *(aufgehoben)*

§ 94 Aufsicht über die Polizeibehörden. (1) Die Fach- und Dienstaufsicht über die Polizeibehörden obliegt dem für Inneres zuständigen Ministerium.

§ 95 Hilfspolizeibeamtinnen, Hilfspolizeibeamte. [1]Die Polizeibehörden können, wenn ein Bedürfnis dafür besteht, Hilfspolizeibeamtinnen und Hilfspolizeibeamte bestellen und diesen polizeiliche Aufgaben zur Wahrnehmung übertragen. [2]Diese sind insoweit zur Ausübung polizeilicher Befugnisse berechtigt.

2. Abschnitt

Verwaltungsbehörden

§ 96 *(aufgehoben)*

§ 97 Sachliche Zuständigkeit der Verwaltungsbehörden. (1) Zuständige Verwaltungsbehörden für Aufgaben der Gefahrenabwehr sind die Gemeinden, soweit für diese Aufgaben keine besondere Zuständigkeitsregelung besteht.

(2) Für die zur Einhaltung von Vorschriften des Bundes- oder Landesrechts notwendigen Maßnahmen der Gefahrenabwehr ist die Behörde zuständig, der

60 Nds. SOG Gesetz über die öffentliche Sicherheit und Ordnung

nach der jeweiligen Rechtsvorschrift die Aufgabenerfüllung im Übrigen obliegt, soweit keine andere Zuständigkeitsregelung besteht.

(3) ¹Die Landesregierung wird ermächtigt, im Einvernehmen mit dem Fachministerium durch Verordnung die Zuständigkeit für bestimmte Aufgaben im Sinne des Absatzes 1
1. den Landkreisen, kreisfreien Städten, großen selbständigen Städten und selbständigen Gemeinden,
2. den Landkreisen, kreisfreien und großen selbständigen Städten,
3. den Landkreisen und kreisfreien Städten oder
4. sonstigen Behörden

zu übertragen, wenn die Wahrnehmung dieser Aufgaben durch die Gemeinden einen unverhältnismäßigen Verwaltungsaufwand mit sich bringen würde oder aus anderen Gründen unzweckmäßig wäre. ²Sie kann die Ermächtigung für bestimmte Aufgaben durch Verordnungen auf das fachlich zuständige Minsterium übertragen.

(4) ¹Die Landesregierung wird ermächtigt, im Einvernehmen mit dem Fachministerium durch Verordnung die Zuständigkeit für bestimmte Aufgaben im Sinne des Absatzes 1 den Polizeibehörden oder einzelnen Polizeibehörden zu übertragen, wenn dies zur sachgerechten Erfüllung der Aufgaben erforderlich ist. ²Sie kann die Ermächtigung für bestimmte Aufgaben durch Verordnung auf das fachlich zuständige Ministerium übertragen.

(5) Die Landesregierung wird ermächtigt, durch Verordnung einem Ministerium die Zuständigkeit für bestimmte Aufgaben im Sinne des Absatzes 1 zu übertragen, wenn es sich um Aufgaben handelt, die ihrem Wesen nach nur von einer obersten Landesbehörde wahrgenommen werden können.

(6) Den Gemeinden und Landkreisen obliegen die Aufgaben nach Absatz 1 im übertragenen Wirkungskreis.

§ 98 Aufsicht über die Verwaltungsbehörden. ¹Bei der Wahrnehmung der Aufgaben nach § 97 führen die Fachaufsicht
1. über die kreisangehörigen Gemeinden mit Ausnahme der großen selbständigen Städte die Landkreise und die Fachministerien,
2. über die Landkreise, kreisfreien Städte und großen selbständigen Städte sowie über die Polizeibehörden und die sonstigen Verwaltungsbehörden die Fachministerien.

²Im Bereich seiner Zuständigkeit kann das für Inneres zuständige Ministerium durch Verordnung die Aufsicht auf andere Stellen übertragen, soweit dies zur sachgerechten Erfüllung der Aufgaben erforderlich ist. ³In diesem Fall wird das Ministerium oberste Aufsichtsbehörde.

§ 99 Gefahrenabwehr außerhalb der Dienstzeit. Die Verwaltungsbehörden haben sicherzustellen, dass Aufgaben der Gefahrenabwehr auch außerhalb der Dienstzeit wahrgenommen werden können.

Gesetz über die öffentliche Sicherheit und Ordnung **Nds. SOG 60**

NEUNTER TEIL
Zuständigkeiten

§ 100 Örtliche Zuständigkeit, außerordentliche örtliche Zuständigkeit. (1) [1]Die Zuständigkeit der Verwaltungsbehörden und der Polizeibehörden ist grundsätzlich auf ihren Bezirk beschränkt. [2]Örtlich zuständig ist die Behörde, in deren Bezirk die zu schützenden Interessen verletzt oder gefährdet werden. [3]Wird eine Gefahr, die sich in anderen Bezirken auswirkt, von einer Person verursacht, so ist auch die Behörde zuständig, in deren Bezirk die Person wohnt, sich aufhält oder ihren Sitz hat.

(2) [1]Die Polizeidirektionen werden ermächtigt, durch Verordnung Flächen, die weder Gemeindegebiet noch gemeindefreies Gebiet im Sinne des § 23 Abs. 4 Satz 2 des Niedersächsischen Kommunalverfassungsgesetzes sind, dem Bezirk einer Gemeinde zuzuweisen. [2]Bei den kreisangehörigen Gemeinden erweitert sich damit auch der Bezirk des Landkreises.

(3) [1]Erfordert die Wahrnehmung von Aufgaben auch Maßnahmen in anderen Bezirken, so wirkt die Verwaltungsbehörde oder die Polizeibehörde des anderen Bezirks auf Ersuchen der nach Absatz 1 zuständigen Behörde mit; schriftliche Verwaltungsakte erlässt die zuständige Behörde stets selbst. [2]Die nach Absatz 1 zuständige Behörde kann die Maßnahmen im anderen Bezirk auch ohne Mitwirkung der Verwaltungsbehörde oder der Polizeibehörde des anderen Bezirks treffen
1. bei Gefahr im Verzuge,
2. zur Fortsetzung einer im eigenen Bezirk begonnenen Maßnahme oder
3. mit Zustimmung der für den anderen Bezirk zuständigen Behörde.
[3]In den Fällen des Satzes 2 Nrn. 1 und 2 unterrichtet sie unverzüglich die für den anderen Bezirk zuständige Behörde.

(4) [1]Kann eine Aufgabe, die die Bezirke mehrerer Verwaltungsbehörden oder Polizeibehörden berührt, zweckmäßig nur einheitlich wahrgenommen werden, so bestimmt die den beteiligten Verwaltungsbehörden oder Polizeibehörden gemeinsam vorgesetzte Fachaufsichtsbehörde die zuständige Verwaltungsbehörde oder Polizeibehörde. [2]Die Zuweisung von Verfahren in Angelegenheiten der Kriminalitätsbekämpfung obliegt bei Vorliegen der Voraussetzungen nach Satz 1 dem Landeskriminalamt. [3]Fehlt eine gemeinsame Aufsichtsbehörde, so treffen die fachlich zuständigen Aufsichtsbehörden die Entscheidung gemeinsam.

(5) [1]Die Polizeibeamtinnen und Polizeibeamten sind im Gebiet des Landes Niedersachsen befugt, Amtshandlungen auch außerhalb des Bezirks der Polizeibehörde, der sie angehören, vorzunehmen
1. bei Gefahr im Verzuge,
2. auf Anforderung oder mit Zustimmung der zuständigen Behörde,
3. aus Anlass der Begleitung oder Bewachung von Personen oder Sachen,
4. zur Verfolgung von Straftaten und Ordnungswidrigkeiten oder
5. zur Verfolgung und Wiederergreifung Entwichener.

60 Nds. SOG Gesetz über die öffentliche Sicherheit und Ordnung

²Für Polizeibeamtinnen und Polizeibeamte, die keiner Polizeibehörde angehören, gilt Satz 1 entsprechend.

(6) ¹In den Fällen des Absatzes 5 nehmen die Polizeibeamtinnen und Polizeibeamten die Amtshandlungen für die Verwaltungsbehörde oder Polizeibehörde wahr, in deren Bezirk sie tätig werden. ²Sie haben diese Behörde unverzüglich zu unterrichten, soweit es sich nicht um abschließende Amtshandlungen von geringfügiger Bedeutung handelt. ³Soweit in den Fällen des Absatzes 5 Satz 1 Nrn. 4 und 5 Maßnahmen schon von anderen Verwaltungsbehörden oder Polizeibehörden eingeleitet worden sind, nehmen die Polizeibeamtinnen und Polizeibeamten die Aufgaben für diese Behörden wahr.

§ 101 *(aufgehoben)*

§ 102 Außerordentliche sachliche Zuständigkeit. (1) ¹Die Fachaufsichtsbehörden können in ihrem Bezirk einzelne Maßnahmen zur Gefahrenabwehr anstelle und auf Kosten der sachlich zuständigen Verwaltungsbehörde oder Polizeibehörde treffen, wenn dies zur sachgerechten Erfüllung der Aufgaben erforderlich ist. ²Sie haben die zuständige Verwaltungsbehörde oder Polizeibehörde unverzüglich zu unterrichten.

(2) ¹Sachlich nicht zuständige Verwaltungsbehörden oder Polizeibehörden oder die Fachministerien können bei Gefahr im Verzuge einzelne Maßnahmen zur Abwehr einer gegenwärtigen erheblichen Gefahr anstelle und auf Kosten der zuständigen Verwaltungsbehörde oder Polizeibehörde treffen. ²Absatz 1 Satz 2 gilt entsprechend.

(3) ¹Das für Inneres zuständige Ministerium kann Aufgaben der Polizei (§ 1) vorübergehend übernehmen oder einer anderen Polizeibehörde übertragen, wenn es zur sachgerechten Erfüllung dieser Aufgaben geboten ist. ²Übernimmt das für Inneres zuständige Ministerium polizeiliche Aufgaben, so hat es insoweit die Stellung einer Polizeibehörde.

§ 103 Amtshandlungen von Polizeivollzugsbeamtinnen und Polizeivollzugsbeamten anderer Länder und des Bundes sowie von Bediensteten ausländischer Staaten. (1) ¹Polizeivollzugsbeamtinnen und Polizeivollzugsbeamte eines anderen Landes können im Gebiet des Landes Niedersachsen Amtshandlungen vornehmen

1. auf Anforderung oder mit Zustimmung der zuständigen Behörde,
2. in den Fällen des Artikels 35 Abs. 2 und 3 und des Artikels 91 Abs. 1 des Grundgesetzes,
3. zur Abwehr einer gegenwärtigen erheblichen Gefahr, zur Verfolgung von Straftaten auf frischer Tat sowie zur Verfolgung und Wiederergreifung Entwichener, wenn die zuständige Behörde die erforderlichen Maßnahmen nicht rechtzeitig treffen kann,
4. zur Erfüllung polizeilicher Aufgaben bei Gefangenentransporten oder

Gesetz über die öffentliche Sicherheit und Ordnung   **Nds. SOG 60**

5. zur Verfolgung von Straftaten und Ordnungswidrigkeiten sowie zur Gefahrenabwehr in den durch Verwaltungsabkommen mit anderen Ländern geregelten Fällen.
²In den Fällen des Satzes 1 Nrn. 3 bis 5 ist die zuständige Polizeibehörde unverzüglich zu unterrichten.

(2) ¹Werden Polizeivollzugsbeamtinnen und Polizeivollzugsbeamte eines anderen Landes nach Absatz 1 tätig, so haben sie die gleichen Befugnisse wie die des Landes Niedersachsen. ²Ihre Maßnahmen gelten als Maßnahmen derjenigen Polizeibehörde, in deren örtlichem und sachlichem Zuständigkeitsbereich sie tätig geworden sind; sie unterliegen insoweit auch deren Weisungen.

(3) ¹Die Absätze 1 und 2 gelten für Polizeivollzugsbeamtinnen und Polizeivollzugsbeamte des Bundes entsprechend. ²Das Gleiche gilt für Bedienstete ausländischer Polizeibehörden und -dienststellen, wenn völkerrechtliche Verträge dies vorsehen oder das für Inneres zuständige Ministerium Amtshandlungen dieser Polizeibehörden oder -dienststellen allgemein oder im Einzelfall zustimmt.

§ 104 Amtshandlungen von niedersächsischen Polizeibeamtinnen und Polizeibeamten außerhalb des Zuständigkeitsbereichs des Landes Niedersachsen. (1) ¹Polizeibeamtinnen und Polizeibeamte des Landes Niedersachsen dürfen im Zuständigkeitsbereich eines anderen Landes oder des Bundes nur in den Fällen des § 103 Abs. 1 Satz 1 und nur dann, wenn das jeweilige Landesrecht oder das Bundesrecht es vorsieht, sowie im Fall des Artikels 91 Abs. 2 des Grundgesetzes tätig werden. ²§ 103 Abs. 2 gilt entsprechend. ³Sie dürfen ferner im Zuständigkeitsbereich ausländischer Polizeibehörden oder -dienststellen tätig werden, wenn es das Recht des jeweiligen Staates vorsieht.

(2) ¹Einer Anforderung von Polizeibeamtinnen oder Polizeibeamten des Landes Niedersachsen durch ein anderes Land oder den Bund ist zu entsprechen, soweit nicht deren Verwendung im Zuständigkeitsbereich des Landes Niedersachsen dringender ist als die Unterstützung der Polizei des anderen Landes oder des Bundes. ²Die Anforderung soll alle für die Entscheidung wesentlichen Merkmale des Einsatzauftrags enthalten.

ZEHNTER TEIL
Kosten; Sachleistungen

§ 105 Kosten. (1) Die Kosten, die den Verwaltungsbehörden und der Polizei bei Aufgaben der Gefahrenabwehr entstehen, trägt die Körperschaft, deren Behörde für die Erfüllung der Aufgaben zuständig ist.

(2) Die Kosten, die den Gemeinden und Landkreisen nach diesem Gesetz entstehen, werden im Rahmen des Finanzausgleichs gedeckt.

60 Nds. SOG   Gesetz über die öffentliche Sicherheit und Ordnung

(3) ¹Die Kosten, die der Polizei durch Leistung von Vollzugshilfe entstehen, sind von der ersuchenden Behörde zu erstatten. ²Dies gilt nicht, wenn es sich um eine Landesbehörde handelt. ³Nicht zu erstatten sind Kosten unter 25 Euro, Personalkosten, Schulungskosten sowie Kosten für Aufgaben, für die die Verwaltungsbehörden nicht zur Bestellung eigener Verwaltungsvollzugsbeamtinnen oder Verwaltungsvollzugsbeamten berechtigt sind, es sei denn, dass die Kosten von einer oder einem Dritten erhoben werden können.

(4) Sind mit der Tätigkeit der Verwaltungsbehörden oder der Polizei Einnahmen verbunden, so fließen sie dem Kostenträger zu.

§ 106 Sachleistungen. (1) ¹Die Polizeidirektionen können zur Erfüllung polizeilicher Aufgaben notwendige Leistungen entsprechend § 2 des Bundesleistungsgesetzes in der Fassung vom 27. September 1961 (BGBl. I S. 1769), zuletzt geändert durch Art. 1 Abs. 1 Nr. 2 der Verordnung vom 5. April 2002 (BGBl. I S. 1250), anfordern. ²Sie können auch zur Durchführung polizeilicher Übungen, die vom für Inneres zuständige Ministerium angeordnet worden sind, notwendige Leistungen im Umfang des § 71 Abs. 1 bis 3 und des § 72 Satz 1 des Bundesleistungsgesetzes anfordern. ³Für die Durchführung solcher polizeilichen Übungen gelten ferner die §§ 66 und 68 bis 70 des Bundesleistungsgesetzes. ⁴Die Leistungen dürfen nur angefordert werden, wenn der Bedarf auf andere Weise nicht oder nicht rechtzeitig oder nur mit unverhältnismäßigen Mitteln gedeckt werden kann. ⁵Leistungspflichtig sind die in § 9 Abs. 1 und § 74 des Bundesleistungsgesetzes bezeichneten Personen.

(2) Für die rechtlichen Wirkungen einer Leistungsanforderung gelten die §§ 11 bis 14 des Bundesleistungsgesetzes entsprechend.

§ 107 Entschädigung für Sachleistungen. (1) ¹Entstehen durch die Anforderung von Leistungen nach § 106 Abs. 1 Vermögensnachteile, so hat das Land auf Antrag eine Entschädigung in Geld zu leisten. ²Für die Bemessung und Zahlung der Entschädigung finden die §§ 20 bis 23, 25, 26, 28 bis 32, 34 und 76 bis 78 des Bundesleistungsgesetzes entsprechende Anwendung.

(2) Für das Verfahren zur Festsetzung der Entschädigung gelten die §§ 49 bis 55, 58, 61 und 62 des Bundesleistungsgesetzes entsprechend.

§ 108 Verletzung der Leistungspflicht. ¹Ordnungswidrig handelt, wer eine nach § 106 Abs. 1 angeforderte Leistung nicht, nicht vollständig, nicht ordnungsgemäß oder nicht rechtzeitig erbringt oder einer ihm auferlegten Duldungs- oder Unterlassungspflicht zuwiderhandelt. ²Die Ordnungswidrigkeit kann mit einer Geldbuße bis zu 5000 Euro geahndet werden. ³Verwaltungsbehörden im Sinne des § 36 Abs. 1 Nr. 1 des Gesetzes über Ordnungswidrigkeiten sind die Polizeidirektionen.

Gesetz über die öffentliche Sicherheit und Ordnung

ELFTER TEIL
Übergangs- und Schlussvorschriften

§ 109 Zuständigkeiten, Verwaltungsakte und Verordnungen nach bisherigem Recht. (1) Zuständigkeitsregelungen, Verwaltungsakte und Verordnungen nach bisherigem Recht bleiben so lange unberührt, bis sie durch Regelungen aufgrund dieses Gesetzes oder aufgrund anderer Rechtsvorschriften ersetzt werden.

(2) ¹In Verordnungen im Sinne des § 15 des Gesetzes über die öffentliche Sicherheit und Ordnung, die vor dem 1. Januar 1975 erlassen und danach nicht geändert worden sind, tritt an die Stelle der bisherigen Zwangsgeldandrohung die Verweisung auf § 59 dieses Gesetzes. ²Das Gleiche gilt, soweit Verordnungen auf die Bußgeldvorschrift in § 22 des Gesetzes über die öffentliche Sicherheit und Ordnung in der Fassung vom 31. März 1978 (Nds. GVBl. S. 279) oder in § 37 des Niedersächsischen Gesetzes über die öffentliche Sicherheit und Ordnung vom 17. November 1981 (Nds. GVBl. S. 347) verweisen.

§ 110 Zuständigkeit in Altversorgungsfällen. (1) ¹Die nach dem 1. April 1951 fällig werdenden Versorgungsbezüge der früheren Vollzugsbeamten der Schutzpolizei, der Gendarmerie und der Kriminalpolizei, deren Versorgungsansprüche vor dem 1. April 1946 im Dienste des Reichs, eines früheren Landes oder einer Gemeinde entstanden sind und die ihren letzten dienstlichen Wohnsitz vor diesem Zeitpunkt im Gebiet des Landes Niedersachsen gehabt haben, sowie die Bezüge für die Hinterbliebenen dieser Beamten werden vom Land getragen. ²Sie sind weiterhin von den bisher zuständigen Stellen zu zahlen. ³Sind dies Gemeinden oder an ihrer Stelle Versorgungskassen, so erstattet das Land die gezahlten Bezüge in voller Höhe. ⁴Die nach dem 1. April 1951 fällig werdenden Versorgungsbezüge aus Versorgungsfällen von Polizeibeamten und ihren Hinterbliebenen, die bei den Polizeiausschüssen in der Zeit vom 1. April 1946 bis zum 31. März 1951 eingetreten sind, werden vom Land getragen.

(2) Die Zuständigkeit der obersten Dienstbehörde wird vom für Inneres zuständige Ministerium, die Zuständigkeit des früheren Reichsministers der Finanzen vom Finanzministerium ausgeübt.

§ 111 Erkennungsdienstliche Maßnahmen gegen Beschuldigte. Gegen Beschuldigte findet § 15 keine Anwendung, solange § 81b der Strafprozessordnung gegen diese Personen Maßnahmen zu Zwecken des Erkennungsdienstes zulässt.

§ 112 *(aufgehoben)*

§ 113 *(aufgehoben)*

Nbauo 65

Niedersächsische Bauordnung (NBauO)

vom 3. April 2012 (GVBl. S. 46)

INHALTSÜBERSICHT

Erster Teil
Allgemeine Vorschriften
- § 1 Geltungsbereich
- § 2 Begriffe
- § 3 Allgemeine Anforderungen

Zweiter Teil
Das Grundstück und seine Bebauung
- § 4 Zugänglichkeit des Baugrundstücks, Anordnung und Zugänglichkeit der baulichen Anlagen
- § 5 Grenzabstände
- § 6 Hinzurechnung benachbarter Grundstücke
- § 7 Abstände auf demselben Baugrundstück
- § 8 Grundstücksteilungen
- § 9 Nicht überbaute Flächen, Kinderspielplätze

Dritter Teil
Allgemeine Anforderungen an Baumaßnahmen und bauliche Anlagen
- § 10 Gestaltung baulicher Anlagen
- § 11 Einrichtung der Baustelle
- § 12 Standsicherheit
- § 13 Schutz gegen schädliche Einflüsse
- § 14 Brandschutz
- § 15 Schall-, Wärme- und Erschütterungsschutz
- § 16 Verkehrssicherheit

Vierter Teil
Bauprodukte und Bauarten
- § 17 Bauprodukte
- § 18 Allgemeine bauaufsichtliche Zulassung
- § 19 Allgemeines bauaufsichtliches Prüfzeugnis
- § 20 Nachweis der Verwendbarkeit von Bauprodukten im Einzelfall
- § 21 Bauarten
- § 22 Übereinstimmungsnachweis
- § 23 Übereinstimmungserklärung des Herstellers
- § 24 Übereinstimmungszertifikat
- § 25 Prüf-, Zertifizierungs- und Überwachungsstellen

Fünfter Teil
Der Bau und seine Teile
- § 26 Brandverhalten von Baustoffen und Feuerwiderstandsfähigkeit von Bauteilen
- § 27 Wände und Stützen
- § 28 Außenwände
- § 29 Trennwände
- § 30 Brandwände
- § 31 Decken und Böden
- § 32 Dächer
- § 33 Rettungswege
- § 34 Treppen
- § 35 Notwendige Treppenräume
- § 36 Notwendige Flure, Ausgänge
- § 37 Fenster, Türen und sonstige Öffnungen
- § 38 Aufzüge
- § 39 Lüftungsanlagen, Leitungsanlagen, Installationsschächte und -kanäle
- § 40 Feuerungsanlagen, sonstige Anlagen zur Energieerzeugung, Brennstoffversorgungsanlagen und Brennstofflagerung
- § 41 Anlagen zur Wasserversorgung, für Abwässer und Abfälle
- § 42 Blitzschutzanlagen

Sechster Teil
Nutzungsbedingte Anforderungen an bauliche Anlagen
- § 43 Aufenthaltsräume
- § 44 Wohnungen
- § 45 Toiletten und Bäder
- § 46 Bauliche Anlagen für Kraftfahrzeuge
- § 47 Notwendige Einstellplätze
- § 48 Fahrradabstellanlagen

§ 49 Barrierefreie Zugänglichkeit und Benutzbarkeit baulicher Anlagen
§ 50 Werbeanlagen
§ 51 Sonderbauten

Siebter Teil
Verantwortliche Personen
§ 52 Bauherrin und Bauherr
§ 53 Entwurfsverfasserin und Entwurfsverfasser
§ 54 Unternehmerin und Unternehmer
§ 55 Bauleiterin und Bauleiter
§ 56 Verantwortlichkeit für den Zustand der Anlagen und Grundstücke

Achter Teil
Behörden
§ 57 Bauaufsichtsbehörden
§ 58 Aufgaben und Befugnisse der Bauaufsichtsbehörden

Neunter Teil
Genehmigungserfordernisse
§ 59 Genehmigungsvorbehalt
§ 60 Verfahrensfreie Baumaßnahmen, Abbruchanzeige
§ 61 Genehmigungsfreie öffentliche Baumaßnahmen
§ 62 Sonstige genehmigungsfreie Baumaßnahmen

Zehnter Teil
Genehmigungsverfahren
§ 63 Vereinfachtes Baugenehmigungsverfahren
§ 64 Baugenehmigungsverfahren
§ 65 Bautechnische Nachweise, Typenprüfung
§ 66 Abweichungen

§ 67 Bauantrag und Bauvorlagen
§ 68 Beteiligung der Nachbarn
§ 69 Behandlung des Bauantrags
§ 70 Baugenehmigung und Teilbaugenehmigung
§ 71 Geltungsdauer der Baugenehmigung und der Teilbaugenehmigung
§ 72 Durchführung baugenehmigungsbedürftiger Baumaßnahmen
§ 73 Bauvoranfrage und Bauvorbescheid
§ 74 Bauaufsichtliche Zustimmung
§ 75 Genehmigung fliegender Bauten

Elfter Teil
Sonstige Vorschriften über die Bauaufsicht
§ 76 Bauüberwachung
§ 77 Bauabnahmen
§ 78 Regelmäßige Überprüfung
§ 79 Baurechtswidrige Zustände, Bauprodukte und Baumaßnahmen sowie verfallende bauliche Anlagen
§ 80 Ordnungswidrigkeiten
§ 81 Baulasten, Baulastenverzeichnis

Zwölfter Teil
Ausführungsvorschriften, Übergangs- und Schlussvorschriften
§ 82 Verordnungen
§ 83 Technische Baubestimmungen
§ 84 Örtliche Bauvorschriften
§ 85 Anforderungen an bestehende und genehmigte bauliche Anlagen
§ 86 Übergangsvorschriften
§ 87 Änderung von Rechtsvorschriften
§ 88 Inkrafttreten

Anhang zu § 60 Abs. 1

Erster Teil

Allgemeine Vorschriften

§ 1 Geltungsbereich. (1) [1]Dieses Gesetz gilt für bauliche Anlagen, Bauprodukte und Baumaßnahmen. [2]Es gilt auch für andere Anlagen und Einrichtungen sowie für Grundstücke, an die in diesem Gesetz oder in aufgrund dieses Gesetzes erlassenen Vorschriften Anforderungen gestellt werden.

Bauordnung **NBauO 65**

(2) Dieses Gesetz gilt nicht für
1. Betriebsanlagen von nichtöffentlichen Eisenbahnen sowie öffentliche Verkehrsanlagen, jeweils einschließlich des Zubehörs, der Nebenanlagen und der Nebenbetriebe, ausgenommen Gebäude,
2. Anlagen und Einrichtungen unter der Aufsicht der Bergbehörden, ausgenommen Gebäude,
3. Leitungen, die dem Ferntransport von Stoffen, der öffentlichen Versorgung mit Wasser, Gas, Elektrizität oder Wärme, der öffentlichen Abwasserbeseitigung, der Telekommunikation oder dem Rundfunk dienen, sowie
4. Kräne und Krananlagen.

§ 2 Begriffe. (1) ¹Bauliche Anlagen sind mit dem Erdboden verbundene oder auf ihm ruhende, aus Bauprodukten hergestellte Anlagen. ²Bauliche Anlagen sind auch

1. ortsfeste Feuerstätten,
2. Werbeanlagen (§ 50),
3. Warenautomaten, die von einer allgemein zugänglichen Verkehrs- oder Grünfläche aus sichtbar sind,
4. Aufschüttungen, Abgrabungen und künstliche Hohlräume unterhalb der Erdoberfläche,
5. Anlagen, die auf ortsfesten Bahnen begrenzt beweglich sind oder dazu bestimmt sind, vorwiegend ortsfest benutzt zu werden,
6. Gerüste,
7. Fahrradabstellanlagen (§ 48),
8. Lagerplätze, Abstell- und Ausstellungsplätze,
9. Stellplätze,
10. Camping- und Wochenendplätze,
11. Spiel- und Sportplätze,
12. Freizeit- und Vergnügungsparks und
13. sonstige Anlagen, die einen Zu- und Abgangsverkehr mit Kraftfahrzeugen erwarten lassen.

(2) Gebäude sind selbständig benutzbare, überdeckte bauliche Anlagen, die von Menschen betreten werden können und geeignet oder bestimmt sind, dem Schutz von Menschen, Tieren oder Sachen zu dienen.

(3) ¹Gebäude sind in folgende Gebäudeklassen eingeteilt:
1. Gebäudeklasse 1:
   a) freistehende Gebäude mit einer Höhe bis zu 7 m und nicht mehr als zwei Nutzungseinheiten von insgesamt nicht mehr als 400 m² Grundfläche und
   b) freistehende land- oder forstwirtschaftlich genutzte Gebäude,
2. Gebäudeklasse 2:
   nicht freistehende Gebäude mit einer Höhe bis zu 7 m und nicht mehr als zwei Nutzungseinheiten von insgesamt nicht mehr als 400 m² Grundfläche,
3. Gebäudeklasse 3:
   sonstige Gebäude mit einer Höhe bis zu 7 m,

4. Gebäudeklasse 4:
   Gebäude mit einer Höhe bis zu 13 m und Nutzungseinheiten mit jeweils nicht mehr als 400 m² Grundfläche,
5. Gebäudeklasse 5:
   von den Nummern 1 bis 4 nicht erfasste sowie unterirdische Gebäude mit Aufenthaltsräumen.

²Gebäude ohne Aufenthaltsräume, die nicht unter Satz 1 Nr. 1 Buchst. b fallen, werden nach der Gesamtgrundfläche aller Geschosse entsprechend Satz 1 der Gebäudeklasse 1, 2 oder 3 zugeordnet. ³Höhe im Sinne des Satzes 1 ist die Höhe der Fußbodenoberkante des höchstgelegenen Aufenthaltsraumes über der Geländeoberfläche im Mittel. ⁴Führt ein Rettungsweg für das Gebäude über Rettungsgeräte der Feuerwehr, so ist die Höhe abweichend von Satz 3 die Höhe der Fußbodenoberkante des höchstgelegenen Aufenthaltsraumes über der Stelle der Geländeoberfläche, von der aus der Aufenthaltsraum über die Rettungsgeräte der Feuerwehr erreichbar ist. ⁵Die Grundfläche im Sinne dieses Gesetzes ist die Brutto-Grundfläche; bei der Berechnung der Grundfläche nach Satz 1 bleiben Flächen in Kellergeschossen außer Betracht.

(4) Wohngebäude sind Gebäude, die nur Wohnungen oder deren Nebenzwecken dienende Räume, wie Garagen, enthalten.

(5) ¹Sonderbauten sind
1. Gebäude mit einer Höhe nach Absatz 3 Satz 3 von mehr als 22 m (Hochhäuser),
2. bauliche Anlagen mit einer Höhe von mehr als 30 m,
3. Gebäude mit mindestens einem Geschoss mit mehr als 1600 m² Grundfläche, ausgenommen Wohngebäude und Garagen,
4. Verkaufsstätten, deren Verkaufsräume und Ladenstraßen eine Grundfläche von insgesamt mehr als 800 m² haben,
5. Gebäude mit mindestens einem Geschoss, das mit mehr als 400 m² seiner Grundfläche Büro- oder Verwaltungszwecken dient,
6. Gebäude mit mindestens einem Raum, der der Nutzung durch mehr als 100 Personen dient,
7. Versammlungsstätten
   a) mit einem Versammlungsraum, der mehr als 200 Besucherinnen und Besucher fasst, oder mit mehreren Versammlungsräumen, die insgesamt mehr als 200 Besucherinnen und Besucher fassen, wenn die Versammlungsräume einen gemeinsamen Rettungsweg haben,
   b) im Freien mit mindestens einer Fläche für Aufführungen oder mit einer Freisportanlage, deren Besucherbereich jeweils mehr als 1 000 Besucherinnen und Besucher fasst und ganz oder teilweise aus baulichen Anlagen besteht,
8. Schank- und Speisegaststätten mit mehr als 40 Plätzen für Gäste, Beherbergungsstätten mit mehr als 12 Betten und Spielhallen mit mehr als 150 m² Grundfläche,

Bauordnung **NBauO 65**

9. Krankenhäuser, Heime und sonstige Einrichtungen zur Pflege, Betreuung oder Unterbringung von Personen,
10. Tagesstätten für Kinder, Menschen mit Behinderungen oder alte Menschen,
11. Schulen, Hochschulen und ähnliche Einrichtungen,
12. Justizvollzugsanstalten und bauliche Anlagen für den Maßregelvollzug,
13. Camping- und Wochenendplätze,
14. Freizeit- und Vergnügungsparks,
15. fliegende Bauten, soweit sie einer Ausführungsgenehmigung bedürfen,
16. Regallager mit einer zulässigen Höhe der Oberkante des Lagergutes von mehr als 7,50 m,
17. bauliche Anlagen, deren Nutzung mit erhöhter Verkehrsgefahr oder wegen des Umgangs mit Stoffen oder der Lagerung von Stoffen mit Explosions- oder Gesundheitsgefahr oder erhöhter Strahlen- oder Brandgefahr verbunden ist,
18. bauliche Anlagen und Räume, von denen wegen ihrer Art oder ihrer Nutzung Gefahren ausgehen, die den Gefahren ähnlich sind, die von den in den Nummern 1 bis 17 genannten baulichen Anlagen und Räumen ausgehen.

²Sonderbauten sind auch die nach dem Bundes-Immissionsschutzgesetz genehmigungsbedürftigen Anlagen, soweit sie bauliche Anlagen sind.

(6) ¹Ein oberirdisches Geschoss ist ein Geschoss, dessen Deckenoberkante im Mittel mehr als 1,40 m über die Geländeoberfläche hinausragt. ²Ein Kellergeschoss ist ein Geschoss, das die Anforderungen nach Satz 1 nicht erfüllt.

(7) ¹Vollgeschoss ist ein oberirdisches Geschoss, das über mindestens der Hälfte seiner Grundfläche eine lichte Höhe von 2,20 m oder mehr hat. ²Ein oberstes Geschoss ist nur dann ein Vollgeschoss, wenn es die in Satz 1 genannte lichte Höhe über mehr als zwei Dritteln der Grundfläche des darunter liegenden Geschosses hat. ³Zwischendecken oder Zwischenböden, die unbegehbare Hohlräume von einem Geschoss abtrennen, bleiben bei Anwendung der Sätze 1 und 2 unberücksichtigt. ⁴Hohlräume zwischen der obersten Decke und der Dachhaut, in denen Aufenthaltsräume wegen der erforderlichen lichten Höhe nicht möglich sind, gelten nicht als oberste Geschosse.

(8) Aufenthaltsraum ist ein Raum, der zum nicht nur vorübergehenden Aufenthalt von Menschen bestimmt oder geeignet ist.

(9) ¹Ein Stellplatz ist eine im Freien außerhalb der öffentlichen Verkehrsflächen gelegene Fläche zum Abstellen von Kraftfahrzeugen. ²Ein Einstellplatz ist eine Fläche zum Abstellen eines Kraftfahrzeuges auf einem Stellplatz oder in einer Garage.

(10) ¹Garagen sind Gebäude oder Gebäudeteile zum Abstellen von Kraftfahrzeugen. ²Garagen sind auch Parkhäuser. ³Ausstellungs-, Verkaufs-, Werk- und Lagerräume für Kraftfahrzeuge sind keine Garagen.

(11) Eine Feuerstätte ist eine ortsfeste oder ortsfest benutzte Anlage oder Einrichtung in oder an einem Gebäude, die dazu bestimmt ist, durch Verbrennung Wärme zu erzeugen.

(12) [1]Baugrundstück ist das Grundstück im Sinne des Bürgerlichen Rechts, auf dem eine Baumaßnahme durchgeführt wird oder auf dem sich eine bauliche Anlage befindet. [2]Das Baugrundstück kann auch aus mehreren aneinander grenzenden Grundstücken bestehen, wenn und solange durch Baulast gesichert ist, dass alle baulichen Anlagen auf den Grundstücken das öffentliche Baurecht so einhalten, als wären die Grundstücke ein Grundstück.

(13) Baumaßnahme ist die Errichtung, die Änderung, der Abbruch, die Beseitigung, die Nutzungsänderung oder die Instandhaltung einer baulichen Anlage oder eines Teils einer baulichen Anlage.

(14) Bauprodukte sind
1. Baustoffe, Bauteile und Anlagen, die hergestellt werden, um dauerhaft in bauliche Anlagen eingebaut zu werden,
2. aus Baustoffen und Bauteilen vorgefertigte Anlagen, die hergestellt werden, um mit dem Erdboden verbunden zu werden, wie Fertighäuser, Fertiggaragen und Silos.

(15) Bauart ist das Zusammenfügen von Bauprodukten zu baulichen Anlagen oder Teilen von baulichen Anlagen.

(16) Öffentliches Baurecht sind die Vorschriften dieses Gesetzes, die Vorschriften aufgrund dieses Gesetzes, das städtebauliche Planungsrecht und die sonstigen Vorschriften des öffentlichen Rechts, die Anforderungen an bauliche Anlagen, Bauprodukte oder Baumaßnahmen stellen oder die Bebaubarkeit von Grundstücken regeln.

§ 3 Allgemeine Anforderungen. (1) [1]Bauliche Anlagen müssen so angeordnet, beschaffen und für ihre Benutzung geeignet sein, dass die öffentliche Sicherheit nicht gefährdet wird. [2]Insbesondere dürfen Leben, Gesundheit sowie die natürlichen Lebensgrundlagen und die Tiere nicht bedroht werden. [3]Unzumutbare Belästigungen oder unzumutbare Verkehrsbehinderungen dürfen nicht entstehen.

(2) [1]Bauliche Anlagen müssen den allgemeinen Anforderungen an gesunde Wohn- und Arbeitsverhältnisse entsprechen. [2]Die Belange der Menschen mit Behinderungen, der alten Menschen, der Kinder und Jugendlichen sowie der Personen mit Kleinkindern sind zu berücksichtigen.

(3) Bauliche Anlagen dürfen nicht verunstaltet wirken und dürfen auch das Gesamtbild ihrer Umgebung nicht verunstalten.

(4) [1]Bauliche Anlagen dürfen erst in Gebrauch genommen werden, wenn sie sicher benutzbar sind. [2]Sie sind so instand zu halten, dass die Anforderungen nach den Absätzen 1 bis 3 gewahrt bleiben.

(5) [1]Baumaßnahmen sind so durchzuführen, dass die öffentliche Sicherheit nicht gefährdet wird. [2]Absatz 1 Sätze 2 und 3 gilt entsprechend. [3]Baumaßnahmen dürfen keine Verhältnisse schaffen, die den Anforderungen nach den Absätzen 1 bis 3 widersprechen.

(6) Nicht bebaute Flächen von Baugrundstücken sind so herzurichten und zu unterhalten, dass die Erfüllung der Anforderungen nach den Absätzen 1 bis 3 nicht beeinträchtigt wird.

(7) Bauprodukte dürfen nur verwendet und Bauarten nur angewendet werden, wenn bei ihrer Verwendung oder Anwendung die baulichen Anlagen bei ordnungsgemäßer Instandhaltung während einer dem Zweck entsprechenden angemessenen Zeitdauer die Anforderungen dieses Gesetzes oder aufgrund dieses Gesetzes erfüllen und gebrauchstauglich sind.

(8) Bauprodukte und Bauarten, die in Vorschriften eines anderen Mitgliedstaates der Europäischen Union oder eines anderen Vertragsstaates des Abkommens über den Europäischen Wirtschaftsraum genannten technischen Anforderungen entsprechen, dürfen verwendet oder angewendet werden, wenn das geforderte Schutzniveau in Bezug auf Sicherheit, Gesundheit und Gebrauchstauglichkeit gleichermaßen dauerhaft erreicht wird.

Zweiter Teil

Das Grundstück und seine Bebauung

§ 4 Zugänglichkeit des Baugrundstücks, Anordnung und Zugänglichkeit der baulichen Anlagen. (1) Das Baugrundstück muss so an einer mit Kraftfahrzeugen befahrbaren öffentlichen Verkehrsfläche liegen oder einen solchen Zugang zu ihr haben, dass der von der baulichen Anlage ausgehende Zu- und Abgangsverkehr und der für den Brandschutz erforderliche Einsatz von Feuerlösch- und Rettungsgeräten jederzeit ordnungsgemäß und ungehindert möglich sind.

(2) [1]Ist das Baugrundstück nur über Flächen zugänglich, die nicht dem öffentlichen Verkehr gewidmet sind, so muss ihre Benutzung für diesen Zweck durch Baulast oder Miteigentum gesichert sein; bei Wohngebäuden der Gebäudeklassen 1 und 2 genügt eine Sicherung durch Grunddienstbarkeit. [2]Dies gilt auch, wenn der erforderliche Zugang zu einem Grundstück über ein anderes Grundstück führt, das mit ihm zusammen nach § 2 Abs. 12 Satz 2 ein Baugrundstück bildet.

(3) [1]Bauliche Anlagen müssen auf dem Baugrundstück so angeordnet sein, dass sie sicher zugänglich sind, das erforderliche Tageslicht erhalten und zweckentsprechend gelüftet werden können. [2]Für den Einsatz der Feuerlöschund Rettungsgeräte muss die erforderliche Bewegungsfreiheit und Sicherheit gewährleistet sein.

(4) Eine bauliche Anlage darf nicht auf mehreren Baugrundstücken gelegen sein.

§ 5 Grenzabstände. (1) [1]Gebäude müssen mit allen auf ihren Außenflächen oberhalb der Geländeoberfläche gelegenen Punkten von den Grenzen des Baugrundstücks Abstand halten. ²Satz 1 gilt entsprechend für andere bauliche Anlagen, von denen Wirkungen wie von Gebäuden ausgehen, und Terrassen, soweit sie jeweils höher als 1 m über der Geländeoberfläche sind. ³Der Abstand ist zur nächsten Lotrechten über der Grenzlinie zu messen. ⁴Er richtet sich jeweils nach der Höhe des Punktes über der Geländeoberfläche (H). ⁵Der Abstand darf auf volle 10 cm abgerundet werden.

(2) ¹Der Abstand beträgt 0,5 H, mindestens jedoch 3 m. ²In Gewerbe- und Industriegebieten sowie in Gebieten, die nach ihrer Bebauung diesen Baugebieten entsprechen, beträgt der Abstand 0,25 H, mindestens jedoch 3 m. ³Satz 2 gilt nicht für den Abstand von den Grenzen solcher Nachbargrundstücke, die ganz oder überwiegend außerhalb der genannten Gebiete liegen.

(3) Der Abstand nach den Absätzen 1 und 2 darf unterschritten werden von
1. Dachüberständen und Gesimsen um nicht mehr als 0,50 m,
2. Eingangsüberdachungen, Hauseingangstreppen, Balkonen, sonstigen Vorbauten und anderen vortretenden Gebäudeteilen, wenn die Gebäudeteile insgesamt nicht mehr als ein Drittel der Breite der jeweiligen Außenwand in Anspruch nehmen, um nicht mehr als 1,50 m, höchstens jedoch um ein Drittel.

(4) ¹Bei der Bemessung des erforderlichen Abstands bleiben folgende Gebäudeteile außer Betracht:
1. Schornsteine, wenn sie untergeordnet sind, Antennen, Geländer, Abgas- und Abluftleitungen,
2. Giebeldreiecke und entsprechende andere Giebelformen soweit sie, waagerecht gemessen, nicht mehr als 6 m breit sind.
²Außer Betracht bleiben ferner
1. Außenwandbekleidungen, soweit sie den Abstand um nicht mehr als 0,25 m unterschreiten, und
2. Bedachungen, soweit sie um nicht mehr als 0,25 m angehoben werden, wenn der Abstand infolge einer Baumaßnahme zum Zweck des Wärmeschutzes oder der Energieeinsparung bei einem vorhandenen Gebäude unterschritten wird.

(5) ¹Soweit ein Gebäude nach städtebaulichem Planungsrecht ohne Grenzabstand errichtet werden muss, ist Absatz 1 Satz 1 nicht anzuwenden. ²Soweit ein Gebäude nach städtebaulichem Planungsrecht ohne Grenzabstand errichtet werden darf, ist es abweichend von Absatz 1 Satz 1 an der Grenze zulässig, wenn durch Baulast gesichert ist, dass auf dem Nachbargrundstück entsprechend an diese Grenze gebaut wird, oder wenn auf dem Nachbargrundstück ein Gebäude ohne Abstand an der Grenze vorhanden ist und die neue Grenzbebauung der vorhandenen, auch in der Nutzung, entspricht.

(6) Erhebt sich über einen nach Absatz 5 an eine Grenze gebauten Gebäudeteil ein nicht an diese Grenze gebauter Gebäudeteil, so ist für dessen Abstand von dieser Grenze abweichend von Absatz 1 Satz 4 die Höhe des Punktes über der Oberfläche des niedrigeren Gebäudeteils an der Grenze maßgebend.

Bauordnung **NBauO 65**

(7) ¹Ist ein Gebäude nach Absatz 5 Satz 1 an eine Grenze gebaut, so sind nicht an diese Grenze gebaute Teile des Gebäudes, die unter Absatz 3 fallen, in beliebigem Abstand von dieser Grenze zulässig. ²Ist ein Gebäude nach Absatz 5 Satz 2 an eine Grenze gebaut, so darf der nach Absatz 3 einzuhaltende Abstand der dort genannten Gebäudeteile von dieser Grenze weiter verringert werden, wenn der Nachbar zugestimmt hat. ³Sind im Fall des Satzes 2 auf dem Nachbargrundstück entsprechende Gebäudeteile mit verringertem Abstand vorhanden, so darf der Abstand in gleichem Maß verringert werden.

(8) ¹Abstand brauchen nicht zu halten
1. Stützmauern, Aufschüttungen und Einfriedungen in Gewerbe- und Industriegebieten, außerhalb dieser Baugebiete mit einer Höhe bis zu 2 m, und
2. Gebäude und Einfriedungen in Baugebieten, in denen nach dem Bebauungsplan nur Gebäude mit einem fremder Sicht entzogenen Gartenhof zulässig sind, soweit sie nicht höher als 3,50 m sind.

²Ohne Abstand oder mit einem bis auf 1 m verringerten Abstand von der Grenze sind zulässig
1. Garagen und Gebäude ohne Aufenthaltsräume und Feuerstätten mit einer Höhe bis zu 3 m und
2. Solaranlagen, die nicht Teil eines Gebäudes sind, mit einer Höhe bis zu 3 m.

³Bauliche Anlagen nach Satz 2 dürfen den Abstand nach Absatz 2 auf einer Gesamtlänge von 9 m je Grundstücksgrenze, auf einem Baugrundstück insgesamt jedoch nur auf einer Länge von 15 m unterschreiten. ⁴Bei Anwendung der Sätze 2 und 3 sind nach Absatz 5 Satz 2 ohne Abstand an eine Grenze gebaute Gebäude der in Satz 2 Nr. 1 genannten Art anzurechnen. ⁵Bei Anwendung des Satzes 1 Nr. 2 gilt Absatz 2 Satz 3 entsprechend.

(9) ¹Die nach den Absätzen 1 bis 8 und den §§ 6 und 7 maßgebliche Höhe der Geländeoberfläche ist die der gewachsenen Geländeoberfläche. ²Eine Veränderung dieser Geländeoberfläche durch Abgrabung ist zu berücksichtigen, eine Veränderung durch Aufschüttung dagegen nur, wenn die Geländeoberfläche dadurch an die vorhandene oder genehmigte Geländeoberfläche des Nachbargrundstücks angeglichen wird. ³Die Bauaufsichtsbehörde setzt die Höhe der Geländeoberfläche fest, soweit dies erforderlich ist. ⁴Dabei kann sie unter Würdigung nachbarlicher Belange den Anschluss an die Verkehrsflächen und die Abwasserbeseitigungsanlagen sowie Aufschüttungen berücksichtigen, die wegen des vorhandenen Geländeverlaufs gerechtfertigt sind.

§ 6 Hinzurechnung benachbarter Grundstücke. (1) ¹Benachbarte Verkehrsflächen öffentlicher Straßen dürfen für die Bemessung des Grenzabstandes bis zu ihrer Mittellinie dem Baugrundstück zugerechnet werden, unter den Voraussetzungen des Absatzes 2 auch über die Mittellinie hinaus. ²Mit Zustimmung der Eigentümer dürfen öffentliche Grün- und Wasserflächen sowie Betriebsflächen öffentlicher Eisenbahnen und Straßenbahnen entsprechend Satz 1 zugerechnet werden.

(2) Andere benachbarte Grundstücke dürfen für die Bemessung des Grenzabstandes dem Baugrundstück bis zu einer gedachten Grenze zugerechnet wer-

den, wenn durch Baulast gesichert ist, dass auch bauliche Anlagen auf dem benachbarten Grundstück den vorgeschriebenen Abstand von dieser Grenze halten.

§ 7 Abstände auf demselben Baugrundstück. (1) [1]Zwischen Gebäuden auf demselben Baugrundstück, die nicht unmittelbar aneinander gebaut sind, muss ein Abstand gehalten werden, der so zu bemessen ist, als verliefe zwischen ihnen eine Grenze. [2]Satz 1 gilt entsprechend für andere bauliche Anlagen, von denen Wirkungen wie von Gebäuden ausgehen, und Terrassen, soweit sie jeweils höher als 1 m über der Geländeoberfläche sind.

(2) Der Abstand nach Absatz 1 darf, soweit hinsichtlich des Brandschutzes, des Tageslichts und der Lüftung keine Bedenken bestehen, unterschritten werden
1. auf einem Baugrundstück, das in einem durch Bebauungsplan festgesetzten Gewerbe- oder Industriegebiet liegt oder entsprechend genutzt werden darf, zwischen Gebäuden, die in den genannten Gebieten allgemein zulässig sind,
2. zwischen land- oder forstwirtschaftlich genutzten Gebäuden ohne Aufenthaltsräumen,
3. von baulichen Anlagen nach § 5 Abs. 8 Satz 2.

(3) [1]Wenn Teile desselben Gebäudes oder aneinander gebauter Gebäude auf demselben Baugrundstück einander in einem Winkel von weniger als 75 Grad zugekehrt sind, muss zwischen ihnen Abstand nach Absatz 1 gehalten werden. [2]Dies gilt nicht für Dachgauben, Balkone und sonstige geringfügig vor- oder zurücktretende Teile desselben Gebäudes. [3]Die Abstände nach Satz 1 dürfen unterschritten werden, soweit die Teile des Gebäudes keine Öffnungen zu Aufenthaltsräumen haben und der Brandschutz und eine ausreichende Belüftung gewährleistet sind.

(4) Zwischen einander in einem Winkel von weniger als 120 Grad zugekehrten Fenstern von Aufenthaltsräumen eines Gebäudes oder aneinander gebauter Gebäude auf demselben Baugrundstück muss ein Abstand von mindestens 6 m gehalten werden, wenn die Aufenthaltsräume dem Wohnen dienen und nicht zu derselben Wohnung gehören.

(5) Die Absätze 1 bis 3 gelten nicht für fliegende Bauten.

§ 8 Grundstücksteilungen. (1) Durch die Teilung eines Grundstücks, das bebaut ist oder dessen Bebauung genehmigt ist, dürfen keine Verhältnisse geschaffen werden, die den Vorschriften dieses Gesetzes oder aufgrund dieses Gesetzes erlassenen Vorschriften zuwiderlaufen.

(2) Soll bei einer Teilung eines Grundstücks nach Absatz 1 von Vorschriften dieses Gesetzes oder von aufgrund dieses Gesetzes erlassenen Vorschriften abgewichen werden, so ist § 66 entsprechend anzuwenden.

§ 9 Nicht überbaute Flächen, Kinderspielplätze. (1) [1]Die nicht überbauten Flächen von Baugrundstücken sind so herzurichten und zu unterhalten, dass

Bauordnung

sie nicht verunstaltet wirken und auch ihre Umgebung nicht verunstalten. ²Dies gilt auch für die nicht im Außenbereich gelegenen, nach öffentlichem Baurecht bebaubaren Grundstücke.

(2) Die nicht überbauten Flächen der Baugrundstücke müssen Grünflächen sein, soweit sie nicht für eine andere zulässige Nutzung erforderlich sind.

(3) ¹Wird ein Gebäude mit mehr als fünf Wohnungen errichtet, so ist auf dem Baugrundstück oder in unmittelbarer Nähe auf einem anderen Grundstück, dessen dauerhafte Nutzung für diesen Zweck durch Baulast gesichert sein muss, ein ausreichend großer Spielplatz für Kinder im Alter bis zu sechs Jahren anzulegen. ²Dies gilt nicht, wenn in unmittelbarer Nähe ein sonstiger für die Kinder nutzbarer Spielplatz geschaffen wird oder bereits vorhanden ist oder ein solcher Spielplatz wegen der Art und der Lage der Wohnungen nicht erforderlich ist. ³Bei einem bestehenden Gebäude mit mehr als fünf Wohnungen kann die Herstellung eines Spielplatzes für Kinder im Alter bis zu sechs Jahren verlangt werden.

(4) ¹Stellplätze, deren Zu- und Abfahrten und Fahrgassen sowie die Zu- und Abfahrten von Garagen dürfen, wenn die Versickerung des Niederschlagswassers nicht auf andere Weise ermöglicht wird, nur eine Befestigung haben, durch die das Niederschlagswasser mindestens zum überwiegenden Teil versickern kann. ²Satz 1 gilt nicht, soweit die Flächen für das Warten von Kraftfahrzeugen oder ähnliche Arbeiten, die das Grundwasser verunreinigen können, genutzt werden.

Dritter Teil
Allgemeine Anforderungen an Baumaßnahmen und bauliche Anlagen

§ 10 Gestaltung baulicher Anlagen. Bauliche Anlagen sind in der Form, im Maßstab, im Verhältnis der Baumassen und Bauteile zueinander, im Werkstoff einschließlich der Art seiner Verarbeitung und in der Farbe so durchzubilden, dass sie weder verunstaltet wirken noch das bestehende oder geplante Straßen-, Orts- oder Landschaftsbild verunstalten.

§ 11 Einrichtung der Baustelle. (1) ¹Bei Baumaßnahmen müssen die Teile der Baustellen, auf denen unbeteiligte Personen gefährdet werden können, abgegrenzt oder durch Warnzeichen gekennzeichnet sein. ²Soweit es aus Sicherheitsgründen erforderlich ist, müssen Baustellen ganz oder teilweise mit Bauzäunen abgegrenzt, mit Schutzvorrichtungen gegen herabfallende Gegenstände versehen und beleuchtet sein.

(2) ¹Öffentliche Verkehrsflächen, Versorgungs-, Abwasserbeseitigungs-, Telekommunikations- und Rundfunkanlagen sowie Grundwassermessstellen, Grenz- und Vermessungsmale sind während der Bauausführung zu schützen

und, soweit erforderlich, unter den notwendigen Sicherungsvorkehrungen zugänglich zu halten. ²Bäume, Hecken und sonstige Bepflanzungen, die aufgrund anderer Rechtsvorschriften zu erhalten sind, müssen während der Bauausführung geschützt werden.

(3) ¹Vor der Durchführung nicht verfahrensfreier Baumaßnahmen hat die Bauherrin oder der Bauherr auf dem Baugrundstück ein von der öffentlichen Verkehrsfläche (§ 4 Abs. 1) aus lesbares Schild dauerhaft anzubringen, das die Bezeichnung der Baumaßnahme und die Namen und Anschriften der Bauherrin oder des Bauherrn, der Entwurfsverfasserin oder des Entwurfsverfassers, der Bauleiterin oder des Bauleiters und der Unternehmerinnen und Unternehmer enthält (Bauschild). ²Liegt das Baugrundstück nicht an einer öffentlichen Verkehrsfläche, so genügt es, wenn das Bauschild von dem Zugang zum Baugrundstück aus lesbar ist. ³Unternehmerinnen und Unternehmer für geringfügige Bauarbeiten brauchen auf dem Bauschild nicht angegeben zu werden.

§ 12 Standsicherheit. (1) ¹Jede bauliche Anlage muss im Ganzen, in ihren einzelnen Teilen und für sich allein dem Zweck entsprechend dauerhaft standsicher sein. ²Die Standsicherheit anderer baulicher Anlagen und die Tragfähigkeit des Baugrundes der Nachbargrundstücke dürfen nicht gefährdet werden.

(2) Gemeinsame Bauteile für mehrere bauliche Anlagen sind zulässig, wenn technisch gesichert ist, dass die gemeinsamen Bauteile beim Abbruch einer der baulichen Anlagen stehen bleiben können.

§ 13 Schutz gegen schädliche Einflüsse. ¹Bauliche Anlagen müssen so angeordnet, beschaffen und gebrauchstauglich sein, dass durch chemische, physikalische oder biologische Einflüsse, insbesondere Wasser, Feuchtigkeit, pflanzliche oder tierische Schädlinge, Gefahren oder unzumutbare Belästigungen nicht entstehen. ²Das Baugrundstück muss für die bauliche Anlage entsprechend geeignet sein.

§ 14 Brandschutz. ¹Bauliche Anlagen müssen so errichtet, geändert und instand gehalten werden und so angeordnet, beschaffen und für ihre Benutzung geeignet sein, dass der Entstehung eines Brandes sowie der Ausbreitung von Feuer und Rauch (Brandausbreitung) vorgebeugt wird und bei einem Brand die Rettung von Menschen und Tieren sowie wirksame Löscharbeiten möglich sind. ²Soweit die Mittel der Feuerwehr zur Rettung von Menschen nicht ausreichen, sind stattdessen geeignete bauliche Vorkehrungen zu treffen.

§ 15 Schall-, Wärme- und Erschütterungsschutz. (1) Bauliche Anlagen müssen einen für ihre Benutzung ausreichenden Schall- und Wärmeschutz bieten.

(2) Von technischen Bauteilen und ortsfesten Einrichtungen in baulichen Anlagen oder auf Baugrundstücken wie von Anlagen für Wasserversorgung, Abwässer oder Abfallstoffe, von Heizungs- oder Lüftungsanlagen und von

Bauordnung

NBauO 65

Aufzügen dürfen, auch für Nachbarn, keine Gefahren oder unzumutbare Belästigungen durch Geräusche, Erschütterungen oder Schwingungen ausgehen.

§ 16 Verkehrssicherheit. (1) Bauliche Anlagen sowie Verkehrsflächen in baulichen Anlagen und auf dem Baugrundstück müssen verkehrssicher sein.

(2) Die Sicherheit und Leichtigkeit des öffentlichen Verkehrs darf durch bauliche Anlagen oder deren Nutzung nicht gefährdet werden.

Vierter Teil
Bauprodukte und Bauarten

§ 17 Bauprodukte. (1) [1]Bauprodukte dürfen für die Errichtung, Änderung und Instandhaltung baulicher Anlagen nur verwendet werden, wenn sie für den Verwendungszweck
1. von den nach Absatz 2 bekannt gemachten technischen Regeln nicht oder nicht wesentlich abweichen (geregelte Bauprodukte) oder nach Absatz 3 zulässig sind und wenn sie aufgrund des Übereinstimmungsnachweises nach § 22 das Übereinstimmungszeichen tragen oder
2. nach den Vorschriften
   a) der Verordnung (EU) Nr. 305/2011 des Europäischen Parlaments und des Rates vom 9. März 2011 zur Festlegung harmonisierter Bedingungen für die Vermarktung von Bauprodukten und zur Aufhebung der Richtlinie 89/106/EG des Rates (ABl. EU Nr. L 88 S. 5) – im Folgenden: Bauproduktenverordnung –,
   b) des Bauproduktengesetzes,
   c) zur Umsetzung der Richtlinie 89/106/EWG des Rates vom 21. Dezember 1988 zur Angleichung der Rechts- und Verwaltungsvorschriften der Mitgliedstaaten über Bauprodukte (ABl. EG Nr. L 40 S. 12) – im Folgenden: Bauproduktenrichtlinie – durch andere Mitgliedstaaten der Europäischen Union oder andere Vertragsstaaten des Abkommens über den Europäischen Wirtschaftsraum oder
   d) zur Umsetzung sonstiger Richtlinien der Europäischen Union, soweit diese die wesentlichen Anforderungen an Bauprodukte nach dem Bauproduktengesetz oder die Grundanforderungen an Bauwerke gemäß Anhang I der Bauproduktenverordnung berücksichtigen,

in den Verkehr gebracht und gehandelt werden dürfen, insbesondere das CE-Zeichen der Europäischen Union tragen und dieses Zeichen die nach Absatz 7 Nr. 1 festgelegten Klassen und Leistungsstufen oder -klassen ausweist oder die Leistung des Bauprodukts angibt.
[2]Sonstige Bauprodukte, die von allgemein anerkannten Regeln der Technik nicht abweichen, dürfen auch verwendet werden, wenn diese Regeln nicht in der Bauregelliste A bekannt gemacht sind. [3]Sonstige Bauprodukte, die von all-

gemein anerkannten Regeln der Technik abweichen, bedürfen keines Nachweises ihrer Verwendbarkeit nach Absatz 3.

(2) ¹Das Deutsche Institut für Bautechnik macht im Einvernehmen mit der obersten Bauaufsichtsbehörde für Bauprodukte, für die nicht nur die Vorschriften nach Absatz 1 Satz 1 Nr. 2 maßgebend sind, in der Bauregelliste A die technischen Regeln bekannt, die zur Erfüllung der in diesem Gesetz und in Vorschriften aufgrund dieses Gesetzes an bauliche Anlagen gestellten Anforderungen erforderlich sind. ²Diese technischen Regeln gelten als Technische Baubestimmungen im Sinne des § 83.

(3) ¹Bauprodukte, für die technische Regeln in der Bauregelliste A nach Absatz 2 bekannt gemacht worden sind und die von diesen wesentlich abweichen oder für die es Technische Baubestimmungen oder allgemein anerkannte Regeln der Technik nicht gibt (nicht geregelte Bauprodukte), müssen
1. eine allgemeine bauaufsichtliche Zulassung (§ 18),
2. ein allgemeines bauaufsichtliches Prüfzeugnis (§ 19) oder
3. eine Zustimmung im Einzelfall (§ 20 Satz 1) oder eine Erklärung nach § 20 Satz 2

haben. ²Bauprodukte, die für die Erfüllung der Anforderungen dieses Gesetzes oder aufgrund dieses Gesetzes nur eine untergeordnete Bedeutung haben und die das Deutsche Institut für Bautechnik im Einvernehmen mit der obersten Bauaufsichtsbehörde in einer Liste C bekannt gemacht hat, dürfen auch ohne Nachweis ihrer Verwendbarkeit nach Satz 1 verwendet werden.

(4) Die oberste Bauaufsichtsbehörde kann durch Verordnung vorschreiben, dass für bestimmte Bauprodukte, soweit sie Anforderungen nach anderen Rechtsvorschriften unterliegen, hinsichtlich dieser Anforderungen bestimmte Nachweise der Verwendbarkeit und bestimmte Übereinstimmungsnachweise nach Maßgabe der §§ 17 bis 20 und 22 bis 25 zu führen sind, wenn die anderen Rechtsvorschriften diese Nachweise verlangen oder zulassen.

(5) ¹Bei Bauprodukten nach Absatz 1 Satz 1 Nr. 1, deren Herstellung in außergewöhnlichem Maß von der Sachkunde und Erfahrung der damit betrauten Personen oder von einer Ausstattung mit besonderen Vorrichtungen abhängt, kann in der allgemeinen bauaufsichtlichen Zulassung, in der Zustimmung im Einzelfall oder durch Verordnung der obersten Bauaufsichtsbehörde vorgeschrieben werden, dass der Hersteller über die erforderlichen Fachkräfte und Vorrichtungen zu verfügen und den Nachweis hierüber gegenüber einer Prüfstelle nach § 25 zu erbringen hat. ²In der Verordnung können Mindestanforderungen an die Ausbildung, die durch Prüfung nachzuweisende Befähigung und die Ausbildungsstätten einschließlich der Anerkennungsvoraussetzungen gestellt werden.

(6) Für Bauprodukte, die wegen ihrer besonderen Eigenschaften oder ihres besonderen Verwendungszwecks einer außergewöhnlichen Sorgfalt bei Einbau, Transport, Instandhaltung oder Reinigung bedürfen, kann in der allgemeinen bauaufsichtlichen Zulassung, in der Zustimmung im Einzelfall oder durch

Verordnung der obersten Bauaufsichtsbehörde die Überwachung dieser Tätigkeiten durch eine Überwachungsstelle nach § 25 vorgeschrieben werden.

(7) Das Deutsche Institut für Bautechnik kann im Einvernehmen mit der obersten Bauaufsichtsbehörde in der Bauregelliste B

1. festlegen, welche der Klassen und Leistungsstufen oder -klassen, die in Normen, Leitlinien oder europäischen technischen Zulassungen nach dem Bauproduktengesetz, in anderen Vorschriften zur Umsetzung von Richtlinien der Europäischen Union oder in Normen oder Rechtsakten nach Artikel 27 der Bauproduktenverordnung enthalten sind, Bauprodukte nach Absatz 1 Satz 1 Nr. 2 erfüllen müssen, und
2. bekannt machen, inwieweit andere Vorschriften zur Umsetzung von Richtlinien der Europäischen Union die wesentlichen Anforderungen an Bauprodukte nach dem Bauproduktengesetz oder die Grundanforderungen an Bauwerke gemäß Anhang I der Bauproduktenverordnung nicht berücksichtigen.

(8) Zuständige Behörde für die Marktüberwachung von Bauprodukten nach Kapitel III der Verordnung (EG) Nr. 765/2008 des Europäischen Parlaments und des Rates vom 9. Juli 2008 über die Vorschriften für die Akkreditierung und Marktüberwachung im Zusammenhang mit der Vermarktung von Produkten und zur Aufhebung der Verordnung (EWG) Nr. 339/93 des Rates (ABl. EU Nr. L 218 S. 30) ist die oberste Bauaufsichtsbehörde.

§ 18 Allgemeine bauaufsichtliche Zulassung. (1) Das Deutsche Institut für Bautechnik erteilt auf Antrag eine allgemeine bauaufsichtliche Zulassung für nicht geregelte Bauprodukte, wenn deren Verwendbarkeit im Sinne des § 3 Abs. 7 nachgewiesen ist.

(2) ¹Die zur Begründung des Antrags erforderlichen Unterlagen sind beizufügen. ²Soweit erforderlich, sind Probestücke von der Antragstellerin oder dem Antragsteller zur Verfügung zu stellen oder durch Sachverständige, die das Deutsche Institut für Bautechnik bestimmen kann, zu entnehmen oder Probeausführungen unter Aufsicht der Sachverständigen herzustellen. ³§ 69 Abs. 2 gilt entsprechend.

(3) Das Deutsche Institut für Bautechnik kann für die Durchführung der Prüfung die sachverständige Stelle und für Probeausführungen die Ausführungsstelle und Ausführungszeit vorschreiben.

(4) ¹Die allgemeine bauaufsichtliche Zulassung wird widerruflich und für eine bestimmte Frist erteilt, die in der Regel fünf Jahre beträgt. ²Die Zulassung kann mit Nebenbestimmungen erteilt werden. ³Die Befristung kann auf schriftlichen Antrag in der Regel um fünf Jahre verlängert werden; § 71 Satz 4 gilt entsprechend.

(5) Die Zulassung wird unbeschadet der privaten Rechte Dritter erteilt.

(6) Das Deutsche Institut für Bautechnik macht die von ihm erteilten allgemeinen bauaufsichtlichen Zulassungen nach Gegenstand und wesentlichem Inhalt öffentlich bekannt.

(7) Allgemeine bauaufsichtliche Zulassungen nach dem Recht anderer Länder gelten auch in Niedersachsen.

§ 19 Allgemeines bauaufsichtliches Prüfzeugnis. (1) [1]Nicht geregelte Bauprodukte,
1. deren Verwendung nicht der Erfüllung erheblicher Anforderungen an die Sicherheit baulicher Anlagen dient, oder
2. die nach allgemein anerkannten Prüfverfahren beurteilt werden,

bedürfen anstelle einer allgemeinen bauaufsichtlichen Zulassung nur eines allgemeinen bauaufsichtlichen Prüfzeugnisses. [2]Das Deutsche Institut für Bautechnik macht dies mit der Angabe der maßgebenden technischen Regeln und, soweit es keine allgemein anerkannten Regeln der Technik gibt, mit der Bezeichnung der Bauprodukte im Einvernehmen mit der obersten Bauaufsichtsbehörde in der Bauregelliste A bekannt.

(2) [1]Ein allgemeines bauaufsichtliches Prüfzeugnis wird von einer Prüfstelle nach § 25 Satz 1 Nr. 1 für nicht geregelte Bauprodukte nach Absatz 1 erteilt, wenn deren Verwendbarkeit im Sinne des § 3 Abs. 7 nachgewiesen ist. [2]§ 18 Abs. 2 bis 7 gilt entsprechend.

§ 20 Nachweis der Verwendbarkeit von Bauprodukten im Einzelfall.
[1]Mit Zustimmung der obersten Bauaufsichtsbehörde dürfen im Einzelfall
1. Bauprodukte, die nach Vorschriften zur Umsetzung von Richtlinien der Europäischen Union oder auf der Grundlage von unmittelbar geltendem Recht der Europäischen Union in Verkehr gebracht und gehandelt werden dürfen, jedoch die wesentlichen Anforderungen an Bauprodukte nach dem Bauproduktengesetz oder die Grundanforderungen an Bauwerke gemäß Anhang I der Bauproduktenverordnung nicht berücksichtigen, und
2. nicht geregelte Bauprodukte

verwendet werden, wenn ihre Verwendbarkeit im Sinne des § 3 Abs. 7 nachgewiesen ist. [2]Wenn Gefahren im Sinne des § 3 Abs. 1 nicht zu erwarten sind, kann die oberste Bauaufsichtsbehörde im Einzelfall erklären, dass ihre Zustimmung nicht erforderlich ist.

§ 21 Bauarten. (1) [1]Bauarten, die von Technischen Baubestimmungen wesentlich abweichen oder für die es allgemein anerkannte Regeln der Technik nicht gibt (nicht geregelte Bauarten), dürfen bei der Errichtung, Änderung und Instandhaltung baulicher Anlagen nur angewendet werden, wenn für sie
1. eine allgemeine bauaufsichtliche Zulassung oder
2. eine Zustimmung im Einzelfall

erteilt worden ist. [2]Anstelle einer allgemeinen bauaufsichtlichen Zulassung genügt ein allgemeines bauaufsichtliches Prüfzeugnis, wenn die Bauart nicht der Erfüllung erheblicher Anforderungen an die Sicherheit baulicher Anlagen dient oder nach allgemein anerkannten Prüfverfahren beurteilt wird. [3]Das Deutsche Institut für Bautechnik macht diese Bauarten mit der Angabe der maßgebenden technischen Regeln und, soweit es keine allgemein anerkannten Regeln der Technik gibt, mit der Bezeichnung der Bauarten im Einvernehmen mit der

Bauordnung **NBauO 65**

obersten Bauaufsichtsbehörde in der Bauregelliste A bekannt. [4]§ 17 Abs. 5 und 6 sowie die §§ 18, 19 Abs. 2 und § 20 gelten entsprechend. [5]Wenn Gefahren im Sinne des § 3 Abs. 1 nicht zu erwarten sind, kann die oberste Bauaufsichtsbehörde im Einzelfall oder für genau begrenzte Fälle allgemein festlegen, dass eine allgemeine bauaufsichtliche Zulassung, ein allgemeines bauaufsichtliches Prüfzeugnis oder eine Zustimmung im Einzelfall nicht erforderlich ist.

(2) Die oberste Bauaufsichtsbehörde kann durch Verordnung vorschreiben, dass für bestimmte Bauarten, soweit sie Anforderungen nach anderen Rechtsvorschriften unterliegen, Absatz 1 ganz oder teilweise anwendbar ist, wenn die anderen Rechtsvorschriften dies verlangen oder zulassen.

§ 22 Übereinstimmungsnachweis. (1) Bauprodukte bedürfen einer Bestätigung ihrer Übereinstimmung mit den technischen Regeln nach § 17 Abs. 2, den allgemeinen bauaufsichtlichen Zulassungen, den allgemeinen bauaufsichtlichen Prüfzeugnissen oder den Zustimmungen im Einzelfall; als Übereinstimmung gilt auch eine Abweichung, die nicht wesentlich ist.

(2) [1]Die Bestätigung der Übereinstimmung erfolgt durch
1. eine Übereinstimmungserklärung des Herstellers (§ 23) oder
2. ein Übereinstimmungszertifikat (§ 24).

[2]Die Bestätigung durch ein Übereinstimmungszertifikat kann in der Bauregelliste A, in der allgemeinen bauaufsichtlichen Zulassung oder in der Zustimmung im Einzelfall vorgeschrieben werden, wenn dies zum Nachweis einer ordnungsgemäßen Herstellung erforderlich ist. [3]Bauprodukte, die nicht in Serie hergestellt werden, bedürfen nur der Übereinstimmungserklärung des Herstellers nach § 23 Abs. 1, sofern nichts anderes bestimmt ist. [4]Die oberste Bauaufsichtsbehörde kann im Einzelfall die Verwendung von Bauprodukten ohne das erforderliche Übereinstimmungszertifikat gestatten, wenn nachgewiesen ist, dass diese Bauprodukte den technischen Regeln, Zulassungen, Prüfzeugnissen oder Zustimmungen nach Absatz 1 entsprechen.

(3) Für Bauarten gelten die Absätze 1 und 2 entsprechend.

(4) Die Übereinstimmungserklärung und die Erklärung, dass ein Übereinstimmungszertifikat erteilt ist, hat der Hersteller durch Kennzeichnung der Bauprodukte mit dem Übereinstimmungszeichen (Ü-Zeichen) unter Hinweis auf den Verwendungszweck abzugeben.

(5) Das Ü-Zeichen ist auf dem Bauprodukt, auf einem Beipackzettel oder auf seiner Verpackung oder, wenn dies Schwierigkeiten bereitet, auf dem Lieferschein oder auf einer Anlage zum Lieferschein anzubringen.

(6) Ü-Zeichen aus anderen Ländern und aus anderen Staaten gelten auch in Niedersachsen.

(7) Die oberste Bauaufsichtsbehörde kann durch Verordnung das Ü-Zeichen festlegen und zu diesem Zeichen zusätzliche Angaben verlangen.

§ 23 Übereinstimmungserklärung des Herstellers. (1) Der Hersteller darf eine Übereinstimmungserklärung nur abgeben, wenn er durch werkseigene

Produktionskontrolle sichergestellt hat, dass das von ihm hergestellte Bauprodukt den maßgebenden technischen Regeln, der allgemeinen bauaufsichtlichen Zulassung, dem allgemeinen bauaufsichtlichen Prüfzeugnis oder der Zustimmung im Einzelfall entspricht.

(2) [1]In den technischen Regeln nach § 17 Abs. 2, in der Bauregelliste A, in den allgemeinen bauaufsichtlichen Zulassungen, in den allgemeinen bauaufsichtlichen Prüfzeugnissen oder in den Zustimmungen im Einzelfall kann eine Prüfung der Bauprodukte durch eine Prüfstelle vor Abgabe der Übereinstimmungserklärung vorgeschrieben werden, wenn dies zur Sicherung einer ordnungsgemäßen Herstellung erforderlich ist. [2]In diesen Fällen hat die Prüfstelle das Bauprodukt daraufhin zu überprüfen, ob es den maßgebenden technischen Regeln, der allgemeinen bauaufsichtlichen Zulassung, dem allgemeinen bauaufsichtlichen Prüfzeugnis oder der Zustimmung im Einzelfall entspricht.

§ 24 Übereinstimmungszertifikat. (1) Ein Übereinstimmungszertifikat ist von einer Zertifizierungsstelle nach § 25 zu erteilen, wenn das Bauprodukt
1. den maßgebenden technischen Regeln, der allgemeinen bauaufsichtlichen Zulassung, dem allgemeinen bauaufsichtlichen Prüfzeugnis oder der Zustimmung im Einzelfall entspricht und
2. einer werkseigenen Produktionskontrolle sowie einer Fremdüberwachung nach Maßgabe des Absatzes 2 unterliegt.

(2) [1]Die Fremdüberwachung ist von Überwachungsstellen nach § 25 durchzuführen. [2]Im Rahmen der Fremdüberwachung ist regelmäßig zu überprüfen, ob das Bauprodukt den maßgebenden technischen Regeln, der allgemeinen bauaufsichtlichen Zulassung, dem allgemeinen bauaufsichtlichen Prüfzeugnis oder der Zustimmung im Einzelfall entspricht.

§ 25 Prüf-, Zertifizierungs- und Überwachungsstellen. [1]Die oberste Bauaufsichtsbehörde kann eine natürliche oder juristische Person oder eine Stelle als
1. Prüfstelle für die Erteilung allgemeiner bauaufsichtlicher Prüfzeugnisse (§ 19 Abs. 2),
2. Prüfstelle für die Überprüfung von Bauprodukten vor Abgabe der Übereinstimmungserklärung (§ 23 Abs. 2),
3. Zertifizierungsstelle (§ 24 Abs. 1),
4. Überwachungsstelle für die Fremdüberwachung (§ 24 Abs. 2),
5. Überwachungsstelle für die Überwachung nach § 17 Abs. 6 oder
6. Prüfstelle für die Überprüfung nach § 17 Abs. 5

anerkennen, wenn sie oder die bei ihr Beschäftigten nach ihrer Ausbildung, Fachkenntnis, persönlichen Zuverlässigkeit, ihrer Unparteilichkeit und ihren fachlichen Leistungen die Gewähr dafür bieten, dass die Aufgaben den öffentlich-rechtlichen Vorschriften entsprechend wahrgenommen werden, und wenn sie über die erforderlichen Vorrichtungen verfügen. [2]Satz 1 ist entsprechend auf Behörden anzuwenden, wenn sie ausreichend mit geeigneten Fachkräften be-

Bauordnung **NBauO 65**

setzt und mit den erforderlichen Vorrichtungen ausgestattet sind. ³Die Anerkennung von Prüf-, Zertifizierungs- und Überwachungsstellen anderer Länder gilt auch in Niedersachsen.

Fünfter Teil
Der Bau und seine Teile

§ 26 Brandverhalten von Baustoffen und Feuerwiderstandsfähigkeit von Bauteilen. (1) ¹Baustoffe werden nach ihrem Brandverhalten unterschieden in nichtbrennbare und brennbare Baustoffe. ²Brennbare Baustoffe werden unterschieden in schwerentflammbare und normalentflammbare Baustoffe. ³Baustoffe, die nicht mindestens normalentflammbar sind (leichtentflammbare Baustoffe), dürfen nur verwendet werden, wenn sie durch die Art der Verarbeitung oder des Einbaus ausreichend gegen Entflammen geschützt sind.

(2) ¹Bauteile werden nach ihrer Feuerwiderstandsfähigkeit unterschieden in
1. feuerbeständige Bauteile,
2. hochfeuerhemmende Bauteile und
3. feuerhemmende Bauteile.

²Die Feuerwiderstandsfähigkeit bezieht sich bei tragenden und aussteifenden Bauteilen auf deren Standsicherheit im Brandfall, bei raumabschließenden Bauteilen auf deren Widerstand gegen eine Brandausbreitung. ³Bauteile werden zusätzlich nach dem Brandverhalten der verwendeten Baustoffe unterschieden in
1. Bauteile aus nichtbrennbaren Baustoffen,
2. Bauteile, deren tragende und aussteifende Teile aus nichtbrennbaren Baustoffen bestehen und die, wenn sie raumabschließende Bauteile sind, zusätzlich eine in Bauteilebene durchgehende Schicht aus nichtbrennbaren Baustoffen haben,
3. Bauteile, deren tragende und aussteifende Teile aus brennbaren Baustoffen bestehen und die Dämmstoffe aus nichtbrennbaren Baustoffen und allseitig eine brandschutztechnisch wirksame Bekleidung aus nichtbrennbaren Baustoffen (Brandschutzbekleidung) haben, und
4. Bauteile aus brennbaren Baustoffen.

(3) Soweit in diesem Gesetz oder in Vorschriften aufgrund dieses Gesetzes nichts anderes bestimmt ist, müssen in Bezug auf das Brandverhalten der verwendeten Baustoffe
1. Bauteile, die feuerbeständig sein müssen, mindestens Absatz 2 Satz 3 Nr. 2 und
2. Bauteile, die hochfeuerhemmend sein müssen, mindestens Absatz 2 Satz 3 Nr. 3

entsprechen.

§ 27 Wände und Stützen. (1) ¹Wände müssen die für ihre Standsicherheit und Belastung nötige Dicke, Festigkeit und Aussteifung haben und, soweit erforderlich, die bauliche Anlage aussteifen. [2]Sie müssen ausreichend sicher gegen Stoßkräfte sein.

(2) Wände müssen gegen aufsteigende und gegen eindringende Feuchtigkeit hinreichend geschützt sein.

(3) [1]Wände müssen, soweit es der Brandschutz unter Berücksichtigung ihrer Beschaffenheit, Anordnung und Funktion erfordert, nach ihrer Bauart und durch ihre Baustoffe widerstandsfähig gegen Feuer sein. [2]Dies gilt auch für Bekleidungen und Dämmschichten.

(4) Tragende Wände und aussteifende Wände müssen im Brandfall ausreichend lang standsicher sein.

(5) Für Stützen gelten die Absätze 1 bis 4 sinngemäß.

§ 28 Außenwände. (1) Außenwände müssen aus frostbeständigen und gegen Niederschläge widerstandsfähigen Baustoffen hergestellt oder mit einem Wetterschutz versehen sein.

(2) Außenwände und Außenwandteile wie Brüstungen und Schürzen müssen so ausgebildet sein, dass eine Brandausbreitung auf und in diesen Bauteilen ausreichend lang begrenzt ist.

§ 29 Trennwände. Trennwände müssen, wenn sie raumabschließende Bauteile von Räumen oder Nutzungseinheiten sind, ausreichend lang widerstandsfähig gegen eine Brandausbreitung sein, soweit dies erforderlich ist, um der Brandausbreitung innerhalb von Geschossen entgegenzuwirken.

§ 30 Brandwände. [1]Brandwände müssen vorhanden sein, soweit dies, insbesondere bei geringen Gebäude- oder Grenzabständen, innerhalb ausgedehnter Gebäude oder bei baulichen Anlagen mit erhöhter Brandgefahr, erforderlich ist, um einer Brandausbreitung entgegenzuwirken. [2]Brandwände müssen als raumabschließende Bauteile zum Abschluss von Gebäuden oder zur Unterteilung von Gebäuden in Brandabschnitte so beschaffen und angeordnet sein, dass sie bei einem Brand ausreichend lang eine Brandausbreitung auf andere Gebäude oder Brandabschnitte verhindern.

§ 31 Decken und Böden. (1) Decken müssen den Belastungen sicher standhalten, die auftretenden Kräfte sicher auf ihre Auflager übertragen und, soweit erforderlich, die bauliche Anlage waagerecht aussteifen.

(2) [1]Böden nicht unterkellerter Aufenthaltsräume oder anderer Räume, deren Benutzung durch Feuchtigkeit beeinträchtigt werden kann, müssen gegen aufsteigende Feuchtigkeit geschützt sein. [2]Decken unter Räumen, die der Feuchtigkeit erheblich ausgesetzt sind, insbesondere unter Waschküchen, Toiletten, Waschräumen und Loggien, müssen wasserundurchlässig sein.

(3) [1]Decken müssen, soweit es der Brandschutz unter Berücksichtigung ihrer Beschaffenheit, Anordnung und Funktion erfordert, nach ihrer Bauart und in ihren Baustoffen widerstandsfähig gegen Feuer sein. [2]Sie müssen als tragen-

de und raumabschließende Bauteile zwischen Geschossen im Brandfall ausreichend lang standsicher und widerstandsfähig gegen eine Brandausbreitung sein. [3]Satz 1 gilt auch für Bekleidungen und Dämmschichten.

§ 32 Dächer. (1) [1]Bedachungen müssen gegen Flugfeuer und strahlende Wärme von außen ausreichend lang widerstandsfähig sein, soweit der Brandschutz nicht auf andere Weise gesichert ist. [2]Das Tragwerk der Dächer einschließlich des Trägers der Dachhaut muss, soweit es der Brandschutz erfordert, ausreichend lang widerstandsfähig gegen Feuer sein. [3]Die Dachhaut muss gegen die Einflüsse der Witterung genügend beständig sein.

(2) Soweit es die Verkehrssicherheit erfordert, müssen Dächer mit Schutzvorrichtungen gegen das Herabfallen von Schnee und Eis versehen sein.

(3) Dachüberstände, Dachgesimse, Dachaufbauten, Solarenergieanlagen, Sonnenkollektoren, lichtdurchlässige Bedachungen, Lichtkuppeln und Oberlichte müssen so angeordnet und hergestellt sein, dass Feuer nicht auf andere Gebäudeteile oder Nachbargebäude übertragen werden kann.

(4) Für vom Dach aus vorzunehmende Arbeiten sind sicher benutzbare Vorrichtungen anzubringen.

§ 33 Rettungswege. (1) [1]Für jede Nutzungseinheit mit mindestens einem Aufenthaltsraum müssen in jedem Geschoss mindestens zwei voneinander unabhängige Rettungswege ins Freie vorhanden sein. [2]Die Rettungswege dürfen innerhalb des Geschosses über denselben notwendigen Flur (§ 36) führen.

(2) [1]Der erste Rettungsweg für eine Nutzungseinheit nach Absatz 1 Satz 1, die nicht zu ebener Erde liegt, muss über eine notwendige Treppe (§ 34 Abs. 1 Satz 2) führen. [2]Der zweite Rettungsweg kann über eine weitere notwendige Treppe oder eine mit den Rettungsgeräten der Feuerwehr erreichbare Stelle der Nutzungseinheit führen. [3]Ein zweiter Rettungsweg über eine von der Feuerwehr erreichbare Stelle der Nutzungseinheit ist geeignet, wenn Bedenken in Bezug auf die Eignung des Rettungsweges für die Rettung der Menschen nicht bestehen; für ein Geschoss einer Nutzungseinheit nach Satz 1, ausgenommen Geschosse von Wohnungen, das für die Nutzung durch mehr als 10 Personen bestimmt ist, ist die Eignung des Rettungsweges zu prüfen. [4]Ein zweiter Rettungsweg ist nicht erforderlich, wenn die Rettung über einen sicher erreichbaren und durch besondere Vorkehrungen gegen Feuer und Rauch geschützten Treppenraum möglich ist.

§ 34 Treppen. (1) [1]Räume in Gebäuden müssen, soweit sie nicht zu ebener Erde liegen, über Treppen zugänglich sein. [2]Treppen müssen in solcher Zahl vorhanden und so angeordnet und ausgebildet sein, dass sie für den größten zu erwartenden Verkehr ausreichen und die erforderlichen Rettungswege bieten (notwendige Treppen). [3]Statt notwendiger Treppen sind Rampen mit flacher Neigung zulässig.

(2) [1]Einschiebbare Treppen und Rolltreppen sind als notwendige Treppen unzulässig. [2]Einschiebbare Treppen und Leitern sind zulässig als Zugang

1. zu einem Dachraum ohne Aufenthaltsräume in Wohngebäuden der Gebäudeklassen 1 und 2,
2. zu einem anderen Raum, der kein Aufenthaltsraum ist, wenn hinsichtlich des Brandschutzes und der Art seiner Benutzung keine Bedenken bestehen.

(3) [1]Treppen müssen mindestens einen Handlauf haben. [2]Notwendige Treppen müssen beiderseits Handläufe haben. [3]Die Handläufe müssen fest und griffsicher sein. [4]Satz 2 gilt nicht, wenn Menschen mit Behinderungen und alte Menschen die Treppe nicht zu benutzen brauchen, und nicht für Treppen von Wohngebäuden der Gebäudeklassen 1 und 2 sowie in Wohnungen.

§ 35 Notwendige Treppenräume. (1) [1]Jede notwendige Treppe muss zur Sicherstellung der Rettungswege aus den Geschossen ins Freie in einem eigenen, durchgehenden Treppenraum liegen (notwendiger Treppenraum). [2]Notwendige Treppenräume müssen so angeordnet und ausgebildet sein, dass die Nutzung der notwendigen Treppen im Brandfall ausreichend lang möglich ist. [3]Sind mehrere notwendige Treppenräume erforderlich, so müssen sie so verteilt sein, dass sie möglichst entgegengesetzte Fluchtrichtungen bieten und die Rettungswege möglichst kurz sind.

(2) Notwendige Treppen sind ohne eigenen Treppenraum zulässig
1. in Wohngebäuden der Gebäudeklassen 1 und 2,
2. für die Verbindung von höchstens zwei Geschossen innerhalb derselben Nutzungseinheit von insgesamt nicht mehr als 200 m² Grundfläche, wenn in jedem Geschoss ein anderer Rettungsweg erreicht werden kann,
3. als Außentreppe, wenn ihre Nutzung auch im Brandfall ausreichend sicher ist.

(3) [1]Jeder notwendige Treppenraum muss an einer Außenwand liegen und einen unmittelbaren Ausgang ins Freie haben. [2]Innenliegende notwendige Treppenräume sind zulässig, wenn ihre Nutzung ausreichend lang durch Raucheintritt nicht gefährdet werden kann. [3]Ein mittelbarer Ausgang ist zulässig, wenn der zwischen dem notwendigen Treppenraum und dem Ausgang ins Freie liegende Raum
1. dem Verkehr dient,
2. mindestens so breit ist wie der breiteste Treppenlauf des Treppenraums,
3. Wände hat, die die Anforderungen an die Wände des Treppenraums erfüllen,
4. zu anderen Räumen, ausgenommen notwendige Flure, keine Öffnungen hat und
5. zu notwendigen Fluren nur Öffnungen mit rauchdichten und selbstschließenden Abschlüssen hat.

(4) [1]Notwendige Treppenräume müssen zu belüften und zu beleuchten sein. [2]Notwendige Treppenräume, die an einer Außenwand liegen, müssen Fenster haben.

§ 36 Notwendige Flure, Ausgänge. Flure und Gänge, über die Rettungswege aus Aufenthaltsräumen oder aus Nutzungseinheiten mit Aufenthaltsräumen zu Ausgängen in notwendige Treppenräume oder, wenn ein Treppenraum nicht erforderlich ist, zu notwendigen Treppen oder ins Freie führen (notwendige Flure), sowie Ausgänge müssen in solcher Zahl vorhanden und so angeordnet und ausgebildet sein, dass sie für den größten zu erwartenden Verkehr ausreichen und ihre Nutzung im Brandfall ausreichend lang möglich ist.

§ 37 Fenster, Türen und sonstige Öffnungen. (1) [1]Fenster und Fenstertüren müssen gefahrlos gereinigt werden können. [2]Fenster, die dem Lüften dienen, müssen gefahrlos zu öffnen sein.

(2) Für größere Glasflächen müssen, soweit erforderlich, Schutzmaßnahmen zur Sicherung des Verkehrs vorhanden sein.

(3) An Fenster und Türen, die bei Gefahr der Rettung von Menschen dienen, können wegen des Brandschutzes besondere Anforderungen gestellt werden.

(4) [1]Jedes Kellergeschoss ohne Fenster, die geöffnet werden können, muss mindestens eine Öffnung ins Freie haben, um eine Rauchableitung zu ermöglichen. [2]Gemeinsame Lichtoder Luftschächte für übereinander liegende Kellergeschosse sind unzulässig.

§ 38 Aufzüge. (1) [1]Aufzüge müssen betriebssicher und brandsicher sein. [2]Aufzüge im Innern von Gebäuden müssen eigene Fahrschächte haben, wenn dies erforderlich ist, um eine Brandausbreitung in andere Geschosse ausreichend lang zu verhindern.

(2) [1]Gebäude mit Aufenthaltsräumen, deren Fußboden mehr als 12,25 m über der Eingangsebene liegt, müssen Aufzüge in ausreichender Zahl und Anordnung haben. [2]Satz 1 gilt nicht bei Nutzungsänderungen oberster Geschosse zu Wohnzwecken in Gebäuden, die am 31. Dezember 1992 errichtet oder genehmigt waren.

(3) [1]In den Fällen des Absatzes 2 Satz 1 muss mindestens ein Aufzug Kinderwagen, Rollstühle, Krankentragen und Lasten aufnehmen können und Haltestellen in allen Geschossen haben. [2]Dieser Aufzug muss von allen Wohnungen in dem Gebäude und von der öffentlichen Verkehrsfläche aus stufenlos erreichbar sein.

§ 39 Lüftungsanlagen, Leitungsanlagen, Installationsschächte und -kanäle.
(1) [1]Lüftungsanlagen müssen betriebssicher und brandsicher sein. [2]Sie dürfen den ordnungsgemäßen Betrieb von Feuerungsanlagen nicht beeinträchtigen und müssen so angeordnet und ausgebildet sein, dass sie Gerüche und Staub nicht in andere Räume übertragen.

(2) Lüftungsanlagen müssen, soweit es der Brandschutz erfordert, so angeordnet und ausgebildet sein, dass Feuer und Rauch ausreichend lang nicht in andere Räume übertragen werden können.

(3) [1]Leitungsanlagen sind in notwendigen Treppenräumen, in Räumen nach § 35 Abs. 3 Satz 3 und in notwendigen Fluren nur zulässig, wenn die Nutzung dieser Treppenräume, Räume und Flure als Rettungsweg im Brandfall ausrei-

chend lang möglich ist. ²Absatz 1 Satz 1 und Absatz 2 gelten für Leitungsanlagen entsprechend.

(4) Für Installationsschächte und -kanäle, raumlufttechnische Anlagen und Warmluftheizungen gelten die Absätze 1 und 2 entsprechend.

§ 40 Feuerungsanlagen, sonstige Anlagen zur Energieerzeugung, Brennstoffversorgungsanlagen und Brennstofflagerung. (1) Feuerstätten und Abgasanlagen wie Schornsteine, Abgasleitungen und Verbindungsstücke (Feuerungsanlagen) müssen betriebssicher und brandsicher sein.

(2) Feuerstätten dürfen in Räumen nur aufgestellt werden, wenn nach der Art der Feuerstätte und nach Lage, Größe, baulicher Beschaffenheit und Nutzung des Raumes Gefahren nicht entstehen.

(3) ¹Die Abgase der Feuerstätten sind, soweit dies erforderlich ist, durch Abgasanlagen abzuleiten, sodass Gefahren oder unzumutbare Belästigungen nicht entstehen. ²Abgasanlagen müssen in solcher Zahl und Lage vorhanden und so beschaffen sein, dass alle Feuerstätten des Gebäudes ordnungsgemäß betrieben werden können. ³Die Abgasanlagen müssen leicht und sicher zu reinigen sein.

(4) ¹Behälter und Rohrleitungen für brennbare Gase oder Flüssigkeiten müssen betriebssicher und brandsicher sein. ²Behälter nach Satz 1 sind so aufzustellen, dass Gefahren oder unzumutbare Belästigungen nicht entstehen. ³Satz 2 gilt für das Lagern von festen Brennstoffen entsprechend.

(5) Für die Aufstellung von ortsfesten Verbrennungsmotoren, Blockheizkraftwerken, Brennstoffzellen und Verdichtern sowie die Ableitung ihrer Verbrennungsgase gelten die Absätze 1 bis 3 entsprechend.

(6) Feuerungsanlagen, ortsfeste Verbrennungsmotoren und Blockheizkraftwerke dürfen, auch wenn sie geändert worden sind, erst in Betrieb genommen werden, wenn die Bezirksschornsteinfegermeisterin oder der Bezirksschornsteinfegermeister ihre sichere Benutzbarkeit sowie die Tauglichkeit und sichere Benutzbarkeit der zugehörigen Schornsteine und Leitungen zur Abführung der Abgase oder Verbrennungsgase geprüft und bescheinigt hat.

§ 41 Anlagen zur Wasserversorgung, für Abwässer und Abfälle.
(1) ¹Gebäude mit Aufenthaltsräumen müssen, soweit es ihre Benutzung erfordert, eine Versorgung mit Trinkwasser haben, die dauernd gesichert ist. ²Zur Brandbekämpfung muss eine ausreichende Wassermenge in einer den örtlichen Verhältnissen entsprechenden Weise zur Verfügung stehen.

(2) ¹Bei baulichen Anlagen müssen die einwandfreie Beseitigung der Abwässer und die ordnungsgemäße Entsorgung der Abfälle dauernd gesichert sein. ²Das gilt auch für den Verbleib von Exkrementen und Urin, jeweils auch mit Einstreu, aus der Haltung von Nutztieren sowie für Gärreste.

(3) ¹Jede Wohnung muss einen eigenen Wasserzähler haben. ²Dies gilt nicht bei Nutzungsänderungen, wenn die Anforderung nach Satz 1 nur mit unverhältnismäßigem Mehraufwand erfüllt werden kann.

Bauordnung **NBauO 65**

§ 42 Blitzschutzanlagen. Bauliche Anlagen, bei denen nach Lage, Bauart oder Benutzung Blitzschlag leicht eintreten oder zu schweren Folgen führen kann, müssen mit dauernd wirksamen Blitzschutzanlagen versehen sein.

Sechster Teil
Nutzungsbedingte Anforderungen an bauliche Anlagen

§ 43 Aufenthaltsräume. (1) [1]Aufenthaltsräume müssen eine für ihre Benutzung ausreichende Grundfläche und eine lichte Höhe von mindestens 2,40 m über mindestens zwei Dritteln ihrer Grundfläche haben. [2]Bei der Bemessung der Grundfläche nach Satz 1 bleiben Raumteile mit einer lichten Höhe bis 1,50 m außer Betracht.

(2) [1]Für Aufenthaltsräume, die im obersten Geschoss im Dachraum liegen, genügt eine lichte Höhe von 2,20 m über mindestens der Hälfte ihrer Grundfläche. [2]Absatz 1 Satz 2 und § 2 Abs. 7 Satz 4 gelten entsprechend. [3]Die Sätze 1 und 2 gelten auch für Aufenthaltsräume, deren Grundfläche überwiegend unter Dachschrägen liegt.

(3) Aufenthaltsräume müssen unmittelbar ins Freie führende Fenster von solcher Zahl, Größe und Beschaffenheit haben, dass die Räume das erforderliche Tageslicht erhalten und zwecksentsprechend gelüftet werden können (notwendige Fenster).

(4) Räume in Kellergeschossen sind als Aufenthaltsräume nur zulässig, wenn das Gelände vor den notwendigen Fenstern der Räume in einer für gesunde Wohn- oder Arbeitsverhältnisse ausreichenden Entfernung und Breite nicht mehr als 70 cm über deren Fußboden liegt.

(5) [1]Aufenthaltsräume, die nicht dem Wohnen dienen, brauchen die Anforderungen der Absätze 3 und 4 nicht zu erfüllen, soweit durch besondere Maßnahmen oder Einrichtungen sichergestellt wird, dass den Anforderungen des § 3 entsprochen wird und die Rettung von Menschen möglich ist.

§ 44 Wohnungen. (1) [1]Jede Wohnung muss von anderen Wohnungen oder anderen Räumen baulich abgeschlossen sein und einen eigenen abschließbaren Zugang unmittelbar vom Freien oder von einem Treppenraum, Flur oder Vorraum haben. [2]Satz 1 gilt nicht für Wohngebäude mit nicht mehr als zwei Wohnungen. [3]Werden Wohnungen geteilt, so müssen die Anforderungen nach Satz 1 nicht erfüllt werden, wenn unzumutbare Belästigungen oder erhebliche Nachteile für die Benutzerinnen und Benutzer der Wohnungen nicht entstehen.

(2) [1]In Gebäuden, die nicht nur dem Wohnen dienen, müssen Wohnungen einen eigenen Zugang haben. [2]Gemeinsame Zugänge sind zulässig, wenn Gefahren oder unzumutbare Belästigungen für die Benutzerinnen und Benutzer der Wohnungen nicht entstehen.

(3) ¹Jede Wohnung muss eine Küche oder Kochnische haben. ²Küchen und Kochnischen sind ohne Fenster zulässig, wenn sie wirksam gelüftet werden können.

(4) In Gebäuden mit mehr als zwei Wohnungen oder auf dem Baugrundstück solcher Gebäude muss
1. leicht erreichbarer und gut zugänglicher Abstellraum für Rollatoren, Kinderwagen und Fahrräder sowie
2. Abstellraum für jede Wohnung
in ausreichender Größe zur Verfügung stehen.

(5) ¹In Wohnungen müssen Schlafräume und Kinderzimmer sowie Flure, über die Rettungswege von Aufenthaltsräumen führen, jeweils mindestens einen Rauchwarnmelder haben. ²Die Rauchwarnmelder müssen so eingebaut oder angebracht und betrieben werden, dass Brandrauch frühzeitig erkannt und gemeldet wird. ³In Wohnungen, die bis zum 31. Oktober 2012 errichtet oder genehmigt sind, hat die Eigentümerin oder der Eigentümer die Räume und Flure bis zum 31. Dezember 2015 entsprechend den Anforderungen nach den Sätzen 1 und 2 auszustatten. ⁴Für die Sicherstellung der Betriebsbereitschaft der Rauchwarnmelder in den in Satz 1 genannten Räumen und Fluren sind die Mieterinnen und Mieter, Pächterinnen und Pächter, sonstige Nutzungsberechtigte oder andere Personen, die die tatsächliche Gewalt über die Wohnung ausüben, verantwortlich, es sei denn, die Eigentümerin oder der Eigentümer übernimmt diese Verpflichtung selbst. ⁵§ 56 Satz 2 gilt entsprechend.

§ 45 Toiletten und Bäder. (1) ¹Jede Wohnung muss mindestens eine Toilette sowie eine Badewanne oder Dusche haben. ²Für bauliche Anlagen, die für einen größeren Personenkreis bestimmt sind, muss eine ausreichende Anzahl von Toiletten vorhanden sein.

(2) Toilettenräume und Räume mit Badewannen oder Duschen müssen wirksam gelüftet werden können.

§ 46 Bauliche Anlagen für Kraftfahrzeuge. ¹Garagen, insbesondere Parkhäuser, sowie Stellplätze müssen einschließlich ihrer Nebenanlagen verkehrs- und betriebssicher sein und dem Brandschutz genügen. ²Satz 1 ist auf Ausstellungs-, Verkaufs-, Werk- und Lagerräume für Kraftfahrzeuge sowie auf Räume zum Abstellen nicht ortsfester Geräte mit Verbrennungsmotoren sinngemäß anzuwenden.

§ 47 Notwendige Einstellplätze. (1) ¹Für bauliche Anlagen, die einen Zu- und Abgangsverkehr mit Kraftfahrzeugen erwarten lassen, müssen Einstellplätze in solcher Anzahl und Größe zur Verfügung stehen, dass sie die vorhandenen oder zu erwartenden Kraftfahrzeuge der ständigen Benutzerinnen und Benutzer und der Besucherinnen und Besucher der Anlagen aufnehmen können; wird die erforderliche Anzahl der Einstellplätze durch eine örtliche Bauvorschrift festgelegt, so ist diese Festlegung maßgeblich (notwendige Einstellplätze). ²Wird die Nutzung einer Anlage geändert, so braucht, auch wenn ihr notwendige Einstellplätze bisher fehlten, nur der durch die Nutzungsänderung verursachte Mehrbedarf gedeckt zu werden. [3]Die Einstellplatzpflicht nach den Sätzen 1 und 2 entfällt, soweit die Gemeinde durch örtliche Bauvorschrift nach § 84 Abs. 2 oder durch städtebauliche Satzung die Herstellung von Garagen und Stellplätzen untersagt oder einschränkt.

(2) Wird in einem Gebäude, das am 31. Dezember 1992 errichtet war, eine Wohnung geteilt oder Wohnraum durch Änderung der Nutzung, durch Aufstocken oder durch Änderung des Daches eines solchen Gebäudes geschaffen, so braucht der dadurch verursachte Mehrbedarf an Einstellplätzen nicht gedeckt zu werden, wenn dies nicht oder nur unter außergewöhnlichen Schwierigkeiten entsprechend dem öffentlichen Baurecht auf dem Baugrundstück möglich ist.

(3) [1]Die Bauaufsichtsbehörde kann die Pflicht zur Herstellung notwendiger Einstellplätze, ausgenommen für Wohnungen, auf Antrag aussetzen,
1. solange ständigen Benutzerinnen und Benutzern der baulichen Anlage Zeitkarten für den öffentlichen Personennahverkehr verbilligt zur Verfügung gestellt werden und
2. soweit hierdurch ein verringerter Bedarf an notwendigen Einstellplätzen erwartet werden kann.

[2]Wird die Pflicht zur Herstellung notwendiger Einstellplätze ganz oder teilweise ausgesetzt, so ist zum 1. März eines jeden Jahres der Bauaufsichtsbehörde nachzuweisen, ob und inwieweit die Voraussetzungen für die Aussetzung noch erfüllt sind. [3]Soweit der Nachweis nicht erbracht wird, ist die Aussetzung zu widerrufen.

(4) [1]Die notwendigen Einstellplätze müssen auf dem Baugrundstück oder in dessen Nähe auf einem anderen Grundstück gelegen sein, dessen Benutzung zu diesem Zweck durch Baulast gesichert ist. [2]Eine Sicherung durch Baulast ist auch erforderlich, wenn die notwendigen Einstellplätze für ein Grundstück auf einem anderen Grundstück liegen und beide Grundstücke ein Baugrundstück nach § 2 Abs. 12 Satz 2 bilden. [3]Sind notwendige Einstellplätze nach öffentlichem Baurecht auf dem Baugrundstück oder in dessen Nähe unzulässig, so können sie auch auf Grundstücken gelegen sein, die vom Baugrundstück mit einem öffentlichen oder vergleichbaren Verkehrsmittel leicht erreichbar sind.

(5) [1]Auf Verlangen der Bauherrin oder des Bauherrn wird zugelassen, dass die Pflicht zur Herstellung der notwendigen Einstellplätze, ausgenommen die Einstellplätze nach § 49 Abs. 2 Satz 2, durch die Pflicht zur Zahlung eines Geldbetrages an die Gemeinde ersetzt wird, soweit die Gemeinde dies durch Satzung bestimmt oder im Einzelfall zugestimmt hat. [2]Zur Zahlung des Geldbetrages sind die Bauherrin oder der Bauherr und die nach § 56 Verantwortlichen als Gesamtschuldner verpflichtet, sobald und soweit die bauliche Anlage ohne notwendige Einstellplätze in Benutzung genommen wird. [3]Im Fall einer Zulassung nach Satz 1 kann die Baugenehmigung von einer Sicherheitsleistung abhängig gemacht werden.

(6) ¹Der Geldbetrag nach Absatz 5 ist nach dem Vorteil zu bemessen, der der Bauherrin oder dem Bauherrn oder den nach § 56 Verantwortlichen daraus erwächst, dass sie oder er die Einstellplätze nicht herzustellen braucht. ²Die Gemeinde kann den Geldbetrag durch Satzung für das Gemeindegebiet oder Teile des Gemeindegebietes einheitlich festsetzen und dabei auch andere Maßstäbe wie die durchschnittlichen örtlichen Herstellungskosten von Parkplätzen oder Parkhäusern zugrunde legen.

(7) Die Gemeinde hat den Geldbetrag nach Absatz 5 zu verwenden für
1. Parkplätze, Stellplätze oder Garagen,
2. Anlagen und Einrichtungen für den öffentlichen Personennahverkehr,
3. a) Anlagen zum Abstellen von Fahrrädern,
   b) Fahrradwege oder
   c) sonstige Anlagen und Einrichtungen,
   die den Bedarf an Einstellplätzen verringern.

§ 48 Fahrradabstellanlagen. (1) ¹Für bauliche Anlagen, die einen Zu- und Abgangsverkehr mit Fahrrädern erwarten lassen, ausgenommen Wohnungen, müssen Fahrradabstellanlagen in solcher Größe zur Verfügung stehen, dass sie die vorhandenen oder zu erwartenden Fahrräder der ständigen Benutzerinnen und Benutzer und der Besucherinnen und Besucher der Anlagen aufnehmen können. ²Fahrradabstellanlagen nach Satz 1 müssen leicht erreichbar und gut zugänglich sein. ³§ 47 Abs. 4 Satz 1 gilt sinngemäß.

(2) Fahrradabstellanlagen brauchen für Besucherinnen und Besucher der Anlagen nicht errichtet zu werden, wenn dies nicht oder nur unter außergewöhnlichen Schwierigkeiten auf dem Baugrundstück möglich ist.

§ 49 Barrierefreie Zugänglichkeit und Benutzbarkeit baulicher Anlagen.
(1) ¹In Gebäuden mit mehr als vier Wohnungen müssen die Wohnungen eines Geschosses für Menschen mit Behinderungen in der allgemein üblichen Weise, ohne besondere Erschwernis und grundsätzlich ohne fremde Hilfe zugänglich und nutzbar (barrierefrei) sein. ²Abstellraum für Rollstühle muss in ausreichender Größe zur Verfügung stehen und barrierefrei sein. ³In jeder achten Wohnung eines Gebäudes müssen die Wohn- und Schlafräume, ein Toilettenraum, ein Raum mit einer Badewanne oder Dusche und die Küche oder Kochnische zusätzlich rollstuhlgerecht sein.

(2) ¹Folgende bauliche Anlagen oder Teile baulicher Anlagen müssen barrierefrei sein:
1. Büro- und Verwaltungsgebäude, soweit sie für den Publikumsverkehr bestimmt sind, sowie öffentliche Verwaltungs- und Gerichtsgebäude,
2. Schalter und Abfertigungsanlagen der Verkehrs- und Versorgungsbetriebe sowie der Banken und Sparkassen,
3. Theater, Museen, öffentliche Bibliotheken, Freizeitheime, Gemeinschaftshäuser, Versammlungsstätten und Anlagen für den Gottesdienst,
4. Verkaufs- und Gaststätten,
5. Schulen, Hochschulen und sonstige vergleichbare Ausbildungsstätten,

Bauordnung **NBauO 65**

6. Krankenanstalten, Praxisräume der Heilberufe und Kureinrichtungen,
7. Tagesstätten und Heime für alte oder pflegebedürftige Menschen, Menschen mit Behinderungen oder Kinder,
8. Sport-, Spiel- und Erholungsanlagen, soweit sie für die Allgemeinheit bestimmt sind, sowie Kinderspielplätze,
9. Campingplätze mit mehr als 200 Standplätzen,
10. Geschosse mit Aufenthaltsräumen, die nicht Wohnzwecken dienen und insgesamt mehr als 500 m² Nutzfläche haben,
11. öffentliche Toilettenanlagen,
12. Stellplätze und Garagen für Anlagen nach den Nummern 1 bis 10 sowie Parkhäuser.

²Eine dem Bedarf entsprechende Zahl von Einstellplätzen, Standplätzen und Toilettenräumen muss für Menschen mit Behinderungen hergerichtet und gekennzeichnet sein.

(3) ¹Die Absätze 1 und 2 gelten nicht, soweit die Anforderungen wegen schwieriger Geländeverhältnisse, wegen des Einbaus eines sonst nicht erforderlichen Aufzugs, wegen ungünstiger vorhandener Bebauung oder im Hinblick auf die Sicherheit der Menschen mit Behinderungen nur mit unverhältnismäßigem Mehraufwand erfüllt werden können. ²Bei einem Baudenkmal nach § 3 des Niedersächsischen Denkmalschutzgesetzes ist den Anforderungen nach den Absätzen 1 und 2 Rechnung zu tragen, soweit deren Berücksichtigung das Interesse an der unveränderten Erhaltung des Baudenkmals überwiegt und den Eingriff in das Baudenkmal zwingend verlangt.

§ 50 Werbeanlagen. (1) ¹Werbeanlagen sind alle örtlich gebundenen Einrichtungen, die der Ankündigung oder Anpreisung oder als Hinweis auf Gewerbe oder Beruf dienen und von allgemein zugänglichen Verkehrs- oder Grünflächen aus sichtbar sind. ²Hierzu zählen insbesondere Schilder, Beschriftungen, Bemalungen, Lichtwerbungen, Schaukästen sowie für Zettel- und Bogenanschläge oder Lichtwerbung bestimmte Säulen, Tafeln und Flächen.

(2) Werbeanlagen dürfen nicht erheblich belästigen, insbesondere nicht durch ihre Größe, Häufung, Lichtstärke oder Betriebsweise.

(3) ¹Werbeanlagen sind im Außenbereich unzulässig und dürfen auch nicht erheblich in den Außenbereich hineinwirken. ²Ausgenommen sind, soweit in anderen Rechtsvorschriften nicht anderes bestimmt ist,
1. Werbeanlagen an der Stätte der Leistung,
2. Tafeln unmittelbar vor Ortsdurchfahrten mit Schildern, die Inhaber und Art gewerblicher Betriebe kennzeichnen oder die auf landwirtschaftliche Betriebe, die landwirtschaftliche Produkte zum Verkauf anbieten, und auf diese Produkte hinweisen,
3. Tafeln bis zu einer Größe von 1 m² an öffentlichen Straßen und Wegeabzweigungen in einem Umkreis von bis zu drei Kilometern vom Rand eines Gewerbegebietes mit Schildern, die im Interesse des öffentlichen Verkehrs auf Betriebe hinweisen, die in dem Gewerbegebiet liegen,

65 NBauO Bauordnung

4. einzelne Schilder bis zu einer Größe von 0,50 m^2, die an Wegeabzweigungen im Interesse des öffentlichen Verkehrs auf Betriebe im Außenbereich, auf selbst erzeugte Produkte, die diese Betriebe an der Betriebsstätte anbieten, oder auf versteckt gelegene Stätten hinweisen,
5. Werbeanlagen an und auf Flugplätzen, Sportanlagen und auf abgegrenzten Versammlungsstätten, soweit die Werbeanlagen nicht erheblich in den übrigen Außenbereich hineinwirken,
6. Werbeanlagen auf Ausstellungs- und Messegeländen.

(4) In Kleinsiedlungsgebieten, reinen Wohngebieten, allgemeinen Wohngebieten, Dorfgebieten und Wochenendhausgebieten sowie in Gebieten, die nach ihrer vorhandenen Bebauung den genannten Baugebieten entsprechen, sind nur zulässig
1. Werbeanlagen an der Stätte der Leistung und
2. Anlagen für amtliche Mitteilungen und zur Unterrichtung über kirchliche, kulturelle, politische, sportliche und ähnliche Veranstaltungen.

(5) [1]An Brücken, Bäumen, Böschungen und Leitungsmasten, die von allgemein zugänglichen Verkehrs- oder Grünflächen aus sichtbar sind, dürfen Werbeanlagen nicht angebracht sein. [2]Satz 1 gilt nicht für Wandflächen der Widerlager von Brücken; die Absätze 3 und 4 bleiben unberührt.

(6) Die Vorschriften dieses Gesetzes gelten nicht für
1. Anschläge und Lichtwerbung an dafür genehmigten Säulen, Tafeln und Flächen,
2. Werbemittel an Kiosken,
3. Auslagen und Dekorationen in Fenstern und Schaukästen,
4. Werbeanlagen, die vorübergehend für öffentliche Wahlen oder Abstimmungen angebracht oder aufgestellt werden.

§ 51 Sonderbauten. [1]An einen Sonderbau nach § 2 Abs. 5 können im Einzelfall besondere Anforderungen gestellt werden, soweit die Vorschriften der §§ 4 bis 50 und der zu ihrer näheren Bestimmung erlassenen Verordnungen nicht ausreichen, um sicherzustellen, dass der Sonderbau die Anforderungen des § 3 erfüllt. [2]Erleichterungen können gestattet werden, soweit es der Einhaltung von Vorschriften und Verordnungen nach Satz 1 wegen der besonderen Art oder Nutzung baulicher Anlagen oder Räume oder wegen besonderer Anforderungen nicht bedarf. [3]Die besonderen Anforderungen nach Satz 1 und die Erleichterungen nach Satz 2 können sich insbesondere erstrecken auf
1. die Abstände,
2. die Anordnung der baulichen Anlage auf dem Grundstück,
3. die Benutzung und den Betrieb der baulichen Anlage,
4. die Öffnungen nach öffentlichen Verkehrsflächen und nach angrenzenden Grundstücken,
5. die Bauart und Anordnung aller für die Standsicherheit, die Verkehrssicherheit, den Brand-, den Wärme-, den Schall- oder den Gesundheitsschutz wesentlichen Bauteile und Einrichtungen, sowie die Verwendung von Baustoffen,

Bauordnung

6. die Feuerungsanlagen und die Heizräume,
7. die Zahl, Anordnung und Beschaffenheit der Aufzüge sowie der Treppen, Treppenräume, Ausgänge, Flure und sonstigen Rettungswege,
8. die zulässige Benutzerzahl, die Anordnung und die Zahl der zulässigen Sitze und Stehplätze bei Versammlungsstätten, Tribünen und fliegenden Bauten,
9. die Lüftung und die Rauchableitung,
10. die Beleuchtung und die Energieversorgung,
11. die Wasserversorgung,
12. die Aufbewahrung und Beseitigung von Abwässern, die Aufbewahrung und Entsorgung von Abfällen sowie die Löschwasserrückhaltung,
13. die notwendigen Einstellplätze,
14. die Zu- und Abfahrten,
15. die Grünstreifen, die Baumpflanzungen und andere Pflanzungen sowie die Begrünung oder die Beseitigung von Halden und Gruben,
16. den Blitzschutz,
17. die erforderliche Gasdichtigkeit,
18. den Umfang, den Inhalt und die Anzahl der Bauvorlagen, insbesondere eines Brandschutzkonzepts,
19. die Bestellung und die Qualifikation der Bauleiterin oder des Bauleiters und der Fachbauleiterin oder des Fachbauleiters,
20. die Bestellung und die Qualifikation einer oder eines Brandschutzbeauftragten.

Siebter Teil
Verantwortliche Personen

§ 52 Bauherrin und Bauherr. (1) Die Bauherrin oder der Bauherr ist dafür verantwortlich, dass die von ihr oder ihm veranlasste Baumaßnahme dem öffentlichen Baurecht entspricht.

(2) [1]Die Bauherrin oder der Bauherr einer nicht verfahrensfreien Baumaßnahme hat zu deren Vorbereitung, Überwachung und Ausführung verantwortliche Personen im Sinne der §§ 53 bis 55 zu bestellen, soweit sie oder er nicht selbst die Anforderungen nach den §§ 53 bis 55 erfüllt oder erfüllen kann. [2]Ihr oder ihm obliegt es außerdem, die nach den öffentlichrechtlichen Vorschriften erforderlichen Anträge zu stellen, Anzeigen zu machen und Nachweise zu erbringen. [3]Sie oder er hat vor Baubeginn den Namen der Bauleiterin oder des Bauleiters und während der Bauausführung einen Wechsel dieser Person der Bauaufsichtsbehörde unverzüglich schriftlich mitzuteilen. [4]Wechselt die Bauherrin oder der Bauherr, so hat die neue Bauherrin oder der neue Bauherr dies der Bauaufsichtsbehörde unverzüglich schriftlich mitzuteilen.

(3) [1]Liegen Tatsachen vor, die besorgen lassen, dass eine nach Absatz 2 Satz 1 bestellte Person nicht den jeweiligen Anforderungen der §§ 53 bis 55 ge-

nügt, so kann die Bauaufsichtsbehörde verlangen, dass die Bauherrin oder der Bauherr sie durch eine geeignete Person ersetzt oder geeignete Sachverständige heranzieht. [2]Die Bauaufsichtsbehörde kann die Bauarbeiten einstellen lassen, bis die Bauherrin oder der Bauherr ihrer Aufforderung nachgekommen ist.

(4) Die Bauaufsichtsbehörde kann verlangen, dass ihr für bestimmte Arbeiten die Unternehmerinnen und Unternehmer benannt werden.

§ 53 Entwurfsverfasserin und Entwurfsverfasser.
(1) [1]Die Entwurfsverfasserin oder der Entwurfsverfasser ist dafür verantwortlich, dass der Entwurf für die Baumaßnahme dem öffentlichen Baurecht entspricht. [2]Zum Entwurf gehören die Bauvorlagen, bei Baumaßnahmen nach den §§ 62 und 63 einschließlich der Unterlagen, die nicht eingereicht werden müssen, und die Ausführungsplanung, soweit von dieser die Einhaltung des öffentlichen Baurechts abhängt.

(2) [1]Die Entwurfsverfasserin oder der Entwurfsverfasser muss über die Fachkenntnisse verfügen, die für den jeweiligen Entwurf erforderlich sind. [2]Verfügt sie oder er auf einzelnen Teilgebieten nicht über diese Fachkenntnisse, so genügt es, wenn die Bauherrin oder der Bauherr insoweit geeignete Sachverständige bestellt. [3]Diese sind ausschließlich für ihre Beiträge verantwortlich; die Entwurfsverfasserin oder der Entwurfsverfasser ist nur dafür verantwortlich, dass die Beiträge der Sachverständigen dem öffentlichen Baurecht entsprechend aufeinander abgestimmt und im Entwurf berücksichtigt werden.

(3) [1]Bauvorlagen für eine nicht verfahrensfreie Baumaßnahme müssen von einer Entwurfsverfasserin oder einem Entwurfsverfasser unterschrieben sein, die oder der bauvorlageberechtigt ist. [2]Bauvorlageberechtigt ist, wer
1. die Berufsbezeichnung „Architektin" oder „Architekt" führen darf,
2. in die von der Architektenkammer Niedersachsen geführte Liste der Entwurfsverfasserinnen und Entwurfsverfasser der Fachrichtung Architektur eingetragen ist,
3. in die von der Ingenieurkammer Niedersachsen geführte Liste der Entwurfsverfasserinnen und Entwurfsverfasser oder in ein entsprechendes Verzeichnis in einem anderen Land eingetragen ist oder
4. die Berufsbezeichnung „Ingenieurin" oder „Ingenieur" in der Fachrichtung Architektur, Hochbau oder Bauingenieurwesen führen darf, danach mindestens zwei Jahre in dieser Fachrichtung praktisch tätig gewesen und Bedienstete oder Bediensteter einer juristischen Person des öffentlichen Rechts ist, für die dienstliche Tätigkeit.

(4) [1]Staatsangehörige eines Mitgliedsstaates der Europäischen Union, eines anderen Vertragsstaates des Abkommens über den Europäischen Wirtschaftsraum oder eines Staates, dem gegenüber die Mitgliedstaaten der Europäischen Union vertragsrechtlich zur Gleichbehandlung seiner Staatsangehörigen hinsichtlich der Anerkennung von Berufsqualifikationen verpflichtet sind, sind, wenn sie im Inland weder einen Wohnsitz noch eine berufliche Niederlassung

haben, bei vorübergehender und gelegentlicher Dienstleistung als Entwurfsverfasserin oder Entwurfsverfasser bauvorlageberechtigt, wenn sie
1. in einem dieser Staaten zur Erbringung von Entwurfsdienstleistungen nach den Absätzen 1 und 2 rechtmäßig niedergelassen sind,
2. aufgrund eines Studiums des Bauingenieurwesens berechtigt sind, die Berufsbezeichnung „Ingenieurin" oder „ Ingenieur" zu führen, und
3. für den Fall, dass weder der Beruf noch die Ausbildung zu dem Beruf in dem Niederlassungsstaat reglementiert ist, den Beruf dort während der vorhergehenden zehn Jahre zwei Jahre lang ausgeübt haben.

[2]Der vorübergehende und gelegentliche Charakter der Erbringung von Dienstleistungen wird insbesondere anhand von Dauer, Häufigkeit, regelmäßiger Wiederkehr und Kontinuität der Dienstleistungen beurteilt. [3]Personen nach Satz 1 haben das erstmalige Erbringen einer Dienstleistung als Entwurfsverfasserin und Entwurfsverfasser in Niedersachsen der Ingenieurkammer vorher schriftlich zu melden. [4]Ist eine vorherige Meldung wegen der Dringlichkeit des Tätigwerdens nicht möglich, so ist die Meldung unverzüglich nachzuholen.
[5]Bei der Meldung sind folgende Dokumente vorzulegen:
1. ein Staatsangehörigkeitsnachweis,
2. eine Bescheinigung, dass sie oder er im Niederlassungsstaat rechtmäßig zur Ausübung einer Entwurfsdienstleistung niedergelassen und die Ausübung des Berufs zum Zeitpunkt der Vorlage der Bescheinigung nicht, auch nicht vorübergehend, untersagt ist,
3. ein Berufsqualifikationsnachweis,
4. für den Fall, dass weder die in Nummer 2 genannte Tätigkeit noch die Ausbildung zu dem Beruf im Niederlassungsstaat reglementiert ist, eine Bescheinigung darüber, dass der Beruf während der vorhergehenden zehn Jahre mindestens zwei Jahre lang ausgeübt wurde.

[6]Die Ingenieurkammer bestätigt auf Antrag, dass die Meldung erfolgt ist. [7]Wesentliche Änderungen der nach Satz 5 bescheinigten Umstände hat die Entwurfsverfasserin oder der Entwurfsverfasser unverzüglich mitzuteilen und auf Verlangen durch Dokumente nach Satz 5 nachzuweisen. [8]Der Meldepflicht unterliegt nicht, wer sich bereits in einem anderen Land gemeldet hat und infolgedessen dort als Entwurfsverfasserin oder Entwurfsverfasser tätig werden darf. [9]Die Ingenieurkammer kann das Tätigwerden als Entwurfsverfasserin und Entwurfsverfasser untersagen, wenn die Voraussetzungen der Sätze 1 bis 8 nicht erfüllt sind. [10]Verfahren nach den Sätzen 3 bis 5 und 7 können über eine einheitliche Stelle nach den Vorschriften des Verwaltungsverfahrensgesetzes abgewickelt werden.

(5) Für die mit der Gestaltung von Innenräumen verbundenen genehmigungsbedürftigen baulichen Änderungen von Gebäuden ist auch bauvorlageberechtigt, wer die Berufsbezeichnung „Innenarchitektin" oder „Innenarchitekt" führen darf.

(6) [1]Für genehmigungsbedürftige Baumaßnahmen, die Handwerksmeisterinnen oder Handwerksmeister aufgrund ihrer beruflichen Ausbildung und Er-

fahrung entwerfen können, sind auch Meisterinnen und Meister des Maurer-, des Betonbauer- oder des Zimmerer- Handwerks und Personen, die diesen nach § 7 Abs. 3, 7 oder 9 der Handwerksordnung gleichgestellt sind, bauvorlageberechtigt. ²Das Gleiche gilt für staatlich geprüfte Technikerinnen und Techniker der Fachrichtung Bautechnik mit Schwerpunkt Hochbau. ³Soweit die Personen nach den Sätzen 1 und 2 Staatsangehörige eines Staates nach Absatz 4 Satz 1 sind, gilt Absatz 4 entsprechend mit der Maßgabe, dass die Voraussetzungen des Absatzes 4 Satz 1 Nr. 2 nicht vorzuliegen brauchen.

(7) Für die in Absatz 6 Satz 1 genannten Baumaßnahmen sind bauvorlageberechtigt auch Staatsangehörige eines Staates nach Absatz 4 Satz 1, die in einem dieser Staaten einen Ausbildungsnachweis erworben haben, der aufgrund einer schulrechtlichen Rechtsvorschrift als gleichwertig mit dem Abschluss zur staatlich geprüften Technikerin oder zum staatlich geprüften Techniker der Fachrichtung Bautechnik mit Schwerpunkt Hochbau anerkannt ist.

(8) Die Absätze 4 und 7 gelten entsprechend für Staatsangehörige von Drittstaaten, soweit diese Staatsangehörigen wegen persönlicher Merkmale hinsichtlich der Dienstleistungsfreiheit oder der Anerkennung von Berufsqualifikationen nach dem Recht der Europäischen Union gleichzustellen sind.

(9) Die Beschränkungen der Absätze 3 bis 8 gelten nicht für Bauvorlagen
1. zu Entwürfen, die üblicherweise von Fachkräften mit anderer Ausbildung als nach den Absätzen 3 bis 8 verfasst werden, wie Entwürfe für Werbeanlagen und Behälter,
2. zu Entwürfen einfacher Art, wenn ein Nachweis der Standsicherheit nicht erforderlich ist,
3. für Stützmauern sowie selbständige Aufschüttungen und Abgrabungen.

§ 54 Unternehmerinnen und Unternehmer. (1) ¹Jede Unternehmerin und jeder Unternehmer ist dafür verantwortlich, dass ihre oder seine Arbeiten dem öffentlichen Baurecht entsprechend ausgeführt und insoweit auf die Arbeiten anderer Unternehmerinnen und Unternehmer abgestimmt werden. ²Sie oder er hat die vorgeschriebenen Nachweise über die Verwendbarkeit der Bauprodukte und Bauarten zu erbringen und auf der Baustelle bereitzuhalten.

(2) ¹Die Unternehmerin oder der Unternehmer muss über die für ihre oder seine Arbeiten erforderlichen Fachkenntnisse, Fachkräfte und Vorrichtungen verfügen. ²Erfordern Arbeiten außergewöhnliche Fachkenntnisse oder besondere Vorrichtungen, so kann die Bauaufsichtsbehörde vorschreiben,
1. dass die Unternehmerin oder der Unternehmer bei den Arbeiten nur Fachkräfte mit bestimmter Ausbildung oder Erfahrung einsetzen darf,
2. dass sie oder er bei den Arbeiten bestimmte Vorrichtungen zu verwenden hat und
3. wie sie oder er die Erfüllung der Anforderungen nach den Nummern 1 und 2 nachzuweisen hat.

§ 55 Bauleiterin und Bauleiter. (1) ¹Die Bauleiterin oder der Bauleiter hat darüber zu wachen, dass die Baumaßnahme entsprechend den öffentlich-recht-

Bauordnung   **NBauO 65**

lichen Anforderungen durchgeführt wird, und die dafür erforderlichen Weisungen zu erteilen. ²Sie oder er hat im Rahmen dieser Aufgabe auf den sicheren bautechnischen Betrieb der Baustelle, insbesondere auf das gefahrlose Ineinandergreifen der Arbeiten der Unternehmerinnen und Unternehmer zu achten. ³Die Verantwortlichkeit der Unternehmerinnen und Unternehmer bleibt unberührt.

(2) ¹Die Bauleiterin oder der Bauleiter muss über die für die Aufgabe erforderlichen Fachkenntnisse verfügen. ²Verfügt sie oder er auf einzelnen Teilgebieten nicht über die erforderlichen Fachkenntnisse, so ist eine geeignete Fachbauleiterin oder ein geeigneter Fachbauleiter zu bestellen. ³Die bestellte Person übernimmt für die Teilgebiete die Aufgaben der Bauleiterin oder des Bauleiters nach Absatz 1. ⁴Die Bauleiterin oder der Bauleiter hat ihre oder seine Tätigkeit mit der Tätigkeit der Fachbauleiterin oder des Fachbauleiters abzustimmen.

§ 56 Verantwortlichkeit für den Zustand der Anlagen und Grundstücke.
¹Die Eigentümer sind dafür verantwortlich, dass Anlagen und Grundstücke dem öffentlichen Baurecht entsprechen. ²Erbbauberechtigte treten an die Stelle der Eigentümer. ³Wer die tatsächliche Gewalt über eine Anlage oder ein Grundstück ausübt, ist neben dem Eigentümer oder Erbbauberechtigten verantwortlich.

Achter Teil

Behörden

§ 57 Bauaufsichtsbehörden. (1) ¹Die Landkreise, die kreisfreien Städte und die großen selbständigen Städte nehmen die Aufgaben der unteren Bauaufsichtsbehörde wahr; die Zuständigkeit der selbständigen Gemeinden wird ausgeschlossen (§ 17 Satz 1 des Niedersächsischen Kommunalverfassungsgesetzes). ²Oberste Bauaufsichtsbehörde ist das Fachministerium.

(2) ¹Die oberste Bauaufsichtsbehörde kann auf Antrag die Aufgaben der unteren Bauaufsichtsbehörde einer Gemeinde übertragen, wenn sie mindestens 30 000 Einwohnerinnen und Einwohner hat und die Voraussetzungen des Absatzes 4 erfüllt. ²Hat eine Gemeinde bis zum 31. Oktober 2012 die Aufgaben der unteren Bauaufsichtsbehörde wahrgenommen oder sind ihr nach § 63 a der Niedersächsischen Bauordnung in der Fassung vom 10. Februar 2003 (Nds. GVBl. S. 89), zuletzt geändert durch § 13 des Gesetzes vom 10. November 2011 (Nds. GVBl. S. 415), diese Aufgaben für bestimmte bauliche Anlagen vor dem 1. November 2012 übertragen worden, so bleiben ihr diese Aufgaben übertragen. ³Die Übertragung kann in den Fällen der Sätze 1 und 2 widerrufen werden, wenn die Gemeinde dies beantragt oder die Voraussetzungen des Absatzes 4 nicht erfüllt. ⁴§ 14 Abs. 4 Satz 1 und § 177 Abs. 1 des Niedersächsischen Kommunalverfassungsgesetzes gelten sinngemäß.

(3) Die Aufgaben der unteren Bauaufsichtsbehörden gehören zum übertragenen Wirkungskreis.

(4) ¹Die Bauaufsichtsbehörden sind zur Durchführung ihrer Aufgaben ausreichend mit geeigneten Fachkräften zu besetzen und mit den erforderlichen Einrichtungen auszustatten. ²Den Bauaufsichtsbehörden müssen Bedienstete angehören mit der Befähigung für die Laufbahn der Laufbahngruppe 2 der Fachrichtung Technische Dienste, die die Voraussetzungen für den Zugang für das zweite Einstiegsamt erfüllen oder eine von der obersten Dienstbehörde bestimmte laufbahnrechtliche Qualifizierung erfolgreich durchlaufen haben. ³Die Bediensteten nach Satz 2 müssen die erforderlichen Kenntnisse der Bautechnik, der Baugestaltung und des öffentlichen Baurechts haben. ⁴Ausnahmen von den Sätzen 2 und 3 kann die oberste Bauaufsichtsbehörde zulassen, wenn anderweitig sichergestellt ist, dass die Aufgaben ordnungsgemäß wahrgenommen werden.

§ 58 Aufgaben und Befugnisse der Bauaufsichtsbehörden. (1) ¹Die Bauaufsichtsbehörden haben, soweit erforderlich, darüber zu wachen und darauf hinzuwirken, dass Anlagen, Grundstücke und Baumaßnahmen dem öffentlichen Baurecht entsprechen. ²Sie haben in diesem Rahmen auch die Verantwortlichen zu beraten.

(2) Die unteren Bauaufsichtsbehörden sind zuständig, soweit nichts anderes bestimmt ist. 57 I NBauO

(3) Die unteren Bauaufsichtsbehörden üben die Fachaufsicht über die Bezirksschornsteinfegermeisterinnen und Bezirksschornsteinfegermeister hinsichtlich der Erfüllung der Aufgaben nach § 40 Abs. 6 aus.

(4) Die oberste Bauaufsichtsbehörde übt die Fachaufsicht über die unteren Bauaufsichtsbehörden aus.

(5) ¹Die oberste Bauaufsichtsbehörde kann einzelne Befugnisse, die ihr nach diesem Gesetz zustehen, auf andere Behörden des Landes übertragen. ²Sie kann außerdem widerruflich oder befristet die Zuständigkeit für
1. die Anerkennung von Prüf-, Zertifizierungs- und Überwachungsstellen (§ 25) und
2. Ausführungsgenehmigungen für fliegende Bauten, Ausnahmen, Befreiungen und Abweichungen für genehmigungsfreie fliegende Bauten und Gebrauchsabnahmen fliegender Bauten

auf eine Behörde, auch eines anderen Landes, oder eine andere Stelle oder Person übertragen, die die Gewähr dafür bietet, dass die Aufgaben dem öffentlichen Baurecht entsprechend wahrgenommen werden, und die der Aufsicht der obersten Bauaufsichtsbehörde untersteht oder an deren Willensbildung die oberste Bauaufsichtsbehörde mitwirkt.

(6) Übertragungen nach Absatz 5 und § 57 Abs. 2 sind im Niedersächsischen Ministerialblatt bekannt zu machen.

(7) Eine Fachaufsichtsbehörde kann anstelle einer nachgeordneten Behörde oder einer Stelle tätig werden, wenn diese eine Weisung der Fachaufsichtsbe-

Bauordnung **NBauO 65**

hörde innerhalb einer bestimmten Frist nicht befolgt oder wenn Gefahr im Verzuge ist.

(8) Ist die oberste Bauaufsichtsbehörde mangels örtlicher Zuständigkeit einer unteren Bauaufsichtsbehörde zuständig, so kann sie ihre Zuständigkeit im Einzelfall einvernehmlich auf eine untere Bauaufsichtsbehörde übertragen.

(9) [1]Bedienstete und sonstige Beauftragte der in den Absätzen 1 bis 5, 7 und 8 genannten Behörden und Stellen sowie die dort genannten Personen dürfen zur Erfüllung ihrer Aufgaben Grundstücke und Anlagen einschließlich der Wohnungen auch gegen den Willen der Betroffenen betreten. [2]Sind die Wohnungen in Gebrauch genommen, so dürfen sie gegen den Willen der Betroffenen betreten werden, wenn dies zur Abwehr einer erheblichen Gefahr für die öffentliche Sicherheit erforderlich ist. [3]Das Grundrecht der Unverletzlichkeit der Wohnung nach Artikel 13 des Grundgesetzes wird insoweit eingeschränkt.

Neunter Teil
Genehmigungserfordernisse

§ 59 Genehmigungsvorbehalt. (1) Baumaßnahmen bedürfen der Genehmigung durch die Bauaufsichtsbehörde (Baugenehmigung), soweit sich aus den §§ 60 bis 62, 74 und 75 nichts anderes ergibt.

(2) Vorschriften des Bundes- oder Landesrechts, nach denen behördliche Entscheidungen eine Baugenehmigung einschließen, bleiben unberührt.

(3) [1]Genehmigungsfreie und verfahrensfreie Baumaßnahmen müssen die Anforderungen des öffentlichen Baurechts ebenso wie genehmigungsbedürftige Baumaßnahmen erfüllen, es sei denn, dass sich die Anforderungen auf genehmigungsbedürftige Baumaßnahmen beschränken. [2]Genehmigungsvorbehalte in anderen Vorschriften, namentlich im Niedersächsischen Denkmalschutzgesetz und im städtebaulichen Planungsrecht, bleiben unberührt.

§ 60 Verfahrensfreie Baumaßnahmen, Abbruchanzeige. (1) [1]Die im Anhang genannten baulichen Anlagen und Teile baulicher Anlagen dürfen in dem dort festgelegten Umfang ohne Baugenehmigung errichtet, in bauliche Anlagen eingefügt und geändert werden (verfahrensfreie Baumaßnahmen). [2]Verfahrensfreie Baumaßnahmen sind auch die im Anhang genannten Baumaßnahmen.

(2) Verfahrensfrei ist auch
1. die Änderung der Nutzung einer baulichen Anlage, wenn das öffentliche Baurecht an die neue Nutzung weder andere noch weitergehende Anforderungen stellt oder die Errichtung oder Änderung der baulichen Anlage nach Absatz 1 verfahrensfrei wäre,
2. die Umnutzung von Räumen im Dachgeschoss eines Wohngebäudes mit nur einer Wohnung in Aufenthaltsräume, die zu dieser Wohnung gehören,

3. die Umnutzung von Räumen in vorhandenen Wohngebäuden und Wohnungen in Räume mit Badewanne oder Dusche oder mit Toilette,
4. der Abbruch und die Beseitigung baulicher Anlagen, ausgenommen Hochhäuser, und der im Anhang genannten Teile baulicher Anlagen,
5. die Instandhaltung baulicher Anlagen.

(3) ¹Der Abbruch und die Beseitigung eines Hochhauses oder eines nicht im Anhang genannten Teils einer baulicher Anlage ist genehmigungsfrei, aber der Bauaufsichtsbehörde vor der Durchführung der Baumaßnahme schriftlich mit Unterschrift der Bauherrin oder des Bauherrn anzuzeigen. ²Der Anzeige ist die Bestätigung einer Person im Sinne des § 65 Abs. 4 beizufügen über die Wirksamkeit der vorgesehenen Sicherungsmaßnahmen und die Standsicherheit der baulichen Anlagen, die an die abzubrechenden oder zu beseitigenden baulichen Anlagen oder Teile baulicher Anlagen angebaut sind oder auf deren Standsicherheit sich die Baumaßnahme auswirken kann. ³Die Bauaufsichtsbehörde bestätigt der Bauherrin oder dem Bauherrn den Eingang der Anzeige oder fordert ihn im Fall einer unvollständigen oder sonst mangelhaften Anzeige zur Vervollständigung der Anzeige oder zur Behebung des Mangels auf. ⁴Ist die Anzeige vervollständigt oder der Mangel behoben worden, so teilt die Bauaufsichtsbehörde dies der Bauherrin oder dem Bauherrn mit. ⁵Mit den Baumaßnahmen nach Satz 1 darf nicht vor Ablauf eines Monats begonnen werden, nachdem die Bauaufsichtsbehörde der Bauherrin oder dem Bauherrn den Eingang der Anzeige nach Satz 3 bestätigt hat oder die Mitteilung nach Satz 4 erfolgt ist.

§ 61 Genehmigungsfreie öffentliche Baumaßnahmen. (1) Keiner Baugenehmigung bedürfen die Errichtung, die Änderung, der Abbruch und die Beseitigung
1. von Brücken, Durchlässen, Tunneln und Stützmauern sowie von Stauanlagen und sonstigen Anlagen des Wasserbaus, ausgenommen Gebäude, wenn die Wasser- und Schifffahrtsverwaltung des Bundes, die Straßenbau-, Hafen- oder Wasserwirtschaftsverwaltung des Landes oder eine untere Wasserbehörde die Entwurfsarbeiten leitet und die Bauarbeiten überwacht,
2. von Betriebsanlagen der Straßenbahnen (§ 4 des Personenbeförderungsgesetzes), ausgenommen oberirdische Gebäude,
3. von nach anderen Rechtsvorschriften zulassungsbedürftigen Anlagen für die öffentliche Versorgung mit Elektrizität, Gas, Wärme, Wasser und für die öffentliche Beseitigung von Abwässern, ausgenommen Gebäude.

(2) Keiner Baugenehmigung bedürfen
1. Baumaßnahmen innerhalb vorhandener Gebäude, ausgenommen Nutzungsänderungen,
2. Änderungen des Äußeren vorhandener Gebäude, wenn sie deren Rauminhalt nicht vergrößern,
3. Abbrüche baulicher Anlagen,
wenn das Staatliche Baumanagement Niedersachsen, die Klosterkammer Hannover oder die Bauverwaltung eines Landkreises oder einer Gemeinde die Entwurfsarbeiten leitet und die Bauarbeiten überwacht.

Bauordnung **NBauO 65**

§ 62 Sonstige genehmigungsfreie Baumaßnahmen. (1) ¹Keiner Baugenehmigung bedarf die Errichtung
1. von Wohngebäuden der Gebäudeklassen 1, 2 und 3, auch mit Räumen für freie Berufe nach § 13 der Baunutzungsverordnung, in Kleinsiedlungsgebieten sowie in reinen, in allgemeinen und in besonderen Wohngebieten, wenn die Wohngebäude überwiegend Wohnungen enthalten,
2. von sonstigen Gebäuden der Gebäudeklassen 1 und 2 in Gewerbegebieten und in Industriegebieten,
3. von baulichen Anlagen, die keine Gebäude sind, in Gewerbegebieten und in Industriegebieten und
4. von Nebengebäuden und Nebenanlagen für Gebäude nach den Nummern 1 und 2,

wenn die in den Nummern 1 bis 3 genannten Baugebiete durch Bebauungsplan im Sinne des § 30 Abs. 1 oder 2 des Baugesetzbuchs festgesetzt sind und die Voraussetzungen des Absatzes 2 vorliegen. ²Satz 1 gilt entsprechend für die Änderung oder Nutzungsänderung baulicher Anlagen, die nach Durchführung dieser Baumaßnahme bauliche Anlagen im Sinne des Satzes 1 Nrn. 1 bis 4 sind. ³Die Sätze 1 und 2 gelten nicht für Sonderbauten nach § 2 Abs. 5.

(2) Eine Baumaßnahme ist nach Absatz 1 genehmigungsfrei, wenn
1. das Vorhaben den Festsetzungen des Bebauungsplans nicht widerspricht oder notwendige Ausnahmen oder Befreiungen bereits erteilt sind,
2. notwendige Zulassungen von Abweichungen nach § 66 bereits erteilt sind,
3. die Gemeinde der Bauherrin oder dem Bauherrn bestätigt hat, dass
   a) die Erschließung im Sinne des § 30 Abs. 1 oder 2 des Baugesetzbuchs gesichert ist und
   b) sie eine vorläufige Untersagung nach § 15 Abs. 1 Satz 2 des Baugesetzbuchs nicht beantragen wird,
4. die nach § 65 Abs. 2 Satz 1 zu prüfenden Nachweise der Standsicherheit und des Brandschutzes und, soweit erforderlich, die Eignung der Rettungswege nach § 33 Abs. 2 Satz 3 Halbsatz 2 geprüft und bestätigt worden sind.

(3) ¹Die Bauherrin oder der Bauherr hat über die beabsichtigte Baumaßnahme eine von ihr oder ihm unterschriebene schriftliche Mitteilung, der die Bauvorlagen, ausgenommen die bautechnischen Nachweise, beizufügen sind, bei der Gemeinde einzureichen. ²Betrifft die Baumaßnahme ein Lager für Abfälle mit einer Gesamtmenge von mehr als 15 t oder mehr als 15 m³, so hat die Bauherrin oder der Bauherr hierauf in ihrer oder seiner Mitteilung nach Satz 1 besonders hinzuweisen. ³Den übrigen Bauvorlagen beigefügt oder gesondert bei der Bauaufsichtsbehörde eingereicht werden können
1. bei einer Baumaßnahme nach § 65 Abs. 3 die Nachweise der Standsicherheit und des Brandschutzes und
2. soweit die Eignung der Rettungswege nach § 33 Abs. 2 Satz 3 Halbsatz 2 zu prüfen ist, die dafür erforderlichen Unterlagen.

(4) ¹Die Bauvorlagen müssen von einer Entwurfsverfasserin oder einem Entwurfsverfasser im Sinne des § 53 Abs. 3 Satz 2 Nr. 1, 2 oder 3 oder Abs. 4,

auch in Verbindung mit Abs. 8, unterschrieben sein, die oder der gegen Haftpflichtgefahren versichert ist, die sich aus der Wahrnehmung dieser Tätigkeit ergeben. ²Personenschäden müssen mindestens zu 1 500 000 Euro und Sach- und Vermögensschäden mindestens zu 200 000 Euro je Versicherungsfall versichert sein. ³Der Versicherungsschutz muss mindestens fünf Jahre über den Zeitpunkt der Beendigung des Versicherungsvertrages hinausreichen. ⁴Die Leistungen des Versicherers für alle innerhalb eines Versicherungsjahres verursachten Schäden können auf das Zweifache des jeweiligen Betrages nach Satz 2 begrenzt werden. ⁵Bei Personen, die die Voraussetzungen des § 53 Abs. 4 Sätze 1 bis 8 erfüllen, genügt hinsichtlich des Versicherungsschutzes der Nachweis, dass sie entsprechend ihrer jeweiligen Fachrichtung die Architektenkammer oder die Ingenieurkammer über die Einzelheiten ihres Versicherungsschutzes oder einer anderen Art des individuellen oder kollektiven Schutzes vor Haftpflichtgefahren informiert haben; dies gilt nicht für Berufsangehörige, die ihre Tätigkeit bei der zuständigen Kammer eines anderen Landes angemeldet haben. ⁶Die Sätze 1 bis 5 gelten nicht, wenn die Bauherrin oder der Bauherr den Entwurf selbst erstellt hat. ⁷§ 67 Abs. 3 Sätze 2 und 3 gilt entsprechend.

(5) ¹Die Gemeinde hat der Bauherrin oder dem Bauherrn innerhalb eines Monats nach Eingang der Unterlagen nach Absatz 3 die Bestätigung nach Absatz 2 Nr. 3 auszustellen, wenn die Erschließung im Sinne des § 30 Abs. 1 oder 2 des Baugesetzbuchs gesichert ist und wenn sie die vorläufige Untersagung nach § 15 Abs. 1 Satz 2 des Baugesetzbuchs nicht beantragen will. ²Eine darüber hinausgehende Pflicht der Gemeinde zur Prüfung der Baumaßnahme besteht nicht. ³Liegt eine der Voraussetzungen nach Absatz 2 Nr. 3 nicht vor, so hat die Gemeinde dies der Bauherrin oder dem Bauherrn innerhalb der Frist nach Satz 1 mitzuteilen und, wenn die Erschließung im Sinne des § 30 Abs. 1 oder 2 des Baugesetzbuchs nicht gesichert ist, die Unterlagen nach Absatz 3 zurückzugeben.

(6) Die Gemeinde legt, wenn sie nicht selbst die Aufgaben der Bauaufsichtsbehörde wahrnimmt, die Unterlagen nach Absatz 3 unverzüglich zusammen mit einer Ausfertigung ihrer Bestätigung nach Absatz 2 Nr. 3 oder, wenn sie die vorläufige Untersagung nach § 15 Abs. 1 Satz 2 des Baugesetzbuchs beantragt, zusammen mit ihrem Antrag der Bauaufsichtsbehörde vor.

(7) Über den Antrag auf vorläufige Untersagung hat die Bauaufsichtsbehörde innerhalb von zwei Wochen nach Eingang des vollständigen Antrages zu entscheiden.

(8) ¹Mit der Baumaßnahme darf erst begonnen werden, wenn die Bestätigung nach Absatz 2 Nr. 3 und, soweit erforderlich, die Bestätigung nach Absatz 2 Nr. 4 über die Eignung der Rettungswege der Bauherrin oder dem Bauherrn vorliegen. ²Eine Baumaßnahme nach § 65 Abs. 3 darf erst begonnen werden, wenn der Bauherrin oder dem Bauherrn auch die Bestätigung der Nachweise der Standsicherheit und des Brandschutzes vorliegt. ³Die Baumaßnahme darf mehr als drei Jahre, nachdem sie nach Satz 1 oder 2 zulässig gewor-

den ist oder ihre Ausführung unterbrochen worden ist, nur dann begonnen oder fortgesetzt werden, wenn die Anforderungen nach den Absätzen 3 und 5 bis 7 sowie den Sätzen 1 und 2 erneut erfüllt worden sind.

(9) ¹Die Durchführung der Baumaßnahme darf von den Bauvorlagen nicht abweichen. ²Die Bauvorlagen einschließlich der bautechnischen Nachweise müssen während der Durchführung der Baumaßnahme an der Baustelle vorgelegt werden können. ³Satz 2 gilt auch für die Bestätigungen nach Absatz 2 Nr. 4.

(10) Die Bauherrin oder der Bauherr kann verlangen, dass für eine Baumaßnahme nach Absatz 1 das vereinfachte Baugenehmigungsverfahren durchgeführt wird.

(11) ¹Die Absätze 2 bis 10 sind nicht anzuwenden, soweit Baumaßnahmen nach Absatz 1 schon nach anderen Vorschriften keiner Baugenehmigung bedürfen. ²Eine nach Absatz 1 genehmigungsfreie Baumaßnahme bedarf auch dann keiner Baugenehmigung, wenn nach ihrer Durchführung die Unwirksamkeit oder Nichtigkeit des Bebauungsplans festgestellt wird.

Zehnter Teil
Genehmigungsverfahren

§ 63 Vereinfachtes Baugenehmigungsverfahren. (1) ¹Das vereinfachte Baugenehmigungsverfahren wird durchgeführt für die genehmigungsbedürftige Errichtung, Änderung oder Nutzungsänderung baulicher Anlagen, mit Ausnahme von baulichen Anlagen, die nach Durchführung der Baumaßnahme Sonderbauten im Sinne des § 2 Abs. 5 sind. ²Bei Baumaßnahmen nach Satz 1 prüft die Bauaufsichtsbehörde die Bauvorlagen nur auf ihre Vereinbarkeit mit
1. dem städtebaulichen Planungsrecht,*

---

* Vgl. dazu §§ 29-36 BauGB:

§ 29 Begriff des Vorhabens; Geltung von Rechtsvorschriften. (1) ¹Für Vorhaben, die die Errichtung, Änderung oder Nutzungsänderung von baulichen Anlagen zum Inhalt haben, und für Aufschüttungen und Abgrabungen größeren Umfangs sowie für Ausschachtungen, Ablagerungen einschließlich Lagerstätten gelten die §§ 30 bis 37.

(2) Die Vorschriften des Bauordnungsrechts und andere öffentlich-rechtliche Vorschriften bleiben unberührt.

§ 30 Zulässigkeit von Vorhaben im Geltungsbereich eines Bebauungsplans. (1) Im Geltungsbereich eines Bebauungsplans, der allein oder gemeinsam mit sonstigen baurechtlichen Vorschriften mindestens Festsetzungen über die Art und das Maß der baulichen Nutzung, die überbaubaren Grundstücksflächen und die örtlichen Verkehrsflächen enthält, ist ein Vorhaben zulässig, wenn es diesen Festsetzungen nicht widerspricht und die Erschließung gesichert ist.

(2) Im Geltungsbereich eines vorhabenbezogenen Bebauungsplans nach § 12 ist ein Vorhaben zulässig, wenn es dem Bebauungsplan nicht widerspricht und die Erschließung gesichert ist.

2. den §§ 5 bis 7, 33 Abs. 2 Satz 3 und den §§ 47 und 50,
3. den sonstigen Vorschriften des öffentlichen Rechts im Sinne des § 2 Abs. 16;
§ 65 bleibt unberührt. ³§ 64 Satz 2 gilt entsprechend.

(2) ³Über erforderliche Ausnahmen, Befreiungen und Zulassungen von Abweichungen von Vorschriften, deren Einhaltung nach Absatz 1 nicht geprüft wird, wird nur auf besonderen Antrag entschieden.

(3) Im Geltungsbereich eines Bebauungsplans, der die Voraussetzungen des Absatzes 1 nicht erfüllt (einfacher Bebauungsplan), richtet sich die Zulässigkeit von Vorhaben im Übrigen nach § 34 oder § 35.

§ 31 Ausnahmen und Befreiungen. (1) Von den Festsetzungen des Bebauungsplans können solche Ausnahmen zugelassen werden, die in dem Bebauungsplan nach Art und Umfang ausdrücklich vorgesehen sind.

(2) Von den Festsetzungen des Bebauungsplans kann befreit werden, wenn die Grundzüge der Planung nicht berührt werden und
1. Gründe des Wohls der Allgemeinheit die Befreiung erfordern oder
2. die Abweichung städtebaulich vertretbar ist oder
3. die Durchführung des Bebauungsplans zu einer offenbar nicht beabsichtigten Härte führen würde

und wenn die Abweichung auch unter Würdigung nachbarlicher Interessen mit den öffentlichen Belangen vereinbar ist.

§ 32 Nutzungsbeschränkungen auf künftigen Gemeinbedarfs-, Verkehrs-, Versorgungs- und Grünflächen. ¹Sind überbaute Flächen in dem Bebauungsplan als Baugrundstücke für den Gemeinbedarf oder als Verkehrs-, Versorgungs- oder Grünflächen festgesetzt, dürfen auf ihnen Vorhaben, die eine wertsteigernde Änderung baulicher Anlagen zur Folge haben, nur zugelassen und für sie Befreiungen von den Festsetzungen des Bebauungsplans nur erteilt werden, wenn der Bedarfs- oder Erschließungsträger zustimmt oder der Eigentümer für sich und seine Rechtsnachfolger auf Ersatz der Werterhöhung für den Fall schriftlich verzichtet, dass der Bebauungsplan durchgeführt wird. ²Dies gilt auch für die dem Bebauungsplan nicht widersprechenden Teile einer baulichen Anlage, wenn sie für sich allein nicht wirtschaftlich verwertbar sind oder wenn bei der Enteignung die Übernahme der restlichen überbauten Flächen verlangt werden kann.

§ 33 Zulässigkeit von Vorhaben während der Planaufstellung. (1) In Gebieten, für die ein Beschluss über die Aufstellung eines Bebauungsplans gefasst ist, ist ein Vorhaben zulässig, wenn
1. die Öffentlichkeits- und Behördenbeteiligung nach § 3 Abs. 2, § 4 Abs. 2 und § 4a Abs. 2 bis 5 durchgeführt worden ist,
2. anzunehmen ist, dass das Vorhaben den künftigen Festsetzungen des Bebauungsplans nicht entgegensteht,
3. der Antragsteller diese Festsetzungen für sich und seine Rechtsnachfolger schriftlich anerkennt und
4. die Erschließung gesichert ist.

(2) In Fällen des § 4a Abs. 3 Satz 1 kann vor der erneuten Öffentlichkeits- und Behördenbeteiligung ein Vorhaben zugelassen werden, wenn sich die vorgenommene Änderung oder Ergänzung des Bebauungsplanentwurfs nicht auf das Vorhaben auswirkt und die in Absatz 1 Nr. 2 bis 4 bezeichneten Voraussetzungen erfüllt sind.

Bauordnung **NBauO 65**

§ 64 Baugenehmigungsverfahren. [1]Bei genehmigungsbedürftigen Baumaßnahmen, die nicht im vereinfachten Baugenehmigungsverfahren nach § 63 geprüft werden, prüft die Bauaufsichtsbehörde die Bauvorlagen auf ihre Vereinbarkeit mit dem öffentlichen Baurecht. [2]Die Vereinbarkeit der Bauvorlagen mit den Anforderungen der Arbeitsstättenverordnung wird nur geprüft, wenn die Bauherrin oder der Bauherr dies verlangt. [3]§ 65 bleibt unberührt.

---

(3) [1]Wird ein Verfahren nach § 13 durchgeführt, kann ein Vorhaben vor Durchführung der Öffentlichkeits- und Behördenbeteiligung zugelassen werden, wenn die in Absatz 1 Nr. 2 bis 4 bezeichneten Voraussetzungen erfüllt sind. [2]Der betroffenen Öffentlichkeit und den berührten Behörden und sonstigen Trägern öffentlicher Belange ist vor Erteilung der Genehmigung Gelegenheit zur Stellungnahme innerhalb angemessener Frist zu geben, soweit sie dazu nicht bereits zuvor Gelegenheit hatten.

§ 34 Zulässigkeit von Vorhaben innerhalb der im Zusammenhang bebauten Ortsteile. (1) [1]Innerhalb der im Zusammenhang bebauten Ortsteile ist ein Vorhaben zulässig, wenn es sich nach Art und Maß der baulichen Nutzung, der Bauweise und der Grundstücksfläche, die überbaut werden soll, in die Eigenart der näheren Umgebung einfügt und die Erschließung gesichert ist. [2]Die Anforderungen an gesunde Wohn- und Arbeitsverhältnisse müssen gewahrt bleiben; das Ortsbild darf nicht beeinträchtigt werden.

(2) Entspricht die Eigenart der näheren Umgebung einem der Baugebiete, die in der auf Grund des § 9a erlassenen Verordnung bezeichnet sind, beurteilt sich die Zulässigkeit des Vorhabens nach seiner Art allein danach, ob es nach der Verordnung in dem Baugebiet allgemein zulässig wäre; auf die nach der Verordnung ausnahmsweise zulässigen Vorhaben ist § 31 Abs. 1, im Übrigen ist § 31 Abs. 2 entsprechend anzuwenden.

(3) Von Vorhaben nach Absatz 1 oder 2 dürfen keine schädlichen Auswirkungen auf zentrale Versorgungsbereiche in der Gemeinde oder in anderen Gemeinden zu erwarten sein.

(3a) [1]Vom Erfordernis des Einfügens in die Eigenart der näheren Umgebung nach Absatz 1 Satz 1 kann im Einzelfall abgewichen werden, wenn die Abweichung
1. der Erweiterung, Änderung, Nutzungsänderung oder Erneuerung eines zulässigerweise errichteten Gewerbe- oder Handwerksbetriebs, einschließlich der Nutzungsänderung zu Wohnzwecken, oder der Erweiterung, Änderung oder Erneuerung einer zulässigerweise errichteten, Wohnzwecken dienenden baulichen Anlage dient,
2. städtebaulich vertretbar ist und
3. auch unter Würdigung nachbarlicher Interessen mit den öffentlichen Belangen vereinbar ist.

[2]Satz 1 findet keine Anwendung auf Einzelhandelsbetriebe, die die verbrauchernahe Versorgung der Bevölkerung beeinträchtigen oder schädliche Auswirkungen auf zentrale Versorgungsbereiche in der Gemeinde oder in anderen Gemeinden haben können.

(4) [1]Die Gemeinde kann durch Satzung
1. die Grenzen für im Zusammenhang bebaute Ortsteile festlegen,
2. bebaute Bereiche im Außenbereich als im Zusammenhang bebaute Ortsteile festlegen, wenn die Flächen im Flächennutzungsplan als Baufläche dargestellt sind,
3. einzelne Außenbereichsflächen in die im Zusammenhang bebauten Ortsteile einbeziehen, wenn die einbezogenen Flächen durch die bauliche Nutzung des angrenzenden Bereichs entsprechend geprägt sind.

[2]Die Satzungen können miteinander verbunden werden.

[263]   43

65 NBauO

§ 65 Bautechnische Nachweise, Typenprüfung. (1) ¹Die Einhaltung der Anforderungen an die Standsicherheit sowie den Brand-, den Schall-, den Wärme- und den Erschütterungsschutz ist nach Maßgabe der Verordnung nach § 82 Abs. 2 durch bautechnische Nachweise nachzuweisen; dies gilt nicht für verfahrensfreie Baumaßnahmen und für Baumaßnahmen im Sinne des § 60 Abs. 3 Satz 1, soweit nicht in diesem Gesetz oder in der Verordnung nach § 82 Abs. 2 anderes bestimmt ist. ²Die Berechtigung zum Erstellen von Bauvorlagen nach § 53 Abs. 3, 4 und 6 bis 8 schließt die Berechtigung zur Erstellung der bautechnischen Nachweise ein, soweit nachfolgend nicht anderes bestimmt ist.

(5) ¹Voraussetzung für die Aufstellung von Satzungen nach Absatz 4 Satz 1 Nr. 2 und 3 ist, dass
1. sie mit einer geordneten städtebaulichen Entwicklung vereinbar sind,
2. die Zulässigkeit von Vorhaben, die einer Pflicht zur Durchführung einer Umweltverträglichkeitsprüfung nach Anlage 1 zum Gesetz über die Umweltverträglichkeitsprüfung oder nach Landesrecht unterliegen, nicht begründet wird und
3. keine Anhaltspunkte für eine Beeinträchtigung der in § 1 Abs. 6 Nr. 7 Buchstabe b genannten Schutzgüter bestehen.

²In den Satzungen nach Absatz 4 Satz 1 Nr. 2 und 3 können einzelne Festsetzungen nach § 9 Abs. 1 und 3 Satz 1 sowie Abs. 4 getroffen werden. ³§ 9 Abs. 6 und § 31 sind entsprechend anzuwenden. ⁴Auf die Satzung nach Absatz 4 Satz 1 Nr. 3 sind ergänzend § 1a Abs. 2 und 3 und § 9 Abs. 1a entsprechend anzuwenden; ihr ist eine Begründung mit den Angaben entsprechend § 2a Satz 2 Nr. 1 beizufügen.

(6) ¹Bei der Aufstellung der Satzungen nach Absatz 4 Satz 1 Nr. 2 und 3 sind die Vorschriften über die Öffentlichkeits- und Behördenbeteiligung nach § 13 Abs. 2 Satz 1 Nr. 2 und 3 sowie Satz 2 entsprechend anzuwenden. ²Auf die Satzungen nach Absatz 4 Satz 1 Nr. 1 bis 3 ist § 10 Abs. 3 entsprechend anzuwenden.

§ 35 Bauen im Außenbereich. (1) Im Außenbereich ist ein Vorhaben nur zulässig, wenn öffentliche Belange nicht entgegenstehen, die ausreichende Erschließung gesichert ist und wenn es
1. einem land- oder forstwirtschaftlichen Betrieb dient und nur einen untergeordneten Teil der Betriebsfläche einnimmt,
2. einem Betrieb der gartenbaulichen Erzeugung dient,
3. der öffentlichen Versorgung mit Elektrizität, Gas, Telekommunikationsdienstleistungen, Wärme und Wasser, der Abwasserwirtschaft oder einem ortsgebundenen gewerblichen Betrieb dient,
4. wegen seiner besonderen Anforderungen an die Umgebung, wegen seiner nachteiligen Wirkung auf die Umgebung oder wegen seiner besonderen Zweckbestimmung nur im Außenbereich ausgeführt werden soll, es sei denn, es handelt sich um die Errichtung, Änderung oder Erweiterung einer baulichen Anlage zur Tierhaltung, die dem Anwendungsbereich der Nummer 1 nicht unterfällt und die einer Pflicht zur Durchführung einer standortbezogenen oder allgemeinen Vorprüfung einer Umweltverträglichkeitsprüfung nach dem Gesetz über die Umweltverträglichkeitsprüfung unterliegt, wobei bei kumulierenden Vorhaben für die Annahme eines engen Zusammenhangs diejenigen Tierhaltungsanlagen zu berücksichtigen sind, die auf demselben Betriebs- oder Baugelände liegen und mit gemeinsamen betrieblichen oder baulichen Einrichtungen verbunden sind,
5. der Erforschung, Entwicklung oder Nutzung der Wind- oder Wasserenergie dient,

Bauordnung **NBauO 65**

(2) ¹Für Baumaßnahmen nach den §§ 62 bis 64 sind nur
1. die Nachweise der Standsicherheit für bauliche Anlagen nach Absatz 3 Satz 1 und
2. die Nachweise des Brandschutzes für bauliche Anlagen nach Absatz 3 Satz 2

---

6. der energetischen Nutzung von Biomasse im Rahmen eines Betriebs nach Nummer 1 oder 2 oder eines Betriebs nach Nummer 4, der Tierhaltung betreibt, sowie dem Anschluss solcher Anlagen an das öffentliche Versorgungsnetz dient, unter folgenden Voraussetzungen:
   a) das Vorhaben steht in einem räumlich-funktionalen Zusammenhang mit dem Betrieb,
   b) die Biomasse stammt überwiegend aus dem Betrieb oder überwiegend aus diesem und aus nahe gelegenen Betrieben nach den Nummern 1, 2 oder 4, soweit letzterer Tierhaltung betreibt,
   c) es wird je Hofstelle oder Betriebsstandort nur eine Anlage betrieben und
   d) die Kapazität einer Anlage zur Erzeugung von Biogas überschreitet nicht 2,3 Millionen Normkubikmeter Biogas pro Jahr, die Feuerungswärmeleistung anderer Anlagen überschreitet nicht 2,0 Megawatt,
   oder
7. der Erforschung, Entwicklung oder Nutzung der Kernenergie zu friedlichen Zwecken oder der Entsorgung radioaktiver Abfälle dient, mit Ausnahme der Neuerrichtung von Anlagen zur Spaltung von Kernbrennstoffen zur gewerblichen Erzeugung von Elektrizität, oder
8. der Nutzung solarer Strahlungsenergie in, an und auf Dach- und Außenwandflächen von zulässigerweise genutzten Gebäuden dient, wenn die Anlage dem Gebäude baulich untergeordnet ist.

(2) Sonstige Vorhaben können im Einzelfall zugelassen werden, wenn ihre Ausführung oder Benutzung öffentliche Belange nicht beeinträchtigt und die Erschließung gesichert ist.

(3) ¹Eine Beeinträchtigung öffentlicher Belange liegt insbesondere vor, wenn das Vorhaben
1. den Darstellungen des Flächennutzungsplans widerspricht,
2. den Darstellungen eines Landschaftsplans oder sonstigen Plans, insbesondere des Wasser-, Abfall- oder Immissionsschutzrechts, widerspricht,
3. schädliche Umwelteinwirkungen hervorrufen kann oder ihnen ausgesetzt wird,
4. unwirtschaftliche Aufwendungen für Straßen oder andere Verkehrseinrichtungen, für Anlagen der Versorgung oder Entsorgung, für die Sicherheit oder Gesundheit oder für sonstige Aufgaben erfordert,
5. Belange des Naturschutzes und der Landschaftspflege, des Bodenschutzes, des Denkmalschutzes oder die natürliche Eigenart der Landschaft und ihren Erholungswert beeinträchtigt oder das Orts- und Landschaftsbild verunstaltet,
6. Maßnahmen zur Verbesserung der Agrarstruktur beeinträchtigt, die Wasserwirtschaft oder den Hochwasserschutz gefährdet,
7. die Entstehung, Verfestigung oder Erweiterung einer Splittersiedlung befürchten lässt oder
8. die Funktionsfähigkeit von Funkstellen und Radaranlagen stört.
²Raumbedeutsame Vorhaben dürfen den Zielen der Raumordnung nicht widersprechen; öffentliche Belange stehen raumbedeutsamen Vorhaben nach Absatz 1 nicht entgegen, soweit die Belange bei der Darstellung dieser Vorhaben als Ziele der Raumordnung abgewogen worden sind. ³Öffentliche Belange stehen einem Vorhaben nach Absatz 1 Nr. 2 bis 6 in der Regel auch dann entgegen, soweit hierfür durch Darstellungen im Flächennutzungsplan oder als Ziele der Raumordnung eine Ausweisung an anderer Stelle erfolgt ist.

zu prüfen; im Übrigen sind die bautechnischen Nachweise nicht zu prüfen. ²Die Bauaufsichtsbehörde kann abweichend von Satz 1 Nr. 1 die Prüfung von Nachweisen der Standsicherheit anordnen, wenn besondere statisch-konstruktive Nachweise oder Maßnahmen insbesondere wegen des Baugrundes erforderlich sind. ³In den Fällen des § 62 gibt die Bauaufsichtsbehörde der Bauherrin oder dem Bauherrn die Nachweise, wenn sie dem öffentlichen Baurecht entsprechen, mit einer Bestätigung darüber zurück.

(4) ¹Den nachfolgend bezeichneten sonstigen Vorhaben im Sinne des Absatzes 2 kann nicht entgegengehalten werden, dass sie Darstellungen des Flächennutzungsplans oder eines Landschaftsplans widersprechen, die natürliche Eigenart der Landschaft beeinträchtigen oder die Entstehung, Verfestigung oder Erweiterung einer Splittersiedlung befürchten lassen, soweit sie im übrigen außenbereichsverträglich im Sinne des Absatzes 3 sind:
1. die Änderung der bisherigen Nutzung eines Gebäudes im Sinne des Absatzes 1 Nr. 1 unter folgenden Voraussetzungen:
   a) das Vorhaben dient einer zweckmäßigen Verwendung erhaltenswerter Bausubstanz,
   b) die äußere Gestalt des Gebäudes bleibt im wesentlichen gewahrt,
   c) die Aufgabe der bisherigen Nutzung liegt nicht länger als sieben Jahre zurück,
   d) das Gebäude ist vor mehr als sieben Jahren zulässigerweise errichtet worden,
   e) das Gebäude steht im räumlich-funktionalen Zusammenhang mit der Hofstelle des land- oder forstwirtschaftlichen Betriebes,
   f) im Falle der Änderung zu Wohnzwecken entstehen neben den bisher nach Absatz 1 Nr. 1 zulässigen Wohnungen höchstens drei Wohnungen je Hofstelle und
   g) es wird eine Verpflichtung übernommen, keine Neubebauung als Ersatz für die aufgegebene Nutzung vorzunehmen, es sei denn, die Neubebauung wird im Interesse der Entwicklung des Betriebs im Sinne des Absatzes 1 Nr. 1 erforderlich,
2. die Neuerrichtung eines gleichartigen Wohngebäudes an gleicher Stelle unter folgenden Voraussetzungen:
   a) das vorhandene Gebäude ist zulässigerweise errichtet worden,
   b) das vorhandene Gebäude weist Missstände oder Mängel auf,
   c) das vorhandene Gebäude wird seit längerer Zeit vom Eigentümer selbst genutzt und
   d) Tatsachen rechtfertigen die Annahme, dass das neu errichtete Gebäude für den Eigenbedarf des bisherigen Eigentümers oder seiner Familie genutzt wird; hat der Eigentümer das vorhandene Gebäude im Wege der Erbfolge von einem Voreigentümer erworben, der seit längerer Zeit selbst genutzt hat, reicht es aus, wenn Tatsachen die Annahme rechtfertigen, dass das neu errichtete Gebäude für den Eigenbedarf des Eigentümers oder seiner Familie genutzt wird,
3. die alsbaldige Neuerrichtung eines zulässigerweise errichteten, durch Brand, Naturereignisse oder andere außergewöhnliche Ereignisse zerstörten, gleichartigen Gebäudes an gleicher Stelle,
4. die Änderung oder Nutzungsänderung von erhaltenswerten, das Bild der Kulturlandschaft prägenden Gebäuden, auch wenn sie aufgegeben sind, wenn das Vorhaben einer zweckmäßigen Verwendung der Gebäude und der Erhaltung des Gestaltwerts dient,
5. die Erweiterung eines Wohngebäudes auf bis zu höchstens zwei Wohnungen unter folgenden Voraussetzungen:
   a) das Gebäude ist zulässigerweise errichtet worden,
   b) die Erweiterung ist im Verhältnis zum vorhandenen Gebäude und unter Berücksichtigung der Wohnbedürfnisse angemessen und
   c) bei der Errichtung einer weiteren Wohnung rechtfertigen Tatsachen die Annahme, dass das Gebäude vom bisherigen Eigentümer oder seiner Familie selbst genutzt wird,

Bauordnung **NBauO 65**

(3) ¹Bauliche Anlagen nach Absatz 2 Satz 1 Nr. 1 sind
1. Wohngebäude der Gebäudeklassen 4 und 5,
2. unterirdische Garagen mit mehr als 100 m² Nutzfläche in sonstigen Wohngebäuden,
3. sonstige Gebäude, ausgenommen eingeschossige Gebäude bis 200 m² Grundfläche sowie eingeschossige landwirtschaftlich, forstwirtschaftlich oder erwerbsgärtnerisch genutzte Gebäude mit Dachkonstruktionen bis 6 m Stützweite, bei fachwerkartigen Dachbindern bis 20 m Stützweite,
4. fliegende Bauten und Fahrgeschäfte, die keine fliegenden Bauten sind,
5. Brücken mit einer lichten Weite von mehr als 5 m,

---

6. die bauliche Erweiterung eines zulässigerweise errichteten gewerblichen Betriebes, wenn die Erweiterung im Verhältnis zum vorhandenen Gebäude und Betrieb angemessen ist.

²In begründeten Einzelfällen gilt die Rechtsfolge des Satzes 1 auch für die Neuerrichtung eines Gebäudes im Sinne des Absatzes 1 Nr. 1, dem eine andere Nutzung zugewiesen werden soll, wenn das ursprüngliche Gebäude vom äußeren Erscheinungsbild auch zur Wahrung der Kulturlandschaft erhaltenswert ist, keine stärkere Belastung des Außenbereichs zu erwarten ist als in Fällen des Satzes 1 und die Neuerrichtung auch mit nachbarlichen Interessen vereinbar ist; Satz 1 Nr. 1 Buchstabe b bis g gilt entsprechend. ³In den Fällen des Satzes 1 Nr. 2 und 3 sowie des Satzes 2 sind geringfügige Erweiterungen des neuen Gebäudes gegenüber dem beseitigten oder zerstörten Gebäude sowie geringfügige Abweichungen vom bisherigen Standort des Gebäudes zulässig.

(5) ¹Die nach den Absätzen 1 bis 4 zulässigen Vorhaben sind in einer flächensparenden, die Bodenversiegelung auf das notwendige Maß begrenzenden und den Außenbereich schonenden Weise auszuführen. ²Für Vorhaben nach Absatz 1 Nr. 2 bis 6 ist als weitere Zulässigkeitsvoraussetzung eine Verpflichtungserklärung abzugeben, das Vorhaben nach dauerhafter Aufgabe der zulässigen Nutzung zurückzubauen und Bodenversiegelungen zu beseitigen; bei einer nach Absatz 1 Nr. 2 bis 6 zulässigen Nutzungsänderung ist die Rückbauverpflichtung zu übernehmen, bei einer nach Absatz 1 Nr. 1 oder Absatz 2 zulässigen Nutzungsänderung entfällt sie. ³Die Baugenehmigungsbehörde soll durch nach Landesrecht vorgesehene Baulast oder in anderer Weise die Einhaltung der Verpflichtung nach Absatz 4 Satz 1 Nr. 1 Buchstabe g sicherstellen. ⁴Im Übrigen soll sie in den Fällen des Absatzes 4 Satz 1 sicherstellen, dass die bauliche oder sonstige Anlage nach Durchführung des Vorhabens nur in der vorgesehenen Art genutzt wird.

(6) ¹Die Gemeinde kann für bebaute Bereiche im Außenbereich, die nicht überwiegend landwirtschaftlich geprägt sind und in denen eine Wohnbebauung von einigem Gewicht vorhanden ist, durch Satzung bestimmen, dass Wohnzwecken dienende Vorhaben im Sinne des Absatzes 2 nicht entgegengehalten werden kann, dass sie einer Darstellung im Flächennutzungsplan über Flächen für die Landwirtschaft oder Wald widersprechen oder die Entstehung oder Verfestigung einer Splittersiedlung befürchten lassen. ²Die Satzung kann auch auf Vorhaben erstreckt werden, die kleineren Handwerks- und Gewerbebetrieben dienen. ³In der Satzung können nähere Bestimmungen über die Zulässigkeit getroffen werden. ⁴Voraussetzung für die Aufstellung der Satzung ist, dass
1. sie mit einer geordneten städtebaulichen Entwicklung vereinbar ist,
2. die Zulässigkeit von Vorhaben, die einer Pflicht zur Durchführung einer Umweltverträglichkeitsprüfung nach Anlage 1 zum Gesetz über die Umweltverträglichkeitsprüfung oder nach Landesrecht unterliegen, nicht begründet wird und
3. keine Anhaltspunkte für eine Beeinträchtigung der in § 1 Abs. 6 Nr. 7 Buchstabe b genannten Schutzgüter bestehen.

6. Stützmauern mit einer Höhe von mehr als 3 m über der Geländeoberfläche,
7. Tribünen mit einer Höhe von mehr als 3 m,
8. Regale mit einer zulässigen Höhe der Oberkante des Lagerguts von mehr als 7,50 m,
9. Behälter,
10. sonstige bauliche Anlagen, die keine Gebäude sind, mit einer Höhe von mehr als 10 m.

²Bauliche Anlagen nach Absatz 2 Satz 1 Nr. 2 sind
1. Wohngebäude der Gebäudeklassen 4 und 5,
2. sonstige Gebäude der Gebäudeklassen 3, 4 und 5, ausgenommen eingeschossige landwirtschaftlich, forstwirtschaftlich oder erwerbsgärtnerisch genutzte Gebäude,
3. Garagen mit mehr als 100 m² Nutzfläche, auch wenn sie Teil eines sonst anders genutzten Gebäudes sind,
4. Sonderbauten.

³In den Fällen des Satzes 1 Nr. 3 und des Satzes 2 Nr. 2 bleiben Geschosse zur ausschließlichen Lagerung von Jauche und Gülle unberücksichtigt.

(4) Nachweise der Standsicherheit, die nicht nach Absatz 2 Satz 1 Nr. 1 zu prüfen sind, müssen erstellt sein von Personen, die
1. in die von der Ingenieurkammer Niedersachsen geführte Liste der Tragwerksplanerinnen und Tragwerksplaner oder in ein entsprechendes Verzeichnis in einem anderen Land eingetragen sind oder

---

⁵Bei Aufstellung der Satzung sind die Vorschriften über die Öffentlichkeits- und Behördenbeteiligung nach § 13 Abs. 2 Satz 1 Nr. 2 und 3 sowie Satz 2 entsprechend anzuwenden. ⁶§ 10 Abs. 3 ist entsprechend anzuwenden. ⁷Von der Satzung bleibt die Anwendung des Absatzes 4 unberührt.

§ 36 Beteiligung der Gemeinde und der höheren Verwaltungsbehörde. (1) ¹Über die Zulässigkeit von Vorhaben nach den §§ 31, 33 bis 35 wird im bauaufsichtlichen Verfahren von der Baugenehmigungsbehörde im Einvernehmen mit der Gemeinde entschieden. ²Das Einvernehmen der Gemeinde ist auch erforderlich, wenn in einem anderen Verfahren über die Zulässigkeit nach den in Satz 1 bezeichneten Vorschriften entschieden wird; dies gilt nicht für Vorhaben der in § 29 Abs. 1 bezeichneten Art, die der Bergaufsicht unterliegen. ³Richtet sich die Zulässigkeit von Vorhaben nach § 30 Abs. 1, stellen die Länder sicher, dass die Gemeinde rechtzeitig vor Ausführung des Vorhabens über Maßnahmen zur Sicherung der Bauleitplanung nach den §§ 14 und 15 entscheiden kann. ⁴In den Fällen des § 35 Abs. 2 und 4 kann die Landesregierung durch Rechtsverordnung allgemein oder für bestimmte Fälle festlegen, dass die Zustimmung der höheren Verwaltungsbehörde erforderlich ist.

(2) ¹Das Einvernehmen der Gemeinde und die Zustimmung der höheren Verwaltungsbehörde dürfen nur aus den sich aus den §§ 31, 33, 34 und 35 ergebenden Gründen versagt werden. ²Das Einvernehmen der Gemeinde und die Zustimmung der höheren Verwaltungsbehörde gelten als erteilt, wenn sie nicht binnen zwei Monaten nach Eingang des Ersuchens der Genehmigungsbehörde verweigert werden; dem Ersuchen gegenüber der Gemeinde steht die Einreichung des Antrags bei der Gemeinde gleich, wenn sie nach Landesrecht vorgeschrieben ist. ³Die nach Landesrecht zuständige Behörde kann ein rechtswidrig versagtes Einvernehmen der Gemeinde ersetzen.

2. nach Absatz 5 vorübergehend und gelegentlich Dienstleistungen als Tragwerksplanerin oder Tragwerksplaner erbringen dürfen.

(5) ¹Staatsangehörige eines in § 53 Abs. 4 Satz 1 genannten Staates, die im Inland weder einen Wohnsitz noch eine berufliche Niederlassung haben, dürfen in Niedersachsen vorübergehend und gelegentlich Dienstleistungen als Tragwerksplanerin oder Tragwerksplaner erbringen, wenn sie
1. in einem dieser Staaten als Tragwerksplanerin oder Tragwerksplaner rechtmäßig niedergelassen sind und
2. für den Fall, dass weder der Beruf noch die Ausbildung zu dem Beruf in dem Niederlassungsstaat reglementiert ist, den Beruf dort während der vorhergehenden zehn Jahre zwei Jahre lang ausgeübt haben.

²§ 53 Abs. 4 Sätze 2 bis 10 gilt entsprechend.

(6) Für genehmigungsbedürftige Baumaßnahmen dürfen Nachweise der Standsicherheit, die nicht nach Absatz 2 Satz 1 Nr. 1 zu prüfen sind, abweichend von den Absätzen 4 und 5 auch von Personen erstellt sein, die nicht die dort genannten Voraussetzungen erfüllen; die von diesen Personen erstellten Nachweise sind abweichend von Absatz 2 Satz 1 Nr. 1 zu prüfen.

(7) ¹Die Nachweise des Schall- und des Wärmeschutzes müssen von Personen erstellt sein, die die Anforderungen nach den Absätzen 4 und 5 oder § 53 Abs. 3 Satz 2 Nr. 1, 2 oder 3 oder Abs. 4, auch in Verbindung mit Abs. 8, erfüllen. ²Für die in § 53 Abs. 6 Satz 1 genannten Baumaßnahmen können die Nachweise auch von Personen erstellt sein, die die Anforderungen nach § 53 Abs. 6, 7 oder 8 erfüllen.

(8) ¹Die Nachweise der Standsicherheit und die Nachweise der Feuerwiderstandsfähigkeit der Bauteile können, auch wenn sie nicht nach Absatz 2 zu prüfen sind, auf schriftlichen Antrag allgemein geprüft werden (Typenprüfung). ²Absatz 4 ist im Fall einer Typenprüfung nicht anzuwenden.

(9) ¹Soweit die Typenprüfung ergibt, dass die bautechnischen Nachweise nach Absatz 8 dem öffentlichen Baurecht entsprechen, ist dies durch Bescheid festzustellen. ²Der Bescheid wird widerruflich und in der Regel auf fünf Jahre befristet erteilt. ³Die Befristung kann auf schriftlichen Antrag um jeweils längstens fünf Jahre verlängert werden. ⁴§ 67 Abs. 1 Satz 2 und § 71 Satz 4 gelten entsprechend.

(10) Bescheide über Typenprüfungen von Behörden anderer Länder gelten auch in Niedersachsen.

§ 66 Abweichungen. (1) ¹Die Bauaufsichtsbehörde kann Abweichungen von Anforderungen dieses Gesetzes und aufgrund dieses Gesetzes erlassener Vorschriften zulassen, wenn diese unter Berücksichtigung des Zwecks der jeweiligen Anforderung und unter Würdigung der öffentlich-rechtlich geschützten nachbarlichen Belange mit den öffentlichen Belangen, insbesondere den Anforderungen nach § 3 Abs. 1 vereinbar sind. ²Es ist anzugeben, von welchen Vorschriften und in welchem Umfang eine Abweichung zugelassen wird. ³§ 83 Abs. 2 Satz 2 bleibt unberührt.

(2) ¹Die Zulassung einer Abweichung bedarf eines schriftlichen und begründeten Antrags. ²Für Anlagen, die keiner Genehmigung bedürfen, sowie für Abweichungen von Vorschriften, deren Einhaltung nicht geprüft wird, gilt Satz 1 entsprechend.

(3) ¹Eine Abweichung wird, wenn die Erteilung einer Baugenehmigung von ihr abhängt, durch die Baugenehmigung zugelassen. ²Wenn eine Bestätigung nach § 65 Abs. 2 Satz 3 oder eine Entscheidung nach § 65 Abs. 9 oder den §§ 72 bis 75 von der Abweichung abhängt, wird diese durch die Bestätigung oder die Entscheidung zugelassen.

(4) Wird nach Absatz 1 Satz 1 zugelassen, dass notwendige Einstellplätze innerhalb einer angemessenen Frist nach Ingebrauchnahme der baulichen Anlage hergestellt werden, so kann die Baugenehmigung von einer Sicherheitsleistung abhängig gemacht werden.

(5) Abweichungen von örtlichen Bauvorschriften nach § 84 Abs. 1 und 2 dürfen nur im Einvernehmen mit der Gemeinde zugelassen werden.

(6) Die Absätze 2 und 3 gelten auch für die Erteilung von Ausnahmen und Befreiungen nach anderen Vorschriften des öffentlichen Baurechts, soweit nichts anderes bestimmt ist.

§ 67 Bauantrag und Bauvorlagen. (1) ¹Der Antrag auf Erteilung einer Baugenehmigung (Bauantrag) ist schriftlich bei der Gemeinde einzureichen. ²Zum Bauantrag sind alle für die Beurteilung der Baumaßnahmen und die Bearbeitung erforderlichen Unterlagen (Bauvorlagen) einzureichen.

(2) Die Bauaufsichtsbehörde kann verlangen, dass die bauliche Anlage auf dem Grundstück dargestellt wird, soweit sich in besonderen Fällen anders nicht ausreichend beurteilen lässt, wie sie sich in die Umgebung einfügt.

(3) ¹Der Bauantrag muss von der Bauherrin oder dem Bauherrn und von der Entwurfsverfasserin oder dem Entwurfsverfasser mit Tagesangabe unterschrieben sein. ²Die Bauvorlagen müssen von der Entwurfsverfasserin oder dem Entwurfsverfasser mit Tagesangabe unterschrieben sein. ³Die von Sachverständigen im Sinne des § 53 Abs. 2 Satz 2 angefertigten Bauvorlagen müssen auch von diesen unterschrieben sein.

§ 68 Beteiligung der Nachbarn. (1) ¹Nachbarn, deren Belange eine Baumaßnahme berühren kann, dürfen die Bauvorlagen bei der Bauaufsichtsbehörde oder bei der Gemeinde einsehen. ²Dies gilt nicht für die Teile der Bauvorlagen, die Belange der Nachbarn nicht berühren können.

(2) ¹Soll eine Abweichung oder Ausnahme von Vorschriften des öffentlichen Baurechts, die auch dem Schutz von Nachbarn dienen, zugelassen oder eine Befreiung von solchen Vorschriften erteilt werden, so soll die Bauaufsichtsbehörde den betroffenen Nachbarn, soweit sie erreichbar sind, Gelegenheit zur Stellungnahme innerhalb einer angemessenen Frist von längstens vier Wochen geben. ²Auch in anderen Fällen kann die Bauaufsichtsbehörde nach Satz 1 verfahren,

Bauordnung **NBauO 65**

wenn eine Baumaßnahme möglicherweise Belange der Nachbarn berührt, die durch Vorschriften des öffentlichen Baurechts geschützt werden.

(3) Die Bauherrin oder der Bauherr hat der Bauaufsichtsbehörde auf Verlangen die von der Baumaßnahme betroffenen Nachbarn namhaft zu machen und Unterlagen zur Verfügung zu stellen, die zur Unterrichtung der Nachbarn erforderlich sind.

(4) Absatz 2 ist nicht anzuwenden, soweit Nachbarn der Baumaßnahme schriftlich zugestimmt haben.

§ 69 Behandlung des Bauantrags. (1) Die Gemeinde hat, wenn sie nicht selbst die Aufgaben der Bauaufsichtsbehörde wahrnimmt, den Bauantrag innerhalb von einer Woche an die Bauaufsichtsbehörde weiterzuleiten.

(2) ¹Sind der Bauantrag oder die Bauvorlagen unvollständig oder weisen sie sonstige erhebliche Mängel auf, so fordert die Bauaufsichtsbehörde die Bauherrin oder den Bauherrn zur Behebung der Mängel innerhalb einer angemessenen Frist auf. ²Werden die Mängel innerhalb der Frist nicht behoben, so soll die Bauaufsichtsbehörde die Bearbeitung des Bauantrages unter Angabe der Gründe ablehnen.

(3) ¹Die Bauaufsichtsbehörde hört zum Bauantrag diejenigen Behörden und Stellen an,
1. deren Beteiligung für die Entscheidung über den Bauantrag durch Rechtsvorschrift vorgeschrieben ist, oder
2. ohne deren Stellungnahme die Genehmigungsfähigkeit der Baumaßnahme nicht beurteilt werden kann.

²Eine Anhörung nach Satz 1 ist nicht erforderlich, wenn die jeweilige Behörde oder Stelle der Baumaßnahme bereits schriftlich zugestimmt hat. ³Äußert sich eine Behörde, die im Baugenehmigungsverfahren nach Satz 1 angehört wird, nicht innerhalb von zwei Wochen oder verlangt sie nicht innerhalb dieser Frist unter Angabe der Gründe eine weitere Frist von längstens einem Monat für ihre Stellungnahme, so kann die Bauaufsichtsbehörde davon ausgehen, dass die Baumaßnahme mit den von dieser Behörde wahrzunehmenden öffentlichen Belangen in Einklang steht.

(4) Bedarf die Baugenehmigung nach landesrechtlichen Vorschriften der Zustimmung oder des Einvernehmens einer anderen Behörde, so gelten diese als erteilt, wenn sie nicht innerhalb eines Monats nach Eingang des Ersuchens unter Angabe der Gründe verweigert werden.

(5) Erhebt ein Nachbar Einwendungen gegen die Baumaßnahme, so hat die Bauaufsichtsbehörde die Bauherrin oder den Bauherrn davon zu unterrichten.

§ 70 Baugenehmigung und Teilbaugenehmigung. (1) ¹Die Baugenehmigung ist zu erteilen, wenn die Baumaßnahme, soweit sie genehmigungsbedürftig ist und soweit eine Prüfung erforderlich ist, dem öffentlichen Baurecht entspricht. ²Die durch eine Umweltverträglichkeitsprüfung ermittelten, beschriebenen und bewerteten Umweltauswirkungen sind nach Maßgabe der hierfür geltenden Vorschriften zu berücksichtigen. [3]Die Baugenehmigung bedarf der Schriftform.

(2) [1]Bauliche Anlagen, die nur auf beschränkte Zeit errichtet werden dürfen oder sollen, Werbeanlagen und Warenautomaten können widerruflich oder befristet genehmigt werden. [2]Behelfsbauten dürfen nur widerruflich oder befristet genehmigt werden.

(3) [1]Ist ein Bauantrag eingereicht, so kann der Beginn der Bauarbeiten für die Baugrube und für einzelne Bauteile oder Bauabschnitte auf schriftlichen Antrag schon vor Erteilung der Baugenehmigung schriftlich zugelassen werden, wenn nach dem Stand der Prüfung des Bauantrags gegen die Teilausführung keine Bedenken bestehen (Teilbaugenehmigung). [2]Absatz 1 gilt sinngemäß.

(4) In der Baugenehmigung können für die bereits genehmigten Teile der Baumaßnahme, auch wenn sie schon durchgeführt sind, zusätzliche Anforderungen gestellt werden, wenn sie sich bei der weiteren Prüfung der Bauvorlagen als erforderlich herausstellen.

(5) [1]Hat ein Nachbar Einwendungen gegen die Baumaßnahme erhoben, so ist die Baugenehmigung oder die Teilbaugenehmigung mit dem Teil der Bauvorlagen, auf den sich die Einwendungen beziehen, ihm mit einer Rechtsbehelfsbelehrung zuzustellen. [2]Die Baugenehmigung oder die Teilbaugenehmigung ist auf Verlangen der Bauherrin oder des Bauherrn auch Nachbarn, die keine Einwendungen erhoben haben, mit einer Rechtsbehelfsbelehrung zuzustellen.

(6) Die Baugenehmigung und die Teilbaugenehmigung gelten auch für und gegen die Rechtsnachfolger der Bauherrin oder des Bauherrn und der Nachbarn.

§ 71 Geltungsdauer der Baugenehmigung und der Teilbaugenehmigung.
[1]Die Baugenehmigung und die Teilbaugenehmigung erlöschen, wenn innerhalb von drei Jahren nach ihrer Erteilung mit der Ausführung der Baumaßnahme nicht begonnen oder wenn die Ausführung drei Jahre lang unterbrochen worden ist. [2]Wird die Baugenehmigung oder die Teilbaugenehmigung angefochten, so wird der Lauf der Frist bis zur rechtskräftigen Entscheidung gehemmt. [3]Die Frist kann auf schriftlichen Antrag um jeweils höchstens drei Jahre verlängert werden. [4]Sie kann rückwirkend verlängert werden, wenn der Antrag vor Fristablauf bei der Bauaufsichtsbehörde eingegangen ist.

§ 72 Durchführung baugenehmigungsbedürftiger Baumaßnahmen.
(1) [1]Vor Erteilung der Baugenehmigung darf mit der Baumaßnahme nicht begonnen werden. [2]Sie darf nur so durchgeführt werden, wie sie genehmigt worden ist. [3]Baugenehmigung und Bauvorlagen müssen während der Ausführung von Bauarbeiten an der Baustelle vorgelegt werden können. [4]Satz 3 gilt auch für bautechnische Nachweise, die nicht zu prüfen sind.

(2) Die Bauaufsichtsbehörde kann im Einzelfall anordnen, dass die Grundfläche der baulichen Anlage abgesteckt oder ihre Höhenlage festgelegt wird

Bauordnung

und die Absteckung oder die Festlegung vor Baubeginn von ihr abgenommen werden muss.

§ 73 Bauvoranfrage und Bauvorbescheid. (1) [1]Für eine Baumaßnahme ist auf Antrag (Bauvoranfrage) über einzelne Fragen, über die im Baugenehmigungsverfahren zu entscheiden wäre und die selbständig beurteilt werden können, durch Bauvorbescheid zu entscheiden. [2]Dies gilt auch für die Frage, ob eine Baumaßnahme nach städtebaulichem Planungsrecht zulässig ist.

(2) [1]Der Bauvorbescheid erlischt, wenn nicht innerhalb von drei Jahren nach seiner Erteilung der Bauantrag gestellt wird. [2]Im Übrigen gelten die §§ 67 bis 70 und § 71 Sätze 2 bis 4 sinngemäß.

§ 74 Bauaufsichtliche Zustimmung. (1) [1]Ist der Bund oder ein Land Bauherr, so tritt an die Stelle einer sonst erforderlichen Baugenehmigung die Zustimmung der obersten Bauaufsichtsbehörde, wenn
1. die Leitung der Entwurfsarbeiten und die Überwachung der Bauarbeiten in der Bauverwaltung des Bundes oder des Landes einer bediensteten Person übertragen sind, die die Anforderungen nach § 57 Abs. 4 Satz 2 oder entsprechende Anforderungen erfüllt und ein Hochschulstudium der Fachrichtung Hochbau oder Bauingenieurwesen abgeschlossen hat, und
2. die bedienstete Person bei der Erfüllung der ihr übertragenen Aufgaben ausreichend von sonstigen geeigneten Fachkräften unterstützt wird.
[2]Dies gilt entsprechend für Baumaßnahmen anderer Bauherrinnen oder Bauherren, wenn das Staatliche Baumanagement Niedersachsen oder die Klosterkammer Hannover die Entwurfsarbeiten leitet und die Bauarbeiten überwacht.

(2) [1]Der Antrag auf Zustimmung ist bei der obersten Bauaufsichtsbehörde einzureichen. [2]§ 67 Abs. 1 Satz 2, § 68, § 69 Abs. 2 bis 5 und die §§ 70 bis 72 Abs. 1 Satz 2 und § 73 gelten für das Zustimmungsverfahren sinngemäß. [3]Die Gemeinde ist, soweit nicht andere Vorschriften eine weitergehende Beteiligung erfordern, zu der Baumaßnahme zu hören.

(3) [1]Im Zustimmungsverfahren wird die Baumaßnahme nur auf ihre Vereinbarkeit mit dem städtebaulichen Planungsrecht und dem Niedersächsischen Denkmalschutzgesetz geprüft und, falls erforderlich, die Entscheidung nach § 17 des Bundesnaturschutzgesetzes in Verbindung mit § 7 des Niedersächsischen Ausführungsgesetzes zum Bundesnaturschutzgesetz getroffen. [2]Die oberste Bauaufsichtsbehörde entscheidet über Abweichungen, Ausnahmen und Befreiungen von den nach Satz 1 zu prüfenden Vorschriften sowie von anderen Vorschriften des öffentlichen Baurechts, soweit sie auch dem Schutz von Nachbarn dienen und die Nachbarn der Baumaßnahme nicht zugestimmt haben. [3]Im Übrigen bedürfen Abweichungen, Ausnahmen und Befreiungen keiner bauaufsichtlichen Entscheidung.

(4) [1]Baumaßnahmen, die der Landesverteidigung dienen, bedürfen weder einer Baugenehmigung noch einer Zustimmung nach Absatz 1. [2]Sie sind stattdessen der obersten Bauaufsichtsbehörde vor Baubeginn zur Kenntnis zu bringen.

(5) Eine Bauüberwachung und Bauabnahmen durch Bauaufsichtsbehörden finden in Fällen der Absätze 1 und 4 nicht statt.

§ 75 Genehmigung fliegender Bauten. (1) ¹Fliegende Bauten sind bauliche Anlagen, die geeignet und bestimmt sind, an verschiedenen Orten wiederholt und befristet aufgestellt und wieder abgebaut zu werden. ²Baustelleneinrichtungen, Baugerüste, Zelte, die dem Wohnen dienen, und Wohnwagen gelten nicht als fliegende Bauten.

(2) ¹Fliegende Bauten bedürfen keiner Baugenehmigung. ²Ein fliegender Bau darf jedoch zum Gebrauch nur aufgestellt werden, wenn für diesen eine Ausführungsgenehmigung erteilt worden ist. ³Keiner Ausführungsgenehmigung bedarf es
1. für die in Nummer 11 des Anhangs genannten fliegenden Bauten,
2. unter den Voraussetzungen des § 74 Abs. 1,
3. für fliegende Bauten, die der Landesverteidigung dienen.

(3) ¹Die Ausführungsgenehmigung wird auf schriftlichen Antrag erteilt; sie wird auf längstens fünf Jahre befristet. ²Die Befristung kann auf schriftlichen Antrag um jeweils längstens fünf Jahre verlängert werden. ³Die Ausführungsgenehmigung und die Verlängerung einer Befristung werden in einem Prüfbuch erteilt, in das eine Ausfertigung der mit Genehmigungsvermerk versehenen Bauvorlagen einzufügen ist. ⁴Ausführungsgenehmigungen anderer Länder gelten auch in Niedersachsen.

(4) ¹Die Inhaberin oder der Inhaber einer Ausführungsgenehmigung hat die Änderung ihres oder seines Wohnsitzes oder ihrer oder seiner gewerblichen Niederlassung oder die Übertragung eines fliegenden Baues an einen Dritten der für die Ausführungsgenehmigung zuständigen Behörde oder Stelle anzuzeigen. ²Sie oder er hat das Prüfbuch der zuständigen Behörde oder Stelle zur Änderung der Eintragungen vorzulegen. ³Die Behörde oder Stelle hat die Änderungen in das Prüfbuch einzutragen und sie, wenn mit den Änderungen ein Wechsel der Zuständigkeit verbunden ist, der nunmehr zuständigen Behörde oder Stelle mitzuteilen.

(5) ¹Die Aufstellung fliegender Bauten, die einer Ausführungsgenehmigung bedürfen, muss rechtzeitig vorher der Bauaufsichtsbehörde des Aufstellungsortes unter Vorlage des Prüfbuchs angezeigt werden. ²Diese fliegenden Bauten dürfen unbeschadet anderer Vorschriften nur in Gebrauch genommen werden, wenn die Bauaufsichtsbehörde sie abgenommen hat (Gebrauchsabnahme). ³Das Ergebnis der Gebrauchsabnahme ist in das Prüfbuch einzutragen. ⁴Die Bauaufsichtsbehörde kann im Einzelfall auf die Gebrauchsabnahme verzichten.

(6) ¹Die Bauaufsichtsbehörde hat die erforderlichen Anordnungen zu treffen oder die Aufstellung oder den Gebrauch fliegender Bauten zu untersagen, soweit dies nach den örtlichen Verhältnissen oder zur Abwehr von Gefahren erforderlich ist, insbesondere weil die Betriebs- oder Standsicherheit nicht oder nicht mehr gewährleistet ist oder weil von der Ausführungsgenehmigung abgewichen wird. ²Wird die Aufstellung oder der Gebrauch aufgrund von Mängeln

Bauordnung **NBauO 65**

am fliegenden Bau untersagt, so ist dies in das Prüfbuch einzutragen; die für die Ausführungsgenehmigung zuständige Behörde oder Stelle ist zu benachrichtigen. [3]Das Prüfbuch ist einzuziehen und der für die Ausführungsgenehmigung zuständigen Behörde oder Stelle zuzuleiten, wenn die Herstellung ordnungsgemäßer Zustände innerhalb angemessener Frist nicht zu erwarten ist.

(7) [1]Bei fliegenden Bauten, die längere Zeit an einem Aufstellungsort betrieben werden, kann die für die Gebrauchsabnahme zuständige Bauaufsichtsbehörde weitere Abnahmen durchführen. [2]Das Ergebnis dieser Abnahmen ist in das Prüfbuch einzutragen.

(8) § 67 Abs. 1 Satz 2, § 70 Abs. 1 Satz 1, § 71 Satz 4, § 77 Abs. 3 und 5 und § 82 Abs. 2 Nr. 7 gelten sinngemäß.

Elfter Teil
Sonstige Vorschriften über die Bauaufsicht

§ 76 Bauüberwachung. (1) [1]Die Bauaufsichtsbehörde kann die Einhaltung der öffentlich-rechtlichen Vorschriften und Anforderungen sowie die ordnungsgemäße Erfüllung der Pflichten der am Bau Beteiligten überprüfen. [2]Sie kann verlangen, dass Beginn und Ende bestimmter Bauarbeiten angezeigt werden.

(2) [1]Die mit der Bauüberwachung beauftragten Personen können Einblick in Genehmigungen, Zulassungen, Prüfzeugnisse, Übereinstimmungserklärungen, Übereinstimmungszertifikate, Überwachungsnachweise, in Zeugnisse und Aufzeichnungen über die Prüfung von Bauprodukten, in Bautagebücher und in vorgeschriebene andere Aufzeichnungen verlangen. [2]Sie dürfen Proben von Bauprodukten, soweit erforderlich auch aus fertigen Bauteilen, entnehmen und prüfen oder prüfen lassen. [3]Die Bauherrin oder der Bauherr oder die Unternehmerinnen oder Unternehmer haben auf Verlangen die für die Überwachung erforderlichen Arbeitskräfte und Geräte zur Verfügung zu stellen.

(3) Die Bauaufsichtsbehörde kann verlangen, dass ihr von der Bauherrin oder dem Bauherrn ein Nachweis einer Vermessungs- und Katasterbehörde, einer anderen zu Vermessungen für die Einrichtung und Fortführung der Landesvermessung und des Liegenschaftskatasters befugten behördlichen Vermessungsstelle, einer Öffentlich bestellten Vermessungsingenieurin oder eines Öffentlich bestellten Vermessungsingenieurs darüber vorgelegt wird, dass die Abstände sowie die Grundflächen und Höhenlagen eingehalten sind.

§ 77 Bauabnahmen. (1) Soweit es zur Wirksamkeit der Bauüberwachung, insbesondere zur Beurteilung von kritischen Bauzuständen, erforderlich ist, kann in der Baugenehmigung oder der Teilbaugenehmigung, aber auch noch während der Baudurchführung die Abnahme
1. bestimmter Bauteile oder Bauarbeiten,
2. der baulichen Anlage nach Vollendung der tragenden Teile, der Schornsteine, der Brandwände und der Dachkonstruktion (Rohbauabnahme) und

3. der baulichen Anlage nach ihrer Fertigstellung (Schlussabnahme) angeordnet werden

(2) ¹Bei der Rohbauabnahme müssen alle Teile der baulichen Anlage sicher zugänglich sein, die für die Standsicherheit und für den Brandschutz wesentlich sind. ²Sie sind, soweit möglich, offen zu halten, damit Maße und Ausführungsart geprüft werden können.

(3) ¹Die Bauherrin oder der Bauherr hat der Bauaufsichtsbehörde rechtzeitig schriftlich mitzuteilen, wann die Voraussetzungen für die Abnahmen gegeben sind. ²§ 76 Abs. 2 Satz 3 gilt entsprechend.

(4) Zur Rohbauabnahme muss über die Tauglichkeit der Schornsteine und Leitungen zur Abführung der Abgase oder Verbrennungsgase und zur Schlussabnahme über die sichere Benutzbarkeit der Feuerungsanlagen, der ortsfesten Verbrennungsmotoren und der Blockheizkraftwerke die Bescheinigung der Bezirksschornsteinfegermeisterin oder des Bezirksschornsteinfegermeisters vorliegen.

(5) ¹Bei nicht nur geringfügigen Mängeln kann die Bauaufsichtsbehörde die Abnahme ablehnen. ²Über die Abnahme ist eine Bescheinigung auszustellen (Abnahmeschein).

(6) ¹Die Bauaufsichtsbehörde kann verlangen, dass bestimmte Bauarbeiten erst nach einer nach Absatz 1 Nr. 1 oder 2 angeordneten Abnahme durchgeführt oder fortgesetzt werden. ²Sie kann aus Gründen des § 3 Abs. 1 auch verlangen, dass eine bauliche Anlage erst nach der Schlussabnahme in Gebrauch genommen wird.

§ 78 Regelmäßige Überprüfung. Soweit es erforderlich ist, um die Erfüllung der Anforderungen nach § 3 zu sichern, kann die Bauaufsichtsbehörde eine regelmäßige Überprüfung von baulichen Anlagen oder von Teilen baulicher Anlagen durch die Bauaufsichtsbehörde oder durch Sachkundige oder Sachverständige vorschreiben und Art, Umfang, Häufigkeit und Nachweis der Überprüfung näher regeln, soweit dies nicht durch Verordnung nach § 82 Abs. 1 Nr. 5 geregelt ist.

§ 79 Baurechtswidrige Zustände, Bauprodukte und Baumaßnahmen sowie verfallende bauliche Anlagen. (1) ¹Widersprechen bauliche Anlagen, Grundstücke, Bauprodukte oder Baumaßnahmen dem öffentlichen Baurecht oder ist dies zu besorgen, so kann die Bauaufsichtsbehörde nach pflichtgemäßem Ermessen die Maßnahmen anordnen, die zur Herstellung oder Sicherung rechtmäßiger Zustände erforderlich sind. ²Sie kann namentlich
1. die Einstellung rechtswidriger und die Ausführung erforderlicher Arbeiten verlangen,
2. die Einstellung der Arbeiten anordnen, wenn Bauprodukte verwendet werden, die unberechtigt mit dem CE-Zeichen (§ 17 Abs. 1 Satz 1 Nr. 2) oder mit dem Ü-Zeichen (§ 22 Abs. 4) gekennzeichnet sind oder ein erforderliches CE- oder Ü-Zeichen nicht tragen,

Bauordnung **NBauO 65**

3. die Verwendung von Bauprodukten, die entgegen § 22 mit dem Ü-Zeichen gekennzeichnet sind, untersagen und deren Kennzeichnung ungültig machen oder beseitigen lassen,
4. die <u>Beseitigung</u> von Anlagen oder Teilen von Anlagen anordnen,
5. die Benutzung von Anlagen untersagen, insbesondere Wohnungen für unbewohnbar erklären.

³Die Bauaufsichtsbehörde hat ihre Anordnungen an die Personen zu richten, die nach den §§ 52 bis 56 verantwortlich sind. ⁴Nach Maßgabe des Niedersächsischen Gesetzes über die öffentliche Sicherheit und Ordnung kann sie auch nicht verantwortliche Personen in Anspruch nehmen. ⁵Die Anordnungen der Bauaufsichtsbehörde gelten auch gegenüber den Rechtsnachfolgern der Personen, an die die Anordnungen gerichtet sind.

(2) Die Bauaufsichtsbehörde kann bauliche Anlagen, Teile baulicher Anlagen und Arbeitsstellen versiegeln und Bauprodukte, Geräte, Maschinen und Hilfsmittel sicherstellen, soweit dies zur Durchsetzung von Anordnungen nach Absatz 1 erforderlich ist.

(3) ¹Soweit bauliche Anlagen nicht genutzt werden und verfallen, kann die Bauaufsichtsbehörde die nach § 56 verantwortlichen Personen verpflichten, die baulichen Anlagen abzubrechen oder zu beseitigen, es sei denn, dass ein öffentliches oder schutzwürdiges privates Interesse an ihrer Erhaltung besteht. ²Für die Grundstücke gilt § 9 Abs. 1 Satz 1 und Abs. 2 entsprechend.

(4) Die Bauaufsichtsbehörde soll vor Anordnungen nach den Absätzen 1 und 3 die Angelegenheit mit den Betroffenen <u>erörtern</u>, soweit die Umstände nicht ein sofortiges Einschreiten erfordern.

§ 80 Ordnungswidrigkeiten. (1) Ordnungswidrig handelt, wer vorsätzlich oder fahrlässig
1. Bauarbeiten ohne Abgrenzungen, Warnzeichen, Schutzvorrichtungen oder Schutzmaßnahmen durchführt oder durchführen lässt, die nach § 11 Abs. 1 oder 2 erforderlich sind,
2. entgegen § 11 Abs. 3 ein Bauschild nicht anbringt,
3. ein Bauprodukt ohne das nach § 17 Abs. 1 Satz 1 Nr. 1 erforderliche Ü-Zeichen verwendet,
4. eine Bauart ohne eine nach § 21 Abs. 1 Satz 1 Nr. 1 erforderliche allgemeine bauaufsichtliche Zulassung, eine nach § 21 Abs. 1 Satz 1 Nr. 2 erforderliche Zustimmung im Einzelfall oder ein nach § 21 Abs. 1 Satz 2 erforderliches allgemeines bauaufsichtliches Prüfzeugnis anwendet,
5. ein Bauprodukt mit dem Ü-Zeichen kennzeichnet, ohne dass dafür die Voraussetzungen nach § 22 Abs. 4 vorliegen,
6. entgegen § 52 Abs. 2 Satz 3 oder 4 eine vorgeschriebene Mitteilung an die Bauaufsichtsbehörde nicht macht,
7. in einem Fall des § 62 oder, soweit die Bauaufsichtsbehörde die Baumaßnahme nicht prüft, in einem Fall des § 63 oder 64 als Entwurfsverfasserin, Entwurfsverfasser, Sachverständige oder Sachverständiger nicht dafür sorgt, dass der Entwurf dem öffentlichen Baurecht entspricht (§ 53 Abs. 1 und 2),

8. entgegen § 54 Abs. 1 Satz 2 einen vorgeschriebenen Nachweis nicht erbringt oder nicht auf der Baustelle bereithält,
9. entgegen § 55 Abs. 1 Satz 1 eine Baumaßnahme nicht überwacht,
10. eine Baumaßnahme ohne die erforderliche Baugenehmigung (§ 59 Abs. 1) oder abweichend von der Baugenehmigung durchführt oder durchführen lässt,
11. ein Hochhaus oder einen nicht im Anhang genannten Teil einer baulichen Anlage ohne die nach § 60 Abs. 3 erforderliche Anzeige abbricht oder beseitigt oder mit dem Abbruch oder der Beseitigung eines Hochhauses oder eines nicht im Anhang genannten Teils einer baulichen Anlage vor Ablauf der Frist nach § 60 Abs. 3 Satz 5 beginnt,
12. eine Baumaßnahme nach § 62 ohne die Bestätigung nach § 62 Abs. 2 Nr. 3 oder 4 oder entgegen § 62 Abs. 8 Satz 3 durchführt oder durchführen lässt,
13. eine Baumaßnahme entgegen § 62 Abs. 9 Satz 1 abweichend von den Bauvorlagen durchführt oder durchführen lässt,
14. eine Baumaßnahme ohne die notwendige Zulassung einer Abweichung oder ohne die notwendige Erteilung einer Ausnahme oder Befreiung (§ 66) oder abweichend von einer zugelassenen Abweichung oder einer erteilten Ausnahme oder Befreiung durchführt oder durchführen lässt,
15. einen fliegenden Bau
    a) ohne die nach § 75 Abs. 2 erforderliche Ausführungsgenehmigung aufstellt,
    b) ohne die nach § 75 Abs. 5 Satz 1 erforderliche Anzeige aufstellt oder
    c) ohne die nach § 75 Abs. 5 Satz 2 erforderliche Gebrauchsabnahme in Gebrauch nimmt,
16. eine bauliche Anlage entgegen einer vollziehbaren Anordnung nach § 77 Abs. 6 Satz 2 vor einer Schlussabnahme in Gebrauch nimmt.

(2) Ordnungswidrig handelt, wer einer vollziehbaren schriftlichen Anordnung der Bauaufsichtsbehörde zuwiderhandelt, die nach diesem Gesetz oder nach Vorschriften aufgrund dieses Gesetzes erlassen worden ist und auf diese Bußgeldvorschrift verweist.

(3) Ordnungswidrig handelt, wer einer aufgrund dieses Gesetzes ergangenen Verordnung oder örtlichen Bauvorschrift zuwiderhandelt, wenn die Verordnung oder die örtliche Bauvorschrift für einen bestimmten Tatbestand auf diese Bußgeldvorschrift verweist.

(4) Ordnungswidrig handelt, wer wider besseres Wissen unrichtige Angaben macht oder unrichtige Pläne oder Unterlagen vorlegt, um einen Verwaltungsakt nach diesem Gesetz oder nach Vorschriften aufgrund dieses Gesetzes zu erwirken oder zu verhindern.

(5) Die Ordnungswidrigkeiten nach Absatz 1 Nrn. 3 bis 5, 7 und 10 bis 15 sowie nach Absatz 3 können mit einer Geldbuße bis zu 500 000 Euro, die übrigen Ordnungswidrigkeiten mit einer Geldbuße bis zu 50 000 Euro geahndet werden.

Bauordnung **NBauO 65**

(6) [1]Bei Ordnungswidrigkeiten nach Absatz 1 Nrn. 3 und 5 können die dort bezeichneten Bauprodukte eingezogen werden. [2]§ 23 des Gesetzes über Ordnungswidrigkeiten ist anzuwenden.

§ 81 Baulasten, Baulastenverzeichnis. (1) [1]Durch Erklärung gegenüber der Bauaufsichtsbehörde können Grundstückseigentümer öffentlich-rechtliche Verpflichtungen zu einem ihre Grundstücke betreffendes Tun, Dulden oder Unterlassen übernehmen, die sich nicht schon aus dem öffentlichen Baurecht ergeben (Baulasten). [2]Baulasten werden mit der Eintragung in das Baulastenverzeichnis wirksam und wirken auch gegenüber den Rechtsnachfolgern.

(2) Die Erklärung nach Absatz 1 bedarf der Schriftform; die Unterschrift muss öffentlich, von einer Gemeinde oder von einer Vermessungsstelle nach § 6 Abs. 1, 2 oder 3 des Niedersächsischen Gesetzes über das amtliche Vermessungswesen beglaubigt sein, wenn sie nicht vor der Bauaufsichtsbehörde geleistet oder vor ihr anerkannt wird.

(3) [1]Die Bauaufsichtsbehörde kann die Baulast löschen, wenn ein öffentliches und privates Interesse an der Baulast nicht mehr besteht. [2]Auf Antrag des Eigentümers eines begünstigten oder des belasteten Grundstücks hat die Bauaufsichtsbehörde die Baulast zu löschen, wenn die Voraussetzungen nach Satz 1 erfüllt sind. [3]Vor der Löschung sind die Eigentümer der begünstigten Grundstücke zu hören; die Frist zur Äußerung beträgt zwei Wochen. [4]Die Löschung wird mit ihrer Eintragung im Baulastenverzeichnis wirksam. [5]Von der Löschung sind die Eigentümer des belasteten Grundstücks und der begünstigten Grundstücke zu benachrichtigen.

(4) [1]Das Baulastenverzeichnis wird von der Bauaufsichtsbehörde geführt. [2]In das Baulastenverzeichnis können auch eingetragen werden, soweit ein öffentliches Interesse an der Eintragung besteht,
1. Verpflichtungen des Eigentümers zu einem sein Grundstück betreffendes Tun, Dulden oder Unterlassen, die sich aus öffentlichem Baurecht ergeben, und
2. Bedingungen, Befristungen und Widerrufsvorbehalte.

(5) Wer ein berechtigtes Interesse darlegt, kann das Baulastenverzeichnis einsehen und sich Auszüge erteilen lassen.

Zwölfter Teil
Ausführungsvorschriften, Übergangs- und Schlussvorschriften

§ 82 Verordnungen. (1) Zur Verwirklichung der in § 3 bezeichneten Anforderungen kann die oberste Bauaufsichtsbehörde durch Verordnung
1. die allgemeinen Anforderungen nach den §§ 4 bis 50 näher bestimmen,
2. weitere Anforderungen an Feuerungsanlagen und an sonstige Anlagen zur Energieerzeugung, an Brennstoffversorgungsanlagen und an die Brennstofflagerung (§ 40) regeln,
3. weitere Anforderungen an Garagen und Stellplätze sowie die Anwendung solcher Anforderungen auf bestehende Garagen und Stellplätze regeln,
4. die nach § 51 zulässigen besonderen Anforderungen und Erleichterungen allgemein festsetzen sowie die Anwendung solcher Anforderungen und Erleichterungen auf bestehende Sonderbauten regeln,
5. eine regelmäßige Überprüfung von baulichen Anlagen oder von Teilen baulicher Anlagen durch die Bauaufsichtsbehörde oder durch Sachkundige oder Sachverständige allgemein vorschreiben, Art, Umfang, Häufigkeit und Nachweis der Überprüfung näher regeln und die Einbeziehung bestehender baulicher Anlagen in regelmäßige Überprüfungen regeln.

(2) Die oberste Bauaufsichtsbehörde kann durch Verordnung
1. einzelne Aufgaben der unteren Bauaufsichtsbehörden, wie die Prüfung von Bauvorlagen, die Bauüberwachung und die Bauabnahmen sowie die regelmäßige Überprüfung auf Personen oder Stellen übertragen, die nach ihrer Ausbildung, Fachkenntnis, persönlichen Zuverlässigkeit und ihren Leistungen die Gewähr dafür bieten, dass die Aufgaben dem öffentlichen Baurecht entsprechend wahrgenommen werden,
2. die Ermächtigung nach Nummer 1 auf die unteren Bauaufsichtsbehörden übertragen,
3. die Voraussetzungen festlegen, die Sachkundige, Sachverständige, Einrichtungen und Stellen, die nach diesem Gesetz oder nach Vorschriften aufgrund dieses Gesetzes tätig werden können, zu erfüllen haben, wobei insbesondere Mindestanforderungen an die Ausbildung, die Fachkenntnisse und die Berufserfahrung gestellt sowie der Nachweis der persönlichen Zuverlässigkeit gefordert werden können,
4. für Sachkundige, Sachverständige, Einrichtungen und Stellen, die nach diesem Gesetz oder nach Vorschriften aufgrund dieses Gesetzes tätig werden können und dafür einer Anerkennung bedürfen, die natürliche und juristische Personen, Stellen und Behörden im Sinne des § 25 das Anerkennungsverfahren, die Voraussetzungen für die Anerkennung, deren Widerruf, Rücknahme und Erlöschen regeln, insbesondere auch Altersgrenzen festlegen, sowie eine ausreichende Haftpflichtversicherung fordern,

Bauordnung **NBauO 65**

5. die Fachaufsicht in den Fällen der Übertragung nach den Nummern 1 und 2 und für die in Nummer 3 genannten Personen, Einrichtungen und Stellen regeln,
6. die Anwesenheit fachkundiger Personen beim Betrieb von Bühnenbetrieben, technisch schwierigen fliegenden Bauten und anderen technisch schwierigen baulichen Anlagen vorschreiben und entsprechend Nummer 3 Anforderungen an die fachkundigen Personen stellen und hierüber einen Nachweis verlangen,
7. Umfang, Inhalt und Form des Bauantrags und anderer Anträge sowie der Bauvorlagen, Anzeigen, Nachweise, Bescheinigungen und Bestätigungen regeln,
8. das Verfahren zur Erteilung von Genehmigungen, Ausnahmen, Befreiungen und Zustimmungen sowie zur Zulassung von Abweichungen im Einzelnen regeln,
9. die Einrichtung des Baulastenverzeichnisses und das Eintragungsverfahren regeln.

(3) Die oberste Bauaufsichtsbehörde kann durch Verordnung für bestimmte bauliche Anlagen die erforderliche Anzahl der Einstellplätze abweichend von § 47 Abs. 1 Satz 1 festlegen, soweit Benutzerinnen, Benutzer, Besucherinnen und Besucher der Anlage nicht auf Kraftfahrzeuge angewiesen sind, weil öffentliche Verkehrsmittel ausreichend zur Verfügung stehen oder die Benutzung von Kraftfahrzeugen aus anderen Gründen nicht erforderlich ist.

(4) [1]Die oberste Bauaufsichtsbehörde kann durch Verordnung bestimmen, dass die Anforderungen der aufgrund des § 34 des Produktsicherheitsgesetzes vom 8. November 2011 (BGBl. I S. 2178; 2012 S. 131) und des § 49 Abs. 4 des Energiewirtschaftsgesetzes vom 7. Juli 2005 (BGBl. I S. 1970, 3621), zuletzt geändert durch Artikel 3 des Gesetzes vom 16. Januar 2012 (BGBl. I S. 74), erlassenen Verordnungen entsprechend für Anlagen gelten, die weder gewerblichen noch wirtschaftlichen Zwecken dienen und in deren Gefahrenbereich Arbeitnehmerinnen und Arbeitnehmer nicht beschäftigt werden. [2]Sie kann die Verfahrensvorschriften dieser Verordnungen für anwendbar erklären oder selbst das Verfahren bestimmen sowie Zuständigkeiten auf Behörden übertragen, die nicht Bauaufsichtsbehörden sind.

§ 83 Technische Baubestimmungen. (1) Die oberste Bauaufsichtsbehörde kann Regeln der Technik, die der Erfüllung der Anforderungen des § 3 dienen, als Technische Baubestimmungen im Niedersächsischen Ministerialblatt bekannt machen.

(2) [1]Die Technischen Baubestimmungen sind einzuhalten. [2]Von ihnen darf abgewichen werden, wenn den Anforderungen des § 3 auf andere Weise ebenso wirksam entsprochen wird; § 17 Abs. 3 und § 21 bleiben unberührt.

§ 84 Örtliche Bauvorschriften. (1) Die Gemeinden können örtliche Bauvorschriften erlassen über

1. die Lage, Größe, Beschaffenheit, Ausstattung und Unterhaltung von Spielplätzen im Sinne des § 9 Abs. 3,
2. die Anzahl der notwendigen Einstellplätze, ausgenommen die Einstellplätze nach § 49 Abs. 2 Satz 2, einschließlich des Mehrbedarfs bei Nutzungsänderungen (§ 47 Abs. 1 Satz 2) und
3. die Fahrradabstellanlagen nach § 48 Abs. 1 Satz 1.

(2) Zur Verwirklichung bestimmter verkehrlicher oder sonstiger städtebaulicher Absichten können die Gemeinden durch örtliche Bauvorschrift in bestimmten Teilen des Gemeindegebietes oder für bestimmte Nutzungen in bestimmten Teilen des Gemeindegebietes die Herstellung von Garagen und Stellplätzen untersagen oder einschränken.

(3) Um bestimmte städtebauliche, baugestalterische oder ökologische Absichten zu verwirklichen oder um die Eigenart oder den Eindruck von Baudenkmalen zu erhalten oder hervorzuheben, können die Gemeinden, auch über die Anforderungen des § 9 Abs. 1, 2 und 4 sowie der §§ 10 und 50 hinausgehend, durch örtliche Bauvorschrift für bestimmte Teile des Gemeindegebietes
1. besondere Anforderungen an die Gestaltung von Gebäuden stellen, insbesondere für die Gebäude- und Geschosshöhe, für die Auswahl der Baustoffe und der Farben der von außen sichtbaren Bauteile sowie für die Neigung der Dächer einen Rahmen setzen,
2. besondere Anforderungen an die Art, Gestaltung oder Einordnung von Werbeanlagen und Warenautomaten stellen, sie insbesondere auf bestimmte Gebäudeteile, auf bestimmte Arten, Größen, Formen und Farben beschränken oder in bestimmten Gebieten oder an bestimmten baulichen Anlagen ausschließen,
3. die Gestaltung, Art und Höhe von Einfriedungen wie Mauern, Zäunen und Hecken bestimmen sowie die Einfriedung von Vorgärten vorschreiben oder ausschließen,
4. die Verwendung von Einzelantennen sowie von Freileitungen, soweit diese nicht nach § 1 Abs. 2 Nr. 3 vom Geltungsbereich dieses Gesetzes ausgeschlossen sind, beschränken oder ausschließen, die Verwendung von Freileitungen jedoch nur, soweit sie unter wirtschaftlich zumutbarem Aufwand durch andere Anlagen ersetzt werden können,
5. besondere Anforderungen an die Gestaltung sonstiger baulicher Anlagen, insbesondere der in § 2 Abs. 1 Satz 2 Nrn. 5 und 8 bis 10 genannten Anlagen stellen,
6. die Gestaltung der nicht überbauten Flächen der bebauten Grundstücke regeln, insbesondere das Anlegen von Vorgärten vorschreiben,
7. die Begrünung baulicher Anlagen vorschreiben,
8. die Versickerung, Verregnung oder Verrieselung von Niederschlagswasser auf dem Baugrundstück vorschreiben.

(4) [1]Örtliche Bauvorschriften nach den Absätzen 1 und 2 werden als Satzung im eigenen Wirkungskreis erlassen. [2]Örtliche Bauvorschriften nach Absatz 3 werden als Satzung im übertragenen Wirkungskreis erlassen. [3]Die Vorschriften

Bauordnung

für das Verfahren bei der Aufstellung von Bebauungsplänen gelten einschließlich der Vorschriften über die Veränderungssperre, die Zurückstellung von Baugesuchen und die Folgen von Verfahrensmängeln für die in Satz 2 genannten örtlichen Bauvorschriften entsprechend; § 10 Abs. 2 Satz 2 des Baugesetzbuchs (BauGB) gilt mit der Maßgabe entsprechend, dass § 6 Abs. 2 BauGB nicht anzuwenden ist. [4]Anforderungen in örtlichen Bauvorschriften können auch in zeichnerischer Form gestellt werden.

(5) Ist anstelle einer Gemeinde eine nach dem Recht der kommunalen Zusammenarbeit gebildete juristische Person des öffentlichen Rechts oder eine andere Körperschaft für die Aufstellung von Bebauungsplänen zuständig, so gilt dies auch für den Erlass örtlicher Bauvorschriften.

(6) Örtliche Bauvorschriften können in Bebauungspläne und in Satzungen nach § 34 Abs. 4 Satz 1 Nrn. 2 und 3 BauGB als Festsetzungen aufgenommen werden.

§ 85 Anforderungen an bestehende und genehmigte bauliche Anlagen.
(1) Bauliche Anlagen, die vor dem 1. November 2012 rechtmäßig errichtet oder begonnen wurden oder am 1. November 2012 aufgrund einer Baugenehmigung oder Bauanzeige errichtet werden dürfen, brauchen an Vorschriften dieses Gesetzes, die vom bisherigen Recht abweichen, nur in den Fällen der Absätze 2 bis 4 angepasst zu werden.

(2) Die Bauaufsichtsbehörde kann eine Anpassung verlangen, wenn dies zur Erfüllung der Anforderungen des § 3 Abs. 1 erforderlich ist.

(3) Wird eine bauliche Anlage geändert, so kann die Bauaufsichtsbehörde verlangen, dass auch von der Änderung nicht betroffene Teile der baulichen Anlage angepasst werden, wenn sich die Kosten der Änderung dadurch um nicht mehr als 20 vom Hundert erhöhen.

(4) [1]Soweit bauliche Anlagen an die Vorschriften dieses Gesetzes anzupassen sind, können nach bisherigem Recht erteilte Baugenehmigungen ohne Entschädigung widerrufen werden. [2]Dies gilt sinngemäß für Bauvorbescheide und Bauanzeigen.

(5) Die Absätze 1 bis 4 gelten entsprechend für die Anpassung baulicher Anlagen an Vorschriften, die aufgrund dieses Gesetzes ergehen.

§ 86 Übergangsvorschriften. (1) [1]Für die vor dem 1. November 2012 eingeleiteten Verfahren ist weiterhin die Niedersächsische Bauordnung in der Fassung vom 10. Februar 2003 (Nds. GVBl. S. 89, zuletzt geändert durch § 13 des Gesetzes vom 10. November 2011 (Nds. GVBl. S. 415), anzuwenden. [2]Dies gilt nicht für die Anforderungen nach den §§ 5 bis 7, § 9 Abs. 3 und § 44 Abs. 5 Sätze 1 und 2.

(2) Nachweise im Sinne des § 65 Abs. 4 und 7 dürfen auch von Personen erstellt werden, die eine Bestätigung nach § 1 Abs. 2 Satz 4 der Prüfeinschränkungs-Verordnung vom 15. Mai 1986 (Nds. GVBl. S. 153), geändert durch Verordnung vom 15. Oktober 1986 (Nds. GVBl. S. 340), haben.

(3) Personen, Stellen, Überwachungsgemeinschaften und Behörden, die am 30. Juni 1995 zu Prüfstellen bestimmt oder als Überwachungsstellen anerkannt waren, gelten für ihren bisherigen Aufgabenbereich weiterhin als Prüf- oder Überwachungsstellen nach § 25 Satz 1 Nr. 2 oder 4.

(4) Wer seit dem 1. Januar 1971 in Ausübung seines Berufes ständig andere als die in § 53 Abs. 9 Nr. 1 genannten Entwürfe verfasst hat, darf weiterhin bis zum 31. Dezember 2020 entsprechende Entwürfe verfassen, wenn diese Befugnis durch die seinerzeit zuständige obere Bauaufsichtsbehörde nach § 100 der Niedersächsischen Bauordnung in der bis zum 30. Juni 1995 geltenden Fassung vom 6. Juni 1986 (Nds. GVBl. S. 157), zuletzt geändert durch Artikel II des Gesetzes vom 7. November 1991 (Nds. GVBl. S. 295), erteilt worden ist.

§ 87 Änderung von Rechtsvorschriften. (1) In § 7 a Abs. 1 des Niedersächsischen Architektengesetzes in der Fassung vom 26. März 2003 (Nds. GVBl. S. 177), zuletzt geändert durch Artikel 1 des Gesetzes vom 11. Oktober 2010 (Nds. GVBl. S. 475), wird die Angabe „§ 58 Abs. 3 Nr. 2" durch die Angabe „§ 53 Abs. 3 Satz 2 Nr. 2" ersetzt.

(2) In § 15 Abs. 4 Nr. 3 des Niedersächsischen Ingenieurgesetzes vom 12. Juli 2007 (Nds. GVBl. S. 324, 434), zuletzt geändert durch Artikel 15 des Gesetzes vom 7. Oktober 2010 (Nds. GVBl. S. 462) und durch Artikel 2 des Gesetzes vom 11. Oktober 2010 (Nds. GVBl. S. 475), werden die Angabe „§ 58" durch die Angabe „§ 53" und die Abkürzung „NBauO" durch die Worte „der Niedersächsischen Bauordnung" ersetzt.

(3) In § 96 Abs. 6 Satz 2 des Niedersächsischen Wassergesetzes vom 19. Februar 2010 (Nds. GVBl. S. 64), zuletzt geändert durch Verordnung vom 20. Dezember 2011 (Nds. GVBl. S. 507), wird die Angabe „§ 25" durch die Angabe „§ 18" ersetzt.

(4) § 164 des Niedersächsischen Kommunalverfassungsgesetzes vom 17. Dezember 2010 (Nds. GVBl. S. 576), zuletzt geändert durch Artikel 10 des Gesetzes vom 17. November 2011 (Nds. GVBl. S. 422), wird wie folgt geändert:
1. In Absatz 2 Sätze 1 und 3 wird jeweils die Angabe „§ 63" durch die Angabe „§ 57"
ersetzt.
2. In Absatz 6 werden nach der Angabe „§ 63 a Abs. 1 NBauO" die Worte „in der Fassung vom 10. Februar 2003 (Nds. GVBl. S. 89), zuletzt geändert durch § 13 des Gesetzes vom 10. November 2011 (Nds. GVBl. S. 415)," eingefügt.

(5) In § 11 Abs. 2 Nr. 3 des Niedersächsischen Nachbarrechtsgesetzes vom 31. März 1967 (Nds. GVBl. S. 91), zuletzt geändert durch Artikel 1 des Gesetzes vom 23. Februar 2006 (Nds. GVBl. S. 88), wird die Angabe „§ 69 a Abs. 5 Satz 1" durch die Angabe „§ 62 Abs. 2 Nr. 3" ersetzt.

§ 88 Inkrafttreten. (1) [1]Dieses Gesetz tritt am 1. November 2012 in Kraft. [2]Abweichend von Satz 1 treten die §§ 5 bis 7, § 9 Abs. 3, § 17 Abs. 8, § 44

Bauordnung **NBauO 65**

Abs. 5 Sätze 1 und 2 und die §§ 82 und 84 am Tag nach der Verkündung in Kraft.

(2) ¹Die Niedersächsische Bauordnung in der Fassung vom 10. Februar 2003 (Nds. GVBl. S. 89), zuletzt geändert durch § 13 des Gesetzes vom 10. November 2011 (Nds. GVBl. S. 415), tritt mit Ablauf des 31. Oktober 2012 außer Kraft. ²Abweichend von Satz 1 treten die §§ 7 bis 13 und 16 der Niedersächsischen Bauordnung in der in Satz 1 genannten Fassung zu dem in Absatz 1 Satz 2 genannten Zeitpunkt außer Kraft.

Anhang
(zu § 60 Abs. 1)

Verfahrensfreie Baumaßnahmen

ÜBERSICHT

1. Gebäude
2. Feuerungs- und sonstige Energieerzeugungsanlagen
3. Leitungen und Anlagen für Lüftung, Wasser- oder Energieversorgung, Abwasserbeseitigung, Telekommunikation oder Brandschutz
4. Masten, Antennen und ähnliche bauliche Anlagen
5. Behälter
6. Einfriedungen, Stützmauern, Brücken und Durchlässe
7. Aufschüttungen, Abgrabungen und Erkundungsbohrungen
8. Bauliche Anlagen auf Camping- oder Wochenendplätzen
9. Bauliche Anlagen in Gärten oder zur Freizeitgestaltung
10. Werbeanlagen, Hinweisschilder und Warenautomaten
11. Fliegende Bauten und sonstige vorübergehend aufgestellte oder genutzte bauliche Anlagen
12. Tragende und nichttragende Bauteile
13. Fenster, Türen, Außenwände und Dächer
14. Sonstige bauliche Anlagen und Teile baulicher Anlagen

1. Gebäude

1.1 Gebäude und Vorbauten ohne Aufenthaltsräume, Toiletten und Feuerstätten, wenn die Gebäude und Vorbauten nicht mehr als 40 m³ – im Außenbereich nicht mehr als 20 m³ – Brutto-Rauminhalt haben und weder Verkaufs- noch Ausstellungszwecken noch dem Abstellen von Kraftfahrzeugen dienen,

1.2 Garagen mit nicht mehr als 30 m² Grundfläche, außer im Außenbereich, Garagen mit notwendigen Einstellplätzen jedoch nur, wenn die Errichtung oder Änderung der Einstellplätze genehmigt oder nach § 62 genehmigungsfrei ist,

1.3 Gebäude mit nicht mehr als 100 m² Grundfläche und 5 m Höhe, die keine Feuerstätte haben und einem land- oder forstwirtschaftlichen Betrieb oder einem Betrieb der gartenbaulichen Erzeugung dienen und nur zum vorübergehenden Schutz von Tieren oder zur Unterbringung von Erzeugnissen dieser Betriebe bestimmt sind,

1.4 Gewächshäuser mit nicht mehr als 5 m Firsthöhe, die einem landwirtschaftlichen Betrieb oder einem Betrieb der gartenbaulichen Erzeugung dienen,

1.5 Gartenlauben in einer Kleingartenanlage nach dem Bundeskleingartengesetz,

1.6 Fahrgastunterstände, die dem öffentlichen Personenverkehr oder dem Schülertransport dienen, mit nicht mehr als 20 m² Grundfläche,

1.7 Schutzhütten, wenn sie jedermann zugänglich sind, keine Aufenthaltsräume haben und von einer Körperschaft, Anstalt oder Stiftung des öffentlichen Rechts unterhalten werden,

1.8 Terrassenüberdachungen mit nicht mehr als 30 m² Grundfläche und mit nicht mehr als 3 m Tiefe.

2. Feuerungs- und sonstige Energieerzeugungsanlagen

2.1 Feuerungsanlagen, freistehende Abgasanlagen jedoch nur mit nicht mehr als 10 m Höhe,

2.2 Wärmepumpen,

2.3 Solarenergieanlagen und Sonnenkollektoren mit nicht mehr als 3 m Höhe und mit nicht mehr als 9 m Gesamtlänge, außer im Außenbereich, sowie in, an oder auf Dach- oder Außenwandflächen von Gebäuden, die keine Hochhäuser sind, angebrachte Solarenergieanlagen und Sonnenkollektoren,

2.4 Blockheizkraftwerke einschließlich der Leitungen zur Abführung der Verbrennungsgase, soweit sie keine Sonderbauten nach § 2 Abs. 5 Satz 2 sind,

2.5 je landwirtschaftlichem Betrieb eine thermochemische Vergasungsanlage im Außenbereich, die diesem landwirtschaftlichen Betrieb dient, soweit sie kein Sonderbau nach § 2 Abs. 5 Satz 2 ist.

3. Leitungen und Anlagen für Lüftung, Wasser- oder Energieversorgung, Abwasserbeseitigung, Telekommunikation oder Brandschutz

3.1 Lüftungsleitungen, Leitungen von Klimaanlagen und Warmluftheizungen, Installationsschächte und Installationskanäle, die nicht durch Decken oder Wände, die feuerwiderstandsfähig sein müssen, geführt werden,

3.2 Leitungen für Elektrizität, Wasser, Abwasser, Gas oder Wärme,

3.3 Brunnen,

3.4 Wasserversorgungsanlagen in Gebäuden,

3.5 Abwasserbehandlungsanlagen für nicht mehr als täglich 8 m³ häusliches Schmutzwasser,

3.6 Sanitärinstallationen wie Toiletten, Waschbecken und Badewannen,

Bauordnung **NBauO 65**

3.7 Anlagen zur Verteilung von Wärme bei Warmwasser- oder Niederdruckdampfheizungen,
3.8 bauliche Anlagen, die ausschließlich der Telekommunikation, der öffentlichen Versorgung mit Elektrizität, Gas, Öl, Wärme oder Wasser oder der Wasserwirtschaft dienen und eine Grundfläche von nicht mehr als 20 m² und eine Höhe von nicht mehr als 4 m haben,
3.9 Brandmeldeanlagen in Wohnungen.

4. Masten, Antennen und ähnliche Anlagen
4.1 Masten und Unterstützungen für Freileitungen und für Telekommunikationsleitungen,
4.2 Unterstützungen von Seilbahnen und von Leitungen sonstiger Verkehrsmittel,
4.3 Fahnenmasten,
4.4 Flutlichtmasten mit einer Höhe von nicht mehr als 10 m, außer im Außenbereich,
4.5 Sirenen und deren Masten,
4.6 Antennen, die einschließlich der Masten nicht höher als 10 m sind, und zugehörige Versorgungseinheiten mit nicht mehr als 20 m³ Brutto-Rauminhalt (Antennenanlagen) sowie die mit der Errichtung und Nutzung solcher Antennenanlagen verbundene Änderung der Nutzung oder der äußeren Gestalt bestehender baulicher Anlagen in, auf oder an denen diese errichtet werden,
4.7 ortsveränderliche Antennenanlagen, die für längstens drei Monate aufgestellt werden,
4.8 Signalhochbauten der Landesvermessung,
4.9 Blitzschutzanlagen.

5. Behälter
5.1 Behälter zur Lagerung brennbarer oder wassergefährdender Stoffe mit nicht mehr als 10 m³ Behälterinhalt mit den Rohrleitungen, Auffangräumen und Auffangvorrichtungen sowie den zugehörigen Betriebs- und Sicherheitseinrichtungen und Schutzvorkehrungen,
5.2 Futtermittelbehälter, die einem landwirtschaftlichen Betrieb dienen und in denen nur Futtermittel gelagert werden, mit nicht mehr als 6 m Höhe,
5.3 Behälter für Flüssiggas mit einem Fassungsvermögen von nicht mehr als 3 t,
5.4 Behälter für nicht verflüssigte Gase mit nicht mehr als 6 m³ Behälterinhalt,
5.5 transportable Behälter für feste Stoffe,
5.6 Behälter mit nicht mehr als 50 m³ Rauminhalt und mit nicht mehr als 3 m Höhe, die nicht für Gase, brennbare Flüssigkeiten oder wassergefähr-

65 NBauO
Bauordnung

dende Stoffe, insbesondere nicht für Jauche oder Gülle, bestimmt sind, im Außenbereich nur, wenn sie einem land- oder forstwirtschaftlichen Betrieb oder einem Betrieb der gartenbaulichen Erzeugung dienen,

5.7 Behälter für Regenwasser mit nicht mehr als 100 m³ Rauminhalt.

6. Einfriedungen, Stützmauern, Brücken und Durchlässe

6.1 Einfriedungen mit nicht mehr als 2 m Höhe über der Geländeoberfläche nach § 5 Abs. 9, im Außenbereich nur als Nebenanlage eines höchstens 50 m entfernten Gebäudes mit Aufenthaltsräumen,

6.2 Stützmauern mit nicht mehr als 1,50 m Höhe über der Geländeoberfläche nach § 5 Abs. 9,

6.3 offene Einfriedungen ohne Sockel, die einem land- oder forstwirtschaftlichen Betrieb oder einem Betrieb der gartenbaulichen Erzeugung dienen,

6.4 Durchlässe und Brücken mit nicht mehr als 5 m lichte Weite.

7. Aufschüttungen, Abgrabungen und Erkundungsbohrungen

7.1 Selbständige Aufschüttungen und Abgrabungen mit nicht mehr als 3 m Höhe oder Tiefe, im Außenbereich nur, wenn die Aufschüttungen und Abgrabungen nicht der Herstellung von Teichen dienen und nicht mehr als 300 m² Fläche haben,

7.2 künstliche Hohlräume unter der Erdoberfläche mit nicht mehr als 15 m³ Rauminhalt,

7.3 Erkundungsbohrungen.

8. Anlagen auf Camping- oder Wochenendplätzen

8.1 Wohnwagen, Zelte und bauliche Anlagen, die keine Gebäude sind, auf Campingplätzen,

8.2 Wochenendhäuser und bauliche Anlagen, die keine Gebäude sind, auf Wochenendplätzen.

9. Anlagen in Gärten oder zur Freizeitgestaltung

9.1 Bauliche Anlagen, die der Gartennutzung, der Gartengestaltung oder der zweckentsprechenden Einrichtung von Gärten dienen, wie Bänke, Sitzgruppen, Terrassen oder Pergolen, ausgenommen Gebäude und Einfriedungen,

9.2 Vorrichtungen zum Teppichklopfen oder Wäschetrocknen,

9.3 Spielplätze im Sinne des § 9 Abs. 3 Satz 1 und bauliche Anlagen, die der zweckentsprechenden Einrichtung von genehmigten Sport- oder Kinderspielplätzen dienen, wie Tore für Ballspiele, Schaukeln und Klettergerüste, ausgenommen Gebäude, Tribünen, Flutlichtanlagen und Ballfangzäune,

9.4 bauliche Anlagen ohne Aufenthaltsräume auf genehmigten Abenteuerspielplätzen,

Bauordnung NBauO 65

9.5	bauliche Anlagen für Trimmpfade,
9.6	Wasserbecken mit nicht mehr als 100 m³ Beckeninhalt, im Außenbereich nur als Nebenanlage eines höchstens 50 m entfernten Gebäudes mit Aufenthaltsräumen,
9.7	luftgetragene Schwimmbeckenüberdachungen mit nicht mehr als 100 m² Grundfläche für Schwimmbecken, die nach Nummer 9.6 verfahrensfrei sind,
9.8	Sprungschanzen, Sprungtürme und Rutschbahnen mit nicht mehr als 10 m Höhe in genehmigten Sportanlagen oder Freizeitanlagen,
9.9	Stege ohne Aufbauten in oder an Gewässern,
9.10	Wildfütterungsstände,
9.11	Hochsitze mit nicht mehr als 4 m² Nutzfläche,
9.12	Loipen und die dazugehörigen baulichen Anlagen, ausgenommen Gebäude.

10. Werbeanlagen, Hinweisschilder und Warenautomaten

10.1	Werbeanlagen mit nicht mehr als 1 m² Ansichtsfläche,
10.2	vorübergehend angebrachte oder aufgestellte Werbeanlagen an der Stätte der Leistung, wenn die Anlagen nicht fest mit dem Erdboden oder anderen baulichen Anlagen verbunden sind,
10.3	Werbeanlagen für zeitlich begrenzte Veranstaltungen,
10.4	Werbeanlagen, die vorübergehend für öffentliche Wahlen oder Abstimmungen angebracht oder aufgestellt werden,
10.5	Werbeanlagen mit nicht mehr als 10 m Höhe an der Stätte der Leistung in durch Bebauungsplan festgesetzten Gewerbe- oder Industriegebieten oder in durch Bebauungsplan festgesetzten Sondergebieten für eine gewerbe- oder industrieähnliche Nutzung,
10.6	Schilder an öffentlichen Straßen mit Hinweisen über das Fahrverhalten,
10.7	Orientierungs- und Bildtafeln über Wanderwege, Lehrpfade oder die durch Rechtsvorschrift geschützten Teile von Natur und Landschaft,
10.8	Warenautomaten.

11. Fliegende Bauten und sonstige vorübergehend aufgestellte oder genutzte bauliche Anlagen

11.1	Fliegende Bauten mit nicht mehr als 5 m Höhe, die nicht dazu bestimmt sind, von Besucherinnen und Besuchern betreten zu werden,
11.2	erdgeschossige betretbare Verkaufsstände, die fliegende Bauten sind, mit einer Grundfläche von nicht mehr als 75 m²,
11.3	fliegende Bauten mit nicht mehr als 5 m Höhe, die für Kinder bestimmt sind und mit einer Geschwindigkeit von nicht mehr als 1 m/s betrieben werden,

11.4 Bühnen, die fliegende Bauten sind, einschließlich Überdachungen und sonstiger Aufbauten, mit nicht mehr als 5 m Höhe, mit einer Grundfläche von nicht mehr als 100 m² und einer Fußbodenhöhe von nicht mehr als 1,50 m,

11.5 Zelte, die fliegende Bauten sind, mit nicht mehr als 75 m² Grundfläche,

11.6 Zelte, die dem Wohnen dienen und nur gelegentlich für längstens drei Tage auf demselben Grundstück aufgestellt werden, es sei denn, dass auf dem Grundstück und in dessen Nähe gleichzeitig mehr als zehn Personen zelten,

11.7 Behelfsbauten, die der Landesverteidigung, dem Katastrophenschutz oder der Unfallhilfe dienen und nur vorübergehend aufgestellt werden,

11.8 bauliche Anlagen, die zu Straßenfesten nur vorübergehend errichtet werden und keine fliegenden Bauten sind,

11.9 bauliche Anlagen, die für längstens drei Monate auf genehmigtem Messe- oder Ausstellungsgelände errichtet werden, ausgenommen fliegende Bauten,

11.10 bauliche Anlagen, die dem Verkauf landwirtschaftlicher Produkte durch den Erzeuger dienen und nicht fest mit dem Erdboden verbunden sind, nicht jedoch Gebäude,

11.11 vorübergehend genutzte Lagerplätze für landwirtschaftliche, forstwirtschaftliche oder erwerbsgärtnerische Produkte, wie Kartoffel-, Rübenblatt- und Strohmieten,

11.12 Imbiss- und Verkaufswagen auf öffentlichen Verkehrsflächen oder gewerblich genutzten Flächen, außer im Außenbereich,

11.13 Gerüste,

11.14 Baustelleneinrichtungen einschließlich der für die Baustelle genutzten Lagerhallen, Schutzhallen und Unterkünfte.

12. Tragende und nichttragende Bauteile

12.1 Wände, Decken, Stützen und Treppen, ausgenommen Außenwände, Gebäudetrennwände und Dachkonstruktionen, in fertiggestellten Wohngebäuden oder fertiggestellten Wohnungen, jedoch nicht in Hochhäusern,

12.2 Wände und Decken, die weder tragend noch aussteifend sind und nicht feuerwiderstandsfähig (§ 26 Abs. 2) sein müssen, in fertiggestellten Gebäuden,

12.3 Bekleidungen und Dämmschichten in fertiggestellten Wohngebäuden oder fertiggestellten Wohnungen,

12.4 Bekleidungen und Dämmschichten, die weder schwerentflammbar noch nichtbrennbar sein müssen, in Gebäuden.

13. Fenster, Türen, Außenwände und Dächer

13.1 Öffnungen für Fenster oder Türen in fertiggestellten Wohngebäuden, fertiggestellten Wohnungen oder in Wänden oder Decken nach Nummer 12.2,

13.2 Fenster und Türen in vorhandenen Öffnungen,

13.3 Fenster- und Rollläden,

13.4 Außenwandbekleidungen, ausgenommen bei Hochhäusern, Verblendung und Verputz baulicher Anlagen, die kein sichtbares Holzfachwerk haben,

13.5 Dacheindeckungen, wenn sie nur gegen vorhandene Dacheindeckungen ausgewechselt werden,

13.6 Dächer von vorhandenen Wohngebäuden einschließlich der Dachkonstruktion ohne Änderung der bisherigen äußeren Abmessungen.

14. Sonstige bauliche Anlagen und Teile baulicher Anlagen

14.1 Bauliche Anlagen aufgrund eines Flurbereinigungsplans oder eines Wege- und Gewässerplans nach § 41 des Flurbereinigungsgesetzes, ausgenommen Gebäude, Brücken und Stützmauern,

14.2 Zapfsäulen und Tankautomaten genehmigter Tankstellen,

14.3 Erdgasbetankungsgeräte und Ladegeräte für Elektrofahrzeuge,

14.4 Regale mit einer zulässigen Höhe der Oberkante des Lagerguts von nicht mehr als 7,50 m,

14.5 Denkmale und Skulpturen mit nicht mehr als 3 m Höhe sowie Grabdenkmale auf Friedhöfen,

14.6 Bewegliche Sonnendächer (Markisen), die keine Werbeträger sind,

14.7 Stellplätze für Personen-Kraftfahrzeuge mit nicht mehr als insgesamt 50 m² Nutzfläche je Grundstück sowie deren Zufahrten und Fahrgassen, ausgenommen notwendige Einstellplätze,

14.8 Fahrradabstellanlagen, in einem Gebäude jedoch nur dann, wenn das Gebäude an mindestens einer Seite vollständig offen ist,

14.9 Fahrzeugwaagen,

14.10 land- oder forstwirtschaftliche Wirtschaftswege mit wassergebundener Decke mit nicht mehr als 3,50 m Fahrbahnbreite sowie Rückewege, die einem forstwirtschaftlichen Betrieb dienen,

14.11 Lager- und Abstellplätze für die Anzucht oder den Handel mit Pflanzen oder Pflanzenteilen, sowie sonstige Lager- und Abstellplätze, die einem land- oder forstwirtschaftlichen Betrieb oder einem Betrieb der gartenbaulichen Erzeugung dienen, wenn sie unbefestigt sind,

14.12 Personenaufzüge, die zur Beförderung von nur einer Person bestimmt sind,

14.13 Erweiterung einer Gaststätte um eine Außenbewirtschaftung, wenn die für die Erweiterung in Anspruch genommene Grundfläche 100 m² nicht überschreitet.

NStrG 70

Niedersächsisches Straßengesetz (NStrG)

in der Fassung vom 24. September 1980 (GVBl. S. 359),
zuletzt geändert durch Gesetz vom 28. Oktober 2009 (GVBl. S. 372)

INHALTSVERZEICHNIS

TEIL I
Allgemeine Bestimmungen

- § 1 Geltungsbereich
- § 2 Öffentliche Straßen
- § 3 Einteilung der öffentlichen Straßen
- § 4 Ortsdurchfahrten
- § 5 *(aufgehoben)*
- § 6 Widmung
- § 7 Umstufung
- § 8 Einziehung
- § 9 Straßenbaulast
- § 10 Hoheitsverwaltung, bautechnische Sicherheit
- § 11 Übergang der Straßenbaulast
- § 12 Grundbuchberichtigung
- § 13 Eigentumserwerb
- § 14 Gemeingebrauch
- § 15 Beschränkungen des Gemeingebrauchs aus besonderem Anlaß
- § 15a Umleitungen
- § 16 Vergütung von Mehrkosten
- § 17 Verunreinigung
- § 18 Sondernutzung
- § 19 Besondere Veranstaltungen
- § 20 Straßenanlieger
- § 21 Sondernutzungsgebühren
- § 22 Unerlaubte Benutzung einer Straße
- § 23 Sonstige Nutzung
- § 24 Bauliche Anlagen an Straßen
- §§ 25, 26 *(aufgehoben)*
- § 27 Entschädigung für Anbauverbote und Anbaubeschränkungen
- § 28 *(aufgehoben)*
- § 29 Veränderungssperre
- § 30 Schutzwaldungen
- § 31 Schutzmaßnahmen
- § 32 Bepflanzung des Straßenkörpers
- § 33 Kreuzungen und Einmündungen öffentlicher Straßen
- § 34 Kostentragung beim Bau und der Änderung von Kreuzungen öffentlicher Straßen
- § 35 Unterhaltung der Straßenkreuzungen
- § 35a Kostentragung bei der Herstellung und Änderung von Kreuzungen zwischen Straßen und Gewässern
- § 35b Unterhaltung bei Kreuzungen mit Gewässern
- § 35c Verordnungsermächtigungen
- § 36 *(aufgehoben)*
- § 37 Planungen
- § 37a Planungsgebiete
- § 37b Vorarbeiten
- § 38 Planfeststellung
- §§ 39, 40 *(aufgehoben)*
- § 41 Planfeststellung für Kreuzungen von Straßen und Eisenbahnen
- § 41a Vorzeitige Besitzeinweisung
- § 42 Enteignung

TEIL II
Träger der Straßenbaulast; behindertengerechte Straßen

- § 43 Träger der Straßenbaulast für Landes- und Kreisstraßen
- § 44 *(aufgehoben)*
- § 45 Straßenbaulast Dritter
- § 46 Unterhaltung von Straßenteilen bei fremder Baulast
- § 46a Behindertengerechte Straßen

TEIL III
Besondere Vorschriften für Gemeindestraßen und sonstige öffentliche Straßen

- § 47 Gemeindestraßen
- § 48 Straßenbaulast für Gemeindestraßen
- § 49 Straßenbaulast für Gehwege und andere Straßenteile an Ortsdurchfahrten
- §§ 50, 51 *(aufgehoben)*
- § 52 Straßenreinigung
- § 53 Sonstige öffentliche Straßen

70 NStrG

Straßengesetz

§ 54 Straßenbaulast für sonstige öffentliche Straßen
§ 55 Anwendung von Vorschriften des Teiles 1 bei sonstigen öffentlichen Straßen
§ 56 Straßenbaulast in gemeindefreien Gebieten

TEIL IV
Aufsicht und Zuständigkeiten

§ 57 Straßenaufsicht
§ 58 Ausbauvorschriften
§ 59 *(aufgehoben)*
§ 60 Übertragung von Behördenbefugnissen

TEIL V
Ordnungswidrigkeiten, Übergangs- und Schlußbestimmungen

§ 61 Ordnungswidrigkeiten
§ 62 Übergangsvorschrift
§§ 63-70 *(aufgehoben)*
§ 71 Aufhebung von Vorschriften
§ 72 Zeitpunkt des Inkrafttretens

TEIL I
Allgemeine Bestimmungen

§ 1 Geltungsbereich. [1]Das Gesetz regelt die Rechtsverhältnisse der öffentlichen Straßen. [2]Für die Bundesfernstraßen gilt es nur, soweit dieses ausdrücklich bestimmt ist.

§ 2 Öffentliche Straßen. (1) [1]Öffentliche Straßen sind diejenigen Straßen, die dem öffentlichen Verkehr gewidmet sind. [2]Öffentliche Straßen im Sinne dieses Gesetzes sind auch die öffentlichen Wege und Plätze.

(2) Zur öffentlichen Straße gehören:
1. der Straßenkörper; das sind insbesondere der Straßengrund. der Straßenunterbau, die Straßendecke, die Brücken, Tunnel, Durchlässe, Dämme, Gräben, Entwässerungsanlagen, Böschungen, Stützmauern, Lärmschutzanlagen, Trenn-, Seiten-, Rand- und Sicherheitsstreifen sowie Rad- und Gehwege;
2. der Luftraum über dem Straßenkörper;
3. das Zubehör; das sind insbesondere die amtlichen Verkehrszeichen und -einrichtungen sowie Verkehrsanlagen aller Art, die der Sicherheit oder Leichtigkeit des Straßenverkehrs oder dem Schutz der Anlieger dienen, die der gemeindlichen Straßenreinigung dienenden Abfallbehälter und der Bewuchs;
4. die Nebenanlagen; das sind solche Anlagen, die überwiegend den Aufgaben der Verwaltung der öffentlichen Straßen dienen, z.B. Straßenmeistereien, Gerätehöfe, Lager, Lagerplätze, Ablagerungs- und Entnahmestellen, Hilfsbetriebe und -einrichtungen.

(3) Bei öffentlichen Straßen auf Deichen gehören zum Straßenkörper lediglich der Straßenunterbau, die Straßendecke, die Trenn-, Seiten-, Rand- und Sicherheitsstreifen.

(4) Fähren gehören zur Straße, wenn sie bislang zu ihr gehörten oder wenn die Zugehörigkeit in öffentlich-rechtlich wirksamer Weise vereinbart wird.

§ 3 Einteilung der öffentlichen Straßen. (1) Die öffentlichen Straßen werden nach ihrer Verkehrsbedeutung in folgende Straßengruppen eingeteilt:

1. Landesstraßen; das sind Straßen, die innerhalb des Landesgebietes untereinander oder zusammen mit den Bundesfernstraßen ein Verkehrsnetz bilden und überwiegend einem über das Gebiet benachbarter Landkreise und kreisfreier Städte hinausgehenden Verkehr, insbesondere dem Durchgangsverkehr, dienen oder zu dienen bestimmt sind;
2. Kreisstraßen; das sind Straßen, die überwiegend dem Verkehr zwischen benachbarten Landkreisen und kreisfreien Städten, dem überörtlichen Verkehr innerhalb eines Landkreises oder dem unentbehrlichen Anschluß von Gemeinden oder räumlich getrennten Ortsteilen an überörtliche Verkehrswege dienen oder zu dienen bestimmt sind;
3. Gemeindestraßen; das sind Straßen, die überwiegend dem Verkehr innerhalb einer Gemeinde oder zwischen benachbarten Gemeinden dienen oder zu dienen bestimmt sind (§ 47);
4. sonstige öffentliche Straßen (§ 53).

(2) Zu den öffentlichen Straßen im Sinne des Absatzes 1 gehören jeweils auch die Geh- und Radwege, die einen eigenen Straßenkörper besitzen, jedoch in Zusammenhang mit der betreffenden Straße stehen und im wesentlichen mit ihr gleichlaufen.

(3) Für die öffentlichen Straßen werden Straßenverzeichnisse geführt, die für Gemeindestraßen und sonstige öffentliche Straßen in vereinfachter Form (Bestandsverzeichnisse) eingerichtet werden können; das Nähere über Zuständigkeit der Behörden, Einrichtung und Inhalt der Verzeichnisse und die Einsichtnahme in diese wird durch gemeinsame Verordnung der für den Straßenbau und für die Kommunalaufsicht zuständigen Minister geregelt.

§ 4 Ortsdurchfahrten. (1) [1]Eine Ortsdurchfahrt ist der Teil einer Landes- oder Kreisstraße, der innerhalb der geschlossenen Ortslage liegt und auch zur Erschließung der anliegenden Grundstücke bestimmt ist. [2]Geschlossene Ortslage ist der Teil des Gemeindebezirks, der in geschlossener oder offener Bauweise zusammenhängend bebaut ist. [3]Einzelne unbebaute Grundstücke, zur Bebauung ungeeignetes oder ihr entzogenes Gelände oder einseitige Bebauung unterbrechen den Zusammenhang nicht.

(2) [1]Für Kreisstraßen setzen die Landkreise und kreisfreien Städte die Ortsdurchfahrten als Aufgabe des eigenen Wirkungskreises fest. [2]Für Bundes- und Landesstraßen setzen die Landkreise und kreisfreien Städte die Ortsdurchfahrten als Aufgabe des übertragenen Wirkungskreises fest; die Zuständigkeit der großen selbständigen Städte und selbständigen Gemeinden wird ausgeschlossen. [3]Die Festsetzung durch den Landkreis erfolgt im Benehmen mit der Gemeinde.

(3) Reicht die Ortsdurchfahrt einer Landesstraße für den Durchgangsverkehr nicht aus, so kann eine Straße, die nach ihrem Ausbauzustand für die Aufnahme des Durchgangsverkehrs geeignet ist und an die Landesstraße nach beiden Seiten anschließt, durch Umstufung (§ 7) als zusätzliche Ortsdurchfahrt festgesetzt werden.

§ 5 *(aufgehoben)*

§ 6 Widmung. (1) [1]Die Widmung für den öffentlichen Verkehr wird durch den Träger der Straßenbaulast ausgesprochen. [2]Soll eine nicht dem Land oder einer sonstigen Gebietskörperschaft gehörende Straße für den öffentlichen Verkehr gewidmet werden, so spricht die Straßenaufsichtsbehörde auf Antrag des künftigen Trägers der Straßenbaulast (§ 54) die Widmung aus. [3]Soweit die Straße nicht im Außenbereich einer Gemeinde (§ 19 Abs. 1 Nr. 3 des Baugesetzbuchs) verläuft, ist die Widmung nur nach Anhörung der Gemeinde zulässig. [4]Bei der Widmung sind die Straßengruppe, zu der die Straße gehört, sowie Beschränkungen der Widmung auf bestimmte Benutzungsarten oder Benutzerkreise festzulegen.

(2) Voraussetzung für die Widmung ist, daß der Träger der Straßenbaulast Eigentümer des der Straße dienenden Grundstücks ist oder der Eigentümer und ein sonst zur Nutzung dinglich Berechtigter der Widmung zugestimmt haben oder der Träger der Straßenbaulast den Besitz durch Vertrag, durch Einweisung nach § 41a oder in einem sonstigen gesetzlich geregelten Verfahren erlangt hat.

(3) Die Widmung ist öffentlich bekanntzumachen.

(4) Durch privatrechtliche Verfügungen oder durch Verfügungen im Wege der Zwangsvollstreckung über die der Straße dienenden Grundstücke oder Rechte an ihnen wird die Widmung nicht berührt.

(5) [1]Bei Straßen, deren Bau in einem Planfeststellungsverfahren oder in einem Bebauungsplan geregelt wird, kann die Widmung in diesem Verfahren mit der Maßgabe verfügt werden, daß sie mit der Verkehrsübergabe wirksam wird, wenn die Voraussetzungen des Absatzes 2 in diesem Zeitpunkt vorliegen. [2]Der Träger der Straßenbaulast hat den Zeitpunkt der Verkehrsübergabe, die Straßengruppe sowie Beschränkungen der Widmung mit einem Hinweis auf die zugrunde liegende Anordnung öffentlich bekanntzumachen.

(6) [1]Wird eine Straße verbreitert, begradigt, unerheblich verlegt oder ergänzt, so gilt der neue Straßenteil durch die Verkehrsübergabe als gewidmet, sofern die Voraussetzungen des Absatzes 2 vorliegen. [2]Einer öffentlichen Bekanntmachung nach Absatz 3 bedarf es in diesem Falle nicht.

§ 7 Umstufung. (1) Entspricht die Einstufung einer Straße nicht mehr ihrer Verkehrsbedeutung, so ist sie in die entsprechende Straßengruppe (§ 3) umzustufen (Aufstufung, Abstufung).

(2) [1]Sind die beteiligten Träger der Straßenbaulast über die Umstufung einer Straße einig, so hat der neue Träger der Straßenbaulast die Absicht der Umstufung der für ihn zuständigen Straßenaufsichtsbehörde anzuzeigen. [2]Erhebt diese innerhalb eines Monats nach Anzeige keine Einwendungen, so verfügt der neue Träger der Straßenbaulast die Umstufung. [3]§ 6 Abs. 1 Satz 2 gilt sinngemäß. [4]Kommt keine Einigung zustande, so entscheidet über die Umstufung der für den Straßenbau zuständige Minister. [5]Dieser hat vorher die Träger der Stra-

Straßengesetz **NStrG 70**

ßenbaulast und gegebenenfalls die für den neuen Träger der Straßenbaulast zuständige Kommunalaufsichtsbehörde zu hören.

(3) [1]Die Umstufung ist öffentlich bekanntzumachen. [2]Sie soll nur zum Ende eines Rechnungsjahres ausgesprochen und im Falle des Absatzes 2 Satz 4 drei Monate vorher den beteiligten Trägern der Straßenbaulast angekündigt werden.

(4) [1]Bei Abstufung einer Bundesfernstraße bestimmt der für den Straßenbau zuständige Minister den neuen Träger der Straßenbaulast. [2]Absatz 2 Satz 5 gilt sinngemäß.

(5) [1]§ 6 Abs. 6 gilt sinngemäß. [2]Die Umstufung wird mit der Ingebrauchnahme für den neuen Verkehrszweck wirksam.

§ 8 Einziehung. (1) [1]Hat eine Straße keine Verkehrsbedeutung mehr oder liegen überwiegende Gründe des öffentlichen Wohles für ihre Beseitigung vor, so soll sie vom Träger der Straßenbaulast eingezogen werden. [2]Die Teileinziehung einer Straße soll angeordnet werden, wenn nachträglich Beschränkungen der Widmung auf bestimmte Benutzungsarten oder Benutzerkreise aus überwiegenden Gründen des öffentlichen Wohls festgelegt werden. [3]Bei Landesstraßen und Kreisstraßen bedarf es dazu der Zustimmung der Straßenaufsichtsbehörde; soweit die Straße nicht im Außenbereich einer Gemeinde (§ 19 Abs. 1 Nr. 3 des Baugesetzbuchs) verläuft, ist auch die Zustimmung der Gemeinde erforderlich. [4]Bei Straßen, die weder dem Land noch einer sonstigen Gebietskörperschaft gehören, spricht die Straßenaufsichtsbehörde die Einziehung aus.

(2) [1]Die Absicht der Einziehung ist mindestens drei Monate vorher in den Gemeinden, die die Straße berührt, ortsüblich bekanntzugeben. [2]Von der Bekanntgabe kann abgesehen werden, wenn die zur Einziehung vorgesehenen Teilstrecken in den in einem Planfeststellungsverfahren ausgelegten Plänen oder in einem Bebauungsplan als solche kenntlich gemacht worden sind oder Teilstrecken in Fällen von unwesentlicher Bedeutung (§ 38 Abs. 3) eingezogen werden sollen.

(3) Die Einziehung ist mit Angabe des Tages, an dem die Eigenschaft als Straße endet, öffentlich bekanntzumachen.

(4) Mit der Einziehung einer Straße entfallen Gemeingebrauch (§ 14) und widerrufliche Sondernutzungen (§§ 18 ff.).

(5) § 6 Abs. 5 gilt sinngemäß mit der Maßgabe, daß die Einziehung der Straße in dem Zeitpunkt wirksam wird, in dem sie dem öffentlichen Verkehr tatsächlich entzogen wird.

(6) [1]Wird eine Straße begradigt, unerheblich verlegt oder in sonstiger Weise den verkehrlichen Bedürfnissen angepaßt und wird damit ein Teil der Straße dem Verkehr auf Dauer entzogen, so gilt dieser Teil mit der Sperrung als eingezogen. [2]Einer Ankündigung und Bekanntmachung bedarf es nicht.

§ 9 Straßenbaulast. (1) [1]Die Straßenbaulast umfaßt alle mit dem Bau und der Unterhaltung der Straßen zusammenhängenden Aufgaben. [2]Die Träger der Straßenbaulast haben nach ihrer Leistungsfähigkeit die Straßen so zu bauen, zu unterhalten, zu erweitern oder sonst zu verbessern, daß sie dem regelmäßigen Verkehrsbedürfnis genügen. ³Soweit sie hierzu außerstande sind, haben die Straßenbaubehörden auf den nicht verkehrssicheren Zustand, vorbehaltlich anderer Anordnungen der Straßenverkehrsbehörden durch Verkehrszeichen hinzuweisen.

(2) ¹Bei öffentlichen Straßen auf Deichen umfaßt die Straßenbaulast auch die Pflicht zur Beseitigung von Schäden am Deichkörper, die durch Benutzung der Straße entstehen, sowie die Wiederherstellung der Straße, falls eine Veränderung des Deichkörpers aus Gründen der Deichverteidigung oder der Landessicherung erforderlich ist. ²Die nach Deichrecht zuständige Behörde kann aus Gründen der Deichverteidigung oder der Landessicherung verlangen, daß der Träger der Straßenbaulast die zur Unterhaltung der Straße notwendigen Arbeiten gegen Erstattung der Kosten dem Träger der Deicherhaltung überträgt.

§ 10 Hoheitsverwaltung, bautechnische Sicherheit. (1) Der Bau und die Unterhaltung der öffentlichen Straßen einschließlich der Bundesfernstraßen sowie die Überwachung ihrer Verkehrssicherheit obliegen den Organen und Bediensteten der damit befaßten Körperschaften als Amtspflichten in Ausübung öffentlicher Gewalt.

(2) Die Träger der Straßenbaulast haben dafür einzustehen, daß ihre Bauten technisch allen Anforderungen der Sicherheit und Ordnung genügen.

§ 11 Übergang der Straßenbaulast. (1) Beim Übergang der Straßenbaulast von einer Gebietskörperschaft auf eine andere gehen das Eigentum des bisherigen Trägers der Straßenbaulast an der Straße sowie alle Rechte und Pflichten, die mit der Straße in Zusammenhang stehen, entschädigungslos auf den neuen Träger der Straßenbaulast über.

(2) ¹Absatz 1 gilt nicht für
1. das Eigentum an Nebenanlagen (§ 2 Abs. 2 Nr. 4);
2. das Eigentum an Leitungen, die der bisherige Träger der Straßenbaulast für Zwecke der öffentlichen Versorgung oder der Abwasserbeseitigung in die Straße verlegt hat;
3. Ansprüche auf Entgelte, die für die Duldung von Versorgungsleitungen auf Grund von Gebietsversorgungsverträgen gezahlt werden;
4. Pflichten, die der bisherige Träger der Straßenbaulast in Gebietsversorgungsverträgen übernommen hat, soweit die Versorgungsleitungen zum Zeitpunkt des Übergangs der Straßenbaulast noch nicht verlegt waren;
5. Verbindlichkeiten des bisherigen Trägers der Straßenbaulast aus der Durchführung früherer Bau- und Unterhaltungsmaßnahmen. ²Soweit diese Verbindlichkeiten dinglich gesichert sind, hat der neue Eigentümer einen Befreiungsanspruch.

(3) ¹Hat der bisherige Eigentümer der Straße besondere Anlagen in der Straße gehalten, so ist der neue Eigentümer der Straße verpflichtet, diese in dem bisherigen Umfang zu dulden. ²§§ 16 und 18 Abs. 4 gelten sinngemäß.

Straßengesetz **NStrG 70**

(4) ¹Der bisherige Träger der Straßenbaulast hat dem neuen Träger der Straßenbaulast dafür einzustehen, daß er die Straße in dem für die bisherige Straßengruppe gebotenen Umfang ordnungsgemäß unterhalten und den notwendigen Grunderwerb durchgeführt hat. ²Ein Beitrag zum Um- und Ausbau der Straße entsprechend der geänderten Verkehrsbedeutung kann nicht gefordert werden.

(5) ¹Bei Einziehung einer Straße kann der frühere Träger der Straßenbaulast innerhalb eines Jahres verlangen, daß ihm das Eigentum an den Straßengrundstücken mit den im Absatz 1 genannten Rechten und Pflichten unentgeltlich übertragen wird, wenn es vorher nach Absatz 1 übergegangen war. ²Absatz 3 gilt sinngemäß.

§ 12 Grundbuchberichtigung. (1) ¹Beim Übergang des Eigentums an Straßen ist der Antrag auf Berichtigung des Grundbuchs von dem neuen Träger der Straßenbaulast zu stellen. ²Zum Nachweis des Eigentums gegenüber dem Grundbuchamt genügt die mit dem Amtssiegel oder Amtsstempel versehene Bestätigung der Straßenbaubehörde, daß das Grundstück dem neuen Träger der Straßenbaulast gehört.

(2) Der bisherige Träger der Straßenbaulast ist verpflichtet, das Grundstück auf seine Kosten vorschriftsmäßig vermessen und vermarken zu lassen.

§ 13 Eigentumserwerb. (1) ¹Stehen die für die Straßen in Anspruch genommenen Grundstücke nicht im Eigentum des Trägers der Straßenbaulast, so hat dieser auf Antrag des Eigentümers oder eines sonst dinglich Berechtigten die Grundstücke oder ein dingliches Recht daran spätestens innerhalb einer Frist von vier Jahren seit Antragstellung zu erwerben. ²Kommt innerhalb dieser Frist keine Einigung zustande oder kann ein dingliches Recht an dem Grundstück durch Rechtsgeschäft nicht übertragen werden, so kann der Eigentümer oder der sonst dinglich Berechtigte oder der Träger der Straßenbaulast die Durchführung des Enteignungsverfahrens beantragen. ³§ 42 Abs. 3 gilt sinngemäß.

(2) Soweit ein dinglich Berechtigter am Widmungsverfahren nach § 6 Abs. 2 nicht beteiligt ist, hat der Träger der Straßenbaulast das dingliche Recht auf Antrag abzulösen, sobald und soweit der dinglich Berechtigte die Befriedigung aus dem Grundstück beanspruchen kann.

(3) Absatz 1 gilt nicht, wenn und solange dem Träger der Straßenbaulast eine Dienstbarkeit oder ein sonstiges dingliches Recht eingeräumt ist, das den Bestand der Straße sichert.

(4) Bis zum Erwerb der für die Straße in Anspruch genommenen Grundstücke nach Maßgabe des Absatzes 1 steht dem Träger der Straßenbaulast die Ausübung der Rechte und Pflichten des Eigentümers in dem Umfange zu, in dem dies die Aufrechterhaltung des Gemeingebrauchs erfordert.

§ 14 Gemeingebrauch. (1) ¹Der Gebrauch der Straße ist jedermann im Rahmen der Widmung und der Verkehrsvorschriften zum Verkehr gestattet (Gemeingebrauch). ²Im Rahmen des Gemeingebrauchs hat der fließende Verkehr den Vorrang vor dem ruhenden. ³Kein Gemeingebrauch liegt vor, wenn jemand die Straße nicht vorwiegend zum Verkehr, sondern zu anderen Zwecken benutzt.

(2) Auf die Aufrechterhaltung des Gemeingebrauchs besteht kein Rechtsanspruch.

(3) Für die Ausübung des Gemeingebrauchs dürfen Gebühren nur auf Grund besonderer gesetzlicher Vorschriften erhoben werden.

§ 15 Beschränkungen des Gemeingebrauchs aus besonderem Anlaß. ¹Der Gemeingebrauch kann vorbehaltlich anderer Anordnungen der Straßenverkehrsbehörde durch die Straßenbaubehörde beschränkt werden, soweit dies wegen des baulichen Zustandes der Straße notwendig ist. ²Die Beschränkungen sind in einer den Verkehrsbedürfnissen entsprechenden Weise kenntlich zu machen. ³Die Straßenverkehrsbehörde und die Gemeinden, welche die Straße berührt, sind von wesentlichen Beschränkungen zu unterrichten.

§ 15a Umleitungen. (1) Bei vorübergehender Beschränkung des Gemeingebrauchs auf einer Straße sind die Träger der Straßenbaulast anderer öffentlicher Straßen einschließlich der Bundesfernstraßen verpflichtet, die Umleitung des Verkehrs auf ihren Straßen zu dulden.

(2) ¹Vor Anordnung einer Beschränkung sind die Träger der Straßenbaulast der Umleitungsstrecke, die Straßenverkehrsbehörden und die Gemeinden, deren Gebiet berührt wird, zu unterrichten. ²Die Straßenbaubehörde hat im Benehmen mit dem Träger der Straßenbaulast für die Umleitungsstrecke festzustellen, welche Maßnahmen notwendig sind, um diese Strecke für die Aufnahme des zusätzlichen Verkehrs verkehrssicher zu machen. ³Die hierfür nötigen Mehraufwendungen sind dem Träger der Straßenbaulast der Umleitungsstrecke zu erstatten. ⁴Dies gilt auch für die Aufwendungen, die für die Beseitigung der durch die Umleitung verursachten Schäden entstanden sind.

(3) ¹Muß die Umleitung ganz oder zum Teil über private Wege geführt werden, die dem öffentlichen Verkehr dienen, so ist der Eigentümer zur Duldung der Umleitung auf schriftliche Anforderung der Straßenbaubehörde verpflichtet. ²Absatz 2 Satz 2 und 3 gilt sinngemäß. ³Ist die Umleitung aufgehoben, so hat der nach Absatz 1 begünstigte Träger der Straßenbaulast auf Antrag des Eigentümers den früheren Zustand des Weges wieder herzustellen.

(4) Die Absätze 1 bis 3 gelten sinngemäß, wenn neue Landes- oder Kreisstraßen vorübergehend über andere dem öffentlichen Verkehr dienende Straßen oder Wege an das Straßennetz angeschlossen werden müssen.

§ 16 Vergütung von Mehrkosten. ¹Wenn eine Straße wegen der Art des Gemeingebrauchs durch einen anderen aufwendiger hergestellt oder ausgebaut werden muß, als es dem regelmäßigen Verkehrsbedürfnis entspricht, hat der andere dem Träger der Straßenbaulast die Mehrkosten für den Bau und die Unterhaltung zu vergüten und ihm hierfür auf Verlangen angemessene Vorschüsse oder Sicherheiten zu leisten. ²Das gilt nicht für Haltestellenbuchten für den Linien- und Schulbusverkehr.

§ 17 Verunreinigung. ¹Wer eine Straße über das übliche Maße hinaus verunreinigt, hat die Verunreinigung unverzüglich zu beseitigen; andernfalls kann der Träger der Straßenbaulast die Verunreinigung auf Kosten des Verursachers beseitigen. ²Weitergehende bundes- oder landesrechtliche Vorschriften bleiben unberührt.

§ 18 Sondernutzung. (1) ¹Die Benutzung der Straße über den Gemeingebrauch hinaus ist Sondernutzung. ²Sie bedarf der Erlaubnis des Trägers der Straßenbaulast, in Ortsdurchfahrten der Erlaubnis der Gemeinde. ³Soweit die Gemeinde nicht Träger der Straßenbaulast ist, darf sie die Erlaubnis nur mit dessen Zustimmung erteilen. ⁴Die Gemeinde kann durch Satzung bestimmte Sondernutzungen in den Ortsdurchfahrten und in Gemeindestraßen von der Erlaubnis befreien und die Ausübung regeln. ⁵Soweit die Gemeinde nicht Träger der Straßenbaulast ist, bedarf die Satzung der Zustimmung des Trägers der Straßenbaulast.

(2) ¹Die Erlaubnis darf nur auf Zeit oder Widerruf erteilt werden. ²Sie kann mit Bedingungen und Auflagen verbunden werden. ³Soweit die Gemeinde nicht Träger der Straßenbaulast ist, hat sie eine widerruflich erteilte Erlaubnis zu widerrufen, wenn der Träger der Straßenbaulast dies aus Gründen des Straßenbaues oder der Sicherheit oder Leichtigkeit des Verkehrs verlangt.

(3) Der Erlaubnisnehmer hat bei Widerruf der Erlaubnis oder bei Sperrung, Änderung oder Einziehung der Straße keinen Ersatzanspruch gegen den Träger der Straßenbaulast.

(4) ¹Der Erlaubnisnehmer hat Anlagen so zu errichten und zu unterhalten, daß sie den Anforderungen der Sicherheit und Ordnung sowie den anerkannten Regeln der Technik genügen. ²Arbeiten an der Straße bedürfen der Zustimmung des Trägers der Straßenbaulast. ³Der Erlaubnisnehmer hat auf Verlangen der für die Erlaubnis zuständigen Behörde die Anlagen auf seine Kosten zu ändern und alle Kosten zu ersetzen, die dem Träger der Straßenbaulast durch die Sondernutzung entstehen. ⁴Hierfür kann der Träger der Straßenbaulast angemessene Vorschüsse und Sicherheiten verlangen.

(5) Sonstige nach öffentlichem Recht erforderliche Genehmigungen, Erlaubnisse oder Bewilligungen werden durch die Sondernutzungserlaubnis nicht ersetzt.

§ 19 Besondere Veranstaltungen. ¹Ist nach den Vorschriften des Straßenverkehrsrechts eine Erlaubnis für eine übermäßige Straßenbenutzung oder eine Ausnahmegenehmigung erforderlich, so bedarf es keiner Erlaubnis nach § 18 Abs. 1. ²Vor ihrer Entscheidung hat die hierfür zuständige Behörde die sonst für die Sondernutzungserlaubnis zuständige Behörde zu hören. ³Die von dieser ge-

70 NStrG

forderten Bedingungen, Auflagen und Sondernutzungsgebühren sind dem Antragsteller in der Erlaubnis oder Ausnahmegenehmigung aufzuerlegen.

§ 20 Straßenanlieger. (1) Eine Zufahrt ist die für die Benutzung mit Fahrzeugen bestimmte Verbindung von Grundstücken oder von nichtöffentlichen Wegen mit einer Straße.

(2) [1]Zufahrten und Zugänge zu Landes- und Kreisstraßen außerhalb der Ortsdurchfahrten gelten als Sondernutzung im Sinne des § 18, wenn sie neu angelegt oder geändert werden. [2]Eine Änderung liegt auch vor, wenn eine Zufahrt gegenüber dem bisherigen Zustand einem erheblich größeren oder einem andersartigen Verkehr als bisher dienen soll.

(3) Einer Erlaubnis nach § 18 Abs. 1 bedarf es nicht für die Anlage neuer oder die Änderung bestehender Zufahrten oder Zugänge
1. im Zusammenhang mit der Errichtung oder erheblichen Änderung baulicher Anlagen, wenn die Straßenbaubehörde nach § 24 Abs. 2 zustimmt oder nach § 24 Abs. 7 eine Ausnahme zugelassen hat.
2. in einem Flurbereinigungsverfahren auf Grund des Planes über gemeinschaftliche und öffentliche Anlagen.

(4) Für die Unterhaltung der Zufahrten und Zugänge, die nicht auf einer Erlaubnis nach § 18 Abs. 1 beruhen, gelten § 18 Abs. 4 Satz 1 und 2 sowie § 22 sinngemäß.

(5) [1]Werden auf Dauer Zufahrten oder Zugänge durch die Änderung oder die Einziehung von Straßen unterbrochen oder wird ihre Benutzung erheblich erschwert, so hat der Träger der Straßenbaulast einen angemessenen Ersatz zu schaffen oder, soweit dies nicht zumutbar ist, eine angemessene Entschädigung in Geld zu leisten. [2]Mehrere Anliegergrundstücke können durch eine gemeinsame Zufahrt angeschlossen werden, deren Unterhaltung nach Absatz 4 den Anliegern gemeinsam obliegt. [3]Die Verpflichtung nach Satz 1 entsteht nicht, wenn die Grundstücke eine anderweitige ausreichende Verbindung zu dem öffentlichen Straßennetz besitzen oder wenn die Zufahrten oder Zugänge auf einer widerruflichen Erlaubnis beruhen.

(6) [1]Werden für längere Zeit Zufahrten oder Zugänge durch Straßenarbeiten unterbrochen oder wird ihre Benutzung erheblich erschwert, ohne daß von Behelfsmaßnahmen eine wesentliche Entlastung ausgeht, und wird dadurch die wirtschaftliche Existenz eines anliegenden Betriebes gefährdet, so kann dessen Inhaber eine Entschädigung in der Höhe des Betrages beanspruchen, der erforderlich ist, um das Fortbestehen des Betriebes bei Anspannung der eigenen Kräfte und unter Berücksichtigung der gegebenen Anpassungsmöglichkeiten zu sichern. [2]Der Anspruch richtet sich gegen den, zu dessen Gunsten die Arbeiten im Straßenbereich erfolgen. [3]Absatz 5 Satz 3 gilt sinngemäß.

(7) [1]Soweit es die Sicherheit oder Leichtigkeit des Verkehrs erfordert, kann die Straßenbaubehörde nach Anhörung der Betroffenen anordnen, daß Zufahrten oder Zugänge geändert oder verlegt oder, wenn das Grundstück eine anderweitige ausreichende Verbindung zu dem öffentlichen Straßennetz besitzt, ge-

schlossen werden. ²Absatz 5 gilt sinngemäß. ³Die Befugnis zum Widerruf einer Erlaubnis für Zufahrten nach § 18 Abs. 2 bleibt unberührt.

(8) Wird durch den Bau oder die Änderung einer Straße der Zutritt von Licht oder Luft zu einem Grundstück auf Dauer entzogen oder erheblich beeinträchtigt, so hat der Träger der Straßenbaulast für dadurch entstehende Vermögensnachteile eine angemessene Entschädigung in Geld zu gewähren.

(9) Hat der Entschädigungsberechtigte die Entstehung des Vermögensnachteils mit verursacht, so gilt § 254 des Bürgerlichen Gesetzbuches sinngemäß.

§ 21 Sondernutzungsgebühren. ¹Für Sondernutzungen können Sondernutzungsgebühren erhoben werden. ²Sie stehen in Ortsdurchfahrten den Gemeinden, im übrigen dem Träger der Straßenbaulast zu. ³Der für den Straßenbau zuständige Minister wird ermächtigt, im Einvernehmen mit dem Minister der Finanzen durch Gebührenordnung die Erhebung von Sondernutzungsgebühren zu regeln, soweit sie dem Land als Träger der Straßenbaulast zustehen. ⁴Die Landkreise und Gemeinden können die Gebühren durch Satzung regeln, soweit ihnen die Sondernutzungsgebühren zustehen. ⁵Bei Bemessung der Gebühren sind Art und Ausmaß der Einwirkung auf die Straße und den Gemeingebrauch zu berücksichtigen. ⁶Das wirtschaftliche Interesse des Gebührenschuldners kann berücksichtigt werden.

§ 22 Unerlaubte Benutzung einer Straße. ¹Wird eine Straße ohne die erforderliche Erlaubnis benutzt oder kommt der Erlaubnisnehmer seinen Verpflichtungen nicht nach, so kann die für die Erteilung der Erlaubnis zuständige Behörde die erforderlichen Maßnahmen zur Beendigung der Benutzung oder zur Erfüllung der Auflagen anordnen. ²Sind solche Anordnungen nicht oder nur unter unverhältnismäßigem Aufwand möglich oder nicht erfolgversprechend, so kann sie den rechtswidrigen Zustand auf Kosten des Pflichtigen beseitigen oder beseitigen lassen.

§ 23 Sonstige Nutzung. (1) Die Einräumung von Rechten zur Nutzung des Straßeneigentums richtet sich nach bürgerlichem Recht, wenn dadurch der Gemeingebrauch nicht beeinträchtigt wird, wobei eine nur vorübergehende Beeinträchtigung zu Zwecke der öffentlichen Versorgung oder der Abwasserbeseitigung außer Betracht bleibt.

(2) In Ortsdurchfahrten, für die nicht die Gemeinde die Straßenbaulast trägt, hat der Träger der Straßenbaulast auf Antrag der Gemeinde die Verlegung von Leitungen, die für Zwecke der öffentlichen Versorgung oder der Abwasserbeseitigung im Gemeindegebiet erforderlich sind, unentgeltlich zu gestatten.

(3) ¹Im übrigen dürfen in Ortsdurchfahrten, für die nicht die Gemeinde die Straßenbaulast trägt, neue Leitungen für Zwecke der öffentlichen Versorgung oder der Abwasserbeseitigung nur mit Zustimmung der Gemeinde verlegt werden. ²Die Zustimmung ist zu erteilen, wenn es das Wohl der Allgemeinheit erfordert. ³Der Zustimmung bedarf es nicht, wenn es sich um Leitungen eines

70 NStrG Straßengesetz

Versorgungsunternehmens handelt, das das Recht hat, die Gemeindestraßen zur Versorgung des Gemeindegebietes zu benutzen.

(4) Soweit und solange eine vertragliche Regelung nicht besteht, gilt § 18 Abs. 4 sinngemäß.

§ 24 Bauliche Anlagen an Straßen. (1) [1]Außerhalb der Ortsdurchfahrten dürfen längs der Landes- oder Kreisstraßen
1. Hochbauten jeder Art in einer Entfernung bis zu 20 m, gemessen vom äußeren Rand der für den Kraftfahrzeugverkehr bestimmten Fahrbahn,
2. bauliche Anlagen im Sinne der Niedersächsischen Bauordnung, die über Zufahrten unmittelbar oder mittelbar angeschlossen werden sollen,

nicht errichtet werden. [2]Satz 1 Nr. 1 gilt entsprechend für Aufschüttungen oder Abgrabungen größeren Umfangs. [3]Weitergehende bundes- oder landesrechtliche Vorschriften bleiben unberührt.

(2) [1]Im übrigen ergehen Baugenehmigungen oder nach anderen Vorschriften notwendige Genehmigungen im Benehmen mit der Straßenbaubehörde, wenn
1. bauliche Anlagen im Sinne der Niedersächsischen Bauordnung längs der Landes- oder Kreisstraßen in einer Entfernung bis zu 40 m, gemessen vom äußeren Rand der für den Kraftfahrzeugverkehr bestimmten Fahrbahn, errichtet oder erheblich geändert werden sollen,
2. bauliche Anlagen im Sinne der Niedersächsischen Bauordnung auf Grundstücken, die außerhalb der Ortsdurchfahrten über Zufahrten an Landes- oder Kreisstraßen unmittelbar oder mittelbar angeschlossen sind, erheblich geändert oder anders genutzt werden sollen.

[2]Satz 1 gilt entsprechend für bauliche Anlagen im Sinne der Niedersächsischen Bauordnung, die anzeigepflichtig sind. [3]Die Sätze 1 und 2 gelten nicht für Werbeanlagen. [4]Weitergehende bundes- oder landesrechtliche Vorschriften bleiben unberührt.

(3) Im Verfahren zur Herstellung des Benehmens nach Absatz 2 darf sich die Straßenbaubehörde nur zur Sicherheit und Leichtigkeit des Verkehrs, zu Ausbauabsichten und zur Straßenbaugestaltung äußern.

(4) Bei geplanten Straßen gelten die Beschränkungen der Absätze 1 und 2 von Beginn der Auslegung der Pläne im Planfeststellungsverfahren oder von dem Zeitpunkt an, zu dem den Betroffenen Gelegenheit gegeben wird, den Plan einzusehen.

(5) [1]Bedürfen die baulichen Anlagen im Sinne des Absatzes 2 keiner Bauanzeige, Baugenehmigung oder Genehmigung nach anderen Vorschriften, so tritt an die Stelle des Verfahrens zur Herstellung des Benehmens die Genehmigung der Straßenbaubehörde. [2]Satz 1 gilt nicht für Werbeanlagen.

(6) Die Absätze 1 bis 5 gelten nicht, wenn das Bauvorhaben den Festsetzungen eines Bebauungsplans im Sinne des Baugesetzbuchs entspricht, der mindestens die Begrenzung der Verkehrsflächen sowie die an diesen gelegenen überbaubaren Grundstücksflächen enthält und unter Mitwirkung der Straßenbaubehörde zustande gekommen ist.

Straßengesetz **NStrG 70**

(7) ¹Die Straßenbaubehörde kann im Einzelfalle Ausnahmen von den Verboten der Absätze 1 und 4 zulassen, wenn die Durchführung der Vorschriften im Einzelfalle zu einer offenbar nicht beabsichtigten Härte führen würde und die Abweichung mit den öffentlichen Belangen vereinbar ist oder wenn Gründe des Wohls der Allgemeinheit die Abweichung erfordern. ²Ausnahmen können mit Bedingungen und Auflagen versehen werden.

(8) Die Gemeinden können durch Satzung vorschreiben, daß für bestimmte Gemeindestraßen im Außenbereich (§ 19 Abs. 1 Nr. 3 des Baugesetzbuchs) die Absätze 1 bis 5 und 7 sowie § 27 insgesamt entsprechend anzuwenden sind, wobei die in den Absätzen 1 und 2 genannten Abstände geringer festgesetzt werden können.

§§ 25, 26 *(aufgehoben)*

§ 27 Entschädigung für Anbauverbote und Anbaubeschränkungen.
(1) ¹Wird durch die Anwendung des § 24 Abs. 1, 2, 4 und 5 die bauliche Nutzung eines Grundstücks, auf deren Zulassung bisher ein Rechtsanspruch bestand, ganz oder teilweise unmöglich, so kann der Eigentümer insoweit eine angemessene Entschädigung in Geld verlangen, als seine Vorbereitungen zur baulichen Nutzung des Grundstücks in dem bisher zulässigen Umfang für ihn an Wert verlieren oder eine wesentliche Wertminderung des Grundstücks eintritt. ²Zur Entschädigung ist der Träger der Straßenbaulast verpflichtet.

(2) Im Falle des § 24 Abs. 4 entsteht der Anspruch nach Absatz 1 erst, wenn der Plan unanfechtbar geworden oder mit der Ausführung begonnen worden ist, spätestens jedoch nach Ablauf von vier Jahren, nachdem die Beschränkungen des § 24 Abs. 1 und 2 in Kraft getreten sind.

§ 28 *(aufgehoben)*

§ 29 Veränderungssperre. (1) ¹Vom Beginn der Auslegung der Pläne im Planfeststellungsverfahren oder von dem Zeitpunkt an, zu dem den Betroffenen Gelegenheit gegeben wird, den Plan einzusehen, dürfen auf den vom Plan betroffenen Flächen bis zu ihrer Übernahme durch den Träger der Straßenbaulast wesentlich wertsteigernde oder den geplanten Straßenbau erheblich erschwerende Veränderungen nicht vorgenommen werden (Veränderungssperre). ²Veränderungen, die in rechtlich zulässiger Weise vorher begonnen worden sind, Unterhaltungsarbeiten und die Fortführung einer bisher ausgeübten Nutzung werden hiervon nicht berührt.

(2) ¹Dauert die Veränderungssperre länger als vier Jahre, so können die Eigentümer für die dadurch entstandenen Vermögensnachteile vom Träger der Straßenbaulast eine angemessene Entschädigung in Geld verlangen. ²Sie können ferner die Übernahme der vom Plan betroffenen Flächen verlangen, wenn es ihnen mit Rücksicht auf die Veränderungssperre wirtschaftlich nicht zuzumuten ist, die Grundstücke in der bisherigen oder einer anderen zulässigen Art zu benutzen. ³Die Vorschriften über die Entschädigung im Zweiten Abschnitt

des Fünften Teiles des Ersten Kapitels des Baugesetzbuchs gelten sinngemäß. [4]Kommt keine Einigung über die Übernahme zustande, so können die Eigentümer die Entziehung des Eigentums an den Flächen verlangen. [5]Im übrigen gilt § 42 (Enteignung).

(3) Die Planfeststellungsbehörde kann Ausnahmen von der Veränderungssperre zulassen, wenn sie im Einzelfalle zu einer offenbar nicht beabsichtigten Härte führen würde und die Ausnahme mit den öffentlichen Belangen vereinbar ist oder wenn Gründe des allgemeinen Wohles die Ausnahme erfordern.

§ 30 Schutzwaldungen. (1) Waldungen und Gehölze längs der Straßen sollen auf Antrag der Straßenbaubehörde von den Landkreisen und kreisfreien Städten in der Breite zu Schutzwaldungen erklärt werden, in der dies aus Gründen der Straßenbaugestaltung oder des Schutzes der Straßen gegen nachteilige Einwirkungen der Natur notwendig ist.

(2) [1]Die Schutzwaldungen sind vom Eigentümer oder Besitzer den Schutzzwecken entsprechend zu bewirtschaften. [2]Der Träger der Straßenbaulast hat den Eigentümer oder Nutzungsberechtigten für die hierdurch verursachten Vermögensnachteile angemessen zu entschädigen.

§ 31 Schutzmaßnahmen. (1) [1]Sind zum Schutz der Straße vor nachteiligen Einwirkungen der Natur, wie Schneeverwehungen, Steinschlag, Überschwemmungen, Vorkehrungen auf benachbarten Grundstücken notwendig, so haben die Grundstückseigentümer und Besitzer sie zu dulden. [2]Die Straßenbaubehörde hat den Betroffenen die Durchführung der Maßnahmen mindestens zwei Wochen vorher schriftlich anzukündigen, es sei denn, daß Gefahr im Verzuge ist. [3]Die Betroffenen sind berechtigt, die Maßnahmen im Einvernehmen mit der Straßenbaubehörde selbst durchzuführen. [4]Der Träger der Straßenbaulast hat den Betroffenen Aufwendungen und Schäden in Geld zu ersetzen, soweit diese nicht Folge von Veränderungen auf benachbarten Grundstücken sind, die die Betroffenen zu vertreten haben.

(2) [1]Anpflanzungen, Zäune, Stapel, Haufen und andere mit dem Grundstück nicht fest verbundene Einrichtungen dürfen nicht angelegt werden, wenn sie die Verkehrssicherheit beeinträchtigen. [2]Soweit solche Anlagen vorhanden sind, haben die Eigentümer sie zu beseitigen. [3]Die Beseitigung ist ihnen von der Straßenbaubehörde schriftlich aufzugeben. [4]Kommen sie der Aufforderung innerhalb der ihnen gesetzten Frist nicht nach, so kann die Straßenbaubehörde das Erforderliche selbst veranlassen, wenn der Bescheid unanfechtbar geworden oder seine sofortige Vollziehung angeordnet worden ist.

(3) [1]Im Falle des Absatzes 2 hat der Betroffene die Kosten zu tragen, die durch die Beseitigung der Anlage entstehen. [2]Das gilt nicht, wenn die Anlage schon beim Inkrafttreten dieses Gesetzes vorhanden war oder wenn die Voraussetzungen für ihre Beseitigung deswegen eintreten, weil die Straße neu angelegt oder ausgebaut worden ist; in diesen Fällen hat der Träger der Straßenbaulast dem Betroffenen Aufwendungen und Schäden in Geld zu ersetzen.

§ 32 Bepflanzung des Straßenkörpers. [1]Die Bepflanzung des Straßenkörpers bleibt dem Träger der Straßenbaulast vorbehalten. [2]Die Straßenanlieger haben alle Maßnahmen zu dulden, die im Interesse der Erhaltung und Ergänzung der auf dem Straßenkörper befindlichen Pflanzungen erforderlich sind. [3]Sie haben der Straßenbaubehörde rechtzeitig vorher Anzeige zu machen, wenn sie auf das Anliegergrundstück eingedrungene Wurzeln eines Straßenbaumes abschneiden wollen.

§ 33 Kreuzungen und Einmündungen öffentlicher Straßen. (1) [1]Kreuzungen im Sinne dieses Gesetzes sind Überschneidungen öffentlicher Straßen in gleicher Höhe sowie Überführungen und Unterführungen. [2]Einmündungen öffentlicher Straßen stehen den Kreuzungen gleich. [3]Münden mehrere Straßen an einer Stelle in eine andere Straße ein, so gelten diese Einmündungen als Kreuzung aller beteiligten Straßen.

(2) [1]Über den Bau neuer sowie über die Änderung bestehender Kreuzungen wird vorbehaltlich des § 38 Abs. 3 durch die Planfeststellung entschieden. [2]Diese soll zugleich die Aufteilung der Kosten regeln.

(3) Ergänzungen an Kreuzungsanlagen sind wie Änderungen zu behandeln.

§ 34 Kostentragung beim Bau und der Änderung von Kreuzungen öffentlicher Straßen. (1) [1]Beim Bau einer neuen Kreuzung mehrerer öffentlicher Straßen hat der Träger der Straßenbaulast der neu hinzukommenden Straße die Kosten der Kreuzung zu tragen. [2]Hierzu gehören auch die Kosten der Änderungen, die durch die neue Kreuzung an den anderen öffentlichen Straßen unter Berücksichtigung der übersehbaren Verkehrsentwicklung notwendig sind. [3]Die Änderung einer bestehenden Kreuzung ist als neue Kreuzung zu behandeln, wenn ein öffentlicher Weg, der nach der Beschaffenheit seiner Fahrbahn nicht geeignet und nicht dazu bestimmt war, einen allgemeinen Kraftfahrzeugverkehr aufzunehmen, zu einer diesem Verkehr dienenden Straße ausgebaut wird.

(2) Werden mehrere Straßen gleichzeitig neu angelegt oder an bestehenden Kreuzungen Anschlußstellen neu geschaffen, so haben die Träger der Straßenbaulast die Kosten der Kreuzungsanlage im Verhältnis der Fahrbahnbreiten der an der Kreuzung beteiligten Straßenäste zu tragen.

(3) Wird eine höhenungleiche Kreuzung geändert, so fallen die dadurch entstehenden Kosten
1. demjenigen Träger der Straßenbaulast zur Last, der die Änderung verlangt oder hätte verlangen müssen,
2. den beteiligten Trägern der Straßenbaulast zur Last, die die Änderung verlangen oder hätten verlangen müssen, und zwar im Verhältnis der Fahrbahnbreiten der an der Kreuzung beteiligten Straßenäste nach der Änderung.

(4) [1]Wird eine höhengleiche Kreuzung geändert, so gilt für die dadurch entstehenden Kosten der Änderung Absatz 2. [2]Beträgt der durchschnittliche tägliche Verkehr mit Kraftfahrzeugen auf einem der an der Kreuzung beteiligten Straßenäste nicht mehr als 20 vom Hundert des Verkehrs auf anderen beteilig-

ten Straßenästen, so haben die Träger der Straßenbaulast der verkehrsstärkeren Straßenäste im Verhältnis der Fahrbahnbreiten den Anteil der Änderungskosten mitzutragen, der auf den Träger der Straßenbaulast des verkehrsschwächeren Straßenastes entfallen würde.

(5) Bei der Bemessung der Fahrbahnbreiten sind die Rad- und Gehwege, die Trennstreifen und befestigten Seitenstreifen einzubeziehen.

§ 35 Unterhaltung der Straßenkreuzungen. (1) Bei höhengleichen Kreuzungen hat der Träger der Straßenbaulast für die Straße höherer Verkehrsbedeutung (§ 3 Abs. 1) die Kreuzungsanlage zu unterhalten.

(2) Bei Über- oder Unterführungen hat der Träger der Straßenbaulast für die Straße höherer Verkehrsbedeutung das Kreuzungsbauwerk, die übrigen Teile der Kreuzungsanlage der Träger der Straßenbaulast für die Straße, zu der sie gehören, zu unterhalten.

(3) [1]In den Fällen des § 34 Abs. 1 hat der Träger der Straßenbaulast für die neu hinzukommende Straße dem Träger der Straßenbaulast für die vorhandene Straße die Mehrkosten für die Unterhaltung zu erstatten, die ihm durch die Regelung nach den Absätzen 1 und 2 entstehen. [2]Die Mehrkosten sind auf Verlangen eines Beteiligten abzulösen.

(4) Nach einer wesentlichen Änderung einer bestehenden Kreuzung haben die Träger der Straßenbaulast ihre veränderten Kosten für Unterhaltung und Erneuerung sowie für Wiederherstellung im Falle der Zerstörung durch höhere Gewalt ohne Ausgleich zu tragen.

(5) Abweichende Regelungen werden in dem Zeitpunkt hinfällig, in dem nach Inkrafttreten dieses Gesetzes eine wesentliche Änderung oder Ergänzung an der Kreuzung durchgeführt ist.

(6) Die Absätze 1 bis 4 gelten nicht, wenn und soweit etwas anderes vereinbart wird.

(7) (aufgehoben)

§ 35a Kostentragung bei der Herstellung und Änderung von Kreuzungen zwischen Straßen und Gewässern. (1) [1]Werden Straßen neu angelegt oder ausgebaut und müssen dazu Kreuzungen mit Gewässern (Brücken oder Unterführungen) hergestellt oder bestehende Kreuzungen geändert werden, so hat der Träger der Straßenbaulast die dadurch entstehenden Kosten zu tragen. [2]Die Kreuzungsanlagen sind so auszuführen, daß unter Berücksichtigung der übersehbaren Entwicklung der wasserwirtschaftlichen Verhältnisse der Wasserabfluß nicht nachteilig beeinflußt wird.

(2) [1]Werden Gewässer ausgebaut (§ 31 des Wasserhaushaltsgesetzes) und werden dazu Kreuzungen mit Straßen hergestellt oder bestehende Kreuzungen geändert, so hat der Träger des Ausbauvorhabens die dadurch entstehenden Kosten zu tragen. [2]Wird eine neue Kreuzung erforderlich, weil ein Gewässer hergestellt wird, so ist die übersehbare Verkehrsentwicklung auf der Straße zu berücksichtigen. [3]Wird die Herstellung oder Änderung einer Kreuzung erfor-

Straßengesetz **NStrG 70**

derlich, weil das Gewässer wesentlich umgestaltet wird, so sind die gegenwärtigen Verkehrsbedürfnisse zu berücksichtigen. [4]Verlangt der Träger der Straßenbaulast weitergehende Änderungen, so hat er die Mehrkosten hierfür zu tragen.

(3) Wird eine Straße neu angelegt und wird gleichzeitig ein Gewässer hergestellt oder aus anderen als straßenbaulichen Gründen wesentlich umgestaltet, so daß eine neue Kreuzung entsteht, so haben der Träger der Straßenbaulast und der Unternehmer des Gewässerausbaues die Kosten der Kreuzung je zur Hälfte zu tragen.

(4) [1]Werden eine Straße und ein Gewässer gleichzeitig ausgebaut und wird infolgedessen eine bestehende Kreuzungsanlage geändert oder durch einen Neubau ersetzt, so haben der Träger der Straßenbaulast und der Unternehmer des Gewässerausbaues die dadurch entstehenden Kosten in dem Verhältnis zu tragen, in dem die Kosten bei getrennter Durchführung der Maßnahmen zueinander stehen würden. [2]Gleichzeitigkeit im Sinne des Satzes 1 liegt vor, wenn in einer Vereinbarung der Beteiligten oder in einer Entscheidung nach Absatz 5 festgestellt wird, daß eine gleichzeitige Baudurchführung möglich ist.

(5) Kommt über die Kreuzungsmaßnahme oder ihre Kosten eine Einigung nicht zustande, so ist darüber durch Planfeststellung zu entscheiden.

§ 35b Unterhaltung bei Kreuzungen mit Gewässern. (1) [1]Der Träger der Straßenbaulast hat die Kreuzungsanlage von Straßen und Gewässern auf seine Kosten zu unterhalten, soweit nichts anderes vereinbart oder durch Pfanfeststellung bestimmt wird. [2]Die Unterhaltungspflicht des Trägers der Straßenbaulast erstreckt sich nicht auf Leitwerke, Leitpfähle, Dalben, Absetzpfähle oder ähnliche Einrichtungen zur Sicherung der Durchfahrt unter Brücken im Zuge von Straßen für die Schiffahrt sowie auf Schiffahrtszeichen. [3]Soweit diese Einrichtungen auf Kosten des Trägers der Straßenbaulast herzustellen waren, hat dieser dem Unterhaltungspflichtigen die Unterhaltungskosten und die Kosten des Betriebes dieser Einrichtungen zu ersetzen oder abzulösen.

(2) [1]Wird im Falle des § 35a Abs. 2 eine neue Kreuzung hergestellt, hat der Träger des Ausbauvorhabens die Mehrkosten für die Unterhaltung und den Betrieb der Kreuzungsanlage zu erstatten oder abzulösen. [2]Ersparte Unterhaltungskosten für den Fortfall vorhandener Kreuzungsanlagen sind anzurechnen.

§ 35c Verordnungsermächtigungen. Der für den Straßenbau zuständige Minister wird ermächtigt, im Einvernehmen mit den beteiligten Ministern Verordnungen zu erlassen, durch die
1. der Umfang der Kosten nach den §§ 34 und 35 näher bestimmt wird;
2. bestimmt wird, wie die nach § 35a Abs. 4 entstehenden Kosten unter Anwendung von Erfahrungswerten für die Baukosten in vereinfachter Form ermittelt und aufgeteilt werden;
3. näher bestimmt wird, welche Straßenanlagen zur Kreuzungsanlage und welche Teile einer Kreuzung nach § 35 Abs. 1 und 2 zu der einen oder anderen Straße gehören;

70 NStrG

Straßengesetz

4. näher bestimmt wird, welche Anlagen einer Straße oder eines Gewässers zur Kreuzungsanlage nach § 35b gehören;
5. die Berechnung und die Zahlung von Ablösungsbeträgen nach § 35 Abs. 3 und § 35b Abs. 2 näher bestimmt werden.

§ 36 *(aufgehoben)*

§ 37 Planungen. (1) [1]Der für den Straßenbau zuständige Minister bestimmt im Einvernehmen mit dem für die Raumordnung zuständigen Minister die Planung und Linienführung der Landesstraßen. [2]Bei Planungen, welche den Bau neuer oder die wesentliche Änderung bestehender Straßen von überörtlicher Bedeutung betreffen, sind die Grundsätze und Ziele der Raumordnung und Landesplanung zu beachten.

(2) Bei örtlichen oder überörtlichen Planungen, welche die Änderung bestehender oder den Bau neuer Landes- oder Kreisstraßen zur Folge haben können, hat der Planungsträger die Straßenbaubehörde unbeschadet weitergehender gesetzlicher Vorschriften rechtzeitig zu unterrichten.

§ 37a Planungsgebiete. (1) [1]Um die Planung der Landes- und Kreisstraßen zu sichern, wird die Planfeststellungsbehörde ermächtigt, durch Verordnung Planungsgebiete für die Dauer von höchstens zwei Jahren festzulegen. [2]Die Gemeinden und Landkreise, deren Bereich durch die festzulegenden Planungsgebiete betroffen wird, sind vorher zu hören. [3]Auf die Planungsgebiete findet § 29 Abs. 1 mit der Maßgabe Anwendung, daß die Veränderungssperre mit dem Inkrafttreten der Verordnung beginnt. [4]Die Frist kann, wenn besondere Umstände es erfordern, durch Verordnung auf höchstens vier Jahre verlängert werden. [5]Die Festlegung tritt mit Beginn der Auslegung der Pläne im Planfeststellungsverfahren außer Kraft. [6]Ihre Dauer ist auf die Vierjahresfrist des § 29 Abs. 2 anzurechnen.

(2) § 38 Abs. 5 Satz 2 gilt entsprechend.

(3) [1]Auf die Festlegung eines Planungsgebietes ist in den Gemeinden, deren Bereich betroffen wird, hinzuweisen. [2]Planungsgebiete sind außerdem in Karten erkenntlich zu machen, die in den Gemeinden während der Geltungsdauer der Festlegung zur Einsicht auszulegen sind.

(4) Die Planfeststellungsbehörde kann Ausnahmen von der Veränderungssperre zulassen, wenn überwiegende öffentliche Belange nicht entgegenstehen.

§ 37b Vorarbeiten. (1) [1]Eigentümer und sonstige Nutzungsberechtigte haben zur Vorbereitung der Planung notwendige Vermessungen, Boden- und Grundwasseruntersuchungen einschließlich der vorübergehenden Anbringung von Markierungszeichen und sonstige Vorarbeiten durch die Straßenbaubehörde oder von ihr Beauftragte zu dulden. [2]Wohnungen dürfen nur mit Zustimmung des Wohnungsinhabers betreten werden. [3]Satz 2 gilt nicht für Arbeits-, Betriebs- oder Geschäftsräume während der jeweiligen Arbeits-, Geschäfts- oder Aufenthaltszeiten.

Straßengesetz

(2) ¹Eigentümer oder Nutzungsberechtigte sind mindestens zwei Wochen vorher zu benachrichtigen. ²Wenn Eigentümer oder Nutzungsberechtigte unbekannt sind und sich innerhalb angemessener Frist nicht ermitteln lassen, erfolgt die Benachrichtigung durch ortsübliche Bekanntmachung.

(3) ¹Entstehen durch eine Maßnahme nach Absatz 1 einem Eigentümer oder sonstigen Nutzungsberechtigten unmittelbare Vermögensnachteile, so hat der Träger der Straßenbaulast eine angemessene Entschädigung in Geld zu leisten. ²Kommt eine Einigung über die Geldentschädigung nicht zustande, so setzt die Enteignungsbehörde auf Antrag der Straßenbaubehörde oder des Berechtigten die Entschädigung fest. ³Vor der Entscheidung sind die Beteiligten zu hören.

§ 38 Planfeststellung. (1) ¹Landes- und Kreisstraßen dürfen nur gebaut oder geändert werden, wenn der Plan vorher festgestellt ist. ²Der Bau oder die Änderung von Gemeindestraßen bedarf der vorherigen Planfeststellung, wenn hierfür eine Umweltverträglichkeitsprüfung durchzuführen ist. ³Im Übrigen ist für den Bau oder die Änderung von Gemeindestraßen im Außenbereich die Planfeststellung zulässig.

(2) ¹Bei der Planfeststellung sind die von dem Vorhaben berührten öffentlichen und privaten Belange abzuwägen. ²In dem Planfeststellungsbeschluß soll auch darüber entschieden werden, welche Kosten andere Beteiligte zu tragen haben.

(3) ¹Bebauungspläne nach § 9 des Baugesetzbuchs ersetzen die Planfeststellung nach Absatz 1. ²Wird eine Ergänzung notwendig oder soll von Festsetzungen des Bebauungsplanes abgewichen werden, so ist die Planfeststellung insoweit zusätzlich durchzuführen. ³In diesen Fällen gelten die §§ 40, 43 Abs. 1, 2, 4 und 5 sowie § 44 Abs. 1 bis 4 des Baugesetzbuchs.

(4) Für das Planfeststellungsverfahren finden im übrigen die insoweit allgemein geltenden landesrechtlichen Vorschriften mit folgenden Maßgaben Anwendung:
1. Die Anhörungsbehörde fordert die Behörden, deren Aufgabenbereich durch das Vorhaben berührt wird, innerhalb von zwei Wochen nach Zugang des vollständigen Plans zur Stellungnahme auf und veranlasst, dass der Plan gemäß Nummer 2 ausgelegt wird.
2. Der Plan ist in den Gemeinden, deren Gebiet von der Planung berührt wird, zwei Wochen zur Einsicht auszulegen.
3. In den Fällen, in denen auf eine Auslegung des Planes im Anhörungsverfahren verzichtet werden konnte, kann auch im Rahmen des § 74 Abs. 4 des Verwaltungsverfahrensgesetzes die Auslegung des Planfeststellungsbeschlusses und des festgestellten Planes unterbleiben.
4. Die in Nummer 1 genannten Behörden haben ihre Stellungnahme innerhalb einer von der Anhörungsbehörde zu setzenden Frist abzugeben, die zwei Monate nicht überschreiten darf.
5. ¹Wird mit der Durchführung des Planes nicht innerhalb von fünf Jahren nach Eintritt der Unanfechtbarkeit begonnen, so tritt er außer Kraft, es sei denn,

70 NStrG
Straßengesetz

er wird vorher von der Planfeststellungsbehörde um höchstens fünf Jahre verlängert. ²Der Verlängerungsbeschluß ist öffentlich bekanntzumachen.

6. Soweit dem Träger der Straßenbaulast Vorkehrungen oder die Errichtung und Unterhaltung von Anlagen auferlegt werden sollen, die zur Vermeidung schädlicher Umwelteinwirkungen durch Straßenverkehrsgeräusche erforderlich sind, oder soweit dem Betroffenen unter den Voraussetzungen des § 74 Abs. 2 oder des § 75 Abs. 2 des Verwaltungsverfahrensgesetzes Anspruch auf angemessene Entschädigung für Schallschutzmaßnahmen zustehen würde, finden die §§ 41 und 42 des Bundes-Immissionsschutzgesetzes Anwendung.

(5) ¹Die Aufgaben der Anhörungs- und der Planfeststellungsbehörde nehmen die Landkreise und kreisfreien Städte für die Kreisstraßen und für Gemeindestraßen, für die eine Planfeststellung durchgeführt wird, als Aufgabe des eigenen Wirkungskreises und für Bundes- und Landesstraßen als Aufgabe des übertragenen Wirkungskreises mit Ausnahme der im Bedarfsplan für die Bundesfernstraßen genannten Maßnahmen wahr. ²Überschreitet das Straßenbauvorhaben für eine Bundes- oder Landesstraße den Zuständigkeitsbereich des Landkreises oder der kreisfreien Stadt, so ist die Körperschaft zuständig, in deren Gebiet der größte Anteil des Vorhabens liegt. ³Bestehen Zweifel über die Zuständigkeit, entscheidet das für den Straßenbau zuständige Ministerium. ⁴Die Zuständigkeit der großen selbständigen Städte und der selbständigen Gemeinden wird ausgeschlossen. ⁵Landkreise und kreisfreie Städte können durch Vereinbarung sowohl ihre Zuständigkeit als Anhörungsbehörde als auch ihre Zuständigkeit als Planfeststellungsbehörde für die Kreis- und Gemeindestraßen untereinander übertragen.

§§ 39, 40 *(aufgehoben)*

§ 41 Planfeststellung für Kreuzungen von Straßen und Eisenbahnen. ¹Ist für die Herstellung oder Änderung von Kreuzungen zwischen öffentlichen Straßen im Sinne des § 2 Abs. 1 und Eisenbahnen, die nicht zum Netz der Deutschen Bundesbahn gehören, ein Planfeststellungsverfahren vorgeschrieben, so ist es von der Anordnungsbehörde einzuleiten und durchzuführen. ²Die Anordnungsbehörde ist Planfeststellungsbehörde. ³Der Plan ist nach den insoweit allgemein geltenden landesrechtlichen Vorschriften mit den Maßgaben nach § 38 Abs. 5 festzustellen. ⁴Der Planfeststellungsbeschluß ist mit der Anordnung zu verbinden.

§ 41a Vorzeitige Besitzeinweisung. (1) ¹Ist der sofortige Beginn von Bauarbeiten geboten und weigert sich der Eigentümer oder Besitzer, den Besitz eines für die Straßenbaumaßnahme benötigten Grundstücks durch Vereinbarung unter Vorbehalt aller Entschädigungsansprüche zu überlassen, so hat die Enteignungsbehörde den Träger der Straßenbaulast auf Antrag nach Feststellung des Planes in den Besitz einzuweisen. ²Weiterer Voraussetzungen bedarf es nicht.

(2) ¹Die Enteignungsbehörde hat spätestens zwei Monate nach Eingang des Antrages auf Besitzeinweisung mit den Beteiligten mündlich zu verhandeln.

Straßengesetz **NStrG 70**

²Hierzu sind die Straßenbaubehörde und die Betroffenen zu laden. ³Dabei ist den Betroffenen der Antrag auf Besitzeinweisung mitzuteilen. ⁴Die Ladungsfrist beträgt mindestens drei Wochen. ⁵Mit der Ladung sind die Betroffenen aufzufordern, etwaige Einwendungen gegen den Antrag möglichst vor der mündlichen Verhandlung bei der Enteignungsbehörde einzureichen. ⁶Sie sind außerdem darauf hinzuweisen, daß auch bei Nichterscheinen über den Antrag auf Besitzeinweisung und andere im Verfahren zu erledigende Anträge entschieden werden kann.

(3) ¹Soweit der Zustand des Grundstücks von Bedeutung ist, hat ihn die Enteignungsbehörde vor der Besitzeinweisung in einer Niederschrift festzustellen. ²Den Beteiligten ist eine Abschrift der Niederschrift zu übersenden.

(4) ¹Der Beschluß über die Besitzeinweisung soll dem Antragsteller und den Betroffenen spätestens zwei Wochen nach der mündlichen Verhandlung zugestellt werden. ²Die Besitzeinweisung wird in dem von der Enteignungsbehörde bezeichneten Zeitpunkt wirksam. ³Auf Antrag des unmittelbaren Besitzers ist dieser Zeitpunkt auf mindestens zwei Wochen nach Zustellung der Anordnung über die vorzeitige Besitzeinweisung an ihn festzusetzen. ⁴Durch die Besitzeinweisung wird dem Besitzer der Besitz entzogen und der Träger der Straßenbaulast Besitzer. ⁵Der Träger der Straßenbaulast darf auf dem Grundstück das im Antrag auf Besitzeinweisung bezeichnete Bauvorhaben ausführen und die dafür erforderlichen Maßnahmen treffen.

(5) ¹Der Träger der Straßenbaulast hat für die durch die vorzeitige Besitzeinweisung entstehenden Vermögensnachteile Entschädigung zu leisten, soweit diese Nachteile nicht durch die Verzinsung der Geldentschädigung für die Entziehung oder Beschränkung des Eigentums oder eines anderen Rechts ausgeglichen werden. ²Art und Höhe der Entschädigung sind von der Enteignungsbehörde in einem Beschluß festzusetzen.

(6) ¹Wird der festgestellte Plan aufgehoben, so ist auch die vorzeitige Besitzeinweisung aufzuheben und der vorherige Besitzer wieder in den Besitz einzuweisen. ²Der Träger der Straßenbaulast hat für alle durch die vorzeitige Besitzeinweisung entstandenen besonderen Nachteile Entschädigung zu leisten.

(7) ¹Im übrigen gelten die Vorschriften des Niedersächsischen Enteignungsgesetzes. ²Diese sind auch auf Besitzeinweisungen für Zwecke der Bundesfernstraßen ergänzend anzuwenden.

§ 42 Enteignung. (1) ¹Die Träger der Straßenbaulast für Landes- und Kreisstraßen sowie für Gemeindestraßen im Außenbereich haben zur Erfüllung ihrer Aufgaben das Enteignungsrecht. ²Die Durchführung eines Enteignungsverfahrens ist zulässig, soweit es zur Ausführung eines nach § 38 festgestellten Planes notwendig ist. ³Einer weiteren Feststellung der Zulässigkeit der Enteignung bedarf es nicht.

(2) Der festgestellte Plan ist dem Enteignungsverfahren zugrunde zu legen und für die Enteignungsbehörde bindend.

70 NStrG

(3) Hat sich ein Betroffener mit der Übertragung oder Beschränkung des Eigentums oder eines anderen Rechts schriftlich einverstanden erklärt, entscheidet auf Antrag des Trägers der Straßenbaulast oder des Betroffenen die Enteignungsbehörde nur noch über die Entschädigung.

(4) Im übrigen gelten die Vorschriften des Niedersächsischen Enteignungsgesetzes.

(5) *(aufgehoben)*

(6), (7) *(aufgehoben)*

TEIL II
Träger der Straßenbaulast, behindertengerechte Straßen

§ 43 Träger der Straßenbaulast für Landes- und Kreisstraßen. (1) [1]Das Land ist Träger der Straßenbaulast für die Landesstraßen. [2]Die Landkreise und die kreisfreien Städte sind Träger der Straßenbaulast für die Kreisstraßen.

(2) [1]Die Gemeinden mit mehr als 50 000 Einwohnern sind Träger der Straßenbaulast für die Ortsdurchfahrten im Zuge von Landesstraßen und Kreisstraßen. [2]Maßgebend ist die bei der Volkszählung festgestellte Einwohnerzahl. [3]Das Ergebnis einer Volkszählung wird mit Beginn des dritten Haushaltsjahres nach dem Jahr verbindlich, in dem die Volkszählung stattgefunden hat.

(3) [1]Werden Gemeindegrenzen geändert oder neue Gemeinden gebildet, so ist die bei der Volkszählung festgestellte Einwohnerzahl des neuen Gemeindegebietes maßgebend. [2]In diesen Fällen wechselt die Straßenbaulast für die Ortsdurchfahrten, wenn sie bisher dem Land oder einem Landkreis oblag, mit Beginn des dritten Haushaltsjahres nach dem Jahr der Gebietsänderung, sonst mit der Gebietsänderung.

(4) [1]Die Gemeinde bleibt abweichend von Absatz 2 Träger der Straßenbaulast für die Ortsdurchfahrten, wenn sie es mit Zustimmung der Kommunalaufsichtsbehörde gegenüber dem für den Straßenbau zuständigen Minister erklärt. [2]Eine Gemeinde mit mehr als 20 000, aber weniger als 50 000 Einwohnern wird Träger der Straßenbaulast für die Ortsdurchfahrten, wenn sie es mit Zustimmung der Kommunalaufsichtsbehörde gegenüber dem für den Straßenbau zuständigen Minister verlangt. [3]Absatz 2 Satz 2 und Absatz 3 Satz 1 gelten sinngemäß. [4]Die Kommunalaufsichtsbehörde darf ihre Zustimmung nur versagen, wenn Tatsachen vorliegen, die die Leistungsfähigkeit der Gemeinde zur Übernahme der Straßenbaulast ausschließen.

(5) Soweit dem Land und den Landkreisen die Straßenbaulast für die Ortsdurchfahrten obliegt, erstreckt sich diese nicht auf Gehwege und Parkplätze.

(6) [1]Führt die Ortsdurchfahrt in Gemeinden, die hierfür nicht Träger der Straßenbaulast sind, über Straßen und Plätze, die erheblich breiter angelegt sind als die anschließenden Strecken der Landes- oder Kreisstraßen, so hat der

Straßengesetz **NStrG 70**

Landkreis oder die kreisfreie Stadt die seitliche Begrenzung der Ortsdurchfahrten besonders festzulegen. ²Die Festlegung durch den Landkreis erfolgt im Benehmen mit der Gemeinde.

§ 44 *(aufgehoben)*

§ 45 Straßenbaulast Dritter. (1) § 43 findet keine Anwendung, soweit die Straßenbaulast oder eine sonstige Verpflichtung zur Herstellung oder Unterhaltung von Straßen oder Straßenteilen nach anderen gesetzlichen Vorschriften Dritten obliegt oder von diesen in öffentlich-rechtlich wirksamer Weise übernommen wird.

(2) Bürgerlich-rechtliche Vereinbarungen über die Erfüllung der Aufgaben aus der Straßenbaulast lassen diese unberührt.

§ 46 Unterhaltung von Straßenteilen bei fremder Baulast. Obliegt nach § 45 Abs. 1 die Baulast für die im Zuge einer Straße gelegenen Straßenteile, wie Brücken und Durchlässe, einem Dritten, so ist der nach § 43 sonst zuständige Träger der Straßenbaulast berechtigt und verpflichtet, zur Behebung eines Notstandes auf Kosten des Dritten, auch ohne dessen vorherige Anhörung, alle Maßnahmen zu treffen, die im Interesse der Verkehrssicherheit erforderlich sind.

§ 46a Behindertengerechte Straßen. Straßen sind entsprechend der finanziellen Leistungsfähigkeit des Baulastträgers so auszubauen, dass
1. die Bedürfnisse blinder und sehbehinderter Menschen durch Orientierungshilfen und
2. die Bedürfnisse von Menschen mit Mobilitätsbeeinträchtigungen durch barrierefreie Gehwegübergänge berücksichtigt werden.

TEIL III
Besondere Vorschriften für Gemeindestraßen und sonstige öffentliche Straßen

§ 47 Gemeindestraßen. Zu den Gemeindestraßen gehören
1. die Ortsstraßen; das sind Straßen in Baugebieten und, soweit solche nicht ausgewiesen sind, in Ortsteilen, die im Zusammenhang bebaut sind, mit Ausnahme der Ortsdurchfahrten von Bundes-, Landes- und Kreisstraßen;
2. die Gemeindeverbindungsstraßen; das sind Straßen im Außenbereich, die vorwiegend den nachbarlichen Verkehr der Gemeinden oder Ortsteile untereinander oder den Verkehr mit anderen öffentlichen Verkehrswegen vermitteln;
3. alle anderen Straßen im Außenbereich, die eine Gemeinde für den öffentlichen Verkehr gewidmet hat.

§ 48 Straßenbaulast für Gemeindestraßen. ¹Träger der Straßenbaulast für die Gemeindestraßen sind die Gemeinden. ²§ 45 gilt sinngemäß.

70 NStrG

§ **49 Straßenbaulast für Gehwege und andere Straßenteile an Ortsdurchfahrten.** [1]Die Gemeinden sind ferner Träger der Straßenbaulast für Gehwege und andere Straßenteile an Ortsdurchfahrten, für die kein anderer die Baulast trägt. [2]§ 45 gilt sinngemäß.

§§ **50, 51** *(aufgehoben)*

§ **52 Straßenreinigung.** (1) [1]Die Straßen innerhalb der geschlossenen Ortslage einschließlich der Ortsdurchfahrten von Bundes-, Landes- und Kreisstraßen sind zu reinigen. [2]Art, Maß und räumliche Ausdehnung der ordnungsgemäßen Straßenreinigung sind von der Gemeinde durch Verordnung nach dem Niedersächsischen Gefahrenabwehrgesetz zu regeln. [3]In diesem Rahmen gehört zur Reinigung auch:
a) das Besprengen der Fahrbahnen und Gehwege,
b) die Schneeräumung auf den Fahrbahnen und Gehwegen,
c) bei Glätte das Bestreuen der Gehwege, Fußgängerüberwege und der gefährlichen Fahrbahnstellen mit nicht unbedeutendem Verkehr,
d) das Bereitstellen und die Leerung von Abfallbehältern im Sinne des § 2 Abs. 2 Nr. 3.

(2) Reinigungspflichtig sind die Gemeinden.

(3) [1]Führen die Gemeinden die Straßenreinigung durch, so gelten für die der Reinigung unterliegenden Straßen die Eigentümer der anliegenden Grundstücke als Benutzer einer öffentlichen Einrichtung im Sinne des kommunalen Abgabenrechts. [2]Die Gemeinden können in der Straßenreinigungsgebührensatzung den Eigentümern der anliegenden Grundstücke die Eigentümer der übrigen durch die Straße erschlossenen Grundstücke und die Inhaber besonders bezeichneter dinglicher Nutzungsrechte gleichstellen. [3]Zu den nach dem kommunalen Abgabenrecht ansatzfähigen betriebswirtschaftlichen Kosten gehören insbesondere auch die Kosten für die Bereithaltung und Leerung der Abfallbehälter im Sinne des § 2 Abs. 2 Nr. 3.

(4) [1]Die Gemeinden können durch Satzung die ihnen obliegenden Straßenreinigungspflichten ganz oder zum Teil den Eigentümern der anliegenden Grundstücke auferlegen. [2]Dies gilt nicht für das Bereithalten und Leeren von Abfallbehältern im Sinne des § 2 Abs. 2 Nr. 3. [3]Die Reinigungspflichten können nicht übertragen werden, wenn sie den Eigentümern wegen der Verkehrsverhältnisse nicht zuzumuten sind. [4]Absatz 3 Satz 2 gilt entsprechend. [5]Hat für den Reinigungspflichtigen mit Zustimmung der Gemeinde ein anderer die Ausführung der Reinigung übernommen, so ist nur dieser zur Reinigung öffentlich-rechtlich verpflichtet; die Zustimmung der Gemeinde ist jederzeit widerruflich.

(5) *(aufgehoben)*

§ **53 Sonstige öffentliche Straßen.** Sonstige öffentliche Straßen sind Straßen, Wege und Plätze innerhalb einer demselben Eigentümer gehörenden zusammenhängenden Grundfläche, die von einer Gebietskörperschaft oder von

Straßengesetz **NStrG 70**

der Straßenaufsichtsbehörde (§ 6 Abs. 1 Satz 2) für den öffentlichen Verkehr gewidmet sind und keiner anderen Straßengruppe angehören.

§ 54 Straßenbaulast für sonstige öffentliche Straßen. [1]Träger der Straßenbaulast für die sonstigen öffentlichen Straßen ist der Eigentümer, es sei denn, daß die Straßenaufsichtsbehörde einen anderen mit dessen Zustimmung bestimmt. [2]Die Straßenbaulast beschränkt sich auf die Unterhaltung dieser Straßen in dem Umfang, in dem sie bei der Widmung erforderlich war, sofern nicht weitergehende öffentlich-rechtliche Verpflichtungen bestehen. [3]§ 45 gilt sinngemäß.

§ 55 Anwendung von Vorschriften des Teiles I bei sonstigen öffentlichen Straßen. (1) Für die sonstigen öffentlichen Straßen gelten die allgemeinen Vorschriften dieses Gesetzes (Teil I) mit Ausnahme der §§ 4, 14 Abs. 3, §§ 18 bis 29 und 37 bis 42 sinngemäß.

(2) Die Benutzung der sonstigen öffentlichen Straßen über den Gemeingebrauch hinaus (Sondernutzung) regelt sich nach bürgerlichem Recht.

§ 56 Straßenbaulast in gemeindefreien Gebieten. [1]Die Aufgaben aus der Straßenbaulast, die im Gemeindegebiet der Gemeinde obliegen, hat im gemeindefreien Gebiet (Bezirk) der Grundeigentümer (öffentlich-rechtlich Verpflichteter) zu erfüllen. [2]Die Vorschriften über sonstige öffentliche Straßen finden Anwendung.

TEIL IV

Aufsicht und Zuständigkeiten

§ 57 Straßenaufsicht. (1) Die Erfüllung der Aufgaben, die den Trägern der Straßenbaulast nach den gesetzlichen Vorschriften obliegen, wird durch die Straßenaufsicht überwacht.

(2) [1]Kommt der Träger der Straßenbaulast seinen Pflichten nicht nach, so kann die Straßenaufsichtsbehörde anordnen, daß er die notwendigen Maßnahmen innerhalb einer bestimmten Frist durchführt. [2]Die Straßenaufsichtsbehörde soll Maßnahmen, die mehrere Träger der Straßenbaulast durchzuführen haben, diesen rechtzeitig bekanntgegeben, damit sie möglichst zusammenhängend ausgeführt werden. [3]Kommt ein Träger der Straßenbaulast der Anordnung nicht nach, so kann die Straßenaufsichtsbehörde die notwendigen Maßnahmen an seiner Stelle und auf seine Kosten selbst durchführen oder durch einen andern durchführen lassen.

(3) Bei den Ortsdurchfahrten im Zuge von Landes- und Kreisstraßen, für welche die Straßenbaulast den Gemeinden obliegt (§ 43 Abs. 2, 3 und 4), bedürfen alle Straßenbauvorhaben, welche die Planungen, insbesondere die Ausbauabsichten des Trägers der Straßenbaulast der anschließenden freien Strecken berühren, der Zustimmung der Straßenaufsichtsbehörde.

70 NStrG

§ **58 Ausbauvorschriften.** Der für den Straßenbau zuständige Minister kann im Einvernehmen mit dem für die Kommunalaufsicht zuständigen Minister durch Verordnung Mindestanforderungen für die technische Ausgestaltung der Straßen festsetzen, für die nicht das Land die Baulast trägt.

§ **59** *(aufgehoben)*

§ **60 Übertragung von Behördenbefugnissen.** (1) Der für den Straßenbau zuständige Minister kann die ihm und den Straßenbaubehörden nach diesem Gesetz obliegenden Aufgaben anderer Behörden des Landes oder Selbstverwaltungskörperschaften auf deren Antrag übertragen.

(2) Träger der Straßenbaulast können vereinbaren, daß der Winterdienst auf einzelnen Straßen oder Straßenabschnitten des einen Trägers durch den anderen Träger durchgeführt wird.

TEIL V

Ordnungswidrigkeiten, Übergangs- und Schlußbestimmungen

§ **61 Ordnungswidrigkeiten.** (1) Ordnungswidrig handelt, wer
1. entgegen § 18 Abs. 1 eine Straße über den Gemeingebrauch hinaus ohne Erlaubnis benutzt oder einer auf Grund von § 18 Abs. 1 erlassenen Satzung zuwiderhandelt, soweit die Satzung für einen bestimmten Tatbestand auf diese Bußgeldvorschrift verweist,
2. vorsätzlich oder fahrlässig entgegen § 20 Abs. 2 in Verbindung mit § 18 Abs. 1 Zufahrten oder Zugänge ohne Erlaubnis anlegt oder ändert,
3. vorsätzlich oder fahrlässig als Eigentümer oder Besitzer Schutzwaldungen (§ 30) ganz oder teilweise beseitigt.

(2) Die Ordnungswidrigkeit kann mit einer Geldbuße geahndet werden.

§ **62 Übergangsvorschrift.** [1]Für die am 31. Oktober 2009 anhängigen Verfahren sind § 24 Abs. 2 Satz 1 bis 3 und Abs. 3 sowie § 38 Abs. 4 in der bis zum 31. Oktober 2009 geltenden Fassung weiterhin anzuwenden. [2]Soweit für die am 31. Oktober 2009 anhängigen Verfahren die Regelungen nach § 3 Nr. 4 und § 5 Abs. 1 Nr. 5 des Modellkommunen-Gesetzes vom 8. Dezember 2005 (Nds. GVBl. S. 386), zuletzt geändert durch Artikel 11 des Gesetzes vom 13. Mai 2009 (Nds. GVBl. S. 191), anzuwenden waren, sind diese Vorschriften in der bis zum 31. Oktober 2009 geltenden Fassung weiterhin anzuwenden.

§§ **63 bis 70** *(aufgehoben)*

§ **71 Aufhebung von Vorschriften.** (1) Mit dem Inkrafttreten dieses Gesetzes treten folgende Vorschriften außer Kraft, soweit sie nicht schon früher gegenstandslos geworden sind:

Straßengesetz **NStrG 70**

1. das hannoversche Gesetz über den Chausseebau vom 20. Juni 1851 (Hann. Gesetzsamml. Abt. I S. 119);
2. das hannoversche Gesetz über Gemeindewege und Landstraßen vom 28. Juli 1851 (Hann. Gesetzsamml. Abt. I S. 141) in der Fassung des preußischen Gesetzes vom 24. Mai 1894 (Preuß. Gesetzsamml. S. 82) und die im Harz bisher noch geltenden Vorschriften des früheren hannoverschen Wegerechts;
3. die Vorschriften der §§ 3 und 50 bis 53 des preußischen Gesetzes über die Enteignung von Grundeigentum vom 11. Juni 1874 (Preuß. Gesetzsamml. S. 221);
4. die Vorschriften der §§ 55 bis 57, 60 und 151 Abs. 1 des preußischen Gesetzes über die Zuständigkeit der Verwaltungs- und Verwaltungsgerichtsbehörden vom 1. August 1883 (Preuß. Gesetzsamml. S. 237);
5. das preußische Gesetz über die Reinigung öffentlicher Wege vom 1. Juli 1912 (Preuß. Gesetzsamml. S. 187) in der Fassung des Artikels V der Verordnung vom 17. März 1933 (Preuß. Gesetzsamml. S. 43);
6. das schaumburg-lippische Gesetz betr. Regelung der Wegebaulast und anderer damit in Verbindung stehender Rechtsverhältnisse vom 18. April 1872 (Schaumb.-Lipp. LV. Bd. 11 S. 335) in der Fassung des Gesetzes vom 2. April 1928 (Schaumb.-Lipp. LV. Bd. 30 S. 133);
7. die Wegeordnung für das Herzogtum Oldenburg vom 16. Februar 1895 (Old. GBl. Bd. 30 S. 661) in der Fassung des Art. II des Gesetzes vom 15. Mai 1935 (Old. GBl. Bd. 49 S. 123) nebst Ministerialbekanntmachung vom 16. Februar 1895 (Old. GBl. Bd. 30 S. 727) in der Fassung der Bekanntmachung vom 21. August 1939 (Old. GBl. Bd. 51 S. 78) vorbehaltlich der Regelung des § 62 Abs. 3;
8. die braunschweigische Wegeordnung vom 29. Juni 1899 (Braunschw. GVS. S. 529) in der Fassung des Gesetzes vom 2. Februar 1939 (Braunschw. GVS. S. 3) vorbehaltlich der Regelung des § 62 Abs. 3;
9. das Gesetz zur vorläufigen Regelung der Wegereinigung im Verwaltungsbezirk Braunschweig vom 19. Juli 1957 (Nieders. GVBl. Sb. I S. 177);
10. das Gesetz über die einstweilige Neuregelung des Straßenwesens und der Straßenverwaltung vom 26. März 1934 (Reichsgesetzbl. I S. 243);
11. die Verordnung zur Durchführung des Gesetzes über die einstweilige Neuregelung des Straßenwesens und der Straßenverwaltung vom 7. Dezember 1934 (Reichsgesetzbl. I S. 1237).

(2) Außer den in Absatz 1 genannten Vorschriften tritt alles entgegenstehende oder gleichlautende Recht außer Kraft.

§ 72* Zeitpunkt des Inkrafttretens. Dieses Gesetz tritt am 1. Januar 1963 in Kraft.

---

* Die Vorschrift betrifft das Inkrafttreten des Gesetzes in der ursprünglichen Fassung vom 14. Dezember 1962 (Nieders. GVBl. S. 251). Der Zeitpunkt des Inkrafttretens der späteren Änderungen ergibt sich aus den in der vorangestellten Bekanntmachung näher bezeichneten Gesetzen.

Nversg 75
Niedersächsisches Versammlungsgesetz (NVersG)

vom 7. Oktober 2010 (Nds. GVBl. S. 465, berichtigt S. 532)

INHALTSÜBERSICHT

ERSTER TEIL
Allgemeine Bestimmungen
§ 1 Grundsatz
§ 2 Versammlungsbegriff
§ 3 Friedlichkeit und Waffenlosigkeit
§ 4 Störungsverbot

ZWEITER TEIL
Versammlungen unter freiem Himmel
§ 5 Anzeige
§ 6 Zusammenarbeit
§ 7 Versammlungsleitung
§ 8 Beschränkung, Verbot, Auflösung
§ 9 Schutzausrüstungs- und Vermummungsverbot
§ 10 Besondere Maßnahmen
§ 11 Anwesenheitsrecht der Polizei
§ 12 Bild- und Tonübertragungen und -aufzeichnungen

DRITTER TEIL
Versammlungen in geschlossenen Räumen
§ 13 Versammlungsleitung

§ 14 Beschränkung, Verbot, Auflösung
§ 15 Besondere Maßnahmen
§ 16 Anwesenheitsrecht der Polizei
§ 17 Bild- und Tonübertragungen und -aufzeichnungen

VIERTER TEIL
Befriedeter Bezirk für den Landtag
§ 18 Verbot von Versammlungen im befriedeten Bezirk für den Landtag
§ 19 Zulassung von Versammlungen

FÜNFTER TEIL
Straf- und Bußgeldvorschriften
§ 20 Strafvorschriften
§ 21 Bußgeldvorschriften
§ 22 Einziehung

SECHSTER TEIL
Schlussbestimmungen
§ 23 Einschränkung eines Grundrechts
§ 24 Zuständigkeiten
§ 25 Kostenfreiheit

ERSTER TEIL
Allgemeine Bestimmungen

§ 1 Grundsatz. (1) Jedermann hat das Recht, sich friedlich und ohne Waffen mit anderen Personen zu versammeln.

(2) Dieses Recht hat nicht, wer das Grundrecht auf Versammlungsfreiheit gemäß Artikel 18 des Grundgesetzes verwirkt hat.

§ 2 Versammlungsbegriff. Eine Versammlung im Sinne dieses Gesetzes ist eine ortsfeste oder sich fortbewegende Zusammenkunft von mindestens zwei Personen zur gemeinschaftlichen, auf die Teilhabe an der öffentlichen Meinungsbildung gerichteten Erörterung oder Kundgebung.

§ 3 Friedlichkeit und Waffenlosigkeit. (1) Es ist verboten, in einer Versammlung oder aus einer Versammlung heraus durch Gewalttätigkeiten auf Personen oder Sachen einzuwirken.

(2) ¹Es ist verboten, Waffen oder sonstige Gegenstände, die zur Verletzung von Personen oder zur Beschädigung von Sachen geeignet und bestimmt sind,
1. auf dem Weg zu oder in einer Versammlung mit sich zu führen oder
2. zu einer Versammlung hinzuschaffen oder in einer Versammlung zur Verwendung bereitzuhalten oder zu verteilen.

²Die zuständige Behörde kann auf Antrag eine Befreiung vom Verbot nach Satz 1 erteilen, wenn dies zum Schutz einer an der Versammlung teilnehmenden Person erforderlich ist. ³Auf Polizeibeamtinnen und Polizeibeamte im Dienst findet Satz 1 keine Anwendung.

(3) Es ist verboten, in einer Versammlung durch das Tragen von Uniformen oder Uniformteilen oder sonst in einer Art und Weise aufzutreten, die dazu geeignet und bestimmt ist, im Zusammenwirken mit anderen teilnehmenden Personen den Eindruck von Gewaltbereitschaft zu vermitteln.

§ 4 Störungsverbot. Es ist verboten, eine nicht verbotene Versammlung mit dem Ziel zu stören, deren ordnungsgemäße Durchführung zu verhindern.

ZWEITER TEIL
Versammlungen unter freiem Himmel

§ 5 Anzeige. (1) ¹Wer eine Versammlung unter freiem Himmel durchführen will, hat dies der zuständigen Behörde spätestens 48 Stunden vor der Bekanntgabe der Versammlung anzuzeigen. ²Bei der Berechnung der Frist werden Sonntage, gesetzliche Feiertage und Sonnabende nicht mitgerechnet.

(2) ¹In der Anzeige sind anzugeben
1. der Ort der Versammlung einschließlich des geplanten Streckenverlaufs bei sich fortbewegenden Versammlungen,
2. der beabsichtigte Beginn und das beabsichtigte Ende der Versammlung,
3. der Gegenstand der Versammlung,
4. Name, Vornamen, Geburtsname, Geburtsdatum und Anschrift (persönliche Daten) der Leiterin oder des Leiters sowie deren oder dessen telefonische oder sonstige Erreichbarkeit und
5. die erwartete Anzahl der teilnehmenden Personen.

²Die Leiterin oder der Leiter hat der zuständigen Behörde Änderungen der nach Satz 1 anzugebenden Umstände unverzüglich mitzuteilen.

(3) ¹Die zuständige Behörde kann von der Leiterin oder dem Leiter die Angabe
1. des geplanten Ablaufs der Versammlung,

Versammlungsgesetz **NVersG 75**

2. der zur Durchführung der Versammlung voraussichtlich mitgeführten Gegenstände, insbesondere technische Hilfsmittel, und
3. der Anzahl und der persönlichen Daten von Ordnerinnen und Ordnern

verlangen, soweit dies zur Abwehr einer Gefahr für die öffentliche Sicherheit erforderlich ist. ²Die Leiterin oder der Leiter hat der zuständigen Behörde Änderungen der nach Satz 1 anzugebenden Umstände unverzüglich mitzuteilen.

(4) ¹Die in Absatz 1 Satz 1 genannte Frist gilt nicht, wenn bei ihrer Einhaltung der mit der Versammlung verfolgte Zweck nicht erreicht werden kann (Eilversammlung). ²In diesem Fall ist die Versammlung unverzüglich anzuzeigen.

(5) Fällt die Bekanntgabe der Versammlung mit deren Beginn zusammen (Spontanversammlung), so entfällt die Anzeigepflicht.

§ 6 Zusammenarbeit. Die zuständige Behörde gibt der Leiterin oder dem Leiter einer Versammlung unter freiem Himmel die Gelegenheit zur Zusammenarbeit, insbesondere zur Erörterung von Einzelheiten der Durchführung der Versammlung.

§ 7 Versammlungsleitung. (1) ¹Jede nach § 5 anzuzeigende Versammlung unter freiem Himmel muss eine Leiterin oder einen Leiter haben. ²Die Leiterin oder der Leiter bestimmt den Ablauf der Versammlung. ³Sie oder er hat während der Versammlung für Ordnung zu sorgen und kann dazu insbesondere teilnehmende Personen, die die Versammlung stören, zur Ordnung rufen. ⁴Sie oder er kann die Versammlung jederzeit beenden. ⁵Sie oder er muss während der Versammlung anwesend und für die zuständige Behörde erreichbar sein.

(2) ¹Die Leiterin oder der Leiter kann sich zur Erfüllung ihrer oder seiner Aufgaben der Hilfe von Ordnerinnen oder Ordnern bedienen, die weiße Armbinden mit der Aufschrift „Ordnerin" oder „Ordner" tragen müssen. ²Ordnerinnen und Ordnern darf keine Befreiung nach § 3 Abs. 2 Satz 2 erteilt werden.

(3) Personen, die an der Versammlung teilnehmen, haben die zur Aufrechterhaltung der Ordnung getroffenen Anweisungen der Leiterin oder des Leiters oder einer Ordnerin oder eines Ordners zu befolgen.

§ 8 Beschränkung, Verbot, Auflösung. (1) Die zuständige Behörde kann eine Versammlung unter freiem Himmel beschränken, um eine unmittelbare Gefahr für die öffentliche Sicherheit oder Ordnung abzuwehren.

(2) ¹Die zuständige Behörde kann eine Versammlung verbieten oder auflösen, wenn ihre Durchführung die öffentliche Sicherheit unmittelbar gefährdet und die Gefahr nicht anders abgewehrt werden kann. ²Eine verbotene Versammlung ist aufzulösen. ³Nach der Auflösung haben sich die teilnehmenden Personen unverzüglich zu entfernen.

(3) Geht die Gefahr nicht von der Versammlung aus, so sind die in den Absätzen 1 und 2 genannten Maßnahmen nur zulässig, wenn

[323]

1. Maßnahmen gegen die die Gefahr verursachenden Personen nicht oder nicht rechtzeitig möglich sind oder keinen Erfolg versprechen und
2. die zuständige Behörde die Gefahr nicht oder nicht rechtzeitig selbst oder mit durch Amts- und Vollzugshilfe ergänzten Mitteln und Kräften abwehren kann.

(4) Eine Versammlung kann auch beschränkt oder verboten werden, wenn
1. sie an einem Tag oder Ort stattfinden soll, dem ein an die nationalsozialistische Gewalt- und Willkürherrschaft erinnernder Sinngehalt mit gewichtiger Symbolkraft zukommt und durch die Art und Weise der Durchführung der Versammlung der öffentliche Friede in einer die Würde der Opfer verletzenden Weise unmittelbar gefährdet wird, oder
2. durch die Versammlung die nationalsozialistische Gewalt- und Willkürherrschaft gebilligt, verherrlicht, gerechtfertigt oder verharmlost wird, auch durch das Gedenken an führende Repräsentanten des Nationalsozialismus, und dadurch der öffentliche Friede in einer die Würde der Opfer verletzenden Weise unmittelbar gefährdet wird.

§ 9 Schutzausrüstungs- und Vermummungsverbot. (1) Es ist verboten, auf dem Weg zu oder in einer Versammlung unter freiem Himmel Gegenstände mit sich zu führen, die als Schutzausrüstung geeignet und dazu bestimmt sind, Vollstreckungsmaßnahmen von Polizeibeamtinnen und Polizeibeamten abzuwehren.

(2) Es ist auch verboten,
1. an einer Versammlung in einer Aufmachung teilzunehmen, die zur Verhinderung der Feststellung der Identität geeignet und bestimmt ist, oder den Weg zu einer Versammlung in einer solchen Aufmachung zurückzulegen oder
2. auf dem Weg zu oder in einer Versammlung Gegenstände mit sich zu führen, die zur Feststellung der Identität geeignet und bestimmt sind.

(3) Die zuständige Behörde befreit von den Verboten nach den Absätzen 1 und 2, wenn dadurch die öffentliche Sicherheit oder Ordnung nicht unmittelbar gefährdet wird.

§ 10 Besondere Maßnahmen. (1) ¹Die zuständige Behörde kann anhand der nach § 5 Abs. 2 und 3 erhobenen Daten durch Anfragen an Polizei- und Verfassungsschutzbehörden prüfen, ob die betroffene Person die öffentliche Sicherheit unmittelbar gefährdet. ²Besteht diese Gefahr, kann die Behörde die Person als Leiterin oder Leiter ablehnen oder ihren Einsatz als Ordnerin oder Ordner untersagen. ³Im Fall der Ablehnung muss die anzeigende Person eine andere Person als Leiterin oder Leiter benennen. ⁴Die nach Satz 1 erhobenen Daten sind unverzüglich nach Beendigung der Versammlung unter freiem Himmel zu löschen, soweit sie nicht zur Verfolgung einer Straftat oder Ordnungswidrigkeit benötigt werden.

(2) ¹Die zuständige Behörde kann die Maßnahmen treffen, die zur Durchsetzung der Verbote nach den §§ 3 und 9 sowie zur Abwehr erheblicher Störungen der Ordnung der Versammlung durch teilnehmende Personen erforderlich sind. ²Sie kann insbesondere Gegenstände sicherstellen; die §§ 27 bis 29 des Niedersächsischen Gesetzes über die öffentliche Sicherheit und Ordnung (Nds. SOG) gelten entsprechend.

(3)¹Die zuständige Behörde kann Personen die Teilnahme an einer Versammlung untersagen oder diese von der Versammlung ausschließen, wenn dies zur Durchsetzung der Verbote nach den §§ 3 und 9 unerlässlich ist. ²Sie kann teilnehmende Personen, die die Ordnung der Versammlung erheblich stören, von der Versammlung ausschließen, wenn die Ordnung der Versammlung nicht anders gewährleistet werden kann. ³Ausgeschlossene Personen haben die Versammlung unverzüglich zu verlassen.

§ 11 Anwesenheitsrecht der Polizei. ¹Die Polizei kann bei Versammlungen unter freiem Himmel anwesend sein, wenn dies zur Erfüllung ihrer Aufgaben nach diesem Gesetz erforderlich ist. ²Nach Satz 1 anwesende Polizeibeamtinnen und Polizeibeamte haben sich der Leiterin oder dem Leiter zu erkennen zu geben.

§ 12 Bild- und Tonübertragungen und -aufzeichnungen. (1) ¹Die Polizei kann Bild- und Tonaufzeichnungen von einer bestimmten Person auf dem Weg zu oder in einer Versammlung unter freiem Himmel offen anfertigen, um eine von dieser Person verursachte erhebliche Gefahr für die öffentliche Sicherheit abzuwehren. ²Die Maßnahme darf auch durchgeführt werden, wenn andere Personen unvermeidbar betroffen werden.

(2) ¹Die Polizei kann eine unübersichtliche Versammlung und ihr Umfeld mittels Bild- und Tonübertragungen offen beobachten, wenn dies zur Abwehr einer von der Versammlung ausgehenden Gefahr für die öffentliche Sicherheit oder Ordnung erforderlich ist. ²Sie kann zur Abwehr erheblicher Gefahren für die öffentliche Sicherheit offen Bild- und Tonaufzeichnungen von nicht bestimmten teilnehmenden Personen (Übersichtsaufzeichnungen) anfertigen. ³Die Auswertung von Übersichtsaufzeichnungen mit dem Ziel der Identifizierung einer Person ist nur zulässig, wenn die Voraussetzungen nach Absatz 1 vorliegen.

(3) ¹Die Bild- und Tonaufzeichnungen nach den Absätzen 1 und 2 sind nach Beendigung der Versammlung unverzüglich, spätestens aber nach zwei Monaten zu löschen oder unumkehrbar zu anonymisieren, soweit sie nicht
1. zur Verfolgung von Straftaten benötigt werden oder
2. zur Behebung einer Beweisnot unerlässlich sind.
²In den Fällen des Satzes 1 Nr. 2 sind die Daten für eine sonstige Verwendung zu sperren.

(4) Die der Anfertigung von Bild- und Tonaufzeichnungen nach den Absätzen 1 und 2 Satz 2 sowie der Verwendung nach Absatz 2 Satz 3 und Absatz 3 im Einzelfall zugrunde liegenden Zwecke sind zu dokumentieren.

DRITTER TEIL
Versammlungen in geschlossenen Räumen

§ 13 Versammlungsleitung. (1) ¹Wer zu einer Versammlung in geschlossenen Räumen einlädt, ist deren Leiterin oder Leiter. ²Die oder der Einladende oder die Versammlung kann eine andere Person zur Leiterin oder zum Leiter bestimmen.

(2) In der Einladung kann die Teilnahme an der Versammlung auf bestimmte Personen oder Personenkreise beschränkt werden.

(3) ¹Wenn nicht ausschließlich bestimmte Personen eingeladen worden sind, darf Pressevertreterinnen und Pressevertretern der Zutritt zur Versammlung nicht versagt werden. ²Diese haben sich gegenüber der Leiterin oder dem Leiter und gegenüber Ordnerinnen und Ordnern nach Aufforderung als Pressevertreterin oder Pressevertreter auszuweisen.

(4) Die Leiterin oder der Leiter darf Personen, die entgegen § 3 Abs. 2 Waffen oder sonstige Gegenstände mit sich führen, keinen Zutritt gewähren.

(5) ¹Die Leiterin oder der Leiter kann teilnehmende Personen sowie Pressevertreterinnen und Pressevertreter von der Versammlung ausschließen, wenn sie die Ordnung erheblich stören. ²Sie oder er hat Personen auszuschließen, die entgegen § 3 Abs. 2 Waffen oder sonstige Gegenstände mit sich führen. ³Ausgeschlossene Personen haben die Versammlung unverzüglich zu verlassen.

(6) Im Übrigen gilt für die Leiterin oder den Leiter § 7 entsprechend.

§ 14 Beschränkung, Verbot, Auflösung. (1) Die zuständige Behörde kann eine Versammlung in geschlossenen Räumen beschränken, wenn ihre Friedlichkeit unmittelbar gefährdet ist.

(2) ¹Die zuständige Behörde kann eine Versammlung verbieten oder auflösen, wenn ihre Friedlichkeit unmittelbar gefährdet ist und die Gefahr nicht anders abgewehrt werden kann. ²Eine verbotene Versammlung ist aufzulösen. ³Nach der Auflösung haben sich die teilnehmenden Personen unverzüglich zu entfernen.

(3) Geht die Gefahr nicht von der Versammlung aus, so sind die in den Absätzen 1 und 2 genannten Maßnahmen nur zulässig, wenn
1. Maßnahmen gegen die die Gefahr verursachenden Personen nicht oder nicht rechtzeitig möglich sind oder keinen Erfolg versprechen und
2. die zuständige Behörde die Gefahr nicht oder nicht rechtzeitig selbst oder mit durch Amts- und Vollzugshilfe ergänzten Mitteln und Kräften abwehren kann.

(4) Maßnahmen nach den Absätzen 1 und 2 Satz 1 sind zu begründen.

§ 15 Besondere Maßnahmen. (1) ¹Die zuständige Behörde kann
1. von der oder dem Einladenden die Angabe der persönlichen Daten der Leiterin oder des Leiters und

2. von der Leiterin oder dem Leiter die Angaben der persönlichen Daten von Ordnerinnen und Ordnern

verlangen, soweit dies zur Gewährleistung der Friedlichkeit der Versammlung in geschlossenen Räumen erforderlich ist. [2]Die Leiterin oder der Leiter hat der zuständigen Behörde Änderungen der nach Satz 1 anzugebenden Umstände unverzüglich mitzuteilen.

(2) [1]Die zuständige Behörde kann anhand der nach Absatz 1 erhobenen Daten durch Anfragen an Polizei- und Verfassungsschutzbehörden prüfen, ob die betroffene Person die Friedlichkeit der Versammlung unmittelbar gefährdet. [2]Besteht diese Gefahr, kann die Behörde die Person als Leiterin oder Leiter ablehnen oder ihren Einsatz als Ordnerin oder Ordner untersagen. [3]Im Fall der Ablehnung muss die oder der Einladende eine andere Person als Leiterin oder Leiter benennen. [4]Die nach Satz 1 erhobenen Daten sind unverzüglich nach Beendigung der Versammlung zu löschen, soweit sie nicht zur Verfolgung einer Straftat oder Ordnungswidrigkeit benötigt werden.

(3) [1]Die zuständige Behörde kann vor Versammlungsbeginn die Maßnahmen treffen, die zur Durchsetzung der Verbote nach § 3 erforderlich sind. [2]Sie kann insbesondere Gegenstände sicherstellen; die §§ 27 bis 29 Nds. SOG gelten entsprechend. [3]Die zuständige Behörde kann Personen die Teilnahme an einer Versammlung untersagen, wenn die Gewährleistung der Friedlichkeit der Versammlung nicht anders möglich ist.

§ 16 Anwesenheitsrecht der Polizei. [1]Die Polizei kann bei Versammlungen in geschlossenen Räumen anwesend sein, wenn dies zur Abwehr einer unmittelbaren Gefahr für die Friedlichkeit der Versammlung erforderlich ist. [2]Nach Satz 1 anwesende Polizeibeamtinnen und Polizeibeamte haben sich der Leiterin oder dem Leiter zu erkennen zu geben.

§ 17 Bild- und Tonübertragungen und -aufzeichnungen. (1) [1]Die Polizei kann Bild- und Tonaufzeichnungen von einer bestimmten Person in einer Versammlung in geschlossenen Räumen offen anfertigen, um eine von dieser Person verursachte unmittelbare Gefahr für die Friedlichkeit der Versammlung abzuwehren. [2]Die Maßnahme darf auch durchgeführt werden, wenn andere Personen unvermeidbar betroffen werden.

(2) [1]Die Polizei kann eine unübersichtliche Versammlung mittels Bild- und Tonübertragungen offen beobachten, wenn dies zur Abwehr einer Gefahr für die Friedlichkeit der Versammlung erforderlich ist. [2]Sie kann zur Abwehr einer unmittelbaren Gefahr für die Friedlichkeit der Versammlung offen Bild- und Tonaufzeichnungen von nicht bestimmten teilnehmenden Personen (Übersichtsaufzeichnungen) anfertigen. [3]Die Auswertung von Übersichtsaufzeichnungen mit dem Ziel der Identifizierung einer Person ist nur zulässig, wenn die Voraussetzungen nach Absatz 1 vorliegen.

(3) [1]Die Bild- und Tonaufzeichnungen nach den Absätzen 1 und 2 sind nach Beendigung der Versammlung unverzüglich, spätestens aber nach zwei Monaten zu löschen oder unumkehrbar zu anonymisieren, soweit sie nicht

1. zur Verfolgung von Straftaten benötigt werden oder
2. zur Behebung einer Beweisnot unerlässlich sind.

²In den Fällen des Satzes 1 Nr. 2 sind die Daten für eine sonstige Verwendung zu sperren.

(4) Die der Anfertigung von Bild- und Tonaufzeichnungen nach den Absätzen 1 und 2 Satz 2 sowie der Verwendung nach Absatz 2 Satz 3 und Absatz 3 im Einzelfall zugrunde liegenden Zwecke sind zu dokumentieren.

VIERTER TEIL
Befriedeter Bezirk für den Landtag

§ 18 Verbot von Versammlungen im befriedeten Bezirk für den Landtag.
(1) ¹Für den Landtag wird ein befriedeter Bezirk gebildet. ²Im befriedeten Bezirk sind Versammlungen unter freiem Himmel, die nicht nach § 19 zugelassen sind, verboten.

(2) ¹Der befriedete Bezirk umfasst im Gebiet der Landeshauptstadt Hannover außer den Freiflächen auf dem Landtagsgrundstück die Schloßstraße, die Leinstraße, den Hinrich-Wilhelm-Kopf-Platz, den Bohlendamm einschließlich des östlich angrenzenden Arkadenganges, den Platz der Göttinger Sieben und die südlich angrenzende Wehranlage bis zum Fahrbahnrand der Karmarschstraße und die südwestlich der Leine zwischen Schloßstraße und Karmarschstraße gelegenen Grünflächen bis zum Fahrbahnrand des Leibnizufers und des Friederikenplatzes. ²Die genaue Abgrenzung des befriedeten Bezirkes ergibt sich aus der Anlage.

§ 19 Zulassung von Versammlungen.
(1) ¹Im befriedeten Bezirk ist eine Versammlung unter freiem Himmel auf Antrag zuzulassen, wenn dadurch die Tätigkeit des Landtages, seiner Fraktionen, seines Ältestenrats, seines Präsidiums, seiner Ausschüsse und seiner Kommissionen sowie der freie Zugang zu dem Landtagsgrundstück nicht gefährdet werden. ²Eine solche Gefahr ist in der Regel an den Sitzungstagen des Landtages gegeben. ³Sie ist in der Regel nicht gegeben, wenn am Tag der Versammlung eine Sitzung des Landtages oder seiner in Satz 1 genannten Stellen nicht stattfindet. ⁴Die Zulassung kann mit Auflagen verbunden werden, die sicherstellen sollen, dass die in Satz 1 genannten Zulassungsvoraussetzungen erfüllt werden.

(2) ¹Der Antrag auf Zulassung soll gleichzeitig mit der Anzeige nach § 5 gestellt werden. ²Die zuständige Behörde entscheidet über die Zulassung im Einvernehmen mit der Präsidentin oder dem Präsidenten des Landtages.

(3) Die übrigen Vorschriften dieses Gesetzes bleiben unberührt.

Versammlungsgesetz

FÜNFTER TEIL
Straf- und Bußgeldvorschriften

§ 20 Strafvorschriften. (1) Mit Freiheitsstrafe bis zu zwei Jahren oder mit Geldstrafe wird bestraft, wer
1. entgegen § 3 Abs. 2 Waffen oder sonstige dort bezeichnete Gegenstände mit sich führt, zu einer Versammlung hinschafft oder zur Verwendung bei einer solchen Versammlung bereithält oder verteilt, wenn die Tat nicht nach § 52 Abs. 3 Nr. 9 des Waffengesetzes mit Strafe bedroht ist, oder
2. in der Absicht, eine nicht verbotene Versammlung zu vereiteln, Gewalttätigkeiten begeht oder androht oder eine erhebliche Störung der Ordnung der Versammlung verursacht.

(2) [2]Mit Freiheitsstrafe bis zu einem Jahr oder Geldstrafe wird bestraft, wer
1. sich als Leiterin oder Leiter einer Ordnerin oder eines Ordners bedient, die oder der entgegen § 3 Abs. 2 Waffen oder sonstige dort bezeichnete Gegenstände mit sich führt,
2. öffentlich, in einer Versammlung oder durch Verbreiten von Schriften, Ton- oder Bildträgern, Datenspeichern, Abbildungen oder anderen Darstellungen zur Teilnahme an einer Versammlung aufruft,
   a) deren Durchführung vollziehbar verboten oder deren Auflösung vollziehbar angeordnet ist (§ 8 Abs. 2 und 4, § 14 Abs. 2) oder
   b) die nach § 18 Abs. 1 Satz 2 verboten ist,
3. als Leiterin oder Leiter entgegen einem vollziehbaren Verbot oder einer vollziehbaren Auflösung (§ 8 Abs. 2 und 4, § 14 Abs. 2) eine Versammlung durchführt,
4. entgegen § 9 Abs. 1 auf dem Weg zu oder in einer Versammlung unter freiem Himmel einen dort bezeichneten Gegenstand mit sich führt und dadurch einer vollziehbaren Maßnahme nach § 10 Abs. 2 zuwiderhandelt,
5. entgegen § 9 Abs. 2 Nr. 1 in einer dort bezeichneten Aufmachung an einer Versammlung unter freiem Himmel teilnimmt oder den Weg zu einer Versammlung in einer solchen Aufmachung zurücklegt und dadurch einer vollziehbaren Maßnahme nach § 10 Abs. 2 zuwiderhandelt oder
6. sich im Anschluss an eine Versammlung unter freiem Himmel mit anderen zusammenrottet und dabei einen in § 3 Abs. 2 oder § 9 Abs. 1 bezeichneten Gegenstand mit sich führt oder in einer in § 9 Abs. 2 Nr. 1 bezeichneten Weise aufgemacht ist.

[2]Eine Tat nach Satz 1 Nr. 2 Buchst. a und Nrn. 3 bis 5 ist nur strafbar, wenn die dort bezeichnete Anordnung rechtmäßig ist.

§ 21 Bußgeldvorschriften. (1) [1]Ordnungswidrig handelt, wer
1. in einer Versammlung entgegen § 3 Abs. 3 in einer dort bezeichneten Art und Weise auftritt und dadurch einer vollziehbaren Maßnahme nach § 10 Abs. 2 zuwiderhandelt,

2. als teilnehmende Person trotz wiederholter Ordnungsrufe durch die Leiterin oder den Leiter oder durch eine Ordnerin oder einen Ordner fortfährt, eine Versammlung zu stören,
3. als nicht teilnehmende Person entgegen einer vollziehbaren polizeilichen Anordnung fortfährt, eine Versammlung zu stören,
4. eine Versammlung unter freiem Himmel durchführt, deren fristgerechte Anzeige entgegen § 5 vollständig unterblieben ist,
5. als anzeigende Person wider besseres Wissen unrichtige oder unvollständige Angaben nach § 5 Abs. 2 Satz 1 macht,
6. als Leiterin oder als Leiter wider besseres Wissen unrichtige oder unvollständige Angaben nach § 5 Abs. 3 Satz 1 Nr. 2 oder 3 oder § 15 Abs. 1 Satz 1 Nr. 2 macht,
7. als Leiterin oder als Leiter eine Versammlung unter freiem Himmel wesentlich anders durchführt, als es in der Anzeige aufgrund des § 5 Abs. 2 Satz 1 Nrn. 1 und 2 angegeben ist,
8. sich als Leiterin oder Leiter einer Ordnerin oder eines Ordners bedient, die oder der entgegen § 7 Abs. 2 Satz 1 keine dort bezeichnete Armbinde trägt,
9. an einer Versammlung teilnimmt,
    a) deren Durchführung vollziehbar verboten ist (§ 8 Abs. 2 und 4, § 14 Abs. 2) oder
    b) die nach § 18 Abs. 1 Satz 2 verboten ist,
10. als Leiterin oder Leiter oder als teilnehmende Person einer vollziehbaren Beschränkung nach § 8 Abs. 1 oder 4 oder § 14 Abs. 1 oder einer gerichtlichen Beschränkung der Versammlung zuwiderhandelt,
11. sich nach einer vollziehbar angeordneten Auflösung der Versammlung nicht unverzüglich entfernt,
12. als ausgeschlossene Person die Versammlung nicht unverzüglich verlässt,
13. als anzeigende oder einladende Person eine Leiterin oder einen Leiter einsetzt, die oder der vollziehbar abgelehnt wurde (§ 10 Abs. 1 Satz 2, § 15 Abs. 2 Satz 2),
14. als Leiterin oder Leiter eine Ordnerin oder einen Ordner einsetzt, die oder der vollziehbar abgelehnt wurde (§ 10 Abs. 1 Satz 2, § 15 Abs. 2 Satz 2),
15. entgegen § 9 Abs. 2 Nr. 2 auf dem Weg zu oder in einer Versammlung unter freiem Himmel einen dort bezeichneten Gegenstand mit sich führt und dadurch einer vollziehbaren Maßnahme nach § 10 Abs. 2 zuwiderhandelt,
16. als einladende Person wider besseres Wissen unrichtige oder unvollständige Angaben nach § 15 Abs. 1 Satz 1 Nr. 1 macht oder
17. als Leiterin oder Leiter oder als teilnehmende Person einer Auflage nach § 19 Abs. 1 Satz 4 zuwiderhandelt.
[2]Die Tat kann in den Fällen des Satzes 1 Nrn. 1, 3 und 9 Buchst. a sowie Nrn. 10 bis 15 und 17 nur geahndet werden, wenn die dort bezeichnete Anordnung rechtmäßig ist.

(2) Die Ordnungswidrigkeit kann in den Fällen des Absatzes 1 Satz 1 Nrn. 2, 3, 5 bis 8, 11, 12, 15 und 16 mit einer Geldbuße bis zu 1000 Euro und in den

Versammlungsgesetz **NVersG 75**

Fällen des Absatzes 1 Satz 1 Nrn. 1, 4, 9, 10, 13, 14 und 17 mit einer Geldbuße bis zu 3000 Euro geahndet werden.

§ 22 Einziehung. [1]Gegenstände, auf die sich eine Straftat nach § 20 oder eine Ordnungswidrigkeit nach § 21 Abs. 1 Satz 1 Nr. 10 oder 15 bezieht, können eingezogen werden. [2]§ 74a des Strafgesetzbuchs und § 23 des Gesetzes über Ordnungswidrigkeiten sind anzuwenden.

SECHSTER TEIL
Schlussbestimmungen

§ 23 Einschränkungen der Grundrechte. Das Grundrecht der Versammlungsfreiheit (Artikel 8 Abs. 1 des Grundgesetzes) wird nach Maßgabe dieses Gesetzes eingeschränkt.

§ 24 Zuständigkeiten. (1) [1]Zuständige Behörde ist
1. vor Versammlungsbeginn die untere Versammlungsbehörde und S.2
2. nach Versammlungsbeginn die Polizei.

[2]Die Aufgaben der unteren Versammlungsbehörde nehmen die Landkreise, kreisfreien Städte, großen selbstständigen Städte und selbstständigen Gemeinden wahr, auf dem Gebiet der Landeshauptstadt Hannover die Polizeidirektion Hannover. [3]Für die Verfolgung und Ahndung von Ordnungswidrigkeiten nach § 21 sind die unteren Versammlungsbehörden zuständig.

(2) [1]Örtlich zuständig ist die Behörde, in deren Bezirk die Versammlung stattfindet. [2]Berührt eine Versammlung unter freiem Himmel den Zuständigkeitsbereich mehrerer unterer Versammlungsbehörden, so bestimmt die den beteiligten gemeinsam vorgesetzte Fachaufsichtsbehörde die zuständige Behörde.

(3) [1]Die Aufgaben der Fachaufsicht werden gegenüber den selbstständigen Gemeinden von den Landkreisen, gegenüber den Landkreisen, kreisfreien Städten und großen selbstständigen Städten von den Polizeidirektionen als oberen Versammlungsbehörden sowie von dem für Inneres zuständige Ministerium als oberster Versammlungsbehörde wahrgenommen. [2]§ 102 Nds. SOG gilt entsprechend.

§ 25 Kostenfreiheit. Amtshandlungen nach diesem Gesetz sind kostenfrei.

75 NVersG — Versammlungsgesetz

Anlage
Anlage (zu § 18 Abs. 2 Satz 2)

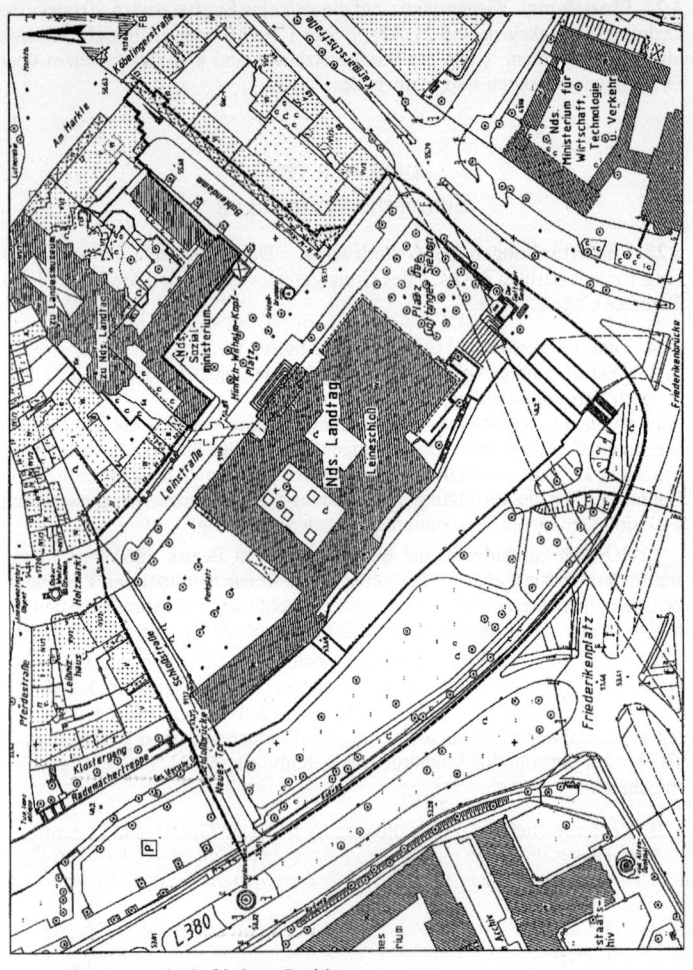

· · · · Abgrenzung des befriedeten Bezirks

Stichwortverzeichnis

(Die fetten Zahlen bezeichnen die Ordnungsnummer des jeweiligen Rechtstextes, die mageren Zahlen die Paragraphen oder Artikel.)

Abfallentsorgung
- Anschluss- und Benutzungszwang **50** 13
- bei baulichen Anlagen **65** 15, 41, 51
- Einrichtungen der **50** 136

Abgaben
- Erhebung **1** 58, **50** 111
- Zuständigkeit **50** 58

Abgeordnete (Landtag)
- Anklage **1** 17, **20** 23 ff.
- Ausstattung **1** 19
- Behinderungsverbot **1** 13
- Entschädigung **1** 13
- Freies Mandat **1** 12
- Indemnität, Immunität **1** 14 f.
- Mandatserwerb, -verlust des **1** 11, 17
- Mitarbeiter **1** 16
- Recht auf Fraktionsbildung **1** 19
- Rechte Fraktionsloser **1** 19 f.
- Statusrechte **1** 12 f., 19, 24
- Wahlvorbereitung **1** 13
- Wählbarkeit **1** 8, 61
- Zeugnisverweigerung, Beschlagnahmeverbot **1** 16
  siehe auch Kreistagsabgeordnete

Abgeordnete (Vertretung)
- Akteneinsichtsrecht **50** 56
- Amtsverschwiegenheit **50** 54
- Antragsrecht **50** 56
- Auskunftsrecht **50** 56
- Entschädigung **50** 55
- Fraktionen und Gruppen **50** 57
- Haftung **50** 54
- Mitwirkungsverbot **50** 54
- Rechtsstellung **50** 54
- Recht zur Wahl der **50** 48
- Ruhen der Mitgliedschaft im Rat **50** 53
- Sitzerwerb **50** 51
- Sitzverlust **50** 52
- Unvereinbarkeit: → Inkompatibilität **50** 50
- Urlaub **50** 54
- Verpflichtung **50** 60
- Vertretungsverbot **50** 54
- Wählbarkeit **50** 49
- Wahl und Wahlperiode **50** 47
- Zahl **50** 46

Ablehnung ehrenamtlicher Tätigkeit **50** 39

Abnahmeschein 65 77

Abstimmungen
- Bürgerbegehren **50** 32
- Bürgerentscheid **50** 33
- im Landtag **1** 14, 21
- in der Vertretung **50** 45, 66
- des Volkes **1** 2, 49

Abstrakte Gefahr 60 2

Abwahl der Hauptverwaltungsbeamtin, des Hauptverwaltungsbeamten **50** 82

Abwasserbeseitigung
- bei baulichen Anlagen **65** 41, 51, 84
- Einrichtungen der **50** 136

Akteneinsichtsrecht
- der Gleichstellungsbeauftragten **50** 9
- von Abgeordneten **50** 58
- im Verwaltungsverfahren **35** 2

Aktenvorlage, im Landtagsausschuß **1** 24

Allgemeinverfügung, Widmung **70** 6

Amnestie 1 36

Amtseid
- der Mitglieder der Landesregierung **1** 31

Stichwortverzeichnis

- der Mitglieder des Staatsgerichtshofs **20** 4
- **Amtsverschwiegenheit**
- bei Abgeordneten **50** 54
- bei ehrenamtlicher Tätigkeit **50** 40
- **Androhung von Zwangsmitteln 60** 70, 74
- **Anhörung**
- bei Gebietsänderungen **1** 59, **50** 25
- im Planfeststellungsverfahren **35** 7
- bei Sitzungen der Vertretung **50** 62
- **Anklage**
- Abgeordnete **1** 17, **20** 23 ff.
- Mitglieder der Landesregierung **1** 40, **20** 23 ff.
- Richter **1** 52, **20** 5 f.
- Selbstanklage **1** 40, **20** 26
- **Anordnung** der Kommunalaufsichtsbehörde **50** 174
- **Anregungen und Beschwerden 50** 34
- **Anschlusszwang 50** 13
- **Anstalten**
- kommunale **50** 136, 140 ff.
- **Antragsrecht** von Mitgliedern der Vertretung **50** 56
- **Aufenthaltsräume 65** 43
- **Aufenthaltsverbot 60** 17
- **Auflösung**
- der Vertretung **50** 70
- des Landtages **1** 10, 30
- einer Versammlung **75** 8, 14
- **Aufschüttungen u. Ausgrabungen 65** Anh. 7
- **Aufsicht**
- → Bauaufsichtsbehörden
- → Dienstaufsicht
- → Fachaufsicht
- über Gemeinden und Landkreise **1** 57, **50** 170 ff.
- → Kommunalaufsicht
- über Polizeibehörden **60** 94
- Schulaufsicht **1** 4
- Straßenaufsicht **70** 57
- Übertragung **65** 57
- über Verwaltungsbehörden, Gefahrenabwehr **60** 98
- **Aufwandsentschädigung**
- für Abgeordnete **1** 13, **50** 55
- für ehrenamtlich Tätige **50** 44
- **Aufwendungen**, über- und außerplanmäßige
- der Gemeinden und Landkreise **50** 58, 117
- **Aufzugsanlagen 65** 38
- **Ausbildung:** → Bildung
- **Ausgaben**, über- und außerplanmäßige
- Land **1** 67
- **Auskunftspflicht 60** 12, 33c
- **Auskunftsverlangen 60** 33c
- **Auskunftsrecht** von Abgeordneten **50** 56
- **Auslagenersatz**
- für ehrenamtlich Tätige **50** 44
- **Ausnahme im Baurecht 65** 8, 57, 62 f., 66, 68
- **Ausscheiden von Mitgliedsgemeinden 50** 102
- **Ausschluss** von Sitzungen **50** 63
  siehe auch Mitwirkungsverbot
- **Ausschüsse**
- in Kommunen
- → Hauptausschuss **50** 74 ff.
- der Vertretung **50** 71 f.
- nach besonderen Rechtsvorschriften **50** 73
- des Landtages
  - Aktenvorlageanspruch **1** 24
  - Antragsrecht im **1** 20
  - Anwesenheit der Regierung **1** 23
  - Petitionsausschuß **1** 26
  - → Richterwahlausschuß
  - Untersuchungsausschuß **1** 23, 27
  - Wahlprüfungsausschuß **1** 23

Stichwortverzeichnis

- Zusammensetzung **1** 20
Außenbereich
- im Bauordnungsrecht **65** 9, 50
- im Bauplanungsrecht
  - gemeindliche Zustimmung **65** 63 (§ 36 BauGB)
  - privilegierte Vorhaben **65** 63 (§ 35 BauGB)
  - sonstige Vorhaben **65** 63 (§ 35 BauGB)
- Straßen im **70** 42, 47
Außenwerbung 65 50, **70** 24
Autonomie
- der Gemeinden und Landkreise **1** 54, 57 ff., **50** 1
- der Hochschulen **1** 5
- Landtagsgeschäftsordnung **1** 21

Bankunternehmen 50 136
Bau-, Gebrauchsabnahme 65 75, 77
Bauantrag
- Anforderungen, Form, Zuständigkeit **65** 67
- Beteiligte **65** 68 f.
- Verfahren, Zustimmungsfiktion **65** 69
Bauanzeige 65 60, 62, 75, 80, 85
Bauarten
- Anforderungen **65** 21
- bauaufsichtliche Zulassung **65** 21
- Begriff **65** 2
Bauaufsichtsbehörden 65 57 f., 61 ff., 74 ff., 81, 86
- allgemeine Aufgabenbestimmung **65** 58
- Anforderung an personelle Besetzung **65** 57
- Aufbau **65** 57
- Bauüberwachung **65** 58, 76
  - Anpassungsverlangen **65** 85
  - Aufgabenübertragung **65** 58
  - Befugnisnorm **65** 99
  - Betretungsrecht **65** 58

- Technische Bestimmungen **65** 83
- Verordnungsbefugnisse
  - Ermächtigungen **65** 65, 82
  - Inbezugnahme **65** 51, 80
Baudenkmal: → Denkmalschutz
Baugenehmigung
- Antragsteller **65** 52, 67
- Bauantrag **65** 67, 69
- Baubeginn **65** 72
- fliegende Bauten **65** 2, 51, 65, 75 Anh 11
- Geltungsdauer u. -verlängerung **65** 71
- Genehmigungspflicht **65** 59
  - Ausnahmen für öffentl. Bauherren **65** 74
  - generelle Ausnahmen **65** 60 ff.
  - Privatrechtsunabhängigkeit **65** 59
  - u. Typenprüfung **65** 65
- Nachbareinwendungen **65** 68, 70
- nachträgl. Anforderungen **65** 85
- Recht auf **65** 70
- Rechtsnachfolge **65** 70
- Sicherheitsleistung **65** 47
- Verfahrensstufung
  - Bauvoranfrage, Vorbescheid **65** 73
  - Umweltverträglichkeitsprüfung **65** 70
  - Teilbaugenehmigung **65** 70
- vereinfachtes Verfahren **65** 63
Baugestaltung
- Gestaltungssatzungen **65** 80, 84
- → Verunstaltungsabwehr
Baugrundstück 65 2 ff.
- Begriff **65** 2
- Betretungsrecht **65** 58
- Einfriedung **65** 84, Anh. 6
- Vereinigungsbaulast **65** 2
- Zugänglichkeit **65** 4
Bauherr 65 11, 52, 65
Baulasten 65 4, 6, 47, 81
- Baulastenverzeichnis **65** 81

[335]

Stichwortverzeichnis

- Begriff, Entstehung, Erlöschen 65 81
- → Straßenbaulast
- Wirkung gegenüber Rechtsnachfolger 65 81

Bauleitplanung
- verbindliche: → Bebauungsplan
- vorbereitende: Flächennutzungsplan 65 63 (§ 35 BauGB)
- Zuständigkeit der Vertretung 50 58

Bauliche Anlagen 65 1 f., 10 ff., 47 ff., 80
- Abstände 65 5 ff.
- Anforderungen 65 3 f., 49, 85
  - allgemeine 65 3 ff.
  - baulich gesonderte 65 26 ff.
  - erweiterte 65 51
  - nachträgliche 65 78, 85
  - sozialbedingte 65 49
- Ausnahmen u. Befreiungen von Bauvorschriften
  - im Einzelfall 65 62, 66
  - Regelausnahmen 65 51
- Begriff 65 2
- Begriff, straßenrechtlicher 70 24
- Beseitigung 65 79
- besonderer Art u. Nutzung 65 43 ff.
- Brandschutz →
- genehmigungsfreie 65 60 ff., Anh 1 ff.
- Genehmigungspflicht: → Baugenehmigung
- Gestaltung: → Baugestaltung
- Grenzabstände 65 5 ff.
- Nebenanlagen 65 1, 46, 62
- Standsicherheit →
- Typenprüfung 65 65
- Verantwortlichkeit 65 52 f., 56
- Verkehrssicherheit 65 16, 32, 46, 51
- Verunstaltungsabwehr →
- Zulässigkeit

- nach Planaufstellung 65 63 (§ 29 ff. BauGB)
- vor Planaufstellung 65 63 (§ 34 f. BauGB)
- während Planaufstellung 65 63 (§ 33 BauGB)

Baumaßnahmen
- Begriff 65 2
- Durchführung genehmigungsbedürftiger 65 59
- genehmigungsfreie 65 60, 74

Bauordnung
- Anforderungen an bestehende baul. Anlagen 65 85
- Befreiung von Bauvorschriften 65 66
- Geltungsbereich 65 1
- Herstellung u. Verwendung v. Bauprodukten 65 17
- und Bundesrecht 65 59
- verantwortliche Personen 65 47, 52 f., 56
  siehe auch Baugenehmigung, Baugestaltung

Bauplanungsrecht 65 5, 59, 62

Bauprodukte, -materialien 65 3, 17 ff., 80
- allgemeine bauaufsichtl. Zulassung 65 18
- allgemeines bauaufsichtl. Prüfzeugnis 65 19
- Einzelfallzulassung 65 20
- Prüf-, Zertifizierungs- u. Überwachungsstellen 65 25
- technische Regeln 65 17, 21 ff., 83
  - Übereinstimmungserklärung 65 23
  - Übereinstimmungsnachweis 65 22
  - Übereinstimmungszertifikat 65 24

Bauschild 65 11
Baustelle 65 11
Bauunternehmer 65 54

Stichwortverzeichnis

Bauvoranfrage, -vorbescheid 65 73
Bauvorhaben: → bauliche Anlagen
Bauvorlagen 65 62, 67, 82
Beamte
- Amtspflichten 1 60
- auf Zeit 50 108 f.
- → Ehrenbeamtinnen, Ehrenbeamte
- Ernennung, Entlassung 1 38
- Funktionsvorbehalt 1 60
- Wählbarkeitsbeschränkung 1 61

Beanstandung durch die Kommunalaufsichtsbehörde 50 173
Bebauungsplan
- Ausnahmen u. Befreiungen 65 63 (§ 31 BauGB)
- im Bauordnungsrecht 65 5, 7, 62, 84
- einfacher u. qualifizierter 65 63 (§ 30 BauGB)
- Ersatz straßenrechtlicher Planfeststellung 70 38
- u. Vorhabenzulässigkeit 65 63 (§ 29 BauGB)

Befragung 60 12
Befristung
- der Sondernutzungserlaubnis 70 18
- sonstiger Vorrang 70 24

Befugnisse der Verwaltungsbehörden und der Polizei 60 11 ff.
Begräbnisplätze, Benutzungszwang 50 8
Behelfsbauten 65 50
Beigeordnete 50 74
siehe auch Hauptausschuss
Beiträge
- Erhebung 50 111
- Zuständigkeit 50 58

Beitreibung 37 1 ff., 60 66 f.
Bekanntmachung von Satzungen 50 11
Benutzung von Eigentum und öffentlichen Einrichtungen 50 13, 30
Benutzungszwang 50 13

Beschäftigte der Kommunen 50 107 ff.
- Beamtinnen und Beamte auf Zeit 50 108 f.
- Rechtsverhältnisse 50 107

Beschlussfähigkeit
- der Vertretung 50 65
- des Landtages 1 21
- bei Vertrauensleutewahl 38 5

Besondere Waffen 60 69, 79
Bestands-, Straßenverzeichnis 70 3, 62 f.
Bestattungseinrichtungen, Benutzungszwang 50 13
Bestellung von Beauftragten in Gemeinden und Landkreisen 50 175
Beteiligungsmanagement 50 150
Betretungsrechte 37 9, 60 24, 70 37b
siehe auch Bauaufsichtsbehörden, Wohnung
Betriebsführungsvertrag 50 58, 148, 152
Betriebssatzungen der → Eigenbetriebe 50 140
Bezeichnungen von Gemeinden 50 20, 58
Bezirksbürgermeisterin, Bezirksbürgermeister 50 92
siehe auch Stadtbezirke
Bild- und Tonaufzeichnungen 60 32
Bildung
- Bildungseinrichtungen 1 4 f.
- Recht auf 1 4
- → Schulen 1 4

Blitzschutzanlagen 65 42, Anh 4.9
Brandschutz 65 4, 7, 14, 26, 31 ff., 39 f., 62
Bund, Bundesstaatlichkeit
- Bundesregierung 1 8, 55
- Bundesrepublik 1 1, 3, 24
- Bundestag 1 8, 28, 55

Stichwortverzeichnis

- Bundesverfassungsgericht **1** 52, 55
- Grundgesetz **1** 3 f., 15, 52
- Länder, andere **1** 24, 28, 55, 75, 65 58, 69a, 75a

Bürgerbefragung 50 35
Bürgerbegehren 50 32
Bürgerentscheid 50 33
Bürgerinnen und Bürger 50 28 ff.

- Begriff **50** 28
- Bürgerbefragung **50** 35
- Bürgerbegehren **50** 32
- Bürgerentscheid **50** 33
- Pflicht zur Übernahme ehrenamtlicher Tätigkeit **50** 38
- Wahlrecht **50** 48
  siehe auch Einwohnerinnen und Einwohner

Bürgermeisterin, Bürgermeister:
→ Hauptverwaltungsbeamter, Hauptverwaltungsbeamtin

Bürgschaften
- in Gemeinden und Landkreisen **50** 58, 121
- Land **1** 71

Chancengleichheit, Recht auf politische
- der Opposition **1** 19
- für Abgeordnete **1** 19
- für Fraktionen **1** 19

Dächer 65 20, 32, Anh 13
Dateibeschreibung 60 46
Datenabgleich 60 45 f.
Datenerhebung 60 30 ff.
- allgemein **60** 30 f.
- Aufzeichnung von Telekommunikationsverbindungsdaten **60** 33
- an besonderen Orten **60** 32
- Einsatz besonderer Mittel und Methoden **60** 34-37

Datenschutz
- Anwendung des Niedersächsischen Datenschutzgesetzes **60** 48
- parlamentarische Kontrolle **60** 37a
- Prüffristen **60** 47

Datenschutzbeauftragter
- Aufgabe **1** 62
- Wahl **1** 62

Datenübermittlung
- allgemeine Regeln **60** 40
- an andere öffentliche Stellen **60** 43
- automatisiertes Abrufverfahren **60** 42
- an Personen oder Stellen außerhalb des öffentlichen Bereichs **60** 44
- regelmäßige Datenübermittlung **60** 42
- zwischen Verwaltungs- und Polizeibehörden **60** 41

Datenverarbeitung 60 30 ff.
Datenverwendung
- Löschung **60** 39a
- Speicherung, Veränderung und Nutzung personenbezogener Daten **60** 38 f.

Deichstraßen 70 2, 9, 65
Demokratieprinzip
- Abstimmungen **1** 2, 49 f.
- Kommunalwahlen **1** 57, **50** 47
- Landesfundamentalnorm **1** 1 f.
- Landtagswahlen **1** 2, 8, 61

Denkmalschutz 65 49 f., 59, 63 (§ 35 BauGB), 74, 82, Anh 14.5
Diäten 1 13
Dienst, öffentlicher
- Beamte **1** 60 f.
- Beschäftigte der Kommunen **50** 107 ff.
- Landesbedienstete **1** 51 f., 55, 60
- Richter **1** 51 f., 55
- Wählbarkeitsbeschränkung **1** 61

Stichwortverzeichnis

Dienstaufsicht
– in Gemeinden und Landkreisen **50** 107
– über Polizeibehörden und Polizeieinrichtungen **60** 94
– am Staatsgerichtshof **20** 5
– über Verwaltungsgerichte **38** 3
Dienstaufsichtsbehörden, Gefahrenabwehr **60** 94
Dienstbehörde, Oberste in Gemeinden und Landkreisen **50** 107
Dienstsiegel
– Führung **50** 22
– Zuständigkeit **50** 58
Dienststellenleiterin, Dienststellenleiter in Gemeinden und Landkreisen **50** 82
Dienstvorgesetzte, Dienstvorgesetzter in Gemeinden und Landkreisen **50** 107
Durchsuchung
– im Landtag **1** 18
– von Personen **60** 22
– von Sachen **60** 23
– von Wohnungen **37** 9, **60** 24 f.

Ehrenamtliche Tätigkeit 50 38 ff.
– Ablehnung **50** 39
– Amtsverschwiegenheit **50** 40
– Auslagenersatz und Aufwandsentschädigung **50** 44
– Mitwirkungsverbot **50** 41
– Pflicht zur Übernahme **50** 38
– Pflichtenbelehrung **50** 43
– Vertretungsverbot **50** 42
Ehrenbeamtinnen, Ehrenbeamte 50 95 f., 105 f.
– Vertretungsverbot **50** 42
Ehrenbürgerrecht in Gemeinden **50** 29, 58
Eigenbetriebe
– Anzeige und Genehmigung **50** 152
– Betriebsausschüsse **50** 140
– Betriebsleitung **50** 140

– Betriebssatzungen **50** 140
– Prüfung **50** 155, 157
– Rechtsform für Unternehmen und Einrichtungen **50** 136
– → Sondervermögen **50** 130
– Verordnungen über **50** 178
– Zuständigkeit **50** 58
Eigener Wirkungskreis 50 4, **55** 3, **65** 84
Eigengesellschaften
– Anzeige und Genehmigung **50** 152
– Rechtsform für Unternehmen und Einrichtungen **50** 136
– Zuständigkeit **50** 58
Eigentum an öffentlichen Straßen
– Enteignung **70** 42
– Erwerbspflicht **70** 13
– Grundbuchberichtigung **70** 12
– Übergang bei Wechsel der Straßenbaulast **70** 11, 65
– Verfügung nach Widmung **70** 6
– Widmungsvoraussetzung **70** 6
Eigentümerin, Eigentümer als Zustandsstörer **60** 7
siehe auch Verantwortlichkeit
Eilentscheidungen in Gemeinden und Landkreisen **50** 89
Eilverordnung, Gefahrenabwehr **60** 55
Einberufung
– der Vertretung **50** 59
– des Landtages **1** 21
Eingaben: → Petitionsrecht
Einnahmen
– Gemeinden und Landkreise **50** 111
– Land **1** 65
Einrichtungen der Gemeinden und Landkreise
– Anschluss- und Benutzungszwang **50** 13
– Anzeige und Genehmigung **50** 152
– Rechtsformen **50** 136

Stichwortverzeichnis

- Schaffung **50** 4
- Umwandlung **50** 148
- Veräußerung **50** 148
- Vertretung der Gemeinde **50** 138
- Wirtschaftsführung **50** 139
- Zugang **50** 30
- Zuständigkeit **50** 58

Einrichtungsgarantien:
→ Garantien

Einspruch
- des Hauptausschusses **50** 79
- der Hauptverwaltungsbeamtin, des Hauptverwaltungsbeamten **50** 88

Einstellplätze **65** 47 ff., 51, Anh 1.1, 14.7
- Abdingbarkeit **65** 47a
- Ablösesatzung **65** 47a

Einwohnerantrag **50** 31

Einwohnerfragestunde **50** 62

Einwohnerinnen und Einwohner **50** 28 ff.
- Anhörung bei Sitzungen der Vertretung **50** 62
- Anregungen und Beschwerden **50** 34
- Begriff **50** 28
- Einwohnerantrag **50** 31
- Einwohnerfragestunde **50** 62
- Hilfe bei Verwaltungsangelegenheiten **50** 37
- Rechte und Pflichten **50** 30
  siehe auch Bürgerinnen und Bürger

Einwohnerzahl, maßgebende **50** 177

Einziehung öffentlicher Straßen **70** 8
- Ankündigungspflicht **70** 8
- Sondernutzung **70** 8
- Teileinziehung **70** 8
- durch Verkehrsentziehung **70** 8
- Voraussetzungen **70** 8
- Zuständigkeit **70** 8

Energielieferungsverträge **50** 148

Enteignung **70** 13, 42, 67

- vorzeitige Besitzeinweisung **70** 41a
- zugunsten Straßenbaulastträger **70** 42

Entlassung
- von Beamten, Richtern **1** 38
- eines Landesministers **1** 29

Entlastung
- der Hauptverwaltungsbeamtin, des Hauptverwaltungsbeamten **50** 58, 129
- der Landesregierung **1** 69

Entschädigung
- bei Anbaubeschränkungen und Anbauverboten **70** 27
- der Abgeordneten **1** 13, **50** 55
- Schutzwaldungen **70** 30
- der Straßenanlieger **70** 20
- straßenrechtliche
  - bei Schutzmaßnahmen **70** 31
  - bei Veränderungssperre **70** 29

Entsorgung **65**, 42, 51, 68 (§ 35 BauGB)

Entwurfsverfasser **65** 58, 75a, 91

Erforderlichkeit einer Maßnahme **60** 4

Erhebliche Gefahr **60** 2

Erkennungsdienstliche Maßnahmen **60** 15, 111

Ermessen **60** 5

Ersatzanspruch **60** 85 f.

Ersatzvornahme
- durch Kommunalaufsichtsbehörde **50** 174
- als Zwangsmittel **60** 66

Ersatzzwangshaft **60** 68

Erschließung **65** 68 (§§ 30, 33 f. BauGB)

Erstattungsanspruch **60** 84, 86

Erste Gemeinderätin, Erster Gemeinderat **50** 108

Erste Kreisrätin, Erster Kreisrat **50** 108

Erste Stadträtin, Erster Stadtrat **50** 108

Stichwortverzeichnis

Erziehung 1 4a
Europäische Union 1 1, 8, 25, 28, 55, **65** 24, 26, 28c, 58
Exekutive
– → Landesregierung
– → Verwaltung
Experimentierklausel **50** 181

Fachaufsicht
– Gefahrenabwehrrecht
  – über Polizeibehörden und Polizeieinrichtungen **60** 94
  – über Verwaltungsbehörden **60** 98
– über Gemeinden und Landkreise
  – Begriff 1 57, **50** 170
  – Kostenerstattung bei fehlerhafter Weisung **50** 6
  – Unterrichtungsrecht **50** 172
Fachaufsichtsbehörden **50** 171, **60** 94, 98
Fachwerk **65** Anh 13.4
Fahrradabstellanlagen **65** 47a, 47b, Anh 14.8
Fernwärmeversorgung, Anschluss- und Benutzungszwang **50** 13
Fesselung von Personen **60** 75
Festhalten von Personen:
→ Freiheitsbeschränkung
finaler Rettungsschuss **60** 76
Finanzausgleich, übergemeindlicher 1 58
Finanzminister
– Rechnungslegung 1 69
– Vetorecht 1 67
Finanzplanung 1 64, **50** 118
Finanzwirtschaft der Gemeinden und Landkreise 1 58
Flächennutzungsplan **50** 10
Flaggen
– Führung 1 1, **50** 22
– Zuständigkeit **50** 58
Fliegende Bauten **65** 7, 51, 58, 83 f., Anh 11
Flurbereinigung **65** Anh 14.1

Fraktion
– in Kommunalvertretungen **50** 57, 71, 75
– im Landtag
  – im Ausschuß 1 20
  – Chancengleichheit 1 19
  – Opposition 1 19
  – Zusammensetzung 1 19
Freiheitsbeschränkung
– Behandlung festgehaltener Personen **60** 20
– Dauer **60** 21
– Gewahrsam **60** 18
– zur Identitätsfeststellung **60** 13
– richterliche Entscheidung **60** 19
– Vorladung **60** 16
Freiheitsentziehung **60** 21
Fundamentalbestimmungen der Verf. 1 1 ff., 31
Funktionsvorbehalt für Beamte 1 60

Garantien, Einrichtungsgarantien
– Alteinrichtungen, heimatgebundene 1 72
– Beamtentum 1 60
– Ersatzschulgarantie 1 4
– hochschulische Selbstverwaltung 1 5
– kommunale Selbstverwaltung 1 57, **50** 1
– Kultureinrichtungen 1 72
Gebäude
– Begriff **65** 2
– Gebäudeteile **65** 5, 7
Gebiet **50** 23 ff.
– Bestand **50** 23
– → Gebietsänderungen 1 59, **50** 24 ff.
– gemeindefreie Gebiete **50** 23, **70** 56, 63
– Grenzstreitigkeiten **50** 23
Gebietsänderung von Gemeinden und Landkreisen
– Begriff 1 59, **50** 24

Stichwortverzeichnis

- Revisionsklausel bei Ortschaften **50** 90
- Vereinbarungen und Bestimmungen zur Gebietsänderung **50** 26
- Verfahren **1** 59, **50** 25
- Wirkungen **50** 27, **60** 63
- Zuständigkeit **50** 58

Gebietskörperschaften
- Gemeinden **50** 2
- Landkreise **50** 3

Gebühren
- in Gemeinden und Landkreisen
  - Erhebung **50** 111
  - Zuständigkeit **50** 58
- straßenrechtliche
  - Benutzungsgebühren **70** 14, 62
  - Sondernutzungsgebühren **70** 21
  - für Straßenreinigung **70** 52

Gebührensatzung, -verordnung **50** 8

Gefahr **60** 2

Gefahr für Leib oder Leben **60** 2

Gefahr im Verzuge **60** 2

Gefahrenabwehr
- Aufgaben der Gefahrenabwehr **60** 1
- Baurecht **65** 51, 62, 81
- Befugnisse zur **60** 11 ff.
- → Zuständigkeiten **60** 97, 100 ff.

Gegenwärtige Gefahr **60** 2

Geheimhaltung
- Beschränkung von Auskunft und Akteneinsicht **50** 56, 58, 77, 87
- Pflicht der Abgeordneten der Vertretung **50** 54
- Pflicht ehrenamtlich Tätiger **50** 40
- Verpflichtung der Gebietskörperschaften **50** 6
- Zuständigkeit für Aufgaben der Geheimhaltung **50** 85

Gemeinde
- Arten **50** 14
- Aufgaben **1** 57, **50** 4 ff., **65** 63a

- Bezeichnungen **50** 20
- Einwohnerzahl, maßgebende **50** 177
- Gebietskörperschaft **50** 2
- → Gebiet **50** 23 ff.
- Recht zur Verfassungsbeschwerde **1** 54, **20** 34
- Selbstverwaltung **1** 57, **50** 1
- Verfassung **50** 45 ff.
- Wirkungskreis
  - eigener **50** 5
  - übertragener **50** 6, **65** 63a
  - *siehe auch* Kommune

Gemeindebürgerinnen und Gemeindebürger → Bürgerinnen und Bürger

Gemeindedirektorin, Gemeindedirektor
- in Mitgliedsgemeinden von Samtgemeinden **50** 106
- Übergangsregelungen für hauptamtliche **56** 11

Gemeindeeinwohnerinnen und Gemeindeeinwohner → Einwohnerinnen und Einwohner

Gemeindefreie Gebiete **50** 23, **70** 56, 63

Gemeindegebiet **50** 23 ff.
- Bestand **50** 23
- → Gebietsänderungen **1** 59, **50** 24 ff.
- gemeindefreie Gebiete **50** 23, **70** 56, 63
- Grenzstreitigkeiten **50** 23

Gemeindegliedervermögen
- Begriff **50** 134
- Sondervermögen **50** 130
- Zuständigkeit zur Verfügung über **50** 58

Gemeindehaushalt → Haushaltswirtschaft **50** 110 ff.

Gemeindekämmerin, Gemeindekämmerer **50** 108

Gemeinderätin, Gemeinderat **50** 108

Gemeindestraße
- Begriff **70** 47
- Einteilung **70** 3
- Gemeindeverbindungsstraße **70** 47
- → Ortsdurchfahrt
- Ortsstraße **70** 47
- → Straßen

Gemeindevermögen
- Erwerb **50** 124
- → Gemeindegliedervermögen **50** 134
- → Sondervermögen **50** 130
- → Stiftungen **50** 135
- → Treuhandvermögen **50** 131 ff.
- Veräußerung **50** 125
- Verwaltung **50** 124
- Zuständigkeit zur Verfügung über **50** 58
- Zwangsvollstreckung **50** 125

Gemeindewirtschaft 50 110 ff.
siehe auch Einrichtungen, Gemeindevermögen, Haushaltswirtschaft, Rechnungsprüfung, Unternehmen

Gemeingebrauch an Straßen 70 14
- Beschränkung **70** 15
- Inhalt **70** 14
- kein Rechtsanspruch auf **70** 14
- Mehrkosten **70** 16

Genehmigungen der Aufsichtsbehörde **50** 176

Genehmigungsfreie Bauanlagen 65 60, Anh 1 ff.

Genehmigungsfreie Baumaßnahmen 65 60
- öffentliche Baumaßnahmen **65** 61
- Wohngebäude **65** 72

Generalklausel, Gefahrenabwehr **60** 11

Gerechtigkeit 1 3

Geschäfte der laufenden Verwaltung
- Zuständigkeit **50** 85

Geschäftsordnung
- des Landtages **1** 21, 27
- Autonomie **1** 21
- Beschlußfähigkeit **1** 21
- Fraktionsbestimmung **1** 17
- Organstreitbezug **1** 54
- der Landesregierung **1** 39
- der Vertretung **50** 69
- des Staatsgerichtshofs **20** 1

Gesetze
- Ausfertigung, Verbindung, Inkrafttreten **1** 45
- Gesetzesbindung **1** 2, 31, 51, 62, 65
- Gesetzgebungsnotstand **1** 44 f.
- Haushaltsgesetz **1** 65
- haushaltswirksame **1** 68
- verfassungsändernde **1** 46
- Volksgesetze **1** 2, 48

Gesetzesbindung 1 2 f., 31, 51, 62, 65

Gesetzgebung
- Landtag **1** 2, 7, 42
- Initiativrechte **1** 42
- im Notstandsfall **1** 44 f.
- Parlamentsvorbehalt **1** 41, 59
- Verfahren **1** 42
- negative **1** 54 f.
- Regierungsbefugnisse **1** 42
- Volksgesetzgebung **1** 2, 42, 48 ff.
- Volksbegehren, Volksentscheid **1** 48 ff.
- Volksinitiative **1** 47

Gestattungs-, Konzessionsvertrag 70 23

Gewahrsam von Personen **60** 18 ff.
siehe auch Freiheitsbeschränkung

Gewaltenteilung 1 2

Gewerbetreibende 50 30

Gleichheit
- Gleichstellung von Frauen und Männern **1** 3
- politische Chancengleichheit **1** 19
- Wahlrechtsgleichheit **1** 8, **50** 47

Gleichstellungsbeauftragte 50 8 f.

Stichwortverzeichnis

Göttingen
- abweichende Bestimmungen 50 168
- Aufgabenübertragung 50 168
- finanzielle Zuweisungen 50 169
- Stadt Göttingen 50 16

Grenzbebauung 65 5

Große selbständige Städte
- Aufgaben 50 17
- Auflistung 50 14

Grundbesitzende 50 30

Grundrechte
- Bildung, Recht auf 1 4
- Einschränkung 37 75, 60 10, 75 23
- Grundrechtsbindung 1 3
- Grundrechtsübernahme 1 3
- Kunstförderung 1 6
- Menschenrechte 1 3
- Mißbrauch der 1 15
- persönliche Freiheit 1 15
- Petitionen 1 26
- Privatschulgarantie 1 4
- Rechtsweggarantie 1 53
- Verdatungsschutz 1 62
- Volksrechte 1 47 ff.
- Wahlrecht 1 8
- Wissenschaftsschutz und -förderung 1 5

Grundstücke: → Baugrundstück

Gruppe: → Fraktion

Haftung
- von Mitgliedern der Vertretung 50 54
- von Vertreterinnen, Vertretern der Gemeinde in Unternehmen und Einrichtungen 50 137

Handeln auf Anordnung 60 72

Hauptausschuss 50 74 ff.
- Auskunftsrecht 50 77
- Beigeordnete 50 74
- Dienstrechtliche Stellung 50 107
- Eilentscheidungen 50 89
- Einspruchsrecht 50 79
- in Mitgliedsgemeinden von Samtgemeinden 50 104
- Recht zur Stellungnahme in Verwaltungsangelegenheiten 50 77
- Rechtsstellung der Hauptausschussmitglieder 50 75
- Sitzungen 50 78
- Widerspruchsbehörde 50 76
- Zusammensetzung 50 74 f.
- Zuständigkeit 50 76

Hannover
- Landeshauptstadt 50 15
  - besondere Aufgaben 50 163 f.
- Region → Region Hannover

Hauptsatzung
- Begriff 50 12
- in Samtgemeinden 50 99
- Verfahren
  - Stimmenquorum 50 12

Hauptverwaltungsbeamter, Hauptverwaltungsbeamtin 50 80 ff.
- Abwahl der/des 50 82
- Auskunftspflicht in Sitzungen 50 87
- Dienstrechtliche Stellung 50 107
- Dienststellenleiterin, Dienststellenleiter 50 85
- Eilentscheidungen 50 89
- Einberufung der Vertretung 50 59
- Einspruch bei rechtswidrigen Beschlüssen 50 88
- Erlass von Eilverordnungen zur Gefahrenabwehr 60 55
- Erledigung von Weisungsaufgaben 50 85
- Geheimhaltung, Aufgaben der 50 85
- → Geschäfte der laufenden Verwaltung 50 85
- hauptamtlich 50 80
- Leitung der Verwaltung 50 85
- in Mitgliedsgemeinden von Samtgemeinden 50 105
- Mitglied der Vertretung kraft Amtes 50 45

Stichwortverzeichnis

- Ruhestand der/des **50** 83 f.
- Teilnahme an Sitzungen **50** 87
- Übergangsregelungen **56** 11
- Unterrichtspflicht **50** 85
- Vereidigung der/des **50** 61
- Vertreterin, Vertreter der/des B.,
  - allgemeine/er **50** 81
  - ehrenamtliche/er **50** 81
  - → Vertretung der Kommune
- Vorsitz im Hauptausschuss **50** 74
- Wählbarkeit **50** 80
- Wahl der/des **50** 80
- Zuständigkeit **50** 85

Haushalt
- → Haushaltswirtschaft in Gemeinden und Landkreisen
- → Landeshaushalt

Haushaltsplan
- in Gemeinden und Landkreisen
- Inhalt **50** 113
- Teil der Haushaltssatzung **50** 112
- Verordnung über Inhalt und Ausgestaltung **50** 142, **55** 65
- → Landeshaushalt

Haushaltssatzung der Gemeinde, des Landkreises
- Änderung durch Nachtragshaushaltssatzung **50** 115
- Erlass, Verfahren **50** 114
- Genehmigung **50** 114, 120, 122
- Inhalt **50** 112
- Inkrafttreten **50** 112
- Zuständigkeit **50** 58

Haushaltswirtschaft in Gemeinden und Landkreisen
- Abgabenerhebung **50** 58, 111
- Aufwendungen, über- und außerplanmäßige **50** 58, 117
- Einnahmebeschaffung **50** 111
- Entlastung **50** 58, 129
- Finanzplanung **50** 118
- → Gemeindevermögen
- Haushaltsgrundsätze **50** 110
- → Haushaltsplan

- → Haushaltssatzung
- Investitionsprogramm **50** 58, 118
- → Jahresabschluss **50** 128
- → Kasse
- Kreditaufnahme **50** 120, 122
- → Landkreisvermögen
- → Rücklagen **50** 123
- Sicherheiten und Gewährleistungen für Dritte **50** 121
- Verpflichtungsermächtigungen **50** 119
- Vorläufige Haushaltsführung **50** 116

Hausrecht
- im Landtag **1** 18
- in der Vertretung **50** 63

Heizungsanlagen, Anschluss- und Benutzungszwang **50** 13

Hilfe bei Verwaltungsangelegenheiten 50 37

Hilfeleistung für Verletzte 60 73

Hilfspolizeibeamtinnen, Hilfspolizeibeamte 60 95

Hochhaus 65 2, 60, 80

Hochschulen
- Hochschullehrer **1** 55
- Selbstverwaltungsgarantie **1** 5
- Unterhalt und Förderung **1** 5
- Wissenschaft **1** 5

Hochwasserschutz 65 68
(§ 35 BauGB)

Hoheitsrechte 1 60, 73

Höhere Dienstvorgesetzte, höherer Dienstvorgesetzter in Gemeinden und Landkreisen **50** 107

Identitätsfeststellung 60 13

Informationspflicht der Regierung 1 25

Inkompatibilität
- bei Abgeordneten **1** 8, 61, **50** 50
- bei Beamten **1** 61
- bei Mitgliedern der Landesregierung
  - parlamentarische **1** 28

Stichwortverzeichnis

- wirtschaftliche **1** 34
- bei Mitgliedern des StGH **1** 55

Inkrafttreten
- von Gesetzen **1** 45
- von Rechtsverordnungen **1** 45
- Satzungen und Verordnungen der Gemeinden und Landkreise **50** 10
- der Verfassung **1** 78
- Verordnungen zur Gefahrenabwehr **60** 60, 63

Innenbereich
- beplanter **65** 68 (§ 30 BauGB)
- unbeplanter **65** 68 (§ 33 BauGB)
- Satzungsbefugnis **65** 68 (§ 34 BauGB)

Investitionsprogramm
- in Kommunen **50** 58, 118
- Land **1** 64

Jahresabschlussprüfung 50 156 ff.
Jahresabschluss der Gemeinden und Landkreise
- Entlastung **50** 58, 129
- Inhalt **50** 128
- Zuständigkeit **50** 58, 128

Judikative:
- → Rechtsprechung
- → Staatsgerichtshof

Jugendliche 1 4a, **50** 36

Kämmerin, Kämmerer 50 108
Kanalisation, Anschluss- und Benutzungszwang **50** 13
Kassenaufsicht 50 126
Kassengeschäfte
- → Kasse
- Prüfung **50** 155
- bei Sonder- und Treuhandvermögen **50** 132
- Übertragung von Kassengeschäften **50** 127
- Zuständigkeit **50** 126

Kassenleitung 50 126
Kinder 1 4a, **50** 36
Kirchen 35 2, **37** 74

Klosterkammer 1 72, **65** 82
Kommunalabgaben
- Erhebung **1** 58, **50** 111
- Zuständigkeit **50** 58

Kommunalaufsicht
- Aufsichtsmittel **50** 172 ff.
- Begriff **1** 57, **50** 170

Kommunalaufsichtsbehörden 50 171

Kommunale Anstalt 50 136, 141 ff.
- Aufgabenübergang **50** 143
- Dienstherrnfähigkeit **50** 146
- Errichtung **50** 141
- Organe **50** 145
- Satzung **50** 142
- Unterstützung durch die Kommune **50** 144

Kommunalkasse
- Einrichtung **50** 126
- → Kassengeschäfte
- Prüfung **50** 155
- Sonderkassen **50** 132
- Übertragung von Kassengeschäften **50** 127
- Verordnung über **50** 178

Kommunalverbände 1 57, **50** 71
Kommunalwirtschaft 50 110 ff.
siehe auch Einrichtungen, Gemeindevermögen, Haushaltswirtschaft, Rechnungsprüfung, Unternehmen

Kommune
- Aufgaben **1** 57, **50** 4 ff., **65** 63a
- Bezeichnungen **50** 20
- Einwohnerzahl, maßgebende **50** 177
- → Gebiet **50** 23 ff.
- Name **50** 19
- Organe **50** 7
- → Satzungen **50** 10 ff.
- Selbstverwaltung **1** 57, **50** 1
- Verfassung **50** 45 ff.
- Wirkungskreis
  - eigener **50** 5
  - übertragener **50** 6, **65** 63a
- Wirtschaft **50** 110 ff.

Stichwortverzeichnis

Konkrete Gefahr 60 2
Kontrolle
– der vollziehenden Gewalt 1 7, 70
– durch Rechnungshof 1 70
Kontrollmeldung 60 37
Kontrollstellen 60 14
Konzessionsverträge 50 148, 152
Körperliche Gewalt 60 69
Kosten
– Ersatzvornahme 60 66
– Erzwingung von Handlungen, Duldungen und Unterlassungen 37 73
– Gefahrenabwehr 60 105
– Kreuzungsbau und -änderung 70 34, 35a
– der Sondernutzung 70 18
– übertragener Aufgaben 1 57
Kreditaufnahme
– in Kommunen 50 58, 111, 120, 122
– Land 1 66, 71
Kreis → Landkreis
Kreisangehörige Gemeinden 50 14
Kreisausschuss: → Hauptausschuss
Kreiseinwohnerinnen und Kreiseinwohner: → Einwohnerinnen und Einwohner
Kreisfreie Städte
– Aufgaben 50 18
– Auflistung 50 14
– Einrichtung von Stadtbezirken 50 90
– Vertrauensleutewahl 38 4
Kreisgebiet → Gebiet
Kreishaushalt → Haushaltswirtschaft 50 110
Kreisrätin, Kreisrat 50 108
Kreisstraße
– Begriff 70 3
– Verwaltung 70 3
siehe auch Straßen
Kreistag: → Vertretung (Organ)
Kreistagsabgeordnete:
  → Abgeordnete (Vertretung)

Kreisumlage 50 111
Kreiswirtschaft 50 110 ff.
  siehe auch Einrichtungen, Haushaltswirtschaft, Landkreisvermögen, Rechnungsprüfung, Unternehmen
Kulturstaatselemente
– Arbeit 1 6a
– Bildung 1 4
– Kultur 1 6, 72
– Kunst 1 6
– Wissenschaft 1 5
Kunst 1 6

Land
– föderale Stellung 1 1
– Hauptstadt 1 1
– kooperativer Föderalismus 1 73, 75
– Landesvermögen 1 63
– sonstige Länder 1 28, 55, 75, 65 18
– Staatshochbauverwaltung 65 74
– Staatsziele 1 1 ff.
– Vorgängerländer 1 72
Landeshaushalt
– Ausgaben 1 65
– außerplanmäßiger 1 39, 67
– Auswirkung von neuen Gesetzen auf 1 68
– Bürgschaftsübernahme 1 71
– Einnahmen 1 65
– Finanz- und Investitionsplanung 1 64
– Haushaltsgesetz 1 7, 65 f.
– Haushaltsplan 1 39, 65
– Investitionen 1 71
– Kreditaufnahme 1 66, 71
– Landesbetriebe und Sondervermögen 1 65
– Nachtragshaushalt 1 67
– Nothaushalt 1 66
– Rechnungslegung 1 69
– Rechnungsprüfung 1 70
– Schulden 1 69

[347]
15

Stichwortverzeichnis

- überplanmäßige Ausgaben **1** 67
- Verpflichtung auf das gesamtwirtschaftliche Gleichgewicht **1** 67
- Verpflichtungsermächtigung **1** 65
- vorläufige Haushaltsführung **1** 66

Landeskriminalamt 60 87

Landesminister
- Amtseid, Amtsverhältnis **1** 31
- Anklage **1** 40, **20** 23 ff.
- Berufung, Entlassung **1** 29
- Kollegialprinzip **1** 37
- Ressortprinzip **1** 37
- Rücktritt **1** 33
- Selbstanklage **1** 40, **20** 26
- Stellvertretung **1** 39
- Stimmzwang **1** 39
- Unvereinbarkeiten **1** 28, 34
- *siehe auch* Ministerpräsident

Landesplanung 70 37

Landesrechnungshof
- Aufgaben **1** 70
- Besetzung, Mitglieder **1** 70
- Berichtspflicht **1** 70

Landesregierung 1 28 ff.
- Abstimmungsverfahren **1** 39
- Anklage von Mitgliedern **1** 40
- Anwesenheit in Landtag und Ausschüssen **1** 23
- Aufgaben **1** 28, 61
- Beantwortung parl. Anfragen **1** 24
- Besetzung des Landesrechnungshofs **1** 70
- Bestätigung im Amt **1** 29
- Einsetzung **1** 7, 29 f.
- Ermächtigungen
  - zu Notverordnungen **1** 44 f.
  - zu Verordnungen **1** 37, 43
  - zu vorläufiger Haushaltsführung **1** 66
- Ernennungsrechte **1** 38, 70, **20** 4
- geschäftsführende **1** 33
- Geschäftsordnung **1** 39
- Gesetzesinitiativrecht **1** 37, 42
- haushaltsmäßige Entlastung **1** 69
- Informationspflichten gegenüber Landtag **1** 25
- Leitungsprinzipien **1** 37, 39
- Mißtrauensvotum, konstruktives **1** 32
- Notverordnungsrecht **1** 44 f.
- Pflicht zur Landtagsinformation **1** 25
- Rederecht in Landtag und Ausschüssen **1** 23
- Rücktritt **1** 33
- Unvereinbarkeiten **1** 28, 34
- Verwaltungsorganisation **1** 38, 56
- Verwaltungsrichtlinien **1** 38
- Vorschlagsrechte
  - für Datenschutzbeauftragten **1** 62
  - für Landesrechnungshofsbesetzung **1** 70
- Vorsitz und Geschäftsleitung **1** 39
- Zulässigkeitsentscheidung bei Volksbegehren **1** 48
- Zusammensetzung **1** 28

Landesstraße: → Straße

Landessymbole
- Flagge **1** 1
- Wappen **1** 1

Landesverfassung: → Verfassung

Landesverteidigung 65 75, 82

Landesvermögen 1 63

Landkreis
- Aufgaben **1** 57, **50** 3
- → Gebiet **50** 23 ff.
- Gebietskörperschaft **50** 3
- Gemeindeverband **50** 3
- Organe **50** 7
- Recht zur Verfassungsbeschwerde **1** 54, **20** 36
- Selbstverwaltung **1** 57, **50** 1
- Sitz der Kreisverwaltung **50** 21
- Wirkungskreis
  - eigener **50** 5
  - übertragener **50** 6
- *siehe auch* Kommune

Landrätin, Landrat → Hauptverwaltungsbeamter, Hauptverwaltungsbeamtin

Landtag
- Ältestenrat **1** 20, 44
- Anklagerechte **1** 17, 40, 52
- Anwesenheitsrechte der Regierung **1** 23
- Aufgaben **1** 7
- Auflösungsrecht **1** 10, 30
- → Ausschüsse
- Berichterstattung aus **1** 22
- Beschlußfähigkeit **1** 21
- Datenschutz **1** 62, **60** 37a
- Einberufung **1** 21
- Entlastung der Landesregierung **1** 69
- Geschäftsordnungsautonomie **1** 21, 27
- → Gesetzgebung **1** 7, 42
- Immunitätsangelegenheiten **1** 15
- Informationsrechte **1** 24 f., 70
- → Landtagspräsident **1** 18
- länderübergreifende Regelungen **1** 75
- → Mehrheit
- Minderheitenrechte **1** 24, 27, 54
- Mißtrauensvotum, konstruktives **1** 32
- Notstandsregelung **1** 44 f.
- Opposition **1** 19
- Regierungsbestätigung **1** 29
- Richterwahlausschuß **1** 23, 51, **20** 3
- Schriftführer **1** 18
- Staatsverträge **1** 35, 73
- Tagesordnung **1** 21
- Untersuchungsausschüsse **1** 27
- Verhandlungsöffentlichkeit **1** 22
- Vertrauensleutewahl **38** 5
- Wahl des **1** 8, 61
- Wahl
  - des Datenschutzbeauftragten **1** 62
  - des Ministerpräsidenten **1** 7, 29 f.
  - der Spitzen des Landesrechnungshofes **1** 70
  - der Staatsgerichtshofmitglieder **1** 55
- Wahlperiode **1** 9, 76
- Wahlprüfung **1** 11, 23
- Zugang zu öffentlichen Einrichtungen **1** 24
- Zustimmung
  - bei Veränderung der Landesregierung **1** 29
  - bei Verfügungen über Landesvermögen **1** 63

Landtagspräsident
- Abberufung **1** 18
- Aufgabe **1** 18, 21
- Dienstrechtsbefugnisse **1** 18
- Gesetzesausfertigung **1** 45
- Hausrecht und Polizeigewalt **1** 18, 23
- Notstandsrechte **1** 44 f.
- Stellvertreter **1** 18
- Verhandlungsleitung **1** 18, 21
- als Verwaltungsbehörde **1** 18
- Vorläufige Haushaltsführung **1** 66
- Vorschlagsrechte des **1** 70

Legislative:
- → Gesetzgebung
- → Landtag

Leistungsbescheid **37** 2

Liquiditätskredite **50** 122

Löschung personenbezogener Daten **60** 39a

Losentscheid bei Wahlen **50** 67

Lüftungsanlagen **65** 39

Mahnung **37** 4

Mandats- und Wahlprüfung **1** 11, 23

Mandatsverlust
- bei Abgeordneten der Vertretung **50** 52

Stichwortverzeichnis

– bei Landtagsabgeordneten **1** 11, 17
Maßnahme 60 2
Mehrheiten
– im Landtag
  – Anwesenheitsmehrheit **1** 22, 55, 62, 70
  – Beschlußmehrheit **1** 21, 39
  – Mitgliedermehrheit **1** 10, 17 f., 29 f., 32, 40, 46, 74
– im Staatsgerichtshof **20** 6, 20
– in der Vertretung **50** 66
– beim Volksentscheid **1** 49
Minister: → Landesminister
Ministerpräsident
– Amtsbereich, Amtsverhältnis **1** 34, 39
– Amtseid **1** 31
– Anklage **1** 40
– Begnadigungsrecht **1** 36
– Berufung, Entlassung der Landesminister **1** 29
– Ernennung, Entlassung von Beamten, Richtern **1** 38, 70
– Gesetzesverkündung **1** 45
– Mißtrauensvotum, konstruktives **1** 32
– Notverordnungsrecht **1** 45
– Richtlinienkompetenz **1** 37
– Rücktritt **1** 33
– Vertreter **1** 29
– Vertretung des Landes **1** 35
– Wahl des **1** 7, 29 f.
siehe auch Landesregierung
Menschenwürde 1 4a
Ministerverantwortlichkeit
– juristische **1** 40
– parlamentarische **1** 32, 37
Mitglieder der Vertretung:
→ Abgeordnete (Vertretung)
Mitgliedsgemeinden von Samtgemeinden 50 103 ff.
Mitwirkungsverbot
– für Abgeordnete der Vertretung **50** 54

– für ehrenamtlich Tätige **50** 41

Nachbarn 65 5 f., 63, 66 (§§ 31, 34 BauGB), 68, 74
– Beteiligung im Baurecht **65** 68
– Einwendungen **65** 68, 70
– Zustimmung **65** 5 f., 68
Nachfolgebehörde 38, 8b
Nachtragshaushaltssatzung 50 115
siehe auch Haushaltssatzung
Name
– Führung **50** 19
– Zuständigkeit **50** 58
Naturschutz 1 1, **65** 74, 63 (§ 35 BauGB)
Nicht überbaute Flächen 65 9
Nichtverantwortlicher, -störer 60 8, **60** 80
Normenkontrolle
– abstrakte
  – Antragsvoraussetzungen **1** 54, **20** 33
  – Äußerungsbefugnis **20** 15
  – Entscheidungsinhalt, -wirkungen **20** 34
– konkrete **1** 54, **20** 35
– Oberverwaltungsgericht
  – erweiterte Zuständigkeit **38** 7
– präventive **1** 48
– untergesetzliche **38** 7
Notstand
– Gefahrenabwehrrecht **60** 71
– im Straßenrecht **70** 46
Notwehr 60 71

Oberbürgermeisterin, Oberbürgermeister 50 7
→ Hauptverwaltungsbeamter, Hauptverwaltungsbeamtin
Oberste Dienstbehörde in Gemeinden und Landkreisen **50** 107
Observation, längerfristige **60** 34

Öffentlich-rechtlicher Vertrag,
Vollstreckung **35** 4, **37** 72
Öffentliche Einrichtungen:
→ Einrichtungen
Öffentliche Ordnung 60 2
Öffentliche Sicherheit 1 44, **60** 2
Öffentlichkeit
– in Sitzungen der Vertretung **50** 64
– im Landtagsausschuß **1** 27
– im Landtagsplenum **1** 22
– öffentliche Bekanntmachung **1** 54
– öffentliches Interesse **1** 27
Opposition
– Chancengleichheit **1** 19
– Recht auf Bildung und Ausübung **1** 19
Ordnung
– in Sitzungen der Vertretung **50** 63
– im Landtag **1** 18
Ordnungswidrigkeit
– im Bau- und Straßenrecht **65** 80, **70** 61
– bei Verstoß gegen Satzungen **50** 10, **65** 91, **70** 61
– bei Verletzung der Leistungspflicht **60** 108
– bei Verstoß gegen Verordnungen zur Gefahrenabwehr **60** 59
Organe der Kommunen **50** 7
Organstreitverfahren 1 54, **20** 30 ff.
Örtliche Bauvorschriften 65 80, 84
Ortsbürgermeisterin, Ortsbürgermeister 50 92
Ortschaften 50 90 ff.
– Bildung **50** 90
– Ortsbürgermeisterin, Ortsbürgermeister **50** 92
– Ortsrat **50** 91
– Ortsvorsteherin, Ortsvorsteher **50** 96
Ortsdurchfahrt 70 4, 43
Ortsrat
– Bildung **50** 91
– Mitwirkungsrechte **50** 94

– Zuständigkeiten **50** 93
Ortsstraße: → Gemeindestraße
Ortsvorsteherin, Ortsvorsteher 50 96

Parkhäuser, Garagen 65 46
Petitionsausschuß, Landtag **1** 26
Petitionsrecht 1 26, **50** 34
Pflichtaufgaben der Kommunen **50** 5
Pflichtenbelehrung bei ehrenamtlicher Tätigkeit **50** 43
Planfeststellung
– Abwägungsgebot **70** 38
– Anhörungsverfahren **35** 7
– bei Kreuzungen von Straßen und Eisenbahnen **70** 41
– Einstellung des **70** 38
– Gebiet **70** 37a
– Planfeststellungsbehörde **70** 38
– Planfeststellungsbeschluß **35** 7
– Rechtswirkungen **35** 5
– Veränderungssperre **70** 37a
– Vorbereitungsmaßnahmen **70** 37a, b
– Zusammentreffen mehrerer Vorhaben **35** 6
Plangenehmigung
– Planungsgebiete **70** 37a
– Vorarbeiten **70** 37b
Platzverweisung 60 17
Polizei
– Aufgaben der Gefahrenabwehr **60** 1
– Befugnisse **60** 11 ff.
– Begriff **60** 2
– Organisation **60** 87 ff.
– → Zuständigkeiten **60** 97, 100 ff.
Polizeibeamtin, Polizeibeamter 60 2
Polizeibehörden
– Auflistung **60** 87
– Aufsicht **60** 94
– Zuständigkeiten **60** 97, 100 ff.
Polizeidirektionen 60 87, 90

Stichwortverzeichnis

Prüfung von Berechtigungsscheinen 60 13
Prüfungswesen 50 153 ff.
siehe auch Rechnungsprüfung, Rechnungsprüfungsamt
Prüfzeugnis 65 19, 21, 80
– Prüfstellen 65 25

Rat der Gemeinde → Vertretung (Organ)
Ratsfrauen und Ratsherren
→ Abgeordnete (Vertretung)
Ratsvorsitzende, Ratsvorsitzender: → Vorsitzende, Vorsitzender der Vertretung
Raumplanung 70 37
Rechnungshof: → Landesrechnungshof
Rechnungsprüfung
– Gemeinden und Landkreise 50 155
  – Jahresabschlussprüfung bei Eigenbetrieben 50 157
  – Jahresabschlussprüfung bei privatrechtlichen Unternehmen 50 158
– Land 1 70
Rechnungsprüfungsamt 50 153 f.
– Unabhängigkeit 50 154
Rechtsformen von Unternehmen und Einrichtungen 50 136
Rechtsgeschäfte der Gemeinden, des Landkreises 50 86
Rechtsprechung
– Gerichte 1 2 f., 51 ff., **38** 1 ff.
– → Richter
– → Richterwahlausschuß
– → Staatsgerichtshof 1 54 f.
Rechtsstaatsprinzip 1 1, 31
– Gesetzmäßigkeitsprinzip 1 2, 38, 41, 65
– Gewaltenteilung 1 2 f.
– Grundrechte → 1 3
Rechtsverordnung: → Verordnungen

Rechtsweg bei Schadensausgleich und Ersatzansprüchen 60 86
Rechtsweggarantie 1 53
Regeln der Technik 65 24
Regierung: → Landesregierung
Region Hannover
– Aufgaben 50 160 f.
– Aufgabenverteilung 50 159
– Gebiet 50 23 ff.
– Gebietskörperschaft 50 3
– Gemeindeverband 50 3
– Organe 50 7
– Selbstverwaltung 50 1
– Umlage 50 111
– Wirkungskreis
  – eigener 50 5, 160
  – übertragenener 50 6, 161
regionsangehörige Gemeinden 50 14
– besondere Aufgaben 50 163 f.
Regionsausschuss: → Vertretung (Organ)
Regionspräsident, Regionspräsidentin: → Hauptausschuss
Regionsversammlung:
→ Hauptverwaltungsbeamter, Hauptverwaltungsbeamtin
Repräsentative Vertretung der Gemeinde, des Landkreises 50 86
Revisionsklausel bei Einführung von Ortschaften 50 90
Richter 1 38, 51
– Berufsrichter 1 51, 20 1, 5, 11
– Dienstentfernungs-, Entlassungsverfahren 20 5 f.
– Ernennung, Entlassung 1 38, 20 4, 6
– Gesetzesbindung 1 51
– Laienrichter 1 51, 20 1, **38** 4 f.
– Richteranklage 1 52
– am Staatsgerichtshof 1 55, 20 1 ff.
– Unabhängigkeit 1 51
Richterliche Entscheidung bei Freiheitsbeschränkung 60 19

Richterwahlausschuß
- des Landtags **1** 23, 51, **20** 3
- für Laienrichter in der Verwaltungsgerichtsbarkeit **38** 4 f.

Richtlinien der Verwaltung **50** 58
Rücklagen der Kommunen **50** 123
Ruhen der Mitgliedschaft in der Vertretung **50** 53
Ruhestand der Hauptverwaltungsbeamtin, des Hauptverwaltungsbeamten **50** 83 f.

Sachleistungen, Gefahrenabwehr **60** 106 ff.
Samtgemeinde 50 97 ff.
- Aufgaben **35** 7, **50** 98
- Ausscheiden von Mitgliedsgemeinden **50** 102
- Bürgermeister, Bürgermeisterin **50** 105
- Grundsatz **50** 97
- Hauptsatzung **50** 99
- Neubildung **50** 100
- Mitgliedsgemeinden **50** 103 ff.
- Organe **50** 7, 103 ff.
- Rat **50** 103
- Umbildung **50** 102
- Verwaltungsausschuss **50** 104
- Zusammenschluss **50** 101

Satzungen
- über Anschluss- und Benutzungszwang **50** 13
- Betriebssatzungen der Eigenbetriebe **50** 140
- Gestaltungssatzungen **65** 80, 84
- → Hauptsatzung **50** 12
- → Haushaltssatzung **50** 112
- Ordnungswidrigkeit bei Verstoß **50** 10, **65** 91, **70** 61
- Satzungsgewalt **50** 10
- städtebauliche **65** 84
- bei Stellplatzablösung **65** 47
- straßenrechtliche **70** 18, 21, 24, 52, 61, 69
- Verfahren

- Genehmigung **50** 176
- Inkrafttreten **50** 10
- Verfahrensfehler **50** 10
- Verkündung **50** 11
- Zuständigkeit **50** 58

Schadensausgleich 60 80 ff.
- Ansprüche mittelbar Geschädigter **60** 82
- Ausgleichspflichtige **60** 84
- Inhalt, Art und Umfang **60** 81
- Rechtsweg **60** 86
- Verjährung **60** 83
- verpflichtende Tatbestände **60** 80

Schlachthöfe, Benutzungszwang **50** 13
Schornsteine 65 5, 40, Anh 2.1
Schulen, Schulwesen
- allgemeine Schulpflicht **1** 4
- Ersatzschulgarantie **1** 4
- Privatschulen **1** 4
- Schulaufsicht **1** 4

Schusswaffengebrauch 60 76 ff.
Schutzmaßnahmen
- Anliegerduldung **70** 31
- im Planfeststellungsverfahren **70** 38

Selbständige Gemeinden 50 14, 17
Selbstverwaltung
- der Gemeinde **1** 57, **50** 1
- Hochschulen **1** 5
- des Landkreises **1** 57, **50** 1
- sonstige Körperschaften **1** 57

Sicherheiten und Gewährleistungen für Dritte 50 121
Sicherstellung von Sachen **60** 26
- Herausgabe sichergestellter Sachen **60** 29
- Kosten **60** 29
- Verwahrung **60** 27
- Verwertung, Vernichtung **60** 28

Siegel: → Dienstsiegel
Sitz der Kreisverwaltung **50** 21
Sitzerwerb in der Vertretung **50** 51

Stichwortverzeichnis

Sitzungen der Vertretung
- Anhörung von Einwohnerinnen und Einwohnern **50** 62
- Einberufung **50** 59
- Einwohnerfragestunde **50** 62
- Öffentlichkeit **50** 64
- Ordnung **50** 62
- Protokoll **50** 68

Sitzverlust in der Vertretung **50** 52

Solarenergieanlagen **65** 5, 32, Anh 2.3

Sonderkassen **50** 132

Sondernutzung
- privatrechtliche **70** 55, 66
- verwaltungsrechtliche
  - Anlagen des Erlaubnisnehmers **70** 18
  - Begriff **70** 18
  - Erlaubniserteilung **70** 18
  - Erlaubnispflichtigkeit **70** 18
  - Kosten **70** 18
  - Nutzungsgebühren **70** 21
  - Satzungsermächtigung für Gemeinden **70** 21
  - Sonderveranstaltungen **70** 19
  - unerlaubte Nutzung **70** 22
  - Widerruf der Erlaubnis **70** 18
  siehe auch Gemeingebrauch, Straßenanlieger

Sondervermögen
- Begriff **50** 130
- Freistellung von der Finanzplanung **50** 133
- Haushaltswirtschaft **50** 130
- Sonderkassen **50** 132
- Veranstaltungen im Haushaltsplan **1** 65

Sozialstaatsgebot **1** 1

Sparkassen **50** 136

Sport
- Sportförderung **1** 6
- Sportplätze **65** 50 f., Anh 9.3

Sprengmittel **60** 69, 79

Staatsgerichtshof
- Ehrenamtlichkeit **20** 5
- einstweilige Anordnung **20** 20
- Entscheidung
  - Abstimmungsverfahren **20** 9, 13, 20
  - Bindungswirkung der **20** 19, 34
  - Minderheitenvotum **20** 12
- Geschäftsordnung **20** 1
- Haushalt **1** 66
- Inkompatibilitäten **1** 55
- Mitglieder
  - Amtsernennung, -entlassung **20** 4, 6
  - Amtszeit **1** 55, 77, **20** 38
  - Befangenheitsablehnung **20** 13
  - Berufsrichteranteil **20** 1, 5, 11
  - Domizilanforderungen **20** 6
  - Entschädigung **20** 5
  - Laienrichter **20** 1
  - Richterwahlausschuß **1** 23, **20** 3
  - Vertretung **1** 55, **20** 7, 9 f., 13
  - Wahl **1** 55, **20** 3
- Sitz, Geschäftsstelle **1** 55, **20** 11
- Verfahrensvorschriften
  - allgemeine **20** 12 ff.
  - besondere **20** 22 ff.
  - Kostenfreiheit **20** 21
- Vorsitz **20** 1, 3, 9 f.
- Zusammensetzung **1** 55, 77
- Zuständigkeiten
  - Anklageverfahren: **1** 17, 40, **20** 23 ff.: → Anklage
  - Kommunalverfassungsbeschwerde **1** 54, **20** 36: → Verfassungsbeschwerde
  - Mandats- und Wahlprüfung **1** 11, **20** 22
  - → Normenkontrolle **1** 48, 54, **20** 33 ff.
  - Organstreit **1** 54, **20** 30 ff.
  - Prüfung des Untersuchungsauftrags **1** 17, **20** 27 ff.

- Richterliche Dienstentfernung, Entlassung **20** 5 f.
- Streitigkeiten bei der Durchführung von Volksinitiativen, Volksbegehren oder Volksentscheiden **1** 48, 50 (§ 19 NVAbstG), 54, **20** 31 ff.

Staatshochbauverwaltung 65 82
Staatsverträge 1 35, 73
Staatsziele und -grundsätze
- Homogenitätsprinzip **1** 1 f., 57
- Gleichstellung von Mann und Frau **1** 3, **20** 1
- Umweltschutz **1** 1, 71

Stadt, als Bezeichnung für Gemeinden **50** 20
siehe auch Große selbständige Städte, Kreisfreie Städte

Stadtbezirke 50 90 ff.
- Bezirksbürgermeisterin, Bezirksbürgermeister **50** 92
- Bildung **50** 90

Stadtbezirksrat
- Bildung **50** 91
- Mitwirkungsrechte **50** 94
- Zuständigkeiten **50** 93

Stadtkämmerin, Stadtkämmerer 50 108
Stadträtin, Stadtrat 50 108
Standsicherheit 65 12, 51, 62
Stellenplan der Kommunen **50** 107, 113
Stellplätze: → Einstellplätze
Stellvertretung: → Vertretung
Steuererhebung
- der Gemeinde **1** 58, **50** 58, 111
- des Landes **1** 58, 66

Stiftungen
- kommunale Stiftungen **50** 135
- Sondervermögen **50** 130
- Verwaltung **50** 135
- Zuständigkeit zur Verfügung über **50** 58

Störer
- Verhaltensstörer **60** 6
- Zustandsstörer **60** 7
siehe auch Verantwortlichkeit

Strafverfahren 1 15
Straßen, öffentliche
- Anbaubeschränkungen **70** 24
- Anlieger: → Straßenanlieger **70** 20
- Aufsicht: → Straßenaufsicht **70** 57
- Begriff **70** 2
- Benennung **50** 58
- Benutzung
  - Gemeingebrauch **70** 14
  - Gestattungsverträge **70** 23
  - Sondernutzung **70** 18
  - Straßenanlieger **70** 20
  - übermäßige **70** 19
- Bepflanzung **70** 32
- Bestandteile **70** 2
- Eigentum **70** 13
- Einteilung **70** 3
- Einziehung **70** 8
- Enteignung für Straßenbau **70** 42
- Gemeingebrauch **70** 14
- Kreuzungen **70** 33-35
- Ortsdurchfahrt **70** 4, 43
- Planfeststellung **35** 5 ff., **70** 38
- Planung **70** 37
- Reinigung **50** 8, **70** 2, 52
- Schneeräumen **70** 52, 60
- Schutzmaßnahmen **70** 31
- Schutzwaldungen **70** 30, 61
- Sondernutzung **70** 18
- Straßenbaulast **70** 9, 43, 48
- Straßenverzeichnis **70** 3
- Streupflicht **70** 52
- Umleitungen **70** 15a
- Umstufung **70** 7
- unerlaubte Benutzung **70** 22
- Unterhaltung **70** 35, 35b, 46
- Verunreinigungskosten **70** 17
- Verwaltung **70** 10
- Widmung **70** 6
- Zubehör **70** 2

Straßen-, Bestandsverzeichnis 70 3, 62 f.

Stichwortverzeichnis

Straßenanlieger
- Anbaubeschränkungen 70 24
- Änderung der Straße 70 20
- Begriff 70 20
- Duldungspflichten 70 20
- Einziehung 70 20
- Licht- und Luftzutritt 70 20
- Räumpflicht 70 52
- Reinigungspflicht 70 52
- Straßenbauarbeiten 70 20
- Streupflicht 70 25
- Zugang und Zufahrt 70 20

Straßenaufsicht 70 57
Straßenausbaubeiträge 50 83
Straßenbaulast 70 9
- Eigentumsübergang 70 13
- Inhalt 70 9
- Sonderbaulast 70 45, 54, 56
- Träger 70 43
- Übertragung 70 11

Straßenreinigung
- Anschluß- und Benutzungszwang 50 13
- Einrichtungen der 50 136
- Pflicht zur 70 52

Streupflicht auf öffentlichen Straßen 70 52

Teilbaugenehmigung 65 70
Telekommunikationsverbindungsdaten *siehe* Verkehrsdaten
Telekommunikationsüberwachung 60 33a
Tiere
- Tierschutz 1 6b, 65 68 (§ 29 BauGB)
- Verantwortlichkeit für Gefahren 60 7

Träger der Straßenbaulast 70 43
Treuhandvermögen 50 131 ff.
- Freistellung von der Finanzplanung 50 133
- Haushaltswirtschaft 50 131
- Sonderkassen 50 132

Typenprüfung 65 65

Über- und außerplanmäßige Ausgaben 1 67
Übereinstimmungsnachweis
- Übereinstimmungserklärung 65 22
- Übereinstimmungszertifikat 65 22
siehe auch Bauprodukte

Übergangsregelungen zur NGO und NLO 56 11
Übergemeindlicher Finanzausgleich 1 58, 50 3
Übertragener Wirkungskreis 50 6, 60 97, 65 57, 84
Überwachungsstellen 65 25
Umlage
- Kreisumlage 50 111
- Samtgemeindeumlage 50 111

Umstufung öffentlicher Straßen 70 7
Umwandlung von Unternehmen und Einrichtungen 50 58, 148
Umweltschutz 1 1, 71, 65 1, 56, 68 (§§ 29, 35 BauGB)
- im Straßenrecht 70 38
- Staatsziel 1 1

Umweltverträglichkeitsprüfung 65, 63 (§ 34 BauGB), 70, 70 38
Unmittelbarer Zwang 37 10, 60 69, 71 ff.

Unternehmen der Gemeinde, des Landkreises 50 136 ff.
- Anzeige und Genehmigung 50 152
- Rechtsform des Privatrechts 50 137
- Rechtsformen 50 136
- Umwandlung 50 148
- Veräußerung 50 148
- Vertretung der Gemeinde 50 138
- Wirtschaftsgrundsätze 50 149
- Zulässigkeit 50 136
- Zuständigkeit 50 58

Unterrichtswesen
- Schulwesen 1 4
- Hochschulwesen 1 5

Stichwortverzeichnis

Unterrichtungsrecht der Aufsichtsbehörden **50** 172
Untersuchungsausschüsse
– Aktenvorlagepflicht der Landesregierung **1** 24
– Anwesenheit der Regierung **1** 23
– Berichterstattung **1** 27
– Beweiserhebung **1** 27
– Einsetzung, Gegenstand **1** 27
– Rechts- und Amtshilfe der Gerichte und Verwaltungsbehörden **1** 27
Unvereinbarkeit von Ämtern: → Inkompatibilität

Veränderungssperre 70 29
Verantwortlichkeit
– im Baurecht **65** 47, 56
  – des Bauherrn **65** 52, 80
  – des Eigentümers **65** 56, 80
  – der Entwurfsverfasser **65** 53, 80
  – des Rechtsnachfolgers **65** 79
  – des Unternehmers **65** 54, 80
– für Gefahren
  – Verhaltensverantwortlichkeit **60** 6
  – Zustandsverantwortlichkeit **60** 7
– → Ministerverantwortlichkeit
Veräußerung von Unternehmen und Einrichtungen **50** 58, 148
Verdeckte Ermittlerinnen, Verdeckte Ermittler 60 36a
Verfassung
– Änderung der **1** 46
– Ausführungsgesetzgebung **1** 4, 8, 11, 13, 19, 50, 55, 62, 64, 70
– Inkrafttreten **1** 78
– Mehrheit, qualifizierte **1** 46
– durch Volksentscheid **1** 46, 49
– Voraussetzungen und Grenzen **1** 46
– Vorspruch **1** vor 1
Verfassungsbeschwerde, kommunale **1** 54, **20** 36

Verhaltensverantwortlichkeit, -störer 60 6
siehe auch Verantwortlichkeit
Verhältnismäßigkeit der Mittel **60** 4
Verkehr
– fließender und ruhender **70** 14
– öffentlicher **70** 6, 8
– Schulbusverkehr **70** 16
– Sicherheit u. Leichtigkeit **70** 9 f., 20, 24, 46
– Umleitung **70** 15a
– Verkehrsbedürfnis **70** 9, 16, 35a
– Verkehrsflächen **65** 4, 6, 16, 50 f., 63 (§ 30 BauGB), **70** 24
– Verkehrssicherheit **65** 16, 32, 46, 51
– Verkehrssicherung **70** 9 f.
– Verkehrszeichen **70** 2, 9
Verkehrsdaten 60 33 ff.
Vermögen:
– → Gemeindevermögen
– Landesvermögen **1** 63
Vernichtung sichergestellter Sachen **60** 28
Verordnungen
– im Baurecht
  – Ermächtigungen **65** 82
  – Inbezugnahme **65** 51, 80
– zur Gefahrenabwehr **60** 54 ff.
  – Änderung und Aufhebung **60** 62
  – Beteiligung anderer Behörden und Dienststellen **60** 62
  – Ermächtigung **60** 55
  – Form **60** 58
  – Gebietsänderungen **60** 63
  – Geltungsdauer **60** 61, 109
  – Inhalt **60** 57
  – Verkündung und Inkrafttreten **60** 60
  – Zuwiderhandlungen **60** 59
– Notverordnungen **1** 44
– im Straßenrecht **70** 3, 35c, 37a, 52, 60

Stichwortverzeichnis

- Verfahren allgemein **1** 43, 45
Verpachtungsvertrag 50 58, 148
Verpflichtung der Abgeordneten der Vertretung **50** 60
Verpflichtungserklärungen 50 86
Verpflichtungsermächtigungen
- Gemeinden und Landkreise **50** 119
- Land **1** 65

Verrichtungsgehilfe, Verantwortlichkeit für Gefahren **60** 6
Versammlung
- Anwesenheitsrecht der Polizei **75** 11, 16
- Anzeige **75** 5
- Auflösung **75** 8, 14
- befriedeter Bezirk **75** 13 f.
- Begriff **75** 2
- Beschränkung **75** 8, 14
- Bild- und Tonübertragungen und -aufzeichnungen **75** 12, 17
- Eilversammlung **75** 5
- Einladung **75** 13
- Friedlichkeit **75** 3
- in geschlossenen Räumen **75** 13 ff.
- Leiter, Leiterin **75** 7, 13
- Ordner, Ordnerinnen **75** 7, 13
- Ordnung **75** 7
- Pressevertreter, Pressevertreterinnen **75** 13
- Spontanversammlung **75** 5
- Störungsverbot **75** 4
- Uniformverbot **75** 3
- unter freiem Himmel **75** 5 ff.
- Verbot **75** 8, 14
- Vermummungsverbot **75** 9
- Versammlungsfreiheit **75** 1
- Waffen **75** 3, 13
- Zuständigkeit **75** 24

Versorgungsleitungen 70 11, 23
Vertrauensleutewahl 38 4
Vertrauenspersonen, Verwendung zur Datenerhebung **60** 36

Vertretung
- der Kommune
- in Rechts- und Verwaltungsgeschäften **50** 86
- repräsentative **50** 86
- in Unternehmen und Einrichtungen **50** 138
- Verpflichtungserklärungen **50** 86
- der Hauptverwaltungsbeamtin, des Hauptverwaltungsbeamten
- allgemeine **50** 81
- ehrenamtliche **50** 81
- des Landes **1** 35
- in der Landesregierung **1** 29
- im Landtagspräsidium **1** 18
- im Staatsgerichtshof **20** 7, 9 f., 13

Vertretung (Organ) **50** 45 ff.
- Abstimmungen **50** 45, 66
- Auflösung **50** 70
- Auskunftsrecht **50** 58, 87
- → Ausschüsse
- Beschlussfähigkeit **50** 65
- dienstrechtliche Stellung **50** 107
- Geschäftsordnung **50** 69
- Hauptorgan der Kommune **50** 45
- Rechtsstellung **50** 31
- → Sitzung
- Überwachung der Verwaltung **50** 58
- Vorbehaltsangelegenheiten **50** 58
- → Vorsitzende, Vorsitzender der Vertretung
- Wahl der Beamtinnen und Beamten auf Zeit **50** 109
- Wahl der Ratsvorsitzenden, des Ratsvorsitzenden **50** 61
- Wahlen in der Vertretung **50** 45, 66
- Zahl der Abgeordneten **50** 46
- Zusammensetzung **50** 45
- Zuständigkeit **50** 58
siehe auch Abgeordnete (Vertretung)

Stichwortverzeichnis

Vertretungsverbot
- für Abgeordnete der Vertretung **50** 54
- für ehrenamtlich Tätige **50** 42
- für Ehrenbeamtinnen und Ehrenbeamte **50** 42

Verunstaltungsabwehr
- → Baugestaltung **65** 10
- in Gestaltungssatzungen **65** 84
- bei nicht überbauten Flächen **65** 9
- objektbezogene **65** 3
- umgebungsbezogene **65** 3

Verwahrung sichergestellter Sachen **60** 27

Verwaltung
- Autonomiebereiche **1** 5, 57
- Bindung an Haushaltsplan **1** 65
- Einrichtungskompetenz der Landesregierung **1** 38
- → Gesetzesbindung
- organisatorischer Gesetzesvorbehalt **1** 56
- Straßenverwaltung **70** 10, 43 ff.
- Träger der **1** 56, 65
- Verordnungsermächtigung **1** 43
- Verwaltungseinrichtungen **1** 24, 65, 72
- Verwaltungsvorschriften **1** 38

Verwaltungsausschuss: → Hauptausschuss

Verwaltungsbehörden, Gefahrenabwehr
- Aufgaben der Gefahrenabwehr **60** 1, 99
- Aufsicht **60** 98
- Befugnisse **60** 11 ff.
- Begriff **60** 2
- Organisation **60** 97 ff.
- → Zuständigkeiten **60** 100 ff.

Verwaltungsgerichte
- Aufbau Sitz **38** 1
- Beteiligtenfähigkeit, erweiterte **38** 8
- Bezirke der **38** 2
- Oberverwaltungsgericht **38** 1 f., 4, 6 f.
- untergesetzliche Normenkontrolle **38** 7
- Vertrauensleute **38** 4a, 5
- vorverfahrensrechtliche Ausnahmen und Besonderheiten **38** 8a, b
- Zuständigkeit, örtliche **38** 2
- Zuständigkeit, erstinstanzliche des OVG **38** 7

Verwaltungsverfahrensgesetz, Anwendungsbereich 35 1 f.

Verwaltungsvollstreckung: → Vollstreckung

Verwaltungsvollzugsbeamtin, Verwaltungsvollzugsbeamter 37 70, **60** 2, 50

Verwertung sichergestellter Sachen **60** 28

Volk, Volksrechte
- Abstimmungen **1** 2, 49
- Anhörung bei Gebietsänderung **1** 59, **50** 25
- Anregungsrecht **1** 42, 47
- Anrufung des Staatsgerichtshofs **1** 48, 54, **20** 31 ff.
- Bürgerbegehren**50** 32
- Bürgerentscheid **50** 33
- Gesetzgebung **1** 42, 49
- Volksbegehren **1** 42, 48, 54
  - Anzeige **1** 50 (§ 15 NVAbstG)
  - Finanzausschlußklausel **1** 48
  - Kostenerstattung **1** 50
  - Quorum **1** 48
  - Sammelverfahren **1** 50 (§ 15 f. NVAbstG)
  - Zulässigkeitsentscheidung **1** 48, 50 (§ 19 NVAbstG)
- Volksentscheid **1** 49, 54
  - Abstimmungsquorum **1** 49
  - Fristen **1** 49
  - indirekter **1** 49
  - Verfassungsänderung **1** 49

Stichwortverzeichnis

- Volksinitiative **1** 42, 47, 54
- Anhörung **1** 47, 50
  (§ 11 NVAbstG)
- indirektes Verfahren **1** 42, 47
- Quorum **1** 47

Volkssouveränität **1** 2
Vollgeschoß, Begriff **65** 2
Vollstreckung
- Erzwingung von Handlungen, Duldungen und Unterlassungen **37** 70 ff., **60** 64 ff.
- bei Herausgabe von Sachen **37** 71
- von kirchlichen Satzungen und Verwaltungsakten **37** 74
- von Leistungsbescheiden **37** 2 ff.
- zur Nachtzeit und an Sonn- und Feiertagen **37** 12
- gegen die öffentliche Hand **35** 4
- aus öffentlich-rechtlichen Verträgen **35** 4, **37** 72

Vollstreckungsbeamte **37** 8
Vollstreckungsbehörden **37** 6, 70
Vollstreckungsgläubiger, Vertretung **37** 5
Vollstreckungshilfe **37** 7
Vollstreckungsschuldner **37** 2
Vollzugshilfe der Polizei **60** 1, 51 ff.
Vorbauten **65** Anh. 1.1
Vorbescheid: → Bauvorbescheid
Vorladung **60** 16
Vorläufige Haushaltsführung
- Gemeinden und Landkreise **50** 116
- Land **1** 66

Vorsitzende, Vorsitzender der Vertretung
- Abberufung des/der **50** 61
- Feststellung der Beschlussfähigkeit der Vertretung **50** 65
- Ordnung in den Sitzungen **50** 62
- Sitzungsleitung **50** 63
- Wahl der/des **50** 61

Vorverfahren **38**, 8a

Waffen **60** 69, 74, 76 ff.
Wahl
- der Abgeordneten der Vertretung **50** 47
- Demokratiebezug **1** 2
- des Datenschutzbeauftragten **1** 62
- der Hauptverwaltungsbeamtin, des Hauptverwaltungsbeamten **50** 80
- des Ministerpräsidenten **1** 29, 32
- der Mitglieder des Staatsgerichtshofs **1** 55
- der Richter **1** 51
- Sperrklausel **1** 8
- in der Vertretung **50** 45, 67
- der Vorsitzenden, des Vorsitzenden der Vertretung **50** 61
- Wahlgrundsätze **1** 8
- Wahlprüfung **1** 11, 23, **20** 22 ff.

Wählbarkeit
- zur/zum Abgeordneten der Vertretung **50** 49
- Beschränkbarkeit **1** 61
- zur Hauptverwaltungsbeamtin, zum Hauptverwaltungsbeamten **50** 80
- der Landtagsabgeordneten **1** 8

Wahlperiode
- der Abgeordneten der Vertretung **50** 47
- des Landtages **1** 9, 76
- Übergangsvorschrift **1** 76

Wahlprüfung **1** 11, 23
Wahlrecht
- der Bürgerinnen und Bürger einer Kommune **50** 48
- zum Landtag **1** 8

Wände **65** 27 ff.
Wappen
- Führung **1** 1, **50** 22
- Zuständigkeit **50** 58

Wasserleitung, Anschluss- und Benutzungszwang **50** 13
Wasserversorgungsanlagen **65** 42
Wege **70** 2, 34, 71
- Eigentümerweg **70** 6, 15a, 53 ff.

Stichwortverzeichnis

- Fahrradwege **65** 47a
- Geh- und Radwege **70** 2, 43, 49, 52
- Wegekonzession **70** 23
- Wirtschaftswege **65** Anh 14.10, **70** 62 f., **70**

Weisungen der Aufsichtsbehörden
- im übertragenen Wirkungskreis **1** 57, **50** 6
- Zuständigkeit zur Ausführung **50** 85

Werbeanlagen 65 2, 49, Anh 10
- an öffentlichen Straßen **70** 24

Widmung öffentlicher Straßen
- Änderung **70** 6 f.
- Bekanntmachung **70** 6 ff.
- Beschränkung **70** 6, 8
- Entwidmung **70** 8, 11, 65
- Inhalt **70** 6
- durch Verkehrsübergabe **70** 6
- Voraussetzungen **70** 6
- Zuständigkeit **70** 6

Wirtschaftliche Betätigung der Gemeinden, der Landkreise **50** 136
siehe auch Einrichtungen, Unternehmen

Wirtschaftsführung von Einrichtungen **50** 138

Wirtschaftsgrundsätze für Unternehmen **50** 149

Wissenschaft 1 5

Wohnung 1 6a, **65** 34 f., 44 f., 47, 49, 60, Anh 12.1, 3
- Betretungsrechte **37** 9, **60** 24, **65** 58, **70** 37b

- Wohngebäude **65** 2, 34 f., 60, 62, Anh. 12.3

Zahl der Abgeordneten der Vertretung **50** 46

Zufahrt, Zugang 65 5, 48, 51, **70** 20, 61

Zugang zu öffentlichen Einrichtungen **1** 24, **50** 30

Zuständigkeiten, Gefahrenabwehr **60** 100 ff.
- Amtshandlungen außerhalb des Zuständigkeitsbereichs **60** 104
- Amtshandlungen von Polizeivollzugsbeamtinnen und Polizeivollzugsbeamten anderer Länder und des Bundes **60** 103
- in Altversorgungsfällen **60** 110
- außerordentliche sachliche **60** 102
- örtliche, außerordentliche örtliche **60** 100
- sachliche **60** 97

Zustandsverantwortlichkeit, -störer 60 7
siehe auch Verantwortlichkeit

Zwang 60 64 ff.

Zwangsgeld 60 67 f.

Zwangsmittel
- Androhung **60** 70
- Arten **60** 65
- Rechtsbehelfe gegen **60** 64
- Zulässigkeit **60** 64
- Zuständigkeit **60** 64

Zwangsvollstreckung gegen Gemeinden und Landkreise **50** 125

Buch + ebook in einem*

Schwerpunkte Pflichtfach

Franz-Joseph Peine

Allgemeines Verwaltungsrecht

11. Auflage

Mit ebook
Lehrbuch
Entscheidungen
Gesetzestexte

C.F. Müller

Franz-Joseph Peine

Allgemeines Verwaltungsrecht

✓ kompletter Buch-Inhalt verlinkt mit
✓ den wichtigsten Gesetzestexten und
✓ mit den ausbildungsrelevanten höchstrichterlichen Entscheidungen

*Das Angebot gilt für:

- Wessels/Beulke/Satzger, Strafrecht Allgemeiner Teil. Mit ebook. 44. Auflage 2014. € 23,99
- Wessels/Hettinger, Strafrecht Besonderer Teil 1. Mit ebook. 38. Auflage 2014. € 23,99
- Wessels/Hillenkamp, Strafrecht Besonderer Teil 2. Mit ebook. 37. Auflage 2014. € 23,99
- Degenhart, Staatsrecht I. Staatsorganisationsrecht. Mit ebook. 30. Auflage 2014. € 22,99
- Pieroth/Schlink/Kingreen/Poscher, Grundrechte. Staatsrecht II. Mit ebook. 30. Auflage 2014. € 22,99
- Peine, Allgemeines Verwaltungsrecht. Mit ebook. 11. Auflage 2014. € 24,99

Ab sofort in Deiner Fachbuchhandlung oder unter www.cfmueller.de erhältlich.

C.F. Müller   Jura auf den ● gebracht

Fälle mustergültig lösen

Die Reihe „Schwerpunkte Klausurenkurs"

- Einführung in die Technik des Klausurenschreibens
- Musterklausuren exemplarisch gelöst
- realistische Prüfungsanforderungen als Maßstab

Prof. Dr. Dr. h.c. Franz-Joseph Peine
Klausurenkurs im Verwaltungsrecht
Ein Fall- und Repetitionsbuch zum Allgemeinen und Besonderen Verwaltungsrecht mit Verwaltungsprozessrecht
5. Auflage 2013. € 25,95

Prof. Dr. Christoph Degenhart
Klausurenkurs im Staatsrecht II
Mit Bezügen zum Europarecht.
Ein Fall- und Repetitionsbuch für Examenskandidaten
7. Auflage 2014. Ca. € 20,99

Prof. Dr. Andreas Musil/Daniel Burchard
Klausurenkurs im Europarecht
Ein Fall- und Repetitionsbuch für Pflichtfach und Schwerpunktbereich
3. Auflage 2013. € 24,99

Prof. Dr. Elke Gurlit/Prof. Dr. Josef Ruthig/
Prof. Dr. Stefan Storr
Klausurenkurs im Öffentlichen Wirtschaftsrecht
Ein Fall- und Repetitionsbuch für den Schwerpunktbereich
2012. € 26,99

Alle Bände der Reihe und weitere Infos unter: **www.cfmueller-campus.de/klausurenkurs**

C.F. Müller

Jura auf den ● gebracht